零年，時去雪芹逝世之壬午除夕即（公元一七六三年二月十二日），僅隔兩年有餘。此本之後未見有署年更後於庚辰者。又此本署有「庚辰秋月定本」字樣，則此本應為雪芹去世前之最後定本矣。且此書第十三回首眉批云：「樹倒猢猻散之語，今猶在耳，屈指卅五年矣。哀哉傷哉，寧不痛殺」。同回末眉批云：「讀五件事未完，余不禁失

影印脂硯齋重評石頭記

庚辰本序

脂硯齋重評石頭記庚辰本、原爲徐星署先生舊藏、徐星署名禎祥、是光緒時協辦大學士徐郙之子、此書徐星署於一九三二年初得之隆福寺書攤、係北城旗人賣出、當時售價銀洋八元、此書今藏北京大學圖書館、

庚辰爲乾隆二十五年、即公元一七六

圖書在版編目（CIP）數據

脂硯齋重評石頭記：庚辰本/（清）曹雪芹著．—北京：人民文學出版社，2009（2025.3 重印）
（紅樓夢古抄本叢刊）
ISBN 978-7-02-007319-1

Ⅰ.①脂… Ⅱ.①曹… Ⅲ.①章回小說—中國—清代 Ⅳ.①I242.4

中國版本圖書館 CIP 數據核字（2009）第 157209 號

責任編輯 胡文駿
裝幀設計 劉 静
責任印製 蘇文強

出版發行 人民文學出版社
社 址 北京市朝内大街 166 號
郵政編碼 100705

印 刷 三河市中晟雅豪印務有限公司
經 銷 全國新華書店等

字 數 700 千字
開 本 880 毫米×1230 毫米 1/32
印 張 63 插頁 4
印 數 39001—42000
版 次 2010 年 1 月北京第 1 版
印 次 2025 年 3 月第 16 次印刷

書 號 978-7-02-007319-1
定 價 290.00 圓（全四册）

紅樓夢古抄本叢刊

脂硯齋重評石頭記

庚辰本

【一】

人民文學出版社

聲大哭、三十年前、作書人在何處耶？第十七回至十八回眉批云「樹（？）處引十二釵總未的確，皆係漫擬也。至末回警幻情榜，方知正副再副及三四副芳諱 壬午季春 畸笏」。第二十回眉批云：「茜雪至獄神廟方呈正文。襲人正文標目曰花襲人有始有終，余只見有一次謄清時與獄神廟慰寶玉等五六稿被借閱者迷失，嘆嘆！ 丁亥夏畸笏叟」。第二十二回末眉批云：「此後破失，俟再補」。同回另葉云：「暫記寶釵詩謎云」。「此回未成，而芹逝矣，嘆嘆」。丁亥夏畸笏叟」。第七十五回前單葉題記云：「乾隆二十一年五月初七日對清，缺中秋詩俟雪芹」。第七十八回末芙蓉誄末尾「成禮兮期祥」的「祥」字，避諱寫作「禾羊」等等。凡此種種，均可見作者生前死後之痕迹，足供研究者，是誠至可寶也。

雖然今之傳本已非庚辰原鈔，實係庚辰之過錄本，然雪芹原鈔，已渺不可得，今存此乾隆三十三、四年間之過錄本，亦靈蛇神蛻，衣被猶真也。昔虎頭金粟，道子天王，真本俱失，世之論者皆依摹本，蓋捨此無由從也。

余昔曾以己卯本與庚辰本對校，撰《論庚辰本》一書，揭示己卯、庚辰兩本相同者十之九而有餘，至其不同處僅一間之隔。余乃論斷庚辰本係據己卯本過錄，自此論公布後，庚辰、己卯兩本驚人相同之真面目，遂為學界重視，然此論尚有未精覈處，夫庚辰本既據己卯本過錄，則何以尚存一間之隔，是不可解者，是以紅學界數君子乃有論難之作，余思之十年心然諸君之說，蓋己卯、庚辰雖親如父子血脈而其間尚有毫髮之差。固不能即以直接過錄本視之也。由此可見學問之難而論辯之可貴也。諸君匡我不逮，心甚德之，書此以彰吾之失而謝諸君之助也。然則己、庚兩本卷帙浩繁而僅一毫之隔，亦已為學界所共識矣。

此庚辰影印本初印於一九五五年，由文學古籍刊行社影印，六十四、六十七回用己卯本清代抄補文字、六十六回首葉回目下端黏條「以後小字刪去」字樣，亦仍其舊觀，迨一九七四年人民文學出版社重印，六十四、六十七兩回改用蒙古王府本而六十六回「以後小字刪去」數字，竟湮沒不存，夫蒙古王府本與庚辰本、己卯本原非一係，六十六回下小字黏條係庚辰本所特有，於研究多所憑藉，不宜刪去。

今人民文學出版社擬重新影印庚

辰本，承就商於余，余大贊成，並建議辛依庚辰鈔本影印，其缺失部份，則以己卯本補，則此影本，庶幾與庚辰本貌既合而神亦凝矣。夫庚辰本原本自乾隆庚辰至今，已歷二百三十三年，庚辰過錄本至今亦已歷二百二十五年，雪芹於壬午除夕逝世至今，恰爲二百三十年，而適於此時北京通縣張家灣雪芹墓石問世，豈非天意人事兩相契合乎。然則此特印本亦爲雪芹逝世二百三十周年之最好紀念也。爰爲敘其始末云爾。

癸酉大暑寬堂馮其庸揮汗撰并書於京華瓜飯樓時年七十又一

跋乾隆庚辰本脂硯齋重評石頭記鈔本

胡適

我在民國十六年買得大興劉銓福家舊藏脂硯齋重評石頭記殘本十六回（一至八、十三至十六、念五至念八）我曾作長文考證那本子的價值并且用那本子上的評語作證劇考出了一些關於曹雪芹和紅樓夢的事實。

今年在北京得見徐星署先生所藏的脂硯齋重評石頭記全部凡八册我曾用我的殘本對勘了一部分并且細檢全書的評語覺得這本子確是一個很值的研究的本子。

此書每行三十字每半頁十行每册十回但第二册第十七回即今本第十七十八兩回首頁有批評云「此回宜分二回方妥」第十九回另頁鈔寫但無回目又第七册缺兩回首頁題云

「內缺六十四六十七回」接高鶚作百二十回紅樓夢引言中說

是書沿傳既久坊間繕本及諸家秘稿繁簡歧出前後錯見即如六十七回此有彼無題同文異燕石莫辨茲惟擇其情理較協者取為定本。

此可見此本正是當日缺六十七回之一個本子六十四回亦缺可見此本應在高鶚所見各本之前有正書局本已不缺此兩回當更在後了。

又第三回冊二十二回只到惜春的迷詩為止其下全闕上有硃批云：

「此後破失俟再補」

其下為空一頁次頁上有這些記錄：

暫記寶釵製謎云：

朝羅誰攜兩袖煙　琴邊衾裡總無緣
曉籌不用雞人報　五夜無煩侍女添
焦首朝朝還暮暮　煎心日日復年年
光陰荏苒須當惜　風雨陰晴任變遷

此回未成而芹逝矣嘆嘆。

丁亥夏　畸笏叟

有正本此回稍有補作用了此詩做寶釵製的謎已是改本了今本皆根據高鶚本刪去惜春之謎又把此詩改作黛玉的另增入寶玉一謎寶釵一謎這是更晚的改補本了。

此書每冊首頁皆有「脂硯齋凡四閱評過」一行第五冊以下每冊首頁皆有「庚辰秋定本」一行庚辰是乾隆二十五年（西曆一七六〇）八冊之中只有第二三冊有硃筆批語其中有九十

三條批語是有年月的

己卯冬（乾隆二四·西一七五九）廿四條

壬午（乾隆二七·西一七六二）四十二條

乙酉（乾隆三十·西一七六五）一條

丁亥（乾隆三二·西一七六七）二十六條

這些批語不是原有的是從另一個本子上鈔過來的中如壬午鈔成了「玉文」可見轉鈔的痕跡不但批語是轉鈔的這本子也只是當時許多「坊間繕本」之一錯字很多最荒謬者如「真」字寫成「十六」但依二十二回及六十四六十七回的闕文看來此本的底本大概是一部「庚辰秋定本」其時紅樓夢的稿本有如下的狀況。

一、二十二回未寫成完。

二、六十四六十七兩回未寫成。

三、十七與十八兩回未分開。

四、十九回尚未有回目八十回也未有回目。

寫者又從另一本上過錄了許多硃筆批語最早的有乾隆己卯(一七五九)的批語是在庚辰(一七六零)寫定本之前其次有壬午年(一七六二)批語其時作者曹雪芹尚生存他死在壬午除夕其餘乙酉(一七六五)丁亥(一七六七)的批語都是雪芹死後批的了。

故我們可以說此本是乾隆庚辰秋寫定本的過錄本其第二三兩冊又轉錄有乾隆己卯至丁亥的批語這是該本的性質。

和現在所知的紅樓夢本子相比有如下表：

(一)過錄甲戌(一七五四)脂硯齋評本(胡適藏)
(二)過錄庚辰秋(一七六零)脂硯齋四閱評本(即此本)
(三)有正書局石印戚蓼生序本(八十回皆已補完其寫定年代當更晚)
(四)乾隆辛亥(一七九一)活字本(百二十回本我叫他做「程甲本」)
(五)乾隆壬午(一七九二)活字本(程乙本)

我的甲戌本與此本有許多不同之點，如第一回之前的「凡例」
此本全無如「凡例」後的七言律詩此本亦無如第一回覆石一
段甲戌本多四百二十餘字此本全無與有正石印戚本全同
此本與戚本最近但戚本已有補足的部分故知此本的底本
出於戚本之前除甲戌本外此本在今日可算最古本了。

甲戌本也是過錄之本其底本寫於「庚辰秋定本」之前六年
尚可以考見寫定之前的稿本狀況故最可寶貴甲戌本所錄

批語其年代有「甲午八月（一七七四）又在此本最晚的批語（丁亥）之後七年其中有很重要的追憶使我們因此知道曹雪芹死在壬午除夕知道紅樓夢所記本事確指曹家知道原本十三回有「秦可卿淫喪天香樓」的故事知道八十回外此書尚有一些已成的殘稿（看胡適文存三集頁五六五　六〇六或胡適文選頁四六到四七）

但此本的批語裡也有極重要的材料可以幫助我們攷証紅樓夢的掌故此本的批語有本文的雙行小字夾評有每回卷首和卷尾的総評有硃筆的行間夾評有硃筆的眉批有墨筆的眉評墨筆的眉批簽名「鑑堂」及「綺園」大概是後来收藏者的批語無可攷証的材料硃筆眉批簽名的共有四人：

（一）脂硯　（二）梅溪　（三）松齋　（四）畸笏（或作畸笏叟亦作畸笏老人）

畸笏批的最多松齋有兩條其餘二人各有一條梅溪與松齋

所批與甲戌本所錄相同脂硯簽名的一條批在第二十四回倪二醉遇賈芸一段上：

這一節對水滸記楊志賣刀遇沒毛大蟲一回看覺好看多矣。

己卯冬夜　　脂硯

我從前曾說「脂硯齋是曹雪芹很親近的同雪芹弟兄都很相熟我並且疑心他是雪芹同族的親屬」我又說「脂硯齋大概是雪芹的嫡堂弟兄或從堂弟兄也許是曹顒或曹頎的兒子松齋似是他的表字脂硯齋是他的別號」現在我看了此本我相信脂硯齋即是那位愛吃胭脂的寶玉即是曹雪芹自己此本二十二回記寶釵生日鳳姐點戲上有硃批云：

鳳姐点戲脂硯執筆今 知者聊聊(寥)矣不怨夫(末句大概當作「寧不悲夫」

此行又另行批云：

前批書（似是知字之誤）者聊聊（寥）今丁亥夏只剩朽物一枚寧不痛乎。

丁亥（一七六七）的批語凡二十六條其中二十四條皆署名「畸笏」此二條大概也是「畸笏」批的鳳姐不識字故点戲時須別人執筆本回雖不曾明說是寶玉執筆而寶玉的資格最好最合所以這兩條批語使我們可以推測脂硯齋即是紅樓夢主人也即是他的作者曹雪芹本書第一回本來說此書是空空道人記的「後因曹雪芹於悼紅軒中披閱十載增删五次纂成目錄分出章回則題曰金陵十二釵並題一絕云：

滿紙荒唐言，一把辛酸淚。

都云作者痴，誰解其中味？

至脂硯齋甲戌抄閱再評仍用石頭記（最後十五字各本皆無是據甲戌本的）甲戌本此段上有硃批云：

若云雪芹披閱增刪然後（則）開卷至此這一篇楔子又係誰撰足見作者之筆狡猾之甚後文如此處者不少這正是作者用畫家烟雲模糊處觀者萬不可被作者瞞蔽了去方是巨眼。

此評明說雪芹是作者而「披閱增刪」是託詞在甲戌本裡作者還想故意說作者是空空道人披閱增刪者是曹雪芹再評者另是一位脂硯齋至庚辰寫定時刪去「脂硯齋甲戌抄閱再評」字樣只稱為「脂硯齋重評石頭記」了依甲戌本與庚辰本的款式看来凡最初的鈔本紅樓夢必定都稱為「脂硯齋重評石頭記後人不知脂硯齋即是曹雪芹所以刪去原題又因高鶚排

本全刪原評後人又有改題「悼紅軒原本」的殊不知脂硯齋重評本正是悼紅軒原本如此改題正是被作者瞞蔽了。

「脂硯」只是那塊愛胭脂的頑石其為作者託名本無可疑原本有作者自己的評語和註語我在前幾年已說過了今見此本更信原本有作者自己的原評註如此本第七十八回之芙蓉女兒誄有許多解釋文詞典故的註語：如「鳩鴆惡其高鷹鷙翻遭罦罬」。下註云：

離騷「鷙鳥之不群兮」又「吾令鴆為媒兮鴆告余以不好雄鳩之鳴逝兮余猶惡其佻巧」註：鷙特立不群鴆羽毒殺人鳩多聲有如人多言不實罦罬音孚拙詩經雉罹于罦尔雅：罬謂之罦（抄本多誤今校正）

如「箝詖奴之口」討（戚本作罰程甲乙本作討與此本同）豈從寬？

下註云：

莊子「箝楊墨之口」孟子「詖辭知其所蔽」

此類註語甚多明明是作者自加的解釋其時紅樓夢剛寫定決不會已有紅迷的讀者肯費這麼大的氣力去作此種詳細的註釋所謂「脂硯齋評本」即是指那原有作者評註的底本不是指那些有丁亥甲午評語的本子因為甲午本和庚辰本都已題作「脂硯齋重評」本了。

此本使我們知道脂硯即是雪芹又使我們因此証明原底本有作者自加的評語這都是此本的貢獻。

此本有一處註語最可証明曹雪芹是無疑的紅樓夢作者第五十二回末頁寫晴雯補裘完時，

只听自鳴鐘已敲了四下。

下有双行小註云：

按四下乃寅正初刻寅此様寫法避諱也

雪芹是曹寅的孫子所以須避諱「寅」字此註各本皆已刪去賴有此本獨存使我們知道此書的作者確是曹寅的孫子（此註大概也是自註，因已記名脂硯齋故註之不妨填諱字了。）我從前曾指出紅樓夢十六回鳳姐談「南巡接駕」一大段即是追憶康熙南巡時曹寅四次接駕的故事這個假設在甲戌本的批語上已得着一点証據了（文存三集五七四或文選四三七到四三八）此本的南巡接駕的一段也有類似的批語「咱們賈府只預備接駕一次」一句旁有硃批云：

又要瞞人

「現在江南的甄家……独他家接駕四次」一段旁有硃批云：

点題是正文

又批云：

真有是事經過見過

這更可證實我的假設了甄家在江南即是三代在南京做織造時的曹家賈家即是小説裡假託在京城的曹家紅樓夢寫的故事的背景即是曹家這南巡接駕的回憶是一個鐵証因為當時沒有別的種家曾做過這樣的豪舉。

關於秦可卿之死甲戌本的批語記載最明白(文存三集五七五到五七九或文選四三九到四四二)此本也有松齋梅溪兩條硃批但無也有「樹倒猢猻散」一條硃批但無「秦可卿淫喪天香樓」一條總評此本十三回末有硃批總評云：

通回將可卿如何死故隱去是大發慈悲心也嘆嘆。

壬午春

此條與甲戌本的総評正相印證

我跋甲戌本時曾推論雪芹未完書稿推得五大事

(一)史湘雲似嫁與衛若蘭原稿有衛若蘭射圃拾得金麒麟的故事。

(二)原稿有襲人與琪官的結局他們後来供奉寶玉寶釵「得同終始」

(三)原稿有小紅茜雪在獄神廟的「一大回文字」

(四)惜春的結局在「後半部」

(五)残稿中有「誤窃玉」一回文字。

(六)原稿有「懸崖撒手」一回的回目。

此本的批語除甲戌本及戚本所有各條之外還有一些新材

料二十回李嬷嬷一段有硃批云

茜雪在獄神廟方呈正文襲人正文標昌(?)花襲人有始有終余只見有一次謄清時與獄神廟慰寶玉等五六稿被閱者迷失嘆嘆。

又二十七回鳳姐要紅玉(小紅在此本與甲戌本皆作紅玉)跟她去一段上有硃批云：

姦邪婢豈是怡紅應答者故即逐之前良兒後篆兒便是却証作者又不得可也。(有誤字)　己卯冬夜

其下又批云：

此係未見抄沒獄神廟諸事故有是批

丁亥夏　畸笏

此諸條可見在遺失之殘稿裡有這些事

(甲)茜雪與小紅在獄神廟一回「有慰寶玉」的事。

(乙)殘稿有「花襲人有始有終」一回的正文。

(丙)殘稿中有「抄沒」的事。

此外第十七八合回中妙玉一段下有長註其上有硃批云：

樹(?)處引十二釵總未的確皆係漫擬也至末回警幻情榜方知正副再副及三四副芳諱　壬午季春　畸笏

壬午季春雪芹尚生存他所擬的「末回」有警幻的「情榜」有十二釵及副釵再副三四副芳諱這個結局大似水滸傳的石碣又似儒林外史的「幽榜」這回迷失了似乎於原書價值無大損失。

又第四十二回前面有總批云

釵玉名雖二人人却一身此幻筆也今書至三十八回時已過三分之一而有餘故寫是回使二人合而為一請看

黛玉逝後寶釵之文字便知余言不謬也。

這一條有可注意的幾点：

(一)此本之四十二回在原稿裡為三十八回相差四回之多就算十七八九回合為一回尚差兩回

(二)三十八回，已過三分之一而有餘，可見原来計劃全書只有一百回。

(三)原稿已有，黛玉死後寶釵之文字，也失去了。

徐先生所藏這部庚辰秋定本其可供考証的材料大概如此。

此本比我的甲戌本雖然稍晚但甲戌只剩十六回而此本為八十回本只缺兩回現今所存八十回本可以考知高鶚的續書以前的紅樓夢原書狀況的有正石印戚本之外只有此

本了此本有許多地方勝於戚本如第二十二回之末此本尚保存原書殘闕狀態是其最大長處其他長處我已說過現在我要舉出一段很有趣的文字上的異同使人知道此本的可貴六十八回鳳姐初見尤二姐時鳳姐說的一大篇演說在有正石印本裡有塗改的痕跡原文是半文言的不合鳳姐的口氣石印本將此段演說用細線圈去旁註白話的改本如原文

> 怎奈二爺錯會奴意眠花臥柳之事瞞奴或可今娶姐姐二房之大事亦人家大禮亦不曾對奴說奴亦曾勸過二爺早行此禮以備生育……

塗改之後成了這樣的白話：

> 怎奈二爺錯會了我的意若是在外包占人家姐妹瞞着家裡也罷了今娶了妹妹作二房這樣正經大事也是人

家大禮卻不曾對我説我也曾勸過二爺早辦這件事果然生了一男半女連我後來都有靠……

這種塗改是誰的手筆呢究竟文言改成白話是戚本已有的呢還是狄子平先生翻印時改的呢我們現在檢查徐先生的抄本鳳姐演説的完全和石印本塗改去的文字一樣而石本改定的文字又完全和高鶚排印本一樣這可見雪芹原本有意把這段演説寫作半文言的客套話表示鳳姐的虛偽高鶚續書時覺的那不識字的鳳姐不應該説這種文謅謅的話所以全給改成了白話狄子平先生石印戚本時也覺得此段戚本不如刻本的流暢所以採用刻本來塗改戚本但狄先生很不澈底改了只此一葉就不改了所以原文鳳姐叫尤二姐做姐姐石印本依刻本改為妹妹但下文不曾照改之處又仍依

原文叫姐姐凡八九處之多這可證石印本確是用刻本來改原本然而若沒有此本的引証誰能判此塗改一案呢。

我很感謝徐星署先生借我這本子的好意我盼望將來有人肯費点功夫用石印戚本作底子把這本子的異文完全校記出來。

二十二、一、二十二夜。

丁丑年二月三日　哲抄於仰屏山館。

脂硯齋重評石頭記

石頭記

脂硯齋凡四閱評過

第一回　至十回

脂硯齋重評石頭記卷之

第一回

甄士隱夢幻識通靈　賈雨村風塵懷閨秀

此開卷第一回也作者自云因曾歷過一番夢幻之後故將真事隱去而借通靈之說撰此石頭記一書也故曰甄士隱云云但書中所記何事何人自又云今風塵碌碌一事無成忽念及當日所有之女子一一細考較去覺其行止見識皆出於我之上何我堂堂鬚眉誠不若此裙釵哉實愧則有餘悔又無益之大無可如何之日也當此則自欲將已往所賴　天恩祖德錦衣紈袴之時飫甘饜肥之日背父兄教育之恩負師友規談之德以至今日一技無成半生潦倒之罪編述一集以告天下人我之罪固不免然閨閣中本自歷歷有人萬不可

因我之不肖自護己短一併使其泯滅也雖今日之茆椽蓬牖瓦竈繩床其晨夕風露堦柳庭花亦未有防我之襟懷筆墨雖我未學下筆無文又何妨用假語村言敷演出一段故事來亦可使閨閣昭傳復可悅世之目破人愁悶不亦宜乎故曰賈雨村云云

此回中凡用夢用幻等字是提醒閱者眼目亦是此書立意本旨列位看官你道此書從何而来說起根由雖近荒唐細按則深有趣味待在下將此来歷註明方使閱者了然不惑原来女媧氏煉石補天之時于大荒山無稽崖煉成高經十二丈方經二十四丈頑石三萬六千五百零一磈媧皇氏只用了三萬六千五百磈只單單剩了一磈未用便棄在此山青埂峰下誰知此石自經煅煉之後靈性已通因見衆石俱得補天獨自己無材不堪入選遂自怨自嘆日夜

悲號慚愧一日正當嗟悼之際俄見一僧一道远〻而来生得骨格不凡丰神
迥異来至石下席地而坐長談見一磈鮮明瑩潔的美玉且又縮成扇墜大小
的可佩可拿那僧托於掌上咲道形體到也是個宝物了還只沒有寔在的好
處須得再鐫上数字使人一見便知是奇物方妙然後攜你到那昌明隆盛之
邦詩禮簪纓之族花柳繁華地溫柔富貴鄉去安身樂業石頭听了喜不能盡
乃問不知賜了弟子那幾件奇處又不知攜了弟子到何地方望乞明示使弟
子不惑那僧笑道你且莫問日後自然明白的說着便袖了這石同那道人飄
然而去竟不知投奔何方何舍後来又不知過了幾世幾劫因有個空〻道人
訪道求仙忽從這大荒山無稽崖青埂峰下經過忽見大磈石上字跡分明編
述歷〻空〻道人乃從頭一看原来就是無材補天幻形入世蒙茫〻大士渺

渺真人攜入紅塵歷盡離合悲歡炎凉世態的一段故事後面又有一首偈云
無材可去補蒼天　枉入紅塵若許年　此係身前身後事　倩誰記去作奇
傳詩後便是此石墜落之鄉投胎之處親自經歷的一段陳跡故事其中家庭
閨閣瑣事以及閑(閨)情詩詞到還全備或可適趣解悶然朝代年紀地輿邦國却
反失落無考空〻道人遂向石頭說道石兄你這一段故事據你自己說有些
趣味故偏寫在此意欲問世傳奇據我看來第一件無朝代年紀可考第二件
並無大賢大忠理朝廷治風俗的善政其中只不過几个異樣女子或情或痴
或小才微善亦無班姑蔡女之德能我縂抄去恐世人不愛看呢石頭笑答道
我師何太痴耶若云無朝代可考今我師竟假借漢唐等年紀添綴又有何难
但我想歷来野史皆蹈一轍莫如我這不借此套者反到新奇别致不過只取

其事体情理罷了又何必拘〻于朝代年紀哉再者市井俗人喜看理治之書者甚少爱適趣閒文者特多歷来野史或訕謗君相或貶人妻女姦淫凶惡不可勝数至若佳人才子等書則又千部共出一套且其中終不能不涉于淫濫以致満紙潘安子建西子文君不過作者要寫出自己的那兩首情詩艷賦来故假擬出男女二人名姓又必傍出一小人其間撥乱亦如劇中之小丑然且环婢開口即者也之乎非文即理故逐一看去悉皆自相矛盾大不近情理之話竟不如我半世親覩親聞的這几个女子雖不敢説強似前代書中所有之人但事跡原委亦可以消愁破悶也有几首歪詩熟話可以噴飯供酒至若離合悲歡興衰際遇則又追踪攝跡不敢稍加穿鑿徒爲供人之目而反失其真傳者今之人貧者日為衣食所累富者又懷不足之心縱然一時稍閒又有貪淫恋

色好貨尋愁之事那裡去有工夫看那理之書所以我這一段故事也不願世人稱奇道妙也不定世人喜悅檢書只愿你們當那醉淫飽卧之時或避事去愁之際把此一玩豈不省了些壽命筋力就比那謀虛逐妄却也省了口舌是非之害腿脚奔忙之苦再者亦令世人換新眼目不比那些胡牽乱扯忽離忽遇滿紙才人淑女子建文君紅娘小玉等通共熟套之舊稿我師意為何如空空道人听如此話思忖半晌將石頭記再檢閱一遍因見上面雖有些指奸責佞貶悪誅邪之語亦非傷時罵世之旨及至君仁臣良父慈子孝凡倫常所関之處皆是稱功頌德眷眷無窮寔非別書之可比虽其中大旨談情亦不過寔録其事又非假擬妄稱一味淫邀艷約私訂偷盟之可比因毫不干涉时世方從頭至尾抄録回来問世傳奇因空見色由色生情傳情入色自色悟空遂易

名為情僧改録石頭記為情僧録東魯孔梅溪則題曰風月寳鑑後因曹雪芹於
悼紅軒中披閲十載增删五次纂成目録分出章回則題曰金陵十二釵並題
一絶云　滿紙荒唐言　一把辛酸淚　都云作者痴　誰解其中味　出則
既明且看石上是何故事按那石上書云当日地陷東南這東南隅有處曰姑
蘇有城曰閶門者最是紅塵中一二等富貴風流之地這閶門外有个十里街
街内有个仁清巷〻内有个古庙因地方窄狭人皆呼作葫芦庙〻傍住着一
家鄉宦姓甄名費字士隱嫡妻封氏情性賢淑深明礼義家中虽不甚富貴然
本地便也推他為望族了因這甄士隱禀性恬淡不以功名為念每日只以观
花修竹酌酒吟詩為樂到是神仙一流人品只是一件不足如今年已半百膝
下無兒只有一女乳名喚作英菊年方三歲一日炎夏永晝士隱于書房閒坐

至手倦抛書伏几少憩不覺朦朧睡去夢至一處不便（辨）是何地方忽見那廂来了一僧一道且行且談只听道人問道你攜了這蠢物意欲何往那僧笑道你放心如今現有段風流公案正該了結這一干風流冤家尚未投胎入世趂此机會就将此蠢物夾帶于中使他去經歷、、那道人道原来近日風流冤孽又将造刼歷世去不成但不知落于何方何處那僧笑道此事說来好笑竟是千古未聞的罕事只因西方灵河岸上三生石畔有絳珠草一株時有赤瑕宮神瑛侍者日以甘露灌溉這絳珠草始得久延歲月後来既受天地精華復得雨露滋養遂得脫却艸胎木質得換人形僅修成个女体終日遊于離恨天外飢則食蜜青菓為膳渴則飲灌愁海水為湯只因尚未酬報灌溉之德故甚至五内便鬱結着一段纏綿不盡之意恰近日這神瑛侍者凡心偶熾乘此昌明

太平朝世意欲下凡造歷幻緣已在警幻仙子案前掛了號警幻亦曾問及灌
溉之情未償趂此到可了結的那絳珠仙子道他是甘露之恵我並無此水可
还他既下世為人我也去下世為人但把我一生所有的眼淚還他也償还得
過他了因此一事就勾出多少風流冤家來陪他們去了結此案那道人道果
是罕聞實未聞有还泪之説想來這一段故事比歷來風月事故更加瑣碎細
膩了那僧道歷來几个流風人物不過傳其大概以及詩詞篇章而已至家庭
閨閣中一飲一食総未述記再者大半風月故事不过偷香竊玉暗約私奔而已
並不曾將兒女之真情發洩一二想這一干人入世其情痴色鬼賢愚不肖者
悉與前人傳述不同矣那道人道趂此何不你我也去下世度脫几个豈不是
一場功德那僧道正合吾意你且同我到警幻仙子宮中將蠢物交割清楚待

這一干風流孽鬼下世已完你我再去如今虽已有一半落塵然猶未全集道
人道既如此便隨你去来却説甄士隱俱听得明白但不知所云蠢物係何東
西随不禁上前施禮笑問道二仙師請了那僧道也忙荅礼相問士隱因説道
適聞仙師所談因果實人世罕聞者但弟子愚濁不能洞悉明白若能大開痴
頑備細一聞弟子則洗耳諦听稍能警省亦可免沉淪之苦二仙笑道此乃玄机
不可預洩者到那時不要忘我二人便可跳出火坑矣士隱听了不便再問因
笑道玄机不可預洩但適云蠢物不知為何或可一見否那僧道若問此物到
有一面之縁説着取出遞與士隱〻〻接了看時原来是塊鮮明美玉上面字
迹分明鐫着通灵宝玉四字後面还有几行小字正欲細看時那僧便説已到
幻境便強從手中奪了去與道人竟过一大石牌坊上書四个大字乃是太虚

幻境兩边又有一付對聯道是　假作真時真作假　無為有處有為無士隱意欲也跟了過去方擧步時忽听一声霹靂有若山崩地陷士隱大叫一声定睛一看只見烈日炎炎芭蕉冉冉所夢之事便忘了大半又見奶母正抱了英菊走来士隱見女越發生得粉粧玉琢甚覺可喜便伸手接来抱在懷内鬪他頑耍一回又帶至街前看那过會的熱鬧方欲進来時只見從那边来了一僧一道那僧則癩頭跣脚那道則跛足蓬頭瘋瘋癲癲揮霍談笑而至及到他門前看見士隱抱着英菊那僧便大哭起来又向士隱道施主你把這有命無運累及爹娘之物抱在懷内作甚士隱听了知是瘋話也不去採他那僧還說捨我罷捨我罷士隱不耐煩便抱女兒撤身要進去那僧乃指着他大笑口内念了四句言詞道

慣養嬌生笑你痴　菱花空對雪澌〻
好防佳節元宵後　便是烟消火滅時

士隐听得明白心下猶豫意欲問他們来歷只听道人説道你我不必同行就此分手各幹營生去罷三刼後我在北邙山等你會齊了同往太虚幻境銷號那僧道最妙〻〻説畢二人一去再不見个踪影了士隐心中此時自忖这兩个人必有来歷該試一問如今悔却晚也這士隐正痴想忽見隔壁葫蘆廟内寄居的一个窮儒姓賈名化字表時飛別號雨村者走了出来這賈雨村原係胡州人氏原係詩書仕宦之族因他生于末世父母祖宗根基已盡人口衰喪只剩得他一身一口在家鄉無益因進京求取功名再整基業自前歳来此又淹蹇住了暫寄廟中安身每日賣字作文為生故士隐常與他交接當下雨村

見了士隱忙施礼陪笑道老先生倚門佇望敢街市上有甚新聞否士隱笑道
非也適因小女啼哭引他出来作耍正是無聊之甚兄来得正妙請入小齋一
談此彼皆可消此永晝說着便令人送女兒進去自與雨村攜手来至書房中
小童現茶方談得三五句話忽家人飛報嚴老爺来拜士隱慌的忙起身謝罪
道恕誑駕之罪略坐弟即来陪雨村忙起身亦讓道老先生請便晚生乃常造
之客稍候何妨說着士隱已出前所去了這裡雨村且翻弄書籍解悶忽听得
窓外有女子嗽声雨村遂起身往窓外一看原来是一个丫環在那裡擷花生
得儀容不俗眉目清明雖無十分姿色却亦有動人之處雨村不覺看的呆了
那甄家丫鬟擷了花方欲走時猛抬頭見窓内有敝巾旧服虽是貧窘然生得
腰圓背厚面濶口方更兼劍眉星眼直鼻權腮這丫鬟忙轉身迴避心下乃想

這人生的這様雄壯却又這様繿縷想他定是我家主人常〔說〕的什庅賈雨村了每有意帮助周濟只是没甚机會我家並無這様貧窘親友想定是此人無疑了怪道又說他必非久困之人如此〔思〕想不免又回頭兩次雨村見他回了頭便自為这女子心中有意于他便狂喜不盡自為此女子必是个巨眼英雄風塵中之知己也一時小童進来雨村打听得前面留飯不可久待遂從夾道中自便出門去了士隐待客既散知雨村自便也不去再邀一日早又中秋佳節士隐家宴已畢乃又另具一席于書房却自己步月至庙中来邀雨村原来雨村自那日見了甄家之婢曾回顧他兩次自為是个知己便時刻放在心上今又正值中秋不免對月有懷因而口占五言一律云

未卜三生願　頻添一段愁
悶来時斂額　行去几回頭
自顧風前影　誰堪月

下儔　蟾光如有意　先上玉人樓

雨村吟罷因又思及平生抱負苦未逢時乃有搔首對天長嘆復高吟一聯曰

玉在匵中求善價　釵于奩内待時飛

恰至士隱走来听見笑道雨村兄真抱負不淺也雨村忙笑道此不過偶吟前人之句何敢狂（妄）誕至此　因問老先生何興至此士隱笑道今夜中秋俗謂團圓之節想尊兄旅寄僧房不無寂寥之感故特具小酌邀兄到敝齋一飲不知可納芹意否雨（村）听了並不推辭便笑道既蒙厚爱何敢拂此盛情說着便同士隱復過这边書院中来須臾茶畢早已設下杯盤那美酒佳餚自不必說二人歸坐先是欵斟漫飲次漸談至興濃不覺飛觥限斝起来当時街坊上家〻簫管戶〻弦歌當頭一輪明月飛彩凝輝二人愈添豪興酒到杯乾雨村此時已有

七八分酒意狂興不禁乃對月寓杯口號一絕云

時逢三五便團圓　滿把晴光護玉欄
天上一輪纔捧出　人間萬姓仰頭看

士隱听了大叫妙哉吾每謂兄必非久居人下者今所吟之句飛騰之兆已見不日可接履于雲霓之上矣可賀可賀　乃親斟一斗為賀雨村因乾過嘆道非晚生酒後狂言若論時尚之學晚生也或可去充数沽名只是目今行囊路費一槩無措神京路遠非賴賣字撰文即能到者士隱不待說完便道兄何不早言愚每有此心但每遇兄時兄並未談及愚故未敢唐突今既及此愚雖不才義利二字却还識得且喜明歲正當大比兄宜作速入都春闈一战方不負兄之所學也其盤費餘事弟自代為処置亦不枉兄之謬識矣當下即命小童進去

速封五十兩白銀並兩套冬衣又云十九日乃黄道之期兄可即買舟西上待雄飛高舉明冬再晤豈非大快之事耶雨村收了銀衣不過畧謝一語並不介意仍是吃酒談笑那天已交了三更二人方散士隱送雨村去後回房一覺直至紅日三竿方醒因思昨夜之事意欲再寫兩封薦書与雨村帶至神都使雨村投謁个仕宦之家爲寄足之地因使人过去請時那家人去了回来說和尚說賈爺今日五鼓已進京去了他曾留下話与和尚轉達老爺說讀書人不在黄道黑道總以事理爲要不及面辭了士隱听了也只得罷了真是閒処光陰易過倐忽又是元宵佳節矣因士隱命家人霍啓抱了英菊去看社火花燈半夜中霍啓因要小解便將英菊放在一家門檻上坐着待他小解完了来抱時那有英菊的踪影急得霍啓直尋了半夜至天明不見那霍啓也就不敢回来見

主人便逃往他鄉去了那士隠夫婦見女兒一夜不歸便知有些不安再使幾人去尋找回来皆云連音響皆無夫妻二人半世只生此女一旦失落豈不思想因晝夜啼哭幾乎不曾尋死看〻的一月士隠先就淂了一病當時封氏孺人也因思女構疾日〻請醫療治不想這日三月十五葫芦庙中炸供那些和尚不加小心致使油鍋火逸便燒着窓紙此方人家多用竹籬木壁者其大抵也因劫數于是接二連三牽五掛四將一條街燒得如火燄山一般彼時虽軍民来救那火已成了勢如何救淂下直燒了一夜方漸〻的熄去也不知燒了几家只可怜甄家在隔壁早已燒成一片瓦礫場了只有他夫婦並几个家人的性命不曾傷了急淂士隠惟跌足長嘆而已只淂与妻子商議且到田庄上去安身偏值近年水旱不收鼠盗蜂起無非搶田奪地鼠竊狗偷民不安生因此

官兵勦捕难以安身士隱只得将田庄都折变了便攜了妻子与两个了嬛投他岳丈家去他岳丈名唤封肅本貫大如州人氏雖是務農家中都還殷寔今見女婿這等狼狽而来心中便有些不樂幸而士隱还有折变地的銀子未曾用完拿出来託他随分就價薄置些須房地為後日衣食之計那封肅便半哄半賺些須與他些薄田朽屋士隱乃讀書之人不慣生理稼穡等事免強支持了一二年越覺窮了下去封肅每見面時便說些現成話且人前人後又怨他們不善过活只一味好吃懶作等語士隱知投人不着心中未免悔恨再兼上年驚唬急忿怨痛已傷暮年之人貧病交攻竟漸漸的露出那下世的光景来可巧這日拄了拐杖掙挫到街前散散心時忽見那边来了一个跛足道人瘋癲落脱蔴屣鶉衣口内念着几句言詞道是

世人都曉神仙好　惟有功名

忘不了　古今将相在何方　荒塚一堆艸沒了　世人都晓神仙好　只有金銀忘不了　終朝只恨聚無多　及到多時眼閉了　世人都晓神仙好　只有姣妻忘不了　君在日〻說恩情　君死又随人去了　世人都晓神仙好　只有兒孫忘不了　痴心父母古来多　孝順兒孫誰見了

士隱听了便迎上来道你滿口說些什庅只听見些好了〻〻那道人笑道你若果听見好了二字还箕你明白可知世上萬般好便是了〻便是好若不了便不好若要好須是了我這歌兒便名好了歌士隱夲是有宿慧的一聞此言心中早已徹悟因笑道且住待我将你这好了歌解註出来何如道人笑道你解你解士隱乃說道

陋室空〻　當年笏滿床　衰艸枯楊　曾為歌舞塲　蛛絲兒結滿雕樑　緑紗今又糊在蓬窓上　說什庅脂正濃粉正香

如何兩鬢又成霜　昨日黃土隴頭送白骨　今宵紅灯帳底卧鴛鴦　金滿
箱銀滿箱　展眼乞丐人皆謗　正嘆他人命不長那知自己帰来喪　訓有
方保不定日後作強梁　擇膏粱誰承望流落在烟花巷　因嫌紗帽小　致
使鎖枷扛　昨怜破襖寒　今嫌紫蟒長　乱烘烘你方唱罷我登場　反認
他鄉是故鄉　甚荒唐　到頭来都是為他人作嫁衣裳
那瘋跛道人听了拍掌笑道解得切解得切　士隱便說一声走罷將道人肩上搭
連搶了过来背着竟不回家同了瘋道人飄飄而去当下烘動街坊衆人当作
一件新聞傳說封氏聞得此信哭个死去活来只得与父親商議遣人各处訪尋
那討音信無奈何少不得依靠着他父母度日幸兒身边还有兩个旧日的了
嬛伏侍主僕三人日夜作些些針線發賣幇着父親用度那封肅虽然日日抱怨

也無奈何了這日那甄家大了妳在門前買線忽听街上喝道之声衆人都說新太爷到任了妳于是隱在門内看時只見軍牢快手一對、、的过去俄而大轎抬着一个烏帽猩袍的官府过去了妳到發了个怔自思這官好面善到像在那里見过的于是進入房中也就丢过不在心上至晚間正待歇息之時忽听一片声打的門响許多人乱嚷說本府太爺的差人来傳人問話封肅听了唬得目瞪痴呆不知有何衬事

石頭記 第二回

脂硯齋重評石頭記卷之

第二回

賈夫人仙逝揚州城　　冷子興演説榮國府

此回亦非正文本旨只在冷子與一人即俗謂冷中出熱無中生有也其演説榮府一篇者蓋因族大人多若從作者筆下一一叙出盡一二回不能得明則成何文字故借用冷字一人畧出其文半使閱者心中已有一榮府隱隱在心然後用黛玉宝釵等兩三次皴染則耀然于心中眼中矣此即画家三染法也未寫榮府正人先寫外戚是由遠及近由小至大也若使先叙出榮府然後一一叙及外戚又一一至朋友至奴僕其死反拮据之筆豈作十二釵人手中之物也今先寫外戚者正是寫榮國一府也故又怕閑文賸瘰開筆即寫賈夫人

已死是特使黛玉入榮府之速也通灵宝玉于士隱夢中一出今又于子興口中一出閱者已洞然矣然後于黛玉宝釵二人目中極精極細一描則是文章関鎖何處蓋不肯一筆直下有若放閘之水然信之爆使其精華一洩而無餘也究竟此玉原應出自釵黛目中方有照應今預從子興口中說出寔虽寫而却未寫觀其後文可知此一回則是虛敲傍擊之文筆則是反逆隱曲之筆

詩云

一局輸贏料不真　香銷茶盡尚逡巡
欲知目下興衰兆　須問傍觀冷眼人

却說封肅因听見公差傳喚忙出来陪笑啟問那些人只嚷快請出甄爺来封肅忙陪笑道小人姓封並不姓甄只有当日小婿姓甄今已出家一二年了不知可是問他那些公人道我們也不知什庅真假因奉太爺之命来問你既是

你女婿便帶了你去親見太爷面禀省得乱跑説着不容封肅多言大家推擁他去了封家人个〻都驚慌不知何兆那天約二更時只見封素方回来歡天喜地衆人忙問端的他乃説道原来本府新陞的太爺姓賈名化本貫胡州人氏曾與女婿旧日相交方纔在咱門前過去的因見嬌杏那了頭買線所以他只當女婿移住于此我一一的将原固回明那太爷到傷感嘆息了一回又問外孫女兒我説看灯丢了太爺説不妨我自使番役務必探訪回来説了一回謊臨走到送了我二兩銀子甄家娘子听了不免心中傷感一宿無話至次日早有雨村遣人送了兩封銀子四疋錦緞荅謝甄家娘子又寄一封密書与封肅轉託問甄家娘子要那姣杏作二房封肅喜的屁滚屎流巴不得去奉承便在女兒前一力攛掇成了乗夜只用一乗小轎便把姣杏送進去了雨村欢喜自不必

說乃封百金贈封肅外謝甄家娘子許多物事令其好生養贍以待尋訪女兒下落封肅回家無話却說姣杏这丫环便是那年回顧雨村者因偶然一顧便弄出这段事来亦是自己意料不到之奇缘誰想他命運兩濟不承望自到雨村身边只一年便生了一子又半載雨村嫡妻忽染疾下世雨村便将他扶側作正室夫人了正是偶然一着錯便為人上人原来雨村因那年士隱贈銀之後他于十六日便起身入都至大比之期不料他十分得意已會了進士選入外班今已陞了本府知府虽才幹優長未免有些貪酷之弊且又恃才侮上那些官員皆側目而視不上一年便被上司尋了个空隙作成一本參他生情狡猾擅纂礼義且沽清正之名而暗結虎狼之屬致使地方多事民命不堪等語龍顏大怒即批革職該部文書一到本府官員無不喜悅那雨村心中虽十分慚

恨却面上全無一点怨色仍是嘻笑自若交代過公事将歷年做官積的些資本並家小人属送至原籍安排妥協却是自己担風袖月游覽天下勝跡那日偶又游至維〔淮〕揚地面因聞得今歲鹺政点的是林如海這林如海姓林名海字表如海乃是前科的探花今已陞至蘭台寺大人本貫姑蘇人氏今欽点出為巡塩御史到任方一月有餘原来这林如海之祖曽襲过列矦今到如海業經五世起初時只封襲三世因当今隆恩盛德遠邁前代額外加恩至如海之父又襲了一代至如海便從科第出身雖係鐘鼎之家却亦是書香之族只可惜這林家支庶不盛子孫有限雖有几門却与如海俱是堂族而已沒甚親支嫡派的今如海年已四十只有一个三歲之子偏又于去歲死了雖有几房姬妾奈他命中無子亦無可如何之事今只有嫡妻賈氏生得一女乳名代玉年方

五歲夫妻無子故愛如珍宝且又見他聰明清秀便也欲使他讀書識得几个字不过假充養子之意聊解膝下荒凉之嘆雨村正值偶感風寒病在旅店將一月光景方漸愈一因身体勞倦二因盤費不繼也正欲尋个合式之処暫且歇下幸有兩个旧友亦在此境居住因聞得鹺政欲聘一西賔雨村便相託友力謀了進去且作安身之計妙在只一个女學生並兩个伴讀丫嬛这女學生年又小身体又極怯弱工課不限多寡故十分省力堪〻又是一載的光陰誰知女學生之母賈氏夫人一疾而終女學生侍湯奉藥守丧尽哀遂又將要辭館別圖林如海意欲令女守制讀書故又將他留下近因女學生哀痛过傷本自怯弱多病的觸犯旧症遂連日不曾上學雨村閒居無聊每当風月晴和飯後便出來閒步这日偶至郭外意欲賞見那村野風光忽信步至一山環水旋

茂林深竹之處隱隱的有座廟宇門巷傾頹墻垣朽敗門前有額題着智通寺三字門旁又有一付旧破的對聯曰

身後有餘忘縮手　眼前無路想回頭

雨村看了因想到這兩句話文雖淺近其意則深也曾遊過些名山大刹到不曾見过这話頭其中想必有个翻过觔斗来的亦未可知何不進去試試想着走入時看只有一个龍鍾老僧在那裡煮粥雨村見了便不在意及至問他兩句話那老僧既聾且昏齒落舌鈍所荅非所問雨村不耐煩便仍出来意欲到那村肆中沽飲三杯以助野趣于是款步行来將入肆門只見座上吃酒之客有一人起身大笑接了出来口內說奇遇奇遇雨村忙看時此人是都中在古董行中貿易的號冷子興者旧日在〔京〕都相識雨村雨村最讚這冷子興是个有

作為大本領的人這子與又借雨村斯文之名故二人說話投机最相契合雨村忙笑問道老兄何日到此弟竟不知今日偶遇真奇緣也子與道去年歲底到家今因还要入都從此順路找个敝友說一句話承他之情留我多住兩日我也無緊事且盤桓兩日待月半時也就起身了今日敝友有事我因閒步至此且歇〻脚不期這樣巧遇一面說一面讓雨村同席坐了另整上酒餚来二人閒談漫飲叙些别後之事雨村因問近日都中可有新聞沒有子與道倒沒有什庅新聞到是老先生你貴同宗家出了一件小〻的異事雨村笑道弟族中無人在都何談及此子與笑道你們同姓定非同宗一族雨村問是誰家子與道荣国府賈府中可也玷辱了先生的門楣麼雨村笑道原来是他家若論起来寒族人丁却不少自東漢賈復以来枝派繁盛各省皆有誰逐細考查得

来若論榮國一枝却是同譜但他那等榮耀我們不便去攀扯至今故越發生踈难認了子興嘆道老先生休如此說如今的這榮國兩門也都蕭踈了不比先時的光景雨村道當日寧榮兩宅的人口也極多如何就蕭踈了冷子興道正是說来也話長雨村道去歲我到金陵地界因欲遊覽六朝遺跡那日進了石頭城從老宅門前徑过街東是寧國府街西是榮国府二宅相連竟將大半條街占了大門前虽冷落無人隔着圍墻一望裡面所殿樓閣也还都峥嶸軒峻就是後一帶花園子里面樹木山水也还都有蓊蔚洇潤之氣那裡像个衰敗之家冷子興笑道亏你是進仕出身原来不通古人有云百足之虫死而不僵如今虽說不及先年那樣興盛較之平常仕宦之家到底氣象不同如今生齒日繁事務日盛主僕上下安富尊榮者儘多運籌謀畫者無一其日用排場廢

用又不能将就省俭如今外面的架子雖未甚倒内囊却也尽上来了這还是
小事更有一件大事誰知這樣鐘鳴鼎食之家翰墨詩書之族如今的兒孫竟
一代不如一代了雨村听說也納罕道這樣詩礼之家豈有不善教育之理别門
不知只說這寧榮二宅是最教子有方的子興嘆道正說的是這兩門呢待我
告訴你當日寧國公是一母同胞弟兄兩个寧公居長生了四个兒子寧公死
後賈代化襲了官也養了兩个兒子長名賈敷至八九歲上便死了只剩了次
子賈敬襲了官如今一味好道只愛燒丹煉汞餘者一槩不在心上幸而早年
留下一子名喚賈珍因他父親一心想作神仙把官到讓他襲了他父親又不
肯回原籍来只在都中城外和道士們胡羼這位珍爷到生了一个兒子今年
纔十六歲名叫賈蓉如今敬老爹一槩不管這珍爺那里肯讀書只一味高樂

不了把寧國府竟翻了過来也没有敢来管他再説栄府你听方纔所説異事就出在這里自栄國公死後長子賈代善襲了官娶的也是金陵世勳史侯家的小姐為妻生了兩个兒子長子賈赦次子賈政如今代善早已去世太夫人尚在長子賈赦襲着官次子賈政自酷甚讀書祖父最疼原欲以科甲出身的不料代善臨終時遺本一上皇上因恤先臣即時令長子襲官外問还有几子立刻引見遂額外賜了这政老爹一个主事之銜令其入部習学如今現已陞了員外郎了这政老爹的夫人王氏頭胎生的公子名喚賈珠十四歲進学不到二十歲就娶了妻生了子一病死了第二胎生了一位小姐生在大年初一這就奇了不想次年又生一位公子説来更奇一落胎胞嘴里便啣下一塊五彩晶瑩的玉来上面还有許多字跡就取名叫作宝玉你道是新奇異事不是兩

村笑道果然奇異只怕这人来歷不小子興冷笑道萬人皆如此説因而乃祖母便先爱如珍宝那年週歲时政老爹便要試他将来的志向便将那世上所有之物擺了無数與他抓取誰知他一槩不取伸手只把些脂粉釵環抓来政老爹便大怒了説将来酒色之徒耳因此便大不喜悦独那史老太君还是命根一樣説来又奇如今長了七八歲虽然淘氣異常但其聰明乖覚处百个不及他一个説起孩子話来也奇怪他説女兒是水作的骨〔頭〕肉男人是泥作的骨〔頭〕肉我見了女兒我便清爽見了男子便覺濁臭逼人你道好笑不好笑将来色鬼無移了雨村罕然厲色忙止道非也可惜你們不知道这人来歷大約政老前輩也錯以淫魔色鬼看待了若非多讀書識事加以致知格物之功悟道条玄之力不能知也子興見他説得这樣重大忙請教其端雨村道天地生人除

故

大仁大惡兩種餘者皆無大異若大仁者則應運而生大惡者則應劫而生運
生世治劫生世危堯舜禹湯文武周召公孔孟董韓周程張朱皆應運而生者蚩
尤共工桀紂始皇王莽曹操桓温安祿山秦檜等皆應劫而生者大仁者修治
天下大惡者撓乱天下清明靈秀天地之正氣仁者之所秉也殘忍乖僻天地
之邪氣惡者之所秉也今當運隆祚永之朝太平無為之世清明灵秀之氣所
秉者上至朝廷下至艸野比比皆是所餘之秀氣漫無所歸遂為甘露為和風
沛
和然漑及四海彼殘忍乖僻之邪氣不能蕩溢于光天化日之中遂凝結充塞
于深溝大壑之内偶因風蕩或被雲摧略有搖動感發之意一絲半縷悮而洩
秀
出者偶值灵之氣適过正不容邪邪復妒正相不肯下亦如風水雷電地中
兩
既遇既不能消又不能讓必至搏擊掀發後始盡故其氣亦必賦人發洩一盡

始散使男女偶秉此氣而生者在上則不能成仁人君子下亦不能為大凶大惡置之于萬萬之人中其聦俊灵秀之氣則在萬萬人之上其乖僻邪謬不近人情之態又在萬萬人之下若生于公侯富貴之家則為情痴情種若生于詩書清貧之族則為逸士高人總再偶生于薄祚寒門斷不能為走卒健僕甘遭庸人驅制駕馭必為奇優名倡如前代之許由陶潛阮籍嵇康刘伶王謝二族顧虎頭陳後主唐明皇宋徽宗刘廷芝溫飛卿米南宮石曼卿柳耆卿秦少遊近日之倪雲林唐伯虎祝之山再如李龜年黄旛綽敬新磨卓文君紅拂薛濤崔鶯朝雲之流此皆異地則同之人也子與道依你說成則王侯敗則賊了兩村道正是这意你還不知我自革職以來這兩年遍遊名省也曾遇見兩个異樣孩子所以方纔你一說这宝玉我就猜着了八九亦是这一派人物不用遠說

只金陵城内欽差金陵省体仁院捴裁甄家你可知庅子興道誰人不知這甄府合賈府就是老親又係世交两家来往極其親熱的便在下也合他家来往非止一日了雨村笑道去歲我在金陵也曾有人荐我到甄府處館我進去看看其光景誰知他家那等顯貴却是个富而好礼之家到是个难得之館但這一个學生虽是啟蒙却比一个举業的还劳神說起来更可笑他說必得两个女兒伴着我讀書我方能認得字心里也明不然我自己心里糊塗又常對跟他的小廝們說这女兒两个字極尊貴極清静的比那阿彌陀佛元始天尊的这两个宝號还更尊荣無对的呢你們這濁口臭舌萬不可唐突了这两个字要緊但凡要說時必須先用清水香茶漱了口纔可設若失錯便要鑿牙穿腮等事其暴虐浮躁頑劣憨痴種々異常只一放了學進去見了那些女兒們其

温厚和平聰敏文雅竟又变了一个因此他令尊也曾下死笞楚过几次無奈竟不能改每打的吃疼不过時他便姐〻妹〻乱叫起来後来听得裡面女兒們拿他取笑因何打急了只管叫姐妹做甚莫不是求姐妹去討情討饒你豈不愧些他回荅的最妙他說急疼之時只叫姐〻妹〻字樣或可解疼也未可知因叫了一声便果竟不疼了遂得了祕法每疼痛之極便連叫姐妹起来了你說可笑不可笑也因祖母溺愛不明每因孫辱師責子因此我就辭了館出来如今在这巡盐御史林家做館了你看這等子弟必不能守祖父之根基從師長之規諫的只可惜他家几个姊妹都是少有的子興道便是賈府中現有的三个也不錯政老爹的長女名元春現因賢孝才德選入宮中作女史去了二小姐乃政老爹前妻所出名迎春三小姐乃政老爹之庶出名探春四小姐

乃寧府珍爺之胞妹名喚惜春因史老夫人極愛孫女都跟在祖[母]這边一處讀書听得个〻不錯雨村道更妙在甄家的風俗女兒之名亦皆從男子之名命字不似別家另外用這些〻春紅香玉等艷字的何得賈府亦樂此俗套子興道不然只因現今大小姐是正月初一日所生故名元春餘者方從了春字上一背[輩]的却也是從弟兄而來的現有對証目今你貴東家林公之夫人即榮府中赦政二公之胞妹在家時名喚賈敏不信時你回去細訪可知雨村拍案笑道怪道這女學生讀至凡書中有敏字皆念作密字每〻如是寫字遇着敏字又減一二筆我心中有些疑惑今听你說的是為此無疑矣怪道我這女學生言語舉止另是一樣不与近日女子相同度其母必不凡方得其女今知為榮府之孫又不足罕矣可傷上月竟亡故了子興嘆道姊妹四个這一个是極小

的又没了長一輩的姊妹一个也没了只看这小一輩的将来之東床如何呢
雨村道正是方纔説这政公已有啣玉之兒又有長子所遺一个弱孫这赦老
竟無一個不成子與道政公既有玉兒之後其妾又生了一个到不知其好只
眼前現有二子一孫却不知将来如何若問那赦公也有二子長名賈璉今已
二十来往了親上作親娶的就是政老爹夫人王氏之内姪女今已娶了二年
這位璉爺身上現蠲的是个同知也是不肯讀書于世路上好机变言談去的
所以如今只在乃叔政老爺家住着帮着料理些家務誰知自娶了他令夫人
之後到上下無一人不称頌他夫人的璉爺倒退了一射之地説模樣又極標
致言談又爽利心机又極深細竟是个男人萬不及一的雨村听了笑道可知
我前言不謬你我方纔所説的这几个人都只怕是那正邪兩賦而来一路之

人未可知也子與道邪也罢正也罢只顧算別人家的賬你也吃一盃酒纔好

雨村道正是只顧說話竟多吃了几杯子與笑道說着別人家的閑話正好下

酒即多吃几盃何妨雨村向窗外看道天也晚了仔細關了城我們漫漫的再

進城再談未為不可于是二人起身算還酒賬方欲走時又听得後面有人叫

道雨村兄恭喜了特來報个喜信的雨村忙回頭看時

石頭記

第三冊

脂硯齋重評石頭記卷之

第三回

賈雨村夤緣復舊職　林代玉抛父進都京

却說雨村忙回頭看時不是別人乃是当日同僚一案参革的号張如圭者他本係此地人革後家居今打听得都中奏准起復旧員之信他便四下里尋情找門路忽遇見雨村故忙道喜二人見了礼張如圭便將此信告訴雨村〻〻自是歡喜忙〻的叙了兩句遂作別各自回家冷子與听得此言便忙猷計令雨村央煩林如海轉向都中去央煩賈政雨村領其意作別回至舘中忙尋邸报看真確了次日面謀之如海〻〻道天緣湊巧因賤荊去世都中家岳母念及小女無人依傍教育前已遣了男女船支來接因小女未曾大痊故未及行

此刻正思向蒙訓教之恩未經酬報遇此机會豈有不盡心圖报之理但請放心弟已預為筹画至此已修下荐書一封轉託内兄務為周全協力方可稍盡弟之鄙誠即有所費用之例弟于内家信中已註明白亦不勞尊兄多慮矣雨村一面打恭謝不釋口一面又問不知令親大人現居何職只怕晚生艸率不敢驟然入都干瀆如海笑道若論舍親与尊兄犹係同譜乃榮公之孫大内兄現襲一等將軍名赦字恩侯二内兄名政字存周現任工部員外郎其為人謙恭厚道大有祖父遺風非膏粱輕薄仕宦之流故弟方致書煩托否則不但有污尊兄之清操即弟亦不屑爲矣雨村听了心下方信了昨日子興之言于是又謝了林如海〃〃乃說已擇了出月初二日小女入都尊兄即同路而往豈不兩便雨村唯〃听命心中十分得意如海遂打点礼物並餞行之事雨村一一

領了那女学生代玉身体又愈原不忍棄父而往無奈他外祖母致意務去且兼如海說汝父年將半百再無續室之意且汝多病年又極小上無親母教養下無姊妹兄弟扶持今依傍外祖母及舅氏姊妹去正好減我顧盼之憂何反云不往代玉听了方洒泪拜別随了奶娘及荣府几个老婦人登舟而去雨村另有一支船帶兩个小童依附代玉而行有日到了都中進入神京雨村先整了衣冠帶了小童拿着宗侄的名帖至荣府的門前投了彼時賈政已看了妹丈之書即忙入相会見雨村相貌魁偉言語不俗且这賈政最喜讀書人礼賢下士濟弱扶危大有祖風況又係妹丈致意因此優待雨村更又不同便竭力内中協助題奏之日輕輕謀了一个復職候缺不上兩个月金陵天應府缺出便謀補了此缺拜辭了賈政擇日上任去了不在話下且說代玉自那日棄舟登

岸时便有荣國府打發了轎子並拉行李的車輛久候了这林代玉常听得母親説过他外祖母家与別家不同他近日所見的这几个三等的僕婦吃穿用度已是不凡了何况今至其家因此步步留心时时在意不肯輕易多説一句話多行一步路惟恐被人恥笑了他去自上了轎進入城中從紗窗向外瞧了一瞧其街市之繁華人烟之阜盛自与別處不同又行了半日忽見街北蹲着兩个大石獅子三間獸頭大門門前列坐着十来个華冠麗服之人正門却不開只有東西兩角門有人出入正門之上有一匾匾上大書勅造寧國府五个大字代玉想道這必是外祖之長房了想着又往西行不多遠照樣也是三間大門方是荣國府了却不進正門只進了西边角門那轎夫抬進去走了一射之地將轉彎時便歇下退出去了後面的婆子們已都下了轎赶上前来另换了三四

個衣帽週全十七八歲的小厮上来復抬起轎子衆婆子在步下圍隨至一垂花門落下衆小厮退出衆婆子来打起轎簾扶代玉下轎林代玉扶着婆子的手進了垂花門兩边是超手遊廊当中是串堂当地放着一个紫檀架子大理石的大插屏小〻的三間厛〻後就是後面的正房大院正面五間上房皆雕梁画棟兩边穿山遊廊廂房掛着各色鸚鵡画眉等雀台磯之上坐着几个穿紅着緑的丫頭一見他們来了便忙都笑迎上来了說剛纔老太〻還念呢可巧就来了于是三四人争着打起簾籠一面听得人回話林姑娘到了代玉方進入房時只見兩个人攙着一位鬢髮如銀的老母迎上来代玉便知是他外祖母方欲拜見時早被他外祖母一把摟入懷中心肝兒肉叫着大哭起来当下地下侍立之人無不掩面涕泣代玉也哭个不住一时衆人漫〻解勸住了

代玉方拜見了外祖母此即冷子與所云之史氏太君賈赦賈政之母也當下賈
母一一指与代玉这是你大舅母这是你二舅母这是你先珠大哥的媳婦珠
大嫂子代玉一一拜見过賈母又說請姑娘們来今日遠客纔来可以不必上学
去了衆人答應了一声便去了兩个不一時只見三个奶嬤〻並五六个丫環
撮擁着三个姊妹来了第一个肌膚微豐合中身材腮凝新荔鼻膩鵞脂温柔
沉默觀之可親第二个削肩細腰長挑身材鴨蛋臉面俊眼修眉顧盼神飛文
彩精華見之忘俗第三个身量未足形容尚小其釵環裙襖三人皆是一樣的
粧飾代玉忙起身迎上来見礼互相厮認过大家歸了坐了嬛們斟上茶来不
过說些代玉之母如何得病如何請醫服藥如何送死發喪不免賈母又傷感
起来因說這些兒女所疼者獨有你母今日一旦先捨我而去連面也不能一

見今見了你我怎不傷心說着摟了代玉在怀嗚咽起來衆人忙都寬慰解釋方略〻止住衆人見代玉年貌虽小其举止言談不俗身体面龐虽怯弱不勝却有一段自然的風流態度便知他有不足之症因問常服何藥如何不急為療治代玉道我自来是如此從会吃飲食時便吃藥到今日未斷請了多少名医修方配藥皆不見效那一年我三歲时听得說来了一个癩頭和尚說要化我去出家我父固是不從他又說既捨不得他只怕他的一生也不能好的了要好时除非從此以後揔不說許見哭声除父母之外凡有外姓親友之人一槩不見方可平安了此一世瘋〻癲〻說了這些不経之談也没人理他如今还是吃人參養荣丸賈母道正好我这里正配丸藥呢叫他們多配一料就是了一語未了只听後院中有人笑声說我来遲了不曾迎接遠客代玉納罕道

這些人个〻皆斂声屏氣恭肅嚴整如此这来者係誰这樣放誕無礼心下想
時只見一群媳婦丫鬟圍擁着一个人從後房門進来这個人打扮与衆姑娘
不同彩袖輝煌恍若神妃仙子頭上帶着金絲八宝攢珠髻綰着朝陽五鳳桂
珠釵項上代着赤金盤螭瓔珞圈裙边繫着綠色宮縧雙衡皆玫瑰珮身上穿
着縷金百蝶（洋花）穿大紅洋緞窄褙襖外罩五彩刻絲石青銀鼠褂下着翡翠撒花
洋縐裙一雙丹鳳三角眼兩灣柳葉掉稍眉身量苗條体格風騷粉面含春威
不露丹唇未啓笑先聞代玉連起身接見賈母笑道你不認得他〻是我們这
裡有名的一潑皮破落戶兒南省俗謂作辣子你只叫他鳳辣子就是（了）代玉正
不知以何称呼只見衆姊妹都忙告訴他道這是璉（二）嫂子代玉虽（沒見也）不知曽听見
母親說过大舅賈赦之子賈璉娶的就是二舅母王氏之内姪女自幼假充男

兒教養的学名王熙鳳代玉忙陪笑見礼以嫂呼之這熙鳳攜着代玉的手上下細〻打諒了一回仍送至賈母身边坐下因笑道天下真有这樣標致的人物我今兒纔筭見了況且这通身的氣派竟不像老祖宗的外孫兒竟是个嫡親的孫女怨不得老祖宗天〻口頭心頭一时不忘只可怜我这妹〻這樣命苦怎庅姑媽偏就去世了説着便用帕拭泪賈母笑道我纔好了你到来招我你妹〻遠路纔来身子又弱也纔劝住了快再休題前話這熙鳳听了忙轉悲為喜道正是呢我一見了妹〻一心都在他身上了又是喜欢又是傷心竟忘記了老祖宗該打〻〻又忙攜代玉之手問妹〻几歲了可也上过学現吃什庅藥在这里不要想家想要什庅吃的什庅頑的只管告訴我丫頭老婆們不好了也只管告訴我一面又問婆子們林姑娘的行李東西可搬進来代了

人来你們赶早打掃兩間下房讓他們去歇、說話時已擺了茶菓上来熙鳳親為捧茶捧菓又見二旧母問他月錢放过了不曾熙鳳道月錢也放完了纔剛代着人到後楼上找緞子找了这半日也並沒有見昨日太〻說的那樣想的是太〻也記錯了王夫人道有沒有什庅要緊因又說道該隨手拿出兩个来給你这妹〻去裁衣裳的等晚上想着叫人再去拿罷可別忘了熙鳳道這道是我先料着了知道妹〻不过这兩日到的我已預備下了等太〻回去过了目好送来王夫人一笑点頭不語当下茶菓已撤賈母命兩个老嬤〻代了代玉去見兩个母舅时賈赦之妻邢氏忙亦起身笑道正是呢你也去罷不必過来了邢夫人荅應了一声是字遂代了代玉与王夫人作辞大家送至穿堂前出了垂花門早有衆小廝們拉过一輛翠幄青紬車邢夫人攜了代玉坐在上面衆婆子們放下車簾方命小廝們抬起拉至寬處方駕上馴騾亦出了西角門往東过荣府正門便入一黑油大門中至儀門前方下来衆小廝退出方打起車簾邢夫人攙着代玉的手進入院中代玉度其房屋院宇必是荣府中花園隔断过来的進入三層儀門果見正房廂廡遊廊悉皆小巧别致不似方纔那边軒峻壯麗且院中随処之樹木山石皆在一時進入正室早有許多盛粧麗服之姬妾丫鬟迎着邢夫人讓代玉坐了一面命人到外面書房去請賈赦一時人来回話説老爺説了連日身上不好見了姑娘彼此到傷心暫且不忍相見劝姑娘不要傷心想家跟着老太〻合舅母即同家裡一樣姊妹們虽拙大家一處伴着亦可以解些煩悶或有委屈之處只管説得不要外道纔是代玉忙站起来一一听了再坐一刻便告辞邢夫人苦留吃过晚飯去代玉笑回道

舅母爱惜賜飯原不应辭只是还要过去拜見二舅〻恐領賜去恭異日再領未為不可望旧母容量邢夫人听說笑道這到是了遂另兩三个婢〻用方纔的車好坐送了过去于是代玉告辭邢夫人送至儀門前又囑咐了衆人几句眼看着車去了方回来一时代玉進了荣府下了車衆嬤〻引着便往東轉灣穿過一个東西的穿堂向南大庁之後儀門内大院落上面五間大正房兩边廂房鹿頂耳房鑽山四通八達軒昂壮麗比賈母処不同代玉便知這方是正緊正内室一條大甬路直接出大門的進入堂屋中抬頭迎面先看見一个赤金九龍青地大匾〻上冩着斗大的三个大字是荣禧堂後有一行小字某年日月書賜荣國公賈源又有萬幾宸翰之宝大紫檀雕螭案上設着三尺来高青緑古銅鼎懸着待漏隨朝墨龍大画一边是雌金彝一边是玻璃盞地下兩

溜十六張楠木交椅又有一付对聯乃烏木聯匾廂着鏨銀的字跡道是

座上珠璣昭日月　　堂前黼黻焕烟霞

下面一行小字道是同鄉世教弟勳襲東安郡王穆蒔拜手書原来王夫人時常居坐宴息亦不在這正室只在这正室東边的三間耳房内于是老嬷〻引代玉進東房門来臨窓大炕猩紅洋罽正面設着大紅金錢蟒靠背石青金錢蟒引枕秋香色金錢蟒大條褥兩边設一對梅花式㨮漆小几左边几上文王鼎匙箸香盒右边几上汝窯美人觚〻内插着時鮮花艸並茗盌痰盒等物地下面西一溜四張椅上都搭着銀紅撒花椅搭底下四付脚踏椅之兩边也有一对高几〻上茗盌瓶花俱備其餘陳設自不必細説老嬷〻們讓代玉炕上坐炕沿上却有兩个錦褥对設代玉度其位次便不上炕只向東边上椅子坐了

本房内的丫嬛忙捧上茶来代玉一面吃茶一面打諒这些丫嬛們粧飾衣裙举止行動果亦与别家不同茶未吃了只見一个穿紅綾襖青緞掐牙背心的一个丫嬛走来笑說道太〻說請林姑娘到那边坐罢老嬷〻听了于是又引代玉出来到了東廊三間小正房内正房炕上横設一張炕桌〻上磊着書籍茶具靠東壁面西設着半旧的青緞靠背引枕王夫人却坐在西边下首亦是半旧的青緞靠背坐褥見代玉来了便往東讓代玉心中料定这是賈政之位因見挨炕一溜三張椅子上也搭着半旧的弹墨椅袱代玉便向椅上坐了王夫人再四攜他上炕他方挨王夫人坐了王夫人因說你舅〻今日齋戒去了再見罢只是有一句話囑咐你〻三个姊妹到都極好以後一處念書認字學針線或是偶一頑笑都有侭讓的但我不放心的最是一件我有一个孽根禍

胎是家里的混世魔王今日因庙裡還愿去了尚未回来晚間你看見便知了你
只、以後不要採他你這些姊妹都不敢沾惹他的代玉亦常听得母親說过二
舅母生的有个表兄乃啣玉而誕頑劣異常極悪讀書最喜在內幃廝混外祖
又極溺愛無人敢管今見王夫人如此說便知說的是这表兄了因陪笑道旧
母說的可是啣玉所生的这位哥〻在家时亦曾听見母親常說這位哥〻比
我大一歲小名就喚宝玉虽極憨頑說在姊妹情中極好的況我来了自然只、
和姊妹同處兄弟們自是別院另室的豈得去沾惹之礼王夫人笑道你不知
道原故他與他人不同自幼因老太〻疼愛係同姊妹們一処姣養慣了的
若姊妹們有日不理他〻到还安靜些〻縱然他沒趣不过出了二門背地里拿
着他兩个小優兒出氣咕唧一會子就完了若這一日姊妹們和他多說一句

話他心裡一樂便生出多少事来所以囑咐你别採他〻嘴里一時甜言密語
一時有天無日一时又瘋〻傻〻只休信他代玉一〻的都答應着只見一个
丫环又回老太〻那里傳晚飯了王夫人忙携代玉從後房門由後廊往西出
了角門是一條南北寬夾道南边是到座三間小〻的抱厦所北边立着一个
粉油大映壁後有一半大門小〻一所房室王人笑指向代玉道这是你鳳姐
〻的屋子回来你好往这里找他来少什庅東西你只管和他說就是了這院
門上也有四五个總角的小厮都垂手侍立王夫人遂携代玉穿过一个東
西穿堂便是賈母的後院了于是進入後房門已有多人在此伺候見王夫人
来了方安設桌椅賈珠之妻李氏捧飯熙鳳安箸王夫人進羹賈母正面榻上
独坐兩边四張空椅熙鳳忙拉了代玉在左边第一張椅上坐了代玉十分推

讓賈母笑道你旧母你嫂子們不在这里吃飯你是客原應如此坐的代玉方告了坐了賈母命王夫人坐了迎春姊妹三个告了坐方上来迎春便坐右手第一探春坐第二惜春又在右第二傍边了鬟執着拂塵漱盂巾帕李鳳二人立于案傍佈讓外間伺候之媳婦了鬟虽多却連一聲咳嗽不聞寂然飯畢各有了鬟用小茶盤捧上茶来当日林如海教女以惜福養身云飯後務待飯粒嚥尽过一时再吃茶方不傷脾胃今代玉見了這里許多事情不合家中之式不得不隨的少不得一一改过来因而接了茶早見人又捧过漱盂来代玉也照樣漱了口盥手畢又捧上茶来这方是吃的茶賈母便說你們去罢讓我們自在說話兒王夫人听了忙起身又說了兩句閒話方引鳳李二人去了賈母因問代玉念何書代玉道只剛念了四書代玉又問姊妹們讀何書賈母道讀

的是什庅書不过是認得兩个字不是睁眼的瞎子罢了一語未了只听外面一陣脚步响丫嬛進来笑道宝玉来了代玉心中正疑惑着这个宝玉不知是怎生个憊懶人物懞懂頑童到不見那蠢物也罢了心中想着忽見丫嬛話未报完已進来了一位年輕的公子頭上帶着束髮嵌宝紫金冠齐眉勒着二龍搶珠金抹額穿一件二色金百蝶穿花大紅箭袖束着五彩系攢花結長穗宫絛外罩石青起花八團倭緞排穗褂登着青緞粉底小朝靴面若中秋之月色如春曉之花鬓若刀裁眉如墨画面如桃瓣目若秋波虽怒時而若笑即瞋視而有情項上金螭瓔珞又有一根五色系絛繋着一塊美玉代玉一見便吃一大驚心下想道好生奇怪到像在那裡見过一般何等眼熟到如此只見這宝玉向賈母請了安賈母便命去見你娘来宝玉即轉身去了一时回来再看已换

了冠帶頭上週圍一轉的短髮都結成小辮紅系結束共攢至頂中胎髮總辮一根大辮如漆黑亮從頂至稍一串四棵(顆)大珠用金八宝墜角身上穿着銀紅撒花半旧大襖仍舊戴着項圈宝玉寄名鎖護身符等物下面半露松花撒花綾褲腿錦边彈墨襪厚底大紅鞋越顯得面如敷粉唇若施脂轉盼多情語言常(带)笑天然一段風騷全在眉稍半生萬種情思悉堆眼角看其外貌最即好却难知其底細後人有西江月二詞批宝玉極恰其詞曰

無故尋愁覔恨　有時似傻如狂　縱然生得好皮囊　腹内原来草莽　潦倒不通世務　愚頑怕讀文章　行為偏僻性乖張　那管世人誹謗　富貴不知樂業　貧窮难耐凄凉　可憐辜負好韶光　於國於家無望　天下無能第一　古今不肖無雙　寄言紈褲與膏粱　莫笑(效)此兒形狀

賈母因笑道外客未見就脫了衣裳还不去見你妹〻寶玉早已看見多了一個姊妹便料定是林姑媽之女忙来作揖厮見畢歸坐細看形容與衆各别兩灣半蹙鵞眉一对多情杏眼態生兩靨之愁嬌襲一身之病淚光点〻嬌喘微〻閑靜時如姣(皎)光照水行動時似弱柳扶風心較比干多一竅病如西子勝三分宝玉看罢因笑道這个妹〻我曾見过的賈母笑道可又是胡說你又何曾見過他宝玉笑道虽然未曾見過他然我看着面善心裏就筭是旧相識今日只作遠别重逢亦未為不可賈母笑道更好(胡說了你)〻的坐下(罷宝玉坐下)又細〻打量一番因問妹〻可曾讀書代玉道不曾讀只上了一年學些須認得几个字宝玉又道妹〻尊名是那兩个字代玉便說了名宝(字)玉又問表号代玉道無字宝玉笑道我送妹〻一妙字莫若顰〻二字極妙探春便問何出宝玉道古今人物通考上

說西方有石名代可代畫眉之墨況這林妹〻眉尖若蹙用取這兩个字豈不兩妙探春笑道只恐又是你的杜撰寶玉笑道除四書外杜撰的太多偏只我是杜撰不成又問代玉可也有玉沒有衆人不解其語代玉便忖度着因他有玉故問我有也無因荅道我沒有那个想來那玉是一件罕物豈能人人有的寶玉听了登時發作起痴狂病來摘下那玉就恨命摔去罵道什麼罕物連人之高底不擇还說通靈不通靈呢我也不要這劳什子了嚇的衆人一擁爭去拾玉賈母急的摟了寶玉道孽障你生氣要打罵人容易何苦摔那命根子寶玉滿面淚痕泣道家里姐〻妹〻都沒有單我有我說沒趣如今來了這們一个神仙似的妹〻也沒有可知這不是个好東西賈母忙哄他道你這妹〻原有這个來的因你姑媽去世時捨不得你妹〻無法處只將他的玉帶了去了一

一則全殉葬之理進你妹〻之孝心二則你姑媽之灵亦可権作見了女兒之意因此他只說沒有這个不便自己誇張之意你如今怎比得他还不好生慎重帶上仔細你娘知道了說着便向丫嬛手中接来親与他帶上宝玉听如此說想一想大有情理也就不生別論了当下奶娘来請問代玉之房舍賈母說今將宝玉挪出来同我在套間煖閣兒裡把你林姑娘暫安置碧紗厨里等过了殘冬〻春天再与他們收拾房屋另作一番安置罷宝玉道好祖宗我就在碧紗厨外之床上狠妥当何必又出来鬧的老祖宗不得安靜賈母想了一想說也罷哩每人一个奶娘並一个丫頭照管餘者在外間上夜听喚一面早有熙鳳命人送了一頂藕合色花帳並几件錦被緞褥之類代玉只帶了兩个人来一个是自幼奶娘王嬤〻一个是十歲的小丫頭亦是自幼隨身的名喚作雪雁

賈母見雪雁甚小一團孩氣王嬤嬤又極老料代玉皆不遂心省力的便將自己身边的一个二等丫頭名喚鸚哥者与了代玉外亦如迎春等例每人除自幼乳母外另有四个教老嬤嬤除貼身掌管釵釧盥沐兩个丫頭外另有五六个洒掃房屋来往使役的小丫頭當下王嬤嬤与鸚哥陪侍代玉在碧紗廚內宝玉之乳母李嬤嬤並大丫頭名喚襲人者陪侍在外大床上原来这襲人亦是賈母之婢本名珍珠賈母因溺愛宝玉生恐宝玉之婢無竭力盡忠之人素喜襲人心地純良克盡職任遂与了宝玉宝玉因知他本姓花又曾見旧人詩句上有花氣襲人之句遂回明賈母更名襲人这襲人亦有些痴處伏侍賈母時心中只有一个賈母如今服侍宝玉他心中眼中又只有一个宝玉只因宝玉性情乖僻每每規諫宝玉心中着寔憂鬱是晚宝玉李嬤嬤已睡了他見里面代玉和鸚哥猶未安息他自卸了粧悄悄進

来笑問姑娘怎还庅不安息代玉忙讓姐請坐襲人在床沿上坐下鸚哥笑道林姑娘正在这里傷心呢自己淌眼抹泪的說今兒纔来就惹出你家哥兒的狂病倘或摔坏了那玉豈不是因我之过因此便傷心我好容易劝好了襲人道姑娘快休如此将来只怕比這个更奇怪的笑話兒还有呢若為他這種行止你多心傷感只怕你傷感不了呢快别多心代玉道姐姐們說的我記着就是了究竟那玉不知是怎庅个来歷上面还有字跡襲人道連一家子也不知来歷上頭还有現成的眼兒听得說落草時是從他口裡掏出来的等我拿来你看知便代玉忙止道罷了此刻夜深明日再看也不遲大家又叙了一回方纔安歇次日起来省过賈母因往王夫人處来正值王夫人与熙鳳在一家拆金陵来的書信看又有王夫人之兄嫂處遣了兩个媳婦来說話的代玉虽不知原委探春

等却都晓得这议論金陵城中所居的薛家姨母之子姨表兄薛蟠仗財仗势打死人命現在應天府案下審理如今母舅王子騰得了信息故遣他家内的人来告訴这边意欲唤取進京之意

石頭記

第四回

脂硯齋重評石頭記卷之

第四回

薄命女偏逢薄命郎　葫芦僧乱判葫芦案

却說代玉同姊妹們至王夫人處来時便計議家務又說姨母家遣人命官司等語因見王夫人事情冗雜姊妹們遂出来至寡嫂李氏房中来了原来這李氏即賈珠之妻珠虽夭亡幸存一子取名賈蘭今方五歲已入斈攻書這李氏亦係金陵名宦之女父名李守中曾為國子監祭酒族中男女無有不誦詩讀書者至李守中承繼以来便說女子無才便有德故生了李氏時便不十分令其讀書只不過將些女四書烈女傳賢媛集等三四種書使他認得几个字記得前朝這几個賢女便罷了却只以紡績井臼為業因取名為李紈字

宮裁因此這李紈雖青春喪偶居家处膏粱錦繡之中竟如槁木死灰一般一槩无見無聞惟知侍親養子外則陪侍小姑等針黹誦詩而已今代玉雖客寄于斯日有這般姑嫂相伴除老父餘外者也都無庸慮及了如今且說雨村因補授了應天府一下馬就有一件人命官司詳至案下乃是兩家爭買一婢各不相讓以至毆傷人命彼時雨村即傳原告之人来審那原告道被毆死者乃小人之主人因那日買了一个丫頭不想是拐子所拐来賣的這拐子先已得了我家的銀子我家小爺原說第三日方是好日子再接入門這拐子便又悄悄的賣与薛家被我們知道了去找拿賣主奪取丫頭無奈薛家原係金陵一霸倚財仗勢衆豪奴將我小主人竟打死了兇身主僕已皆逃走無影無踪只剩了几个局外之人小人告了一年的状竟無人作主望大老爺拘拿兇犯以救

孤寡死者感代天恩不盡雨村聽了大怒道豈有这樣放屁的事打死人命就白白的走了再拿不來的因發簽差公人立刻將凶犯族中人拿來拷問令他們寔供藏在何處一面再動海捕文書未發簽时只見案边立的一个門子使眼色兒不令他發簽之意雨村心下甚為疑怪只得停了手即时退堂至密室侍從皆退去只留門子扶侍这門子忙上來請安笑問老爺一向加官進祿八九年來就忘了我了雨村道却十分面善得緊只是一時想不起來那門子笑道老爺真是貴人多忘事把出身之地竟忘了不記当年葫芦廟裡之事雨村听了如雷震一驚方想起往事原來這門子本是葫芦廟內一个小沙弥因被火之後無処安身欲投别庙去修行又耐不得清凉景况因想这件生意到还輕省熱鬧遂趁年紀蓄了髮充了門子雨村那裡料得是他便忙攜手笑道原來

是故人又讓坐了好談这門子不敢坐雨村笑道貧賤之交不可忘你我故人
也二則此係私室既欲長談豈有不坐之理这門子听説方告了坐斜遷肖坐
了雨村因問方纔何故（有）不令發簽之故（意）这門子道老爺既榮任到这一省难道
就沒抄一張本省護官符来不成雨村忙問何為護官符我竟不知門子道这
还了得連（這）个不知怎能作得長遠如今凡作地方官者皆有一个私单上面寫
的是本省最有權有勢極富極貴的大鄉紳名姓各省皆然倘若不知一時觸
犯了这樣的人家不但官爵只怕連性命还保不成呢所以綽号叫作護官符
方才所説的这薛家老爺如何惹得他〻这件官司並無难断之処皆因都碍
着情分面上所以如此一面説一面從順袋中取出一張抄寫的護官符来遞
与雨村看时上面皆是本地大族名宦之家的諺俗口碑其口碑排寫得明白

其下面所註的皆是自始祖官爵並房次石頭亦曾抄寫了一張今拠石上所
抄云

賈不假　白玉為堂金作馬

阿房宮　三百里　住不下金陵一个史

東海缺少白玉床　龍王來請金陵王

豐年好大雪　珍珠如土金如鉄

雨村犹未看完忽听傳点人报王老爷來拜雨村听說忙具衣冠出去迎接有頓飯工夫方回來細問這門子這四家皆連絡有親一損皆損一荣皆荣扶持遮飾俱有照庇的今告打死人之薛就係豐年大雪之雪也不单告這三家他的世交親友在都在外者本亦不少老爺如今拿誰去雨村听如此說便笑問

門子道如你這樣說来却怎庅了結此案你大約也深知這凶犯躲的方向了

門子笑道不瞞老爺說不但這凶犯躲的方向我知道一併這拐賣之人我也知道死鬼買主也深知道待我細說与老爺听這个被打之死鬼乃是本地一个小鄉紳之子名喚馮淵自幼父母早亡又無兄弟只他一个人守着些薄産过日子長到十八九歲上酷爱男風最厭女子這也是前生冤孽可巧遇見這拐子賣丫頭他便一眼看上了這丫頭立意買来作妾立誓再不交結男子也不再娶第二个了所以三日後方过門誰曉這拐子又偷賣与薛家他意欲捲了兩家的銀子再逃往他省誰知又不曾走脫兩家拿住打了个臭死都不肯收銀只要領人那薛家公子豈是讓人的便喝着手下人一打將馮公子打了稀爛抬回家去三日死了這薛公子原是早已擇定日子上京去的頭起身兩

日前就偶然遇見这了頭意欲買了就進京的誰知鬧出这事来就打了馮公子奪了了頭他便沒事人一般只管代了家眷走他的路他这里自有弟兄奴僕在此料理也非並為此些〻小事值得他一逃走的这且别說老爺你当被買之了頭是誰雨村道我如何得知門子冷笑道这人算来还是老爺的大恩人呢他就是葫芦廟旁住的甄老爺的小姐名喚菊英的雨村罕然道原来就是他聞得養至五歲被人拐去却如今纔来賣呢門子道这一種拐子单管偷拐五六歲的兒女養在一个僻静之処到十一二歲度其容貌代（帶）至他鄉轉賣当日这菊英我們天〻哄他玩耍虽隔了七八年如今十二三歲的光景其模樣虽然出脱得齊整好些〻然大槩相貌自是不改熟人亦（自然）認（得）況且他眉心中原有米粒大小的一点胭脂記從胎里代（帶）来（的）所以我却認得偏生这拐子又租了

我的房舍居住那日拐子不在家我也曾問他〻是被拐子打怕了的萬（不）敢說

只說拐子係他親爹因無錢償債故賣他我又哄〻再四他又哭了只說我不記

得小時之事这可無疑了那日馮公子相看了兑了銀子拐子醉了他自嘆道

我今日醉（罪）孽可滿了後又听見馮公子令三日之後过門他又轉有憂愁之態

我又不忍其（看）形等拐子出去又命內人去解釋他这馮公子必待好日期來接

可知必不以丫妳相看況他是个絕風流人品家里頗过得習素又最厭惡堂

客今竟破價買你後事不言可知只耐得三兩日何必憂悶他听如此說方纔

畧解憂悶自為從此得所誰料天下竟有这等不如意事第二日他便又賣与

薛家若賣与第二个人还好这薛公子的混名人称獃霸王最是天下第一个

弄性尚氣的人而且使錢如土遂打了个落花流水生拖死拽把个英菊拖去

如今也不知死活这馮公子空喜一場一念未遂花了錢送了命豈不可嘆雨村听了亦嘆道这也是他們的孽障遭遇亦非偶然不然这馮淵如何偏只看准了这菊英了拐子这几年折磨才得了个頭路且又是个多情的若能聚合了到是件美事偏又生出这段事来这薛家縱比馮淵富貴想其為人自然姬妾衆多淫佚無度未必及馮淵定情于一人者这正是夢幻情緣恰遇一对薄命兒女且不要議論他人只目今這官司如何剖断纔好門子笑道老爺当年何其明決今日何反成了个没主意的人了小的聞得老爺補陞此任亦係賈府王府之力此薛蟠即賈府之親老爺何不順水行舟作个整人情将此案了結日後也好去見賈府王府兩村道你説的何嘗不是但是関係人命蒙皇上隆恩起復委用寔是重生再造正当殫心竭力圖报之時豈可因私而廢法是

我寔不能忍為者門子听了冷笑道老爺說的何嘗不是大道(理)但只是如今世上是行不去的豈不聞古人有云大丈夫相时而動又曰趋吉避凶者為君子依老爺这一說不但不能報効朝廷亦且自身不保还要三思為妥雨村低了半日頭方說道依(你)怎庅樣門子道小人已想了一个極好的主意在此老爺明日坐堂只管虛張声势動文書發籤拿人原兇(山)自然是拿不来的原告固是定要將薛家族中及奴僕人等拿几个来拷問小的在暗中調停令他們報个暴病身亡令族中及地方上共遞一張保呈老爺只說善能扶鸞請仙堂上設下乩坛令軍民人等只管来看乩仙批了死者馮渊与薛蟠原因素孽相逢今狹路既遇原疢(應)了結薛蟠今已得了無名之病被馮魂追索已死其禍皆因拐子某人而起拐之人原係某鄉某姓人氏按法處治餘不略及等語小人暗中囑

托拐子令其寔招衆人見乩仙批語与拐子相符餘者自然也都不虛了薛家有的是錢老爺斷一千也可五百也可与馮家作燒埋之費那馮家無有甚要緊的人不過為的是錢見有了這个銀子想来也就無話了老爺細想此計如何雨村笑道不妥〻〻等我再斟酌〻〻或可壓服口声二人計議天色已晚别無話說至次日坐堂勾取一應有名人犯雨村詳加審問果見馮家人口稀踈不過賴此欲多得些燒埋之費薛家仗勢倚情偏不相讓故致顛倒未决雨村便狥情罔法胡乱判斷了此案馮家得了許多燒埋銀子也就無甚話說了雨村斷了此案急忙作書信二封与賈政並京營莭度使王子騰不過說令甥之事已完不必过慮等語此事皆由葫蘆廟内之沙弥新門子所出雨村又恐他对人說出当日貧賤時的事来因此心中大不樂業後来到底尋了个不是遠〻

的充發了当下言不着雨村且說那買英菊打死馮淵的薛公子亦係金陵人氏本是書香継世之家只是如今这薛公子幼年喪父寡母又憐他是个獨根孤種未免溺爱縱容遂至老大無成且家中有百萬之富現領着内帑錢糧採辦雜料这薛公子学名薛蟠字表文起五歲性情奢侈言語傲慢虽也上过学畧識几字終日惟有鬪鷄走馬遊山玩水而已雖是皇商一應經濟世事全然不知不过賴祖父之旧情分户部掛虛名支領錢粮其餘事体自有夥計老人家等措辦寡母王氏乃現任京營節度使王子騰之妹与荣國府賈政的夫人王氏是一母所生的姊妹今年方四十上下年紀只有薛蟠一子还有一女比薛蟠小两歲乳名宝釵生得肌骨瑩潤舉止嫻雅当日有他父親在日酷爱此女令其讀書識字較之乃兄竟高过十倍自父親死後見哥〻不能依貼母懷他便

不以書字為事只留心針黹家計等事好為母親分憂觧劳近因今上崇詩尚礼徵採才能降不世出之隆恩除聘選妃嬪外在仕宦名家之女皆親名達部以備選為公主郡主入學陪侍充為才人賛善之職二則自薛蟠父親死後各省中所有的買賣承局總管夥計人等見薛蟠年輕不諳世事便趁時拐騙起来京都中几處生意漸亦消耗薛蟠素聞得都中乃第一繁華之地正思一遊更趁此机会一為送妹待選二為望親三因親自入部銷筭旧賬再計新支其實為遊覽上國風光之意因此早已就打点下行装細軟以及饋送親友各色土物人情等類正擇日一定起身不想偏遇見了拐子重賣英菊薛蟠見英菊生得不俗立意買他又遇馮家來奪人因恃強喝令手下豪奴將馮渊打死他便將家中事務一一的囑托了族中人並几个老家人他便待了母妹竟自起身

長行去了人命官司一事他竟識為兒戲自為花上几个臭錢沒有不了的在
路不記其日那日已將入都时却又聞得母旧管轄着不能任意揮霍〻〻偏如
今又陞出去了可知天從人愿因和母親商議道偺們京中虽有几処房舍只
是这十来年沒人進京居住那看守的人未免偷着租賃与人須得先着几个
人去打掃收拾才好他母親道何必如此招搖偺們这一進京原是先拜望親
友或是在你旧〻家或是你姨爹家他兩家的房舍極是便宜的偺們先能自
住下再慢〻的着人去收拾豈不消停些薛蟠道如今旧〻正陞了外省去家
里自然忙乱起身偺們这工夫一窩一拖的奔了去豈不沒眼色他母親道你
旧〻家虽陞了去还有你姨爹家况这几年来你旧〻姨娘兩處每〻帶信捎
書接偺們来如今既来了你旧〻虽忙着起身你賈家姨娘未必不苦留我們

咱們且忙〻收拾房屋豈不使人見怪你的意思我却知道守着旧〻姨爹住着未免拘緊了你不如你各自住自好任意施為你既如此你自去挑所宅子去住我和你姨娘姊妹們别了这几年却要厮守几日我代了你妹子投你姨娘家去你道好不好薛蟠見母親如此說情知扭不过的只得吩咐人夫一路奔荣國府来那时王夫人已知薛蟠官司一事亏賈雨村維持了結才放了心又見哥〻陞了边缺正愁又少了娘家的親戚来往更加寂寞过了几日忽家人傳报姨太〻代了哥兒姐兒合家進京正在門外下車喜的王夫人忙代了女媳人等接出大厛将薛姨媽等接了進去姊妹們暮年相会自不必說悲喜交集泣笑叙濶一番忙又引了拜見賈母将人情土物各種酬献了合家俱厮見过忙又治席接凤薛蟠已拜見过賈政賈璉又引着拜見了賈赦賈珍等賈政

便使人上来对王夫人說姨太〻已有了春秋外甥年輕不知世路在外住着
恐有人生事咱們東北角上梨香院一所十来間房白空閒着打掃了請姨太
太和姐兒哥兒住了甚好王夫人未及留賈母也就遣人来說請姨太〻就在
这里住下大家親密些〻等語薛姨媽正要同居一処方可拘緊些兒若另住在
外又恐縱性惹禍遂忙道謝應允又私与王夫人說明一应日費供給一概免
却方是処常之法王夫人知他家不難于此遂亦從其愿從此後薛家母子就
在梨香院住了原来這梨香院即当日榮公暮年養靜之所小〻巧〻約有十
餘間房屋前厛後舍俱全另有一門通街薛蟠家人就走此門出入西南有一
角門通一夾道出夾道便是王夫人正房的東边了每日或飯後或晚間薛姨
媽便过来或与賈母閒談或与王夫人相叙日与代玉迎春姊妹等一処或看

書下碁或作針黹到也十分樂業只是薛蟠起初之心原不欲賈宅居住者但
恐姨父管的緊約料必不自在的無奈母親執意在此且宅中又十分殷勤苦
留只可暫且住下一面使人打掃出自己的房屋再移居过去的誰知自從在
此住了不上一月的日期賈宅族中凡有的子姪俱已認熟了一半凡是那些
紈褲氣習者莫不喜与他来往今日会酒明日觀花甚至聚賭嫖娼漸々無所
不至引誘的薛蟠比当日更坏了十倍虽然賈政訓子有方治家有法一則族
大人多照管不到這些二則現任族長乃是賈珍彼乃寧府長孫又現襲職凡
族中事自有他掌管三則公私冗雜且素性蕭洒不以俗務為要每公暇之时
不过看書着棋而已餘事多不介意况且这梨香院相隔兩層房舍又有街門
另開任意可以出入所以這些子弟們竟可以放意暢懷的因此遂将移居之

念漸〻打滅了

石頭記

第五回

脂硯齋重評石頭記卷之

第五回

遊幻境指迷十二釵　飲仙醪曲演紅樓夢

第四回中既将薛家母子在榮府内寄居等事略已表明此回則暫不能寫矣如今且說林代玉自在榮府一來賈母萬般怜爱寢食起居一如宝玉迎春探春惜春三个親孫女到且靠後便是宝玉和代玉二人之親密友愛処亦自竟別个不同日則同行同坐夜則同息同止真是言和意順略無參商不想如今忽然来了一个薛宝釵年歲雖大不多然品格端方容貌豐美人多謂代玉所不及而且宝釵行為豁達隨分從時不比代玉孤高自許目無下塵故比代玉大得下人之心便是那些小丫頭子們亦多喜与宝釵去頑因此代玉心中便

有些悒欝不忿之意宝釵却渾然不覺那宝玉亦在孩提之間況自天性所禀来的一片愚拙偏僻視姊妹弟兄皆出一意並無親疎遠近之别其中因与代玉同随賈母一処坐卧故畧与别个姊妹熟慣些既熟慣則更覓親密既親密則不免一时有求全之毁不虞之隙这日不知為何他二人言語有些不合起来代玉又氣的独在房中垂泪宝玉又自悔言語冒撞前去俯就那代玉方漸漸的回轉来因東边寧府中花園内梅花盛開賈珍之妻尤氏乃治酒請賈母邢夫人王夫人等賞花是日先攜了賈蓉夫妻二人来面請賈母等于早飯後过来就在会芳園遊玩先茶後酒不过皆是寧栄二府女眷家宴小集並無别樣新文趣事可記一時宝玉倦怠欲睡中覺賈母命人好生哄着歇一回再来賈蓉之妻秦氏便忙笑回道我們这里有給宝叔叔收拾下的屋子老祖宗放心只

管交与我就是了又向宝玉的奶娘丫嬛等道嬷〻姐〻們請宝叔随我这里
来賈母素知秦氏是个極妥当的人生得嫋娜纖巧行事又温柔和平乃衆孫
媳中第一个得意之人見他去安置宝玉自是安稳的当下秦氏引了一簇人
来至上房内間宝玉抬頭看見一付画貼在上面画的人物固好其故事燃藜
圖也不看係何人所画心中便有些不快又有一付对聨寫的是

世上洞明皆学問　人情練達即文章

及看了這两句縱然室宇精美鋪陳華麗亦断〻不肯在这里了忙説快去〻
秦氏听了笑道这里还不好可往那里去呢不然往我屋里去罢宝玉点頭微
笑有一个嬷〻説道那里有个叔〻往侄兒房里睡覺的理秦氏笑道嗳哟〻
不怕他惱他能多大呢就忌諱这些个上月你没看見我那个兄弟来了虽然

与宝叔同年两个人若站在一处只怕那个还高些呢宝玉道我怎庅没见过你代他来我瞧瞧众人笑道隔着二三十里往那里代去見的日子有呢説着大家来至秦氏房中剛至房門便有一股細細的甜香襲人来到宝玉覓得眼餳骨軟連説好香入房向壁上看时有唐伯虎画的海棠春睡圖两边有宋學士秦太虛寫的一付对聯其聨云

嫩寒鎖夢因春冷　芳氣籠人是酒香

案上設着武則天当日鏡室中設的宝鏡一边擺着飛燕立着舞过的金盤盤内盛着安禄山擲过傷了太真乳的木瓜上面設着寿昌公主于含章殿下卧的榻懸的是同昌公主製的聨珠帳宝玉含笑連説这里好秦氏笑道我这屋子大約神仙也可以住得了説着親自展開了西子浣过的紗衾移了紅娘抱过

的夗枕于是衆奶母伏侍宝玉卧好欵〻散了只留襲人媚人晴雯麝月四丫了嬛為伴秦氏便分咐小丫嬛們好生在廊簷下看着猫兒狗兒打架那宝玉剛合上眼便惚〻的睡去犹似秦氏在前遂悠〻蕩〻随了秦氏至一所在但見朱欄白石緑樹清溪真是人迹希逢飛塵不到宝玉在夢中欢喜想道这个去処有趣我就在这里过一生縱然失了家也愿意強如天〻被父母師傅打呢正胡思之間忽听山後有人作歌曰

春夢随雲散　飛花逐水流
寄言衆兒女　何必覓閒愁

宝玉听了是女子的声音歌音未息早見那边走出一个人来蹁躚嫋娜端的与人不同有賦爲証

方離栁塢乍出桃房但行處鳥驚庭樹將到时影度迴廊仙袂乍飄兮聞麝蘭之馥郁荷衣欲動兮听环珮之鏗鏘靨笑春桃兮雲堆翠髻唇綻櫻顆兮榴齒含香纖腰之楚〻兮迴風舞雪珠翠之輝〻兮滿額鵝黃出沒花間兮宜嗔宜喜徘徊池上兮若飛若揚蛾眉顰笑兮將言而未語蓮步乍移兮待止而欲行羨彼之良質兮冰清玉潤慕彼之華服兮閃灼文章愛彼之貌容兮香培玉琢美彼之態度兮鳳翥龍翔其素若何春梅綻雪其潔若何秋蘭被霜其靜若何松生空谷其艷若何霞映池塘其文若何龍遊曲沼其神若何月射寒江應慚西子寔愧王嬙奇矣哉生于孰地来自何方信矣乎瑶池不二紫府無雙果何人哉如斯之美也

宝玉見是一个仙姑喜的忙来作揖問道神仙姐〻不知從那里来如今要往

那里去也不知这是何处望乞携带：：那仙姑笑道吾居離恨天之上灌愁海之中乃放春巖遣香洞太虛幻境警幻仙姑是也司人間風情月債掌塵世之女怨男痴因近来風流冤孽纒綿于此處是以前来訪察机会佈散相思今忽与尔相逢亦非偶然此離吾境不遠別無他物僅有自採仙茗一盏親釀美酒一甕素練魔舞歌姬数人新填紅樓夢仙曲十二支試随吾一遊否宝玉听説便忘了秦氏在何处竟随了仙姑至一所在有石牌横建上書太虛幻境四个大字两边一付对聯乃是

假做真时真亦假　無為有处有还無

轉过牌坊便是一座宮門上横書四个大字道是孽海情天又有一付对聯大書云

厚地高天堪嘆古今情不盡
痴男怨女可怜風月債難償

宝玉看了心下自思道原来如此但不知何為古今之情何為風月之債從今到要領畧〻　〻宝玉只顧如此一想不料早把些邪魔招入膏肓当下随了仙姑進入二層門内至両边配殿皆有匾額対聯一时看不尽許多惟見有几處寫的是痴情司結怨司朝啼司夜怨司春感司秋悲司看了因向仙姑道敢煩仙姑引我到那各司中遊玩〻　〻不知可使得仙姑道此各司中皆貯的是普天之下所有的女子過去未来的簿冊尔凡眼塵軀未便先知的宝玉听了那里肯依復央之再四仙姑無奈説也罷就在此司内畧随喜〻　〻罷了宝玉喜不自勝抬頭看这司的匾上乃是薄命司三字両边对聯寫的是

春恨秋悲皆自惹　　花容月貌為誰妍

宝玉看了便知感嘆進入門来只見有十数个大厨皆用封條封着看那封條上皆是各省的地名宝玉一心只揀自已的家鄉封條看遂無心看別省的了只見那边厨上封條上大書七字云金陵十二釵正册宝玉問道何為金陵十二釵册警幻道即貴省中十二冠首女子之册故為正册宝玉道常听人說金陵極大怎庅只十二个女子如今单我家里上〻下〻就有几百女孩子呢警幻冷笑道者〻女子固多不过擇其緊要者録之下边二厨則又次之餘者庸常之輩則無册可録矣宝玉听說再看下首二厨上果然寫着金陵十二釵副册又一个寫着金陵十二釵又副册宝玉便伸手先将又副册厨開了拿出一本册来揭開一看只見这首頁上画着一付画又非人物也無山水不过是水

墨滃的滿紙烏雲濁霧而已後有几行字迹寫的是

霽月难逢　彩雲易散　心比天高　身為下賤　風流灵巧招人怨　寿夭多因毀謗生　多情公子空牽念

宝玉看了又見後面画着一簇鮮花一床破蓆也有几句言詞寫道是

枉自温柔和順　空云似桂如蘭　堪羡優伶有福　誰知公子無緣

宝玉看了不解遂擲下这个又去開了副冊拿起一本冊來揭開看時只見画着一株桂花下面有一池沼其中水涸泥乾蓮枯藕敗後面書云

根並荷花一莖香　平生遭際實堪傷
自從兩地生孤木　致使香魂返故鄉

宝玉看了仍不解他又擲了再去取正冊看時只見頭一頁上便画着兩株枯

木〻上懸着一圍玉帶又有一堆雪〻下一股金簪也有四句言辭道是

可嘆停机德　堪怜咏絮才
玉帶林中掛　金簪雪裡埋

宝玉看了仍不解待要問時情知他必不肯洩漏待要丢下又不捨遂又往後看時只見画着一張弓〻上掛着香櫞也有一首歌詞云

二十年来辨是非　榴花開処照宮闈
三春争及初春好　虎兕相逢大夢帰

後面又画着兩人放風箏一片大海一支大船〻中有一女子掩面泣涕之狀也有四句寫云

才自精明志自高　生于末世運偏消

清明涕送江边望　千里東風一夢遥

後面又画几縷飛雲一湾逝水其詞曰

富貴又何為　襁褓之間父母違

展眼弔斜輝　湘江水逝楚雲飛

後面又画自一硯美玉落在泥垢之中其断語云是

欲潔何曾潔　云空未必空

可憐金玉質　終陷淖泥中

後面忽見画自个悪狼追撲一美女欲啖之意其書云

子係山中狼　得志便猖狂

金閨花柳質　一載赴黄梁

後面便是一所古庙裡面有一美人在内看書獨独坐其判云

勘破三春景不長　緇衣頓改昔年粧

可怜繡戶侯門女　独卧青灯古佛傍

後面便是一片氷山上面有一隻雌鳳其判曰

凡鳥偏從末世来　都知爱慕此生才

一從二令三人木　哭向金陵事更哀

後面又是一座荒村野店有一美人在那里紡績其判云

事敗休云貴　家亡莫論親

偶因濟刘氏　巧得遇恩人

後面又画着一盆茂蘭傍有一位鳳冠霞帔的美人也有判云

十　桃李春風結子完　到頭誰似一盆蘭
如冰水好空相妒　枉与他人作笑談
後面又画着高楼大廈有一美人懸梁自縊其判云
情天情海幻情身　情既相逢必主淫
漫言不肖皆榮出　造釁開端实在寧
宝玉还欲看時那仙姑知他天分高明性情頴慧恐把仙机洩漏遂掩了卷册笑向宝玉道且随我去遊玩奇景何必在此打這悶葫芦宝玉恍ゝ惚ゝ不覺棄了卷册又随了警幻来至後面但見珠簾綉幙画棟雕簷説不尽那光摇朱户金鋪地雪照瓊窓玉作宫更見仙桃馥郁異艸芬芳真好个所在又听警幻笑道你們快出来迎接貴客一語未了只見房中又走出几个仙子来皆是荷

袂翩躚羽衣飄舞姣若春花媚如秋月一見了宝玉都怨謗警幻道我們不知係何貴客忙的接了出来姐〻曾説今日今時必有絳珠妹子的生魂前来游玩故我等久待何故及反引這濁物来污染這清净女兒之境宝玉听如此説便嚇得欲退不能退果竟自形污穢不堪警幻忙攜住宝玉的手向衆姊妹道你等不知原委今日原欲往榮府去接絳珠適從寧府所過偶遇寧榮二公之灵囑吾云吾家自國朝定鼎以来功名奕世富貴傳流雖歷百年奈運終數尽不可挽回者故遺之子孫雖多竟無可以継業其中惟嫡孫宝係玉一人禀性乖張生情怪譎雖聰明灵会略可望成無奈吾家運數合終恐無人規引入正幸仙姑偶来可望先以情欲声色等事警其痴頑或能使彼跳出迷人圈子然後入于正路亦吾兄弟之幸矣如此囑吾故發慈心引彼至此先以彼家上中下三等

女子之終身册籍令彼熟玩尚未覺悟故引彼再至此処令其再歴飲饌声色之幻或冀將来悟亦未可知也説畢攜了宝玉入室但聞一縷幽香竟不知其所焚何物宝玉遂不禁相問警幻冷笑道此香塵世中既無尔何能知此香乃係諸名山勝境内初生異卉之精合各種宝林諸樹之油所製名羣芳髓宝玉听了自是羡慕而已大家入坐小丫鬟捧上茶来宝玉自覺清香異味純美非常因又問何名警幻道此茶出在放春[illegible]〔巇〕遻〔遣〕香洞又以鮮花灵葉上所帶之宿露而烹此茶名曰千紅一窟宝玉听了点頭称賞因看房内瑶琴宝鼎古画新詩無所不有更喜窓下亦有唾絨奩間时漬粉污壁上也見懸着一付对聯其書云

幽微灵秀地　　無可奈何天

宝玉看畢無不羡慕因又請問衆仙姑姓名一名痴夢仙姑一名鍾情大士一名引愁金女一名度恨菩提各道好名号不一少刻有小丫环来調桌安椅設擺酒饌真是瓊漿清满泛玻璃盞玉液濃斟琥珀杯更不能用再說那餚饌之盛宝玉因聞得此酒清香甘冽異乎尋常又不禁相問警幻道此酒乃以百花之蕊萬木之汁加以麟髓之醅鳳乳之麯釀成因名為方艷同杯宝玉称賞不迭飲酒間又有十二个舞女上来請問演何詞曲警幻就道將新製紅樓夢十二支演上来舞女們荅应了便輕敲檀板款按銀箏听他歌道是

開闢鴻蒙

方歌了一句警幻便說道此曲不比塵世中所填傳奇之曲必有生旦淨末之則又有南北九宮之限此或咏嘆一人或感怀一事偶成一曲即可譜入管絃

若非箇中人不知其中之妙料尔亦未必深明此調若不先閱其稿後听其歌翻成嚼臘矣說畢回頭命小丫嬛取了紅楼夢原稿来遞与宝玉、　：揭起一面目視其文一面耳聆其歌曰

紅楼夢引子　開闢鴻濛　誰為情種　都只為風月情濃　奈何天　傷懷日　寂寥時　試遣愚衷　因此上演出這懷金悼玉的紅楼夢

〔終身悮〕　都道是金玉良姻　俺只念木石前盟　空对着山中高士晶瑩雪　終不忘世外仙姑寂寞林　嘆人間美中不足今方信　縱然是齊眉举案　到底意难平

〔枉凝眉〕　一个是閬苑仙葩　一个是美玉無瑕　若說沒奇緣

今生偏又遇着他　若說有奇緣如何心事終虛化　一个枉自嗟
呀　一个空劳牽掛　一个是水中月　一个是鏡中花　想
眼中能有多少泪珠兒　怎經得秋流到冬尽春流到夏
宝玉听了此曲散漫無稽不見淂好処但其声韵悽惋竟能銷魂醉魄因此也
不察其原委問其来歷就暫以此釋悶而已因又看下道
〔恨無常〕　喜荣華正好　恨無常又到　眼睜睜把萬事全拋
蕩悠悠把芳魂消耗　望家鄉路遠山高　故向爹娘夢裡相尋告
兒命已入黃泉　須要退步抽身早
〔分骨肉〕　一帆風雨路三千　把骨肉家園齊来拋閃　恐哭損
殘年　告爹娘休把兒懸念　自古窮通皆有定　離合豈無緣

從今分兩地　各自保平安　奴去也莫牽連

〔樂中悲〕　襁保中父母嘆奴亡　縱居那綺羅叢誰知嬌養　幸生来英豪濶大寬宏量　從来将兒女私情略縈心上　好一似霽月光風耀玉堂　厮配得才貌仙郎　博得个地久天長　準折得幼年時坎坷形狀　終久是雲散高唐　水涸湘江　塵寰中消長数應當　何必枉悲傷

〔世难容〕　氣質美如蘭　才華阜比仙　天成生孤癖人皆罕　你道是啖肉食腥羶　視綺羅俗厭　却不知太高人愈妬　过潔世同嫌　可嘆这青灯古殿人将老　辜負了紅粉朱樓春色闌　到頭来依旧是風塵骯髒違心愿　好一似無瑕白玉遭泥陷

又何須王孫公子嘆無緣

【喜冤家】中山狼　無情獸　全不念当日根由　一味的驕奢淫蕩貪還構　覷着那侯門艶質同蒲柳　作賤的公府千金似下流　嘆芳魂艶魄　一載蕩悠悠

【虚花悟】將那三春看破　桃紅柳緑待如何　把这韶華打滅　覓那清淡天和　說什么天上夭桃盛　雲中杏蕋多　到頭來誰把秋捱過　則看那白楊村里人嗚咽　青楓林下鬼吟哦　更兼着連天衰草遮墳墓　这的是昨貧今富人勞碌　春榮秋謝花折磨　似这般生関死刼誰能躲　聞說道西方宝樹喚婆娑　上結着長生果

〔聰明累〕　机関筭尽太聪明　反筭了轻〻性命　生前心已碎
死後性空灵　家富人寧終有个家亡人散各奔騰　枉費了意
懸〻半世心　好一似蕩悠〻三更夢　忽喇〻似大厦傾　昏
慘〻似燈將盡　呀　一塲欢喜忽悲辛　嘆人世終难定
〔留餘慶〕　留餘慶〻〻忽遇恩人　幸娘親〻〻積得陰功　劝
人生濟困扶窮　休似俺那爱銀錢忘骨肉的狠旧奸兄　正是乘
除加減上有蒼穹
〔晚韶華〕　鏡裡恩情　更那堪夢裡功名　那美韶華去之何迅
再休提綉帳鴛衾　只這帶珠冠　披鳳襖　也抵不了無常
性命　虽說是人生莫受老來貧　也須要陰隲積兒孫　氣昂

昂頭代簪纓 〻〻 光燦〻胸懸金印 威赫〻爵祿高登
〻〻 昏慘〻黄泉路近 古來将相可还存 也只是虛名兒
与後人欽敬
〔好事終〕 画梁春盡落香塵 擅風情 秉月貌 便是敗家
的根本 箕裘頹墮皆從敬 家事消亡首罪寧 宿孽揔因
情
〔收尾〕 飛鳥各投林 為官的家業凋零 富貴的金銀散盡
有恩的死裡逃生 無情的分明报应 欠命的命已还 欠
淚的淚已盡 寃〻相报寔非輕 分離聚合皆前定 欲知命
短問前生 老来富貴也真僥倖 看破的遁入空門 痴迷的枉

送了性命　好一似食尽鳥投林　落了一片白茫ゝ大地真乾净

歌畢还要歌副曲警幻見宝玉甚無趣味因嘆痴兒竟尚未悟那宝玉忙止歌姫不必再唱自覚朦朧恍惚告醉求卧警幻便命撤去残席送宝玉至一香閨綉閣之中其間鋪陈之盛乃素所未見之物更可駭者早有一位女子在内其鮮艷嫵媚有似乎宝釵風流嫋娜則又如代玉正不知何意忽警幻道塵世中多少富貴之家那些緑窗風月綉閣烟霞皆被淫汚紈袴与那些流蕩女子悉皆玷辱更可恨者自古来多少輕薄浪子皆以好色不淫為飾又以情而不淫為案此皆飾非掩醜之語也好色即淫知情更淫是以巫山之会雲雨之欢皆由既悦其色復恋其情所致也吾所爱汝者乃天下古今第一淫人也宝玉听了唬

的忙答道仙姑差了我因懒于讀書家父母尚每垂訓飭豈故再冒淫字況且年紀尚小不知淫字為何物警幻道非也淫雖一理意則有別如世之好淫者不过悅容貌喜歌舞調笑無厭雲雨無时恨不能盡天下之美女供我片时之趣與此皆皮膚淫濫之蠢物耳如尔則天分中生成一段痴情吾輩推之為意淫意淫二字惟心会而不可口傳可神通而不可語達汝今独得此二字在閨閣中固可為良友然于世道中未免迂闊怪詭百口嘲謗万目睚眦今既遇令祖寧榮二公剖腹深囑吾不忍君独為我閨閣增光見棄于世道是以特引前来醉以灵酒沁以仙茗警以妙曲再将吾妹一人乳名兼美字可卿者許配于汝今夕良时即可成姻不过領汝領略此仙閨幻境之風光尚如此何況塵境之情景哉而今後万万解釋改悟前情留意于孔孟之間委身于經濟之道說畢

便秘授以雲雨之事推宝玉入房將門掩上自去那宝玉恍〻惚〻依警幻所囑之言未免有兒女之事难以盡述至次日便柔情繾綣軟語溫存与可卿难解难分因二人攜手出去遊玩之时忽至了一个在所但見荆榛遍地狼虎同群迎面一道黑溪阻路並無橋梁可通正在猶豫之間忽見警幻後面追來告道快休前進作速回頭要緊宝玉忙止步問道此係何處警幻道此即迷津也深有万丈遥亘千里中無舟楫可通只有一个木筏乃木居士掌柁灰侍者掌篙不受金銀之謝但遇有緣者渡之耳今偶遊至此〔溪〕設如墮落其中則深負我從前諄〻警戒之語矣話猶未了只聽迷津內水响如雷竟有許多夜叉海鬼將宝玉拖將下去嚇得保〔宝〕玉汗下如雨一面失声喊叫可卿就〔救〕我嚇得襲人輩衆丫妳忙上來摟住叫宝玉別怕我們在这里却說秦氏正在房外囑咐小丫頭

們好生看着猫兒狗兒打架忽听宝玉在夢中喚他的小名因納悶道我的小名这里從沒人知道的他如何知道在夢里呌出来正是

一場幽夢同誰近　千古情人独我痴

石頭記

第六回

脂硯齋重評石頭記卷之

第六回

賈宝玉初試雲雨情　　刘姥姥一進荣國府

却説秦氏因听見宝玉從夢中喚他的乳名心中自是納悶又不好細問彼时宝玉迷迷惑惑若有所失衆人忙端上桂圓湯来呷了兩口遂起身整衣襲人伸手与他繫褲帶时不覔伸手至大腿処只覔氷凉一片沾濕唬的忙退出手来問是怎庅了宝玉紅漲了臉把他的手一捻襲人本是个聰明女子年紀本又比宝玉大兩歲近来也漸通人事今見宝玉如此光景心中便覔撒一半了不覔也羞的紅漲了臉面不敢再問仍旧理好衣裳遂至賈母処来胡乱吃畢了晚飯过这边来襲人趂衆奶娘丫嬛不在傍时另取出一件中衣来与宝玉更

換上宝玉含羞央告道好姐〻千万别告訴人襲人亦含羞笑問道你夢見什庅故事〻是那里流出来的那些〻臟東西宝玉道一言难尽〻說自便把夢中之事細說与襲人听了然後說至警幻所授雲雨之情羞的襲人掩面伏身而笑宝玉亦素喜襲人柔媚嬌俏遂強襲人同領警幻所訓雲雨之事襲人素知賈母已将自己与了宝玉〻的今便如此亦不為越理遂合宝玉偷試一番幸得無人撞見自此宝玉視襲人更比别个不同襲人待宝玉更為尽〻心暫且别無話說按荣府中一宅人合筭起来人口虽不多從上至下也有三四百丁虽事不多一天也有一二十件竟如乱麻一般並無个頭續緒可作綱領正尋思從那一件事自那一个人寫起方妙恰好忽從千里之外芥荳之微小〻一个人家因与荣府畧有些〻瓜葛这日正往荣府中来因此便就此一家說来到还是頭緒

你道這一家姓甚名誰又与榮府有甚瓜葛且听細講方才所說的這小〻之家乃本地人氏姓王祖上曾作过小〻的一个京官昔年与鳳姐之祖王夫人之父認識因貪王家的勢利便連了宗認作侄兒那時只有王夫人之大兄鳳姐之父与王夫人隨在京中的知有此一門連宗之族餘者皆不認識目今其祖已故只有一个兒子名喚王成因家業消條仍搬出城外原鄉中住去了王成新近亦因病故只有其子小名狗兒〻〻亦生一子小名板兒嫡妻刘氏又生一女名喚青兒一家四口仍以務農為業因狗兒白日間又作些生計刘氏又操井臼等事青板姊妹兩个無人看管狗兒遂將岳母刘姥〻接來一处过活這刘姥〻乃是个積年的老寡婦膝下又無兒女只靠幾畝薄田度日今者女婿接来養活豈不愿意遂一心一計幇趁着女兒女婿过活起來因這年秋盡〻

冬初天氣冷將上來家中冬〻事未辦狗兒未免心中煩慮吃了几杯悶酒在家閒尋氣惱刘氏也不敢頂撞因此刘姥〻看不过乃劝道姑爺你别嗔自我多嘴咱們村庄人那一个不是老〻誠〻的守多大碗兒吃多大的飯你皆因年小的时候托自你那老家之福吃喝慣了如今所以把持不住有了錢就顧頭不顧尾沒了錢就瞎生氣成个什麽男子汗大丈夫呢如今咱們虽離城住着終是天子脚下这長安城中遍地都是錢只可惜沒人会去拿去罢了在家跳蹋会子也不中用狗兒听說便急道你老只会炕頭兒上混說难到叫我打劫偷去不成刘姥〻道誰叫你偷去呢也到底想法兒大家裁度不然那銀子錢自已跑到咱家来不成狗兒冷笑道有法兒还等到这会子呢我又沒有个收稅的親戚又無作官的朋友有什麽法子可想的便有也只怕他們未必来理我

們呢刘姥〻道這到不然謀事在人成事在天咱們謀到了看菩薩的保佑有些〻机会也未可知我到替你們想出一个机会来当日你們原是和金陵王家連过宗的二十年前他們看承你們还好如今自然是你們拉硬屎不肯去親近他故疎遠起来想当初我和女兒还去过一遭他們家的二小姐着实响快会待人到不拿大如今現是荣國府賈二老爷的夫人听得說如今上了年紀越發怜貧惜老最爱齋僧敬道捨米捨錢的如今王府虽陞了边任只怕这二姑太〻还認得咱們你何不去走動〻〻或者他念旧有些好処也未可知只〻要他發一点好心拔一根寒毛比咱們的腰还粗呢刘氏一旁接口道你老虽說的是但只你我这樣个嘴臉怎庅好到他門上去的先不先他們那些門上的人也未必肯去通信沒的去打嘴現世誰知狗兒利名心最重听見此一說

心下便有活動起来又听他妻子这話便笑接道姥〻既如此說况且当年你又見过这姑太〻一次何不你老人家明日就走一淌先試〻風頭再說刘姥〻道嗳哟〻是啊人云侯門深似海我是个什庅東西他家人又不認得我〻去了也是白去的狗兒笑道不妨我教与你老人家一个法子你竟代了外孫子板兒先去找陪房周瑞若見了他就有些意思了这周瑞先時曽合我父親交过一件事我們極好的刘姥〻道我也知道他的只是許多时不走知道他如今是怎樣这也說不得了你又是个男人又这樣个嘴臉自然去不得我們姑娘年輕媳婦子也难賣頭賣脚的到还是捨肖我这付老臉去碰一碰果然有些好処大家都有益便是沒銀子来我也到那公府侯門見一見世面也不枉我一生說畢大家笑了一回当晚計議一定次日天未明刘姥〻便起来梳

洗了又將板兒教訓了几句那板兒才五六歲的孩子一無所知听見代他進城曠〻去便喜的無不应承于是刘姥〻代他進城找至寧荣街来至荣府大門石獅子前只見簇〻轎馬刘姥〻便不敢过去且撣了撣衣服又教了板兒几句話然後走到角門前只見几个挺胸疊肚指手画脚的人坐在大板凳上說東談西呢刘姥〻只得蹭上来問太爺們納福衆人打諒了他一会便問那裡来的刘姥〻陪笑道我找太〻的陪房周大爷的煩那位太爺替我請他老出来那些〻人听了都不揪採半日方說道你遠〻的在那墻角下等着一会子他們家有人就出来的内中有一老年人說道不要悮他的事何苦要他因向刘姥〻道那周大爺已往南边去了他在後一代住着他娘子却在家你要找时從这边遶到後街上後門上去問就是了刘姥〻听了謝过随代了板兒繞到

後門上只見門前歇着些〻生意担子也有賣吃的也有賣頑耍物件的鬧吵〻三二十个小孩子那里厮鬧刘姥〻便拉住一个道我問哥兒一声有个周大娘可在家庅孩子們道那个周大娘我們这里周大娘有三个呢还有兩个周奶〻不知是那家[一个]行当[上]的刘姥〻道是太〻的陪房周瑞之妻孩子們道这个容易你跟我来說着跳蹿〻的引着後刘姥〻進了後門至院墙边指与刘姥姥道就是他家又叫道周大娘有个老奶〻来找你呢我代[帶]了来了周瑞家的在内听說忙迎了出来問是那位刘姥〻忙迎上来問道好呀周嫂子周瑞家的認了半日方笑道刘姥〻你好呀你說〻能几年我就忘了請家裡来坐罢刘姥〻一壁里走着一壁笑[里]說道你老是貴人多忘事那里还記得我們呢說着来至房中周瑞家的命僱的小丫頭到上茶来吃着周瑞家的又問板兒道

你都長这們大了又問些別後閒話又問刘姥〻今日还是路过还是特来的刘姥〻便說原是特來瞧〻嫂子你二則也請〻姑太〻的安若可以領我見一見更好若不能便借重嫂子轉致意罢了周瑞家的听了便已猜着几分来意只因昔年他丈夫周瑞争買田地一事其中多得狗兒之力今見刘姥〻如此而来心中难却其意二則也要現弄自己的体面听如此說便笑說道姥〻你放心大遠的誠心誠意來了豈有个不教你見个真佛去的呢論理人来客至回話却不与我相干我們这里各占一樣兒我們男的只管春秋兩季地租子閒时只代着小爺們出門子就完了我只管跟太〻奶〻們出門的事皆因你原是太〻的親戚又拿我当个人投奔了我来我就破个例給你通个信去但只一件姥〻有所不知我們这里又不比五年前了如今太〻竟不大管事

都是璉二奶々管家了你道这璉二奶々是誰就是太々的内侄女当日大旧
老爺的女兒小名鳳哥的刘姥々听了罕問道原来是他怪道呢我当日就説
他不錯呢这等説来我今兒还得見他了周瑞家的道这自然的如今太々事
多心煩有客来了害（若）可推得去的就推过去了都是鳳姑娘周旋寧（通）待今兒寧
可不会太々到要見他一面才不枉这里来一遭刘姥々道阿弥陀佛全仗嫂
子方便了周瑞家的道説那里話俗語説的与人方便自己方便不过用我説
一句話罢了害（碍）自我什庅説自便叫小丫頭到倒所上悄々的打听々　々老太
太屋里擺了飯了没有小丫頭去了这里二人又説些閒話刘姥々因説这鳳
姑娘今年大还不过二十歲罢了就这等有本事当这様的家可是难得的周
瑞家的听了道我的姥々告訴不得你呢这位鳳姑娘年紀虽少行事却比世

人都大呢如今出挑的美人一樣的模樣兒少說些々有一万个心眼子再要賭
口齒十个会說話的男人也說他不过田来你見了就信（知道）了就只一件待下人
未免太嚴些个說自只見小丫頭回来說老太々屋里巴擺完了飯了二奶々
在太々屋里呢周瑞家的听了連忙起身催自刘姥々說快走々々这一下来
他吃飯是个空子（兒）咱們先赶自去若遲一步回事的人也多了难說話再歇了
（晌）中竟越發沒了时候了說自一斉下了炕打掃々々衣服又教了板兒几句話
随自周瑞家的逶迤往賈璉的住处来先到了倒厛周瑞家的将刘姥々安插
在那里略等一等自已先过了迺壁進了院門知鳳姐未出来先找自鳳姐的
一个心腹通房大丫頭名喚平兒周瑞家的先将刘姥々起初来歷說明又說
今日大遠的特来請安当日太々是常会的今兒不可不見所以我代（帶）了他進

来了等奶〻下来我細〻回明奶〻想也不責備我莽撞的平兒听了便作了主意叫他們進来先在这里坐着就是了周瑞家的听了方出去引他兩个進入院来上了正房台矶小丫頭打起猩紅毡簾才入堂屋只聞一陣香撲了臉来竟不辨是何氣味身子如在雲端里一般滿屋中之物都耀眼争光的使人頭懸目眩刘姥〻此时惟点頭咂嘴念佛而已于是来至東边这間屋内乃是賈璉的女兒大姐兒睡覔之所平兒站在炕沿边打量了刘姥〻兩眼只得問个好讓坐刘姥〻見平兒遍身綾羅插金代銀花容玉貌的便当是鳳姐兒了才要称姑奶〻忽見周瑞家的称他是平姑娘又見平兒赶着周瑞家的称周大娘方知不过是个有些体面的丫頭了于是讓刘姥〻合板兒上了炕平兒合周瑞家的对面坐在炕沿上小丫頭子們斟了茶来吃茶刘姥〻只听見咯

噹〻〻的响声大有似乎打籮櫃篩麪的一般不免東瞧西望的忽見堂屋中柱子上掛着一个匣子底下又墜着一个秤它般一物却不住的乱幌刘姥〻心中想着这是什庅爱物儿有甚用呢正獃时只听得噹的一声又若金鐘銅磬的一般不防到唬的一展眼接着又是一連八九下方欲問时只見小丫頭們齐乱跑說奶〻下来了周瑞家的与平兒忙起身命刘姥〻只管等着是时候我們来請你說着都迎出去了刘姥〻只屏声側耳默候只听遠〻有人笑声約有一二十婦人都捧着大漆捧盒進这边来等候听得那边說了声摆飯漸〻人才散出只有伺候端菜的几个人半日鴉雀不聞之後忽見二人抬了一張炕桌来放在这边炕上桌上碗盤森列仍是滿〻的魚肉在内不过畧動了几樣板兒一見了便吵着要肉吃刘姥〻一把掌打了他去忽見周瑞家的笑

嘻〻走过来招手兒叫他刘姥〻会意于是代（帶）了板兒下炕至堂屋中周瑞家
的又和他唧咕了一回方过这边屋裡来只見門外鏨銅鈎上懸着大紅撒花
軟簾南窓下是炕〻上大紅毡條靠東边板壁立着一个鎖子錦靠背与一个
引枕鋪着金心閃緞大坐褥旁边有雕漆痰盒那风姐兒家常代（帶）着秋板貂鼠
招（昭）君套圍着攢珠勒子穿着桃紅撒花袄石青刻絲灰鼠披風大紅洋縐艮鼠
皮裙粉光脂艷端〻正〻坐在那里手内拿着小銅火炷兒撥手炉内的灰平
兒站在炕沿边捧着小〻的一个填漆茶盤盤内一个小蓋鍾风姐也不接茶
也不抬頭只管撥手炉内的灰漫〻的問道怎庅还不請進来一面説一面抬
身要茶时只見周瑞家的已代（帶）了两个人在地下站着呢这才忙欲起身犹未
起身時滿面春風的問好又嗔着周瑞家的怎庅不早説刘姥〻在地下已是

拜了数拜問姑奶ゝ安鳳姐忙説周姐ゝ快㩙起来別拜罢請坐我的年輕不
大認得可也不知是什庅輩数不敢称呼周瑞家的忙回道这就是我才回的
那姥ゝ了鳳姐点頭刘姥ゝ已在炕沿上坐了板兒便躲在背後百般的哄他
出来作揖他死也不背鳳姐兒笑道親戚們不大走動都踈遠了知道的呢説你
們棄厭我們不肯常来不知道的那起小人还只当我們眼里没人是的刘姥
ゝ忙念佛道我們家道艱难走不起来了这里没的給姑奶ゝ打嘴就是管家
爺們看着也不像鳳姐兒笑道这話没的叫人悪心不过借頼着祖父虚名作
个窮官兒誰家有什庅不过是个旧日的空架子俗語説朝廷还有三門子窮
親戚呢何况你我説着又問周瑞家的回了太ゝ了没有周瑞家的道如今等
奶ゝ的示下鳳姐道你去瞧ゝ要是有人有事就罢得閒兒呢就回看怎庅説

周瑞家的荅应着去了这里鳳姐叫人抓些菓子与板兒吃剛問些閒話时就有家下許多媳婦管事的来回話平兒回了鳳姐道我这里陪客呢晚上再来回若有狠要緊的你就帶進来現辦平兒出去了一会進来説我都問了没什庅緊事我就叫他們散了鳳姐点頭只見周瑞家的回来向鳳姐道太〻説了今日不得閑二奶〻陪着便是一様多謝費心想着白来曠〻呢便罢若有甚説的只管告訴二奶〻都是一様刘姥〻道也没甚説的不过是来瞧〻姑太太姑奶〻也是親戚們的情分周瑞家的道没甚説的便罢若有話只管回二奶〻是和太〻一樣的一面説一面遞眼色与刘姥〻〻會意未語先飛紅的臉欲待不説今日又所為何来只得忍恥説道論理今兒初次見姑奶〻却不該説只是大遠的奔了你老这里来也少不的説了剛説道这里只听二門

上小厮們回說東府裡的小大爺進来了鳳姐忙止刘姥〻不必說了一面便問你蓉大爺在那里呢只听一路靴子脚响進来了一个十七八歲的少年面目清秀身材俊俏輕裘宝帶美服華冠刘姥〻此時坐不是立不是藏没处藏鳳姐笑道你只管坐着这是我侄兒刘姥〻方扭〻捏在炕沿上坐了賈蓉笑道我父親打發了我来求嬸子說上回老旧太〻給嬸子的那架玻璃炕屏明日請一个要緊的客借了畧擺一擺就送过来鳳姐道說遲了一日昨兒已經給了人了賈蓉听着嘻〻的笑着在炕沿上半跪道嬸子若不借又說我不会說話了又挨一頓好打呢嬸子只当可怜侄兒罷鳳姐笑道也没見你們王家的東西都是好的不成你們那裡放着那些好東西只是看不見偏我的就是好的賈蓉笑道那里有这个好呢只求開恩罷鳳姐道若碰一点兒你可仔細

你的皮因命平兒拿了樓房的鑰匙傳几个妥当人抬去賈蓉喜的眉開眼笑說我親自代了人拿去别由他們乱崩說自便起身出去了這里鳳姐忽又想起一事来便向窓外叫蓉哥回来外面几个人接声說蓉大爷快回来賈蓉忙復身轉来垂手侍立听阿鳳指示那鳳姐只管漫漫的吃茶出了半日的神又笑道罢了你且去罢晚飯後你来再說罢這会子有人我也没精神了賈蓉应了一声方慢慢的退去這里刘姥姥心神方定才又說道今日我代了你侄兒来也不為别的只因他老子娘在家里連吃的都没有如今天又冷了越想没个派頭兒只得代了你姪兒奔了你老来說自又推板兒道你那爹在家怎広教你来打發咱們作煞事来只顧吃菓子咧鳳姐早已明白了听他不会說話因笑止道不必說了我知道了因問周瑞家的这姥姥不知可用了早飯没有

刘姥〻忙説道一早就往這里赶咧那里还有吃飯的工夫咧鳳姐听説忙命
快傳飯来一時周瑞家的傳了一桌客飯来擺在東边屋内过来代了刘姥〻
和板兒过去吃飯鳳姐説道周姐〻好生讓自此〻兒我不能陪了于是过東边
房里来又吽过周瑞家的去問他才回了太〻説了些什庅周瑞家的道太〻
説他們家原不是一家子不过因出一姓当年又与太老爺在一処作官偶然
連了宗的這几年来也不大走動当时他們来一遭却也没空了他們今兒既
来了瞧〻我們是他的好意思也不可簡漫了他便是有什庅説的吽奶〻裁
度自就是了鳳姐听了説道我説呢既是一家子我如何連影兒也不知道説
話时刘姥〻已吃畢了飯拉了板兒过来餂舌咂嘴的道謝鳳姐笑道且請坐
下听我告訴你老人家方才的意思我已知道了若論親戚之間原該不等上

門来就該有照应才是但如今家内雜事太煩太〻[也]漸上了年紀一时想不到
也是有的况是我近来接自管些事都不甚知道这些〻親戚們二則外頭看自
虽是烈〻轟〻的殊不知大有大的艰难去処説与人也未必信罢今兒你既
老遠的来了又是頭一次見我張口怎好叫你空回去呢可巧昨兒太〻給我
的丫頭們做衣裳的二十两銀子我还没動呢你若不嫌少就暫且先拿了去
罢那刘姥〻先听見告艰难只当是没有心里便突〻的後来听見給他二十
两喜的又渾身發癢起来説道嗳我也是知道艰难的但俗語説的瘦死的駱
駝比馬大凴他怎樣你老拔根毛比我們的腰还粗呢周瑞家的見他説的粗
鄙只管使眼色止他鳳姐看見笑而不採只命平兒把昨兒那包銀子拿来再
拏一弔[吊]錢来都送到刘姥〻的根[面]前鳳姐乃道這是二十两銀子暫且給这孩

子做件冬衣罢若不拿自就真是怪我了這錢僱車坐罢改日無事只管来曠〻方是親戚們的意思天也晚了也不虚留你們了到家里該問好的問个好兒罢一面說一面就站了起来刘姥〻只管千恩萬謝的拿了銀子錢随了周瑞家的来至外面周瑞家的道我的娘啊你見了他怎庅到不会說了開口就是你侄兒我說句不怕你惱的話便是親侄兒也要說和軟些〻蓉大爷才是他的正經侄兒呢他怎庅又跑出这庅一个侄兒来了刘姥〻笑道我的嫂子我見了他心眼兒里爱还爱不过来那里还說的上話来呢二人說着又到周瑞家坐了片时刘姥〻便要留下一塊銀子与周瑞家孩子們買菓子吃周瑞家的如何放在眼里执意不肯刘姥〻感謝不尽仍從後門去了正是

得意濃时是接濟　受恩深处勝親朋

石頭記

第七回

脂硯齋重評石頭記

第七回

送宮花賈璉戲熙鳳　晏寧府宝玉会秦鐘

話説周瑞家的送了刘姥〻去後便上来回王夫人話誰知王夫人不在上房問了丫鬟們时方知往薛姨媽那边説閒話去了周瑞家的听説便轉出東角門至東院往梨香院来剛至院門前只見王夫人的丫鬟名金釧兒合一个才留了頭的小女孩兒站在台堦坡上頑見周瑞家的来了便知有話回因向内努嘴兒周瑞家的輕〻掀簾進去只見王夫人和薛姨媽長篇大套的説些〻家務人情等語周瑞家的不敢驚動遂進裡間来只見薛宝釵穿着家常的衣服頭上只散挽着鬢兒坐在炕里边伏在小炕桌上同了丫鬟鶯兒正描花樣子呢見他進

来宝釵才放下筆轉过来滿面堆笑讓周姐〻坐着周瑞家的也忙陪笑問
姑娘好一面炕沿上坐了因說这有两三天也沒見姑娘到那边曠〻去只怕
是你宝兄弟冲撞了你不成宝釵笑道那里的話只因我那種病又發了所以
这两天沒出屋子周瑞家的道正是呢姑娘到底有什庅病根兒也該趁早兒
請个大夫来好生開个方子認真吃几剤一勢兒除了根才是小〻的年紀到
作下个病根兒也不是頑的宝釵听了便笑道再不要提吃藥為这病請大夫
吃藥也不知白花了多少銀子錢呢凴你什庅名医仙藥從不見一点兒效後
来还虧了一个秃頭和尚說專治無名之症因請他看了他說我这是從胎裡
代来的一股热毒幸而先天壮还不相干若吃尋常藥是不中用的他就說了
一个海上方又給了一包藥末子作引子異香異氣的不知是那里弄了来的

他說發了时吃一丸就好到也奇怪吃他的藥到效驗些周瑞家的因問不知是个什庅海上方兒姑娘說了我們也說与人知道倘遇見这樣病也是行好的事宝釵見問乃笑道不用这方兒还好若用了这藥方兒的病症真〻把人瑣碎死東西藥料一槩都有限只难得可巧要春天開的白牡丹花蕋十二两夏天開的白荷花蕋心十二两秋天的白芙蓉蕋十二两冬天的白梅花蕋十二两将这四樣花蕋于次年春分这日晒乾和在藥末子一处一斉研好又要雨水这日的雨水十二两周瑞家的忙道嗳哟這庅說来这就得三年的工夫倘或雨水这日竟不下雨这却怎処呢宝釵笑道所以說那里有这樣可巧的雨便没雨也只好再等罢了白露這日的露水十二錢霜降这日的霜十二錢小雪這日的雪十二錢把这些水調匀和了藥再加十二錢蜂蜜十二錢白糖

丸了龍眼大的丸子盛在旧磁罈内埋花根底下若發了病时拿出来吃一丸用十二分黄柏煎湯送下周瑞家的听了笑道阿弥陀佛真坑死人的事兒等十年未必都这樣巧的呢宝釵道竟好自他說了去後一二年間可巧都得了好容易配成一料如今從南代至北現在就埋在梨花樹底下呢周瑞家的又問道这藥可有名子沒有呢宝釵道有这也是那癩頭和尚說下的叫作冷香丸周瑞家的听了点頭兒因又說这病發了时到底覺怎庅着宝釵道也不覺甚怎庅着只不过喘嗽些〻吃一丸下去也就好些〻了周瑞家的还欲說話时忽听王夫人問誰在房里呢周瑞家的忙出去荅应了趂便回了刘姥〻之事略待半刻見王夫人無語方欲退出薛姨媽忽又笑道你且站住我有一宗東西你代了去罷說着便叫香菱〻〻听簾櫳响処方才和金釧頑的那個小丫頭進

来了問奶〻叫我作什庅薛姨媽道把匣子里的花兒拿来香菱荅应了向那边捧了个小錦匣来薛姨媽道这是宮裡頭的新鮮樣法拿紗堆的花兒十二支昨兒我想起来白放着可惜了兒的何不給他們姊妹們代去昨兒要送去偏又忘了你今兒来的巧就代了去罢你家的三位姑娘每人一对剩下的六枝送林姑娘兩枝那四枝給了鳳哥罢王夫人道留着給宝丫頭带罢又想着他們作什庅薛姨媽道姨娘不知道宝丫頭古怪着呢他從来不爱这些花兒粉兒的說着周瑞家的拿了匣子走出房門見金釧仍在那里晒日頭陽兒周瑞家的因問他道那香菱小丫頭子可就是常說臨上京时買的為他打人命官司的那個小丫頭子庅金釧道可就是他正說着只見香菱笑嘻〻的走来周瑞家的便拉了他的手細〻的看了一会因向金釧笑道到好个模樣兒竟有些〻像咱們

東府里蓉大奶〻的品格兒金釧兒笑道我也是这們說呢周瑞家的又問香菱你几歲投身到这里又問你父母今在何処今年十几歲了本処是那里人香菱听問都搖頭說不記得了周瑞家的和金釧兒听了到反為嘆息傷感一回一时周瑞家的携花至王夫人正房後頭来原来近日賈母說孫女兒們太多了一処擠着到不方便只留宝玉代玉二人这边解悶却將迎惜探三人移到王夫人这边房後三間小抱厦内居住令李紈陪伴照管如今周瑞家的因順路先往这里来只見几个小丫頭子都在抱厦内听呼喚呢只見迎春的丫嬛司棋与探春的丫嬛侍書二人正掀簾子出来手里都捧着茶鍾周瑞家的便知他們姊妹在一処坐着呢遂進入内房只見迎春探春二人正在窓下〻圍碁周瑞家的將花送上說明緣故二人忙住了碁都欠身道謝命丫嬛們收了

周瑞家的答应了因说四姑娘不在房里只怕在老太太那边呢丫嬛们道那屋里不是四姑娘周瑞家的听了便往这边屋里来只见惜春正同水月庵的小姑子智能儿一处顽耍呢见周瑞家的进来惜春便问他何事周瑞家的便将花匣打开说明原故惜春笑道我这里正和智能儿说我明儿也剃了头同他作姑子去呢可巧又送了花儿来若剃了头可把这花儿带在那里呢说着大家取笑一回惜春丫嬛放在匣子里周瑞家的问智能儿你是什么时来的你师父那秃歪剌往那里去了智能儿道我们一早就来了我师父见了太太就往于老爷府内去了叫我在这里等他呢周瑞家的又道十五的月例香供银子可曾得了没有智能儿摇头儿说我不知道惜春听了便问周瑞家的如今各庙月例银子是谁管着周瑞家的道是余信管着惜春听了笑道这就是了他

師父一来蔡信的女人就趕上来和他師父咕唧了半日想是就為這事了那周瑞家的又和智能兒勞叨了一会便往鳳姐兒処来穿夾道從李紈後窓下过隔着玻璃窓戶見李紈在炕上歪着睡覺呢遂越过西花墻出西角門進入鳳姐院中走至堂屋只見小丫頭豊兒坐在鳳姐房中門檻上見周瑞家的来了連忙擺手兒叫他往東屋裡去周瑞家的会意忙掬手揖足往東边房里来只見奶子正拍着大姐兒睡覺呢周瑞家的悄問奶子道姐兒睡中覺呢也該請醒了奶子搖頭兒正說着只听那边一陣笑声却有賈璉的声音接着房門响処平兒拿着大銅盆出来叫豊兒舀水進去平兒便到道這边来一見了周瑞家的便問你老人家又跑了来作什庅周瑞家的忙起身拿匣子与他說送花兒一事平兒听了便打開匣子拿了四枝轉身去了半刻工夫手里拿出兩枝来先

叫彩明吩咐道送到那边府里給小蓉大奶〻带去次後方命周瑞家的回去
道謝周瑞家的这才往賈母这边来穿过了穿堂抬頭忽見他女兒打扮着才從
他婆家来周瑞家的忙問你这会跑来作什庅他女兒笑道媽一向身上好我
在家里等了这半日媽竟不出去什庅事情这樣忙的不回家的忙我等煩了自
已先到了老太〻跟前請了安了这会子請太〻的安去媽还有什庅不了的
差事手里是什庅東西周瑞家的笑道嗳今兒偏〻的来了个刘姥〻我自已
多事為他跑了半日这会子又被太〻看見了送这几枝花兒與姑娘奶〻們
这會子还没送清楚呢你這会子跑了来一定有什庅事他家女兒笑道你老
人家到会猜寔对你老人家說你女婿前兒因多吃了兩杯酒和人分争不知
怎的被人放了一把邪火說来歷不明告到衙門里要遞解地还鄉所以我来和

你老人家商議〻〻这个情分求那一个可以了事呢周瑞家的听了道就知道
呢这有什庅大不了的事你且家去等我〻給林姑娘送了花兒去就回家去
此时太〻二奶〻都不得閒兒你回去等我这有什庅忙的如此女兒听說便
回去了又說媽好歹快来周瑞家的道是了小人兒家沒經过什庅事就急得
你這樣了說着便到代玉房中去了誰知此时代玉不在自己房中却在宝玉
房中大家觧九連環頑呢周瑞家的進来笑道林姑娘姨太〻自我送花兒与
姑娘帶来了宝玉听說便先問什庅花兒拿来給我一面早伸手接过来了開
匣看时原来是宮製堆紗新巧的假花兒代玉只就在宝玉手中看了一看便
問道还是单送我一人的还是别的姑娘們都有呢周瑞家的道各位都有了
这兩枝是姑娘的了代玉冷笑道我就知道别人不挑剩下的也不給我周瑞

家的听了一声兒不言語宝玉便問道周姐〻你作什庅到那边去了周瑞家的因說太〻在那里因回話去了姨太〻就順便叫我代帶来〻宝玉道宝姐〻在家作什庅呢怎庅這几日也不过这边来周瑞家的道身上不大好呢宝玉听了便和丫頭說誰去瞧〻只說我(与)林姑娘打發了来請姨太〻姐〻安問姐〻是什庅病現吃什庅藥說(原)理我該親自来的就說才從学里来也着了些〻凉異日再親自来看罢說着茜雲便答应去了周瑞家的自去無話原来这周瑞的女婿便是雨村的友(朋)冷子興近因賣古董和(合)人打官司故教女人来討情分周瑞家的仗着主子的势利把这些事也不放在心上晚間只求〻鳳姐兒便完了至掌燈时分鳳姐已卸了粧来見王夫人回話今兒甄(家)送了来的東西我已收了咱們送他的趁着他家有年下送仙(鮮)的船去一併都交給他們代了去

罢王夫人点頭鳳姐又道臨安伯老太〻生日的理(礼)巳經打点了派誰送去呢王夫人道你瞧誰閑着就叫他們去四个女人就是了又来当什庅正經事問我鳳(姐)又笑道今日珍大嫂子来請我明日过去瞧〻明日到沒有什庅事情王夫人道有事沒事都害(碍)不着什庅每常他来請有我們你自然不便意他既不請我們单請你可知是他誠心叫你散淡〻〻別辜負了他的心便有事也該过去才是鳳姐答应了当下李紈迊探等姊妹們亦来定省畢各自帰房無話

次日鳳姐梳洗了先回王夫人畢方来辞賈母宝玉听了也要跟了瞧去鳳姐只得答应立等自換了衣服姐兒兩个坐了車一时進入寧府早有賈珍之妻尤氏与賈蓉之妻秦氏婆媳兩个引了多少姬妾丫〻媳婦等接出儀門那尤氏一見了鳳姐必先嘲笑一陣一手攜了宝玉同入上房来帰坐秦氏献茶畢

鳳姐因說你們請我來作什么有什么好東西孝敬我就快献上來我还有事呢尤氏秦氏未及答話地下几个姬妾先就笑說二奶〻今兒不來就罢既來了就依不得二奶〻了正說着只見賈蓉進來請安宝玉因問大哥〻今日不在家么尤氏道出城与老爷請安去了可是你怪悶的坐在这里作什么何不也去瞧〻秦氏笑道今兒巧上回宝叔立刻要見的我那兄弟他今兒也在这里想在書房里呢宝叔何不去瞧一瞧宝玉听了即便下炕要走尤氏鳳姐都忙說好生着忙什么一面便吩咐好生小心跟着他别委曲着他到比不得跟了老太〻过來就罢了鳳姐說道既这么着何不請進这秦小爷來我也瞧一瞧难道我見不得他不成尤氏咲道罢〻可以不必見他比不得咱們家的孩子們胡打海摔的慣了人家的孩子都是斯〻文〻的慣了乍見了你这破

落户还被人笑話死了呢鳳姐笑道普天下的人我不咲話就罢了竟叫这小孩子咲話我不成賈蓉笑道不是这話他生的腼腆沒見过大陣張兒嬸子見了沒的生氣鳳姐道憑他什庅樣兒的我也要見一見别放你娘的屁了再不帶来我看給你一頓好嘴巴賈蓉笑嘻嘻的說我不敢扭着就帶他来說着果然出去帶進一个小後生來較宝玉畧瘦些眉清目秀粉面朱唇身材俊俏舉止風流似在宝玉之上只是怯怯羞羞有女兒之態腼腆含糊慢向鳳姐作揖問好鳳姐喜的先推宝玉笑道比下去了便探身一把攜了这孩子的手就命他身傍坐了慢慢的問他几歲了讀什庅書弟兄几个学名唤什庅秦鐘一一答应了早有鳳姐的丫鬟媳婦們見鳳姐初会秦鐘並未備得表礼来遂忙过那边去告訴平兒平兒知道鳳姐与秦氏厚密虽是小後生家亦不可太儉遂

自作主意拿了一疋尺頭兩个状元及第的小金錁子交付与来人送过去鳳
姐猶笑說太簡薄等語秦氏等謝畢一时吃过飯尤氏鳳姐秦氏等抹骨牌不
在話下那宝玉自見了秦鍾的人品出衆心中似有所失痴了半日自己心中
又敳意起了乃自思道天下竟有这等的人物如今看来我竟成了泥猪癩狗
了可恨我為什庅生在这候門公府之家若也生在寒門薄宦之家早得与他
交結也不枉生了一世我虽如此比他尊貴可知錦綉紗羅也不过裹了我这
根死木頭美酒羊羔也不过填了我这糞窟泥溝富貴二字不料遭我荼毒了
秦鍾自見了宝玉形容出衆舉止不凡更兼金冠綉服嬌婢侈童秦鍾心中亦
自道果然这宝玉怨不得人溺爱他可恨我偏生於清寒之家不能与他耳鬢
交結可知貧窭二字限人亦世間之大不快事二人一樣的胡思乱想忽然宝

玉問他讀什広書秦鐘見問他因而答以実話二人你言我語十来句後越覔
親密起来一时摆上茶菓宝玉便説我両个又不吃酒把菓子摆在里間小炕
上我們那里坐去省得鬧你們于是二人進里間来吃茶秦氏一面張羅與鳳
姐摆酒菓一面忙進来囑宝玉道宝叔你侄兒倘或言語不妨頭你千萬看自
我不要理他〃〃虽腼腆却性子左強不大随和此是有的宝玉咲道你去罢我
知道了秦氏又囑了他兄弟一回方去陪鳳姐一时鳳姐尤氏又打發人来問
宝玉要吃什広外面有只管要去宝玉只答応自也無心在飯食上只問秦鐘
近日家務等事秦鐘因說業師于去年病故家父又年紀老邁殘疾在身公務
繁冗因此尚未講及延師一事目下不过在家温習旧課而已再讀書一事必
湏有一二知己為伴时常大家討論才能進益宝玉不待說完便答道正是呢

我們都有个家塾合族中有不能延師的便可入塾讀書子弟們中亦有親戚在內可以附讀我因業師上年回家去了也現荒廢着呢家父之意亦欲暫送我去溫習旧書待明年業師上來再各自在家里讀家祖母因說一則家學里之子弟太多生恐大家淘氣反不好二則也因我病了几天遂暫且担擱自如此說来尊翁如今也為此事懸心今日回去何不禀明就往我們敝塾中来我亦相伴彼此有益豈不是好事秦鐘咲道家父前日在家提起延師一事也曾提起这里的義學到好原要来合这里的親翁商議引荐因这里又事忙不好為这点小事来聒絮的宝叔果然度小侄或可磨墨滌硯何不速速的作成又彼此不致荒廢又可以常相談聚又可以慰父母之心又可以得朋友之樂豈不是美事宝玉道放心放心偺們回来告訴你姐夫姐姐和璉二嫂子你今日回

家就稟明令尊我回去再稟明祖母再無不速成之理二人計議一定那天氣已是掌灯时候出来又看他們頑了一回牌筭賬却又是秦氏尤氏二人輸了戲酒的東道言定後日吃这東道一面就吽送飯吃畢晚飯因天黑了尤氏因說先派兩个小子送了这秦相公家去媳婦們傳出去半日秦鐘告辭起身尤氏問派了誰送去媳婦們回說外頭派了焦大誰知焦大醉了又罵呢尤氏秦氏都說道偏又派他作什庅放着这些小子們那一个派不得偏要惹他去鳳姐道我成日家說你太軟弱了縱的家里人这樣还了得了尤氏嘆道你难道不知这焦大的連老爺都不里他的你珍大哥〻也不理他只因他從小兒跟着太爺們出过三四回兵從死人堆里把太爺背了出来得了命自已挨着餓却偷了東西来給主子吃兩日沒得水得了半碗水給主子喝他自己喝馬溺

不仗自这些功劳情分有祖宗时都另眼相待如今誰肯难為他去他自己又老了又不愿[顧]体面一味吃酒吃醉了無人不罵我常説給管事的不要派他差事[使]全当一个死的就完了今又派了他鳳姐道我何常不知这焦大到是你們沒主意有这様的何不打発他遠遠的庄子上去就完了説自因問我們的車可齊備了地下衆人都应道伺候齊了鳳姐起身告辞和宝玉携手同行尤氏等送至大廳只見灯燭輝煌衆小厮都在丹墀侍立那焦大又恃賈珍不在家即在家亦不好怎様他更可以任意洒落落因趁自酒興先罵大揔管賴二説他不公道欺軟怕硬有了好差事[使]就派别人像这等黑更半夜送人的事就派我沒良心的王八羔子瞎充管家你也不想想焦大太爷蹺蹺脚比你的頭还高呢二十年頭里的焦大太爷眼里有誰别説你們这一起雜種王八羔子

們正罵的與頭上賈蓉送鳳姐的車出去衆人喝他不听賈蓉忍不得便罵了他兩句使人綑起來等明日酒醒了問他还尋死不尋死了那焦大那里把賈蓉放在眼里反大叫起来赶着賈蓉叫蓉哥兒你別在焦大跟前使主子性兒別說你这樣兒的就是你爹你爺〻也不敢和焦大挺腰子不是焦大一个人你們就(做)官兒享榮華受富貴你祖宗九死一生掙下这家業到如今了不报我的恩反和我充起主子来了不和我說別的还可若再說別的咱們紅(白)刀子進去白(紅)刀子出来鳳姐在車上說与賈蓉道以後还不打發了这个沒王法的東西留在这里豈不是禍害倘或親友知道了豈不笑話咱們这樣的人家連个王法規矩沒有賈蓉答应是衆小廝見他太撒野了只得上来几个揪番綑倒拖往馬圈裡去焦大越發連賈珍都說出来乱嚷乱叫說我要往祠堂裡哭太

爺去那里承望到如今生下这些畜牲来每日家偷狗戲雞爬灰的爬灰養小叔子的養小叔子我什庅不知道咱們胳膊折了往袖子里藏衆小廝听他説出這些没天日的話来唬的魂飛魄散也不顧别的了便把他捆起来用土和馬糞滿々的填了他一嘴鳳姐和賈蓉等也遥々的聞得便都粧作没听見宝玉在車上見这般醉閙到也有趣因問鳳姐道姐々你听他説爬灰的爬灰什庅是爬灰鳳姐听了連忙立眉嗔目断喝道少胡説那是醉漢嘴里混唚你是什庅樣的人不説没听見还到細問等我回去回了太々看仔細捶你不捶你唬得宝玉忙央告道好姐々我再不敢了鳳姐道这才是呢等咱們到了家回了老太々打發你同你秦家侄兒孝里念書去要緊説有却自回往荣府而来这

正是

七回卷末有對一付

不因俊俏難爲友

正爲風流始讀書

石頭記 第八函

脂硯齋重評石頭記卷之

第八回

比通靈金鶯微露意　探宝釵代玉半含酸

話說鳳姐和宝玉便回明賈母秦鐘要上家塾之事自己也有了个伴讀的朋友正好發奮又自寔的称賛秦鐘的人品行事最使人怜爱鳳姐又在一傍帮肖說过日他还来拜老祖宗等語說的賈母喜欢起来鳳姐又趁势請賈母後日过去看戲賈母虽年老却極有興頭至後日又有尤氏来請随了王夫人林代玉宝玉等过去看戲至晌午賈母便先回来歇息了王夫人本是好清净的見賈母回来也就回来了然後鳳姐坐了首席盡欢至晚無話却說宝玉因送賈母回来待賈母歇了中覺意欲还去看戲取樂又恐攪的秦氏等人不便因想起近日薛

宝釵在家養病未去親候意欲去望他一望若從上房後角門过去又恐遇見別事纏繞再或可巧遇見他父親更為不要寧可遶遠路罢了当下衆嬷〻丫妳伺候他換衣服見他不換仍出二門去了衆嬷〻丫妳只得跟隨出来还只当他去那府中看戲誰知到穿堂便向東向北遶過廳後而去偏頂頭遇見了門下清客相公詹光單聘仁二人走来一見了宝玉便都笑着赶上来一个抱住腰一个携着手都道我的菩薩哥兒我說作了好夢呢好容易得遇見了你說着請了安又問好劳叨半日方才走開老嬷〻叫住因問二位爺是從老爷跟前来的不是二人点頭道老爷在夢坡齋小書房里歇中覺呢不妨事的一面說一面走了說的宝玉也笑了于是轉灣向北奔梨[illegible]香院来可巧管銀庫房的揔領名喚吳新登与倉上的頭目名戴良还有几个管事的頭目共有七个人

從帳房里出来一見了宝玉赶来都一齐垂手站住獨有一个買辦名喚錢華
因他多日未見宝玉忙上来打千兒請安宝玉忙含笑攜他起来衆人都笑說
前兒在一処看見二爺寫的斗方兒字法越發好了多早晚兒賞我們几張貼
：宝玉笑道在那里看見了衆人道好几処都有都称（讃）的了不得还和我們尋
呢宝玉笑道不置（值）什庅你們說与我的小么兒們就是了一面說一面前（往）走衆
人待他过去方都各自散了閑言少述且說宝玉来至梨香院中先入薛姨媽
室中来正見薛姨媽打点針黹毌（分給）了妚們呢宝玉忙請了安薛姨媽忙一把拉
了他抱入怀内笑說这們冷天我的兒难為你想着来快上炕来坐着罢命人
到滚：的茶来宝玉因問哥：不在家薛姨媽嘆道他是没籠頭的馬天：忙
不了那里肯在家一日宝玉道姐：可大安了薛姨媽道可是呢你前兒又想

着打發人来瞧他：在里間不是你去瞧他里間比这里暖和那里坐着我収
拾収拾就進去和你説話兒宝玉听説忙下了炕来至里間門前只見吊着半
旧的紅紬軟簾宝玉掀簾一邁步進去先就看見薛宝釵坐在炕上作針線頭
上挽着漆黒的油光鬢兒蜜合色綿袄玫瑰紫二色金銀鼠比肩褂葱黄綾棉
裙一色半新不旧看去〔自〕竟奢華唇不点而紅眉不画而翠臉若銀盆眼如水性
罕言寡語人謂藏愚安分随时自云守拙宝玉一面看一面問姐：可大愈了
宝釵抬頭只見宝玉進来連忙起身含笑答説已經大好了多謝記掛着説
着讓他在炕沿上坐了即命鶯兒斟茶来一面又問老太：姨娘安别的姊妹
們都好一面看宝玉頭上代着纍系嵌玉紫金冠額上勒着二龍搶珠金抹額
身上穿着秋香色立蟒白猍箭袖繫着五色蝴蝶鑾絲項上掛着長命鎖記名

符另外有一魂落草时啣下来的宝玉宝釵因笑説道成日家説你的这玉宠竟未曾細：的賞鑒我今日到要瞧：説自便挪進前来宝玉亦凑了上去從項上摘了下来遞在宝釵手内宝釵托于掌上只見大如雀卵燦若明霞瑩潤如酥五色花紋纏護这就是大荒山中青埂峰下的那塊頑石的幻相後人曾有詩嘲云

女媧煉石已荒唐　又向荒唐演大荒　失去幽灵真境界
幻来親就臭皮囊　好知運敗金無彩　堪嘆时乖玉不光
白骨如山忘姓氏　無非公子與紅粧

那頑石亦曾記下他这幻相並癩僧所鐫的篆文今亦按圖画于後但其真体最小方能從胎中小兒口内啣下今若按其体画恐字跡过于微細使観者大

癡眼光亦非暢事故今只按其形勢無非略展些規矩使觀者便于灯下醉中亦

可閱今註明此故方無胎中之兒口有多大怎得啣此狼犺蠢大之物等語之謗（畫）

通靈宝玉正面圖式

通靈宝玉

莫失莫忘

註云　莫失莫忘

仙壽恒昌

仙寿恒昌

通靈宝玉反面圖式

一除邪祟　二療寃疾　三知禍福

註云　一除邪祟　二療寃疾　三知禍福

宝釵看畢又從（新）翻（過）正面來細看口内念道莫失莫忘仙寿恒昌念了兩遍乃回頭向鶯兒咲道你不去到茶也在这里發獃作什庅鶯兒嘻嘻笑道我听这兩句話到向和姑娘的項圈上的兩句話是一对兒宝玉听了忙笑道原來姐姐那項圈上也有八个字我也賞鑒賞鑒宝釵道你别听他的話没有什庅字宝

玉笑央好姐〻你怎庅睄我的了呢宝釵被纏不过因說道也是个人給了两句吉利話兒所以鏨上了叫天〻帯自不然沉甸〻的有什庅趣兒一面說一面觧了排扣從里面大紅袄上将珠宝晶瑩黄金燦爛的瓔珞掏将出来宝玉忙托了鎖看時果然一面有四个篆字两面八个共成两句吉讖亦曾按式画下形相

音註云

不離不棄

音註云

芳齡永継

宝玉看了也念了两遍又念自己的两遍因笑問姐〻这八个字到真与我的是一对鶯兒笑道是个癩頭和尚送的他說必須鏨在金器上宝釵不待說完

便嗔他不去到茶一面又問宝玉從那里来宝玉此时与宝釵就近只聞一陣
：凉森：甜絲：的幽香竟不知係何香氣遂問姐：燻的是什庅香我竟從
未聞見过这味兒宝釵笑道我最怕燻香好：的衣服燻的香燎火氣的宝玉
道既如此这是什庅香宝釵想了一想笑道是了是我早起吃了丸藥的香氣
宝玉笑道什庅丸藥这庅好聞好姐：給我一丸嚐：宝釵笑道又混鬧了一
个藥也是混喫的一語未了忽听外面人説林姑娘来了話尤未了林代玉已
搖：的走了進来一見了宝玉便笑道噯喲我来的不巧了宝玉等忙起身笑
讓坐宝釵因笑道这話怎庅説代玉笑道早知他来我就不来了宝釵道我更
不解这意代玉笑道要来一羣都来要不来一个也不来今兒他来了明兒我
再来如此間錯開了来自豈不天：有人来了也不至于太冷落也不至于太

熱鬧了姐〻如何反不觧这意思宝玉因見他外面罩着大紅羽緞対衿褂子因問下雪了麽地下婆娘們道下了这半日雪珠兒了宝玉道取了我的斗篷来不曾代玉便道是不是我来了他就該去了宝玉笑道我多早晚兒説要去了不過拿来預備着宝玉的奶母李嬷〻因説道天又下雪也好早晚的了就在这里同姐〻妹〻一処頑〻罷姨媽那里擺茶菓子呢我叫了頭去取了斗篷来説給小么兒們散了罷宝玉應允李嬷〻出去命小厮們都各散去不提这里薛姨媽已擺了几樣細茶菓来留他們吃茶宝玉因誇前日在那府里珍大嫂子吽人做的好鵝掌鴨信薛姨媽听了忙也把自己的糟的取了些来与他嘗宝玉笑道这个須得就酒吃才好薛姨媽便令人去灌了最上等的酒来李嬷〻便上来道姨太〻酒倒罷了宝玉央道媽〻我只喝一鍾李嬷〻道不中用当着

老太〻太〻那怕你吃一罈呢想那日我眼錯不見一会不知是那一个没有
調教的只圖討你的好兒不管別人死活給了你一口酒吃葬送的我挨了兩
日罵姨太〻不知道他性子又可惡吃了酒更弄興有一日老太〻高性了又
儘着他吃什庅日子又不許他吃何苦我白陪在里面（受氣）薛姨媽笑道老貨你只
放心吃你的去我也不許他吃多了便是老太〻問有我呢一面令小了妚来
讓你奶〻（李）們（他）去也吃杯（酒）搪〻雪（寒）氣那李嬤〻听如此說只得和衆人去吃些酒
水这里宝玉又說不必溫煖了我只~~圖~~愛吃冷的薛姨媽忙道这（可）使不得吃
了冷酒寫字手打颭兒宝釵笑道宝~~田~~兄弟虧你每日家雜学傍収的难到就
不知道酒性最热若热吃下去發散的~~就~~（還）快若冷吃下去便凝結（在）内以五臟去
煖他豈不受害从此还不快~~不圖~~（別）吃那冷的了宝玉听这話有情理便放下冷

酒命人煖来方飲代玉磕着瓜子兒只抿着嘴笑可巧代玉的小丫𡛗雪雁走来与代玉送小手炉代玉因含笑問他誰叫你送来的难為他費心那里就冷死了我雪鴈道紫鵑姐〻怕姑娘冷使我送来的代玉一面接了抱在怀中笑道也虧你到听他的話我平日和你說的全当耳傍風怎麽他說了你就依比聖旨还快些宝玉听这話知是代玉借此奚落他也無回復之詞只嘻〻的笑兩陣罢了宝釵素知代玉是如此慣了的也不去採他薛姨媽因道你素日身子弱禁不得冷的他們記掛着你到不好代玉笑道姨媽不知道幸虧是姨媽这里倘或在别人家人家豈不惱好說就看的人家連个手炉也没有爬〻的從家里送个来不說了𡛗們太小心过餘还只当我素日是这等狂慣了呢薛姨媽道你这个多心的有这樣想我就没这樣心因說話时宝玉已是三杯过去

李嬷々又上来攔阻宝玉正在心甜意洽之时和宝代姊妹說々笑々的那肯不吃宝玉只得屈意央告好嬷々我再吃两鍾就不吃了李嬷々道你可仔細老爷今兒在家隄防問你的書宝玉听了这話便心中大不自在慢々的放了酒垂了頭代玉先忙的說别掃大家的興舅々若叫你只說姨媽留着呢这个媽々他吃了酒又拿我們来醒皮了一面悄推宝玉使他賭氣一面悄々的咕噥說别理那老貨咱們只管樂咱們的那李嬷々不知代玉的意因（思）說道林姐（姑娘）兒你不要助着他了你到劝々他只怕他还听些々林代玉冷笑道我為什広助他我也不犯着劝他你这媽々太小心了往常老太々又給他酒吃如今在姨媽这里多吃一口料也不妨事必定姨媽这里是外人不当在这里的也未可定李嬷々听了又是急又是笑說道真々这林姐（姑娘）兒說出一句話来比刀子还

尖你这弄了什庅宝钗也忍住笑自把代玉腮上一拧說道真〻这个顰丫頭的一張嘴叫人恨又不是喜欢又不是薛姨媽一面又說别怕〻〻我的兒来这里没好的你吃别把这点子東西唬的存在心里到叫我不安只管放心吃都有我呢越發吃了晚飯去便醉了便跟着我睡罢因命再盪熱酒来姨媽陪你吃兩杯可就吃飯罢宝玉听了方又鼓起興来李嬷〻因吩咐小丫頭子們你們在這里小心着我家里換了衣服就来悄〻的囬姨太〻别由着他多給他吃說着便家去了这里虽还有三兩个婆子都是不當痛痒的見李嬷〻走了也都悄〻去尋方便去了只剩了兩个小丫頭子樂得討宝玉的欢喜幸而薛姨媽千哄萬哄的只容他吃了几杯就忙收过了作酸笋鶏皮湯宝玉痛喝了兩碗吃了半碗飯碧粳粥一时薛林二人也吃完了飯又釅〻的潗上茶来大

家吃了薛姨媽方放了心雪鴈等三四个丫頭已吃了飯進來伺候代玉因問宝
玉道你走不走宝玉乜斜倦眼道你要走我和你一同走代玉听說遂起身道
偺們來了這一日也該回去了还不知那边怎庅找偺們呢說着二人便告辭
小丫頭忙捧过斗笠來宝玉便把頭略低一低命他代上那丫頭便將着大紅
猩毡斗笠一抖才往宝玉頭上合宝玉便說罷〻好蠢東西你也輕些兒难到
沒見过別人代过的讓我自己代罷代玉站在炕沿上道囉唆什庅过來我瞧
〻罷宝玉忙就近前來代玉用手整理輕〻籠住束髮冠將笠沿掖在抹額之
上將那一棵核桃大的絳絨簪纓扶起顫巍〻露于笠外整理已畢端相了端
相說道好了披上斗篷罷宝玉听了方接了斗篷披上薛姨媽忙道跟你們的
媽〻都还沒來呢且略等〻不遲宝玉道我們到去等他們有丫頭們跟着也

勾了薛姨媽不放到底命兩个婦女跟隨他兄妹方罢他二人道了擾一逕回
往賈母房中賈母上来不用晚飯知是薛姨媽処来更加欢喜因見宝玉吃了酒
遂命他自回房去歇着不許再出来了因命人好生看待着忽想起跟宝玉的
人来遂問衆人李奶子怎広不見衆人不敢直說家去了只說才進来的想有
事才去了宝玉踉蹌回顧道他比老太〻還受用呢問他作什広沒有他只當
我还多活兩日一面說一面来至自已的卧室只見筆墨在案晴雯先接出来
笑說道好〻要我研了那些墨早起高興只寫了三个字丟下筆就走了哄的
我們等了一日快来与我寫完这些墨才罢宝玉忽然想起早起的事来因笑
道我寫的那三个字那里呢晴雯笑道这个人可醉了你頭里过那府里去囑
咐貼在这門斗上这会子又這広問我生怕別人貼坏了我親自爬高上梯的

貼上这会子还凍的手冰冷的呢宝玉听了笑道我忘了你的手冷我替你渥着說着便伸手攜了晴雯的手同仰首看門斗上新書的三个字一时代玉來了宝玉笑道好妹々你别撒謊你看這三个字那一个好代玉仰頭看里間門斗上新貼了三个字寫着絳雲軒代玉笑道个々都好怎庅寫的這們好了明兒也与我寫一个匾宝玉嘻々的笑道又哄我呢說着又問襲人姐々呢晴雯向裡間炕上掇嘴宝玉一看只見襲人合衣睡在那里宝玉笑道好太渥早了些因又問晴雯道今兒我在那府里吃早飯有一碟子豆腐皮的包子我想着你爱吃和珍大奶々說了只說我留着晚上吃叫人送过來的你可吃了没有晴雯道快别提一送了來我知道是給我的偏我才吃了飯就放在那里後來李奶奶來了看見說宝玉未必吃了拿了給我孫子去罷他就叫人拿了家去了接

着茜雪捧上茶来寶玉因讓林妹〻吃茶衆人笑説林妹〻早走了還讓呢宝玉吃了半碗茶忽又想起早起的茶来因問茜雪道早起潗了一碗楓露茶我説过那茶是三四次後才出色的这会子怎庅又潗了这个来茜雪道我原是留着的那会子李奶〻来了他要嚐〻就給他吃了宝玉听了將手中的茶杯只顺手往地下一擲豁啷一声打了个粉碎潑了茜雪一裙子的茶又跳起来問着茜雪道他是你那一門子的奶〻你們这庅孝敬他不过是仗着我小时候吃过他几日奶罢了如今逞的他比祖宗还大了如今我又吃不着奶了白〻的養着祖宗作什庅攆了出去大家干净説着便要去立刻回賈母攆他乳母原来襲人寔未睡着不过故意粧睡引宝玉来慪他頑要先聞得説字問包子等事也还可以不必起来後来捽了茶鍾動了氣遂連忙起来解釋劝阻早有

賈母遣人来問是怎么了襲人忙道我才到茶来被雪滑倒了失手砸了鍾子一面又安慰宝玉道你立意要攆他也好我們也都愿意出去不如趁势連我們一齊攆了我們也好你也不愁再有好的来伏侍你宝玉听了这話方無了言語被襲人等扶至炕上脱换了衣服不知宝玉口内还説些什么只覚口齒纏綿眼眉愈加錫[餳]滯忙扶侍他睡下襲人伸手從他項上摘下那通灵玉来用自己的手帕包好塞在褥[子底]下次日帶时便氷不着脖子那宝玉就枕便睡着了彼时李嬷嬷等已進来了听見醉了不敢前来再加觸犯只悄悄的打听睡了方放心散去次日醒来就有人回那边小蓉大爺秦相公来拜宝玉忙接了出去領了拜見賈母賈母見秦鍾形容縹緻舉止温柔堪陪宝玉讀書心中十分欢喜便留茶留飯又命人带去見王夫人等衆人因素愛秦氏今見了秦鍾是

这般人品也都歡喜臨去时都有表礼賈母又与了一个荷包並一个金魁星
取文星和合之意又嘱咐他道你家住的近或有一时寒熱飢飽不便只管住
在这里不必限定了只和你宝叔在一处别跟着那些不長進的東西們学秦
鍾一一的荅应回去禀知他父親秦業現任營繕郎年近七十夫人早亡因当
年無兒女無便向養生堂抱了一个兒子並一个女兒誰知兒子又死了只剩女
兒小名唤可兒長大时生的形容嫋娜性格風流因素与賈家有些瓜葛故結
了親許与賈蓉為妻那秦業至五旬之上方得了秦鍾因去歲業師亡故未暇
延請高明之士只得暫时在家温習旧課正思要和親家去商議送往他家塾
中暫且不致荒廢可巧遇見了宝玉这个机会又知賈家塾中現今司塾的是
賈代儒乃当今之老儒秦鍾此去学業料必進益成名可望因此十分喜悦只

是官囊羞澁那賈家上：下：都是一双富貴眼睛容易拿不出来兒子的終：身大事說不得東併西湊的恭：敬：封了二十四両贄見礼親自帶了秦鍾来代儒家拜見了然後宝玉上斈之日好一同入塾正是

早知日後閒爭氣　豈肯今朝錯讀書

石頭記

第九回

脂硯齋重評石頭記卷之

第九回

戀風流情友入家塾　起嫌疑頑童鬧學堂

話說秦業父子專候賈家的人來送上学擇日之信原来宝玉急于要和秦鐘相遇却顧不得别的遂擇了後日一定上学後日一早請秦相公到我这里会齊了一同前去打發了人送了信至是日一早宝玉起来时襲人早已把書筆文物包好收什的停停妥妥坐在床沿上發悶見宝玉醒来只得伏侍他梳洗宝玉見他悶悶的因笑問道好姐姐你怎庅又不自在了难到怪我上学去丢的你們冷清了不成襲人笑道这是那里話讀書是極好的事不然就潦倒一輩子終久怎庅樣呢但只一件只是念書的时節想着書不念的时節想着家些些

别和他們一処頑鬧崩見老爷不是頑的虽說是奮志要強那工課寧可少些一則貪多嚼不爛二則身子也要保重这就是我的意思你可要体量襲人說一句宝玉应一句襲人又道大毛衣服我也包好了交出給小子們去了學里冷好歹想着添換比不得家里有人照顧脚炉手炉的炭也交出去了你可着他們添那一起懶賊你不說他們楽得不動白凍坏了你宝玉道你放心出外頭我自己都会調停的你們也别悶死在这屋里長和林妹々一処去頑笑着才好說着俱已穿代齊備襲人催他去見賈母賈政王夫人等宝玉又去嘱咐了晴文麝月等几句方出来見賈母々々也未免有几句嘱咐的話然後去見王夫人又出来書房中見賈政偏生这日賈政回家早些正在書房中与相公清客們閒談忽見宝玉進来請安回說上学里去賈政冷笑道你如果再提上學

两个字連我也羞死了依我的話你竟頑你的去(是)正理仔細着站贓了我這(的)地
靠贓了我的門衆清客相公們都早起身笑道老世翁何必又如此今日世兄
一去三二年就可显身成名的了断不似往年仍作小兒之態了天也将飯时(了)
世兄竟快請罢説自便有两个年老的攜了宝玉出去賈政因問跟宝玉的是
誰只听外面荅应了两声早進来三四个大漢打千兒請安賈政看时認得是
宝玉的奶母之子名喚李貴因向他道你們成日家跟他上斈他到底念了些々
什庅書到念了些々流言混語在肚子里斈了此精致的淘氣等我閒一閒先揭
了你的皮再和那不長進的算(筭)賬嚇的李貴忙双膝跪下摘了帽子碰頭有声
連々荅应是又回説哥兒已念到第三本詩經什庅呦々鹿鳴荷葉浮萍小的
不敢撒謊説的滿座閧然大笑起来賈政也掌不住笑了因説道那怕再念三

十本詩経也都是掩耳偷鈴哄人而已你去請斈里太爺的安就說我說了什
広詩經古文一槩不用虚应故事只是先把四書一氣講明背熟是㝡要緊的
李貴忙荅应是見賈政無話方退出去此時宝玉独站在院外屏声静候待他
們出来便忙〻的走了李貴等一面撣衣服一面說道哥兒听見了不曾（没有）可先
要揭我們的皮呢人家的奴才跟主子賺些〻好体面我們这等奴才白陪自挨
打受罵的從此後也可怜見些才好宝玉笑道好哥〻你别委曲我明兒請你
李貴道小祖宗誰敢望你請只求听一句半句話就有了說着又至賈母这边
秦鍾已早来候着了賈母正和他說話兒呢于是二人見过辞了賈母宝玉忽
想起未辞代玉因又忙至代玉房中来作辞彼时代玉才在窓下对鏡理粧听
宝玉說上斈去因笑道好这一去可定是要蟾宫折桂去了我不能送你了宝

玉道好妹〻等我下了学再吃飯和胭脂膏子也等我来再製劳叨了半日方撤身去了代玉忙又叫住問道你怎么不去辞〻你宝姐〻呢宝玉笑而不荅一迳同秦鍾上学去了原来这贾家之義學離此也不甚遠不过一里之遥原係始祖所立恐族中子弟有貧窮不能請師者即入此中肄業凡族中有官爵之人皆供給銀兩按俸之多寡帮助為学中之費特共舉年高有德之人為塾掌尊為訓課子弟如今宝秦二人来了一〻的都互相拜見过讀起書来自此以後他二人同来同往同坐同起愈加親密又兼賈母愛惜也時常的留下秦鍾住上三天五日与自己的重孫一般疼愛因見秦鍾不甚寬裕更又助他些衣履等物不上一月之工夫秦鍾在荣府便熟了宝玉終是不安本分之人竟一味的随心所欲因此又發了癖性又特向秦鍾悄説道咱們兩个人一樣的年

紀況又是同窗以後不必論叔姪只論弟兄朋友就是了先是秦鐘不肯当不得宝玉不依只叫他兄弟或叫他的表字鯨卿秦鐘也只得混自乱叫起来原来这斈中虽都是本族人丁与些親戚的子弟俗語說的好一龍生九種〻〻各别未免人多了就有龍蛇混雜下流人物在内自宝秦二人来了都生的花朶兒一般的模樣又見秦鐘腼腆温柔未語面先紅怯〻羞〻有女兒之風宝玉又是天生成慣能作小服低賠身下氣情性体貼話語綿纏因此二人更加親厚也怨不得那起同窓人起了疑背地裡你言我語詬誶淫議佈满書房内外原来薛蟠自来王夫人处住後便知有一家斈〻中廣有青年子弟不免偶動了龍陽之興因此也假来上斈讀書不过是三日打魚两日晒網白送些〻束修礼物与賈代儒却不曾有一些〻兒進益只圖結交些〻契弟誰想这斈内就有好几

个小斈生圖了薛蟠的銀錢吃穿被他哄上手的也不消多記更又有兩个多
情的小斈生亦不知是那一房的親眷亦未考真名姓只因生得嫵媚風流滿
斈中都送了他兩个外号一号香憐一号玉愛雖都有竊慕之意將不利于孺
子之心只是都惧薛蟠的威勢不敢来沾惹如今寶秦二人一来了見了他兩
个也不免繾綣羨慕亦因知係薛蟠相知故未敢輕舉妄動香玉二人心中也
一般的留情与寶秦因此四人心中雖有情意只未發跡每日一入斈中四处
各坐却八目勾留或設言托意或咏桑寓柳遥以心照却外面自為避人眼目
不意偏又有几个滑賊看出形景来都背後擠眉弄眼或咳嗽揚声这也非止
一日可巧这日代儒有事早已回家去了又留下一句七言対聯命斈生对了
明日再来上書將斈中之事又命賈瑞暫且管理妙在薛蟠如今不大来斈中

應卯了因此秦鐘趁此和香怜擠眉弄眼遞暗号兒二人假粧出小恭走至後院説梯己話秦鐘先問他家里的大人可管你交朋友不管一語未了只听背後咳嗽了一声二人唬的忙回頭看時原来是窗友名金榮者香怜有些性急羞怒相激問他道你咳嗽什庅难到不許我兩个説話不成金榮笑道你們説説难道不許我咳嗽不成我只問你們有話不明説許你們這樣鬼〻祟〻的幹什庅故事我可也拿住了还頼什庅先得讓我抽个頭兒偺們一声兒不言語不然大家就奮起来秦香二人急的飛紅的臉便問道你拿住什庅了金榮笑道我現拿住了是真的説着又拍着手笑嚷道貼的好燒餅你們都不買一个吃去秦鐘香怜二人又氣又急忙進去向賈瑞前告金榮説金榮無故欺負他兩个原来这賈瑞最是个圖便宜沒行止的人每在学中以公報私勒索子

弟們請他後又附助自薛蟠圖些銀錢酒肉一任薛蟠橫行霸道他不但不去管約反助紂為虐討好兒偏那薛蟠本是浮萍心性今日愛東明日愛西近来又有了新朋友把香玉二人又丟開一边就連金荣亦是当日的好朋友自有了香玉二人見棄于金近日連香玉亦已見棄故賈瑞也無了提携帮襯之人不說薛蟠得新棄旧只怨香玉二人不在薛蟠前提携帮補他因此賈瑞金荣等一干人也正在醋妒他兩个今見秦香二人来告金荣賈瑞心中便更不自在起来虽不好呵叱秦鍾却拿自香怜作法反說他多事自寔搶白了几句香怜反討了沒趣連秦鍾也訕訕的各歸坐位去了金荣越發得了意搖頭咂嘴的口内还說許多閒話玉愛偏又听了不忿兩个人隔座咕咕唧唧的角起口来金荣只一口咬定說方才明明的撞見他兩个在後院子里親嘴摸屁股兩

个商議定了一对一肏撅艸棍兒抽長短誰長誰先幹金荣只顧得意乱說却不防还有別人誰知早又觸怒了一个你道这个是誰原来这一个名唤賈薔亦係寧府中之正派玄孫父母早亡從小兒跟自賈珍过活如今長了十六歲比賈蓉生的还風流俊俏他弟兄二人最相親厚常相共処寧府人多口雜那些不得志的奴僕們嵩能造言誹謗主人因此不知又有什庅小人詬誶謠諑之詞賈珍想亦風聞得些口声不大好自己也要避些嫌疑如今竟分与房舍命賈薔搬出寧府自去立門户过活去了这賈薔外相既美内性又聰明雖然应名来上学亦不过虛掩眼目而已仍是闘鷄走狗賞花玩柳揔恃着上有賈珍溺愛下有賈蓉匡助因此族人誰敢来觸逆于他他既和賈蓉最好今見有人欺負秦鐘如何肯依如今自己要挺身出来报不平心中且忖度一番想道金

荣賈瑞一干人都是薛大叔的相知向日我又与薛大叔相好倘或我一出頭他們告訢了老薛我們豈不傷和氣待要不管如此謡言說的大家沒趣如今何不用計制伏又止息口声又傷不了臉面想畢也粧作出小恭走至外面悄〻的把跟宝玉的書童名唤茗烟者唤到身边如此这般調撥他几句这茗烟乃是宝玉第一个得用的且又年軽不諳世事如今听賈薔說金荣如此欺負秦鐘連他爷宝玉都干連在内不給他个利害下次越發狂縱难制了这茗烟無故就要欺壓人的如今得了这个信又有賈薔助着便一頭進来找金荣也不叫金相公了只說姓金的你是什庅東西賈薔遂跺一跺靴子故意整〻衣服看〻日影兒說是时候了遂先向賈瑞說有事要早走一步賈瑞不敢強他只得随他去了这里茗烟先一把揪住金荣問道我們肏屁股不肏屁股管你⿺毛几

毬相干横豎沒肏你爹去就罢了你是好小子出来動一動你茗大爷唬的滿屋
中子弟都怔〻的痴望賈瑞忙吆喝茗烟不淂撒野金荣氣黄了臉說反了奴
才小子都敢如此我只和你主子說便奪手要去抓打宝玉秦鐘二人去尚未
去時從腦後搜的一声早見一方硯瓦飛来並不知係何人打来的幸未打着
却又打了傍人的座上这座上乃是賈蘭賈菌这賈菌亦係荣國府近派的重
孫其母亦少寡独守着賈菌这賈菌与賈蘭最好所以二人同桌而坐誰知賈
菌年紀虽小志氣最大極是淘氣不怕人的他在座上冷眼看見金荣的朋友
暗助金荣飛硯来打茗烟偏沒打着茗烟便落在他桌上正打在面前将一个
磁硯水壺打了个粉碎濺了一書黑水賈菌如何依得便罵好囚攮的們这不
都動了手了麽罵着也便抓起硯磚来要打回去賈蘭是个省事的忙按住硯

極口劝道好兄弟不與偺們相干賈菌如何忍得住便兩手抱起書匣子来照那边掄了去終是身小力薄却掄不到那里剛到宝玉秦鍾桌案上就落了下来只、听嘩啷：一声砸在桌上書本紙片等至于筆硯之物撒了一桌又把宝玉的一碗茶也砸得碗碎茶流賈菌便跳出来要揪打那一个飛硯的金荣此时随手抓了一根毛竹大板在手地狭人多那里經得舞動長板茗烟早吃了一下乱嚷你們还不来動手宝玉还有三个小厮一名鋤藥一名掃紅一名墨雨这三个豈有不淘氣的一斉乱嚷小婦養的動了兵器了墨雨遂掇起一根門閂掃紅鋤藥手中都是馬鞭子蜂擁而上賈瑞急攔一回这个劝一回那个誰听他的話肆行大鬧衆頑童也有趂勢帮着打太平拳助樂的也有胆小藏在一边的也有直立在桌上拍着手兒乱笑喝着声兒叫打的登时間鼎沸起来外边李貴等几ケ大僕人听見里边作起反来忙都進来一齐喝住問是何原故衆声不一这一ケ如此説那一ケ又如彼説李貴且喝罵了茗烟四ケ一頓攆了出去秦鐘的頭上早撞在金荣的板上打起一層油皮宝玉正拿褂襟子替他揉呢見喝住了衆人便命李貴収書拉馬来我去回太爷去我們被人欺負了不敢説別的守礼来告訴瑞大爷、： 反倒派我們的不是听着大家罵我們还調唆他們打我們茗烟連秦鐘的頭也打破这还在这里念什庅書茗烟他也是為有人欺負我的不如散了罢李貴劝道哥兒不要性急太爷既有事回家去了这会子為这点子事去聒噪他老人家倒显的咱們没理依我的主意那里的事情那里了結好何必去驚動他老人家这都是瑞大爷的不是太卩不在这里你老人家就是这学里的頭脳了衆人看着你行事衆人有了不是該〻打的打該〻罰的罰如何等鬧到这步田地还不管賈瑞道我吆喝着都不听李瑞笑道不你老人家惱我素日你老人家到底有些〻不正經所以这些兄弟才不听就鬧到太爺跟前去連你老人家也是脫不過的还不快作主意撕羅開了罢宝玉道撕羅什麼我必是回去的秦鐘哭道有金荣我是不在这里念書的宝玉道这是為什麼难道有人家来的偺們到来不得我必回明白衆人攆了金荣去又問李貴金荣是那一房的親戚李貴想了一想道也不用問了若問起那一房的親戚更傷了兄弟們的和氣茗烟在窓外道他是東胡同子里璜大奶〻的侄兒那是什麼硬正仗腰子的也来嚇我們璜大奶〻是他姑娘你那姑媽只会打旋磨子給我們璉二奶〻跪着借当頭我眼里就看不起他那樣的主子奶〻李貴忙断喝不止說偏你这小肏的知道有这些〻

蛆嚼宝玉冷笑道我只当是誰的親戚原来是璜嫂子的侄兒我就去問：他来說自便要走叫茗烟進来包書茗烟包自書又得意道爷也不用自已去見等我到他家就說老太：有說的話問他呢僱上一輛車拉進去当自老太：問他豈不省事李貴忙喝道你要死仔細回去我好不好先搥了你然後再回老爷太：就說宝玉全是你調唆的我这里好容易劝哄好了一半了你又来生个新法子你鬧了学堂不說变法兒壓息了才是到要往大里鬧茗烟方不敢作声兒了此时賈瑞也怕鬧大了自已也不干净只得委曲自来央告秦鐘又央告宝玉先是他二人不肯後来宝玉說不回去也罢了只叫金荣賠不是便罢金荣先是不肯後来禁不得賈瑞也来逼他去賠不是李貴等只得好劝金荣說原是你起的端你不这樣怎得了局金荣強不得只得与秦鐘作了揖宝

玉还不依偏定要磕頭賈瑞只要暫息此事又悄悄的劝金荣說俗語說的好
杀人不过頭点地你既惹出事来少不得下点氣兒磕个頭就完事了金荣無
奈只得進前来与宝玉磕頭且听下回分解

石頭記第十四

脂硯齋重評石頭記卷之

第十回

金寡婦貪利權受辱　張太醫論病細窮源

話説金栄因人多勢衆又兼賈瑞勒令賠了不是給秦鍾磕了頭宝玉方才不吵鬧了大家散了學金栄回到家中越想越氣説秦鍾不过是賈蓉的小舅子又不是賈家的子孫附學讀書也不過和我一樣他因仗着宝玉和他好他就目中無人他既是這樣就該行些々正經事人也没的説他素日又和宝玉鬼々祟々的只當人都是瞎子看不見今日他又去勾搭人偏々的撞在我眼睛里就是鬧出事來我還怕什庅不成他母親胡氏听見他咕々嘟〔唧〕々的説因問道你又要增〔做〕什庅鬧事好容易我望你姑媽説了你姑媽千方百計的才向他們

西府里的璉二奶〻跟前說了你才得了这个念書的地方若不是仗着人家
偺們家里还有力量請的起先生况且人家斈里茶也是現成的飯也是現成
的你这二年在那里念書家里也省好大的嚼用呢省出来的你又愛穿件鮮
明衣服再者不是因你在那里念書你就認得什麽薛大爺了那薛大爺一年
不給〻〻这二年也帮了偺們有七八十兩銀子你如今要鬧出了这个斈房
再要找這麽个地方我告訴你說罷比登天的还难呢你給我老〻寔〻的頑
一会子睡你的覺去好多着呢于是金荣忍氣吞声不多一时他自去睡了次
日仍旧上斈去了不在話下且說他姑娘原聘給的是賈家玉字輩的嫡派名
唤賈璜但其族人那里皆能像寧荣二府的富勢原不用細說这賈璜夫妻守
着些〻小的産業又时常到寧荣二府里去請〻安又会奉承鳳姐兒并尤氏所

以所鳳姐兒尤氏也时常資助〻〻他方能如此度日今日正遇天氣晴明又值家中無事遂帶了一个婆子坐上車来家里走〻瞧〻寡嫂並侄兒閑話之間金荣的母親偏提起昨日賈家斈房里的那事從頭至尾一五一十都向他小姑子說了这璜大奶〻不听則已听了一时怒從心上起說道这秦鐘小崽子是賈門的親戚难道荣兒不是賈門的親戚人都别特勢利了况且都作的是什庅有臉的好事就是宝玉也犯不上向着他到这个樣等我去到東府瞧〻我們珍大奶〻再向秦鐘他姐〻說〻叫他評〻这个理这金荣的母親听了这話急的了不得忙說道这都是我的嘴快告訴了姑奶〻了求姑奶〻别去别管他們誰是誰非倘或鬧起来怎庅在那里站得住若是站不住家里不但不能請先生反到在他身上添出許多嚼用来呢璜大奶〻听了說道那里

曾得許多你等我說了看是怎庅樣也不容他嫂子劝一面叫老婆子瞧了車
就坐上往寧府里来到了寧府進了車門到了東边小角門前下了車進去見
了賈珍之妻尤氏也未敢氣高殷ミ勤ミ叙过寒温說了些閑話方問道今日
怎庅沒見蓉大奶ミ尤氏說道他这些ミ日子不知是怎庅着經期有兩个多月
沒来叫大夫瞧了又說並不是喜那兩日到了下半天就懶待動說話也懶待
眼神也發眩我說他你且不必拘礼早晚不必照例上来你就好生養ミ罢就
是有親戚一家兒来有我呢就有長輩們怪你等我替你告訴連蓉哥我都囑
咐了我說你不許累勤指他不許招他生氣叫他靜ミ的養ミ就好了他要想什
庅吃只管到我这里取来倘或我这里沒有只管望你璉二嬸子那里要去倘
或他有个好歹你再要娶这庅一个媳婦这庅个模樣兒这庅个性情的人

児打首灯籠也沒地方找去他这為人行事那个親戚那个一家的長輩不喜欢他所以我这兩日好不煩心焦的我了不得偏偏今日早晨他兄弟来瞧他誰知那小孩子家不知好歹看見他姐姐身上不大爽快就有事也不当告訴他別説是这麽一点子小事就是你受了一万分的委曲也不該向他説才是誰知他們昨兒学房里打架不知是那里附学来的一个人欺負了他了里頭还有些不乾不净的話都告訴了他姐姐婶子你是知道那媳婦的虽則見了人有説有笑会行事兒他可心細心又重不拘听見个什麽話兒都要度量个三日五夜才罢这病就是打这个秉性上頭思慮出来的今兒听見有人欺負了他兄弟又是惱又是氣惱的是那群混賬狐朋狗友的扯是搬非調三惑四的那些人氣的是他兄弟不学好不上心念書以致如此学里吵鬧他听了这

事今日索性連早飯也没吃我听見了我方到他那边安慰了他一会子又劝解了他兄弟一会子我叫他兄弟到那边府里找保玉去了我才看自他吃了半盞燕窩湯我才过來了嬸子你説我心焦不心焦况且如今又没个好大夫我想到他这病上我心里到像針扎是的你們知道有什庅好大夫没有金氏听了这半日話把方才在他嫂子家的那一團要向秦氏理論的威氣早唬的都丢在爪窪國去了听見尤氏問他有知道的好大夫的話連忙荅道我們这庅听自寔在也没見人説有个好大夫如今听起大奶〻这个来定不得还是喜呢嫂子到别教人混治倘或認錯了这可是了不得的尤氏道可不是呢正是説話間賈珍從外進来見了金氏便向尤氏問道这不是璜大奶〻庅金氏向前給賈珍請了安賈珍向尤氏説道讓这大妹〻吃了飯去賈珍説自話就过

那屋里去了金氏此来原要向秦氏說〻秦鍾欺負了他兄弟之事听見秦氏病不但不能說亦且不敢提了况且賈珍尤氏又待的狠好反轉怒為喜又說了一会子話兒方家去了金氏去後賈珍方过来坐下問尤氏道今日他来有什庅說的事情庅尤氏荅道到没說什庅一進来的时候臉上到像有些〻着了惱的氣色是的及說了半天話又提起媳婦这病他到漸〻的氣色平定了你又叫讓他吃飯他听見媳婦这庅病也不好意思只管坐着又說了几句閒話兒就去了到没求什庅事如今且說媳婦这病你到那里尋一个好大夫来与他瞧〻要緊可別躭悮了現今偺們家走的这羣大夫那里要得一个都是听着人的口氣兒人怎庅說他也添几句文話兒說一遍可到殷勤的狠三四个人一日輪流着到有四五遍来看脉他們大家商量着立个方子吃了也不見效

到美得一日换四五遍衣裳坐起来見大夫其寔于病人無益賈珍說道可是这孩子也糊塗何必脫〻換〻的倘再自了凉更添一層病那还了得衣裳任憑是什庅好的可又值什庅孩子的身子要緊就是一天穿一套新的也不值什庅我正進来要告訴你方才馮紫英来看我他見我有些〻抑欝之色問我是怎庅了我才告訴他說媳婦忽然身子有好大的不爽快因為不得个好太醫断不透是喜是病又不知有妨碍無妨碍所以我这两日心里自寔自急馮紫英因說起他有一个幼时従学的先生姓張名友士学問最淵博的更兼醫理極深且能断人的生死今年是上京給他兒子来捐官現在他家住自呢这庅看来正是合該媳婦的病在他手里除災亦未可知我即刻差人拿我的名帖請去了今日倘天晚了若不能来明日想来一定来況且馮紫英又即刻回家

親自去求他務必叫他来瞧〻〻等這个張先生来瞧了再説罷尤氏听了心中甚喜因説道後日是太爷的壽日到底怎庅辦賈珍説道我方才到了太爷那里去請安兼請太爷来家来受一受一家子的礼太爷因説道我是清淨慣了的我不愿意往你們那是非塲中去閙去你們必定説是我的生日要叫我去受衆人些〻頭莫过你把我從前註的陰隲文給我令人好〻的寫出来刻了比叫我無故受衆人的頭还強百倍呢倘或後日這兩日一家子要来你就在家里好〻的欵待他們就是了也不必給我送什庅東西来連你後日也不必来你要心中不安你今日就給我磕了頭去倘或後日你要来又跟随多少人閙我〻必和你不依如此説了又説後日我是再不敢去的了且叫来昇来吩咐他預備兩日的筵席尤氏因叫人叫了賈蓉来吩咐来昇照旧例預備兩日的

筵席要豐々富々的你再親自到西府裡去請老太々大太々二太々和你璉二嬸子來逛々你父親今日又听見一个好大夫業已打發人請去了想必明日必来你可將他這些日子的病症細々的告訴他賈蓉一々的答应自出去了正遇着方才去馮紫英家請那張先生的小子回来了因回道奴才方才到了馮大爺家拿了老爷的名帖請那先生去那先生說道方才这里大爷也向我說了但是今日拜了一天的客才回到家此時精神實在不能支持就是去到府上也不能看脉他說等調息一夜明日務必到府他又說他醫学淺薄本不敢当此重薦因我們馮大爷和府上的大人既已如此說了又不得不去你先替我回明大人就是了大人的名帖實不敢当仍叫奴才拿回来了哥兒替奴才回一声兒罷賈蓉轉身復進去回了賈珍尤氏的話方出來叫了來昇來吩

咐他預俻兩日的筵席的話来昇听畢自去照例料理不在話下且說次日午
間人回道請的那張先生来了賈珍遂延入大厛坐下茶畢方開言昨承馮大爷
示知老先生人品学問又兼深通醫学之至小弟不勝欣仰張先生道晚生粗
鄙下士本知見淺陋昨因馮大爷示知大人家第謙恭下士又承呼喚敢不奉
命但毫無實学倍增顏汗賈珍道先生何必过謙就請先生進去看〻兒婦仰
仗高明以釋下怀于是賈蓉同了進去到了賈蓉居室見了秦氏向賈蓉說道
这就是尊夫人了賈蓉道正是請先生坐下讓我把賤内的病說一說再看脉
如何那先生道依小弟的意思竟先看过脉再說的為是我是初造尊府的本
也不暁得什庅但是我們馮大爷務必叫小弟过来看〻小弟所以不得不来
如今看了脉息看小弟說的是不是再將這些日子的病势講一講大家斟酌

一个方兒可用不可用那时大爷再定奪賈蓉道先生实在高明如今恨相見之晚就請先生看一看脉息可治不可治以便使家父母放心于是家下媳婦們捧过大迎枕来一面給秦氏拉自袖口露出脉来先生方伸手按在右手脉上調息了至數寧神細診了有半刻的工夫方換过左手亦復如是診畢脉息説道我們外边坐罷賈蓉于是同先生到外間房里床上坐下一个婆子端了茶来賈蓉道先生請茶于是陪先生吃了茶遂問道先生看这脉息还治得治不得先生道看得尊夫人这脉息左寸沉数左関沉伏右寸細而無力右関需而無神其左寸沉数者乃心氣虚而生火左関沉伏者乃肝家氣滞血虧右寸細而無力者乃肺經氣分太虚右関需（虚）而無神者乃脾土被肝木尅治心氣虚而生火者应現經期不調夜間不寐肝家血虧氣滞者必然肋下疼脹月信过

期心中發熱肺經氣分太虛者頭目不時眩暈寅卯間必然自汗如坐舟中脾土被肝木剋制者必然不思飲食精神倦怠四肢酸軟據我看这脉息应当有這些症候才对或以这个脉為喜脉則小弟不敢從其教也傍边一个貼身扶侍的婆子道何嘗不是这樣呢真正先生說的如神到不用我們告訴了如今我們家里現有好几位太醫老爺瞧着呢都不能的当真切的这麽說有一位說是喜有一位說是病这位說不相干那位說怕冬至搃没有个准話兒求老爺明白指示〻〻那先生笑道大奶〻这个症候可是那衆位耽擱了要在初次行經的日期就用藥治起来不但断無今日之患而且此时已全愈了如今既是把病耽悞到这个地位也是应有此災依我看来这病尚有三分治得吃了我的藥看若是夜里睡的着覺那时又添了二分拿手了據我看这脉息大奶

奶是個心性高強聰明不過的人聰明特過則不如意事常有不如意事常有則思慮太過此病是憂慮傷脾肝木特旺經血所以不能按時而至大奶〻從前的行經的日子問一問斷不是常縮必是常長的是不是這婆子答道可不是從沒有縮過或是長兩日三日以至十日都長过先生听了道妙啊這就是病源了從前若能彀以養心調經之藥服之何至於此這如今明顯出一箇水虧木旺的症候來待用藥看〻於是寫了方子遞與賈蓉上寫的是

益氣養榮補脾和肝湯

人參二錢　白朮土炒二錢　雲苓三錢　熟地四錢　歸身酒洗二錢

白芍炒二錢　川芎錢半　黃芪三錢　香附米製二錢　醋柴胡八分

懷山藥炒二錢　真阿膠蛤粉炒二錢　延胡索酒炒錢半　炙甘艸八分

引用建蓮子七粒去心 紅棗二枚

賈蓉看了說高明的狠还要請教先生这病與性命終久有妨無妨先生笑道大爺是最高明的人〻病到这个地位非一朝一夕的症候吃了這藥也要看醫緣了依小弟看来今年一冬〻是不相干的揔是过了春分就可望全愈了賈蓉也是个聪明人也不往下細問了于是賈蓉送了先生去了方將这藥方子並脉案都給賈珍看了說的話也都回了賈珍並尤氏了尤氏向賈珍說道從来大夫不相他說的這庅痛快想必用的藥也不錯賈珍道人家原不是混飯吃久慣行醫的人因為馮子英我們好他好容易求了他来了既有这个人媳婦的病或者就能好了他那方子上有人參就用前日買的那一斤好的罢賈蓉听畢話方出来叫人打藥去煎給秦氏吃不知秦氏服了此藥病勢如何下

回分解

石頭記

慶壽辰寧府排家宴　見熙鳳賈瑞起淫心

王熙鳳毒設相思局　賈天祥正照風月鑑

秦可卿死封龍禁尉　王熙鳳協理寧國府

林儒海捐館楊州城　賈寶玉路謁北靜王

王鳳姐弄權鐵檻寺　秦鯨卿得趣饅頭庵

賈元春才選鳳藻宮　秦鯨卿夭逝黃泉路

大觀園試才題對額　榮國府歸省慶元宵

王熙鳳正言彈妬意　林代玉俏語謔嬌音

第十一回至二十回

脂硯齋凡四閱評過

（此頁原爲空白）

此回可卿夢阿鳳蓋作者大有深意存焉可惜生不逢時奈何奈何

然必寫出自可卿之意也則又有他意寓焉

榮寧世家未有不尊家訓者雖賈珍當奢豈明逆父

哉故寫敬老不管然後姿意方見筆筆週到

詩曰

一步行來錯　回頭已百年

古今風月鑑　多少泣黄泉

脂硯齋重評石頭記卷之

第十一回

慶壽辰寧府排家宴　見熙鳳賈瑞起淫心

話說是日賈敬的壽辰賈珍先將上等可吃的東西稀奇些的果品裝了十六大捧盒着賈蓉帶領家下人等與賈敬送去向賈蓉說道你留神看太爺喜歡不喜歡你就行了礼来你說我父親遵太爺的話未敢來在家里率領合家都朝上行了礼了賈蓉听罷即率領家人去了這里漸漸的就有人來了先是賈璉賈薔到來先看了各处的座位并問有什麽頑意兒沒有家人答道我們爺原算計請太爺今日来家来所以並未敢預備頑意兒前日听見太爺又不来了現叫奴才們找了一班小戲兒並一档子打十番的都在園子里戲台上預

俻着呢次後邢夫人〔王夫人〕鳳姐兒宝玉都来了賈珍並尤氏接了進去尤氏的母親已先在这里呢大家見過了彼此讓了坐賈珍尤氏二人親自遞了茶因說道老太〻原是老祖宗我父親又是姪兒这樣日子原不敢請他老人家但是这個時候天氣正涼爽滿園的菊花又盛開請老祖宗过来散〻悶看着衆兒孫热鬧〻〻是这個意思誰知老祖宗又不肯賞臉鳳姐兒未苐王夫人開口先說道老太〻昨日还說要來着呢因為晚上看著宝兄弟他們吃桃兒老人家又嘴饞吃了有大半个五更天的時候就一連起來了兩次今日早晨畧覺身子倦些因叫我回大爺今日断不能来了說有好吃的要几樣还要很爛的賈珍听了咲道我說老祖宗是愛热鬧的今日不來必定有個原故若是这麼着就是了王夫人道前日听見你大妹〻說蓉哥兒媳婦兒身上有些不大好到

底是怎庅樣尤氏道他这個病的也奇上月中秋还跟着老太〻太〻們頑了半夜囬家來好〻的到了二十後一日比一日覺懶也懶待吃東西這將近有半個多月了經期又有兩個月沒來邢夫人接着說道别是喜罢正說着外頭人囬道大老爺二老爺並一家子的爺們都來了在所上呢賈珍連忙出去了這里尤氏方說道從前大夫也有說是喜的昨日馮紫英荐了他從學過的一個先生醫道狠好瞧了說不是喜竟是狠大的一個症候昨日開了方子吃了一劑藥今日頭眩的略好些别的仍不見怎庅樣大見効鳳姐兒道我說他不是十分支持不住今日這樣的日子再也不肯不扎挣着上來尤氏道你是初三日在這里見他的他強扎挣了半天也是因你們娘兒兩個好的上頭他才恋〻的捨不得去鳳姐兒听了眼圈兒紅了半天半日方說道真是天有不測

風雲人有旦夕禍福这个年紀倘或就因這个病上怎庅樣了人还活着有甚
庅趣兒正說話間賈蓉進來給邢夫人王夫人鳳姐兒前都請了安方回尤氏
道方才我去給太爺送吃食去並回說我父親在家中伺候老爺們款待一家
子的爺們遵太爺的話並未敢來太爺听了甚喜歡說這才是叫告訴父親
母親好生伺候太爺太〻們叫我好生伺候叔〻嬸子們並哥〻們还說那陰
隲文叫急〻的刻出來印一萬張散人我將此話都回了我父親了我這会子
得快出去打發太爺們并合家爺們吃飯鳳姐兒說蓉哥兒你且站住你媳婦
今日到底是怎庅着賈蓉皺〻眉說道不好庅嬸子回來瞧〻去就知道了于
是賈蓉出去了这里尤氏向邢夫人王夫人道太〻們在这里吃飯阿还是在
园子里吃去好小戲兒現預備在园子里呢王夫人向邢夫人道我們索性吃

了飯再過去罷也省好些事邢夫人道狠好于是尤氏就吩咐媳婦婆子們快送飯來門外一齊答應了一声都各人端各人的去了不多一時擺上了飯尤氏讓邢夫人王夫人並他母親都上了坐他與鳳姐兒宝玉側席坐了邢夫人王夫人道我們來原為給大老爺拜壽这不竟是我們來過生日來了麼鳳姐兒說道大老爺原是好養靜的已經修煉成了也筭得是神仙了太〻們這麼一說这就叫作心到神知了一句話說的滿屋裡的人都笑起來了于是尤氏的母親並邢夫人王夫人鳳姐兒都吃畢飯漱了口淨了手纔說要往園子里去賈蓉進來向尤氏說道老爺們並衆位叔〻哥〻兄弟們也都吃了飯了大老爺說家里有事二老爺是不愛听戲又怕人鬧的慌都纔〻去了別的一家子爺們都被璉二叔並薔兄弟都讓過去听戲去了方纔南安郡王東平郡王西

寧郡王北靜郡王四家王爺並鎮國公牛府等六家中靖候史府等八家都差人持了名帖送壽礼來俱回了我父親先收在賬房里了礼单都上上檔子了老爺的領謝的名帖都交給各來人了各來人也都照旧例賞了衆來人都讓吃了飯纔去母親該請二位太太老娘嬸子都過園子里坐着去罷尤氏道也是纔吃完了飯就要過去了鳳姐兒說我回太太我先瞧瞧蓉哥兒媳婦我再過去王夫人道狠是我們都要去瞧瞧他到怕他嫌鬧的慌說我們问他好罷尤氏道好妹妹媳婦听你的話你去開導開導他我也放心你就快些過園子里來宝玉也跟了鳳姐兒去瞧秦氏去王夫人道你看看就過去罷那是姪兒媳婦于是尤氏請了邢夫人王夫人並他母親都过会芳园去了鳳姐兒宝玉方合賈蓉到秦氏這边來了進了房門悄悄的走到裡间房門口秦氏見了就要

跕起来鳳姐兒說快别起来看起猛了頭暈於是鳳姐兒就緊走了兩步拉住秦氏的手說道我的奶〻怎麽几日不見就瘦的這麽着了于是就坐在秦氏坐的褥子上宝玉也問了好坐在对面椅子上賈蓉叫快到茶来嬸子合二叔在上房还未喝茶呢秦氏拉着鳳姐兒的手強笑道这都是我没福这樣人家公〻婆〻當自己的女孩兒似的待嬸娘的姪兒雖說年輕却也是他敬我我敬他從来没有紅过臉兒就是一家子的長輩同輩之中除了嬸子到不用說了别人也從無不疼我的也無不合我好的这如今得了这个病把我那要強的心一分也没了公婆跟前未得孝順一天就是嬸娘这樣疼我〻就有十分孝順的心如今也不能彀了我自想着未必熬的过年去呢宝玉正眼瞧着那海棠春睡圖并那秦太虛寫的嫩寒鎖夢因春冷芳氣籠人是酒香的

對聯不覺想起在这里睡晌覺夢到太虛幻境的事來正自出神听得秦氏說了這些話如萬箭攢心那眼淚不知不覺就流下來了鳳姐兒心中雖十分难过但恐怕病人見了衆人这个樣兒反添心酸到不是來開導劝解的意思了見宝玉这个樣子因說道寶兄弟你特婆々媽々的了他病人不過是这么說那里就到得这個田地了況且能多大年紀的人畧病一病兒就这么想那么想的這不是自己到給自己添病了么賈蓉道他這病也不用別的只是吃得些飲食就不怕了鳳姐兒道宝兄弟太々叫你快過去呢你別在這里只管這么着到招的媳婦也心里不好太々那里又掂着你因向賈蓉說道你先同你宝叔々過去罷我还畧坐一坐兒賈蓉听說即同宝玉过会芳園來了這里鳳姐兒又劝解了秦氏一番又低々的說了許多衷腸話兒尤氏打發人

請了兩三遍鳳姐兒才向秦氏說道你好生養着罷我再來看你合該你這病要好所以前日就有人薦了這個好大夫來再也是不怕的了秦氏笑道任憑神仙也罷治得病治不得命嬸子我知道我這病不過是挨日子鳳姐兒說道你只管這麼想着病那里能好呢揔要想開了才是況且聽得大夫說若是不治怕的是春天不好呢偺們若是不能吃人參的人家這也難說了你公〻婆〻聽見治得好你別說一日二錢人參就是二斤也能彀吃的起好生養着罷我过园子里去了秦氏又道嬸子恕我不能跟过去了閒了時候还求嬸子常过来瞧〻我偺們娘兒們坐〻多說几遭話兒鳳姐兒聽了不覺得又眼圈兒一紅遂說道我得了閒兒必常来看你于是鳳姐兒帶領跟來的婆子了頭並寧府的媳婦婆子們從裡頭繞進园子的便門未但只見

黃花滿地白柳橫坡小橋通若耶之溪曲徑接天台之路石中清流激湍籬落飄香樹頭紅葉翩翩疏林如畫西風乍緊初雲鶯啼煖日當暄又添蛩語遥望東南建几处依山之榭縱觀西北結三間臨水之軒笙簧盈耳則有幽情羅綺穿林倍添韻致

鳳姐兒正自看园中的景致一步步行來讚賞猛然從假山石後走过一个人來向前对鳳姐兒說道請嫂子安鳳姐兒猛然見了將身子望後一退說道这是瑞大爷不是賈瑞說道嫂子連我也不認得了不是我是誰鳳姐兒道不是不認得猛然一見不想到是大爷到这里來賈瑞道也是合該我與嫂子有緣我方才偷出了席在这个清淨地方略散一散不想就遇見嫂子也從这里來这不是有緣麼一面說着一面拿眼睛不住的覷着鳳姐兒鳳姐兒是个聰明人

見他這個光景如何不猜透八九分呢因向賈向（瑞）假意含咲道怨不得你哥〻時常提你說你狠好今日見了听你說这几句話兒就知道你是個聰明和氣的人了这会子我要到太〻們那里去不得合你說話兒等閑了咱們再說話兒罢賈瑞道我要到嫂子家里去請安又恐怕嫂子年輕不肯輕易見人鳳姐兒假意咲道一家子骨肉說什庅年輕不年輕的話賈瑞听了这話再不想到今日得这個奇遇那（神）情光景亦發不堪难看了鳳姐兒說道你快入席去罢仔細他們拿住罸你酒賈瑞听了身上已木了半边慢〻的一面走着一面回过頭來看鳳姐兒故意的把脚步放遲了些〻兒見他去遠了心里暗忖道这才是知人知面不知心呢那里有这樣禽獸的人呢他如果如此几时叫他死在我的手里他才知道我的手段于是鳳姐兒方移步前來將轉过了一重山坡見

兩三個婆子慌〻張〻的走來見了鳳姐兒㗇說道我們奶〻見二奶〻只是不來急的了不得叫奴才們又來請奶〻來了鳳姐兒說道你們奶〻、就是这炫急脚兒是的鳳姐兒慢〻的走着問戲唱了几出〔齣〕了那婆子回道有八九出〔齣〕了說話之間已來到了天香楼的後門見宝玉和一羣了頭們〔去〕那里頑呢鳳姐兒說道宝兄弟別特陶氣了有一個了頭說道太〻們都在楼上坐着呢請奶奶就從这边上去罢鳳姐兒听了〔斂〕疑步提衣上了楼見尤氏已在楼梯口等着呢尤氏㗇說道你們娘兒兩個特好了見了面捴捨不得來了你明日搬來合他住着罢你坐下我先敬你一鍾于是鳳姐兒在邢王二夫人前告了坐尤氏的母親前周旋了一遍仍同尤氏坐在一桌上吃酒听戲尤氏叫拿戲单來讓鳳姐兒点戲鳳姐兒說道太〻們在这里我如何敢点邢夫人王夫人說道我們合親家太〻都点了好几出了你点兩出好的我們听鳳姐兒立起身來荅應了一声方接过戲单從頭一看点了一出还魂一出談詞遞过戲单去說現在唱的这双官誥唱完了再唱这兩出也就是时候了王夫人道可不是呢也該趁早叫你哥〻嫂子歇〻他們又心里不靜尤氏說道太〻們又不常过來娘兒們多坐一会子去才有趣兒天还早呢鳳姐兒立起身來望楼下一看說爷們都往那里去了傍边一個婆子道爷們才到凝曦軒代了打十番的那里吃酒去了鳳姐兒說道在这里不便易背地里又不知幹什庅去了尤氏咲道那里都像你这庅正經人呢于是說〻咲〻点的戲都唱完了方才撤下酒席擺上飯來吃畢大家才出园子來到上房坐下吃了茶方才叫預備車向尤氏的母親告了辞尤氏率同衆姬妾並家下婆子媳婦們方送出來賈珍率領衆

子侄都在車傍侍立等候着呢見了邢夫人王夫人道二位嬸子明日还过来
瞧瞧王夫人道罢了我們今日整坐了一日也乏了明日歇歇罢于是都上車
去了賈瑞猶不時拿眼睛覷着鳳姐兒賈珍等進去後李貴才拿过馬來宝玉
騎上随了王夫人去了这里賈珍同一家子的弟兄子侄吃過了晚飯方大家
散了次日仍是衆族人等閙了一日不必細說此後鳳姐兒不時親自來看秦氏
秦氏也有几日好些也有几日仍是那樣賈珍尤氏賈蓉好不焦心且說賈瑞
到榮府來了几次偏都遇見鳳姐兒往寧府那边去了这年正是十一月三十日
冬至到交節的那几日賈母王夫人鳳姐兒日日差人去看秦氏回來的人都
說這几日也没見添病也不見甚好王夫人向賈母說这个症候遇着这樣大
節不添病就有好大的指望了賈母說可是呢好个孩子要是有些原故可不

叫人疼死說着一陣心酸叫鳳姐兒說道你們娘兒两个也好了一塲明日大
初一过了明日你後日你再去看一看他去你細〻的瞧〻他那光景倘或好
些兒你回來告訴我〻也喜歡〻〻那孩子素日愛吃的你也常叫人做些〻給
他送過去鳳姐兒一〻的答應了到了初二日吃了早飯來到寧府看見秦氏
的光景雖未甚添病但是那臉上身上的肉全瘦干了于是合秦氏坐了半日
說了些閑話兒又将这病無妨的話開導了一遍秦氏說道好不好春天就知
道了如今現过了冬至又沒怎麽樣或者好的了也未可知嬸子回老太〻放
心罷昨日老太〻賞的那棗泥餡的山藥糕我到吃了兩塊到像尅化的動似
的鳳姐兒說道明日再給你送來我到你婆〻那里瞧〻就要赶着回去回老
太〻的話去秦氏道嬸子替我請老太〻太〻安罷鳳姐兒答應着就出來了

到了尤氏上房坐下尤氏道你冷眼瞧媳婦是怎庅樣鳳姐兒低了半日頭説道这實在没法兒了你也該將一應的後事用的東西也該料理〻〻沖一沖也好尤氏道我也叫人暗〻的預備了就是那件東西不得好木頭暫且慢〻的辦罷于是鳳姐兒吃了茶説了一会子話兒説道我要回去回老太〻的話去呢尤氏道你可緩〻的説別嚇着老太〻鳳姐兒道我知道于是鳳姐兒就回來了到了家中見了賈母説蓉哥兒媳婦請老太〻安給老太〻磕頭説他好些了求老祖宗放心罷他再畧好些还要給老祖宗磕頭請安來呢賈母道你看他是怎庅樣鳳姐兒説暫且無妨精神还好呢賈母听了沉音了半日因向鳳姐兒説你換〻衣服歇〻去罷鳳姐兒答應着出來見過了王夫人到了家中平兒將烘的家常的衣服給鳳姐兒換了鳳姐兒方坐下問道家里没有什

庅事庅平兒方端了茶來遞了過去說道沒有什庅事就是那三百銀子的利銀旺兒媳婦送進來我収了再有瑞大爺使人來打听奶〻在家沒有他要來請安說話鳳姐兒听了哼了一声說道这畜生合該作死看他來了怎庅樣平兒因問道这瑞大爷是因什庅只管來鳳姐兒遂將九月里寧府园子里遇見他的光景他說的話都告訴了平兒〻〻說道癩蛤蟆想天鵝肉吃沒人倫的混賬東西起这个念頭叫他不浔好死鳳姐兒道等他來了我自有道理不知賈瑞來時作何光景且听下回分解

勿作正面看爲幸　畸笏

脂硯齋重評石頭記

第十二回

王熙鳳毒設相思局　　賈天祥正照風月鑑

話說鳳姐正與平児說話只見有人囬說瑞大爺来了鳳姐急命（立意追命）快請進来賈瑞見往里讓心中喜出往外急忙進来見了鳳姐滿面陪咲（如蛇）連〻問好鳳姐児也假意殷勤讓茶讓坐賈瑞見鳳姐如此打扮亦發酥倒因餳了眼問道二哥〻怎麽还不囬来鳳姐道不知什麽原故賈瑞咲道別是路上有人絆住了脚了捨不得囬来也未可知鳳姐道也未可知男人家見一個愛一個也是有的賈瑞咲道（如聞其聲）嫂子這話說錯了我就不這樣漸〻（入港）鳳姐咲道像你這樣的人能有几個呢十個里也挑不出一個来賈瑞听了喜的抓耳撓腮又道嫂子天〻

也悶的狠鳳姐道正是呢只盼個人来說話解〻悶兒賈瑞笑道我到天〻閑
着天〻过来替嫂子解〻悶可好不好鳳姐笑道你哄我呢你那里肯往我
这里来賈瑞道我在嫂子跟前若有一點謊話天打雷劈只因素日聞得人說嫂
子是個利害人在你跟前一點也錯不得所以唬住了我如今見嫂子最是個
有說有笑極疼人的（奇妙）我怎麼不来死了（这到不假）也愿意鳳姐笑道果然（反文着眼）你是個明白
人比賈蓉兩個強遠了我看他那樣清秀只當他們心里明白誰知竟是兩個
胡塗虫一點不知人心賈瑞听了這話越發撞在心坎兒上由不得又往前湊
了一湊覷着眼看鳳姐帶的荷包然後又問帶着什麼戒指鳳姐悄〻道放尊
重着别叫丫頭們看了笑話賈瑞如听綸音佛語一般忙往後退鳳姐笑道你
該走了（叫去正是叫来也）賈瑞說我再坐一坐兒好狠心的嫂子鳳姐又悄〻的道大

先寫穿堂只知房舍之大豈料有許多用處

天白日人来人往你就在這里也不方便你且去等着晚上起了更你来悄々的在西边穿堂兒等我賈瑞听了如得珍宝忙問道你别哄我但只那里人过的多怎麽好躲的鳳姐道你只放心我把上夜的小厮們都放了假两边門一關再没别人了賈瑞听了喜之不禁（盡）忙々的告辞而去心内（未必）已為得手盼到晚上果然黑地里摸入荣府趁掩門时鑽入穿堂果見漆黑無一人往賈母那边去的門户已鎖倒只有向東的門未関賈瑞側耳听着半日不見人来忽听咯噔一声東边的門也倒関（了）了賈瑞急的也不敢則声只得悄々的出来將門撼了（平々略施小計）撼関的鐵桶一般此时要求出去亦不能勾南北皆是大房墻要跳亦無攀援這屋内又是过門（堂）風（又大）空落々現是臘月天氣夜又長朔風凛々侵肌裂骨一夜幾乎不曾凍死好容易盼到早辰只見一個老婆子先將東門開了進去又叫（開）

可為偷情一戒

西門賈瑞聽的背着臉一溜烟抱着肩跑了出來幸而天氣尚早人都未起從後門一逕跑回家去原來賈瑞父母早亡只有他祖父代儒教養那代儒素日教訓最嚴不許賈瑞多走一步生怕他在外吃酒賭錢有悮學業今忽見他一夜不歸只料定他在外非飲即賭嫖娼宿妓那里想到這斷公案因此氣了一夜賈瑞也捻着一把汗少不得回來撒謊只說往舅舅家去了天黑了留我住了一夜代儒道自來出門非禀我不敢擅出如何昨日私自去了據此亦該打何況是撒謊因此發恨到底打了三四十板不許吃飯令他跪在院內讀文章定要補出十天的工課來方罷賈瑞直凍了一夜今又遭了苦打且餓着肚子跪自在風地里讀文章其苦萬狀禍福無門惟人自召此時賈瑞前心猶是未改再想不到是鳳姐捉弄他過後兩日得了空便仍來找鳳姐鳳姐故意抱怨他失信

教訓最嚴 奈其心何 一嘆

展轉灵活人不放一筆不肖

世人萬萬想不到況老學究乎

處處點父母痴心子孫不肖此書係自愧而成

是尋死之根

四字

苦海無边回頭是岸若個能回頭也嘆嘆
壬午春 畸笏

可謂因人而使

四字是作者明

賈瑞急的睹身發誓鳳姐因見他自投羅網少不得再尋別計令他知改故又

阿鳳身分勿得輕〻看過

約他道今日晚上你別在那里了你在我這房後小过道子里那間空屋里等

我可別冐撞了伏的妙賈瑞道果真鳳姐道誰可哄你你不信就別來賈瑞道來

緊一句

來〻死也要來不美鳳姐道这会子你先去罷賈瑞料定晚間必妥此時先去了

未必

鳳姐在这里便點兵派將設下圈套那賈瑞只盼不到晚上偏生家里親戚又

四字用得新必另新文字好看

來了專能忙中寫閑狡猾之甚直吃了晚飯纔去那天已有掌灯時候又等他祖父安歇了

方溜進榮府直往那夾道中屋子里來等着熱鍋上的螞蟻一般只是干轉左

等不見人影右聽也沒声响心下自思別是又不來了又凍我一夜不成正自

真到了

胡猜只見黑魆〻的來了一個人賈瑞便想一定是鳳姐不管皂白餓虎一般等

那人剛至門前便如猫捕鼠的一般抱住叫道親嫂子等死我了說着抱到屋

里炕上就親嘴扯褲子滿口里親娘親爹的乱叫起来那人【好極】只不作声賈瑞拉
了自己褲子硬帮〻的就想頂入【將到矣】忽見灯光一閃只見賈薔舉着個拈子照道
誰在屋里只見炕上那人笑道瑞大叔要臊我呢賈瑞一見却是賈容（奇絶）【寔真】真臊
的【好題目】無地可入不知要怎麽樣纔好回身就要跑被賈薔一把揪住道別走如今
【調戲還有故一笑】璉二嬸已經告道（到）太〻跟前說你無故調戲他〻暫用了個脫身計哄你在那
邊等着太〻氣死過去【好大題目】因此叫我来拿你剛纔你又攔住他没的說跟我去見
太〻賈瑞聽了魂不附體只說好姪兒只說没有見我明日我重〻的謝你賈
薔道你若謝我【也知字不得一嘆】放你不值什麽只不知你謝我多少況且口說無憑寫一文契
来賈瑞道如何落紙呢賈薔道這也不妨寫一個賭錢輸了外人賬目借頭家
銀若干两便罷賈瑞道這也容易只是此時無紙筆賈賈薔道這也（容）易與說罷

翻身出来紙筆現成(二字妙)拿来賈瑞寫他兩作好作歹只寫了五十兩然後画了押
賈薔收起来然後撕邏賈蓉〻〻先咬定牙不依只說明日告訴族中的人評
評理賈瑞急的至於叩頭賈薔作好作歹的也寫了一張五十兩欠契纔罷賈
薔又道如今要放你我就擔着不是又生波瀾老太〻那邊的門早已関了老爺正
在廳上看南京的東西那一條路定难過去如今只好走後門若這一走倘或
遇見了人連我也完了等我們先去哨探〻再来領你這屋子你還藏不得少時
就来堆東西等我尋個地方說畢拉着賈瑞仍息了燈(未必如此权場)細出至院外摸着大台
磯底下說道這窩兒里好你只蹲着別哼一声我們来再動說畢二人去了賈
瑞此時身不由已只得蹲在那里心下正盤筭只听頭頂上一声响唏拉〻一
净桶尿糞從上面直潑下来可巧澆了他一身一頭賈瑞掌不住噯喲了一声

瑞奴寔當如是報之

此一節可入西廂記批評内十大快中　畸笏

此刻還不回頭真自尋死路矣

忙又掩住口更奇不敢声張滿頭滿臉渾身皆是尿屎冰冷打战只見賈薔跑來叫快走快走賈瑞如得了命三步兩步從後門跑到家里天已三更只得叫門開門人見他這般景况問是怎的少不得扯謊說黑了失脚掉在茅厠里了一面到了自己房中更衣洗濯心下方想到是鳳姐頑他因此發一回恨再想想鳳姐的模樣兒又恨不得一時摟在怀内一夜竟不曾合眼自此滿心想鳳姐只不敢往榮府去了賈蓉兩個常常的來索銀子他又怕祖父知道正是相思尚且難禁更又添了債務日間工課又緊他二十來歲人尚未娶親迩來想着鳳姐未免有那指頭告了消乏等事更兼兩回凍恼奔波寫得歷歷病源如何不死因此三五下里夾攻不覺就得了一病心内發膨脹口中無滋味脚下如綿眼中似醋黑夜作燒白晝常倦下溺連精嗽痰帶血諸如此症不上一年都添全了于是不

慾根未斷

全料必新，奇改恨文字收塲方是石頭記筆力

所謂步步緊

簡捷之至

能支持一頭失倒合上眼還只夢魂顛倒滿口亂説胡話驚怖異常百般諸醫療治諸如肉桂附子鱉甲麥冬玉竹等藥吃了有几十斤下去也不見個動静說得有趣條又臘盡春回這病更又沉重代儒也着了忙各處請醫療治皆不見效因後來吃獨參湯代儒如何有這力量只得往榮府來尋王夫人命鳳姐秤二兩給他王夫人之慈若是鳳姐回説前兒新近都替老太太配了藥那整的太太又説留着送楊提督的太太配藥偏生昨兒我已送了去了王夫人道就是偺們這邊没了你打發個人往你婆婆那邊問問或是你珍大哥哥那府里再尋些來湊着給人家吃好了救人一命也是你的好處夾寫王夫人鳳姐聽了也不遣人去尋只得將些渣末泡鬚湊了幾錢命人送去只説太太送來的再也没了然後回王夫人只説都尋了來共湊了有二兩送去然便有二兩獨參湯賈瑞固亦不能微好又豈能望好但鳳姐之毒何如是瑞之自失也

那賈瑞此時要命心甚無藥不吃只是白花錢不見效忽然這日有個跛足道人（自甄士隱隨君一去別來無恙否）來化齋口稱專治冤業之症賈瑞偏生在內就聽見了直着聲叫喊（如聞其声吾不忍聽也）說快請進那位菩薩來救我一面在枕上叩首（如見其形吾不忍看也）衆人只得帶了那道士進來賈瑞一把拉住連叫菩薩救我（人之將死其言也哀作者如何下筆）那道士嘆道你這病非藥可醫我有個寶貝與你你天天看時此命可保矣說畢從搭褳中（妙極此搭連猶是士隱所擔背者乎）取出一面鏡子來（凡看書人從此細心體貼方許你看否則此書哭矣）面皆可照人（此書表裡皆有喻也）鏡把上面鏨着風月寶鑑四字（明點）遞與賈瑞道這物出自太虛玄境空靈殿上警幻仙子所製（言此書原係空虛幻設）專治邪思妄動之症（畢真畢真）有濟世保生之功（畢真）所以帶他到世上單與那些聰明傑俊風雅王孫等看照（所謂無能紈袴是也）千萬不可照正面（觀者記之不要看這書正面方是會看）只照他的背面（記之）要緊要緊

與紅樓夢呼应

幻

讓人識[illegible]此句

此段有警〻醒語可以喚醒後〻謂之爲傳奇語目不宜 鑑堂識

三日後吾来收取管叫你好了説畢佯常而去衆人苦留不住賈瑞收了鏡子
想道這道士到有意思我何不照一照試〻想畢拿起風月鑑来向反面一照
只見一個骷髏立在裡面所謂好知青塚骷髏骨就是紅樓掩面人是也作者好苦心思唬得賈瑞連忙掩了
罵道士混賬如何嚇我〻到再照〻正面是什麼想着又將正面一照只見鳳
可怕是招手二字
姐站在裡面招手叫他奇絶賈瑞心中一喜蕩悠〻的覺得進了鏡子寫得奇峭真好筆墨
與鳳姐雲雨一番鳳姐仍送他出来到了床上嗳喲了一声一睜眼鏡子從手
裡弔過来仍是反着立着一個骷髏賈瑞自覺汗津〻的底下已遺了一灘精
心中到底不足又翻過正面来只見鳳姐還招手叫他〻又進去如此三四次
到了這次剛要出鏡子来只見兩個人走来拿鉄鎖把他套住拉了就走所謂醉生
夢死也賈瑞叫道讓我拿了鏡子再走可憐大家齊来看此只説這句就再不能説話了傍

邊伏侍賈瑞的衆人只見他先還拿着鏡子照落下來仍睜開眼拾在手内末後鏡子落下來便不動了衆人上來看〻已没了氣身子底下氷涼漬濕一大灘精這纔忙着穿衣抬床代儒夫婦哭的死去活來大罵道士是何妖鏡（此書不免腐儒一謗）若不早燬此物（凢野史俱可燬獨此書不可燬）遺害于世不小（腐儒）遂命駕火來燒只聽鏡内哭道誰叫你們瞧正面了你們自己以假為真何苦來燒我（觀者記之）正哭着只見那跛足道人從外面跑來喊道誰毀風月鑑吾來救也說着直入中堂搶入手内飄然去了當下代儒料理喪事各處去報喪三日起經七日發引寄灵于鉄檻寺（所謂鉄門限是也先安一開路道之人以俻秦氏仙柩有方也）日後帶回原籍當下賈家衆人齊來弔問榮國府賈赦贈銀二十両賈政亦是二十両寧國府賈珍亦有二十両别者族中貧富不等或三両五両不可勝数另有各同窓家分資也凑了二三十両代

儒家道雖然淡薄到也豐〻富〻完了此事誰知這年冬底林儒海的書信寄來却為身染重疾寫書特來接林黛玉回去賈母聽了未免又加憂悶只得忙忙的打點代玉起身宝玉大不自在爭奈父女之情也不好攔勸于是賈母定要賈璉送他去仍叫帶回來一應土儀盤纏不消煩說自然要妥貼作速擇了日期賈璉與林代玉辭别了同人帶領僕從登舟往揚州去了要知端的且聽下回分解

此回忽遣代玉去者正爲下回可見之文也若不遣去只寫可兒阿鳳等人却置代玉于榮府成何文哉因必遣去方好放筆寫秦方不脫發況代玉乃書中正人秦爲陪客豈因陪而失正耶後大觀園方是宝玉宝釵代玉等正緊文字前皆係陪襯之文也

脂硯齋重評石頭記卷之

第十三回

秦可卿死封龍禁尉　王熙鳳協理寧国府

話説鳳姐兒自賈璉送代玉往楊州去後心中寔在無趣每到晚間不過和平兒説笑一回就胡乱睡了胡乱二字奇這日夜間正和平兒灯下擁炉倦綉早命濃薰綉被二人睡下屈指筭行程該到何處所謂計程今日到梁州是也不知不覺已交三鼓平兒已睡熟了鳳姐方覺星眼微朦恍惚只見秦氏從外走來含笑説道嬸子好睡我今日回去你也不送我一程因娘兒們素日相好我捨不得嬸子故來别你一别还有一件心愿未了非告訴嬸子别人未必中用一語貶盡賈家一族空頂冠束帯者鳳姐听了恍惚問道有何心愿你只管託我就是了秦氏道嬸〻你是個脂粉隊

倘或二字酷肖婦女口氣

樹倒猢猻散之語今猶在耳屈指卅五年矣哀哉傷哉寧不痛殺

里的英雄連那些束帶頂冠的男子也不能過你〻如何連兩句俗語也不曉得常言月滿則虧水滿則溢又道是登高必跌重如今我們家赫〻揚〻已將百載一日倘或樂極悲生若應了那句樹倒猢猻散的俗語豈不虛稱了一世的詩書旧族了鳳姐听了此話心胸大快十分敬畏忙問道這話慮的極是但（非阿鳳不明蓋古今名利塲中患失之同意也）有何法可以永保無虞秦氏冷笑道嬸子好癡也否極泰來榮辱自古週而復始豈人力能可保常的但于今能于榮時籌畫下將來衰時的世業亦可謂常保永全了即如今日諸事都妥只有兩件未妥若把此事如此一行則後日可保永全了鳳姐便問何事秦氏道今祖塋雖四時祭祀只是無一定的錢粮第二家塾雖立無一定的供給依我想來如今盛時固不缺祭祀供給但將來敗落之時此二項有何出處莫若依我定見趂今日富貴將祖塋附近多置田庄

語語見道字字傷心讀此一段几不知此身為何物矣　松齋

不必看完見此二句即欲墮淚　梅溪

房舍地畝以備祭祀供給之費皆出自此處將家塾亦設于此合同族中長幼大家定了則例日後按房掌管這一年的地畝錢粮祭祀供給之事如此週流又無爭競亦不有典賣諸敝便是有了罪凡物可入官這祭祀産業連官也不入的便敗落下來子孫回家讀書務農也有個退步祭祀又可永繼若目今以為榮華不絕不思後日終非長策眼見不日又有一件非常喜事真是烈火烹油鮮花着錦之盛要知道也不過是瞬息的繁華一時的歡樂萬不可忘了那盛筵不散的俗語此時若不早為後慮臨期只恐後悔無益了鳳姐忙問有何喜事秦氏道天机不可洩漏（伏的妙）只是我與嬸子好了一場臨别贈你兩句話須要記者因念道三春去後諸芳盡（此句令批書人哭死）各自須尋各自門鳳姐還欲問時只聽二門上傳事雲板連叩四下將鳳姐驚醒人回東府蓉大奶奶沒了鳳姐聞聽嚇

可從此批

松齋云好筆力此方是文字佳處

如在總是淡描輕寫全無痕跡方見得有生一來天分中自然所賦之性如此非因色所感也

了一身冷汗出了一回神只得忙忙的穿衣往王夫人處來彼時合家皆知無不納罕都有些疑心那長一輩的想他素日孝順平一輩的想他素日和睦親密下一輩的想他素日慈愛以及家中僕從老小想他素日憐貧惜賤慈老愛幼之恩八字乃為上人之當銘于五事莫不悲嚎痛哭者老健閑言少叙却說寶玉因近日林代玉回去剩得自己孤恓也不和人頑耍（與鳳姐反對淡淡寫來方是二人自幼氣味相投可知後文皆非突然文字）每到晚間便索然睡了如今從夢中听見說秦氏死了連忙翻身爬起來只覺心中似戳了一刀的不忍哇的一声直奔出一口血來襲人等慌慌忙上來攙扶問是怎麽樣又要回賈母來請大夫寶玉笑道不用忙不相干這是急火攻心又淡淡抹去血不歸經說着便爬起來要衣服換了來見賈母即時要過去襲人見他如此心中雖放不下又不敢攔只是由他罷了賈母見他要去因說纔嚥氣的人那里不干淨二則

所謂層巒疊翠之法也野史中惟無此法即觀者到此亦為寫秦氏未必全到豈料更又寫一尤氏哉

夜里風大等明早再去不遲宝玉那里肯依賈母命人備（套）車多派跟隨人役擁護前來一直到了寧國府前只見府門洞開兩边燈籠照如白晝亂烘烘人來人往裡面哭声摇山振岳（如此寫大族之喪如此起緒）宝玉下了車忙忙奔至停靈之室痛哭一番然後見過尤氏誰知尤氏正犯了胃疼舊疾睡在床上（妙非此何以出阿鳳）然後又出來見賈珍彼時賈代儒代修賈敕賈效賈敦賈赦賈政賈琮賈𤨏賈珩賈珖賈琛賈瓊賈璘賈薔賈菖賈菱賈芸賈芹賈蓁賈萍賈藻賈衡賈芬賈芳賈蘭賈菌賈芝等都來了賈珍哭的淚人一般正和賈代儒等説道合家大小遠近親友誰不知我這媳婦比兒子還強十倍如今伸腿（子）去了可見這長房内絶滅無人了説着又哭起來衆人忙勸人已辭世哭也無益且商議如何料理要緊賈珍拍手道如何料理不過儘我所有罷了正説着只見秦葉秦鍾並尤氏的

緊處愈緊，密處愈密

將賈族約畧一揔觀者方不惑

淡淡一句勾出賈珍多少文字來

几個眷屬（伏後文）尤氏姊妹也都来了賈珍便命賈瓊賈琛賈璘賈薔四個人去
陪客一面分付去請欽天監陰陽司来擇日擇準停靈七七四十九日三日後
開喪送訃聞這四十九日單請一百單八衆禪僧在大廳上拜大悲讖超度前
亡後化諸魂以免亡者之罪另設一壇于天香樓上是九十九位全真道士打
四十九日解冤洗業醮然後停靈于會芳園中靈前另外請五十衆高僧五十衆
高道对壇按七作好事那賈敬聞得長孫媳婦死了因自為早晚就要飛昇如何
可笑可歎古今之儒中途多惑老佛王隠梅云若能再加东坡十年壽亦能跳出這圈子来斯言信矣
肯又回家染了紅塵将前功盡棄呢因此並不在意只憑賈珍料理賈珍見父
親不管亦發恣意奢華看板時幾副杉木板皆不中用可巧薛蟠来弔問因見
賈珍尋好板便說道我們木店里有一副板叫作什麽檣木（檣者舟具也所謂人生若汎舟而已）
（寧不可嘆）出在潢海鐵網山上（所謂迷津易墮塵網難逃也）作了棺材萬年不壞這還是當年先

二七四

寫个〻皆到全無安逸之筆深得金壷奧

父帶來原係義忠親王老千歲要的因他壞了事就不曾拿去現在還封在店内也沒有人出價敢買你若要就抬來使罷賈珍聽説喜之不盡即命人抬來大家看時只見幫底皆厚八寸紋若檳榔味若檀麝以手扣之玎璫如金玉大家都奇異稱賛賈珍笑問價值幾何薛蟠笑道拿一千兩銀子來只怕也沒處買去什麼價不價賞他們幾兩工錢就是了（的是阿呆兒口氣）賈珍聽説忙謝不盡即命解鋸糊漆賈政因勸道此物恐非常人可享者殮以上等杉木也就是了（政老有深意存焉）（夾寫賈政）此時賈珍恨不能代秦氏之死這話如何肯聽因忽又聽得秦氏之丫嬛名喚瑞珠者見秦氏死了他也觸柱而亡此事可罕合族人也都稱嘆賈珍遂以孫女之理殮殯一並停靈于會芳園中之登仙閣小丫嬛名寶珠者因見秦氏身無所出乃甘心愿為義女誓任摔喪駕靈之任賈珍喜之不盡即時傳下從此皆呼寶

珠為小姐那寶珠按未嫁女之喪在靈前哀〻欲絶于是合族人丁並家下諸

人都（突然）各遵舊制行事自不得紊亂（兩句寫盡大家）賈珍因想着賈蓉不過是個黌門監（生）（又起波瀾如不）

靈旛經榜上寫時不好看便是執事也不多因此心下甚不自在（善起波瀾）可巧這

日正是首七第四日早有大明宮掌宮内相戴權（妙大權也）先備了祭禮遣人來次

後坐了大轎打傘鳴鑼親來上祭賈珍忙接着讓至逗蜂軒（軒名可思）獻茶賈珍心

中打算定了主意因而趁便就說要與賈蓉蠲個前程的話戴權會意因笑道

想是為喪禮上風光些〻賈珍忙笑道老内相所見不差戴權道事到湊巧正有

個美缺如今三百員龍禁尉短了兩員昨兒襄陽候的兄弟老三來求我現拿

了一千五百兩銀子送到我家里你知道俗們都是老相遇（與）不拘怎庅樣看着

他爺〻的分上胡亂應了（忙中寫閑）還剩了一個缺誰知永節度使馮胖子來求要

與他孩子蠲我就沒工夫應他既是偺們的孩子要蠲（奇談畫盡閣官口吻）快寫個履歷來賈珍聽說忙吩咐快命書房里人恭敬寫了大爺的履歷來小厮不敢怠慢去了一刻便拿了一張紅紙來與賈珍賈珍看了忙送與戴權看時上面寫道江寧府江寧縣監生賈蓉年二十歲曾祖原任京營節度使世襲一等神威將軍賈代化祖乙卯科進士賈敬父世襲三品爵威烈將軍賈珍戴權看了回手便遞與一個貼身的小厮收了說道回來送與户部堂官老趙說我拜上他起一張五品龍禁尉的票再給個執照就把這履歷填上明兒我〔自己〕來兌銀子送去小厮答應了戴權也就告辭了賈珍十分款留不住只得送去〔出〕府門臨上轎賈珍因問銀子還是我到部兌還是一並送入老相府中戴權道若到部里你又吃虧了不如平准一千二百銀子送到我家就完了賈珍感謝不盡只說待服

伏史湘雲應係注解

滿後親帶小犬到府叩謝于是作别接着便又聽喝道之声原来是忠靖侯史鼎的夫人来了伏史湘雲王夫人邢夫人鳳姐等剛迎入上房又見錦鄉侯川寧侯壽山伯三家祭禮擺在靈前少時三人下轎賈政等忙接上大廳如此親朋你来我去也不能勝数只這四十九日寧國府街上一條白漫〻人来人往（是有服親朋並家下人丁之盛）花簇〻官去官来（是来往祭弔之盛）賈珍命賈蓉次日換了吉服領憑回来靈前供用執事等物俱按五品職例靈牌疏上皆寫天朝誥授賈門秦氏恭人之靈位會芳園臨街大門洞開旋在兩邊起了鼓樂廳兩班青衣按時奏樂一對〻執事擺的刀斬斧齊更有兩面硃紅銷金大字牌竪在門外上面大書

就簡去繁

賈珍是誇費可卿
却寔如此
奇文若明指一州
名似若西遊之套
故曰至中之地不
待言可知是光天
化日仁風德雨之
下矣不云國名更
妙可知是堯街舜

對面高起着宣壇僧道對壇榜文榜上大書世襲寧

防護
內廷紫禁道
御前侍衛龍禁尉

國公家孫婦防護內庭御前侍衛龍禁尉賈門秦氏恭人之喪四大部州至中之地奉天永建太平之國總理虛無寂靜教門僧錄司正堂萬虛總理元始三一教門道錄司正堂葉生等敬謹修齋朝天叩佛以及恭請諸伽藍揭諦功曹等神聖恩普錫神遠鎮四十九日消災洗業平安水陸道場等語亦不消煩記只是賈珍雖然此時心意滿足但里面尤氏又犯了舊疾不能料理事務惟恐各誥命來往虧了禮數怕人笑話因此心中不自在當下正憂時因寶玉在側

卷衣冠礼義之鄉實直与第一回呼應相接

問道事々都算妥貼(妥當)了大哥々還愁什麼賈珍見問便將里面無人的話說了出來寶玉聽說笑道這有何难我薦一個人與你權理這一個月的事管必妥當賈珍忙問是誰寶玉見坐間還有許多親友不便明言走至賈珍耳邊說了兩句賈珍聽了喜不自禁連忙起身笑道果然妥貼(妥當)如今就去說着拉了寶玉辭了衆人便往上房里來可巧這日非正經日期親友來的少里面不過几位近親堂客邢夫人王夫人鳳姐並合族中的內眷陪坐聞人報大爺進來了唬的衆婆娘唿的一声往後藏之不迭獨鳳姐款々站了起來賈珍此時也有些病症在身二則過于悲痛了因拄個拐踱了進來邢夫人等因說道你身上不好又連日事多該歇々纔是又進來做什麼賈珍一面扶拐扎掙着要蹲身跪下請安道乏邢夫人等忙叫寶玉攙住命人挪椅子來與他坐賈珍斷不肯坐

素日行止可知

又寫鳳姐

一絲不乱

因兒強陪笑道姪兒進來有一件事要求二位嬸子并大妹〻邢夫人等忙問
什麼事賈珍忙笑道嬸子自然知道如今孫子媳婦沒了姪兒媳婦偏又病倒
我看里頭着實不成個體統怎麼屈尊大妹〻（不見突然）一個月在這里料理〻〻我就（阿鳳此刻心癢矣）
放心了邢夫人笑道原來為這個你大妹〻現在你二嬸子家只和你二嬸子
說就是了王夫人忙道他一個小孩子家（三字愈令人可愛可憐）何曾經過這些事倘或料理不清反
吽人笑話到是再煩別人好賈珍笑道嬸子的意思姪兒猜着了是怕大妹〻
劳苦了若說料理不開我包管必料理的開便是錯一点兒別人看着還是不
錯的從小兒大妹〻頑笑着就有殺伐（阿鳳身分）決斷如今出了閣又在那府里辦事越
發歷練老成了我想了這几日除了大妹〻（有筆力）再無人了嬸子不看姪兒〻〻媳
婦的分上只看死了的分上罷說着滚下淚來王夫人心中怕的是鳳姐兒未

經過喪事怕他料理不清惹人恥笑今見賈珍苦〻的說到這步田地心中已
活了几分却又眼看着鳳姐出神那鳳姐素日最喜攬事辦好賣弄才幹雖然
当家妥當也因未辦過婚喪大事恐人還不伏巴不得遇見這事今見賈珍如
此一來他心中早已歡喜先見王夫人不允後見賈珍說的情真王夫人有活
動之意便向王夫人道大哥〻說的這麼懇切太〻就依了罷王夫人悄〻的
王夫人是悄言鳳姐是响应故稱大哥〻
道你可能麼鳳姐道有什麼不能的外面的大事已經大哥〻料理清了不過
已得三昧矣
是里頭着管（照看）〻〻便是我有不知道（的）問〻太〻就是了王夫人見說的有理便
不作声賈珍見鳳姐允了又陪笑道也管不得許多了橫豎要求大妹〻辛苦
辛苦我這里先與妹〻行礼等事完了我再到那府里去謝（道）說着就作揖下去
鳳姐兒還礼不迭賈珍便閙（忙）向袖中取了寧国府對牌出來命宝玉送與鳳姐

又説妹〻愛怎樣就怎樣要什広只管拿這個取去也不必問我只求别存心替我省錢只要好看為上二則也要同那府里一樣待人纔好不要存心怕人抱怨只這两件外我再沒不放心的了鳳姐不敢就接牌只看着王夫人王夫人道你哥〻既這広説你就照看〻〻罷了只是别自作主意有了事打發人問你哥〻嫂子要緊宝玉早向賈珍手里接過對牌来強遞與鳳姐了又問妹妹住在這里還是天〻来呢若是天〻来越發辛苦了不如我這里赶着收拾出一個院落来妹〻住過這几日到安穩鳳姐笑道不用（二字句有神）那邊也離不得我到是天〻来的好賈珍聽説只得罷了然後又説了一回閑話方纔出去一時女眷散後王夫人因問鳳姐你今兒怎広樣鳳姐兒道太〻只管請回去我須得先理出一個頭緒来纔回去得呢王夫人聽説便先同邢夫人等回去

讀五件事未完余不禁失声大哭三十年前作書人在何處耶

不在話下這里鳳姐兒來至三間一所抱廈内坐了曰想頭一件是人口混雜遺失東西第二件事無專執臨期推委第三件需用過費濫支冒領第四件任無大小苦樂不均第五件家人豪縱有臉者不服鈐束無臉者不能上進此五件實是寧国府中風俗不知鳳姐何待處治且聽下回分解

正是

金紫萬千誰治國　　裙釵一二可齊家

通回將可卿如何死故隱去是大發慈悲心也嘆嘆

壬午春

脂硯齋重評石頭記卷之

第十四回

林儒海捐館揚州城　賈寶玉路謁北靜王

話說寧國府中都總管來昇聞得裡面委請了鳳姐因傳齊同事人等說道如今請了西府里璉二奶奶管理內事倘或他來支取東西或是說話我們須要〔此是都〕比往日小心些每日大家早來晚散寧可辛苦這一個月過後再歇着不要把老臉丟了〔揔管的話頭〕那是個有名的烈貨〔口子〕臉酸心硬一時惱了不認人的眾有〔人〕都道有理又有一個笑道論理我們裡面也須得他來整治整治〔伏線在二十板之僕婦人〕都特不像了正說着只見來旺媳婦拿了對牌來領取呈文京榜紙劄票上批着數目眾人連忙讓坐倒茶一面命人按數取紙來抱着同來旺媳婦一路來至儀門口方交與來旺

寧府如此大家阿鳳如此身分豈有便貼身了頭與家里男人答話交事之理呢此作者忽畧之處

媳婦自巳抱進了（去）鳳姐即命彩明定造簿冊即時傳来昇媳婦兼要家口花名冊来查看又限于明日一早傳齊家人媳婦進来聽差等語大槩點了一點数目单冊問了来昇媳婦几句話便坐車回家一宿無話至次日卯正二刻便過来了那寧国府中婆娘媳婦聞得到齊只見鳳姐正與来昇媳婦分派衆人不敢擅入只在窗外聽覷（傳神之筆）只聽鳳姐與来昇媳婦道既託了我〻就説不得要討你們嫌了（先站地步）我可比不得你們奶〻好性兒由着你們去再不要説你們這府里（此話听熟了一樣）原是這様的話如今可要依着我（宛轉得妙）行錯我半點兒管不得誰是有臉的誰是沒臉的一例現清白處治説着便吩咐彩明念花名冊按名一個〻的喚進来（量才而用之）看視一時看完便又吩咐道這二十個分作兩班一班十個每日在裡頭单管人客来往倒茶别的事不用他們管這二十個也分作兩班每日单管本家親

彩明係未冠小童阿鳳便于出入使令者老兄並未前後看明是男是女乱加批駁可笑

意

且明寫阿
鳳不識字
之故
壬午春

戚茶飯別的事也不用他們管這四十個人也分作兩班单在灵前上香添油
挂幔守灵供飯供茶隨起舉哀別的事也不與他們相干這四個人单在內茶
房收管盃碟茶器若少一件便叫他四個描賠這四個人单管酒飯器皿少一
件也是他四個描賠這八個单管監收祭禮這八個单管各處燈油蠟燭紙劄
我總支了来交與你八個然後按我的定數再往各處去分派這三十個每日
輪流各處上夜照管門戶監察火燭打掃地方這下剩的按着房屋分開某人
守某處某處所有棹椅古董起至於痰盒撣帚一草一苗或丟或壞就和守這
處的人算賬描賠来昇家的每日攬總查看或有偷懶的賭錢吃酒的打架拌
嘴的立刻来回我你有狗情經我查出三四輩子的老臉就顧不成了如今都
有定規以後那一行亂了只和那一行說話素日跟我的人隨身自有鐘表不

論大小事我是皆有一定的時辰横竪你們上房里也有時辰鐘卯正二刻我來點卯巳正吃早飯凡有領牌回事的只在午初〔到〕刻戌初燒過黄昏紙我親到各處查一遍回来上夜的交明鑰匙第二日仍是卯正二刻過来說不得偺們大家辛苦這几日罷事完了你們家大爺自然賞你們（所謂先礼而後賓是也）說罷又吩咐按數發與茶葉油燭雞毛撣子笤箒等物一面又搬取傢伙棹圍椅搭坐褥毡蓆痰盒脚踏之類一面交發一面提筆登記某人管某處某人領某物開得十分清楚衆人領了去也都有了投奔不似先時只揀便宜的做剩下的苦差没個招攬各房中也不能趁亂失迷東西便是人来客往也都安静了不比先前一個正擺茶又去端飯正陪舉哀又顧接客如這些無頭緒荒乱推托偷閑窃取等弊次日一槩獨〔都〕蠲了（滑賊好收煞）鳳姐兒見自己威重令行心中十分得意因見尤氏犯病賈珍

寫鳳之心机
寫鳳之珍貴
寫鳳之英勇
寫鳳之驕大
如此寫得可
嘆可笑

又過于悲哀不大進飲食自己每日從那府中煎（做）了各樣細粥精緻小菜命人送來勸食賈珍也另外吩咐每日送上等菜到抱厦內單與鳳姐那鳳姐不畏勤勞天〻于卯正二刻就過來點卯理事獨在抱厦內起坐不與衆妯娌合群便有堂客來往也不迎會這日乃五七正五日上那應佛僧正開方破獄傳燈照亡參閻君拘都鬼筵請地藏王開金橋引幢旛那道士們正伏章申表朝三清叩玉帝禪僧們行香放燄口拜水懺又有十三衆尼僧搭繡衣靸紅鞋在靈前默誦接引諸咒十分熱鬧那鳳姐必知今日人客不少在家中歇宿一夜至寅正平兒便請起來梳洗及收拾完備更衣盥手吃了兩口奶子糖粳米粥漱口已畢已是卯正二刻了來旺媳婦率領諸人伺候已久鳳姐出至廳前上了車前面打了一對明角燈大書榮国府三個大字款〻來至寧府大門上門登

郎掛兩邊一色戳燈照如白晝白漫〻穿孝僕從兩邊侍立請車至正門上小廝等退去衆媳婦上来揭起車簾鳳姐下了車一手扶着豐兒兩個媳婦執着手把燈罩攙擁着鳳姐進来寧府諸媳婦迎来請安接待鳳姐緩〻走入會芳園中登仙閣靈前一見了棺材那眼淚恰似斷線之珠滚將下来院中許多小廝垂手伺候燒紙鳳姐吩咐得一声供茶燒紙只听一棒鑼鳴諸樂齊奏早有人端過一張大圈椅来放在靈前鳳姐坐了放声大哭于是裡外男女上下見

（誰家行事寧不墮淚）

鳳姐出声都忙〻接声嚎哭一時賈珍尤氏遣人来勸鳳姐方纔止住来旺媳婦献茶漱口畢鳳姐方起身別過族中諸人自入抱厦内来按名查點各項人數都已到齊只有迎送親客上的一人未到即命傳到那人已張慌愧懼鳳姐

（須得如此方見文章妙用余前批非謬）

（四字有神並有名姓上等人口氣）

冷笑道（凡鳳姐惱時偏〻用笑字是章法）我說是誰悞了原来是你〻原比他們有體面所以

綫不聽我的話那人道小的天〻都来的早只有今兒醒了覺得早些囙又睡
迷了来遲了一步求奶〻饒過這次正説着只見榮國府中的王興媳婦来了
偏用這等閒文閒註
在前探頭慣起波瀾慣能忙中寫閑又慣用曲筆又慣綜錯真妙鳳姐且不發放這人却先問王興媳
的是鳳姐作派
是裏事中用
婦作什麽王興媳婦爬不得先問他完了事連忙進去説領牌取線打車轎網
忙剛〻寫却
絡説着將個帖兒遞上去鳳姐命彩明念道大轎兩頂小轎四頂車四輛共用
大小絡子若干根用珠兒線若干斤鳳姐聽了數目相合便命彩明登記取榮
國府對牌擲下王興家的去了鳳姐方欲説話時見榮國府的四個執事人進
来都是要全支取東西領牌来的鳳姐命他們要了帖子念過听了一共四件指
好看煞這等文字
兩件説道這兩件開銷錯了再筭清了来取説着擲下帖子来那二人掃興而
又頓挫
去鳳姐因見張材家的在傍因問你有什麽事張材家的忙取帖兒回説就是方

線車轎圍作成領取裁縫工銀若干兩鳳姐听了便収了帖子命彩明登記待
王與交過牌得了買辦的回押相符然後方與張材家的去領一面又命念那
却從閙中又引出一件關係文字來
一個是為宝玉外書房完竣支買紙料糊裱鳳姐听了即命收帖兒登記待張
材的繳清又發與這人去了鳳姐便說道明兒他也睡迷了後兒我也睡迷了
接得緊且無痕跡是山斷雲連法也
將來都沒了人了本來要饒你只是我頭一次寬了下次人就难管不如現開發
的好登時放下臉來喝命帶出去打二十板子一面又擲下寧国府对牌出去說
與來昇革他一月銀米衆人听說又見鳳姐眉立知是惱了不敢怠慢拖人的
二字如神
出去拖人執牌傳諭的忙去傳諭那人身不由己已拖出去挨了二十大板还
要進來叩謝鳳姐道明日再有悞的打四十後日的六十有要挨打的只管悞說
着吩咐散了罢窓外衆人听說方各自執事去了彼時寧国榮国兩處執事領

牌交牌的人来人往不絶那抱愧被打之人含羞去了（又伏下文非獨為阿鳳之威勢費此一段筆墨）
這纔知道鳳姐利害衆人不敢偷閑自此兢〻業〻（收什得好）執事保全不在話下如今
且說（忙中閑筆）宝玉因見今日人衆恐秦鐘受了委曲因默與他商議要同他往鳳姐處
来坐秦鐘道他的事多況且不喜人去偺們去了他豈不煩膩（純是體貼人情）宝玉道
他怎好膩我們不相干只管跟我来說着便拉了秦鐘直至抱厦鳳姐纔吃飯
見他們来了便笑道好長腿子快上来罷（家常戲言畢肖之至）宝玉道我們偏了鳳姐道在這邊外
頭吃的還是那邊吃的宝玉道這边同那此渾人吃什麼（奇稱試問誰是清人）原是那邊
我們两個同老太〻吃了来的一面歸坐鳳姐吃畢飯就有寧国府中的一個
媳婦来領牌為支取香燈事鳳姐笑道我筭着你們今兒該来支取總不見来
想是忘了這會子到底来取要忘了自然是你們包出来都便宜了我那媳婦

笑道何嘗不是忘了方纔想起來再遲一步也領不成了說罷領牌而去一時（下人迎合湊趣必真）登記交牌秦鐘因笑道你們兩府里都是這牌倘或別人私弄一個支了銀子（小人語）（寫不理家務公子之語）跑了怎樣鳳姐笑道依你說都沒王法了宝玉因道怎麼偺們家沒人領牌子（補前文之未到）做東西鳳姐道人家來領的時候你還做夢呢（言其是也）我且問你〻們這夜書多早晚纔念呢宝玉道巴不得這如今就念纔好他們只是不快收拾出書房來這也無法鳳姐笑道你請我一請包管就快了宝玉道你要快也不中用他們該作到那里的自然就有了鳳姐笑道便是他們作也得要東西擱不住我不給对（詩中知有錬字一法不期於石頭記中多得其妙）牌是难的宝玉聽說便猴向鳳姐身上要牌立刻說好姐〻給出牌子來叫他們要東西去鳳姐道我乏的身子上生疼（的了不得）還擱的住揉搓（你）你放心罷今兒纔領了紙裱糊去了他們該要的還等叫去呢可不傻了宝玉不信鳳姐便叫彩明

（顰兒方可長居榮府之交）

查冊子與宝玉看了正鬧着人回蘇州去的人昭兒来了好接得鳳姐急命喚進来昭兒打千兒請安鳳姐便問回來做什庅的昭兒道二爺打發回来的林姑老爺是九月初三日巳時沒的二爺帶了林（暗寫代玉）姑娘同送林姑老爺靈到蘇州大約赶年底就回来二爺打發小的来报個信請安討老太太示下還瞧瞧奶奶家里好叫把大毛衣服帶几件去鳳姐道你見過別人了沒有昭兒道都見過了說畢連忙退去鳳姐向（此係無意中之有意妙）宝玉笑道你林妹妹可在偺們家住長了宝玉道了不得想来這几日他不知哭的怎樣呢說着蹙眉長嘆鳳姐見昭兒回来因當着人未及細問賈璉心中自是記掛待要回去争奈事情繁一時去了恐有遲失悞惹人笑話少不得奈耐到晚上回来復令昭兒進来細問一路平安信息連夜打点大毛衣服和平兒親自撿点包裹再細細追想所需何物一並包藏交

付昭兒又細細吩咐昭兒在外好生小心伏（服）侍不要惹你二爺生氣時時勸他
少吃酒別勾引他認得混賬老婆（果然有這些事）回來打折你的腿（此一句最要緊）等語趕亂（此為病源）完了天
（伏線）已四更將盡總睡下（後文方不突然）又走了因不免天明雞唱忙梳洗過寧府中來那賈珍因
見發引日近親自坐車帶了陰陽司吏往鐵檻寺來踏着（看）寄靈所在又一一囑
咐住持色空好生預備新鮮陳設多請（几名）僧以備接靈使用色空忙看晚齋賈珍
也無心茶飯因天晚不得進城（就）淨在淨室胡亂歇了一夜次日早便進城來料
理出殯之事一面又派（人）先往鐵檻寺連夜另外修飾停靈之處並廚茶等項接
靈人口里（坐落）面鳳姐見日期有限也預先逐細分派料理一面又派榮府中（人）車轎
人從跟王夫人送殯又顧自已送殯去占下處目今正值繕国公誥命亡故王
邢二夫人又去打祭送殯西安郡王妃華誕送壽禮鎮国公誥命生了長男預

總得好

倫賀禮又有胞兄王仁連家眷回南一面寫家信禀叩父母並帶往之物又有迎春染病每日請醫服藥看醫生啟帖症源藥按等事亦難盡述又兼發引在邇曰此忙的鳳姐茶飯也沒工夫吃得坐卧不能清淨剛到了榮府寧府的人又跟到寧府既回到榮府寧府的人又找到榮府鳳姐見如此心中到十分歡喜並不偷安推托恐落人褒貶曰此日夜不暇籌畫得十分的整肅于是合族上下無不稱嘆者這日伴宿之夕裡面兩班小戲並耍百戲的與親朋堂客伴宿尤氏猶卧于內室一應張羅款待獨是鳳姐一人週全承應合族中雖有許多妯娌但或有羞口的或有羞脚的或有不慣見人的或有懼貴怯官的種種之類俱不及鳳姐舉止舒徐言語慷慨珍貴寬大曰此也不把眾人放在眼里揮霍指示任其所為目若無人（寫秦氏之喪卻只為鳳姐一人）一夜中燈明火彩客送官迎

那百般熱鬧自不用説的至天明吉時已到一般六十四名青衣請靈前面銘

兆年不易之朝

旌上大書奉天洪建兆年不易之朝誥封一等寧国公冢孫婦防護

永治太平之國

内 庭紫禁道

奇甚妙甚

御 前侍值龍禁尉享強壽賈門秦氏恭人之靈位一應執事陳設皆係現赶着新做出來的一色光艷奪目宝珠自行未嫁女之禮外摔喪駕靈十分哀苦那時官客送殯的有鎮国公牛清之孫現襲一等伯牛繼宗理国公柳彪之孫現襲一等子柳芳齊国公陳翼之孫世襲三品威鎮將軍陳瑞文治国公馬魁之孫世襲三品威遠將軍馬尚修国公侯曉明之孫世襲一等子侯孝康繕国公誥命亡故故其孫石光珠守孝不曾來得這六家與寧榮二家當日所稱八公的便是餘者更有南安郡王之孫西寧郡王之孫忠靖侯史鼎平原侯之孫世襲

牛丑也清屬水子也柳折卯字彪折虎字寅字寓焉陳即辰翼火爲虵巳字寓焉馬午也魁折鬼字鬼金羊未字

寓焉侯猴同音申也曉鳴鷄也酉字寓焉石即豕亥字寓焉其祖曰守業即守鎮也犬字寓焉所謂十二支寓焉

二等男蔣子寧定城侯之孫世襲二等男兼京營游擊謝鯨襄陽侯之孫世襲二等男戚建輝景田侯之孫五城兵馬司裘良餘者錦鄉伯公子韓奇神武將軍公子馮紫英陳也俊衛若蘭等諸王孫公子不可枚數堂客筭來亦有十來頂大轎三四十小轎連家下大小轎車輛不下百餘十乘連前面各色執事陳設百耍浩〻蕩〻一帶擺三四里遠走不多時路傍彩棚高搭設席張筵和音奏樂俱是各家路祭第一座是東平王府祭棚第二座是南安郡王祭棚第三座是西寧郡王第四座是北靜郡王的原來這四王當日惟北靜王功高及今子孫猶襲王爵現今北靜王水溶年未弱冠生得形容秀美情性謙和近聞寧國公冢孫婦告殂因想當日彼此祖父相與之情同難同榮未以異性（姓）相視因此不以王位自居上日也曾探喪上祭如今又設路奠命麾下各官在此伺候

自己五更入朝公事以畢便換了素服坐大轎鳴鑼張傘而來至棚前落轎手下各官兩傍擁侍軍民人衆不得往還一時只見寧府大殯浩浩蕩蕩壓地銀山一般從北而至早有寧府開路傳事人看見連忙回去報與賈珍賈珍急命前面駐扎同賈赦賈政三人連忙迎來以國礼相見水溶在轎内欠身含笑答礼仍以世交稱呼接待並不妄自尊大賈珍道犬婦之喪累蒙郡駕下臨蔭生輩何以克當水溶笑道世交之誼何出此言遂回頭命長府官主祭代奠賈赦等一傍還礼畢復身又來謝恩水溶十分謙遜因問賈政道那一位是啣玉而誕者几次要見一見都為雜冗所阻想今日是來的何不請來一會賈政听説忙回去急命宝玉脫去孝服領他前來那宝玉素日就曾听得父兄親友人等説閑話時讚水溶是個賢王且生得才貌双全風流瀟洒每不以官俗国体所

數字道盡声势 壬午春 畸笏老人

忙中閑筆點綴玉兄方不失正文中之正人作者良苦 壬午季春 畸笏

縛每思相會只是父親拘束嚴密無由得會今見反来叫他自是歡喜一面走
一面早瞥見那水溶生在轎內好個儀表人材不知近看時又是怎樣且聽下
回分解

此回將大家喪事詳細剔盡如見其氣槩如聞其聲音
絲毫不錯作者不負大家後裔
寫秦死之盛賈珍之奢實是却寫得一箇鳳姐

脂硯齋重評石頭記卷之

第十五回

王鳳姐弄權鉄檻寺　秦鯨卿得趣饅頭庵

話説寶玉舉目見北静王水溶頭上帶着潔白簪纓銀翅王帽穿着江牙海水五爪坐龍白蟒袍繫着碧玉紅鞓帶面如美玉目似明星真好秀麗人物宝玉忙搶上来參見水溶連忙從轎内伸出手来挽住見宝玉帶着束髮銀冠勒着雙龍出海抹額穿着白蟒箭袖圍着攢珠銀帶面若春花目如點漆（又換此一句如此其形）水溶笑道名不虚傳果然如宝似玉因問啣的那宝貝在那里宝玉見問連忙從衣内取了遞與過去水溶細細的看了又念了那上頭的字因問果靈驗否賈政忙道雖如此説只是未曾試過水溶一面極口稱奇道異一面理好綵

八字道盡玉兄如此等方是玉兄正文寫照 壬午季春

絲親自與宝玉帶上（鍾愛之至）又攜手問宝玉几歲讀何書宝玉一ミ的荅應水溶見他語言清楚談吐有致一面又向賈政笑道令郎真乃龍駒鳳雛非小王在世翁前唐突將來雛鳳清于老鳳声未可諒也（妙極開口便是西崑體宝玉聞之寧不刮目哉）賈政忙陪笑道犬子豈敢謬承金奬賴藩郡餘貞果如是言亦廕生輩之幸矣（謙的得体）水溶又道只是一件令郎如是資質（賦質）想老太夫人夫人輩自然鍾愛極矣但吾輩後生甚不宜鍾溺ミミ則未免荒失学業昔小王曾蹈此轍想令郎亦未必不如是也若令郎在家難以用功不妨常到寒第小王雖不才却多蒙海上衆名士凡至都者未有不另垂青目是以寒第高人頗聚令郎常去談會ミミ則学問可以日進矣賈政忙躬身荅應水溶又將腕上一串念珠卸了下來遞與宝玉道今日初會倉促竟無敬賀之物此係前日聖上親賜鶺鴒香念珠一串權為賀敬

之礼宝玉連忙接了回身奉與賈政〻〻與宝玉一齊謝過于是賈赦賈珍等一齊上来請回輿水溶道逝者已登仙界非碌〻你我塵寰中之人也小王雖上叩天恩虚邀郡襲豈可越仙輀而進也賈赦等見執意不從只得告辭謝恩回来命手下掩楽停音滔〻然將殯過完方讓水溶回輿去了不在話下且說寧府送殯一路熱鬧非常剛至城門前又有賈赦賈政賈珍等諸同僚属下各家祭棚接祭一〻的謝過然後出城竟奔鉄檻寺大路行来彼時賈珍帶賈蓉来到諸長輩前讓坐轎上馬因而賈赦一輩的各自上了車轎賈珍一輩的也將要上馬鳳姐兒因記掛着宝玉怕他在郊外縱性逞強不服家人的話賈政管不着這些〻小事惟恐有個失閃難見賈母因此便命小厮来喚他宝玉只得来到他車前鳳姐笑道好兄弟你是個尊貴人女孩兒一樣的人品非此一句宝玉必不

轉出沒調教

有層次好看煞

細心人自因如是

依阿鳳真好才情別學他們猴在馬上下来偺們姐兒兩個坐車豈不好宝玉听說忙下了馬爬入鳳姐車上二人說笑前来不一時只見從那邊兩騎馬壓地飛来有氣有声有形離鳳姐車不遠一齊蹿下来扶車回說這里有下處奶々請歇更衣有影鳳姐急命請邢夫人王夫人的示下有次序那人回来說太々們說不用歇了叫奶々自便罷鳳姐听了便命歇了再走衆小厮听了一帶轅馬岔出人群往北飛走宝玉在車内急命請秦相公那時秦鐘正騎馬隨着他父親的轎忽見宝玉的小厮跑来請他去打尖秦鐘看時只見鳳姐兒的車往北而去後面拉着宝玉的馬搭着鞍籠便知宝玉同鳳姐坐車自己也便帶馬趕上来同入一庄門内早有家人將衆庄漢攆盡那時庄人家無多房舍婆娘們無處廻避只得由他們去了那些村姑庄婦見了鳳姐宝玉秦鐘的人品衣服礼數款段豈有不愛看的一時

寫玉兄正文
總于此等處
作者良苦
壬午季春

一忙字二陪笑
字寫玉兄是
在女兒分上
壬午季春

鳳姐進入茅堂因命宝玉等先出去頑〻宝玉等會意因同秦鐘出来帶着小厮們各處遊玩凡庄農動用之物皆不曾見過（真〻畢真）宝玉一見了鍬钁鋤犁等物皆以為奇不知何項所使其名為何（凡膏粱子弟齊来着眼）小厮在傍一〻的告訴了名色説明原委宝玉聽了（也盖因未見之故也）因點頭嘆道怪道古人詩上説誰知盤中餐粒〻皆辛苦正為此也（聡明人自是一唱即悟）一面説一面又至一間房前只見炕上有個紡車宝玉又問小厮們這又是什麼小厮們又告訴他原委宝玉聽説便上来擰轉作耍（後〻文）自為有趣只見一個約有十七八歲的村庄丫頭跑了来乱嚷别動（天生地）壞了衆小厮忙斷喝攔阻宝玉忙丢開手陪笑説道（三字如聞）我因為没見過這個所以試他一試那丫頭道你們那里會弄這個站開了我紡與你瞧（玉兄身分本心如此）秦鐘暗拉宝玉笑道此卿大有意趣（忙中閑筆却伏下文）宝玉一把推開笑道該死的再胡説我就打了説着只見

若說話便不是石頭記中文字也

那丫頭紡起線來寶玉正要說話時只聽那边老婆子叫道二丫頭快過來那
丫頭聽見丢下紡車一逕去了寶玉悵然無趣處處點情又伏下一段後文只見鳳姐兒打
發人來叫他兩個進去鳳姐洗了手換衣服抖灰問他們換不換寶玉不換只
得罷了家下僕婦們將帶着行路的茶壺茶盃十錦屜盒各樣小食端來鳳姐
等吃過茶待他們收什完備便起身上車外面旺兒預備下賞封賞了本村主
人庄婦等來叩賞鳳姐並不在意寶玉却留心看時內中並無二丫頭一時上
妙在不見
妙在此時方見錯綜之妙如此
了車出來走不多遠只見迎頭二丫頭懷里抱着他小兄弟同着几個小女孩
子說笑而來寶玉恨不得下車跟了他去料是衆人不依的少不得以目相送
爭奈車輕馬快四字有文章人生难聚亦未嘗不如此也一時展眼無踪走不多時仍又跟上大
殯了早有前面法鼓金鐃幢旛寶蓋鐵檻寺接靈衆僧齊至少時到入寺中另

演佛事重設香壇安靈于內殿個室之中宝珠安理寢室相伴外面賈珍款待一應親友也有擾飯的也有不吃飯而辭的一應謝過之從公候伯子男一起一起的散去至未末時分方纔散盡了裡面的堂客皆鳳姐張羅接待先從顯官誥命散起也到晌午大錯時方散盡了只有几個親戚是至近的等做過三日安灵道場方去那時邢王二夫人知鳳姐必不能來家也便宜要進城王夫人要帶宝玉去宝玉乍到郊外那里肯回去只要跟鳳姐住着王夫人無法只得交與鳳姐便回來了原來這鉄檻寺原是寧榮二公當日修造現今還是有香火地畝布施以備京中老了人口在此便宜寄放其中陰陽兩宅俱已預備妥貼（大凡創業之人無有不為子孫深謀至細柰後輩仗一時之榮顯猶為不足另生枝葉雖華麗過先柰不常保亦足可嘆爭及先人之常保其朴哉）好為送靈人口寄居（近世浮華子弟齊來着眼）（祖宗為子孫之心細到如此）不想如今後輩人口繁盛其

石頭記總于沒要緊處閑三二

筆寫正文筋骨看官當用巨眼不爲彼瞞过方好 壬午季春

中貧富不一或性情參商（所謂源遠水則濁枝繁果則稀余爲天下痴心祖宗爲子孫謀千年業者痛哭）有那家業艱難安分的（妙在艱難就安分富貴則不安分矣）便住在這里了有那尚排場有錢勢的只說這里不方便一定另外或村庄或尼庵尋個下處爲事畢宴退之所（眞辜負祖宗體貼子孫之心）即今秦氏之喪族中諸人皆權在鐵檻寺下榻獨有鳳姐嫌不方便（不用說阿鳳自然不肯將就一刻的）因而早遣人來和饅頭庵的姑子淨虛說了騰出兩間房子來作下處原來這饅頭庵就是水月寺因他廟里做的饅頭好就起了這個渾號離鐵檻寺不遠（前人詩云縱有千年鐵門限終須一個土饅頭是此意故不遠二字有文章）當下和尚工課已完莫過晚茶賈珍便命賈蓉請鳳姐歇息鳳姐見還有几個妯娌陪着女親自已便辭了衆人帶了宝玉秦鐘往水月庵來秦業年邁多病（伏筆）不能在此只命秦鐘等待安靈罷了那秦鐘便只跟着鳳姐宝玉一時到了水月庵淨虛帶領

智善智能兩個徒弟出来迎接大家見過鳳姐等来至淨室更衣淨手畢囙見智能兒越發長高了模樣兒越發出息了囙說道你們師徒怎庅這些日子也不往我們那里去淨虛道可是這几天都沒工夫囙胡老爺府里產了公子太太送了十兩銀子来這里叫請几位師父念三日血盆經忙的沒個空兒就沒来請奶奶的安（虛陪一個胡姓妙言是胡塗人之所為也）不言老尼陪着鳳姐且說秦鐘宝玉二人正在殿上頑耍囙見智能過来宝玉笑道能兒来了秦鐘道理那東西作什庅宝玉笑道你別弄鬼那一日在老太太屋里一個人沒有你摟着他作什庅這會子還哄我（補出前文未到處思秦鐘近日在榮府所為可知矣）秦鐘笑道這可是沒有的話宝玉笑道有沒有也不管你你只叫住他到碗茶来我吃就丟開手秦鐘笑道這又奇了你叫他到去還怕他不到何必要我說呢宝玉道我叫他到是無情意的不及

你吽他到的是有情意的繼作如是等奇語秦鐘只淂說道能兒到碗茶來給我那智能兒自幼在棠府走動無人不識曰常與宝玉秦鐘頑笑他如今大了漸知風月便看上了秦鐘人物風流那秦鐘也極愛他妍媚二人雖未上手却已情投意合了不愛宝玉却愛秦鐘亦是各有情孽今智能見了秦鐘心眼俱開走去到了茶來秦鐘笑說給我如聞其声宝玉吽給我智能兒抿嘴笑道一碗茶也爭我难道手里有蜜一語畢肖如聞其語觀者已自酥倒不知作者從何着想宝玉先搶淂了吃着方要問話只見智善來吽智能去擺茶碟子一時來請他兩個去吃茶菓點心他兩個那里吃這些東西坐一坐仍出來頑耍鳳姐也畧坐片時便回至淨室歇息老尼相送此時衆婆娘媳婦見無事都陸續散了自去歇息跟前不過几個心服常侍小禪婢老尼便趂機說道我正有一事要到府里求太〻先請奶〻一個示下鳳姐曰問何事老尼

道阿弥陀佛開口稱佛畢有可嘆可笑只曰當日我先在長安縣内善才庵才字妙内出家的時節那時有個施主姓張是大財主他有個女兒小名金哥俱從財一字上發出那年都往我庙里来進香不想遇見了長安府府太爺的小旧子李衙内那李衙内一心看上要娶金哥打發人来求親不想金哥已受了原任長安守備的公子的聘定張家若退親又怕守備不依曰此説已有了人家誰知李公子致意不依定要娶他女兒張家正無計策兩處為难不想守備家听了此信也不管清紅皂白便来作賤辱罵説一個女兒許几家偏不許退定礼就打官司告狀趕来守備一鬧便問斷無此理此必是張家惧府尹之勢必先退定礼守備方不從或有之此時老尼只欲與張家完事故將此言遮飾以便退親受張家之賄也那張家急了如何便急了話無頭緒可知張家礼缺此係作者巧摹老尼無頭緒之語莫認作者無頭緒正是神處奇處摹一人一人必到帋上活見只得着人上京来尋門路賭氣偏要退定礼如何的是張家要與府尹攀親我想如今

閨閣營謀說事往〻被此等語惑了

長安節度雲老爺與府上最契可以求太〻與老爺說声打發一封書去求雲老爺和那守備說一声不怕那守備不依若是肯行張家連傾家孝順也都情願壞極妙極若與府尹攀了親何惜張財不能再得小人之心如此良民遭害如此 鳳姐听了笑道這事到不大只是太〻再不管這樣的事老尼道太〻不管奶〻也可以主張了鳳姐听說笑道我也不等銀子使也不做這樣的事口是心非如聞已見 淨虛听了打去妄想一嘆轉出 半晌嘆道雖如此說多少至惡不畏之文來 張家已知我來求府里如今不管這事張家不知道沒工夫管這事不希罕他的謝礼到像府里連這点子手段也沒有的一般鳳姐听了这話便發了興頭說道你是素日知道我的從來不信批書人深知卿有是心嘆〻 什麼是陰司地獄報應的憑是什麼事我說要行就行你叫他拿三千銀子來我就替他出這口氣老尼听說喜不自禁忙說有〻這個不難鳳姐又道我欺人太甚 比不得他們扯篷拉牵的圖銀子這三

對如是之奸妮阿鳳不得不如是語

寔表奸淫尼庵之事如此

壬午季春

千銀子不過是給打發說去的小厮做盤纏使他賺几個辛苦錢我一個錢也不要他的便是三萬兩我此刻也拿的出來（阿鳳欺人如此）老尼連忙荅應又說道既如此奶〻明日就開恩也罷了鳳姐道你瞧〻我忙的那一處少了我既應了你自然快〻的了結老尼道這點〻子事在别人的跟前就忙的不知怎么樣若是奶〻的跟前再添上些也不勾奶〻一發揮的只是俗語說的能者多勞太太因大小事見奶〻妥貼越性都推給奶〻了奶〻也要保重金體纔是一路話奉承的鳳姐越發受用也不顧勞乏更攀談起來（總寫阿鳳聰明中痴人）誰想秦鐘趂黑無人來尋智能剛至後面房中只見智能獨在房中洗茶碗秦鐘跑來便摟着親嘴智能急的跺脚說着這算什么再這么我就叫喚秦鐘求道好人我已急死了你今兒再不依我就死在這里智能道你想怎樣除非等我出了這牢

若歷審完則不是石頭記文字了　壬午季春

坑離了這些人纔依你秦鐘道這也容易只是遠水救不得近渴說着一口吹了燈滿屋漆黑將智能抱到炕上就雲雨起來那智能百般的掙拄不起又不

此處寫小小風波事亦在人意外誰知爲小秦伏線大有根處

好叫的少不得依他了正在得趣只見一人進來將他二人按住也不則声二

還是不肯叫

人不知是誰唬的不敢動一動只聽那人嗤的一声掌不住笑了二人聽声方

請掩卷細思此刻形景真可噴飯歷來風月文字可有如此趣味者

是宝玉秦鐘連忙起事[誓]抱怨道這算什麽[呢]宝玉笑道你到不依偺們就叫喊起來羞的智能趁黑地跑了宝玉拉了秦鐘出來道你可還和我強秦鐘笑道好

前二字稱智能今又稱玉兒看官細思

人你只別嚷的衆人知道你要怎樣我都依你宝玉笑道這會子也不用說等一會睡下再細細的筭賬一時寬衣安歇的時節鳳姐在里間秦鐘宝玉在外間滿地下皆是家下婆子打鋪坐更鳳姐因怕通靈玉失落便等宝玉睡下命人拿來據在自己枕边宝玉不知與秦鐘筭何賬目未見真切未曾記得此係疑

案不敢纂創忽又作如此評斷似自相矛盾却是最妙之文若不如此隱去則萬〃件細微之事俱備石頭記真亦竟太死板矣故特因此二三件隱事借石之未見真切淡隱去越竟得雲烟渺茫之中無限丘壑在焉

一宿無話至次日一早便有賈母王夫人打發了人來看寶玉又命多穿兩件衣服無事寧可回去寶玉那里肯回去又有秦鐘戀着智能調唆寶玉求鳳姐再住一天鳳姐想了一想一想便有許多的好處真好阿鳳凡喪儀大事雖妥還有一半點小事未曾安插可以指此再住一日豈不又在賈珍跟前送了滿情二則又可以完淨虛那事三則順了寶玉的心賈母聽見豈不歡喜因有此三益世人只云一舉兩得獨阿鳳一舉更添一便向寶玉道我的事都完了你要在這里賺少不得越性辛苦一日罷了明兒可是定要走的了寶玉聽說千姐〃萬姐〃的央求只住一日明兒必回去的于是又住了一夜鳳姐便命悄〃將昨日老尼之事說與來旺兒來

旺兒心中俱已明白急忙進城找着主文的相公假托賈璉所囑修書一封不細連夜往長安縣來不過百里路程兩日工夫俱已妥協那節度使名喚雲光久見賈府之情這點小事豈有不允之理給了回書旺兒回來且不在話下一語過下

却說鳳姐等又過一日次日方別了老尼着他三日後往府里去討信過至下回

那秦鐘與智能百般不忍分離背地里多少幽期密約俱不用細述只得含恨而別鳳姐又到鐵檻寺中照望一番寶珠致意不肯回家賈珍只得派婦女相伴後回再見

脂硯齋重評石頭記

第十六回

賈元春才選鳳藻宫　秦鯨卿夭逝黄泉路

話說宝玉見収拾了外書房約定與秦鍾讀夜書偏那秦鍾秉賦最弱因在郊外受了些風霜又與智能兒偷期綣繾未免失于調養回来時便咳嗽傷風懶進飲食大有不勝之態遂不敢出門只在家中養息為下文伏線宝玉便掃了興頭只得付于無可奈何且自静候大愈時再約所謂好事多魔也脂研那鳳姐兒已是得了雲光的回信俱已妥協老尼達知張家果然那守備忍氣吞声的受了前聘之物誰知那張家父母如此愛愛勢貪財却養了一個知義多情的女兒聞得父母退了前夫他便一條麻繩悄悄的自縊了那守備之子聞得金哥自縊他

如此這樣無能卻是寫与人看

所謂老鴉窩裏出鳳凰此女是在十二釵之外付者

也是個極多情的遂也投河而死不負妻義張李兩家沒趣真是人財兩空這里鳳姐卻坐享了三千兩王夫人等連一点消息也不知道自此鳳姐胆識愈壯以後有了這樣的事便姿意的作為起来也不消多記一段收拾過阿鳳心機胆量真與雨村是一对乱世之奸雄後文不必細寫其事則知其平生之作為回首時無怪乎其慘痛之態使天下痴心人同来一警或萬期共入于恬然自得之鄉矣脂硏

不負美滿夫妻

如何消繳造業者不知自有知者

一日正是賈政的生辰寧榮二處人丁都齊集慶賀鬧熱非常忽有門吏忙〻進来至席前報說有六宮都太監夏老爺来降旨唬的賈政等一干人不知是何消息忙止了戲文撤去酒席擺了香案啓中門跪接早見六宮都太監夏守忠乘馬而至前後左右又有須多内監跟從那夏守忠也並不曾負詔捧勅至簷下馬滿面笑容走至廳上南面而立口内說特旨立刻宣賈政入朝在臨敬殿陛見說畢也不及吃茶便乘馬去了賈赦等不知是何兆頭只得即忙更衣入

潑天喜事卻如此開宗出人意料外之文也 壬午季春

朝賈母等合家人等心中皆惶不定不住的使人飛馬来往報信有兩個時辰
工夫忽見賴大等三四個管家喘吁〻跑進儀門報喜又説奉老爺命速請老
太〻帶領太〻等進朝謝恩等語那時賈母正心神不定在大堂廊下佇立那
邢夫人王夫人尤氏李紈鳳姐迎春姊妹以及薛姨媽等皆在一處听如此信
至賈母便喚進賴大来細問端的賴大禀道小弟們只在臨敬門外伺候里頭
的信息一槩不能得知後来还是夏太監出来道喜説偺們家大小姐晉封為
鳳藻宫尚書加封賢德妃後来老爺出来亦如此吩咐小的如今老爺又往東
宫去了速請太〻領衆去謝恩賈母等听了方心神安定不免又都洋〻喜氣
盈腮于是都按品大小粧起来了賈母帶領邢夫人王夫人尤氏一共四乘大
轎入朝賈赦賈珍亦換了朝服帶領賈蓉賈薔奉侍賈母大轎前往于是寧榮

恐

来

日暮倚廬仍悵望南漢先生句也

佇立与日暮倚廬仍悵望对景人寧掩卷而泣

畫母愛子寫出四字節下

寫服出神前人

之常情

兩處上下裡外莫不欣然踴躍個〻面上皆有得意之狀言笑鼎沸不絕誰知近日水月菴的智能私逃進城找至秦鐘家下看視秦鐘不意被秦業知覺將智能逐出將秦鐘打了一頓自己氣的老病發作三五日光景嗚呼死了秦鐘本自怯弱又帶病未愈受了笞杖今見老父氣死此時悔痛無及更又添了許多症候因此寶玉心中悵然如有所失雖聞得元春晉封之事亦未解得愁悶眼前多少熱鬧文字不寫却從万人意外撰出一段悲傷是別人不屑寫者亦別人之不能處賈母等如何謝恩如何回家親朋如何來慶賀寧榮兩處近日如何熱鬧衆人如何得意獨他一個皆視有如無毫不曾介意因此衆人嘲他越發獃了大奇至妙之文却用寶玉一人連用爲何如隱過多少繁華勢利等文試思若不如此必至種〻寫到其死板拮据瑣碎雜乱何可勝哉故只借寶玉一人如此一寫省却多少閒文却有無限烟波且喜賈璉與代玉回來先遣人來報信明日就可到家寶

凡用寶玉收什俱是大關鍵

忽〻然接水月菴似大脫洩及讀至後方知爲緊收此大段有如歌疾調迫

之際忽閒處忽擾枝截斷真〻是其大力量處却便于寫寶玉之文

的真〻寶玉

欲發獃了

玉听了方略有些喜意（不如此後文秦鍾死去將何以慰寶玉）細問原由方知賈雨村亦進京陛見皆由王子騰累上保本此来後補京缺與賈璉是同宗弟兄又與代玉有師從之誼故同路作伴而来林如海已葬入祖坟了諸事停妥賈璉方進京的本該出月到家因聞得元春喜信遂晝夜兼程而進一路俱各平安寶玉只問得代玉平安二字餘者也就不在意了（又從天外寫出一段離合來總爲掩過寧榮兩處許多瑣細閒筆處〃交代清楚方好啟大觀園也）

三字是寶玉心中

好容易盼至明日午錯果報璉二爺和林姑娘進府了見面時彼此悲喜交接未免又大哭一陣後又致喜慶之詞（世界上亦如此不讀書中瞬息現此便可省悟）寶玉心中品度代玉越發出落的超逸了代玉又帶了許多書籍来忙着打掃卧室安挿器具又將些紙筆等物分送寶釵迎春寶玉等人寶玉又將北靜王所贈鶺鴒香串珍重取出来轉贈代玉〃〃說什麼臭

男人拿过的我不要他遂擲而不取宝玉只得収回暫且無話略一点代玉情性赶忙収住正留為後文地步

且說賈璉自回家参見过衆人回至房中正值凤姐近日多事之时（寫得尖利刻薄）無片刻閑暇文二補阿凤二句最不可少見賈璉遠路歸来不得撥冗接待房内無（嬌音如聞俏）外人便笑道国舅老爺大喜国舅老爺一路風塵辛苦（態如見少年好夫妻有是事）（却是麽丁丈作弥）小的听見昨日的頭起報馬来報說今日大駕歸府略預備了一杯水酒撣塵不知賜光謬領否賈璉笑道豈敢〻〻多承〻〻（一言答不上蠢材〻〻）一面平兒與衆了环参拜畢献茶賈璉遂問别後家中的諸事又謝鳳姐的操持劳碌凤姐道我那里照管得這些事見識又淺口角又笨心腸又直率人家給個棒搥我就認作真針臉又軟擱不住人給兩句好話心里就慈悲了况且又沒經歷過大事胆子又小太〻略有些不自在就嚇的我連覺也睡不着了我若辞了几回太〻又不容辞到反說我圖受用不肯

（等文字作者盡力写来是欲諸公認得阿鳳好看以後之書）

三二四

勿作等闲看過

習学了除不知我是捻着一把汗兒呢一句也不敢多説一步也不敢多走你是知道的偺們家所有的這些管家奶々們那一位是好纏的独這一句不假 脂研 錯一点兒他們就笑話打趣偏一点兒他們就指桑説槐的報怨坐山觀虎鬪借劍殺人引風吹火站干岸兒推倒油瓶不扶都是全掛子的武藝三字是詢音口氣况且我年紀輕頭等不壓衆怨不得不放我在眼里更可笑那府里忽然蓉兒媳婦死珍大哥又再三再四的在太々跟前跪着討情説只要請我帮他几日我是再四推辭太々断不依只得從命得意之至口氣依旧被我鬧了个馬仰人翻更不成个体統至今珍大哥々还報怨後悔呢阿鳳之弄璉兄如弄小兒可怕可畏若生于小戶落在貧家你这一来了明兒你見了他好歹描補々々就説我年紀小原沒見過世面誰叫大爺錯委他的璉兄死矣正説着又用斷法方妙蓋此等文斷不可無亦不可太多只听外間有人説話鳳姐便問是誰平兒進来回道姨太々打發了香菱妹子

来問我一句話我已經説了打發他回去了賈璉笑道正是呢方纔我見姨媽
去不防和一個年輕的小媳婦子撞了个对面生的好齊整模樣（酒色之徒）我疑惑偺家
並無此人説話时因問姨媽誰知就是上京来買的那小丫頭名叫香菱的竟
與薛大傻子作了房里人開了臉越發出挑的標致了那薛大傻子真玷辱了
他（垂涎如見試問兄寧有不玷平兒手脂研）鳳姐道噯（如聞）往蘇杭走了一淌回来也該見些
世面了（這世面二字單指女色也）还是這麼眼饞肚飽的你要愛他不值什麼我去拿
平兒換了他来如何（奇談是阿凤口中方有此等語句）那薛老大（又一樣稱呼各得神理）
也是吃着碗里看着鍋的這一年来的光景他為要香菱不能到手（補前文之未到且並
將香菱身寫出脂研）和姨媽打了多少飢荒也因姨媽看着香菱模樣兒好还是末
則其為人行事却又比別的女孩子不同溫柔安靜差不多的主子姑娘也跟

他不上呢（何曾不是主子姑娘盖卿不知来歷也作者必用阿凤一讃方知蓮卿尊重不虚）
故此摆酒請客的麻事明堂正道的與他作親過了半月他看的馬棚風一般
了說到心里可惜了的（一段納寵之文偏于阿凤口中補出亦奇猾幻妙之至）一語
未了二門上小厮傳報老爺在大書房等二爺呢賈璉听了忙忙整衣出去这
里鳳姐乃問平兒方纔姨媽有什庅事巴巴打發了香菱来（必有此一問）平兒笑
道那里来的香菱是我借他暫撒個謊奶奶說說旺兒嫂子越發連個承筭也
没了說着又走至鳳姐身边悄悄的說道奶奶的那利錢銀子遲不送来早不
送来這會子二爺在家他且送這個来了幸虧我在堂屋里撞見不然时走了
来回奶奶二爺倘或問奶奶是什庅利錢奶奶自然不肯瞞二爺的少不得照
實告訴二爺我們二爺那脾氣油鍋里的錢还要找出来花呢听見奶奶有了

（朱批：如聞如見）
（朱批：可兒可兒鳳姐竟被他哄了）

這個梯希他还不放心的花了呢所以我赶着接了過来叫我說了他两句誰知奶〻偏听見了問我就撒謊說香菱了来

一段平兒見識作用不枉阿凤平日刮目又伏下多少後文補盡前文未到

鳳姐听了笑道我說你姨媽知道二爺来了忽喇巴的反打發個房里人来了原来你这蹄子肏鬼

疼極反罵

說話時賈璉已進来鳳姐便命擺上酒饌来夫妻对坐鳳姐雖善飲却不敢任興

百忙中又点出大家規範所謂無不週詳無不貼切

只陪侍着賈璉一时賈璉的乳母趙嬤〻走来賈璉鳳姐忙讓吃酒令其上炕去趙嬤〻致意不肯平兒等早于炕沿下設下一杌又有一小脚踏趙嬤〻在脚踏上坐了賈璉向棹上揀两盤餚饌與他放在杌上自吃鳳姐又道媽〻狠嚼不動那個到沒有的砳了他的牙

何處着想却是自然有的

曰向平兒道早起我說那一碗火腿頓肘子狠爛正好給媽〻吃你怎么不拿了去赶着叫他們熱来又道媽〻你嚐一嚐你兒

子代来的惠泉酒趙嫬〻道我喝呢奶〻也喝一鍾怕什庅只不要過多了就

補點不到之文像極

是了宝玉之李嫬〻此处偏又寫趙嫬〻特犯不犯先有梨香院一回両〻遥对却無一筆相重一事合掌

我这會子跑了来到也不為飲酒到有一件正緊事奶〻好歹記在心里疼顧

我些〻罢我們這爺只是嘴里說的好到了跟前就忘了我們幸虧我從小兒奶

了你這庅大我也老了有的是那兩個兒子你就另眼照看他們些〻别人也不

為蓄荅作列

敢呲牙兒的我还再四的求了你几遍你答應的到好到如今還是燥屎这如

有是乎

今又從天上跑出這一件大喜事来那里用不着人所以到是来和奶〻来說

是正緊靠着我們爺只怕我还餓死了呢风姐笑道媽〻你放心両個奶哥〻

嫫〻

都交給我你從小兒奶的兒子你还有什庅不知他那脾氣的拿着皮肉到往

那不相干的外人身上貼可是現放着奶哥〻那一個不比人強你疼顧照看

嫫〻

他們誰敢說個不字兒（會送情）沒的白便宜了外人我這話也說錯了我們看着是外人你却看着內人一樣呢說的（可兒〻〻）蒲屋里人都笑了趙嬷〻也笑個不住又念佛道可是屋子里跑出青天来了若說內人外人這些混賬原故我們是沒有不（有是語像極畢肖乳）過是臉軟心慈擱不住人求兩句罷了（母護子）鳳姐笑道可不是呢有內人的他纔慈軟呢他在偺們娘兒們跟前纔是剛硬呢趙嬷〻笑道奶〻說的太盡情了我也樂了再吃一杯好酒從此我們奶〻作了主我就沒的愁了賈璉此时沒好意思只是趣笑吃酒說胡說二字快盛飯来吃碗子还要往珍大爺那边去商議事呢鳳姐道可是别悮了正事纔剛老爺叫你作什庅一段趙嫗討情閒文却引出道部脉絡所謂由小及大譬如登高必自卑之意細思大觀園一事若從如何奉旨起造又如何分派衆人從頭細〻直寫将来几千樣細事如何能順筆一氣清又將落于死板拮据之鄉故只用璉风夫妻二人一問一答工用趙嫗討情作引下用蓉薔来說事作收餘者隨筆順筆略一点染則耀然洞徹矣此是避难法

大觀園用省親事出題，是大關鍵事，方見大手筆行文之立意。畸笏

自政老生日用降旨截住，賈母等進朝如此熱鬧，用秦業死岔開，只寫

賈璉道：「就為省親。」（此二字醒眼之極，却只如此寫來。）鳳姐忙問道：（忙字最要緊，特于凤姐口中出此字，可知事關鉅要，是書中正眼矣。）「省親的事竟准了不成？」（問得珍重，可知是外方人意外之事。脂研）賈璉笑道：「雖不十分準，也有八分準了。」（如此故頓一筆，更妙，見得事関重大，非一語可了者，亦是大篇文章抑揚頓挫之致。）鳳姐笑道：「可見當今的隆恩。歷来听書看戲，古时從未有的。」（于閨閣中作此語，直与擊壤同声。脂研）趙嬤嬤又接口道：「可是呢，我也老胡塗了。我听見上上下下吵嚷了這些日子，什庅省親不肯親，我也不理論他去，如今又說省親，到底是怎庅个原故？」（補近事，啟下回之文。）賈璉道：「如今當今貼体萬人之心，世上至大莫如孝字，想来父母兒女之性，皆是一理，不是貴賤上分別的。當今自為日夜侍奉太上皇、皇太后，尚不能略盡孝意，因見宮里嬪妃才人等皆是入宮多年，抛離父母音容，豈有不思想之理？在兒女思想父母，是分所應當。想父母在家，若只管思念兒女，竟

（大觀園一篇大文，千頭萬緒，從何處寫起？今故用賈璉夫妻問答之間，閑閑敘出，觀者已大略。）

（大半後再用蓉、薔二人重一渲染，便省却多少贅瘤筆墨。此是避難法。）

几箇如何將潑天喜事交代完了緊接代玉回璉鳳閑話以老嫗勾出省親事来其千頭萬緒合笋貫連無一毫痕跡如此等是書多々不能枚舉想兄在青硬峰上經煆煉後參透重関至恒河沙数如否

不能見倘曰此成疾致病甚至死亡皆由朕躬禁錮不能使其遂天倫之願亦大傷天和之事故啓奏上皇太后每月逢二六日期准其椒房眷属入宮請候安看視于是太上皇々太后大喜深讚當今至孝純仁體天格物曰此二位老聖人又下旨意說椒房眷属入宮未免有国体儀制母女尚不能愜怀竟大開方便之恩特降諭諸椒房貴戚除二六日入宮之恩外凡有重宇别院之家可以駐蹕関防之處不防啓請内廷鑾輿入其私第庶可略盡骨肉私情天倫中之至性此旨一下誰不踴躍感戴現今周貴人的父親已在家里動了工了修蓋省親别院呢又有吴貴妃的父親吴天祐家也往城外踏看地方去了又一樣佈置這豈不有八九分了趙嬤々道阿弥陀佛原来如此這樣說偺們家也要預備接偺們大小姐文忠公之嬷了賈璉道这何用說呢不然这會子忙的是什麽一段閑談中補明多少文

余曰萬不能有此機括有此筆力恨不得面問果否嘆嘆 丁亥春畸笏叟

章真是費長壺中天地也

鳳姐笑道若果如此我可也見個大世面了可恨我小幾歲年紀若早生二三十年如今這些老人家也不薄我沒見世面了忽接入此句不知何意似屬無味說起當年太祖皇帝訪舜巡的故事比一部書还熱鬧我偏沒造化趕

既知舜巡而又說熱鬧此婦人女子口頭也

不用忙注

後看

上老趙嬤嬤道噯喲喲那可是千載希逢的那時候我纔記事兒咱們賈府正在姑蘇揚州一帶監造海舫修理海塘只預備接駕一次把銀子都花的淌海水似的說起来

又要瞞人

鳳姐忙接道忙字妙上文說起来必未粗心看去則說疑闕殊不知正傳神處我們王府也預備過一次那時我爺爺单管各国進貢朝賀的事凡有的外国人来都是我們家養活点出阿鳳所有外国奇玩等物粵閩滇浙所有的洋船貨物都是我們家的趙嬤嬤道那是誰不知道的如今还有個口號兒呢說東海少了白玉床来請江南王這說的就是奶奶府上了还有如今現在江南的甄家

應前葫蘆案

勁家正是大関鍵大節目勿作泛々口頭語看

嗳呦々好勢派獨他家接駕四次若不是我們親眼

口氣如聞

点正題正文

看見告訴誰々也不信的別講銀子成了土泥憑是世上所有的没有不是堆

極力一寫非誇也可想而知

山塞海的罪過可惜四個字竟僱不得了风姐道常听見我們太爺們也這樣說

真有是事經过見过

對語

豈有不信的只納罕他家怎厶就這厶富貴呢趙嬷々道告訴奶々一句話也

是不忘本之言

不過是拿着皇帝家的銀子往皇帝身上使罷了誰家有那些錢買這個虚熱

鬧去

> 最要緊語人苦不自知能作是語者吾未嘗見

正說的熱鬧王夫人又打發人

好頓挫

來瞧鳳姐吃了飯不曾鳳姐便知有事等他忙々的吃了半碗飯漱口要走又有

二門上小厮們回東府裡蓉薔二位哥兒來了賈璉纔漱了口平兒捧着盥

手見他二人來了便問什厶話快說鳳姐且止步稍候听他二人回些什厶賈

簡淨之至

園基乃一部

蓉先回說我父親打發我來回叔々老爺們已經議定了從東边一帶借着東

府里花園起轉至北边一共丈量準了三里半大（地寬）可以盖造省别院了已經傳

（二主必当如此寫清）

人画圖様去了明日就得叔〻纔回家未免劳乏不用過我們那边去一（説）話明

（後一圖伏線大觀園係玉兄与十二釵之太虚玄境豈不妙哉）（应前賈璉口中）

日一早再請過去面議賈璉笑着忙説多謝大爺費心体諒我就不過去了正

（經）賬是这個主意纔省事盖的（着）也容易若採置别处地方去那更廢（費）事且到不成

体統你回去説这様狠好若老爺們再要改时全仗大爺諫阻万不可另尋地

方明日一早我給大爺去請安去再議細話再賈蓉忙應几個是賈薔又近前

（劃已定矣）（画薔一回伏線）

回説下姑蘇劄（請）聘教習採買女孩子置辦楽器行頭等事大爺派了姪兒帶領

（凡各物事工價重大兼伏隐自情字者莫如此件故園定後便先写此一件餘便不必細写矣）

着来管家兒子两个还有單聘仁卜固修两个清客相公一同前往所以命我

来見叔〻賈璉听了将賈薔打諒了笑道你能在这一行麼这个是（事）虽不筭甚

（有神）（句下文）

大裡頭大有藏掖的賈薔笑道只好学習着辦罷了賈蓉在身傍灯影下悄拉

（射利語可嘆是親侄）

鳳姐的衣襟鳳姐會意曰笑道你也太操心了难道大爺比偺們还不會用人偏你又怕他不在行了誰都是在行的孩子們已長的这庅大了没吃過猪肉也看見過猪跑大爺派他去原不過是个坐纛旂兒难道認真的叫他去講價錢會經紀去呢依我說就狠好賈璉道自然是这樣並不是我駁回少不得替他筭計〻〻曰問这一項銀子動那一处的賈薔道縂也議到这里賴爺〻說（好稱呼）不用從京里帶下去江南甄家还收着我們五万銀子明日寫一封書信會票我們帶去先支三万下剩二万存着等置辦花燭綵灯並各色簾櫳帳幔的使費賈璉点頭道这个主意好鳳姐忙向賈薔道（再不略讓一步正是阿凤一生斷处脂硯）既这樣我有兩个在行妥當人你就帶他們去辦这个便宜你呢賈薔忙陪笑說正要和嬸〻討兩个人呢（寫賈薔乖处脂研）这可巧了曰問名子鳳姐便向問趙嬷

（石頭記中多作心傳神會之文不必道明一道明白便入庸俗之套）

從頭至尾细看阿鳳之待蓉薔可為一体毫無尚作如此語欺蓉其待他人可知矣

嬷彼時趙嬷〻已听歟了話平兒忙笑推他〻纔醒悟過来忙説一個叫趙天梁一個叫趙天棟鳳姐道可别忘了我可幹我的去了説着便出去了賈蓉忙送出来又悄〻的向鳳姐道嬸子要什広東西分付我開個賬給薔兄弟帶了去叫他按賬置辦了来风姐笑道有神别放你娘的屁我的東西还没処撂呢希罕像極的是阿鳳你們鬼〻祟〻的説着一逕去了阿风欺人処如此忽又写到利獘真令人一嘆脂硯這里賈薔也悄問賈璉要什広東西順便織来孝敬賈璉笑道你别興頭纔孝着辦事到先孝会了这把戲我短了什広少不得寫信来告訴你且不要論到又作此語不犯阿鳳这里説畢打發他二人去了接着回事的人来不止三四次賈璉害乏便傳与好文章一句内隱兩處若許事情二門上一應不許傳報俱等明日料理风姐至三更時分方下来安歇一宿無話次早賈璉起来見過賈赦賈政便往寧府中来合同老管事的人等並几位

世交門下清客相公審察兩府地方繕画省親殿宇一面察度辦理人丁自此
後各行匠役齊集金銀銅錫以及土木磚瓦之物搬運移送不歇先令匠人拆
寧府会芳園墻垣樓閣直接入荣府東大院中荣府東边所有下人一帶羣房
盡已(行)拆去當日寧荣二宅雖有一小巷界斷不通(道)然这小巷亦係私地並非官【補明使觀者如身臨足到】
道故可以連屬会芳園本是從北扎角墻下引来一段活水今亦無煩再引其【園中諸景最要緊是水亦必寫明方妙】
山石樹木雖不敷用賈赦住的乃是荣府旧园其中竹樹山石以及亭榭欄杆【余最鄙近之修造園亭者徒以頑石土堆為佳不引泉一道甚至丹青惟知】
等物皆可挪就前来如此兩处又甚近湊来一处省得許多財力縱亦不敷所【亂作山石樹木不知画泉之法亦是恨事】
添亦有限全虧一個老明公号山子野者(妙号)(生名)一一籌画起造賈政不慣【這也少不得的一節文字省下筆來好作別樣】
于俗務只憑賈赦賈珍賈璉賴大来昇林之孝吳新登詹光程日興等些人安
插擺佈凡堆山鑿池起樓豎閣種竹栽花一應点景等事又有山子野制度下

偏於極熱鬧處寫出大不得意之文却無絲毫牽强且有許多令人笑不了哭不了嘆不了悔不了唯以大白酬我作者
壬午季春　畸笏

朝閑暇不过各処看望〻〻最要緊処和賈赦等商議〻〻便罷了賈赦只在家高卧有芥荳之事賈珍等或自去回明或寫略節或有話説便傳呼賈璉賴大等領命賈蓉单管打造金銀器皿賈薔巳起身往姑蘇去了賈珍賴大等又点人丁開册籍監工等事一筆不能寫到不過是喧閬熱鬧非常而巳暫且無話且説宝玉近因家中有这等大事賈政不来問他的書心中是件暢事無奈（一筆不漏）秦鐘之病日重一日也着實懸心不能樂業（天下本無事庸人自擾之世上人〻如此又非此情鍾意切）这日一早起来纔梳洗完畢意欲回了賈母去望候秦鐘忽見茗烟在二門前照壁前探頭縮腦宝玉忙出来問他作什么茗烟道秦相公不中用了（從茗烟口中寫出省却多少間文）宝玉听説嚇了一跳忙問道我昨兒纔瞧了他来（点常去）还明〻白〻怎么就不中用了茗烟道我也不知道纔剛是他家的老頭子来特告訴我的宝

玉听了忙轉身回明賈母々々吩咐好生派妥當人跟去到那里尽々一尽同窓

之情就回来不許多耽擱了宝玉听了忙々的更衣出来車馬犹未備齊頓一筆方不扱

急的滿厨乱轉一时催促的車到忙上了車李貴茗烟等跟隨来至秦鐘門首

悄無一人况目覩蕭條景遂蜂擁至門内室一廂的秦鐘的兩个遠房嬸母並几个

弟兄都藏之不迭妙医嬸母弟兄是特来等分絕户家私的不表可知此時秦鐘已發

迋兩三次昏了移床易簀多时矣余亦欲泣宝玉一見便不禁失声李貴忙劝

李貴亦能道此等語

道不可々々秦相公是弱症未免炕上挺扛的骨頭不受用所以暫且挪下来

鬆散些哥兒如此豈不反添了他的病宝玉听了方忍住近前見秦鐘面如白

臘合目呼吸于枕上宝玉忙叫道鯨兄賈玉来了連叫兩三声秦鐘不採宝玉

又道宝玉来了那秦鐘早已魂魄离身只剩得一口悠々餘声氣在胸正見許

石頭記一部中皆是近情近理必有之事必有之言又如此等荒唐不經之談間亦有之是作者故意游戲之筆耶以破色取笑非如別書認真說鬼話也

可想鬼不讀書信已哉

多鬼判持牌提索来捉他看至此一句令人失望再看至後面數語方知作者故意借世俗愚談論設譬喝醒天下迷人翻成千古未見之奇文奇筆余請諸公莫笑且請再思那秦鐘魂魄那里肯就去又記念着家中無人掌家務扯淡之極令人發一大笑又記掛着父親还有留積下的三四千兩銀子更屬可笑更可痛哭又記掛着智能尚無下落忽從死人心中補出活人原由更奇更奇因此百般求告鬼判無奈这些鬼判都不肯徇私反叱咤秦鐘道虧你还是讀過書的人豈不知俗語說的閻王叫（造定）何三更死（寫殺了）誰敢留人到五更我們陰間上下都是鉄面無私的不比你們阳間瞻情顧意有許多的関碍處正鬧着那秦鐘魂魄忽听見宝玉来了四字便忙又央求道列位神差略發慈悲讓我回去和這一個好朋友說一句話就來的衆鬼道又是什庅好朋友秦鐘道不瞞列位就是栄国公的孫子小名宝玉都判官听了先就唬慌起来忙喝罵鬼使道我說你們放了他回

世人見宝玉而不動心者為誰

說者至此必料秦鐘另有異樣奇語然却只以此二語為囑試思若不如此為囑不但不近人情並且

去走々罢你們断不依我的話如今只等他請出個運旺時盛的人来纔罢如聞其声試問誰曾見都判来覌此則又見一都判跳出来調侃世情固深然游戲筆墨一至于此真可壓倒古今小説这纔筭是小説

衆鬼見都判如此也都忙了手脚一面又報怨道你老人家先是那等雷霆電雹的原来見不得宝玉二字調侃宝玉二字妙極脂研依我們愚見他是阳我們是阴怕他們也無益于我們神鬼也講有益無益都判道放屁俗語説的好天下官管天下事自古人鬼之道却是一般陰陽並無二理更妙愈不通愈妙愈錯會意愈奇脂研名曰搗鬼别管他陰也罢陽也罢还是把他放回没有錯了的衆鬼听説只得将秦魂放回哼了一声微開双目見宝玉在側乃勉強嘆道怎麽不肯早来再遲一步也千言萬語只此一句不能見了宝玉忙攜手垂泪道有什麽話留下兩句只此句便足矣秦鐘道並無别此刻無此二語亦話以前你我見識自為高过世人我今日纔知自悞了誰不悔遲以後还該立志

太露穿鑿讀此則知全是悔遲之恨

非玉兄之知己

功名以榮耀顯達為是說畢便長嘆一声蕭然長逝了若是細述一番則不成石頭記之文矣

（此頁原爲空白）

此回宜分二回方妥

宝玉係諸艷之貫故大观園对額必得玉兄題跋且暫題燈匾聯上

再請賜題此千妥萬當之章法

詩曰

豪華雖足羨　離別却難堪　博得虛名在　誰人識苦甘

好詩全是諷刺

近之諺云又要馬兒好又要馬兒不吃草真罵盡無厭貪痴之輩

脂硯齋重評石頭記

第十七回至十八回

大观園試才題對額　　荣國府歸省慶元宵

話説秦鍾既死宝玉痛哭不已李貴等好容易劝解半日方住歸時犹是悽惻哀痛賈母帮了几十两銀子外又另備奠儀宝玉去吊紙七日後便送殯掩埋了別無述記只有宝玉日日思慕感悼然亦無可如何了（每於此等文後便用此語作結是板定大章法亦是此書大旨）慣用此等章法又不知歷幾何時（年表如此寫亦妙）這日賈珍等來回賈政園内工程俱已告竣大老爺瞧了或有不妥之處再行改造好題匾額对聯的賈政听了沉思一回説道这匾額对聯到是一件难事論理該請貴妃賜題纔是然貴妃若不親覩其景大約亦必不肯妄擬若直待貴妃遊幸過再請題偌大景致若

政老情字如此寫
壬午季春
畸笏

干亭榭無字標題也覺寥落無趣任有花柳山水也斷不能生色衆清客在傍笑荅道老世翁所見極是如今我們有個愚見各处匾額对聯斷不可少亦斷不可定名如今且按其景致或兩字三字四字虚合其意擬了出来暫且做燈匾聯懸了待貴妃遊幸時再請定名豈不兩全賈政等听了都道所見不差我們今日且看看去只管題了若妥當便用不妥時然後將雨村請来令他再擬点雨村照應前文衆人笑道老爺今日一擬定佳何必又待雨村（是紗帽頭口氣）賈政笑道你們不知我自幼于花鳥山水題詠上就平平如今上了年紀且案牘勞煩于这怡情悅性文章上更生踈了縱擬了出来不免迂腐古板反不能使花柳園亭生色似不妥協反沒意思衆清客笑道这也無妨我們大家看了公擬各舉其長優則存之劣則删之未為不可賈政道此論極是且喜今日天氣和暖大家去逛逛

音光字去声出偕声字箋說着起身引衆人前往賈珍先去園中知会衆人可巧近日宝玉因思念秦鐘憂戚不盡賈母長命人帶到園中来戲要此時亦纔進去（此句接一綫不費力若特喚出来則成何文字）忽見賈珍走来向他笑道你还不出去老爺就来了宝玉听了帶着奶娘小厮們一溜烟就出園来方轉过湾頂頭賈政引衆客来了躲之不及只得一边站了賈政近因聞得塾掌稱讚宝玉常能对对聯雖不喜讀書偏到有些歪才情似的今日偶然撞見这機會便命他跟来如此偶然方妙若特特喚来題額真不成文矣（不肖子弟来看形容余初看之不覺怒焉蓋謂作者形容余幼年往事因思彼亦自寫其照何獨余哉信筆書之供諸大衆同一發笑）宝玉只得隨往尚不知何意賈政剛至園門前只見賈珍帶領許多執事人来一傍侍立賈政道你且把園門都關上我們先瞧了（是行家看法）外面再進去賈珍听說命人將門關了賈政先秉正看門只見正門五間上面捅瓦泥鰍脊脊那門欄窓隔皆是細雕新鮮花様並無硃粉塗飾一色水磨羣墻門雅墻雅不落俗套下面白石

基磯鑿成西番草花樣左右一望皆雪白粉墻下面虎皮石隨勢砌去果然不
落富麗俗套自是欢喜遂命開門只見迎面一帶翠嶂挡在前面掩映好極众清
客都道好山〻〻賈政道非此一山一進來園中所有之景悉入目中則有何
趣众人道極是非胸中大有邱壑焉想及此說畢往前一望見白石崚嶒想入其中
一時雅变方向用前後這边那边等字正是不辨東西或如鬼怪或如猛獸縱橫拱立上面苔
藓成斑藤蘿掩映曾用兩処旧有之园所改故如此寫方可細極其中微露羊腸小逕
好景界山子野精於此技。此是小逕非行車輦通道今賈政原欲遊覽其景故
指此等处寫之想其通路大道自是堂〻冠冕氣象無庸細寫者也後于省親
之則已得知矣　賈政道我們就從此小徑遊去回來由那一边出去方可遍覽
宝玉此刻已料定吉多凶少
說畢命賈珍前引導自已扶了宝玉逶迤進入山口此回乃一部之綱緒不得不細寫尤不可不細批註
蓋後文十二釵書出入来往之境方不能錯乱觀者亦如身臨足到矣今賈政
虽進的是正門却行的是僻路按此一大园羊腸鳥道不止几百十條穿東度

西臨山过水萬勿以今日賈政所行之逕考其方向基址故正殿反於末後寫之是見未由大道而往乃逶迤轉折而經也

抬頭忽見山上有鏡面白石一新奇塊正是迎面留題處留題处便精不必限定鏊金鏤銀一色悪俗賴及棗梨之力

賈政回頭笑道諸公請看此処題以何名方妙衆人听說也有說該題疊翠二字也有說該題錦嶂的又有說賽香炉的又有說小終南的種々名色不止几十個原来衆客心中早知賈政試宝玉的功業進益如何只將些俗套来敷演宝玉亦料定此意補明好

賈政听了便回頭命宝玉擬来宝玉道嘗聞古人有云編新不如述旧刻古終勝調今未聞古人說此兩句却又似有者況此處並非主山正景原無可題之処不过是探景之一進步耳聖論是都莫若直書曲逕通幽処这句旧詩在上到还大方氣派衆人听了都讚道是極二世兄天分高才情遠不似我們讀腐了書的賈政笑道不可謬奬他年小不过以一知充十用取

笑罷了再從還擬説着進入石洞来只見佳木蘢葱奇花爛灼一帶清流從花木深處曲折瀉于石隙之中（这水是人力引来做的）再進數步漸向北边（細極後文所以云進賈母卧房後之角門是諸釵日相來往之境也後文又云諸釵所居之處只在西北一帶最近賈母卧室之後皆從此北字而來）平坦寬豁兩边飛樓插空雕甍（簷）繡檻皆（似有）隱于山坳樹杪之間俯而視之則清溪瀉雪石磴穿雲（前已寫山至寬處此則由低處至高處各景皆遍）白石為欄環抱池沿石橋三（跨）港獸面啣吐橋上有亭（前已寫出（山）寫石今則寫池寫樓各景皆遍）賈政與諸人上了亭子倚欄坐了（此亭大抵四通八達為諸小逕之咽喉要路）曰諸公以何題此諸人都道當日歐陽公醉翁亭記有云有亭翼然就名翼然賈政笑道翼然雖佳但此亭壓水而成还須偏于水題方稱依我拙裁歐陽公之瀉出于兩峰之間竟用他这一個瀉字有一客道是極〻〻竟瀉玉二字妙

沁字是嚴父大露悦容也　壬午春

賈政拈髯尋思因抬頭見宝玉侍側便笑命他也擬一個来宝玉听說連忙回道老爺方纔所議已是但是如今追究了去似乎當日歐陽公題釀泉用一瀉字則妥今日此泉若亦用瀉字則覔不妥况此處雖云省親駐蹕别墅亦當入于應制之例用此等字眼亦覔粗陋不雅求再擬較此蘊藉含蓄者賈政笑道諸公听此論若何方纔衆人編新你又說不如述古如今我們述古你又說粗陋不妥你且說你的来我听宝玉道有用瀉玉二字則莫若沁芳二字（真新雅）果然豈不新雅賈政拈髯点頭不語衆人都忙迎合讚宝玉才情不凡賈政道匾上二字容易再作一付七言对聯来宝玉听說立于亭上四顧一望便機上心来乃念道

繞堤柳借三篙翠（要緊貼切水字）

隔岸花分一脉香（恰極工極綺靡秀媚香奩正体）

賈政听了点頭微笑衆人先称讚不已于是出亭过池一山一石一花一木莫不着意觀覽（渾寫兩句已見經行處愈遠更至北一路矣）忽抬頭看見前一帶粉垣里面数楹修舍有千百竿翠竹遮映衆人都道好个所在〔此方可為顰兒之居〕于是大家進入只見入門便是曲折游廊（不犯超手游廊）堦下石子漫成甬路上面小小兩三間房舍一明兩暗里面都是合着地步打就的床几椅案從里間房内又得一小門出去則是後院有大株梨花兼着芭蕉又有兩間小小退步後院墻下忽開一隙得〔清〕泉一派開溝僅尺許灌入墻内繞堦緣〔隨〕屋至前院盤旋竹下而出賈政笑道这一処〔一処〕還罷了若能月夜坐此窗下讀書不枉虛生一世說畢看着宝玉唬的宝玉忙垂了頭（点一筆）衆客忙用話開釋（客不可不有）又說道此処的匾額題四個字賈政笑問那四字一個道是淇水遺風賈政道俗（余亦如此）又一個是睢

又换一章法　壬午春

于作诗文时虽政老亦有如此令旨可知严父亦无可奈何也不学纨绔者看　畸笏

知子者莫如父

園雅跡賈政道也俗賈珍笑道还是宝兄弟擬一个來賈政道他未曾作先要議論人家的好歹可見就是个輕薄人众客道議論的極是其奈他何賈政忙道休如此縱了他因命他道今日任你狂為乱道先設議論來然後方許你作（又一格式不然不独死板且亦大失嚴父素体）方纔众人可有使得的宝玉見問答道都似不妥（明知是故意要他搬駁議論落得肆行施展）賈政冷笑道怎麽不妥宝玉道这是第一处行幸之处必須頌聖方可若用四字的匾又有古人現成的何必再作賈政道难道淇水雎園不是古人的宝玉道这太板腐了莫若有鳳來儀四字（果然妙在双関暗合）众人都閧然叫妙賈政点頭道畜生畜生可謂管窺蠡測矣因命再題一聯來宝玉便念道

寶鼎茶閑煙尚綠（尚字妙極不必說竹然恰恰是竹中精舍）幽窗棋罷指猶涼（猶字妙尚綠猶涼四字便如置身于森森萬竿之中）

賈政搖頭說道也未見長說畢引人出來方欲走時忽又想起一事来回問賈珍道这些院落房宇並几案桌椅都算有了还有那些帳幔簾子並陳設玩器古董可也都是一處一處合式配就的 大篇長文不如此頓則成何話說 賈珍回道那陳設的東西早已添了許多自然臨期合式陳設帳幔簾子昨日听見璉兄弟說还不全那原是一起工程之時就画了各處的圖樣量准尺寸就打發人辦去的想必昨日得了一半 補出近日忙冗千頭萬緒景況 賈政听了便知此事不是賈珍的首尾便命人去喚賈璉賈璉趕来 寫出忙冗景況 賈政問他共有几種現今得了几種尚欠几種賈璉見問向靴桶内取靴掖内裝的一个紙摺略節来 細極 從頭至尾誓不作一筆逸安苟且之筆 看了一看回道粧 一字一句 蟒綉堆刻絲弾墨 二字一句 並各色紬綾大小幔子一百二十架昨日得了八十架下欠四十

此一頓少不得

架簾子二百掛昨日俱得了外有猩〻毡簾二百掛金絲籐紅漆竹簾二百掛墨漆竹簾二百掛五彩線絡盤花簾二百掛每樣得了一半也不过秋天都全了椅搭棹圍床裙棹套每分一千二百件也有了一面走一面說是極倏爾青山斜阻斜字細不必拘定方向諸釵所居之処若稲香村瀟湘館怡紅院秋爽斎蘅蕪苑等都相隔不遠究竟只在一隅然處置得巧妙使人見其千邱萬壑恍然不知所窮所謂会心処不在乎遠大抵一山一水一木一石全在人之穿插佈置耳轉过山怀中隱〻露出一帶黄泥築就矮墻〻頭皆用稲茎掩護配的好有几百株杏花如噴火蒸霞一般裡面數楹茅屋外面却是桑榆槿柘各色樹稚新條隨其曲折編就兩溜青籬〻外山坡之下有一土井傍有桔槔轆轤之屬下面分畦列畝佳蔬菜花漫然無際閲至此又笑别部小說中一萬个花园中皆是牡丹亭芍藥圃雕欄画棟瓊榭朱樓略不差别賈政笑道到是此處有些道理固然係人力穿鑿此時一見未免勾引起

我歸農之意極熱中偏以冷筆點之所以為妙

真妙真妙

我們且進去歇息〻〻說畢方欲進籬（笆）門去忽見路傍有一石碣亦為留題之備更恰當若有懸額之处或再用鏡面石豈復成文哉忽想到石碣二字又托出許多郊野氣色来一度（肚）皮千秋萬壑只在迟石碣上衆人笑道更妙〻〻此处若懸匾待題則田舍佳（家）風一洗盡矣立此一碣又覔生色許多非范石湖田家之咏不足以盡其妙客不可不養賈政道諸公請題衆人道方纔世兄有云新編不如述旧此处古人已道盡矣莫若直書杏花村妙極賈政听了笑向賈珍道正亏提醒了我此处都妙〻極只是还少一个酒幌明日竟作一个不必華麗就依外面村庄的式樣作来用竹竿挑在樹稍賈珍荅應了又回道此处竟还不可養别的雀鳥只是買些鵝鴨鷄類（之子）纔都相称了賈政与衆人都道更妙

讃得是這篇蔵翁有此〻意思

賈政又向衆人道杏花村固佳只是犯了正名（面）村名直待請名方可衆客都道

愛之至喜之至故作此語作者至此寧不笑殺 壬午春

是呀如今虛的便是什庅字樣好大家想着宝玉却等不淂了又換一格方不扳也不等賈政的命忘情有趣便說道旧詩有云紅杏梢頭掛酒旗如今莫若杏帘在望妙在一在字四字衆人都道好个在望又暗合杏花村意宝玉冷笑道忘情最妙村名若用杏花二字則俗陋不堪了又有古人詩云柴門臨水稻花香何不就用稻香村的妙衆人听了亦發閙声拍手道妙賈政一声斷喝無知的業障你能知道記淂几個古人能記淂几首熟詩也敢在老先生前賣弄你方纔那些胡說的不过是試你的清濁取笑而已你就認真了說着引人步入茆堂里面紙窗木榻富貴氣象一洗皆盡賈政心中自是欢喜却瞅宝玉道此處如何衆人見問都忙悄悄的推宝玉教他說好宝玉不听人言便應声道不及有鳳来儀多矣公然自定名妙賈政听了道無知的蠢物你只知朱楼画棟悪

賴富麗為佳那里知道這清幽氣象終是不讀書之過宝玉忙荅道老爺教訓的固是但古人長云天然二字不知何意眾人見宝玉都怪他獃痴不改今見問天然二字眾人忙道别的都明白為何連天然不知天然者天之自然而有非人力之所成也宝玉道却又来此処置一田庄明分明見得人力穿鑿扭揑而成遠無鄰村近不負郭背山〻無脉臨水〻無源高無隱寺之塔下無通市之橋峭然孤出似非大観争似先処有自然之理得自然之氣雖種竹引泉亦不傷于穿鑿古人云天然圖画四字正畏非其地而強為地非其山而強為山雖百般精而終不相宜未及説完賈政氣的喝命又出去剛出去又喝命回来命再題一聯若不通一併打嘴宝玉只得念道

新漲緑添澣葛處（採詩頌聖最恰当）好雲香護采芹人（采風采雅都恰當然冠冕中又不失香奩格調）

所謂奈何他不得也呵〻 畸笏

賈政听了摇頭説更不好一面引人出来轉過山坡穿花度柳撫石依泉过了
荼蘼架再入木香棚越牡丹亭度芍藥圃入薔薇院出芭蕉塢盤旋曲折（略用套語一束與前頓破格不板）
忽聞水声潺湲瀉出石洞上則蘿薜倒垂下則落花浮蕩（仍是沁芳溪矣究竟基址不大全是曲折掩隱之巧可知）
衆人都道好景〻〻賈政道
諸公題以何名衆人道再不必擬了恰〻乎是武陵源三个字賈政笑道又落
寔了而且陳旧衆人笑道不然就用秦人旧舍四字也罢了宝玉道这越發过
露了秦人旧舍説避乱之意如何使得莫若蓼汀花溆四字賈政听了更批胡
説于是要進港洞時又想起有船無船賈珍道採蓮船共四支座船一支如今
尚未造成賈政笑道可惜不得入了賈珍道從上盤道亦可以進去説畢在前
導引大家攀藤撫樹過去只見水上落花愈多其水愈清溶〻蕩〻曲折縈迂

池边两行垂柳雜着桃杏遮天蔽日真無一些塵土忽見柳陰中又露出一個折帶朱欄板橋来（此処纔見一朱粉字樣緑柳紅橋此等点綴亦不可少後文寫芦雪广則曰蜂腰板橋都施之得宜非一幅死稿也）度過橋去諸路可通（補四字細極不然後文宝釵来往則將日〻爬山越嶺矣記請此処則知後文宝所行常径非此処也）便見一所清涼瓦舍一色水磨磚墻清瓦花堵那大主山所分之脉（両見大主山称香村又云怀中不寫主山而主山処〻睽帶連絡不斷可知矣）皆穿墻而過（好想）賈政道此處這所房子無味的狠（先故頓此一筆使後文愈覺生色未揚先抑之法蓋釵顰对峙有甚难寫者）因而步入門时忽迎面突出插天的大玲瓏山石来四面群繞各式石塊竟把里面所有房屋悉皆遮住並且一株花木也無（更奇妙）只見許多異草或有牽藤的或有引蔓的或垂山巔或穿石隙甚至垂簷繞柱縈砌盤堦（更妙）或如翠帶飄颻或如金繩盤屈或實若丹砂或花如金桂味芬氣馥非花香之可比（前三処皆

還在人意之中此一處則今古書中未見之工程也。連用几或字是從昌黎南山詩中李淂
賈政不禁道有趣前有無味二字及云有趣二字更覔生色更覔重大只是不大認識有的說是薜荔藤蘿賈政道薜荔藤蘿不淂如此異香宝玉道果然不是這些之中也有藤蘿薜荔那香的是杜若蘅蕪那一種大約是茝蘭這一種大約是清葛那一種是金簦草這一種是玉蕗藤紅的自然是紫芸綠的定是青芷金簦艸見字彙玉蕗見楚辞菎蕗雜於蘼蕪茝葛芸芷皆不必註見者太多此書中異物太多有人生之未聞未見者然寔係所有之物或名差理同者亦有之想来離騷文選等書上所有的那些異草也有叫作什麼藿蒳薑蕁的也有叫作什庅綸組紫絳的还有石帆水松扶留等樣左太冲吳都賦又有叫什庅綠荑的还有什庅丹椒蘼蕪風連以上蜀都賦如今年深歲改人不能識故皆像形奪名漸〻的喚差了也是有的自寔注一筆妙未及說完賈政喝道誰問你来又一樣止

法唏的宝玉到退不敢再說賈政曰見両边俱是超手游廊便順着游廊步入只見上面五間清厦着捲棚四面出廊綠窓油壁更比前几處清雅不同賈政嘆道此軒中煮茶操琴亦不必再焚名香矣前二處一日月下讀書一日勾引超歸農之意此則操琴煮茶斷語皆妙此造已出意外諸公必有佳作新題以顏其額方不負此衆人笑道再莫若蘭風蕙露貼切了賈政道也只好用這四字其聯若何一人道我道想了一对大家批削改正念道是

麝蘭芳靄斜陽院　杜若香飄明月洲

衆人道妙則妙矣只是斜陽二字不妥那人道古人詩云蘼蕪滿手泣斜暉衆人道頹喪頹喪又一人道我也有一聯諸公評閱評閱曰念道

三逕香風飄玉蕙　一庭明月照金蘭此二聯皆不过為釣宝玉之餌不必認真批評

賈政拈髯沉音吟意欲也題一聯忽抬頭見宝玉在傍不敢則聲因喝道怎么你應說話時又不說了还要等人請教你不成宝玉听說便回道此處並没有什么蘭麝明月洲渚之類若要這樣着跡說起来就題二百聯也不能完賈政道誰按着你的頭叫你必定說這些字樣呢宝玉道如此說匾上則莫若蘅芷清芬四字对聯則是

吟成荳蔻才詩猶艷　睡足酴醾夢也香實佳

賈政笑道這是套的書成蕉葉文猶綠不足為奇眾客道李太白鳳凰台之作全套黃鶴樓只要套得妙如今細評起来方纔這一聯竟比書成蕉葉猶覺幽嫻活潑視書成之句竟似套此而来賈政笑說豈有此理說着大家出来行不多遠則見崇閣巍峩層樓高起面面琳宮合抱迢迢複道縈紆青松拂簷玉欄

這一位蔑翁更有意思

路順〻遊〻已成千邱萬壑之景若不有此一段大江截住直成一盆景矣作者從何落筆省起

繞砌金輝獸面彩煥螭頭賈政道這是正殿了想來此殿在園之正中按園不是殿方之基西北一帶通賈母卧室後可知西北一帶是多寬処一帶來的諸叙始便于行也只是太富麗了些眾人都道要如此方是雖然貴妃崇節尚儉天性惡繁悅樸然今日之尊礼儀如此

寫出賈妃身分天性

不為過也一面說一面走只見正面正面細現出一座玉石牌坊來上面龍蟠螭護玲瓏鑿就賈政道此処書以何文眾人道必是蓬萊仙境方妙賈政搖頭不語宝玉見了這個所在心中忽有所動尋思起來倒像那裡曾見過的一般却一時想不起那年月日的事了仍帰于胡蘆一夢之太虛玄境賈政又命他作題宝玉只顧細思前景全無心于此了眾人不知其意只當他受了這半日的折磨精神耗散才盡詞窮了再要考难逼迫著了急或生出事來到不便遂忙都功賈政罷〻明日再題罷了賈政心中也怕賈母不放心一筆不漏遂冷笑道你

這畜生也竟有不能之時了也罷限你一日明日若再不能我定不饒這是要緊一處更要好生作来說着引人出来再一覌望原来自進門起所行至此纔游了十之五六總住妙々伏下後文所補等處若都入此回寫完不獨太繁使後文冷落亦且非石頭記之筆又值人来回有雨村處遣人回話又一緊故不能終局也。此処漸々寫雨村親切正為後文地步伏脉千里横雲断嶺法賈政笑道此數處不能遊了雖如此到底從那一边出去纔不能細覌也可稍覽說着引客行来至一大橋前見水如晶簾一般奔入原来這橋便是通外河之閘引泉而入者寫出水源要緊之極近之画家着意于山若不講水又造園圃者惟知弄莽憨頑石壅悴塚輒謂之景皆不知水為先着此園大槩一描処々未嘗离水蓋又未寫明水之從来今終補出精細之至賈正因問此閘何名宝玉道此乃沁芳泉之止源就名沁芳閘究竟只一脉賴人力引導之功園不易造景非泛寫賈政道道胡說偏不用沁芳二字此以下皆係文終之餘波收的方不突于是一路行

> 詞卿此居比大荒山若何

来或清堂茅舍或堆石為垣或編花為牖或山下得幽尼佛寺或林中藏女道丹房或長廊曲洞或方廈圓亭賈政皆不及進去（伏下櫳翠菴芦雪广凸碧山庄凹晶溪館暖香塢等諸処於後文一断〻補之方得雲龍作雨之勢）曰說半日腿酸未嘗歇息忽又見前面又露出一所院落了来賈政笑道到此可要進去歇息〻了說着一逕引人遶着碧桃花（怡紅院如此寫来用無意之筆却是極精細文字）穿过一層竹籬花障編就的月洞門（未寫其居先寫其境）俄見粉墻環護綠柳週垂（與萬竿修竹遥映）賈政與衆人進去一入門兩边都是游廊相接院中点襯几塊山石一边種着数本芭蕉那一边乃是一顆西府海棠其勢若傘絲垂翠縷葩吐丹砂衆人讚道好花〻〻從来也見過許多海棠那里有這樣妙的賈政道這叫作女兒棠（妙名）乃是外国之種俗傳係出女兒国中云彼国此種最盛亦荒唐不經之説罷了衆

> 出自政老口中奇特之至

> 政老應如此語

十字若海棠有知必深〻謝之

人笑道然雖不經如何此名傳久了宝玉道大約騷人咏士以此花之色紅暈若施脂輕弱似扶病体貼的切故形容的妙大近乎閨閣風度所以以女兒命名想因被世間俗惡听了他便以野史纂入為証以俗傳俗以訛傳訛都認真了不獨此花近之謬傳者不少不能遂道只借此花數語駁盡衆人都搖身讚妙一面說話一面都在廊外抱厦下打就的榻上坐了至堦又至簷不肯輕易爲過賈政因問想几個什麼新鮮字来題此一客道蕉鶴二字最妙又一個道崇光泛彩方妙賈政與衆人都道好個崇光泛彩宝玉也道妙極又嘆只是可惜了衆人問如何可惜宝玉道此處蕉棠兩植其意暗蓄紅綠二字在內若只說蕉則棠無着落若只說棠蕉亦無着落固有蕉無棠不可有棠無蕉更不可賈政道依你如何宝玉道依我題紅香綠玉四字方兩全其妙賈政搖頭道不好不好說着引人進入房

特為青埂峰下凄凉與別處不同耳

內只見這幾間房內收拾的與別處不同竟分不出間隔來的（新奇希見之式）原來四面皆是雕空玲瓏木板或流雲百蝠或歲寒三友或山水人物或翎毛花卉或集錦或博古（花樣週全之極然必用下文者正是作者無聊撰出新異筆墨使觀者眼目一新所謂集小說之大成遊戲筆墨雕蟲之技無所不備可謂善戲者矣又供諸人同々一戲狀極）或卍福卍壽（前金玉篆文是可考正篆今則從俗花樣真是醒睡魔其中詩詞雅謎以及各種風俗字文一槩不必究只據此等處便是一絕）各種花樣皆是名手雕鏤五彩銷金嵌寶的（至此方見一朱彩之處亦必如此式方可々笑近之園庭行動便以粉油從事）一槅々々或有貯書處或有設鼎處或安置筆硯處或供花設瓶安放盆景處其槅各式各樣或天圓地方或葵花蕉葉或連環半壁真是花團錦簇剔透玲瓏倏爾五色紗糊就竟係小窗倏爾彩綾輕覆竟係幽戶（精工之極）且滿牆滿壁皆係隨依古董玩器之形摳成的槽子諸如琴劍懸瓶（懸於壁上之瓶也）

槅屏之類雖懸于壁却都是與壁相平的（皆係人意想不到目所未見之文若云擬編虛想出来焉能如此○一段極清極細後文夗央瓶紫瑪瑙碟西洋酒令自行船等文不必細表）衆人都讚好精緻想頭难為怎庅想来（誰不如此讚）原来賈政等走了進来未進兩層便都迷了旧路左瞧也有門可通右瞧又有窓暫隔及到了跟前又被一架書擋住回頭再走又有窓紗明透門徑可行及至門前忽見迎面也進来了一群人都與自己形相一樣却是玻璃大鏡相照（石兄迷否）及轉过鏡去一發見門子多了賈珍笑道老爺隨我（所謂投投是道是也）来從這門出去便是後院從後院出去到比先近了（此方便門也）說着又轉了兩層紗厨錦槅果得一門出去院中滿架薔薇芬馥轉过花障則見青溪前阻（又寫水）衆人咤異這股水又是從何而來賈珍遥指道原從那閘起流至那洞口從東北山（于怡紅總一）㘭里引到那村庄里又開一道岔口引到西南上共總流到這里仍旧合在一

以上可當大觀園記

園之看是書中大立意

處從那墻下出去衆人听了都道神妙之極說着忽見大山阻路衆人都道迷了路了賈珍笑道隨我来仍在前導引衆人随他直由山脚边忽一轉便是平坦寬濶大路豁然大門前見（可見前進来是小路曲此云忽一轉便是平坦寬濶之正甬路也細極）

衆善歸緣

自然有平坦大道

衆人都道有趣〻〻真〻搜神奪巧之至于是大家出来那宝玉一心只記掛着里边又不見賈政吩咐少不得跟到書房賈政忽想起他来方喝道你还不去难道还逛不足也不想逛了這半日老太〻必懸掛着快進去疼你也白疼了（如此去法）

寬哉〻〻

（大家嚴父風範無家法者不知）宝玉听說方退了出来至院外就有跟賈政的几個小厮上来攔腰抱住都說今兒虧我們老爺纔喜歡老太〻打發人出来問了几遍都亏我們回說喜歡不然若老太〻叫你進去就不得展才了人〻都說你纔那些詩比世人的都強今兒得了這樣的彩頭該賞我們了宝玉笑道每

下人口氣畢肖

人一吊錢衆人道誰没見那一吊錢把這荷包賞了罷説着一個上来解荷包那一個就解扇囊不容分説将宝玉所佩之物盡行解去又道好生送上去罷一個抱了起来几個圍繞送至賈母二門前那時賈母已命人看了几次衆奶娘丫嬛跟上来見过賈母知不曽难為着他心中自是欢喜少時襲人到了茶来見身边佩物一件無存因笑道帶的東西又是那起没臉的東西們解了去了林代玉听説走来瞧〻果然一件無存因向宝玉道我給的那個荷包也給他們了你明兒再想我的東西可不能勾了説畢賭氣回房将前日宝玉所煩他作的那個香袋兒纔做了一半賭氣拿过来就鉸宝玉見他生氣便知不妥忙赶过来早剪破了宝玉已見过這香囊雖尚未完却十分精巧費了許多工夫今見無故剪了却也可氣因忙把衣領解了從裡面紅襖襟上将代玉所給的那

錢亦有没用處

好收煞

襲人在玉兒一身無時不照察到

又起楼閣

荷包解了下来递與代玉瞧道你瞧〻這是什庅我那一回把你的東西給人了林代玉見他如此珍重帶在裡面（按理論之則是天下本無事庸人自擾之若以兒女子之情論之則事必有之事必有之理又係今古小說中不能寫到寫得談情者亦不能說出講出情痴之至文也）可知是怕人拿去之意因此又自悔莽撞未見皂白就剪〔鉸〕了香袋（情痴之至若無此悔便是一庸俗小性之女子矣）因此又愧又氣低頭一言不發宝玉道你也不用剪〔鉸〕我知道你是懶待給我東西我連这荷包奉还何如說着擲向他怀中便走（这却难怪）代玉見如此越發氣起來声咽氣堵又汪〻的滚下泪來（怒之極正是情之極）拿起荷包來又剪〔要鉸〕宝玉見他如此忙回身搶住笑道好妹〻饒了他罷（这方是宝玉）代玉將剪子一摔拭泪說道你不用同我好一陣歹一陣的要恼就撂開手这当了什庅說着賭氣上床面向里倒下拭泪禁不住宝玉上來妹〻長妹〻短賠

不是前面賈母一片声我寳玉衆奶娘丫鬟們忙回説在林姑娘房裡呢賈母听説道好々々讓他姊妹們一處頑々罷纔他老子拘了他这半天讓他開心一会子罷只别叫他們辦嘴不許~~牛~~扭着了他衆人荅應着代玉被宝玉纏不過只渴起來道你的意思不叫我安生我就离了你説着往外就走宝玉笑道你到那里我跟到那里一面仍拿起荷包來帯上代玉伸手搶道你説不要了这会子又帯上我也替你怪燥的説着嗤的一声又笑了宝玉道好妹々明兒另替我作個香袋兒罷代玉道那也只瞧我高興罷了一面説一面二人出房到王夫人上房中去了〔一段点过日二玉公案断不可少〕可巧宝叙亦在那里此時王夫人那边熱鬧非常〔四字特補近日千忙万冗多少花團錦簇文字〕原來賈薔已從姑蘇採買了十二個女孩子並聘了教習以及行頭等事來了那時薛姨媽另遷

妙玉世外人也故筆〻帶寫妙極妥極 畸笏

于東北上一所幽净房舍居住將梨香院早已騰挪出來另行修理了就令教習在此教演女戲又另派家中旧有曾演學过歌唱的女人們如今皆已皤然老嫗了 又補出当日寧榮在世之事所謂此是末世之時也 着他們帶領管理就令賈薔総理其日用出入銀錢等事以及諸凡大小所需之物料賬目 補出女戲一段又伏一案 又有林之孝來回採訪聘買得十個小尼姑小道姑都有了連新作的二十分道袍也有了外有一個帶髮修行的本是蘇州人氏祖上也是讀書仕宦之家因生了這位姑娘自小多病買了許多替生兒皆不中用是的這位姑娘親自入了空門方纔好了所以帶髮修行今年纔十八歲法名妙玉 妙卿出現至此細数十二釵以賈家四艷再加薛林二冠有六去秦可卿有七再凤有八李紈有九今又加妙玉僅得十人矣後有史湘雲与熙凤之女巧姐兒者共十二人雪芹題曰金陵十二釵盖本宗紅樓夢十二曲之義後寶琴岫烟李紋李綺皆陪客也紅樓夢中所謂副十二釵是也又有又副刪三断詞乃情雯襲人香菱三人

樹處引十二釵總
未的確皆係漫
擬也至末回警
幻情榜方知正
副再副及三四副
芳諱
壬午季春
畸笏

而已餘未多及想為金玔玉玔鴛鴦茵雲平兒等人無疑矣覌者不待言可知
故不必多費筆墨

如今父母俱已亡故身边只有兩個老嬷〻一個小丫頭伏侍文墨也極通經
文也不用学了模樣兒又極好因听見長安都中有覌音遺跡並貝葉遺文去
歲隨了師父上来（曰此方使妙卿入都）現在西門外牟尼院住着他師父極精演先
天神数于去冬圓寂了妙玉本欲扶灵回鄉的他師父臨寂遺言說他衣食起
居不宜回鄉在此凈居後来自然有你的結果所以他竟未回（鄉）王夫人不等回
完便說既這樣我們何不接了他来（林）秦之孝家的回道請他〻說侯門公府必
以貴勢壓人我再不去的（補出妙卿身世不凡心性高潔）王夫人笑道他既是官宦
小姐自然驕傲些就下個帖子請他何妨（林）秦之孝家的答應了出去命書啟相
公寫請帖去請妙玉次日遣人備車轎去接等後話暫且閣过此時不能表白

補尼道一段又伏一案

當下又有人回工程上等着糊東西的紗綾請鳳姐去開樓揀紗綾又有人來回請鳳姐開庫收金銀器皿連王夫人並上房丫环等衆皆一時不得閒的寶釵便說咱們別在這里碍手碍脚找探丫頭去說着同寶玉代玉往迎春等房中來閒頑無話王夫人等日〻忙乱直到十月將盡幸皆全備各處監管都寫清賬目各處古董文玩皆已陳設齊備採辦鳥雀的自仙鶴孔雀以及鹿兔鷄鵝等類悉已買全交于園中各處像景飼養賈薔那边也演出二十齣雜戲來小尼姑道姑也都學念会了几卷經咒賈政方略心意寬暢好極

可見智者居心無一時馳怠

又請賈母等進園色〻斟酌点綴妥当再無一些遺漏不妥之處了于是賈政方擇日題本

至此方完大觀园工程公案觀者則為大觀园廢尽精神余則為若許筆墨却只因一個塟花冢

本上之日奉硃批准奏次年正月十五上元之日恩准賈妃省親賈

府領了此恩旨亦發晝夜不閑年也不曾好生過的一語帶过是以歲首祭宗祀元宵開家宴一回畱在後文細寫展眼元宵在迩自正月初八日就有太監出來先看方向何處更衣何處燕坐何處受礼何處開宴何處退息又有巡察地方揔理關防太監等帶了許多小太監出來各處關防擋圍幙指示賈宅人員何處退何處跪何處進膳何處啓事種種儀注不一外面又有工部官員並五城兵備道打掃街道攆逐閑人賈赦等督率匠人扎花灯烟火之類至十四日俱已停妥這一夜上下通不曾睡至十五日五鼓自賈母等有爵者皆按品服大粧園內各處帳舞蟠龍簾飛彩鳳金銀煥彩珠宝爭輝是元宵之夕不寫灯月而灯光月色滿紙矣鼎焚百合之香瓶插長春之蕋抵一篇大賦靜悄無人咳嗽有此句方足賈赦等在西街門外賈母等在榮府大門外街頭巷口俱係圍幙擋嚴正等的不耐煩忽一太監

坐大馬而來有是礼賈母忙接入問其消息太監道早多着呢未初刻用過晚

膳未正二刻还到宝灵宮拜佛瞎貼王夫人細酉初刻進大明宮領宴看灯方請旨

只怕戌初纔起身呢鳳姐听了道既这庅着老太：太：且請回房等是時候自然當家人先說話

再來也不遲于是賈母等暫且自便园中悉賴鳳姐照理又命執事人帶領太

監們去吃酒飯一時傳人一擔：、的挑進蠟燭來各處點灯方照完時忽听

外边馬跑之声净極故聞之細極一時有十来個太監都喘吁：跑来拍手兒画出

内家風範石頭記最难之处别書中摸不着這些太監会意都知道是来了：：各难得他的出是经过之人也

按方向站住賈赦領合族子侄在西街門外賈母領合族女眷在大門外迎接

半日净悄：的忽見一对紅衣太監騎馬緩：的走来形容畢肖至西街門下

了馬將馬赶出圍幙之外便垂手面西站住形容畢肖半日又是一对亦是如

如此繁華盛極花團錦簇之文

此时句下一段似應作注其作省親賦之說或以說作補不可去 特圖

此少時便來了十來对方聞得隱〻細樂之声一对〻龍旌鳳翣雉羽夔頭又有金銷提炉焚着御香然後一把曲柄七鳳黄金傘過来便是冠袍帶履又有值事（随侍）太監捧着香珠繡帕漱盂拂塵等類一隊〻過完後面方是八個太監抬着一頂金頂金黄繡鳳版輿緩〻行来賈母等連忙路傍跪下早飛跑過幾個太監来扶起賈母邢夫人王夫人来那版輿抬進大門入儀門往東去到一所院落門前有執拂太監跪請下輿更衣于是抬輿入門太監等散去只有照容彩嬪等引領元春下輿只見院内各色花灯爛灼皆係紗綾扎成精緻非常上面有一匾灯寫着体仁沐德四字元春入室更衣畢復出上輿進園只見园中香烟繚繞花彩繽紛處〻灯光相映時〻細樂声喧說不盡這太平氣象富貴風流此時自已回想当初在大荒山中青埂峰下那等淒凉寂寞若不亏癩僧

一丝不乱

元春月中

忽用石兄自語截住是何筆力令人安得不拍案叫絕是閱歷來諸小說中有如此章法乎

跛道二人携来到此又安能得見這般世面本欲作一篇灯月賦省親頌以誌今日之事但又恐入了别書的俗套按此時之景即作一賦一讚也不能形容得盡其妙即不作賦讚其豪華富麗覌者諸公亦可想而知矣所以到是省了這工夫紙墨且説正經的爲是自此時以下皆石頭之語真是千奇百怪之文且説賈妃在轎内看此园内外如此豪華因默默嘆息奢華過費忽又見執拂太監跪請登舟賈妃乃下輿只見清流一帶勢如游龍两边石欄上皆係水晶玻璃各色風灯点的如銀光雪浪上面柳杏諸樹虽無花葉然皆用通草紬綾紙絹依勢作成粘于枝上的每一株懸灯数盞更兼池中荷荇鳧鷺之属亦皆係螺蚌羽毛之類作就的諸灯上下争輝真係玻璃世界珠宝乾坤船上亦係各種精致盆景諸灯珠簾綉幙桂楫蘭槳自不必説已而入一石港港上一面匾灯

玻璃世界珠寶乾坤恰是新妙 鑑堂

駁得好

石頭記貫用特犯不犯之筆真令人驚心駭目讀之

明現著蓼汀花漵四字按此四字並有鳳來儀等處皆係上面(回)賈政偶然一試宝玉之課藝(藝)才情耳何今日認真用此匾聯況賈政世代詩書來往諸客屏侍座陪者悉皆才技(拔)之流豈無一名手題撰竟用小兒一戲之辞苟且唐塞真似暴發新榮之家濫使銀錢一味抹油塗硃畢則大書前門綠柳垂金鎖後戶青山列錦屏之類則以為大雅可觀豈石頭記中通部所表之寧榮賈府所為哉據此論之竟大相矛盾了諸公不知待蠢物〔石兄自謙妙可代答云豈敢〕将原委說明大家方知當日这賈妃未入宮時自幼亦係賈母教養後來添了宝玉賈妃乃長姊宝玉為弱弟賈妃之(心)上念母(親)年(歲)将邁始得此弟是以憐愛宝玉與諸弟待之不同且同隨祖母刻未暫離那宝玉未入学堂之先三四歲時已得賈妃手引口傳教授了幾本書數千字在腹內了其名分虽係姊弟其情狀有如母子

批書人領至此教故批

至此竟放声大哭俺先姊先逝太早不然余何得為廢人耶

自入宫後時〻帶信出来與父母說千万好生扶養不嚴不能成器過嚴恐生不虞且致父母之憂眷念切愛之心刻未能忘前日賈政聞塾師背後讚宝玉偏才尽有賈政未信適巧遇园已落成令其題撰聊一試其情思之清濁其所擬之匾聯雖非妙句在幼童為之亦或可取即另使名公大筆為之固不費難然想来到不如这（轉得好）本家風味有趣更使賈妃見之知係其愛弟所為亦或不負（有是論）其素日切望之意（一駁一解跌岩搖曳之至且寫得父母兄弟体貼戀愛之情淋漓痛切真是天倫至情）因有這段原委故此竟用了宝玉所題之聯額那日雖未曾題完後来亦曾補擬（一句補前文之不暇啓後文之苗裔至後文凹晶館代玉口中又一補所謂一擊空谷八方皆應）

閑文少述且說賈妃看了四字笑道花溆二字便妥何必蓼汀侍座太監听了忙下小舟登岸飛傳與賈政〻〻听了即忙移換（每的週到可悅）一時舟臨内

岸復棄舟上輿便見琳宫綽約桂殿巍峩石牌坊上明顯天仙宝鏡四字不浔不用俗賈妃忙命換省親別墅四字妙是特留此四字與彼自命于是進入行宫但見庭燎燒空庭燎最恰香屑佈地火樹琪花金窗玉檻說不盡簾捲蝦鬚毯鋪魚獺鼎飄麝腦之香屏列雉尾之扇真是金門玉户神仙府桂殿蘭宫妃子家賈妃乃問此殿何無匾額隨侍太監跪啓曰此係正殿外臣未敢擅擬賈妃点頭不語礼儀太監跪請升座受礼兩陛樂起礼儀太監二人引賈赦賈政等于月臺下排班殿上昭容傳諭曰免太監引賈赦等退出又有太監引榮国太君及女眷等自東階升月台上排班一絲不乱精致大方有如歐陽公九九昭容再諭曰免于是引退茶已三献賈妃降座樂止退入側殿更衣方備省親車駕出园至賈母正室欲行家礼賈母等俱跪止不迭賈妃滿眼垂泪方彼此上前廝見一

非經歷過如何寫得出 壬午春

手挽賈母一手挽王夫人三個人滿心里皆有許多話只是俱說不出只管嗚
咽对泣声石頭記得力擅長全是此等地邢夫人李紈王熙鳳迎探惜三姊妹等俱
在傍圍遶垂泪無言半日賈妃方忍悲強笑安慰賈母王夫人道當日既送我
到那不得見人的去處好容易今日回家娘兒們一会不說說笑笑反到哭起
来一會子我去了又不知多早晚纔来說到这句不禁又哽咽起来追魂攝魄石頭記傳
神摸影全在此等地方他書中不得有此見識邢夫人等忙上来解劝說完不可不先說不可說
之不痛不可最難說者是此時賈妃口中之語只如此一說万千貼妥一字
不可更改一字不可增減入情入神之至
賈母等讓賈妃歸座又逐次一一見過又不免哭泣一番然後東西兩府掌家
執事人丁在廳外行礼及兩府掌家事媳婦領了丫环等行礼畢賈妃因問薛姨
媽宝釵代玉因何不見王夫人啓曰外眷無職未敢擅入所謂詩書世家守礼如此偏是暴發驕妄

自大

賈妃听了忙命快請（又讓之如此真是好界好人物）一時薛姨媽等進来欲行国礼亦命免过上前各叙濶别寒温又有賈妃原帯進宫去的了环抱琴等（前所謂賈家四叙之环暗以琴棋書画排行至此始全）上来叩見賈母等連忙扶起命人别室款待執事太監及彩嬪昭容各侍從人等寧国府及賈赦那宅两處自有人款待只留三四個小太監荅應母女姊妹深叙些离别情景（深字妙）及家務私情又有賈政至簾外問安賈妃垂簾行参等事又隔簾含泪謂其父曰田舍之家雖齏塩布帛終能聚天倫之樂今雖富貴已極骨肉各方然終無意趣賈政亦含泪啓道臣草莽寒門鳩群鴉属之中豈意得徵鳳鸞之瑞今貴人上錫天恩下昭祖徳此皆山川日月之精竒祖宗之遠德鍾于一人幸及政夫婦且今上啓天地生物之大德垂古今未有之曠恩雖肝腦塗地臣子豈能得報于萬

此語猶在耳

一惟朝乾夕惕忠于厥職外願我君万壽千秋乃天下蒼生之同幸也貴妃竊勿以政夫婦殘年為念懣憤金懷更祈自加珍愛惟業〻兢〻勤慎恭肅以侍上殿方不負上体貼眷愛如此之隆恩也賈妃亦囑只以国事為重暇時保養切忽記念等語賈政又啓園中所有亭台軒館皆係宝玉所題如果有一二稍可寓目者請別賜名為幸元妃听了宝玉能題便含笑說果進益了賈政退出賈妃見宝林二人亦發比別姊妹不同真是姣花軟玉一般因問宝玉為何不進見（至此方出宝玉）賈母乃啓無諭外男不敢擅入元妃命快引進來小太監出去引宝玉進來先行国礼畢元妃命他進前携手攔于怀内又撫其頭頸笑道比

作書人將批書人哭壞了

先竟長了好些一語未終淚如雨下（只此一句便補足前面許多文字）尤氏鳳姐等上來啓道筵宴齊備請貴妃遊幸元妃等起身命宝玉導引遂同諸人步至园

門前早見灯光火樹之中諸般羅列非常進園來先從有鳳来儀紅香綠玉杏帘在望蘅芷清芬等處登樓步閣涉水緣山百般眺覽徘徊一處〻鋪陳不一一樁〻点綴新奇賈妃極加奬讃又劝以後不可太奢此皆過分之極已而至正殿諭免礼帰座大開筵宴賈母等在下相陪尤氏李紈凤姐等親捧羹把盞元妃乃命傳筆硯伺候親搦湘管择其几處最喜者賜名按其書云

顧恩思義 匾額

天地啓宏慈赤子蒼頭同感戴

古人垂曠典九州萬国被恩荣 此一匾一聯書于正殿 是賈妃口氣

大觀園 园之名

有鳳来儀 賜名曰瀟湘館

紅香綠玉改作怡紅快綠 即名曰怡紅院

蘅芷清芬 賜名曰蘅蕪苑

杏帘在望 賜名曰澣葛山庄

正樓曰大觀樓東面飛樓曰綴錦閣西面斜樓曰含芳閣更有蓼風軒藕香榭

雅而新

紫菱洲荇葉渚等名又有四字的匾額十數個諸如梨花春雨桐剪秋

風荻蘆夜雪等名此時悉難全記故意留下秋爽齋凸碧山堂凹晶溪館暖香塢等處為後文另換眼目之地步

又命旧有匾聯俱不必摘去于是先題一絶云

啣山抱水建来精　多少工夫築始成　天上人間諸景備

芳園應錫大观名詩却平ゝ盖彼不長于此也故只如此

寫畢向諸姊妹笑道我素乏捷才且不長于吟咏妹輩素所深知今夜聊以塞

責不負斯景而已異日少暇必補撰大观园記並省親頌等文以記今日之事

妹輩亦各題一匾一詩隨才之長短亦暫吟成不可因我微才所縛且喜宝玉

竟知題咏是我意外之想此中瀟湘館衡蕪苑二處我所極愛次之怡紅院滌

葛山庄此四大處必淂別有章句題咏方妙前所題之聯雖佳如今再各賦五言律一首使我當面試过方不負我自幼教授之苦心宝玉只淂荅應了下来自去搆思迎探惜三人之中要筭探春又出于姊妹之上然〻自忖亦难與薛林爭衡口一語便寫出宝代二人又寫出探卿知已知彼伏下後文多少地步只淂勉強隨衆塞責而已李紈也勉強湊成一律不表薛林可知賈妃先挨次看姊妹們的寫道是

曠性怡情匾額　　迎春

園成景備特精奇奉命羞題額曠怡誰信世間有此境游来寧不暢神思

萬象爭輝匾額　　探春

名園築出勢巍〻奉命何慚学淺微精妙一時言不出果然萬物生光輝

文章造化 匾額　　　　惜春

山水横拖千里外楼台高起五雲中園修日月光輝裏景奪文章造化功 更牽強三首之中还㝡探卿略有作意故後文寫出許多意外妙文

文采風流 匾額　　　　李紈

秀水明山抱復廻風流文采勝蓬萊 超妙 綠裁歌扇迷芳草紅襯湘裙舞落梅 湊成 珠玉自應傳盛世神仙何早下瑶台名園一自邀遊幸未許凡人到此來

此四詩列于前正為瀕托下韻也

凝暉鍾瑞 匾額 便有含蓄　　　　薛宝釵

芳園築向帝城西華日祥雲籠罩奇高柳喜遷鶯出谷修篁時待风來儀 恰極

文風已著宸遊夕孝化應隆歸省時睿藻仙才盈彩筆自慚何敢再為辭 好詩此不

过頌聖應酬耳猶未見長以後漸知

世外仙源 匾額 落思便不與人同

林代玉

名園築何處仙境别紅塵借得山川秀添來景物新 所謂信手拈来無不是之 阿顰自是一種心思

香融金谷酒花媚玉堂人何幸邀恩寵宮車過往頻 末二首是應制詩

余謂宝林此作未見長何也蓋後文别有驚人之句也在宝卿有生不屑為此 在代卿寔不足一為

賈妃看畢稱賞一番又笑道終是薛林二妹之作與衆不同非愚姊妹可同列者原來林代玉安心今夜大展奇才將衆人壓倒 这却何必然尤物方如此 不想賈妃只命一匾一咏到不好違諭多作只胡乱作一首五言律應景罢了 請看 前詩却云是胡乱應景 彼時宝玉尚未作完只剛作了瀟湘館與蘅蕪苑二首正作怡紅院一首起草内有綠玉春猶捲一句宝釵轉眼瞥見便趁衆人不理論急

这樣章法又是不曾見过的

忙回身悄推他道他此他字指賈妃曰不喜紅香綠玉四字改了怡紅快綠你這会子偏用綠玉二字豈不是有意和他爭馳了況且蕉葉之說也頗多再想一個字改了罷宝玉見宝釵如此說便拭汗道想見其構思之苦方是至情最厭近之小說中滿紙神童天分等語我這會子總想不起什麼典故出處來宝釵笑道你只把綠玉的玉字改作臘字就是了宝玉道綠臘可有出處宝釵見問悄悄的咂嘴點頭笑道虧你今夜不過如此將來金殿對策你大約連趙錢孫李都忘了呢有得宝卿奚落但就謂宝卿無情只是較阿顰施之特正耳唐錢翊咏芭蕉詩頭一句冷燭無烟綠臘乾你都忘了不成此等処便用硬証寔處最是大力量但不知是何心思是從何落想穿插到如此玲瓏錦繡地步

好極

媚極 艷極

如此穿插安得不令人拍案叫絕 壬午季春

宝玉听了不覺洞開心臆笑道該死該死現成眼前之物偏倒想不起來了真可謂一字師了從此後我只叫你師父再不叫姐姐了宝釵亦悄悄的笑道還

偏又寫一樣是何心意構思而淂　畸笏

紙團送迭係應童生秘訣代卿自何處學淂一笑　丁亥春

不快作上去只管姐〻妹〻的誰是你姐〻那上頭穿黃袍纔是你姐〻你又認我這姐〻来了一面說笑曰說笑又怕他耽延工夫遂抽身走開了一段忙中閑文已是好看之極出人意外宝玉只淂續成共有了三首此時林代玉未淂展其抱負自是不快曰見宝玉獨作四律大費神思何不代他作兩首也省他些精神不恐有到的之處寫代卿之情思待宝玉卻又如此是與前文特犯不犯之處想着便也走至宝玉案傍悄問可都有了宝玉道纔有了三首只少杏帘在望一首了代玉道既如此你只抄錄前三首罷趕你寫完那三首我也替你作出這首了說畢低頭一想早已吟成一律瞧他寫阿顰只如此便妙極便寫在紙條上搓成個團子擲在他跟前宝玉打開一看只覺此首比自已所作的三首高過十倍真是喜出望外迭等文字亦是觀書者望外之想遂忙恭楷呈上賈妃看道

有鳳来儀

臣　宝玉謹題

秀玉初成實堪宜待鳳凰〔起便拿得住〕竿竿青欲滴個個綠生凉迸砌防階水穿簾碍鼎香〔妙句古云竹密何妨水過今偏翻案〕莫摇清碎影好夢晝初長

蘅芷清芬

蘅蕪滿淨苑蘿薜助芬芳〔助字妙通部書所以皆善練字〕軟襯三春艸柔拖一縷香〔刻画入妙〕輕烟迷曲逕冷翠滴迴廊〔甜脆滿頰〕誰謂池塘曲謝家幽夢長

怡紅快綠

深庭長日淨丙丙出嬋娟〔双起双敲讀此首始信前云有蕉無棠不可有棠無蕉更不可等批非泛泛妄批駁他人到自己身上則無能為之論也〕綠蠟〔本是玉字此遵宝卿改似較玉字佳〕春猶捲〔是蕉〕紅粧夜未眠〔是海棠〕凭欄垂絳袖〔是海棠之情〕倚石護青烟〔是芭蕉之神何得如此工恰自然真是好詩却是好書〕

仍用玉兄前擬稻香村却如此幻筆幻体文章之格式至矣盡矣 壬午春

对立東風裏（双收）主人應解憐（歸到主人方不落空〇王梅隱云咏物体又難双承双落一味双拿則不免牽強此首可謂詩題兩稱極工極切極流离嫵媚）

杏帘在望

杏帘招客飲在望有山庄（分題作一氣呵成格調熟練自是阿顰口氣）菱荇鵞兒水桑榆燕子梁（阿顰之心臆才情原与人别亦不是從讀書中得来）一畦春韭緑十里稻花香盛世無飢餒何須耕織忙（以幻入幻順水推舟且不失應制所以稱阿顰）

賈妃看畢喜之不盡說果然進益了又指杏帘一首為前三首之冠遂將澣葛山庄改為稻香村（如此服善妙）又命探春另以綵箋謄録出方纔一共十數首詩出令太監傳与外廂賈政等看了都稱頌不已賈政又進歸省頌元春又命以瓊酥金膾等物賜与宝玉並賈蘭（百忙中点出賈蘭一人不落）此時賈蘭極幼未達

諸事只不過隨母依叔行礼故無別傳賈環從年内染病未痊自有閑處調養故亦無傳補明方不遺失那時賈薔帶領十二個女戲在楼下正等的不耐煩只見一太監飛來說作完了詩快拿戲单来賈薔急將錦冊呈上並十二個花名单子少時太監出来只点了四齣戲

第一齣豪宴一捧雪中伏賈家之敗　第二齣乞巧長生殿中伏元妃之死

第三齣仙緣邯鄲夢中伏甄宝玉送玉　第四齣離魂伏代玉死所点之戲劇伏四事乃牡丹亭中通部書之大過節大関鍵

賈薔忙張羅扮演起来一個〻歌欺裂石之音舞有天魔之態雖是粧演的形容却作盡悲欢情狀二句畢矣剛演完了一太監執一金盤糕点之属進来問誰是齡官賈薔便知是賜齡官之物喜的忙接了何喜之有伏下後面許多文字只用一喜字

命齡官叩頭太監又道貴妃有諭説齡官極好再作兩齣戲不拘那兩齣就是了賈薔忙答應了因命齡官作游園驚夢二齣齡官自為此二齣原非本角之戲執意不作定要作相約相罵二齣釵釧記中總隱後文不盡風月等文

按近之俗語云能養千軍不養一戲蓋甚言優伶之不可養之意也大抵一班之中此一人技業稍優出衆此一人則拿腔作勢轄衆恃能種種可惡使主人逐之不捨責之不可雖不欲不憐而實不能不憐雖欲不愛而實不能不愛余歷梨園子弟廣矣各各皆然亦曾与慣養梨園諸世家兄弟談議及此衆皆知其事而皆不能言今閱石頭記至原非本角之戲執意不作二語便見其恃能壓衆喬酸嫉妒淋漓滿紙矣復至情悟梨香院一回更將和盤托出与余三十年前目睹身親之人現形于紙上使言石頭記之為書情之至極言之至恰然非領畧过乃事迷陷过乃情即現此茫然嚼蠟亦不知其神妙也

賈薔扭他不過如何反扭他不过其中隱許多文字只得依他作了賈妃甚喜命不可难為了這女孩子好生教習可知尤物了額外賞了兩疋宮緞兩個荷包並金銀錁子食物之類又伏下一個尤物一段新文然後撤筵將未到之處復又游玩忽

見山環佛寺忙另盥手進去焚香拜佛又題一匾云苦海慈航（寓通部人事一篇熱文却如此寫冷收）又額外加恩與一般幽尼女道少時太監跪啓賜物俱齊請驗等例乃呈上畧節賈妃從頭看了俱甚妥協即命照此遵行太監听了下来一一發放原来賈母的是金玉如意各一柄沉香拐拄（杖）一根茄楠念珠一串富貴長春宮緞四疋福壽綿長宮紬四疋紫金筆錠如意錁十錠吉慶有魚銀錁十錠邢夫人王夫人二分只減了如意拐杖念珠四樣賈敬賈赦賈政等每分御製新書二部宝墨二匣金銀爵各二隻表礼按前宝釵代玉諸姊妹等每人新書一部宝硯一方新樣格式金銀錁二対宝玉亦同此（此中忽夾上宝玉可思）賈蘭則是金銀項圈二個金銀錁二対尤氏李紈鳳姐等皆金銀錁四錠表礼四端外表礼二十四端清錢一百串是賜与賈母王夫人及諸姊妹房中奶娘衆丫𩕳的賈珍賈璉

一回離合悲歡夾寫之文真如山陰道上令人應接不暇尚有許多忙中閑々中忙々波瀾一絲不漏一筆不苟

賈環賈蓉等皆是表礼一分金錁一双其餘彩緞百端金銀千兩御酒華筵是賜東西兩府凡園中管理工程陳設答應及司戲掌灯諸人的外有清錢五百串是賜厨役優伶百戲雜行人丁的眾人謝恩已畢執事太監啓道時已丑正三刻請駕回鑾賈妃听了不由的滿眼又滚下泪来却又免強推笑拉住賈母王夫人的手緊々的不忍释放（使人鼻酸）再四叮嚀不須掛念好生自養如今天（有間了）恩浩蕩一月許進内省視一次見面是儘有的何必傷慘倘明歲天恩仍許歸省萬不可如此奢華靡費了（妙極之讖試看別書中專能故用一不祥之語為讖今偏不然只有如此現成一語便是不再之讖）（只看他用一倘字便隱諱自然之至）賈母等已哭的哽噎难言了賈妃虽不忍別怎奈皇家規範違錯不得只得忍心上輿去了这里諸人好容易将賈母王夫人安慰解劝攙扶出园去了正是

第十九回

話説賈妃回宮次日見駕謝恩并回奏歸省之事龍顔甚悦又發内帑彩緞金
銀等物以賜賈政及各椒房等員補还一句細方見省親不獨賈家一門也不必細説
且説荣寧二府中因連日用盡心力真是人〻力倦各〻神疲又将園中一應
陳設動用之物收拾了兩三天方完第一個鳳姐事多任重别人或可偷安躲
静獨他是不能脱滑的二則本性要強不肯落人褒貶只扎挣着與無事的人
一樣伏下病源第一個宝玉是極無事最閒暇的偏這日一早襲人的母親又親来
回過賈母接襲人家去吃年茶晚間纔得回来一回一回各生机軸總在人意想之外
因此宝玉只和衆了頭們擲骰子赶圍棋作戲寫出正月光景正在房内頑的没興
頭忽見了頭們来回説東府珍大爺来請過去看戲放花灯宝玉听了便命換
衣裳纔要去時忽又有賈妃賜出糖蒸酥酪来總是新正妙景宝玉想上次襲人

喜吃此物便命留与襲人了自己回過賈母過去看戲誰想賈珍這边唱的是丁郎認父黄伯央大擺陰魂陣更有孫行者大鬧天宫姜子牙斬将封神等類的戲文 真〻熱閙 倏爾神鬼乱出忽又妖魔畢露甚至於揚旛過会号佛行香鑼鼓喊叫之声遠聞巷外 形容尅剥之至弋揚腔能事畢矣。閱至此則有如耳内喧嘩目中離乱後文至隔墻聞裊晴絲數曲則有如魂随笛轉魄逐歌銷形容一事〻〻畢真石頭是第一能手矣 滿街之人個〻都讚好熱閙戲別人家斷不能有的 必有之言 宝玉見繁華熱閙到如此不堪的田地只略坐了一坐便走開各處閒耍先是進内去和尤氏和了环姬妾説笑了一回便出二門来尤氏等仍料他出来看戲遂也不曽照管賈珍賈璉薛幡等只催猜枚行令百般作楽也不理論縱一時不見他在座只道在里边去了故也不問至於跟宝玉的小厮們那年紀大些的知宝玉这一来了必是晚間纔散回此偷空也有去會賭的也有往親友家去吃年茶的更有或嫖或飲的都私散了待晚間再来那小些的都鑽進戲房里瞧熱鬧去了宝玉見一個人没有因想這里素日有個小書房名　內曾掛着一軸美人極畫的得神今日這般熱鬧想那里自然

那美人也自然是寂寞的得我去望慰他一回（極不通極胡說中寫出絕代情癡宜乎衆人謂之瘋傻）想着便往書房裡来剛到窓前聞得房内有呻吟之韻宝玉到唬了一跳敢是美人活了不成（又帶出小兒心意一絲不落）乃乍着胆子舔破窓紙向内一看那軸美人却不曾活却是茗烟按着一個女孩子也幹那警幻所訓之事宝玉禁不住大叫了不得一脚踹進門去將那兩個唬開了抖衣而顫茗烟見是宝玉忙跪求不迭宝玉道青天白日這是怎麼說（開口便好）珍大爺知道你是死是活一面

情景逼真如見如繪　鑒堂

奇文句似應作註

看那丫頭雖不標緻到还白净些微亦有動人處羞的臉紅耳赤低首無言宝玉跺脚道还不快跑（此等搜神奪魄至神至妙處只在囫圇不解中得）一語提醒了那丫頭飛也似去了宝玉又赶出去叫道你别怕我是不告訴人的（活宝玉移之他人不可）急的茗烟在後叫祖宗這是分明告訴人了宝玉因問那丫頭十幾歲了茗烟道大不過十六七歲了宝玉道連他的歲属也不問〻别的自然越發不知了可見他白認得你了可憐〻〻（按此書中寫一宝玉其宝玉之為人是我輩于書中見而知有此人實未目曾親覩者又寫宝玉之發言每〻令人不解宝玉之生性件〻令人可笑不獨于世上親見這樣的人不曾即閱今古所有之小說奇傳中亦未見這樣的文字於顰兒処更為甚其囫圇不解之中實可解可解之中又說不出理路合目思之却如真見一宝玉真聞此言者移之第二人万不可亦不成文字矣余閱石頭記中至奇至妙之文令在宝玉顰兒至痴至呆囫圇不解之語中其詩詞雅謎酒令奇衣奇食奇玩等類固他書中未能然在此書中評之猶為二着）

又問名字叫什麼茗烟大笑道若說出名子来話長真〻新鮮奇文竟是寫不

嘻音希　嘻嘻笑貌

出来的（若都寫的出来何以見此書中之妙　脂研）據他説他母親養他的時節做了個夢（又一個夢只是隨手成趣耳）夢見得了一疋錦上面是五色富貴不斷頭卍字的花樣（千奇百怪之想所謂牛溲馬勃皆至藥也魚鳥昆虫皆妙文也天地間無一物不是妙物無一物不可不成文但在人意捻取耳此皆信手拈来隨筆成趣大游戲大慧悟大解脱之妙文也）所以他的名子叫作卍兒（音萬）宝玉听了笑道真也新奇想必他将来有些造化説着沉思一会茗烟因問二爺為何不看這様的好戯宝玉道看了半日怪煩的出来逛逛就遇見你們了這会子作什広呢茗烟嘻嘻笑道這会子没人知道我悄悄的引二爺往城外逛逛去一会子再往這里来他們就不知道了（茗烟此時只要掩飾方纔之過故設此以悦宝玉之心）宝玉道不好仔細花子拐了去便是他們知道了又鬧大了不如往熟近些的地方去还可就来茗烟道熟近地方誰家可去這却難了宝玉笑道依我的主意

偺們竟我你花大姐〻去瞧他在家作什庅咗呢妙宝玉心中早安了這着但恐茗烟不肯引去耳恰遇茗烟私行淫媾為宝玉所恊故以城外引以悅其心宝玉始悅出往花家去非茗烟適有罪所恊万不敢如此私引出外別家子弟尚不敢私出況宝玉哉況茗烟哉文字筍揳細極茗烟笑道好〻到忘了他家又道若他們知道了說我引着二爺胡走要打我呢必不可少之語宝玉道有我呢茗烟听說拉了馬二人從後門就走了幸而襲人家不遠不過一半里路程展眼已到門前茗烟先進去叫襲人之兄花自芳隨姓成名隨手成文彼時襲人之母接了襲人與几個外甥女兒一樹千枝一源万派無意隨手伏脉千里几個侄女兒來家正吃菓茶听見外面有人叫花大哥花自芳慌出去看時見是他主僕兩個唬的驚疑不止連忙抱下宝玉來在院內嚷道宝二爺来了別人听見还可襲人听了也不知為何忙跑出来迎着宝玉一把拉着問你怎庅来了宝玉笑道我怪悶的来瞧〻你作什庅呢襲人听了纔

放下心来精細週到嗐了一声笑道轉至笑字妙神你也特胡鬧了該說〻淂是可作什
広来呢一面又問茗烟还有誰跟来細茗烟笑道別人都不知就只我們兩個
襲人听了復又驚慌是必有之神理非特故作頓挫說道这还了淂倘或碰見了人
或是遇見了老爺街上人擠車碰馬轎紛〻的若有個閃失也是頑淂的你們
的胆子比斗还大都是茗烟調唆的回去我定告訴嬤〻們打你該說〻的更是指研
茗烟撅了嘴道二爺罵着打着叫我引了来這会子推到我身上我說別来罢
不然我們還去罢茗烟賊花自芳忙劝罢了已是来了也不用多說了只是茅簷
草舍又窄又臟爺怎広坐呢襲人之母也早迎了出来襲人拉了宝玉進去宝
玉見房中三五個女孩兒見他進来都低了頭羞慚〻的花自芳母子兩個百
般怕宝玉冷又讓他上炕又忙另擺菓桌又忙倒好茶連用三又字上文一個百般神理活現脂硯

襲人笑道你們不用白忙妙不寫襲卿忙正是忙之至若一寫襲人忙便是庸俗小派了我自然知道菓子也不用擺也不敢亂給東西吃如此至微至小中便帶出家常情他書寫不及此一面説一面将自已的坐褥拿了鋪在一個炕上宝玉坐了用自已的腳炉墊了腳向荷包内取出兩個梅花香餅兒来又将自已的手炉掀開焚上仍盖好放與宝玉懷内然後将自已的茶杯斟了茶送與宝玉疊用四自已字寫淂宝襲二人素日如何親洽如何尊荣此時一盤托出盖素日身居侯府綺羅錦綉之中其安富尊荣之宝玉親密浹洽勤慎委婉之襲人是分所應當不必寫者也今於此一補更見其二人平素之情義且暗透此四中所有母女兄長欲為贖身角口等未到之過文

彼時他母兄已是忙另[壞]齊齊整整擺上一桌子菓品来襲人見總無可吃之物補明宝玉自幼何等嬌貴以此一句留与下部後數十回寒冬噎酸虀雪夜圍破毡等处对看可為後生過分之戒嘆嘆因笑道既来了没有空去之礼好歹嚐一点兒也是来我家一涽淂意之態是緫与母兄較

争以後之神理最細說着便拈了几個松子穰惟此品稍可一拈別品便大錯了吹去細
皮用手帕托着送與宝玉〻〻看見襲人兩眼微紅粉光融滑八字画出纔收泪之一女兒是
好形容且是宝玉眼中意中
因悄問襲人好〻的哭什麼襲人笑道何嘗哭纔迷了
眼揉的因此便遮掩過了伏下後文所補未到多少文字當下宝玉穿着大紅金蟒
狐腋箭袖外罩石青貂裘排穗褂襲人道你特為往这里来又換新服衣他們指晴
雯麝月等就不問你往那去的必有是問閑此則又笑盡小說中無故家常穿紅掛綠綺繡綾羅等語自謂是富貴語究竟反是寒
酸話宝玉笑道珍大爺那里去看戲換的襲人点頭又道坐一坐就回去罷这
個地方不是你来的宝玉笑道你就家去纔好呢我还替你留着好東西呢襲生受切己之事
人悄笑道悄〻的叫他們听着什麼意思想見二人来日情常一面又伸手從宝玉
項上將通灵玉摘了下来向他姊妹們笑道你們見識〻〻時常說起来都當

自一把拉住至此諸形景動作襲卿有意微露絳芸軒中隱事也

希罕恨不能一見今兒可儘力瞧了再瞧什庅希罕物兒也不過是這庅個東西（行文至此固好看之極且勿論按此言固是襲人得意之話蓋言你等所希罕不得一見之宝我却常守常見視為平物然余今窺其用意之旨則是作者借此正為貶玉原非大观者也）說畢遞與他們傳看了一遍仍與宝玉掛好又命（只知保重耳）他哥々去或僱一乘小轎或僱一輛小車送宝玉回去花自芳道有我送去騎馬也不妨了襲人道不為不妨為的是碰見人（細極）花自芳忙去僱了一頂小轎来衆人也不敢相留只得送宝玉出去襲人又抓菓子與茗烟又把些錢與他買花炮放教他不可告訴人連你也有不是一直送宝玉至門前看着上轎放下轎簾花茗二人牽馬跟隨来至寧府街茗烟命住轎向花自芳道須等我同二爺還到東府裡混一混纔好過去的不然人家就疑惑了（公子口氣）花自芳听說有理忙將宝玉抱出轎来送上馬去宝玉笑說到難為你了于是仍進後門来俱不

在話下却説宝玉自出了門他房中这些丫环們都越性恣意的頑笑也有趕圍棋的也有擲骰抹牌的磕了一地瓜子皮偏奶母李嬷拄拐進来請安瞧々宝玉見宝玉不在家了頭們只僱頑鬧十分看不過(人々都看不過独宝玉看淂過)因嘆道只從我出去了不大進来你們越發没个樣兒了(說淂是原該說)别的媽々們越不敢說你們了(補明好宝玉雖不吃乳豈無伴從之媪嫗哉)那宝玉是个丈八的灯台照見人家照不見自家的(用俗語入妙)只知嫌人家髒這是他的屋子由着你們遭塌越不成体統了(所以為今古未有之一宝玉)這些了頭們明知宝玉不講究這些二則李嬷々已是告老解事出去的了(調侃入微妙妙)如今管他們不着因此只僱頑並不理他那李嬷々还只管問宝玉如今一頓吃多少飯什么時辰睡覺等語可嘆了頭們總胡乱答應有的(實在有的)說好一個討厭的貨李嬷々又

問道這盖碗里是酥酪怎不送與我去我就吃了罢說畢拿匙就吃寫襲鍾奶姆便是襲
鍾奶姆一個了頭道快別動那是說了給襲人留着的過下無痕回来又惹氣了
照應茜雪楓露茶前案你老人家自已承認別帶累我們受氣這等話玉声口必是晴雯無疑
李嬤听了又氣又愧便說道我不信他這樣壞了別說我吃了一碗牛奶就是
再比這個值錢的也是應該的难道待襲人比我还重难道他不想〻怎麼長
大了我的血变的奶吃的長這麼大如今我吃他一碗牛奶他就生氣了我偏
吃了看怎麼樣你們看襲人不知怎樣那是我手里調理出来的毛丫頭什麼
阿物兒虽暫委曲唐突襲卿然亦怨不得李媪一面說一面賭氣將酥酪吃盡又一
了頭笑道他們不會說話怨不得你老人家生氣宝玉还時常送東西孝敬你
老去豈有為這個不自在的聽這声口必是麝月無疑李嬤道你們也不必粧狐媚

子哄我打量上次為茶攆茜雪的事我不知道呢照應前文又用一攆屈殺宝玉然在李媪心中口中畢肖明兒有了不是我再来領說着賭氣去了過至下回少時宝玉回来命人去接襲人只見晴雯淌在床上不動嬌態已慣宝玉因問敢是病了再不然輸了秋紋道他到是贏的誰知李老太太来了混輸了他氣的睡去了宝玉笑道你别和他一般見識由他去就是了說着襲人已来彼此相見襲人又問宝玉何處吃飯多早晚回来又代母妹問諸同伴姊妹一好時換衣卸粧宝玉命取酥酪来丫環們回說李奶奶吃了宝玉纔要說話襲人便忙笑道原来是畱的這个多謝費心前兒我吃的時候好吃吃過了好肚子疼足的鬧吐了纔好了他吃了到好擱在這里到白遭塌了与前文應失手碎鍾遥对通部襲人皆是如此一絲不錯我只想風干栗子吃你替我剥栗子我去鋪床必如此方是宝玉听了信以為真方把酥

略丢開取栗子来自向灯前檢剔一面見衆人不在房中乃笑問襲人道今兒那个穿紅的是你什麽人若是遇女兒之後沒有一段文字便不是宝玉亦非石頭記矣襲人道那是我兩姨妹子宝玉听了讚嘆了兩声这一讚嘆又是令人囫圇不解之語只此便抵過一大篇文字襲人道嘆什麽只一嘆字便引出花解語一回来我知道你心里的緣故想是說他那里配紅的補出宝玉素喜紅色这是激語宝玉笑道不是〻〻那樣的不配穿紅的誰还敢穿活宝玉我因為見他寔在好的狠怎麽也得他在偺們家就好了妙談妙意襲人冷笑道我一个人是奴才命罷了難道連我的親戚都是奴才命不成定还要揀寔在好的了頭纔往你家来妙答宝玉並未說奴才二字襲人連補奴才二字最是勁語郤怎不得作此宝玉听了忙笑道你又多心了我說往偺們家来必定是奴才不成勉強如聞說親戚就使不得更強襲人道那也搬配不上說的事宝玉便不

肯再說只是剩栗子襲人笑道怎庅不言語了想是我纔胃撞冲犯了你明兒賭氣花几兩銀子買他們進来就是了（捴是故意激他）宝玉笑道你說的話怎庅叫我答言呢我不過是讚他好正配生在這深堂大院里沒的我們這種濁物（妙號後文又曰鬚眉濁物之稱今古未有之一人始有此今古未有之妙稱妙號）到生在這里（這皆宝玉意中心中確實之念非前勉強之詞所以謂今古未之一人耳听其囫圇不解之言察其幽微感觸之心審其痴妄委婉之意皆今古未見之人亦是未見之文字說不得美說不得愚說不得不肖說不得善說不得惡說不得正大光明說不得混賬惡賴說不得聰明才俊說不得庸俗平說不得好色好淫說不得情痴情種恰恰只有一顰兒可对令他人徒加評論捴未摸着他二人是何等脫胎何等骨肉余閱此書亦愛其文字耳實亦不能評出此二人終是何等人物後觀情榜評曰宝玉情不情代玉情情此二評自在評痴之上亦屬囫圇不解妙甚）襲人道他雖沒這造化到也是嬌生慣養的呢我姨爹姨娘的宝貝如今十七歲各様的嫁粧都齐備了明年就出嫁【所謂不入耳之言也】宝玉听了出嫁二字不禁又嗐了兩声（宝玉

心思另是一樣余前評可見正是不自在又听襲人嘆道襲人亦嘆自有別論只從我
来這幾年姊妹們都不得在一處如今我要回去了他們又都去了宝玉听這
話内有文章余亦如此不覺吃一驚余亦吃驚忙丟下栗子問道怎麼你如今
要回去了襲人道我今兒听見我媽和哥哥商議教我再耐煩一年明年他們
上来就贖我出去的呢即余今日尤难為情況當日之宝玉哉宝玉听了這話越發
怔了因問為什麼要贖你襲人道這話奇了我又比不得是你這里的家生子
兒一家子都在別處獨我一個人在這里怎麼是個了局說得極是宝玉道我
不叫你去也难是頭一句駁故用貴公子声口無理襲人道從来没這道理便是朝
廷家裡也有個定例或幾年一選幾年一入也没有個長遠留下人的理別說
你了一駁更有理宝玉想一想果然有理自然又道老太太不放你也难第二層仗

祖母溺愛更無理

襲人道為什庅不放我果然是個最难淂的或者感動了老太老太々宝玉並不提王夫人襲人偏自補出週密之至必不放我出去的設或多給我們家幾兩銀子留下我然或有之其寔我也不過是個平常的人比我強的多而且多自我從小兒来了跟着老太々先伏侍了史大姑娘幾年百忙中又補出湘雲来真是七穿八達淂空便入如今又伏侍了你幾年如今我們家来贖正是該叫去的只怕連身價也不要就開恩叫我去呢若說為伏侍的你好不叫我去斷然沒有的事那伏侍的好是分内應當的不是什庅奇功我去了仍舊有好的来了不是沒了我就不成事再一駁更精細更有理宝玉听了这些話竟是有去的理無留的理自然心内越發急了原當急因又道雖然如此說我只一心留下你不怕老太々不和你母親說多々給你母親些銀子他也不好意思接你了急心腸故入于霸道

这都是真心话

無理襲人道我媽自然不敢強且漫説和他好説又多給銀子就便不好和他
説一個錢也不給安心要強留下我他也不敢不依但只是咱們家從沒幹過
這倚勢仗貴霸道的事這比不浔別的事什麽好東西因為你喜欢加十倍利弄了来
給你那賣的人不浔吃不該戲可以行浔如今無故平空留下我於你又無益反叫
我們骨肉分離這件事老太〻太〻斷不肯行的三駁不獨更有理且又補出賈府自家慈善寬厚等事
宝玉听了思忖半晌正是思忖只有去理寔無留理口氣像極乃説道依你説你是去定了自然
襲人道丞去定了宝玉听了自思道誰知這樣一個人這樣薄情無義余亦如此見疑
乃嘆道早知道都是要去的都是要去的妙可謂觸類傍通活是宝玉我就不該弄
了来臨了剩我一個孤兒鬼可謂見首知尾活是宝玉説着便賭氣上床睡去了又到無可
奈何之時原来襲人在家听見他母兄要贖他回去補前文他就説至死也不
了

回去的又說〔孝女義女〕當日原是你們沒飯吃就剩我还值幾兩銀子若不叫你們賣沒
有個看着老子娘餓死的理（補出襲人幼時艱辛苦狀与前文之香菱後文之晴雯大同小異自是又副十二釵中之冠故不浮
不補傳之）如今幸而賣到這個地方（可謂不幸中之幸）吃穿和主子一樣又不朝〔孝女義女〕
打暮罵況且如今爺雖沒了你們却又整理的家成業就復了元氣若果然还
艱难把我贖出来〔可憐可憐〕再多掏澄幾個錢也还罷了其實又不难了這会子又贖我
作什麼權當我死了再不必起贖我的念頭〔我也要哭〕因此哭鬧了一陣（以上補在家今日之事與宝玉
問哭一句針对）他母兄見他這般堅執自然必不出来的了況且原是賣倒的死
契明仗着賈宅是慈善寬厚之家不過求一求只怕身價銀一併賞了這是有
的事呢（又夹帶出賈府平素施為来与襲人口中針对）二則賈府中從不曾作踐下人只
有恩多威少的（伏下多少後文）且凡老少房中所有親侍的女孩子們更比待家

下軍人不同平常寒薄人家的小姐也不能那様尊重的 又伏下多少後文先一句是傳中陪客此一句是傳中本旨 因此他母子兩了也就死心不贖了 既如此何淂襲人又作前語以愚宝玉不知何意且看後文 次後忽然宝玉去了他二人又是那般景况 一件閑事一句閑文皆無警甚 他母子二人心下更明白了越發石頭落了地而且是意外之想彼此放心再無贖念了 一段情結脂硯 如今且說襲人自幼見宝玉性格異常 四字好所謂說不淂好又說不淂不好也 其淘氣憨頑自是出於衆小兒之外更有几件千奇百怪口不能言的毛病兒 只如此說更好所謂說不淂聰明矣良說不淂痴呆愚昧也 近来仗着祖母溺愛父母亦不能十分嚴緊拘管更覔放蕩弛縱 四字妙評脂硯 任性恣情 四字更好亦不涉于惡亦不涉于淫亦不涉于驕不过一味任性耳 最不喜務正 迂还是小兒同病 每欲劝時料不能听今日可巧有贖身之論故先用騙詞以探其情以壓其氣

然後好下箴規原来如此今見他默默睡去了知其情有不忍氣已餒墮不独解語亦且有智自己原不想栗子吃的只因怕為酥酪又生事故亦如茜雪之茶等事可謂美而多智術之人是以假以栗子為由混過宝玉不提就完了於是命小丫頭子們將栗子拿去吃了自己来推宝玉泪痕滿面正是無可奈何之時襲人便笑道這有什麽傷心的你果然留我我自然不出去了宝玉見這話有文章宝玉不愚便說道你到說說我還要怎麽留你我自己也難說了二人素常情義襲人笑道偺們素日好处再不用說但今日你安心留我不在這上頭我另說出兩三件事来你果然依了我就是你真心留我了刀擱在脖子上我也是不出去的了宝玉忙笑道你說那几件我都依你好姐姐好親姐姐疊二語活見從紙上走一宝玉下来如聞其呼見其笑別說兩三件就是兩三百件我也依兩三百不成話却是宝玉口中只求你

們同看着我守着我等我有一日化成了飛灰脂硯齋所謂不知是何心思始得口出此等不成話之至奇至妙之話諸公請如何解得如何評論。所劝者正爲此偏于劝時一犯妙甚飛灰还不好灰还有形有跡還有知識灰还有知識奇之不可甚言矣余則謂人尚無知識者多々等我化成一股輕烟風一吹便散了的時候你們也管不得我々也隹不得你們了那時憑我去我也憑你們愛那里去就去了是聰明是愚昧是小兒淘氣余皆不知只覔悲感难言奇瑰愈妙急的襲人忙握他的嘴說好々的正爲劝你這些更說的狠了宝玉忙說道再不說這話了襲人道這是頭一件要改的宝玉道改了再要說你就擰嘴还有什庅襲人道第二件你真喜讀書也罢假喜也罢只是在老爺跟前或在別人跟前你别只管批駁誚謗只作出個喜讀書的樣子来宝玉又誚謗讀書人恨此時不能一見如何誚謗也教老爺少生些氣在人前也好說嘴他心里想着我家代々讀

只說今日一次，呵々玉兄々々你到底哄的那一个

新鮮真々新鮮

所謂开方便门

大家听々可是了奴說的話

書只從有了你不承望你不喜讀書已經他心里有氣又愧々而且背前背後乱說那些混話凡讀書上進的人你就起個名子叫作祿蠹（二字從古未見新奇之至难恕世人謂之可殺余却最喜）又說只除明々德外無書都是前人自已不能解聖人之書便另出已意混編纂出来的（宝玉目中猶有明々德三字心中猶有聖人二字又素日皆作如是等語宜乎人々謂之瘋傻不肖）這些話怎広怨得老爺不氣不時々打你叫別人怎広想你宝玉笑道再不說了那原是那小時不知天高地厚信口胡說如今再不敢說了（又作是語說不得不乖覺然又是作者瞞人之處也）还有什広襲人道再不可毀僧謗道（一件是婦女心意）調脂弄粉（二件若不如此亦非宝玉）還有更要緊的一件（是又作此一語）再不許吃人嘴上擦的胭脂了（此一句是聞所未聞之語宜乎其父母嚴責也）與那愛紅的毛病兒宝玉道都改々々再有什広快說襲人笑道再也沒有了只是凡的百事檢点些不任意任

宛宝玉道我也歪着代玉道你就歪着宝玉道没有枕頭（綿纏密秘入微）咱們在一個枕頭上（更妙漸逼漸近所謂意綿綿也）代玉道放屁［如聞］外頭不是枕頭拿一个来枕着宝玉出至外間看了一看回来笑道那个我不要也不知是那个臟老婆子的代玉听了睁開眼（睁眼）起身（起身）笑道（笑）真真你就是我命中的天魔星（妙語）請枕這一个（妙之至想見其態度）說着将自巳枕的推与宝玉又起身将自巳的再拿了一个来自巳枕了二人对面倒下代玉回看宝玉左边腮上有鈕扣大小的一塊血漬便欠身凑近前来以手撫之細看［对推醒看］（想見其綿纏態度）又道这又是誰的指甲刮破了（妙極補出素日）宝玉側身躲面笑道不是刮的（指甲刮）只怕是纔剛替他們淘漉胭脂膏子攙上了一点兒（還与後文平兒於怡紅院晚粧時对照）說着便找手帕子要揩拭代玉便用自巳的帕子替他揩拭了（想見情之脉脉意之綿綿）口

一句描寫玉刻骨刻髓至已盡矣 壬午春

内說道你又幹這些事了又是劝戒語幹也罷了一轉細極這方是顰卿不比別人一味固執死劝必定還要帶出幌子来便是舅々看不見別人看見了又當奇事新鮮話兒去學舌討好兒補前文之未到伏後文之線脈吹到舅々耳躲又有該大家不干浄惹氣大家二字何妙之至神之至細膩之至乃父責其子縱加以笞楚何能使大家不干浄哉今偏大家不干浄則知賈母如何管孫責子怒于衆及自己心中多少抑鬱难堪难禁代憂代痛一齊托出宝玉縂未听見這些話可知昨夜情切々之語亦屬行雲流水矣只聞得一股幽香却是從代玉袖中發出聞之令人醉魂酥骨却像似淫極然寔意不犯一些淫意宝玉一把便將代玉的袖子拉住要瞧々籠着何物代玉笑道冬寒十月誰帶口頭語猶在咬々活々之時什麽香呢宝玉笑道既然如此這香是那里来的代玉道連我也不知道正是按諺云人在氣中忘氣魚在水中忘水余今續之曰美人忘容花則忘香此則代玉不知自骨肉中之香同想必是櫃子里頭的香氣衣服上燻染的也未可知有理宝玉摇頭道未必這

香的氣味奇怪不是那些香餅子香毬子香袋子的香自然代玉冷笑道冷笑便是天章难道我也有什麼羅漢真人給我些香不成便是淂了奇香也没有親哥哥親兄弟弄了花兒朵兒霜兒雪兒替我炮製活顰兒一絲不錯我有的是那些俗香罷了宝玉笑道凡我說一句你就拉上这麼些不給你个利害也不知道從今兒可不饒你了說着翻身起来将兩隻手呵了兩口活画便伸手向代玉膈肢窩内兩脇下乱撓代玉素性觸癢不禁宝玉兩手伸来乱撓便笑的喘不過氣来口里說宝玉你再鬧我就惱了如見如聞宝玉方住了手笑問道你还說这些不說了代玉笑道再不敢了一面理鬢笑道我有奇香你有暖香没有奇問宝玉見問一時解不来一时原难解終遜代卿一等正在此等处因問什麼暖香代玉点頭嘆笑道蠢才〻〻你有玉人家就有金配你人家有冷香你就没

有暖香去配宝玉方听出来是颦儿活画然这是阿颦一生心事故每不禁自及之宝玉笑道方纔求饒如今更説狠了説着又去伸手代玉忙笑道好哥〻我可不敢了宝玉笑道饒便饒你只把袖子我聞一聞説着便拉了袖子籠在面上聞个不住代玉奪了手道这可該去了宝玉笑道去不能偺們廝〻文〻的淌着説話兒説着復又倒下代玉也倒下用手帕子蓋上臉画宝玉有一搭没一搭的説些鬼話先一總代玉只不理宝玉問他几歲上京路上見何景致古蹟揚州有何遺跡故事土俗民風代玉只不荅宝玉只怕他睡出病来原来只為此故不暇傷人嘲笑所以放蕩無忌處不特此一件耳便哄他道噯喲你們揚州衙門里有一件像个親故事的大故事你可知道代玉見他説的又哄我看書人鄭重且又正言厲色只當是真事因問什麽事宝玉見問便忍着笑順口謅道

楊州有一座黛山山上有個林子洞　代玉笑道就是扯謊自来也沒听見

（山名洞名顰兒已知之矣）

这山宝玉道天下山水多着呢你那里知道这些不成等我說完了你再批評

（不先了此句可知此謊再）

（謅不完的）

代玉道你且說宝玉又謅

林子洞里原来有群耗子精那一年臘月初七日老耗子升座議事　耗子亦能升座且議事自是耗子有賞罰有制度矣何今之耗子猶穿壁嚙物其升座者置而不問哉

（难道耗子也要臘八粥吃一笑）

回說明日乃是臘八世上人都熬臘八粥如今我們洞中果品短少須得趁此打劫些来方妙　議的是这事宜乎爲鼠矣　乃拔令箭一枝遣一能幹的小耗　原来能于此者便是小鼠　前去打听一時小耗回報各處察訪打听已畢惟有山下廟里果米最多　妙妙　廟里原来最多　老耗問米有几樣果有几品小耗道米豆成倉不可勝記果品有五種一紅棗二栗子三落花生四菱角五香玉老耗听了大喜即時点

耗前去乃拔令箭問誰去偷豆又一耗接令去偷豆然後一一的都各領令去了只剩了香玉一種因又拔令箭問誰去偷香玉只見一個極小極弱的小耗應道我願去偷〔香〕玉老耗並衆耗見他這樣恐不諳練且怯懦無力都不准他去小耗道我雖年小身弱却是法術無边口齒伶俐机謀深遠的（妙 九三句暗為代玉作評諷）此去管比他們偷的還巧呢衆耗忙問如何比他們巧呢小耗道我不學他們直偷我只搖身一变也变成個香玉滚在香玉堆里使人看不出听不見却暗暗的用分身法搬運漸漸的就搬運盡了豈不比直偷硬取的巧些（果然巧而且最毒直偷者可妨此法不能妨矣可惜這樣才情這樣斈術却只一耗耳）衆耗听了都道妙却妙妙只是不知怎麽個变法你先变個我們瞧瞧小耗听了笑道這個不難等我变来說畢搖身說变竟变了一個最標緻美

（玉兒也知瑣碎以抑近為妙）

（玉兒〻〻廣突聲兒了）

（不直偷可畏可怕）

（可怕可畏）

（奇文怪文）

玉生言是要与小恙梨香院对看愈覺生動活潑且前以代玉後以宝釵特犯不犯好看煞丁亥春畸笏叟

貌的一位小姐衆耗忙笑道变錯了变錯了原說变果子的如何变出小姐来（余亦說变錯了）小耗現形笑道我說你們沒見識面只認得这果子是香玉却不知盐課林老爺的小姐纔是真正香玉呢（前面有試才題对額故緊接此一篇無稽乱話前無則可此無則不可盖前係宝玉之懶為者此係宝玉不得不為者世人誹謗無碍獎譽不必）代玉听了翻身爬起来按着宝玉笑道我把你爛了嘴的我就知道你是編我呢說着便擰的宝玉連々央告說好妹々饒我罢再不敢了我因為聞你香忽然想起这個故典来代玉笑道饒罵了人还說是故典呢一語未了只見宝釵走来（妙）笑問誰說故典呢我也听々代玉忙讓坐笑道你瞧々有誰他饒罵了人还說是故典宝釵笑道原来是宝兄弟怨不得他々肚子里的故典原多（妙諷）只是可惜一件（妙轉）凡詠用故典之時他偏就忘了（更妙）有今日記得的前兒夜里的芭蕉詩就

談記得眼面前的到想不起来别人冷的那様你急的只出汗
與前拭汗二字針对不知此書
何妙了如此有許多妙談妙語機鋒詼諧各得其時各盡其理前梨香院代玉
之諷則偏兒越此則正而趣二人真是对手兩不相犯
這會子偏又有記性了代玉听了笑道阿弥陀佛到底是我的好姐〻你一般
也遇見对子了可知一還一報不爽不錯的剛說這里只听宝玉房中一片声
嚷吵鬧起来正是

此回宜分作三回方妙秋抄録
之人遺漏　玉藍坡

脂硯齋重平石頭記卷之

第二十四

王凞鳳正言弾妬意　林黛玉俏語謔嬌音

話説宝玉在林代玉房中説耗子精宝釵撞来諷刺宝玉元宵不知緑蠟之典三人正在房中互相訊刺取笑那宝玉正恐代玉飯后貪眠一時存了食或夜間走了困皆非保養身(體)之法

宝玉亦知醫理却只是在顰釵等人前方露亦在兩村等経濟人前如痴如呆実令人可恨但兩村等視宝玉不是人物豈知宝玉視彼等更不是人物故不与接談也宝玉之情痴十六乎假乎看官細詳

如後回許多明理之語只在閨前現露三分越在

幸而宝玉走来大家談笑那林代玉方不欲睡自已纔放了心忽听他房中嚷起来大家側耳听了一听林代玉先笑道这是你媽媽和襲人叫(喊)呢那襲人也(罷)罷了你媽媽再要認真排場他可見老背晦了

襲卿能使顰卿一讃愈見彼之為人矣觀者諸公以為如何

宝玉忙要赶過来宝釵忙一把拉住道你别和你媽〻吵纔是他老糊塗了到

的是宝釵行事

要讓他一步為是 宝釵如何覌者思之 宝玉道我知道了說畢走来只見李嬷〻拄

着拐棍在当地罵襲人忘了本的小娼婦我抬舉起你来这會子我来了你大

活像过時奶媽罵了頭 在襲卿身上去吽下撞天屈来 看这句我把批書人嚇殺了華有

模大樣的倘在炕上見我来也不理一理一心只想粧狐媚子哄宝玉哄的宝

此〻句不但我石兄襲卿掃地矣

玉不理我听你們的話你不過是几两臭銀子買来的毛了頭这屋里你就作

雖寫得酷肖然唐突我襲卿实難為情 若知好事多魔方

耗如何使淂好不好拉出去配一個小子看你还妖精似的哄宝玉不哄襲人

会昨者之意

先只道李嬷〻不過為他倘着生氣少淂不分辨說病了纔出汗蒙朦着頭原没看

見你老人家等語後来只嘗听他說哄宝玉粧狐媚又說配小子等由不淂又

愧又委曲禁不住哭起来宝玉雖听了这些話也不好怎樣少不淂替襲人分

辨病了吃藥等話又說你不信只問别的了頭們李嬷〻听了这話益發氣起

特為乳母傳照，暗伏後文倚勢奶娘線脉。石頭記無閑文並虛字在此。

壬午孟夏　畸笏老人

西雪玉撒神

石方呈正文襲

来了説道你只護着那起狐狸那里認得我了叫我問誰去誰不帮着你呢誰〔真有是語〕〔真有是事〕

不是襲人拿下馬来的我都知道那此事我只和你在老太〻跟前去講〻〔究枉究哉〕〔囫圇語難解〕

了我把你奶了这庅大到如今吃不着奶了把我丢在一傍逞着丫頭們要我的〔奶媽拿手話〕

強一面説一面也哭起来彼時代玉宝釵等也走過来劝説媽〻你老人家担

待他們一点子就完了李嬷〻見他二人来了便拉住訴委屈将當日吃茶茜〔四字嬷〻是慣重二人身分〕

雪出去與昨日酥酪等事捞〻叨〻説个不清可巧凤姐正在上房算完輸贏〔好極妙極畢肖極〕

賬听得後面声嚷動便知是李嬷〻老病發了排揎宝玉的人正值他今兒輸〔找上文〕

了錢遷怒于人便連忙赶過来拉了李嬷〻笑道好媽〻别生氣大節下老太〔有是爭競事〕

太纔喜欢了一日你是个老人家别人高声你还要管他們呢难道反不知道〔阿鳳兩提老太〻是叫老嫗想襲卿是老太〻的人况又復闔大〕

規矩在这里嚷起来叫老太〻生氣不成你只説誰不好我替你打他我家里

人正文標昌花
襲人有始有終
余只見有一次
謄清時与獄
神廟慰宝玉
等五六稿被
借阅者迷失
嘆〻
丁亥夏
畸笏叟

一段特為怡紅襲人
晴雯茜雪三鬟之性
情見識身分而寫
已卯冬夜

体切之〻看去　何等現成何等自然的是鳳卿筆法

燒的滚熱的（一丝不漏）埜鶏快来跟我吃酒去一面說一面拉着走又叫豐兒替你李奶
奶拿着拐棍子擦眼泪的手帕子那李嬷〻脚不沾地跟了風姐走了一面还
說我也不要这老命了越性今兒没了規矩鬧一塲子討个没臉強如受那娼
婦蹄子的氣後面宝釵代玉隨着風姐見这般都拍手笑道虧这一陣風来把（此等人也甚这樣說）
个老婆子撮了去了宝玉点頭嘆道这又不知是那里的賬只揀軟的排揎昨（看官收一部書中人一〻想来枚拾文字非阿鳳俱有瑣細引出事石頭記得力處俱在此）
兒又不知是那个姑娘浔罪了上在他賬上一句未了晴雯在傍笑道誰又不
瘋了浔罪他作什么便浔罪了他就有本事承任不犯带累别人襲人一面哭
一面拉宝玉道為我浔罪了一个老奶〻你这会子又為我浔罪这些人这还
不彀我受的还只是拉别人宝玉見他这般病势又添了这些煩惱連忙忍氣
吞声安慰他仍旧睡下出汗又見他湯燒火熱自已守他歪在傍边劝他只養

着病別想着此（這）些沒要緊的事生氣襲人冷笑道要為這此事生氣這屋里一刻

还站不得了（罷）但只是天長日久只管這樣可叫人怎麼樣纔好呢時常我劝你

（寔言非謬語也）

別為我們得罪人你只顧一時為我們那樣他們都記在心里遇着坎兒說的

好說不好听大家什麼意思一面說一面禁不住流泪又怕宝玉煩惱只得又

（俗狐媚子等語柔寔：好語的是襲卿）

免強忍着一時雜使的老婆子煎了二和藥来宝玉見他纔有汗意不肯叫他

起来自己便端着就枕與他吃了即命小丫頭子們鋪炕襲人道你吃飯不吃

飯到底老太太跟前坐一會子和姑娘們頑一會子再回来我就靜靜的

（心中时时刻刻正意語也）

倘一倘也好宝玉听說只得替他去了簪环看他倘下自往上房来同賈母吃

畢飯賈母犹欲同那几個老管家嬷嬷闘牌解悶宝玉記（墊）着襲人便回至房中

見襲人朦朦睡去自己要睡天氣尚早彼時晴雯綺霞秋紋碧痕都尋熱鬧找

麝月閒〻無語令余酸鼻正所謂對景傷情　丁亥夏　畸笏

死央琥珀等要戲去了独見麝月一個人在外間房里灯下抹骨牌宝玉笑問道你怎不同他們頑去麝月道没有錢宝玉道床底下堆着那庅些还不彀你輸的麝月道都頑去了這屋里交給誰呢那一個又病了滿屋里上頭是灯地下是火那些老媽〻子們老天拔地伏侍一天也該叫他們歇〻小丫頭子們也是伏侍了一天這會子还不叫他們頑〻去所以讓他們都去罷我在這里看着宝玉听了這話公然又是一個襲人因笑道我在這里坐着你放心去罷麝月道你既在這里越發不用去了偺們兩個説話頑笑豈不好宝玉笑道偺兩個作什庅呢怪没意思的也罷了早上你説頭癢這會子没什庅事我替你篦頭罷麝月听見便道就是這樣説着將文具鏡匣搬来卸去釵鈿打開頭髮宝玉拿了篦子替他一〻的梳篦只篦了三五下只見晴雯忙〻走進来原為

正文

灯節

豈敢

每于如此等處石兄何常輕〻放过不介意来

全是襲人口氣所以後来代任

作欲瞞看官又被批書人看去呵〻

全用细事如此寫

嬌憨滿紙令人叫絶 壬午九月

取錢一見了他兩個便冷笑道哦雖交盃盞还没吃到上頭了宝玉笑道你来

危語亦少露怡紅细事

我也替你篦一篦晴雯道我没那麼大福説着拿了錢便摔簾子出去了宝玉

在麝月身後麝月對鏡二人在鏡内相視宝玉便向鏡内笑道滿屋里就只是

好看趣 此係石兄得意處

他磨牙麝月听説忙也向鏡中擺手宝玉會意忽听唿一声簾子响晴雯又跑

麝月搖手 好看煞 為此可兒〻〻

進来問道我怎麼磨牙了咱們到得説〻麝月道你去你的罷又来問人了晴

找上文

雯笑道你又護着你們那瞞神弄鬼的我都知道等我撈回本兒来再説話説着

一徑出去了 閑上一段兒女口舌却寫麝月一人有襲人出嫁之後宝玉宝釵身边还有一人雖不及襲人週到亦可免微嫌小敝等患方不負宝釵之為人也故襲人出嫁後云好歹留着麝月一語宝玉便依從此話可見襲人雖去實未去也寫晴雯之疑忌亦為下文跌扇角口等文伏脉却又輕〻抹去正見此時都在幼時雖微露其疑忌見得人各禀天真之性善惡不一往後漸〻大漸生心矣但觀者凡見晴雯諸人則惡之何愚也哉要知自古及今愈是尤物其猜忌妬愈甚若一味渾厚大量涵養則有何可令人怜愛護惜哉然後知宝釵襲人等行為並非一味蠢拙古版以女夫子自居当繡幙灯前綠窓

月下亦頗有或調或妬輕俏艷麗等説不過一時取樂買笑耳非切切一味妬才嫉賢也是以高諸人百倍不然宝玉何甘心受屈于二女夫子哉看過後文則知矣故觀書諸君子不必惡晴雯正該感晴雯金閨綉閣中生色方是

這里宝玉通了頭命麝月悄悄的伏侍他睡下不肯驚動襲人一宿無話至次日清晨起来襲人已是夜間發了汗覺得輕省了些只吃些米湯静養宝玉放了心因飯後走到薛姨媽這边来閑逛彼時正月内学房中放年学閨閣中忌針却都是閑時賈环也過来頑正遇見宝釵香菱鶯兒三個赶圍棋作耍賈环見了也要頑宝釵素習看他亦如宝玉並没他意今兒听他要頑讓他上来坐了一處一磊十個錢頭一回自己贏了心中十分欢喜後来接連輸了几盤便有些着急赶着這盤正該自己擲骰子若擲个七点便贏若擲个六点下該鶯兒擲三点就贏了因拿起骰子来恨命一擲一个作定了五那一个乱轉鶯兒

写环兄先贏
亦是天生地設
現成文字
己卯冬夜

拍着手只叫么（娇憨如此）賈环便瞪着眼六七八混叫那骰子偏生轉出公來賈

好看煞

环急了伸手便抓起骰子来然後就拿錢說是個六点鶯兒便說分明是個么

更也好看

宝釵見賈环急了便瞅鶯兒說道越大越没規矩难道爺們还賴你还不放下

錢来呢鶯兒滿心委曲見宝釵說不敢則声只得放下錢来口内嘟囔說一個

酷肖

作爺的还賴我們這幾個錢連我也不在眼里前兒我和宝爺頑他输了那些

倒捲簾法寔寫幼時往事可傷

也没着急下剩的錢还是幾個小丫頭子們一搶他一笑就罢了宝釵不等說

蠢驢

完連忙断喝賈环道我拿什庅比宝玉呢你們怕他都和他好都欺負我不是

覌者至此有不捲簾厭看者乎余替宝卿寔难为情

太〻養的說着便哭了宝釵忙劝他好兄弟快别說这話人家笑話你又罵鶯

兒正值宝玉走来見了这般形况問是怎庅了賈环不敢則声宝釵素知他家

規矩凡作兄弟的都怕哥〻（大族規矩原是如此一系兒不錯）却不知那宝玉是不

又用諱人語瞞

看看官

己卯冬夜

要人怕他的他想着弟兄們一併都有父母教訓何必我多事反生踈了况且我是正出他是庶出饒这樣还有人背後談論还禁得轄治他了更有個獃意思存在心里你道是何獃意曰他自幼姊妹叢中長大親姊妹有元春探春伯叔的有迎春惜春親戚中又有史湘雲林代玉宝釵等諸人他便料定原来天生人為萬物之灵凡山川日月之精秀只鍾于女兒鬚眉男子不過是些渣滓濁沫而巳曰有這個獃念在心把一切男子都看成混涵濁物可有可無只是父親叔伯兄弟中曰孔子是亘古第一人說下的不可忤慢只得要听他这句話所以弟兄之間不过尽其大槩的情理就罢了並不想自巳是丈夫須要為子弟之表率是以賈环等都不怕他却怕賈母纔讓他三分如今宝釵恐怕宝玉教訓他到没意思便連忙替賈环掩餙宝玉道大正月里哭什庅这里不好

此意不獃

豈是獃子由你自己說罷我把你作極樂的人看

听了这一个人之話

你别處頑去你天〻念書到念糊塗了比如这件東西不好横竪那一件好就
棄了這件取那個难到你守着这ケ東西哭一會子就好了不成你原是来取
樂頑的既不能取樂就往别處去再尋樂頑一會子难到筭取樂頑了不成到
欵子都会立这樣意説这樣話
掐自巳煩悩不如快去為是賈环听了只得回来趙姨娘見他这般曰問又是
多事人荨口谈土
那里墊了踹窩来了一問不荅再問時賈环便説同宝姐〻頑的鶯兒欺負我
畢肖
賴我的錢宝玉哥〻攆我来了趙姨娘啐道誰叫你上高指攀去了下流没脸
的東西那里頑不淂誰叫你跑了去討没意思正説着可巧鳳姐在窓外过都
听在耳内便隔窓説道大正月又怎庅了环兄弟小孩子家一半点兒錯了你
反得了理了
没味兒的
只教導他説这些淡話作什庅凴他怎庅去还有太〻老爺管他呢就大口啐
所謂貶中褒想趙姨即不畏阿鳳亦無一可回荅
他〻現是主子不好了横竪有教導他的人与你什庅相干环兄弟出来跟我

嫡〻是彼親生句〻竟成正中題趙姨寔难荅言至此方知題標用彈字甚妥協　已卯冬夜

頑去賈环素日怕鳳姐比怕王夫人更甚听見叫他忙唯〻的出来趙姨娘也不敢則声鳳姐向賈环道你也是個没氣性的時常説給你要吃要喝要頑要笑只愛同那一個姐〻妹〻哥〻嫂子頑就同那個頑你不听我的話反叫這些人教的歪心邪意狐媚子霸道的自己不尊重要往下流走安着壞心还只管怨人家偏心輸了几個錢就這庅个樣兒賈环見問只得諾〻的回説輸了一二百鳳姐道虧你还是爺輸了一二百錢就這樣回頭叫豊兒去取一吊錢来姑娘們都在後頭頑呢把他送了頑去你明兒再這庅下流狐媚子我先打了你打發人告訴李里皮不揭了你的為你這个不尊重恨的你哥〻牙根癢〻不是我攔着窩心脚把你的腸子窩出来了喝命去罷賈环諾〻的跟了豊兒得了錢自己和迎春等頑去不在話下一段大家子奴妾吆吻如見如聞正為下文五鬼作引也余為宝玉肯效凤姐一点

謀妒意正文

借人發脱

好阿鳳好口齒句〻正言正理趙姨安得不抿翅低頭靜听發揮批至此不禁一大白又大白矣

轉得好

几者当记一大百乎嗟〻

收什得好

又一折筆更覺有味

本来面目斷不可少

三字寫着环哥

餘風亦可繼荣寧之盛諸公當為如何

且說宝玉正和宝釵頑笑忽見人說史大姑娘来了 妙極凡宝玉宝釵正閑相遇時非代玉来即湘雲来是恐曳漏文章之精華也若不如此則宝玉久生忘情必被宝卿見棄杜絶後文成其夫婦時無可談旧之情有何趣味哉 宝玉听了抬身就走宝釵笑道等着偺們兩個一斉走瞧瞧他去說着下了炕同宝玉一斉来至賈母這边只見史湘雲大笑大說的見他兩個来忙問好厮見 寫湘雲又一筆法特犯不犯 正值林代玉在傍因問宝玉在那里的宝玉便說在宝姐姐家的代玉冷笑道我說呢虧在那里伴住不然早就飛了来了宝玉笑道只許同你頑替你解悶兒不過偶然去他那里一倘就說這話林代玉道好沒意思的話去不去管我什麼事我又沒叫你替我解悶兒可还許你從此不理我呢說着便賭氣回房去了宝玉忙跟了来問道好好的又生氣了就是我說錯了你到底也还坐在那里和別人說笑一會子

等着二字大有神情看官閑目熟思方知趣味非批書人謾擬也 己卯冬夜

諸奴机括一動隨机而出

總是心中事

又来自已納悶林代玉道你管我呢宝玉笑道我自然不敢管你只没有個看着你自已作賎了身子呢林代玉道我作賎壊了身子我死与你何干宝玉道何苦来大正月里死了活了的林代玉道偏説死我這会子就死你怕死你長命百歳的如何宝玉笑道要像只管這樣鬧我还怕死呢到不如死了干浄代玉忙道正是了要是這樣鬧不如死了干浄宝玉道我説我自已死了干浄别听錯了話賴人正説着宝釵走来道史大妹〻等你呢説着便推宝玉走了此時宝釵尚未知他二人心性故来劝後文察其心性故擲之不聞矣這里代玉越發氣悶只向窓前流泪没两盞茶的工夫宝玉仍来了蓋宝玉亦是心中只有代玉見宝釵难却其意故暫陋彼去以完宝釵之情故少坐仍来也林代玉見了越發抽〻噎〻的哭個不住宝玉見了这樣知難挽回打疊起千百樣的款語温言来劝慰不料自已未張口只見代

石頭慣用如此筆伏

妙之寫湘雲業是正文只用二三答言反接寫玉林小角口角用鈹釵閙仍不了局再用千句柔言百般温態正在情完未完之時湘雲突在詭嬌音之文纔見真巳費弄有家私之筆也　丁亥夏　畸笏叟

玉先説道你又来作什庅横豎如今有人和你頑比我又會念又會作又會寫又會説笑又怕你生氣拉了你去你又作什庅来死活憑我去罷了宝玉听了（八字足可消氣）忙上来悄悄的説道你这庅個明白人难道連親不間踈先不僣後也不知道我雖糊塗却明白这两句話頭一件偺們是姑舅姊妹宝姐姐是两姨姊妹論親戚他比你踈第二件你先来偺們两個一桌吃一床睡長的这庅大了他是纔来的豈有个為他踈你的林代玉啐道我难道為叫你踈他我成了个什庅人了呢我為的是我的心宝玉道我也為的是我的心难道你就知你的心不知我的心不成（此二語不独觀者不解料作者亦未必解不但作者未必解想石頭亦不解不过述宝林二人之語耳石頭既未必解宝林此刻更自已亦不解皆随口説出耳若觀者必欲要解須自揣自身是宝林之流則洞然可解若自料不是宝林之流則不必求解矣万不可記此二句不解錯謗宝林及石頭作者等人）林代玉听了低頭一語不發半日説道你只怨人行動嗔

怪了你〻再不知道你自已遲人难受就拿今日天氣比分明今兒冷的这樣你怎広到反个把青耿披風脫了呢 真〻奇絶妙文真如羚羊挂角無迹可求此等奇妙非口中筆下可形容出者 宝玉笑道何常不穿着見你一惱我一炮燥就脫了林代玉嘆道回来傷了風又該餓着吵吃的了 一語仍歸兒女本傳却又輕〻抹去也 二人正說着只見湘雲走来笑道二哥〻林姐〻你們天〻一處頑我好容易来了也不理我一理兒代玉笑道偏是咬舌子愛說話連個二哥〻也呌不出来只是愛哥〻愛哥〻的回来赶圍棋兒又該你鬧么愛三四五了宝玉笑道你李慣了他明兒連你还咬起来呢 可笑近之塾史中滿紙羞花閉月鶯啼燕語除不知真正美人方有一陋処如太真之肥燕飛之瘦西子之病若施于别个不美矣今見咬舌二字加以湘雲是何大法手眼敢用此二字哉不独見陋且更李輕俏娇媚儼然一娇憨湘雲立于紙上掩卷合目思之其愛厄娇音如入耳内然後將滿紙鶯啼燕語之字樣填糞窖可也 史湘雲道他再不放人一点兒專挑人的不好你

此作者放筆寫非褒釵貶顰也　己卯冬夜

自己便比世人好也不犯着見一個打趣一個指出一個人来你敢挑他我就伏你代玉忙問是誰湘雲道你敢挑宝姐〻的短處就筭你是好的我筭不如你他怎庅不及你呢代玉听了冷笑道我當時是誰原来是他我那里敢挑他呢宝玉不等說完忙用話分開湘雲笑道这一輩子我自然比不上你我只保佑着明兒淂一個咬舌的林姐夫時〻刻〻你可听愛厄去阿弥陀佛那纔現在我眼里說的衆人一笑湘雲忙回身跑了要知端詳下回分解

此回文字重作輕抹淂力処是鳳姐拉李紈〻去借环哥彈壓趙姨　細致処宝釵為李紈劝宝玉安慰环哥断喝鶯兒　至急為难処是宝釵論心　無可奈何処是就拿今日天氣比　湘雲冷笑道我当誰原来是他　冷眼最好看処是宝釵代玉看凤姐拉李紈云这一陣風王爵一節湘雲到宝玉就走宝釵

咲說䓁着湘雲大笑大說鞻兒李咬舌湘雲念佛跑了
数節可使看官于紙上䏻耳聞目覩其音其形之文

有客題紅樓夢一律失其姓氏惟見其詩意駭警故録於斯

自執金矛又執戈　自相戕戮自張羅

茜紗公子情無限　脂硯先生恨幾多

是幻是真空歷遍　閑風閑月枉吟哦

情機轉淂情天破　情不情兮奈我何

凡是書題者不可此為絶調詩句警拔且深知擬書底裡惜乎失石矣按此回之文固妙然未見後　卅回猶不見此之妙此曰嬌嗔箴宝玉軟語救賈璉後曰薛宝釵借詞含諷諫王熙鳳知命強英雄今只從二婢說起後則直指其主然今日之襲人之宝玉亦他日之襲人他日之宝玉也今日之平兒之賈璉亦

他日之平兒他日之賈璉也何今日之玉猶可箴他日之玉已不可箴耶今日之璉猶可救他日之璉已不能救耶箴與諫無異也而襲人安在哉寧不悲乎救與強無別也甚矣今日平兒救此日阿鳳英氣何如是也他日之強何身微運蹇展眼何如彼耶人世之變遷如此光陰

今日寫襲人後文寫宝釵今日寫平兒後文寫阿鳳文是一樣情理景況光陰事却天壤矣多少恨泪洒出此兩回書

此回襲人三大功直與宝玉一生三大病映射

紅樓夢古抄本叢刊

脂硯齋重評石頭記

庚辰本

【三】

人民文學出版社

石頭記

第二十一回 至 三十回

脂硯齋凡四閱評過

賢襲人嬌嗔箴宝玉　俏平兒軟語救賈璉

听曲文宝玉悟禅机　製灯謎賈政悲讖語

西厢記妙詞通戲語　牡丹亭艷曲警芳心

醉金剛輕財向義侠　痴女兒遺帕惹相思

魘魔法姊弟逢五鬼　紅樓夢通灵遇双真

蜂腰橋設言傳心事　瀟湘館春困發幽情

滴翠亭楊妃戲彩蝶　埋香塚飛燕泣残紅

蔣玉函情贈茜香羅　薛宝釵羞籠紅麝串

享福人福深还祷福　斟情女情重愈斟情

宝釵借扇机帶双敲　椿灵劃薔痴及局外

脂硯齋重評石頭記卷之

第二十一回

賢（当得起）襲人嬌嗔箴宝玉　俏平兒軟語救賈璉

話說史湘雲跑了出來怕林代玉赶上宝玉在後忙說仔細絆跌了那里就赶上了林代玉赶到門前被宝玉叉手在門框上攔住笑劝道饒他這一遭罷林代玉搬着手說道我若饒過雲兒再不活着湘雲見宝玉攔住門料代玉不能出來寫得湘雲与宝玉又親厚之極却不見疎遠代玉是何情思耶便立住脚笑道好姐〻饒我這一遭罷恰至宝釵來在湘雲身後也笑道我劝你兩個看宝兄弟分上都丟開手罷好極妙極玉顰雲三人已難解難分插入宝釵云我劝你兩個看宝玉兄弟分上話只一句便將四人一齊籠住不知孰遠孰近孰親孰疎真好文字代玉道我不依你們是一氣的都戲弄我不成話是顰兒口吻雖屬尖利真实堪愛堪怜宝玉劝

道誰敢美（戲）你：不打趣他：焉敢說你（好二你字連二他字華灼之至）四人正难分解（好前三人今忽四人俱是書中正眼不可少矣）有人來請吃飯方往前边來（好文章正是閨中女兒口角之事若只管諄諄不已則成何文矣）那天早又掌灯時分王夫人李紈鳳姐迎探惜等都往賈母这边來大家閑話了一回各自歸寢湘雲仍往代玉房中安歇（前文代玉未來時湘雲宝玉則隨賈母今湘雲已去代玉既來年歲漸成宝玉各自有房代玉亦各有房故湘雲自應同代玉一處也）宝玉送他二人（回）到房那天已二更多時襲人來摧了几次方回自己房中來睡次日天明時便披衣靸鞋往代玉房中來時不見紫鵑翠縷二人只見他姊妹兩個尚卧在衾内那林代玉（寫代玉身分嚴嚴容容）裹着一幅杏子紅綾被安穩合目而睡（一個睡態）那湘雲却一把青絲拖于枕畔被只齊胸一灣雪白的膀子掠于被外又帶着兩個金鐲子（又一个睡態寫代玉之睡態儼然就是嬌弱女子可憐湘雲之態則儼然是个嬌態女兒可愛真是人：俱尽人：俱尽个：活跳吾不知作者胸中埋伏多少裙釵）

宝玉見了嘆道嘆字奇除玉卿外也人見之自曰喜也睡覺还是不老实回来風吹了又嚷肩窩

疼了一面說一面輕ミ的替他盖上林代玉早已醒了覺得有人就猜着定是

不醒不是代玉了

宝玉因翻身一看果中其料因說道这庅早晚就跑過来作什庅宝玉咲道這天

一線不亂

还早呢你起来瞧ミ代玉道你先出去讓我們起来宝玉听了轉身出至外边

代玉起来叫醒湘雲二人都穿了衣服宝玉復又進来坐在鏡台傍边只見紫

鵑雪雁進来伏侍梳洗湘雲洗了面翠縷便拿殘水要潑宝玉道站着我趂

妙在兩把

勢洗了就完了省得又過去費事說着便走過来湾腰洗了兩把紫鵑付遞過香

在怡紅何其麽事多ミ

皂去宝玉道這盆里的就不必不用搓了再洗了兩把便要手巾翠縷道还是

冷眼人傍点一丝不漏

這個毛病兒多早晚纔改宝玉也不理忙ミ的要過青塩擦了牙漱了口完畢

見湘雲已梳完了頭便走過来咲道好妹ミ替我梳上頭罢湘雲道这可不能

忘了二字在嬌憨口中自是応声而出捉筆人却從何處設想寫成此天然对荅　壬午九月

了宝玉笑道好妹〻你先時怎么梳呢湘雲道如今我忘了怎么梳呢宝玉道横竪我不出門又不帶冠子勒子不過打几根散辮子就完了說着又千妹〻万妹〻的央告湘雲只得扶他的頭来一〻梳篦在家不帶冠並不總角只将四圍短髮編成小辮往頂心髮上歸了總編一根大辮紅絲結住自髮頂至辮稍一路四顆珎珠下面有金墜脚湘雲一面編着一面說道这珠子只三顆了這一顆不是的我記得是一樣的怎么少了一顆宝玉道丢了一顆湘雲道必定是外頭去掉下来不妨被人揀了去到便宜他（妙談道到便宜他四字是大家千金口吻近日多用可惜了的四字今失一珠不聞此四字妙極是極）代玉一傍盥手冷笑道也不知是真丢了也不知是給了人廂什么帶去了宝玉不荅（有神理有文章）因鏡台兩边俱是粧奩等物順手拿起来賞玩（何賞玩也寫来奇特）不覺又順手拈了胭脂意欲要往口边送（是襲人劝後餘文）

梳頭亦有文字前已敘過今将珠子一穿插却天生有是事

純用画家烘染法

到便宜他四字与忘了二字是一氣而来将一侯府千金白描矣　畸笏

因又怕史湘雲說（好極的是宝玉也）正犹豫間湘雲果在身後看見一手掠着辮子便

伸手来拍的一下從手中將胭脂打落說道這不長進的毛病兒多早晚纔改（前翠縷之言并非白）

過（寫）一語未了只見襲人進來看見這般光景（已）只是梳洗過了只得回来自己梳

洗忽見宝釵走來因問宝兄弟那去了襲人含笑道宝兄（弟）那里還有在家里的

工夫宝釵听說心中明白又听襲人嘆道姊妹們和氣也有個分寸礼節也沒

個黑家白日鬧的憑人怎麽劝都是耳傍風宝釵听了心中暗忖道到別看錯

了這個了頭听（他）說話到有些識見（此是宝卿初試已下漸成知己 蓋宝卿從此心察得襲人果賢女子也）

宝釵便在炕上坐了（好逐回細看宝卿待人接物不疎不親不遠不近厭之人亦未見醴密之情形諸声色今日便在炕上坐了益深取襲卿矣二人文字此回為始祥披于此諸公請記之）慢々的閑言中套問他年紀家鄉等語留神窺察其

言語志量深可敬愛（四字包罗許多文章筆墨不似近之開口便云非諸女子之可比者此句大坏然襲人故佳矣不書此句是大手眼）

一時宝玉來了宝釵方出去奇文寫得釵玉二人形景較諸人皆近何也宝玉心凡女子前不論貴賤皆親密之至豈于宝釵前反生遠心哉蓋宝釵之行止端肅恭嚴不可輕犯宝玉欲近之而恐一時有瀆故不敢狎犯也宝釵待下愚尚且和平親密何反于兄弟前有遠心哉蓋宝玉之形景已泥于閨閣近之則恐不遜反成遠离之端也故二人之遠实相近之至也至顰兒于宝玉实近之至矣却遠之至也不然後文如何反較勝角口諸事皆出于顰哉以及宝玉砸玉顰兒之泪枯種〻孽障種〻憂忿皆情之所陷更何辯哉

此一回將宝玉襲人釵顰雲等行止大槩一描已啓後大观园中文字也今詳批于此後久不忍矣釵与玉遠中近顰与玉近中遠是要緊兩大般不可粗心看過

宝玉便問襲人道怎么宝姐〻和你說的这么此句熱又有鬧見我進來就跑了問一聲不答再問時襲人方道你問我么我那里知道你們的原故宝玉听了这話見他臉上氣色非往日可比便笑道怎么了動了真氣宝玉如此襲人冷笑道我那里敢動氣只是從今已後別進这屋子了橫竪有人伏侍你再別來支使我〻仍旧还伏侍老太〻去一面說一面便在炕上合眼

倒下【醋妬妍態假態至矣尽矣覌者但莫認真此態為幸】宝玉見了這般景况深為駭異【好可知未嘗見襲人之如此技藝也】禁不住赶来劝慰那襲人只管合了眼不管【与輩兒前番妏態如何愈覔可愛猶甚】宝玉無了主意因見麝月進来【偏麝月来好文章】便問道姐〻怎么了【如見如聞】麝月道我知道麼問你自已便明白了【又好麝月】宝玉听説呆了一回自覔無趣便起身嘆道不理我罷我也睡去（真乎詐乎）説着便起身下炕到自已床上歪下襲人听他半日無動靜微〻的打鼾（文是好文唐突我襲卿）料他睡着便起身拿一領斗蓬来替他剛壓上只听忽的一聲宝玉便掀過去（吾不忍也）也仍合目粧睡【寫得爛熳】襲人明知其意便点頭冷笑道你也不用生氣從此後我只當[粧]啞子[巴]再不説你一聲兒如何宝玉禁不住起身問道我又怎么了你又劝我你劝我也罷了絶剛又没見你劝我一進来你就不理我賭氣睡了我（这是委曲了石兄）还摸不着是什么這會子你又説我惱了我何嘗听見你劝我什么話了襲人

石頭記每用囫圇語處無不精絶奇絶且總不覔相犯　壬午九月　畸笏

道你心里还不明白还等我説呢（是囫圇語却從有生以来肺腑中出千斤重）正鬧著賈母遣人来叫他吃飯方往前边来胡乱吃了半碗仍回自己房中只見襲人睡在外頭炕上麝月在傍边抹骨牌宝玉素知麝月與襲人親厚一並連麝月也不理揭起軟簾自往里間来麝月只得跟進来宝玉便推他出去説不敢驚動你們麝月只得咲着出来喚了兩個小丫頭進来宝玉拿一本書歪着看了半天因要茶抬頭只見兩個小丫頭在地下站著一個大些兒的生得十分水秀（二字奇絶多少姣態包括一尽今古野史中無有此文也）宝玉便問你叫什麼名子那丫頭便説叫蕙香（也好）宝玉便問是誰起的蕙香道我原叫芸香的（原俗）是花大姐姐改了叫蕙香宝玉道正經該叫晦氣罢了什麼蕙香呢（好極趣極）又問你姊妹几個蕙香道四個宝玉道你是第几個蕙香道我是第四個的宝玉道明兒就叫四兒不必什麼蕙香蘭氣的那一個配比這些花

沒的玷辱了好名好姓（花襲人三子在内說的有趣）一面說一面命他到了茶來吃襲人和麝月在外間听了抿嘴而笑這一日宝玉也不大出房（此是襲卿第一功勞也）也不和姊妹了頭等厮鬧（此是襲卿第二功勞也）自己悶〻的只不過拿着書解悶或弄筆墨（此雖未必成功較往日終有微補小益所謂襲卿有三大功也）也不使喚衆人只叫四兒答應誰知四兒是個聰敏乖巧不過的了頭（又是一個有害無益者作者一生為此所悮批者一生亦為此所悮于開卷凡見如此人世人故為喜余犯抱恨蓋四字悮人甚矣被悮者深感此批）見宝玉用他〻变尽方法籠絡宝玉（他好但不知襲卿之心思何如）至晚飯後宝玉因吃了兩杯酒眼餳耳熱之際若往日則有襲人等大家喜笑有興今日却冷清〻的一人对灯好沒興趣待要赶了他們去又怕他們得了意已後越發來劝（宝玉悪劝此是第一大病也）若拿出做上的規矩來鎮嚇似乎無情太甚（宝玉重情不重礼此是第二大病也）說不得横心只當他們死了横竪自然也要過的便权當他們

一絲不漏好精神

死了毫無牽掛反能怡然自悅此意却好但襲卿輩不應如此棄也寶玉之情今古無人可比固矣然寶玉有情極之毒亦世人莫忍為者看至後半部則洞明矣此是寶玉三大病也寶玉看此世人莫忍為之毒故後文方能懸崖撒手一回若他人得寶釵之妻麝月之婢豈能棄而而僧哉玉一生偏僻処

正看至外篇一胠篋一則其文曰故絕聖棄知大盜乃止擿玉毀珠小盜不起焚符破璽而民朴鄙剖斗折衡而民不爭殫殘天下之聖法而民始可與論議擢乱六律鑠絕竽瑟塞瞽曠之耳而天下始人含其聰矣滅文章散五采膠雜（離朱）之目而天下始人含其明矣毀絕鈎繩而棄規矩攦工倕之指而天下始人有其巧矣此上語本莊子

看至此意趣洋洋趁着酒興不禁提筆續曰焚花散麝而閨閣始人含其動（勸）矣（奇）戕寶釵之仙姿灰黛玉之灵竅喪減情意而閨閣之美惡始相類矣彼含其動（勸）則無參商之虞矣（戕）其仙姿無戀愛之心矣灰其灵竅無才思之情矣彼釵玉花麝者（者）皆張其羅而穴其隧所以迷眩纏陷天下

趁着酒興不禁而續是非者自站地步處謂余何人耶

敢續莊子因者
極怪極之筆離
何從想怎不令
人叫絕
己卯冬夜

這亦暗露玉
兄閑窗淨几
不寂不離之
工業
壬午孟夏

者也（直似莊老 奇甚怪甚）續畢擲筆就寢頭剛着枕便忽（就）睡去一夜竟不知所之直至天
明方醒（此犹是襲人餘功也想每日每夜宝玉自是心忙身忙口忙之極今則 怡然自適雖此一刻於身心無所補益能有一時之閑〻自若亦豈非 襲卿之所 使也）翻身看時只見襲人和衣睡在衾上（神極之筆試思襲人不來同卧 亦不成文字來同卧更不成 文字却云和衣衾上正是來同卧不來同卧之間何神奇文妙絕矣好襲人真 好石頭記得真〻好述者錯不錯真好批者批得出）
宝玉将昨日的事已付与意（肚）外（更好可見玉卿的是天真爛熳之人也近之所 謂歆公子又曰老好人又曰無心道人是也除 不知尚 古淳風）便推他說道起来好生睡看涼着了原來襲人見他無曉夜和姊妹們
厮鬧若直劝他料不能改故用柔情以警之料他不過半日片刻仍復好了不
想宝玉一旦夜竟不回轉自己反不得主意直一夜沒生睡得今忽見宝玉如
此料他心意回轉便越性不採他宝玉見他不應便伸手替他解衣剛解開了
鈕子被襲人将（好看煞）手推開又自扣了宝玉無法只得拉（住）他的手笑道你到底怎

趙香梗先生秋樹根偶譚内兖州少陵台有子美詞為郡守毀為己詞先生嘆子美生遭喪亂奔走無家孰料千百年後数椽片瓦猶遭貪吏之毒手甚矣才人之厄也固改公茅屋為秋風所破歌数句為

庅了連問几聲襲人睁眼說道我也不怎庅你睡醒了你自過那边房里去梳洗再遲了就赶不上（說得好通快）宝玉道我過那里去（問得更好）襲人冷咲道你問我〻知道你爱往那里去就往那里去從今偺們两個丢開手省得鷄声鵞鬪叫别人笑横竪那边膩了過来这边又有個什庅四兒五兒伏侍我們这起東西可是白玷辱了好名好姓的宝玉笑道你今还記着呢襲人道一百年还記着呢比不得（你）拿着我的話当耳傍風夜里說了早起就忘了（這方是正文直勾起花解語一回文字）宝玉見他嬌嗔滿面情不可禁便向枕边拿起一根玉簪来一跌两段說道我再不听你說就同这個一樣襲人忙的拾了簪子說道大清早起这是何苦来听不听什庅要緊也值得这種様子宝玉道你心里那知道我心里急襲人咲道（自此方咲）你也知道着急庅可知我心里怎庅様快起来洗臉去罷說着二人方

三字如聞

非譯一記[illegible]

又用幻筆瞞過看官

已留後文地步

結得一星[illegible]且合[illegible]

少陸解嘲少陵遺像太守欺無力忍能對面爲盜賊公然折克非已祠傍人有口呼不得夢歸來兮聞嘆息白日無光天地黑安得驪宅千萬官太守取之不盡生欽顔公祠免毀安如山讀

仁常事

起來梳洗宝玉往上房去後誰知代玉走來見宝玉不在房中因翻弄案上書看可巧翻出昨兒的莊子來看至所續之處不覺又氣又笑不禁也題筆續書一絕云

無端弄筆是何人　作踐南華莊子因
不悔自己無見識　却將醜語怪他人

罵得痛快非顰兒不可真好顰兒真好顰兒好詩若云知音者顰兒也至此方完箴玉半回

不用宝玉見此詩若長若短亦是大手法

寫畢也往上房來見賈母後往王夫人處來誰知鳳姐之女大姐病了正乱着請大夫來胗脉大夫便說替夫人奶奶們道喜姐兒發熱是見喜了並非別病

在子嗣艰难化出

王夫人鳳姐听了忙遣人問可好不好醫生回道病虽險却順倒还不妨預備桑虫猪尾要緊鳳姐听了登時忙將起來一面打掃房屋供奉痘疹娘娘一面

之令人感慨悲憤心常耿耿壬午九月因索書甚迫姑誌于此非批石頭記也爲續莊子因數句真是打破胭脂陣坐透紅粉関另開生面之文無可評處

又借阿顰詩自相鄙駁可見余前批不謬　己卯冬夜

傳與家人忌煎炒等物一面命平兒打点鋪盖衣服與賈璉隔房一面又拿大
紅尺頭與奶子丫頭親近人等裁衣（几個一面寫得如見其景）外面又打掃浄室款留兩個
醫生輪流斟酌胗脉下藥十二日不放家去賈璉只得搬出外書房來斋戒鳳
姐與平兒都隨着王夫人日日供奉娘娘那個賈璉只離了鳳姐便要尋事独
（出語多奪景）
（卅二字內）
寢了兩夜便十分难熬便暫將小廝們内有清俊的選来出火不想榮國府内
有一個極不成器破爛酒頭厨子名喚多官（今是多多也妙名）人見他懦弱無能
都喚他作多渾虫（更好今之渾虫更多也）因他自小父母替他在外娶了一個媳婦今年
方二十来往年紀生得有几分人才見者無不羡愛他生性輕浮最喜拈花惹
草多渾虫又不理論只是有酒有肉有錢便諸事不管了所以榮寧二府之人
都得入手因这個媳婦美貌異常輕浮無比衆人都呼他作多姑娘兒（更妙）如今賈

宝玉不見詩是後文餘步也石頭記得力所在　丁亥夏　畸笏叟

一部書中只有此一段醜極太露

璉在外熬煎往日也曾見過這媳婦失過魂魄只是惧嬌妻外寵不曾下得
手那多姑娘兒也曾有意璉手只恨沒空今聞賈璉挪在外書房來他便沒事走
兩淌去招惹〻〻的賈璉似飢鼠一般少不得和心腹的小廝們計議合同遮掩
謀求多以金帛相許小廝們焉有不允之理況都和這媳婦是好友一說便成
是夜二鼓人定多渾虫醉昏在炕賈璉便溜了來相會進門一見其態早已魄
飛魂散也不用談情款敘便寬衣動作起來誰知這媳婦有天生的奇趣一經
男子挨身便覺遍身筋骨癱軟（淫極虧想得出）使男子如臥棉上（如此境界自勝西方蓬萊等處）
更兼淫態（摠為後文宝玉一篇作引）浪言壓倒娼妓諸男子至此豈有惜命者哉那賈璉恨（涼水灌頂之句）
不得連身子化在他身上（親極之語　趣極之語）那媳婦故作浪語在下說道你家女兒出花（淫婦勾人慣加反語看官着眼）
兒供着娘〻你也該忌兩日到為我髒了身子快離了我這里罷賈璉一面大

〻文寫于賈璉身上恰極當極（己卯冬夜）看官熟思寫珍璉輩當以何等文方妥方恰也 壬午孟夏

此段係書中情之瑕疵寫為阿鳳生日潑醋回及一大風流寶玉悄看晴雯回作引伏綫千里外之筆也 丁亥夏 畸笏

動一面喘吁〻答道你就是娘〻我那里管什庅娘〻那媳婦越浪賈璉越醜態畢露（着眼再從前看如何光景）（九語不倫的是有之）（可以噴飯）一時事畢兩個又海誓山盟難分難捨此後遂成相契（趣文相契作如此用相契掃地矣）一日大姐毒盡（好極目吓）斑回十二日後送了娘〻合家祭天祀祖還愿焚香慶賀放賞已畢賈璉仍復搬進卧室見了鳳姐正是俗語云新婚不如遠別更有無限恩愛自不必煩絮（隨得好）次日早起鳳姐往上屋去後平兒收拾賈璉在外的衣服鋪盖不承望枕套中（頭子裡）抖出一綹青絲來平兒會意忙拽在袖內（好極不料平兒大有襲卿之身分可謂何地無材盖造際有別耳）（也有今日）便走至這边房內來拿出頭髮來向賈璉咲道這是什庅（好看之極）賈璉看見了忙搶上來要奪平兒便跑被賈璉一把揪住（無情太甚）按在炕上掰手要奪口內咲道小蹄子你不趁早拿出來我把你膀子撅了平兒（有是語）咲道你就是沒良心的（這卿口不應）我好意瞞着他來問你倒賭狠（利害）你只賭狠（利害）等他回來我告訴他看你怎庅着（看看）賈璉听說忙陪咲道好人（宝貝）賞我罷我再不賭狠了（利害）

好听

好看

（朱批）石頭記大法小法累〻如是並不為厭

之極迥不犯襲御

一語未了只听鳳姐聲音（遠〻的）進來了 驚天駭地之文如何不知下文怎樣了信使賈璉及观者一齊喪胆 都

搥知道平兒剛起身鳳姐已走進來命平兒快開匣子替太〻找樣子平兒忙

答應了找時鳳姐見了賈璉忽然想起來便问平兒拿出去的東西都收進來

了麽平兒道收進来了鳳姐道可少什麽没有平兒道我也怕丢下（了）一兩件細

（朱批）看至此寧不拍案叫绝

細的查了查也不少鳳姐道不少就好只是别多出来罢 奇 平兒笑道不丢萬

（朱批）可見〻〻卿亦明知奴诶耳

幸誰还添出来呢鳳姐冷笑道這半個月难保干净或者有相厚的丢下的東

西戒指汗巾香袋兒再至于頭髮指甲都是東西 好阿鳳令人胆寒 一夕（話）說的賈

（朱批）余自

璉臉都黄了賈璉在鳳姐身後只望着平兒殺鷄抹脖使眼色兒平兒只粧

（朱批）有二分主意

着看不見因笑道怎麽我的心就和奶〻的心一樣我就怕有这個（些）留神搜了

一搜竟一點破綻也没有奶〻不信時那些東西我还没收呢奶〻親自翻（查點）尋

一遍去好平兒遍天下惧内者未感謝鳳姐笑道傻了頭可嘆可笑竟不知誰傻他便有這些東西那

里就叫俗們翻着了好阿凤好文字虽係闺中女兒口角小事讀之無不聪明得失痴心真假之感說着尋了樣子

又上去了平兒指着鼻子恍着頭笑道這件事怎么回謝我呢妓俏如見迥不犯襲

【好看煞】【可見、、】【不但賈兒癢〻即批書人此刻几乎落筆試問看官此際若何光景】

卿齋月一筆喜的個賈璉身癢难撓跑上來摟着心肝腸子肉乱叫乱謝平兒仍拿了

頭髮笑道這是我一生的把病了好就好不好就抖出漏這事來賈璉笑道你

只好生收着罢千萬别叫他知道口里說着瞧他不妨便搶了過來笑道你拿

【畢肖璉兒不分玉石但負我平姐奈何、、】

着終是禍患不如我燒了他完事了妙說使平兒再不致泄漏故仍用賈璉搶回後文遺失過脉也一面說

着一面便塞于靴掖内平兒咬牙道没良心的東西过了河就折橋明兒还想

我替你撒謊賈璉見他姣俏動情便摟着求欢被平兒奪手跑了急的賈璉

湾着腰恨道死促狭小淫婦一定浪上人的火来他又跑了醜態如見淫声如聞今古淫書未有之章法

平兒在窗外咲道我浪我的誰叫你動火了妙極之談直是理学工夫所謂不可正照風月鑑也難道圖你受用一回叫他知道了又不待見我鳳姐醋妬于平兒前猶如是況他人乎余為鳳姐必是甚于諸人覌者不信今平兒說出然乎否乎賈璉道你不用怕他等我性子上來把這醋確子打个稀爛他纔認得我呢他防我像防賊的只許他同男人說話不許我和女人說話我和女人略近些他就疑惑他不論小叔子侄兒大的小的說說咲咲就不怕我吃醋了已後我也不許他見人無理之甚卻是妙極趣談天下懼内者背後之談皆如此平兒道他醋你使得你醋他使不得他原行的正走的正你行動便有個壞心連我也不放心別說他了賈璉道你兩個一口賊氣本是一路神祇都是你們行的是我凡行動都存壞心多早晚都死在我手里一句未了鳳姐走進院來因見平兒在窗外就問道要說話兩個人不在屋里說怎麽跑出一個來隔着窗子是什麽意思賈璉在窗内接道

阿平似字作牽强全不畫押一咲

此等章法是在戲場上得来一笑　畸笏

你可問他到像屋里有老虎吃他呢好平兒道屋里一個人沒有我在他跟前作什么鳳姐兒笑道正是沒人纔好呢平兒听說便說道这話是說我呢鳳姐笑道笑字妙平兒反正色鳳姐反陪笑奇極意外之文不說你說誰平兒道别叫我說出好話来了說着也不打簾子讓鳳姐自己先摔簾子進来往那边去了鳳姐自掀簾子進

若在屋裡何敢如此形景不要加上許多小心平兒平兒有你說嘴的

来說道平兒瘋魔了这蹄子認真要降伏我仔細你的皮要緊賈璉听了已跑

閨內形景寫盡了

跑到炕上拍手笑道我竟不知平兒这么利害從此倒伏他了鳳姐道都是你慣的他我只和你說賈璉听說忙道你兩個不卯又拿我来作人我躲開你們鳳姐道我看你躲到那里去賈璉道我就来鳳姐道我有話和你商量不知商量何事且听下回分解　收後淡雅之至

正是

淑女從来多抱怨

嬌妻自古便含酸

二語包尽古今
萬々世裙釵

脂硯斋重評石頭記

脂硯齋重評石頭記卷之

第二十二回

听曲文宝玉悟禅机　製灯謎賈政悲讖語

話説賈璉听鳳姐兒説有話商量因止步問是何話鳳姐道二十一是薛妹〻的生日你（好）到底怎麽樣呢賈璉道我知道怎麽樣你連多少大生日都料理過了這会子到沒了主意鳳姐道大生日料理不過是有一定的則例在那里如今他這生日大又不是小又不是所以和你商量有心机人在此賈璉听了低頭想了半日道你今兒糊塗了有比例那（呼）林妹〻就是比此例引的極是無怪例往年怎麽給林妹〻過的如今也照依給薛妹〻（過）就是了賈政委以家務也鳳姐听了冷笑道我难道連這個也不知道我原也這麽想定

了但你（昨）兒听見老太〻說問起大家的年紀生日來听見薛大妹〻今年十五歲雖不是整生日也筭得將笄之年老太太說要替他作生日想來若果真替他作自然比往年與林妹〻的不同了賈璉道既如此比林妹〻的多增些〻鳳姐道我也這們想着所以討你的口氣我若私自添了東西你又怪我不告訴明白你了賈璉咲道罷〻這空頭情我不領你不盤察我就殼了我還怪你說着一竟去了不在話下

一段題綱寫得如見如聞且不失前篇惧內之旨最奇者代玉乃賈母溺愛之人也不聞為作生辰却云特慧与宝釵寔非人想得着之文也此書通部皆用此法備過多少見者余故云不寫而寫是也

將薛林作甄玉賈玉看書則不失執筆人本旨矣 丁亥夏 畸笏叟

且說史湘雲住了兩日因要回去賈母因說等過了你宝姐〻的生日看了戲再回去史湘雲听了只得住下又一面遣人回去將自己舊日作的兩色針線活計取來為宝釵生

[眉批，朱筆] 前看鳳姐问璉作生日數語甚泛〻，至此見賈母蠲資方知作者寫阿鳳心機無絲毫漏筆。己卯冬夜

[眉批，朱筆] 小科諢解頤，却為借當伏線。壬午九月

辰之儀誰想賈母自見寶釵來了喜他穩重和平（四字評倒代玉是以特從賈母眼中寫出）正值他绝過第一個生辰便自己蠲資二十兩（寫出太君高興世家之常事耳）喚了鳳姐來交與他備（置）酒戲鳳姐凑趣笑道（朱批：家常話却是空中樓閣）一個老宗祖給孩子們作生日不拘怎樣誰还敢争又辦什麽酒戲既高興要熱鬧就說不得自己花上几兩巴〻的找出这霉爛的（了）二十兩銀子來作東西这（道）意思还叫我陪上果然拿不出來也罷了金的銀的圓的匾的壓塌了箱子底只是勒指我們舉眼看〻誰不是兒女难道將來只有宝兄弟頂了你老人家上五台山不成那些梯己只留于他我們如今雖不配使別苦了我們这個㲉酒的㲉戲的說的滿屋里都笑起來賈母亦笑道你們听〻这嘴我也笑會說的（話）怎麽說不過这猴兒你婆〻也不敢强

[朱筆旁批] 隨然架起

嘴你和我啷々的鳳姐㕭道我婆々也是一樣的疼宝玉我也没處去訴寃到說我強嘴說着又引着賈母㕭了一回賈母十分喜悅到晚間衆人都在賈母前定昏之餘大家娘兒姊妹等說㕭時賈母因問宝釵愛听何戲愛吃何物等語寳釵深知賈母年老人喜熱鬧戲文愛吃甜爛之食便總依賈母往日素喜者說了出來看他寫宝釵比顰兒如何賈母更加欢悅次日便先送過衣服玩物礼去王夫人鳳姐代玉等諸人皆有隨分不一不須多記至二十一日就賈母内院中搭了家常小巧戲台另有大礼所用之戲台也侯門風俗斷不可少定了一班新出小戲崑弋兩腔皆有是賈母好熱鬧之故就在賈母上房排了几席家宴酒席是家宴非東閣盛設也非世代公子再想不及此並無一個外客只有薛姨媽史湘雲宝釵是客餘者皆是自己人

正文在此一句

鳳姐点戲脂硯執筆事今知者聊〻矣不

將代玉亦笑為自己人奇甚

這日早起宝玉因不見林代玉又轉至代玉又字人不可少也便到他房中来尋只見林代玉歪在炕上宝玉笑道起来吃飯去就開戲了你愛看那一齣我好点林代玉冷咲道你既这樣說你特叫一班戲来揀我愛听的唱給我看这会子犯不上跐着人借光兒問我好听之極令人絕倒宝玉咲道这有什么难的明兒就这樣行也叫他們借偺們的光兒一面說一面拉起他来携手出去吃了飯点戲時賈母一定先叫宝釵点宝釵推讓一遍无法只得点了一摺西遊記是順賈母之心也賈母自是欢喜然後便命鳳姐点鳳姐亦知賈母喜熱鬧更喜讉笑科諢寫得週到想得奇趣寔是必真有之便点了一

怨夫

前批書者聊〻今丁亥夏只剩朽物枚寧不痛乎

齣劉二當衣賈母果真更又喜欢然後便命代玉先讓风姐点者是非待风先而後玉也盖亦素喜风嘲咲渇趣之故今故命彼点彼亦自知並不推讓承命一点便合其意此篇是賈母取樂非礼筵大典故如此寫代玉因讓薛姨媽王夫人等賈母道今日原是我特帶着你們取笑咱們只管咱們的别理他們我巴巴的唱戲擺酒為他們不成他們在这里白听白吃已經便宜还了讓他們点呢說着大家都咲了代玉方点了一齣不題何戲妙盖代玉不喜看戲也正是与後文妙曲警芳心留地步正見此時不過草〻隨衆而已非心之所愿也然後宝玉史湘雲迎探惜李紈等俱各点了接按齣扮演王上酒席時賈母又命宝釵点宝釵点了一齣魯智深醉閙五台山宝玉道只好点这些戲宝釵道你白听了这几年

的戲那里知道這齣戲的好處排場又好詞藻更妙宝玉道我從来怕这些〻熱鬧宝釵咲道要說這一齣熱鬧你还筭不知戲呢是極宝釵可謂博学矣不似代玉只一牡丹亭便心身不自主矣真有学问如此宝釵是也你過来我告訴你这一齣戲熱鬧不熱鬧是一套北点降唇鏗鏘頓挫韵音律不用說是好的了只那詞藻中有一枝寄生草填的極妙你何曾知道宝玉見說的这般好便凑進来央告好姐〻念与我听〻宝釵便念道慢搵英雄泪相离処士家謝慈悲剃度在蓮台下沒縁法轉眼分离乍赤條〻来去無牽掛那里討烟簑雨笠捲单行一任俺芒鞋破鉢隨縁化此闋出自山门傳奇近之唱者将一任俺改為早辞却無理不通之甚必從一任俺三字則隨縁二字方不脫落

宝玉听了喜的拍膝画圈稱之不已又讚宝釵無書不知林代玉道安靜看戲罷还沒唱山門你到先唱粧瘋了趣極今古利口莫過于優伶此一詼諧優伶亦不得如此急速得趣可謂才人百技也一段醋

湘雲探春二卿正事無不可对人言芳性　丁亥夏　畸笏叟

意可知說的湘雲也笑了于是大家看戲至晚散席時賈母深愛那作小旦的與一個作小丑的因命人帶進來細看時亦發可憐見是賈母眼中之内之想因問年紀那小旦緩十一歲小丑緩九歲大家嘆息一回賈母令人另拿些肉菓与他兩個又另外賞錢兩串鳳姐笑道这個孩子扮上活像一個人明〻不叶人說出你們再看不出來宝釵心里也知道便只一笑不肯說宝釵如此宝玉也猜着了亦不敢說不敢少史湘雲接着笑道到像林妹〻的模樣兒事無不可对人言口直心快無有不可說之事宝玉听了忙把湘雲瞧了一眼使個眼色衆人却都听了这話留神細看都笑起來了說果然不錯一時散了晚間湘雲更衣時便命翠縷把衣包打開收拾都包了起來翠縷道忙什麼等去的日子再包不遲湘雲道明兒一早就走在这里作什麼看人家的鼻子眼睛什麼意思此是真惱

非顰兒之恼可比然錯怪宝玉矣亦不可不恼

宝玉听了這話忙赶近前拉他說道好妹〻你錯怪了我林妹〻是個多心的人別人分明知道不肯說出来也皆因怕他恼誰知你不防頭就說了出来他豈不恼你我是怕你得罪了他所以絶使眼色你这会子恼我不但辜負了我而且反到委曲了我若是別人那怕他得罪了十個人与我何干呢湘雲摔手道你那花言巧語別哄我〻也原不如你林妹〻別人說他拿他取笑都使得只我說了就有不是我原不配說他他是小姐主子我是奴才了頭得罪了他使不得宝玉急的說道我到是為你反為出不是来了我要有外心玉兄急了立刻就化成灰回護石兄叫萬人踐踹千古未聞之誓懇切盡情宝玉此刻之心為如何湘雲道大正月里少信嘴胡說这些沒要緊的惡誓散話歪話

說給那些小性兒行動愛惱的人會轄治你的人听去別叫我啐

此人為誰

你說着一逕至賈母里間忩々的倘着去了宝玉沒趣只得又来尋代玉剛到門檻前代玉便推出来將門閂上宝玉又不觧何意在窓外只是吞聲叫好妹々代玉揔不理他宝玉悶々的垂頭自審襲人早知端的當此時斷不能劝（宝玉在此時一劝必崩了襲人見机甚妙）那宝玉只是呆々的站在那里代玉只當他回房去了便起来開門只見宝玉還站在那里代玉反不好意思不好再閂只得抽身上床倘着宝玉隨進来問道凡事都有個原故說出来人也不委曲好々的就惱了終是什么原故起的林代玉冷笑道問的我到好我也不知為什么原故我原是給你們取笑的拿我比戲子取

此書如此等文章是也多〻不能枚舉機括神思自從天分而有其毛錐寫人口氣傳神攝魄處怎不令人拍案稱奇叫絶 丁亥夏 畸笏叟

神工乎鬼工乎文思至此盡矣 丁亥夏 畸笏

咲宝玉道我並没有比你我並没咲為什庅惱我呢代玉道你还要比你还要可謂官斷十條路咲你不比不咲比人比了咲了的还利害呢宝玉听說無可分辯不則一声何便無言可辯真令人不解前文湘雲方来正言彈妬意一篇中顰玉角口後收至掛子一篇余已注明不解矣回思自心自身是玉顰之心則洞然可解否則無可解也身非宝玉則有辯有答若宝玉則再不能辯不能答何也揔在二人心上想来代玉又道这一節还恕得再你為什庅又和雲兒使眼色這安的是什庅心莫不是他和我頑他就自輕自賤了他原是公侯的小姐我原是貧民的丫頭他和我頑設若我回了口豈不他自惹人輕賤呢是這主意不是這却也是你的好心只是那一丫偏又不領你这好情一般也惱了顰兒自知雲兒惱用心甚矣你又拿我作情到說我小性兒顰兒却又听見用心甚矣行動肯惱你又怕他得罪了我我惱他我惱他與你何干他得罪了我又與你何干問的却極是但未必心應若能如此将来泪尽夭亡已化烏有世間亦無此一部红樓夢矣宝玉見說方纔與湘雲私談

他也听見了细想自已原為他二人怕生隙惱方在其中調和不想並未調停成功反已落了兩處的貶謗正與前日所看南華经上有巧者劳而智者憂無能者無所求飽食而遨遊汎若不繫之再（舟）又曰山木自寇按原注山木漆樹也精脉自出豈人所使之故云自寇言自相戕賊也源泉自盗芎語源泉味甘然後人争取之自尋乾涸也亦如山木意皆寓人智能聰明多知之害也前前文無心云看南華经不过襲人芎怡時無聊之甚偶以釋悶耳殊不知用于今日大解舞大竟迷之功甚矣市徒見此必云前日看的是外篇胠箧如何今日又知若許篇然則彼只曾看外篇数語手想其理自然默默看过几篇適至外篇故偶觸其机方續之也若云只看了那几句續便則宝玉彼時之心是有意續莊子並非釋悶時偶續之也且更有見前所續則曰續不通更可咲矣試思宝玉雖愚豈有安心立意与莊叟争衡哉且宝玉有生以来此身此心為諸女児應酧不暇眼前多少現有益之事尚無暇去作豈忽然要分心於腐言糟粕之中哉可知除閨閣之外並無一事是宝玉立意作出來的大則天地陰阳小則功名荣枯以及吟篇琢句皆是隨分觸情偶得之不喜失之不悲若当作有心鄙矣只看大觀園題咏之文以笑平生得意之句得意之事矣然亦抵不見再吟一句再題一事擾此可見矣然後可知前夜是無心順手拈了一本莊子在手且酒與酣酣無芳愁默默順手不計工拙草草一續也若使順手拈一本近時鼓詞或如鐘無

艷赴会其太子走國等草也野風邪之傳必亦續之矣覌者試看此批然後謂余不謬所以可恨者彼夜却不曾拈了山门一齣傳奇若使山门在案彼時捻着又不知于寄千後續出何等超凡入圣大覺大悟諸語録来代玉一生是聡明所悮宝玉是多事者情之事也非世事也多情曰多事亦宗莊筆而来蓋余亦偏矣可唉阿鳳是机心所悮宝釵是博知所悮湘雲是自愛所悮襲人是好勝所悮皆不能跳出莊叟言外悲亦甚矣再筆

因此越想越無趣再細想來目下不過這兩丫人尚未應酧妥協將来犹欲為何何看他只這一筆寫得宝玉又如何用心于世道言閨中紅粉尚不能週全何碌碌借欲治世待人接物哉視閨中自然女兒戲視世道如虎狼矣誰云不然矣垂未出心已悮矣但恐不常耳若常存此念無此一部書矣看他下文如何轉折想到其間也無庸分辯回答自己轉身回房來顰兒云与你何干宝玉如此一回則曰与我何干可也口林代玉見他去了便知回思無趣賭氣去了一言也不曾發不禁自己越發添了氣只此一句又勾起波浪去則去未則未又何氣哉捴是斷不了這根孽腸忘不了這丫村害既無而又有也便說道這一去一倍華子也別來也別說話宝玉不理此是極心死処將來如何回房尚在床上只是瞪瞪的襲人深知原委不敢就說一說必崩

只得以他事来解釋曰説道今兒看了戲文勾出几天戲来宝姑娘一定要还席的宝玉冷笑道他还不还管誰什庅相干（大奇大神之文此相干之語仍是近文与顰兒之語之相干也上文来説終存于心却于宝釵身上發洩素厚者惟顰雲今為彼等尚存此心况于素不契者有不直言者乎情理筆墨無不尽矣）

襲人見这話不是往日的口吻曰又笑道這是怎庅説好〻的大正月里娘兒们姊妹们都喜〻欢〻的你又怎庅这个行景了宝玉冷笑道他們娘兒们姊妹们欢喜不欢喜也与我無干（先及宝釵後及衆人皆一顰之衬流毒于衆人宝玉之心实僅有一顰乎）襲人笑道他们既随（和）你也随和豈不大家彼此有趣宝玉道什庅是大家彼此他们有大家彼此我是赤條〻来去無牽掛（拍案叫好当此一發西方諸佛亦来听此棒喝叅此語録）談及此句不覺淚下（还是心中不淨不了斬不斷之故）襲人見此光景不肯再説宝玉細想这句趣味不禁大哭起来（此是忘机大悟世人所謂瘋顛是也）翻身起来至案遂提筆立占一偈云

你證我證　心證意證　是無有證　斯可云證　無可云證

是立足境　已悟已覔是好偈矣宝玉悟禪亦由情讀書亦由情讀莊[亦]由情可笑

寫畢自虽解悟又恐人看此不解　自悞[怡]則自了又何用人亦解哉此正是犹未正覔大悟也　因此[亦]填一支寄生草也寫在偈後　此処亦續寄生草余前批云不曾見續今却見之是意外之幸也蓋前夜莊子是道悟此日是禪悟天花散漫之文也

自已又念一遍自覺無掛碍中心自得便上床睡了　前夜已悟今夜又悟二次翻身不出故一世墮落無成也不寫出曲文何辞却苗与宝钗眼中寫出是交代过節也

誰想代玉見宝玉此番果斷而去故以尋襲人為由来視動靜　這又何必拙因蕙力不利未斬毒龍之故也大都如此嘆：

襲人咲囬已经睡了代玉听說便要囬去襲人咲道姑娘請站住有一个字帖兒瞧：是什庅話說着便将方纔那曲子与偈語悄：拿来遞与代玉看代玉看了知是宝玉一時感忿而作不覺可咲可嘆　是个善知覺何不趁此大家一解齐証上乗甘心隨落迷津哉　便向襲人道作的

是頑意兒無甚関係代玉說無関係将来必無関係余正恐顰玉從此一悟則無妙文可看矣不想顰兒視之為漠然更曰無関係可知宝玉不能悟也余心稍慰盖宝玉一生行為顰知最確故余聞顰語則信而又信不必定玉而後証之方信也　余云恐他二人一悟則無妙文可看然歎為聞我怀為醒我目却愿他二人永隨迷津生出孽障余心甚不公矣世云損人利己者余此愿是矣試思之可發一笑今自呈于此亦可為後人一笑以助茶前酒後之興耳而今後天地間豈不又添一趣談乎凡書皆以趣談讀去其理自明其趣自得矣

說畢便携了手回房去与湘雲同看却不仝湘雲分崩有趣　次日又與宝釵看宝釵看其詞出自宝釵目中正是大関鍵処　無我原非你從他不解伊肆行無碍憑來去茫茫着甚悲愁喜紛紛說甚親疎密從前碌碌却因何到如今回頭試想真無趣看此一曲試思作者当日發愿不作此書却立意要作傳奇則又不知有如何詞曲矣　看畢又看那偈語又笑道这个人悟了都是我的不是都是我昨兒一支曲子惹出来的這些道書禪机最能移性拍案叫绝此方是大悟徹語録非宝卿不能談此也　明兒認真說起这些瘋話来存了这个意思都是從我这一隻

曲子上来我成了个罪魁了說着便撕了个粉碎遞與丫頭們快烧了罢代玉笑道不該撕等我問他你們跟我来包管叫他收了這个痴心邪話三人果然都往宝玉屋里来一進来代玉便笑道宝玉我問你至貴者是宝至堅者是玉你有何貴你有何堅（拍案叫绝大和尚来答此机鋒想亦不能答也非顰兒第二人無此灵心慧性也）宝玉竟不能答三人拍手咲道这様鈍愚还参禅呢代玉又道你那偈末云無可云證是立足境固然好了只是据我看还未尽善我再續兩句在後因念云無立足境是方干净（拍案叫绝此又深一層也亦如諺云去年貧只立錐今年貧錐也無其理一也）宝釵道実在这方悟徹当日南宗六祖惠能初尋師至韶州闻五祖弘忍在黄梅他便充役火頭僧五祖欲求法詞令徒弟諸僧各出一偈上座神秀說道身是菩提樹心如明鏡台時時勤拂拭莫使有塵埃彼時惠能在廚房碓米听了这偈說道美則美了則未了因

前以莊子為引故偶續之又借顰兒詩一鄙駁兼不寫着落以為瞞过看官矣此回用若許曲折仍用老莊引出一偈來再續

自念一偈曰菩提本非樹明鏡亦非台本来無一物何処染塵埃五祖便将衣鉢傳他（出語録捻寫宝卿博李宏覧勝諸才人顰兒却聡慧灵智非李力所致皆絶世絶倫之人也宝玉寧不愧杀）今兒這偈語亦同此意了只是方才這句訊飃尚未完全了結這便丟開手不成代玉笑道彼時不能答就筭輸了这会子答上了也不為出奇只是以後再不許談禅了連我們兩个所知所能的你还不知不能呢还去叅禅呢宝玉自己為覺悟不想忽被代玉一問便不能答宝釵又比出語録来此皆素旧不見他們能者自已想了一想原来他们比我的知覚在先尚未解悟我如今自尋苦恼想畢便笑道誰又叅禅不过一時頑話罢了說着四人仍復如旧（輕：抹去也心浄难三字不謬）忽然人報娘娘差人送出一个灯謎兒命你們大家去猜：着了每人也作一个進去四人听說忙出去至賈母上房只見一个小太監拿了一篕四角平頭白紗灯専為

一轉生草可着大覺大悟已以之上承果位以後無書可作矣却又輕輕用代玉一問机鋒又續偈言二句並用宝釵講五祖六祖問答二實偈子使宝玉無言可答仍将一大善知識始跌

燈謎而製上面已有个（幾）衆人都争看乱猜小太監又下諭道衆小姐猜着了不要說出来每人只暗暗的寫在紙上一齐封進宫去娘娘自驗是否宝钗等听了近前一看是一首七言絶句並無甚新奇口中少不得稱讚只說难猜故意尋思其实一見就猜着了宝玉代玉湘雲探春（此処透出探春正是草蛇灰線後文方不突然）四个人也都解了各自暗暗的寫了半日一併将賈环賈蘭等傳来一齐各揣（出）机心（寫出）（猜謎人形景看他偏于两次戒机後寫此机心机事足見用意至深至遠）都猜了寫在帋上然後各人拈一物作成一謎恭楷寫了掛在灯上太監子（拿了去）至晚出来傳諭前娘娘所製俱已猜着惟二小姐与三爷猜的不是（迎春賈环也交錯有法）小姐們作的也有猜着了不知是否說着也将寫的拿出来也有猜着的也有猜不着的都胡乱說猜着了太監又将頒賜之物送与猜着之人每人一个宫製詩筒（詩筒身边所佩之物以待偶成之句草録暫収之其帰至窓前不致

然不出譬幻之之
樣中作下回景
下回書真有机
心迷說不則之
勢安净不叫絕
且歷来小說中
萬寫不到者
己卯冬夜

有此也或茧乎成或琢香屑或以倭素為之不一想来奇特事悞不知也 二物極微極雅

一柄茶筅 破竹如帚以净茶具之積也

独迎春賈环二人未得迎春自為頑笑小事並不介意 大家小姐 賈环便覺得沒趣且又听太監說三爺說的这个不通娘娘也沒猜叫我帶回问三爺是个什么衆人听了都来看他作的什么寫道是

大哥有角只八个　二哥有角只兩根

大哥只在床上坐　二哥愛在房上蹲

可發一笑真环哥之謎

諸卿勿笑难為了作者摹擬

衆人看了大發一笑賈环只得告訴太監說一个枕頭一个獸頭 虧他好才情怎么想来

太監記了領茶而去賈母見元春这般有興自己越發喜樂便命速作一架小巧精致圍屏灯来設於当屋命他姊妹各自暗暗的作了寫出來粘于屏上然後預備下香茶細菓以及各色玩物為猜着之賀賈政朝罢見

賈母高興況在節間晚上也來承歡取樂設了酒菓備了玩物上房懸了綵灯請賈母賞灯取樂上面賈母賈政宝玉一席下面王夫人宝釵代玉湘雲又一席迎探惜三个又一席地下婆娘丫环站滿李宮裁王熙鳳二人在里间又一席賈政因不見賈蘭便问怎庅不見蘭哥（看他透出賈政極愛賈蘭）地下婆娘忙進里间问李氏李氏起身笑着回道他說方纔老爷並沒去叫他他不肯来婆娘回覆了賈政衆人都笑說天生的牛心古怪賈政忙遣賈环与兩个婆娘將賈蘭喚来賈母命他在身傍坐了抓菓品与他吃大家說笑取樂往常间只有宝玉長（高）談闊論今日賈政在這里便惟唯唯而已（寫宝玉如此非世家曾经嚴父之訓者段寫不出此一句）餘者湘雲虽係閨阁弱女却素喜談論今日賈政在席也自揀（緘）口禁言（非世家经明訓者段不知此一句寫）（湘雲如此）代玉本性懶与人共原不肯多語（代玉如此与人多話則不肯向淂与宝玉話更多哉）宝釵原不妄

细致

言輕動便此時亦是坦然自若瞧他寫寶釵真是又曾經嚴父慈母之明訓又是世府千金自己又天性從礼合節前三人之長並歸于一身前三人向有捏作之態故惟寶釵一人作坦然自若亦不見踰規踏矩也故此一席雖是家常取樂反見拘束不樂非世家公子斷寫不及此想近時之家縱其兒女哭笑索飲長者反以為樂其礼不法何如是耶賈母亦知因賈政一人在此所致之故这一句又明補出賈母亦是世家明訓之千金也不然斷想不及此酒过三巡便攆賈政去歇息賈政亦知賈母之意攆了自己去後好讓他們姊妹兄弟取樂的賈政忙陪笑道今日原聽見老太太這里大設春灯雅謎故也備了彩礼酒席特來入会何疼孫子孫女之心便不略賜以兒子半点賈政如此余亦泪下賈母笑道你在這里他們都不敢說笑沒的倒叫我悶你要猜謎時我便說一个你猜猜不着是要罰的賈政忙笑道自然要罰若猜着了也是要領賞的賈母道這个自然說着便念道

猴子身輕站樹稍 所謂樹倒猢猻散是也 打一菓名

賈政已知是荔枝 的是賈母之謎 便故意乱猜別的罰了許多東西然後方猜着也得

了賈母的東西然後也念一个与賈母猜念道

身自端方体自堅硬 虽不能言 有言必應 好極的是賈老之謎包藏賈府祖宗自身必字隱筆

字妙極妙極 打一用物 說畢便悄悄的說与宝玉宝玉意会又悄悄的告訴了

賈母賈母想了想大君身分果然不差便說是硯台賈政笑道到的是老太太一猜就是

回頭說快把賀彩送来地下婦女荅應一声大盤小盤一斉捧上賈母逐件看

去都是灯節下所用所頑新巧之物甚喜遂命給你老爺斟酒宝玉執壺迎春

送酒賈母因說你瞧瞧那屏上都是他姊妹們做的再猜一猜我听賈政荅應

起身走至屏前只見頭一个寫道是

能使妖魔胆盡摧　身如束帛氣如雷

一声震得人方恐　回首相看已化灰

此元春之謎纔得侥倖奈寿不長可悲哉

賈政道这是炮竹吓宝玉荅道是　賈政又看道

天運人功理不穹　有功無運也难逢

因何鎮日纷纷乱　只為陰陽数不同

此迎春一生遭際惜不得其夫何

賈政道是筭盤迎春咲道是　又往下看是

階下兒童仰面時　清明粧點最堪宜

游絲一断渾無力　莫向東風怨别離

此探春遠適之讖也使此人不遠去將来事敗諸子孫不至流散也悲哉傷哉

賈政道这是風箏探春咲道是　又看道是

前身色相揔無成　不听菱歌听佛经

此後破失俟再補

莫道此生沉黑海　性中自有大光明

此惜春為尼之讖也分公府千金至緇衣乞食寧不悲夫

暫記宝釵製謎云

朝罷誰携兩袖烟　琴边衾裡捴無緣　曉籌不用人雞報
五夜無煩侍女添　焦首朝々还暮々　煎心日々復年々
光陰荏苒須当惜　風雨陰晴任变迁

此回未成而芹逝矣嘆々　丁亥夏畸笏叟

脂硯斋重評石頭記卷之

第二十三回

西廂記妙詞通戲語　牡丹亭艷曲警芳心

話説賈元春自那日幸大观園回宫去後便命將那日所有的題咏命探春依次抄録妥協自己編次叙其優劣又命在大观園勒石為千古凤流雅事因此賈政命人各處選拔精工名匠在大观園磨石鐫字賈珍率領蓉萍等監工因賈薔又管理着文官等十二个女戲並行頭等事不大得便因此賈珍又將賈菖賈菱喚来監工一日湯蠟釘硃動起手來这也不在話下且説那个玉皇廟並達摩庵两处一班的十二个小沙弥並十二个小道士如今挪出大观園来賈政正想發遣各廟去分住不想後街上住的賈芹之母周氏正盤筭着也要到

賈政这边謀〻一个大小事務与兒子管〻也好弄些〻銀錢使用可巧听見这(有)件
事出便坐轎子來求鳳姐〻〻因見他不大拿班作势的便依允了想了几句
一派心机
話便回王夫人說這些〻小和尚道士万不可打發到処(别)去一時娘〻出來就要
承應倘或散了花若再用時可是又費事依我的主意不如將他們竟送到偺
們家庙里鉄檻寺去(養着)月间不过派一个人拿几兩銀子去買柴米就完了說声
用走去叫來一点兒不費事呢王夫人听了便商之于賈政〻〻听了咲道到
是提醒了我就是这樣即時喚賈璉來当下賈璉正同鳳姐吃飯一聞呼喚不
知何事放下飯便走鳳姐一把拉住咲道你且站住听我說話若是别的事我
不管若是為小和尚们的事好歹依我这厶着如此这般教了一套話賈璉咲
道你有本事你說去鳳姐听了把頭一梗把快子一放腮上似咲不咲的瞅着

賈璉道你当真的是頑話賈璉咲道西廊下五嫂子的兒子芸兒来求了我兩
三遭要个事情管々我依了叫他等着好容易出来這件事你又奪了去鳳姐
兒笑道你放心園子東北角子上娘々説了还叫多々的種松栢樹樓底下还
叫種些花草等这件事出来我管保叫芸兒管这件工程賈璉道果这樣也
罷了只是昨兒晚上我不过是要改个樣兒你就扭手扭脚的鳳姐兒听了嗤
好章法
寫鳳姐風月之文如此從不脫漏
的一声咲了向賈璉啐了一口低下頭便吃飯賈璉已经咲着去了到了前面
見了賈政果然是小和尚一事賈璉便依了鳳姐主意説道如今看来芹兒
到大々的出息了这件事竟交与他去管辦横竪照在里頭的規例[矩]每月叫芹
兒支領就是了賈政原不理論这些事听賈璉如此説便如此依了賈璉回到
房中告訴鳳姐兒鳳姐即命人去告訴了周氏賈芹便来見賈璉夫妻兩个感

大觀園原係十二釵栖止之所然工程浩大故借元春之名而起再用元春之命以安諸釵不見一丝扭捻　己卯冬夜

謝不尽鳳姐又作情央賈璉先支三个月的叫他僞領子賈璉批票画了押登時發了对牌出去銀庫上按数發出三个月的工給來白花花二三百賈芹随手拈一塊撂与掌平的人叫他們吃了茶罢于是命小厮拿回家与母親商議登時僱了大脚驢自己騎上又僱了几輛車至荣國府角門喚出二十四个人来坐上車已逕往城外鉄檻寺去了当下無話如今且說賈元春因在宮中自编大观園題咏之後忽想起那大观園中景致自己幸过之後賈政必定敬謹封鎖不敢使人進去騷擾豈不冷落況家中現有几个能詩会賦的姊妹何不命他們進去居住也不使佳人落魄花柳無顏却又想到宝玉自幼在姊妹叢中長大不比別的兄弟若不命他進去只怕他冷清了一時不大暢快未免賈母王夫人愁慮須得也命他進園居住方妙想畢遂命太監夏忠到榮國府來下

韵人行韵事

伺
撑去声

一道諭命宝釵等只管在園中居住不可禁約封錮命宝玉仍隨進去各処收拾打掃安設簾幔床帳別人听了还自由可惟宝玉听了這諭喜的無可不可（多大力量寫此句余亦驚駭况宝玉乎）正和賈母盤筭要這个要那个忽見丫環來說老爺叫宝玉〻〻听了好似（回思十二三時亦曾有是病來想時不再至不禁泪下）打了个焦雷登時掃去興頭臉上轉了顏色便拉着賈母扭的好似扭股兒糖殺死不敢去賈母只得安慰他道好宝貝你只管去有我呢他不敢委曲了你况且你又作了那篇好文章想是娘〻叫你進去住他吩咐你几句不过不教你在裡頭淘氣他說什麼你只好生答應着就是了一面安慰一面換了兩个老嬷〻來吩咐好生帶了宝玉去別叫他老子唬着他老嬷〻答應了宝玉只得前去一步挪不了三寸蹭到这边来可巧在王夫人房中商議事情金釧兒彩雲彩霞綉鸞綉鳳等衆丫環都在廊簷底下站着呢一見宝玉來抿着嘴笑金

有是事有是人

釧一把拉住宝玉悄〻的咲道我這嘴上是綫擦的香浸胭脂你這会子可吃不吃了彩雲一把推開金釧咲道人家正心里不自在你还奚落他趂这会子喜欢快進去罢宝玉只得挨進門去原来賈政和王夫人都在里间呢趙姨娘打起簾子宝玉躬身進去只見賈政和王夫人对面坐在炕上说话地下一溜椅子迎春探春惜春賈环四个人都坐在那里一見他進来惟有探春和惜春賈环站了起来賈政一举目見宝玉站在跟前神彩飄逸秀色奪人看〻賈环人物委鎖举止荒疎忽又想起賈珠来又看〻王夫人只有这一个親生的兒子素愛如珎自己的鬍鬚将已蒼白因這几件上把素日嫌悪处分宝玉之心不覺減了八九半晌说道娘〻吩咐說你日〻外頭嬉遊漸次疎懶如今叫禁管同你姊妹在園里讀書寫字你可好生用心習学再如不守分安常你可仔

活像活現

消氣散用的好

批至此几乎失声哭出

寫宝玉可入園用禁管二字得体理之至　壬午九月

細宝玉連連的答應了几个是王夫人便拉他在身傍坐下他姊弟三人依旧
坐下王夫人摸娑着宝玉的脖項説道前兒的九藥都吃完了宝玉答道还有
一九王夫人道明兒再取十九来天：臨睡的時候叫襲人伏侍你吃了再睡
（大家細：听去話似不見亂）
宝玉道只從太：吩咐了襲人天：晚上想着打發我吃賈政問道襲人是何
人王夫人道是个了頭賈政道了頭不管叫个什麽罢了是誰这樣刁鑽起这
樣的名子王夫人見賈政不自在了便替宝玉掩飾道是老太：起的賈政道
老太：如何知道这話一定是宝玉：：見瞞不过只得起身回道因素日讀
詩會記得古人有一句詩云花氣襲人知晝暖因這个了頭姓花便隨口起了這
個王夫人忙又道宝玉你回去改了罢老爷也不用為这小事動氣賈政道究
竟也無碍又何用改只是可見宝玉不務正專在這些濃詞艷賦上作工夫説
（几乎改去好名）

畢断喝一声（好收什）作業的畜生还不出去王夫人也忙道去罢只怕老太々等你吃飯呢宝玉荅應了慢々的出去向金釧兒唉着伸々舌頭带着兩个嬷々一溜烟去了剛至穿堂門前［妙 這便是鳳姐掃雪拾玉之处一絲不乱］只見襲人倚门立在那里一見（等壞了慈壞了所以就說）宝玉平安回来堆下唉来向道（有堆下笑来可了話）呌你作什庅宝玉告訴他没有什庅不过怕我進園去淘氣分付々々（上話畢首之了）一面説一面回至賈母跟前回明原委只見林代玉正在那里宝玉便問他你住那一处好林代玉正心里盤筭这事忽見宝玉問他（顰兒亦有盤筭事揀擇）便唉道我心里想着瀟湘館好爱那几竿竹子隱着一道曲欄比别的處更覺幽（清幽處耳未知擇鄰否一笑）靜宝玉听了拍手唉道正和我的主意一樣我也要呌你住这里呢我就住怡紅院偺們兩个又近又都清幽（擇鄰出于玉兒所謂真知己）二人正計較就有賈政遣人来回賈母説二月二十二日子好哥兒姐兒们好搬進去的这几日内遣人進去分派收拾薛宝

釵住了蘅蕪院林代玉住了瀟湘館賈迎春住了綴錦樓探春住了秋掩齋惜春住了蓼風軒李氏住了稻香村宝玉住了怡紅院每一处添兩个老嬷〻四個丫頭除各人奶娘親随丫环不筭外另有專管收拾打掃的至二十二日一齊進去登時園內花招綉帶柳拂香風（八字寫得滿園之內处〻有人無一处不到）不似前番那等寂寞了閑言少叙且説宝玉自進花園以来心滿意足再無别項可生貪求之心每日只和姊妹丫頭們一处或讀書或寫字或彈琴下棋作画吟詩以之[及]描[有〻]鸞刺鳳鬪草簪花低吟悄唱拆字猜枚無所不至倒也十分快樂他曾有几首即事詩虽不筭好却到是真情真景略記[几]首云[未必]

春夜即事云

霞綃雲幄任鋪陳　隔巷蟇更听未真　枕上輕寒窓外雨

眼前春色夢中人
盈盈燭泪因誰泣
點點花愁為我嗔
自是小鬟娇懶慣
擁衾不耐笑言頻

夏夜即事云

倦繡佳人幽夢長
金籠鸚鵡喚茶湯
窗明麝月開宮鏡
室靄檀雲品御香
琥珀杯傾荷露滑
玻璃檻納柳風涼
水亭處處齊紈動
簾捲朱樓罷晚粧

秋夜即事云

絳芸軒里絕喧嘩
桂魄流光浸茜紗
苔鎖石紋容睡鶴
井飄桐露濕棲鴉
抱衾婢至舒金鳳
倚檻人歸落翠花
靜夜不眠因酒渴
沉烟重撥索烹茶

> 四詩作盡安福尊榮之貴介公子也　壬午孟夏

冬夜即事云

梅魂竹夢已三更　錦罽鸘衾睡未成　松影一庭惟見寉
梨花滿地不聞鶯　女兒翠袖詩懷冷　公子金貂酒力輕
却喜侍兒知試茗　掃將新雪及時烹

因這幾首詩當時有一等勢利人見榮國府十二三歲的公子作的抄錄出來各處稱頌再有一等輕浮子弟愛上那風騷妖艷之句也寫在扇頭壁上不時吟哦賞贊因此竟有人來尋詩覓字倩畫求題的宝玉亦發得了意鎮日家作這些外務誰想靜中生煩惱忽一日不自在起来這也不好那也不好出来進去只是悶悶的園中那些人多半是女孩兒正在混沌世界天真爛熳之時坐卧不避嬉笑無心那里知宝玉此時的心事那宝玉心内不自在便懶待在園内只在外頭

鬼混却又痴ヽ的（不進園去真不知何心事）茗烟見他這様因想与他開心左思右想皆是

宝玉頑奈煩了的不能開心惟有這件宝玉不曾看見過想畢便走去到書房（鋪子）

書房伴讀累ヽ如是余至今痛恨

內（裡）把那古今小說並那飛燕合德武則天楊貴妃的外傳与那傳奇角本買了

許多來引宝玉看宝玉何曾見过这些書一見看了便如得了珍宝茗烟又囑

咐他不可拿進園去若叫人知道了我就吃不了抖着走呢宝玉那里捨的不

拿進去踟躕再三单把那文理細密的揀了几套進去放在床頂上無人時自

已密看那粗俗过露的都藏在外面書房里邪一日正當三月中浣早飯後宝

玉携了一套会真記走到沁芳閘桥边桃花底下一塊石上坐着展開會真記

從頭細玩正看到落紅成陣只見一陣風过把樹頭上桃花吹下一大半来落

好一陣凑趣風

的滿身滿書滿地皆是宝玉要抖将下来恐怕脚步践踏了（情不情）只得兜了那

圖欲画之心久矣誓不遇仙筆不寫恐襲我顰卿故也　己卯冬

丁亥春間偶識一浙省發其白描美人真神品物甚合余意奈彼因宦緣所纏

花瓣来至池边抖在池内那花瓣浮在水面飘〻荡〻竟流出沁芳闸去了回来只見地下还有許多宝玉正踟蹰只听背後有人說道你在这里作什么宝玉一回頭却是林代玉来了肩上担着花鋤上掛着紗囊手内拿着花帚

一幅採芝圖非葬花圖也

宝玉咲道好〻来把这丁花掃起来撂在那水里我纔撂了好些在那里呢

如見如聞

林代玉道撂在水里不好你看這里的水干淨只一流出去有人家的地方贜的臭的混倒仍旧把花遭塌了那畸角上我有一個花塚如今把他掃了裝在這絹袋里拿土埋上日久不过随土化了豈不干淨

好名色新奇葬花亭里埋花人

争使香魂随土化

寫代玉又勝宝玉十倍痴情

宝玉听了喜不自禁咲道待我放下書帮你来收拾

顧了这頭忘却那頭

代玉道什么書宝玉見問慌的藏之不迭便說道不過是中庸大學代玉咲道你又在我跟前弄鬼趂早兒給我瞧好多着呢宝玉道好妹〻若論你我是不怕的你看了好歹別告訴別人去真〻这是好書

無暇且不能久留都下未幾南行矣余至今耿耿悵然之至恨與阿顰結一筆墨緣之難若此嘆嘆

丁亥夏

畸笏叟

你要看了連飯也不想吃呢一面說一面遞了過去林代玉把花具且都放下接書来瞧從頭看去越看越愛看不一頓飯工夫将十六齣俱已看完自覺詞藻警人餘香滿口雖看完了書却只管出神心内还默默記誦宝玉笑道妹妹你說好不好林代玉笑道果然有趣宝玉笑道我就是多愁多病的身你就是那傾國傾城貌林代玉听了不覺带腮連耳通紅登時直竪起似蹙的眉瞪兩隻似睁非睁的眼微腮带怒薄面含嗔指宝玉道你这該死的胡說好好的把这淫詞艷曲弄了来还說这些混話来欺負我我告訴舅舅舅母去說到欺負兩個字上早又把眼睛圈兒紅了轉身就走宝玉着了急向前攔住說道好妹妹千万饒我这一遭原是我說錯了若有心欺負你明兒我吊在池子里教個癩頭元吞了去变个大忘八等你明兒做了一品夫人病老帰西的時候我往你

有心取笑則看不得石頭記

看官說宝玉忘情有之若認作

唬殺急殺

雖是混話一串却成了最新最奇的妙文

坟上替你驼一輩子的碑去說的林代玉嗤的一声笑了揉着眼睛一面笑道【看官想用何等話令代玉一笑收科】一般唬(也)的这个調兒还只管胡說呸原來是苗而不秀是个銀樣鑞鎗頭宝玉听了笑道你这个呢我也告訴去林代玉笑道你說你会过目成誦难道我就不能一目十行么宝玉一面收書一面笑道正經快把花埋了罢别提那个了二人便收拾落花正纔掩埋妥協只見襲人走來說道那里沒找到摸在这里來那边大老爷身上不好姑娘們都过去請安老太〻叫打發你去呢快回去換衣裳去罢宝玉听了忙拿了書别了代玉同襲人回房換衣不提（一語度下）这里林代玉見宝玉去了又听見衆姊妹也不在房自己悶〻的（有原故）正欲回房剛走到梨香院墻角上只听墻内笛韻悠揚歌声婉轉【入正文方不牽强】林代玉便知是那十二个女孩子演習戲文呢只是林代玉素習不大喜看戲文（妙法必云不大喜看）便

情小姐故以情小姐詞曲警之恰極當極　己卯冬

不留心只管往前走偶然兩句吹到耳内明明白白一字不落唱却一喜便揔不忘方見契淂緊道是原來姹紫嫣紅開遍似这般都付与斷井頹垣林代玉听了到也十分感慨纏綿便止住步側耳細听又听唱道是良辰美景奈何天賞心樂事誰家院听了这兩句不覺点頭自嘆心下自思道原來戲上也有好文章可惜世人只知看戲未必能領畧这其中的趣味想畢又後悔不該胡想躭悞了听曲子又側耳時只听唱道則為你如花美眷似水流年林代玉听了这兩句上不覺心動神搖又听道你在幽閨自憐等句亦發如醉如痴站立不住便一蹲身坐在一塊山子石上細嚼如花美眷似水流年八个字的滋味忽又想起前日見古人詩中有水流花謝兩無情之句再又有詞中有流水落花春去也天上人間之句又兼方才所見西廂記中花落水流紅閑愁万種之句都一時想起

將進門便是知音

非不及釵係不曾于雜學上用意也

來湊趣在一処仔細忖度不覺心痛神痴眼中落泪正没了鬧交忽霓背上擊

藥了一下及回頭看時原來是且听下回分觧正是

粧晨綉夜心無矣　對月臨風恨有之

前以會真記文後以牡丹亭曲加以有情有景消魂落魄詩詞總是争於令顰兒種病根也看其一路不跡不離曲曲折折寫來令觀者亦技難持况瘦怯怯之弱女乎

脂硯齋重評石頭記

夾寫醉金剛一回是処中之大净塲聊醉看官倦眼耳然亦書中必不可少之文必不可少之人今寫在市井俗人身上又加一俠字有則大深意存焉

脂硯齋重評石頭記

第二十四回

醉金剛輕財尚義俠　痴女兒遺帕惹相思

話說林代玉正自情思縈逗纏綿固結之時忽有人從背後擊了一掌說道你作什麽一个人在這里林代玉到唬了一跳回頭看時不是別人却是香菱林代玉道你这个傻丫頭唬我这麽一跳好的你这会子打那里來香菱嘻〻的

此傻字加于香菱則有多少丰神跳於紙上其嬌憨之態可想而知

笑道我來尋我們的姑娘的找他總找不着你們紫鵑也找你呢說璉二奶〻送

一処不漏

了什麽茶葉來給你的走罷回家去坐着一面說着一面拉着代玉的手回瀟

是家去坐着之言是恐石上冷意

湘館來了果然鳳姐兒送了兩小瓶上用新茶來林代玉和香菱坐了況他们

為學詩伏線

有甚正事談講不过說些〻这一个綉的好那一个刺的精又下一回棋看兩句

是書最好看如此等處係畫家山水樹

頭邱壑俱備
未用濃淡墨
点苔法也
丁亥夏
畸笏叟

書（棋不論鹽書不論章皆是嬌憨女兒神理寫得不即不離似有若無妙極）香菱便走了不在話下如今且說宝玉
因被襲人找回房果見鴛鴦歪在床上看襲人的針線呢見宝玉來了便說道
你往那里去了老太〻等着你呢叫你过那边請大老爷的安去还不快換了衣
服走呢襲人便進房去取衣服宝玉坐在床沼（沿）上褪（脱）了鞋等靴子的工夫回頭
見鴛鴦穿着水紅綾子袄兒青緞子背心束着白縐紬汗巾兒臉向那边低着
頭看針線脖子上帶着花領子宝玉便把臉湊在脖項间聞那香油氣（兒）不住用手
摩挲其白膩不在襲人之下便猴上身去涎皮笑（嘛的）道好姐〻把你嘴上的胭
脂賞我吃了罢一面說着一面扭股糖似的粘（粑）在身上鴛鴦便叫道襲人你出
來瞧〻你跟他一輩子也不劝〻还是这么着襲人抱了衣服出來向宝玉道
左劝也不改右劝也不改你到底是怎么樣你再这么着这个地方可就难住

胭脂是这樣吃法看官閱經過否

不向宝玉說話又叫襲人鴛鴦亦是幻情洞天也

此五字内有深意係心

住了一边說一边催他穿了衣服同鴛央往前面来見賈毋見过賈毋出至外
面人馬俱已斉備剛欲上馬只見賈璉請安回来了正下馬二人对面彼此问

一絲不漏

了两句話只見傍边轉出一个人来請宝叔安宝玉看時只見这人容長臉長

芸哥此處一現後文不見突然

挑身材年紀只好十八九歲生得着实斯文清秀到也十分面善只是想不

大族人衆畢真有

是理

起是那一房的叫什庅名字賈璉咲道你怎庅發獃連他也不認得他是後廊
上住的五嫂子的兒子芸兒宝玉咲道是了〻〻我怎庅就忘了因問他母親
好這會子什庅勾當賈芸指賈璉道找二叔說句話宝玉咲道你到比先越發

合

何嘗是十二三

歲小孩語

出條了到像我的兒子賈璉咲道好不害燥人家比你大四五歲呢就替你作
兒子了宝玉咲道你今年十几歲賈芸道十八歲原来這賈芸最伶俐乖覺听
宝玉这樣说便咲道俗語說的搖車的爺〻拄拐的孫子雖然歲數大山高〻

裡 杖

不過太陽只從我父親没了这几年也無人照管教導如若宝叔不嫌姪兒蠢

雖是隨機而應伶俐人之語余却傷心

笨認作兒子就是我的造化了賈璉咲道你听見了認兒子不是好開交的呢

是兄輩弟趣万嘆

說着就進去了宝玉咲道明兒你閒了只管来找我別和他們鬼鬼祟祟的这

何其堂皇正大之語

會子我不得閒兒明兒你在書房里来和你說天話兒我帶你园里頑耍去說

着扳鞍上馬衆小廝圍隨往賈赦这边来見了賈赦不過是偶感些風寒先述

了賈母問的話然後自己請了安賈赦先站起来回了賈母話次後便喚人来

一絲不亂

帶哥兒進去太太屋里坐着宝玉退出来至後面進入上房邢夫人見了他来

先到站了起来請过賈母安宝玉方請安邢夫人拉他上炕坐了方问別人又

一絲不亂　好層次好礼

命人倒茶来一鍾茶未吃完只見那賈綜来问宝玉好邢夫人道那里找活猴

法誰家故事

兒去你那奶媽子死絕了也不收拾收拾你弄的黑眉烏嘴的那里像大家子

念書的孩子正說着只見賈环賈蘭小叔侄兩個也來了請过安邢夫人便叫他兩個椅子上坐了賈环見宝玉同邢夫人坐在一個坐褥上邢夫人又百般摸娑撫弄他早已心中不自在了坐不多時便和賈蘭使眼色兒要走賈蘭只得依他一同回身告辞宝玉見他們要走自也就起身要同回去邢夫人咲道你且坐着我还和你說話宝玉只得坐了邢夫人向他兩個道你们回去各人替我問你們各人母親好你们姑娘姐〻妹〻都在这里呢鬧的我頭暈今兒不留你們吃飯了賈环荅應着便出來回家去了宝玉咲道可是姐〻們都過來了怎麼不見邢夫人道他們坐了一會子都往後頭不知那屋里去了宝玉道大娘方纔說有話說不知是什麼話邢夫人咲道那里麼話不过是叫你等着同你姊妹们吃了飯去还有一个好顽的東西給你帶回去顽娘兒兩個

千里伏線

明显薄情之至

說話不覺早又晚飯時節調開桌椅羅列杯盤母女姊妹們吃畢了飯宝玉去了辭別賈赦同姊妹一同回家見过賈母王夫人等各自回房安値不在話下

一段為五鬼魘魔法引脂硯

且說賈芸進去見了賈璉因打听可有什麼事情賈璉告訴他前兒到有一件事情出來偏生你嬸子再三求了我給了賈芹了他許了我說明兒園里还有几处要栽花木的地方等这個工程出來一定給你就是了賈芸听了半晌說道既是这樣我就等着罢叔〻也不必先在嬸子跟前提我今兒來打听的話到跟前再說也不遲賈璉道提他作什麼我那里有这些工夫說閑話兒呢明兒一個五更还要到興邑去走一湯須得當日赶回來総好你先去等着後日起更的以後你來討信早了我不得閑說着便回後面換衣服去了賈芸出了榮國府回家一路思量出一個主意來便一逕往他母舅卜

反說体面話惧內人累〻如是

已得了主意了

已被芸哥瞞过了

既云不是人如何肯共事想芸哥此來空了

世仁家來原來卜世仁現開香料鋪方纔從鋪子裡來忽見賈芸進來彼此見過了因問他這早晚什么事跑了來賈芸道有件事求舅〻幫襯〻〻我有一件事用些冰片麝香使用好歹舅〻每樣賒四兩給我八月里按数送了艮子

何如〻〻今言不謬

來（甥舅之談如此嘆〻）卜世仁冷笑道再休提賒欠一事前兒也是我們鋪子里一个影計替他的親戚賒几兩艮子的貨至今總未還上因此我們大家賠上立了合同再不須許替親友賒欠誰要賒欠就要罰他二十兩艮子的東道况且如今這

推脫之辭

個貨也短你說拿現艮子到我們這不三不四的鋪子里來買也還沒有這些只好倒辦兒去這是一二則你那里有正緊事不過賒了去又是胡鬧你只說舅〻見你一遭兒就派你一遭兒不是〻〻吃的我看着也喜欢賈芸咲道舅〻說的到干净我父親沒的時候我年紀又小不知事後來听見我母親說都還

虧舅ミ們在我們家去主意料理的喪事難道舅ミ就不知道的還是有一畝
地兩間房子如今我手里花了不成巧媳婦做不出没米的粥來叫我怎麽樣
呢還虧是我呢要是别的死皮頼臉三日兩頭兒來纏着舅ミ要三升米二升

芸哥亦善談井ミ有理　舅二人亦不曾有是氣

豆子的舅ミ也就没有法呢卜世仁道我的兒舅ミ要有還不是該的我天ミ
和你舅母説只愁你没筭兒你但凡立的起來到你大房里就是他們爺兒們
見不着便下個氣和他們的管家或者管事的人們嬉和ミミ也弄个事兒管

可憐可嘆余竟爲之一哭

管前我出城去撞見了你們三房里的老四騎着大叫驢帶着五輛車有四五
十和尚道士妙極寫小人口角羨慕之言加一倍畢肖却又是背面傅粉法往家廟去了他那不虧能幹的事
到他了賈芸听他韶刀的不堪便起身告辭卜世仁道怎麽急的這樣吃了飯
再去罷一句未完只見娘子説道你又糊塗了説着没有米這里買了半斤麵

有志氣有果斷

余寫小人家淺細一吹一唱酷肖之至却是一氣逼出

來下給你吃这会子还粧胖呢留下外甥挨餓不成卜世仁說再買半斤來添（後文方不突然石頭記筆杖全在如此樣者）上就是了他娘子便𠮟女孩兒銀姐往對門王奶奶家去問有錢借二三十个明兒就送過來夫妻兩個說話那賈芸早說了几個不用費事去的無影無踪（有知識有果断人自是不同）了不言卜家夫婦且說賈芸賭氣离了母舅家門一逕回帰旧路心下正自煩惱一边想一边低頭只管來（走）不想一頭就碰在一個醉汉身上把賈芸𠹭了一（自上看来）跳听那醉汉罵道臊你娘的瞎了眼睛碰起我來了賈芸忙要躲身早被那醉（可是一口氣否）汉一把抓住对面一看不是別人却是緊鄰倪二原來这倪二是个潑皮專放重利債在賭場吃闲錢專管打降吃酒如今正從欠錢人家索了利錢吃醉回來不想被賈芸碰了一頭正沒好氣掄拳就要打只听那人𠮟道老二住手是我冲撞了你倪二听見是熟人的語音將醉眼睁開看時見是賈芸忙把

（这一節对水）

（滸記楊志賣刀遇沒毛大蟲一回看覺好看多矣　己卯冬夜　脂硯）

手鬆了趔趄着笑道（寫生之筆）原來是賈二下我該死我該死（如此称呼可知芸哥素日行止是全無破綻而）这会子往那里去賈芸道告

訴（在也）不得你平白的又討了（本無心之談也）个沒趣兒倪二道不妨（如聞）不妨有什庅不平的事告訴我

替你出氣这三街六巷（寫醉漢能是漸次逼出不見一絲勉強）平他是誰有人得罪了我醉金剛倪二的街坊管叫他

人离家散賈芸道老二（可是一順而来）你且别氣听我告訴你这原故說着便把卜世仁一段

事告訴了倪二倪二听了大怒要不是（仗義人豈有不知禮者乎何常是破落户寃殺金剛）令舅便罵不出好話来真〻氣死我倪

二（剛了）也罷你也不用愁煩我这里現有几两艮子你若用什庅只管拿去買辦但

只一件你我作了这些年的街坊我在外頭有名放賬你却從沒有和我張過

口也不知（知已知彼之話）你厭惡我是个潑皮怕低了你的身分也不知是你怕我难纏利錢

重若說怕利錢这艮子我是不要利錢的也不用寫文约若說怕低（知已知彼）了你的身

分（之話）我就不敢借給你了各自走開一面說一面果然從搭包里掏出一卷艮子

來賈芸心下自思素日倪二虽然是潑皮無賴却因人而使頗〻的有義俠之名

四字是評難得〻〻非豪傑不

若今日不領他这情怕他燥了到恐生事不如借了他的改日加倍还他也到

可当

罢了想畢笑道老二你果然是個好汗我何曾不想着你和你張口但只是我見你所相遇交給結的都是些有胆量的有作為的人似我們这等無能無為的

芸哥亦善談好口齒

你到不理我若和你張口你豈肯借給我今日既蒙高情我怎敢不領回家

光棍眼內揉不下砂

按例寫了文約過来便是了倪二大笑道好会說話的人我却听不上这話既

如今单是親友言利不但親友即闺閣中亦然不但生意子是也

說相與交結四个字如何放賬給他使他的利錢既把银子借與他圖他的利錢

新發户即大户舊族頭〻有〻

便不是相與交結了閑話也不必講既肯青目这是十五两三錢有零的銀子便拿去治買東西你要寫什么文契趁早把銀子还我讓我放給那些〻有指望

爽快人爽快話

的人使去賈芸听了一面接了银子一面笑道我便不寫罢了有何着急的倪

讀閲醉金剛一回務吃劉鉉丹家山查真丸一付一嘆余卅年来得遇金剛之樣人不少不及金剛者亦不少惜書上不便歷歷註上芸諱並余亦

二哄道这不是話天氣黑了也不讓茶讓酒我还到那边有点事情去你竟請回去我还求你帶个信兒與舍下叫我们女兒明兒一早到馬販子王短腿家（帯起作家人来）來我我一面說一面趔趄（仍應前）着脚兒去了不在話下且說賈芸偶然碰了这件事心中也十分罕希想那倪二到果然有些意思只是还怕他一時醉中慷慨到明日加倍的要起来便怎処（芸哥實是怕倪二並非以小人之心度君子也）心内猶豫不决忽又想道不妨等那件事成了也可加倍还他想畢一直走到個錢鋪里將那艮子称一称十五两三錢四分二厘賈芸見倪二不撒謊心下越發欢喜收了艮子来至家門先到隔壁將倪二的信捎了与他娘子知道方回来家見他母親自在炕上拈線見他進来便问那去了一日賈芸恐他母親生氣便不說起卜世仁的事来只說在西府里等（孝子可敬此人後来榮府事敗必有一番作為）璉二叔的問他母親吃了飯不曾他母親已吃过了說留的飯在那里小丫頭

是心事也
壬午孟夏

子拿过來與他吃那天已是掌灯時候賈芸吃了飯收拾歇息一宿無語次日
一早起来洗了臉便出南門大香鋪里買了氷麝便往荣國府来打听賈璉出
了門賈芸便往後面来到賈璉院門前只見几個小厮拿着大高笤箒在那里
掃院子呢忽見周瑞家的從門里出来叫小厮們先别掃奶〻出来了賈芸忙
上前笑問二嬸〻那去周瑞家的道老太〻叫想必是裁什么尺頭正說着只
当家人者是派
那一个不喜奉承得
見一羣人擁着鳳姐出来了賈芸深知鳳姐是喜奉承尚排塲的忙把手逼着
恭敬〻搶上来請安鳳姐連正眼也不看仍往前走着問他母親好怎么不来
我們这里逛〻賈芸道只是身上不大好到時常記罣着嬸子要来瞧〻又不
能来鳳姐笑道可是会撒謊不是我提起他来你就不說他想我了賈芸笑道
姪兒不怕雷打了就敢在長輩前撒謊昨兒晚上还提起嬸子来說嬸子身子

自往卜世仁處去已安排下的芸哥可用　己卯冬夜

生的单弱事情又多虧嬸子好大精神竟料理的週週全全要是差一丁兒的累的不知怎庅樣呢鳳姐听了滿臉是笑不由的便止了步问道怎庅好好的你娘兒們在背地里嚼起我來賈芸道有丁原故只因我有丁朋友家里有几丁錢現開香舖只因他身上躡有丁通判前兒選了雲南不知那一処連家眷一齊去把这香舖也不在这里開了便把賬物攢了一攢該給人的給人該賤發的賤發了像这細貴的貨都分省送與親朋他就一共送了我些冰片麝香我就和我母親商量若要轉賣不但賣不出原價來而且誰家拿这些艮子買这個作什庅便是很有錢的大家也不過使丁几分几錢就挺折腰了若說送人也沒丁人配使这些到叫他一文不值半文轉賣了因此我就想起嬸子來往年間我还見嬸子大包的艮子買这些東西呢別說今年貴妃宮中就是这丁

過下無痕天然

而來文字

捷得如何

隨口謊極妙

像得影何嘗撒謊

端陽節下不用說這些〻香料自然是比往常加上十倍去的因此想來想去只（要用）
孝順嬸子一个人纔合式方不算遭塌這東西一边說一边將一個錦匣舉起
來鳳姐正是要辦端陽的節礼採買香料藥餌的時節忽見賈芸如此一來
听這一篇話心下又是得意又是歡喜便命豐兒接過芸哥兒的來送了家去
像个嬸子口氣好看煞
交給平兒因又說道看你這樣好知好歹（到很）怪道你叔〻常提你說你說話兒
也明白心里有見識看官須知鳳姐所喜者是奉承之言打動了心不是見物而歡喜若說是見物而喜便不是阿鳳〻〻賈芸
听這話入了港便打進一步來故意問道原來叔〻也曾提我的鳳姐見問纔
的是阿鳳行事心机筆產
要告訴他與他管的事情那（的）話便忙又止住心下想到我如今要告訴他那話
到叫他看白我見不得東西似的為得了這點子香就混許他管事了今兒先
别提起這事想畢便把派他監種花木工程的事都隱瞞的一字不提隨口說

了兩句沒〔要緊的〕話便往賈母那里去了賈芸也不好提的只得回來因昨日見了宝
玉叫他到外書房等着賈芸吃了飯便又進來到賈母那边仪門外綺霰斋書
房里來只見焙茗鋤藥兩個小厮下象棋為奪車正辦嘴还有引泉掃花（好名色）挑雲
伴鶴四五個又在房簷上掏小雀兒頑賈芸進入院内把脚一跺說道猴頭們
淘氣我來了衆小厮看見賈芸進來都纔散了賈芸進入房内便坐在椅子上
問宝二爺沒下來焙茗道今兒總沒下來二爺說什么替你哨探〻去（五遁之外名曰哨探遁法）說着
便出去了这里賈芸便看字画古玩有一頓飯工夫还不見來再看〻別的小
厮都頑〔躲〕去了正是煩悶只听門前嬌声嫩語的叫了一声哥〻賈芸往外瞧時
看是一個十六七歲的丫頭生的到也细巧干净那丫頭見了賈芸便抽身躲
了過去恰至焙茗走來見那丫頭在門前便說道好〻（二好字是遮飾半句來不到語）正抓不着個信兒賈芸

見了焙茗也就趕了出來問怎麽樣焙茗道等了这一日也沒個人兒過來这就是宝二爺房里的好姑娘們進去帶个信兒就說廊上(下)的二爺來了那丫頭听說方知是本家的爺們便不似先前那等回避下死眼把賈芸釘了兩眼听那賈芸說道什麽是廊上廊下的你只說是芸兒就是了半晌那丫頭冷笑了一笑依我說二爺竟請回家去有什麽話明兒在(再)來今兒晚上得空兒我回了他焙茗道这是怎麽說那丫頭道他今兒也沒睡中覺自然吃的飯晚早晚上他又不下來难道只是耍的二爺在这里等着挨餓不成不如家去明兒來是正緊(經)便是回來有人代(帶)信那都是不中用他不過口里應着他到給代(帶)呢賈芸听这丫頭說話簡便俏麗待要問他的名字因是宝玉房里的又不便問只得說道这話到是我明兒再來說着便往外走焙茗道我到茶去二爺吃茶再去

口氣極像

一句礼當

这句是情孽上生

神情是深知房中事的

一連兩个他字怡紅院中使得否則有假矣

滑賊

賈芸一面走一面回頭說不吃茶我还有事呢口里說話眼睛瞧那丫頭还站在
那里呢那賈芸一迳回家至次日來至大門前可巧遇見鳳姐往那邊去請安纔
（也作的不像措謊用心）
上了車見賈芸來便命人喚住隔窗子咲道芸兒你竟有胆子在我的跟前弄
（机人可怕是此等處）
鬼怪道你東西給我原來你有事求我昨兒你叔叔纔告訴我說你求他賈芸
笑道求叔叔这事嬸子休提我昨兒正後悔呢早知这樣我竟一起頭求嬸子
这會子也早完了誰成望叔叔竟不能的鳳姐咲道怪道你那里沒成兒昨兒
又來尋我賈芸道嬸子辜負了我的孝心我並沒有这個意思若有这个意思
昨兒还不求嬸子如今嬸子既知道了我到要把叔叔丟下少不得求嬸子好歹
（曹操語）
疼我一点兒鳳姐冷咲道你們要揀遠路兒走叫我也难說早告訴我一声兒
什么不成的多大點子事耽悞到这会子那园子里还要種花我只想不出一

個人來早來不早完了賈芸咲道既這樣嬸〻子明兒就派我罷鳳姐半晌道這
個我看着不大好等明年正月里烟火灯烛那個大宗兒下來再派你罷賈芸
道好嬸〻子先把這個派了我罷果然這個辦的好再派我那個鳳姐咲道你到
會拉長線兒罷了要不是你叔〻說我不管你的事我也不過吃了飯就过來
你到晌午錯的時候來領銀子後兒就進去種樹說畢令人駕起香車一逕去了
賈芸喜不自禁來至綺霰齋打听宝玉誰知宝玉一早便往北靜王府里去了
賈芸便呆〻的坐到晌午打听鳳姐回來便寫個領票來領對牌至院外命人
通報了彩明走了出來单要了領票進去批了銀数年月一並連对牌交与了
賈芸接了看那批上銀数批了二百兩心中喜不自禁翻身走到銀庫上交与
收牌票的領了銀子回家告訴母親自是母子俱個欢喜次日一個五鼓賈芸

先找了倪二將前銀按數还他那倪二見賈芸有了銀子他便按數收回不在話下这里賈芸又拿了五十兩出西門找到花兒匠方椿家里去買樹不在話下至此便完種樹工程一者見得趲趕工程原非正文不過虛描盛時光景借此以出情文二者又為避难法若不如此了必曰其樹其價怎么買定几株豈不煩絮矣如今且說宝玉自那日見了賈芸曾說明日着他進來說話兒如此說了之後他原是富貴公子的口角那里还把这個放在心上因而便忘懷了这日晚上從北靜王府里回来見过賈母王夫人等回至園内換了衣服正要洗澡襲人因被薛宝釵煩了去打結子秋紋碧痕兩個去催水檀雲又因他母親的生日接了出去麝月又現在家中養病虽还有几個作粗活听喚的丫頭估着叫不着他们都出去尋夥覓伴的頑去了不想这一刻的工夫妙必用一刻二字方是宝玉的房中見得時々原有人的又有今一刻無人所謂湊巧具一也只剩了宝玉在房內偏生的三字不可少宝玉

若是一个女孩兒可保

不忘的

要吃茶一連叫了兩三声方見兩三個老嫗〻〻走進來（妙文字細密一絲不落非批湧出者）宝玉

見了他們連忙摇手兒說罷〻〻不用你們了（是宝玉口氣）老婆子們只得退出宝玉

神龍變化之文

見沒了頭們只得自己下來拿了碗向茶壺去到茶只听背後說道二爺仔細

人豈能測

燙了手讓我們來到一面說一面走上來早接了過去宝玉到唬了一跳問你

在那里的忽然來了唬我一跳那了頭一面遞茶一面回說我在後院子里纔

從里間的後門進來难道二爺就沒听見脚步响宝玉吃茶一面（六个一面是神情並不竟厭）

仔細打量那了頭穿着几件半新不旧的衣裳到是一頭黑真〻的頭髮

挽着个髻容常臉面細巧身材却十分俏麗干淨（与賈芸日中所見不差）宝玉看了便咲問

道（神情寫湧出）你他也是我这屋里的人么（妙问必如此問方是龍絡前文）那了頭道是的宝玉道既

是这屋里的我怎么不認得那了頭听說便冷咲了一声道（神理如画）認不得的也

怡紅細事俱用常筆白描是大章法也　丁亥夏　畸笏叟

多豈只我一個從來我又不遞茶遞水拿東拿西眼見〔面前〕的事（不伏氣語況非今日）一点兒不作那里認得呢宝玉道（这是下情不能上達意語也）你為什庅不作那眼見〔面前〕的事那丫頭道这話我也难說只是有一句話（宛故云难說）回二爺昨兒有个什庅芸兒來找二爺我想二爺不得空兒便叫焙茗回他叫他今日早起來不想二爺又往北府里去了剛說道这句話只見秋紋碧痕唏唏哈哈的說笑着進來兩个人共提着一桶水一手撩着衣裳趔趔趄趄潑潑撒撒的那个頭便忙迎（好看眼色）去接那秋紋碧痕对抱怨你湿了我的裙子那个又說你踹了我的鞋忽見走一个人來接水二人看時不是別人原來是小紅二人便都詫異將水放下忙進房來東瞧西望（四字漸露大丫頭素日怡紅細事也）並沒个別人只有宝玉便心中大不自在只得預備下洗澡之物（清楚之至）待宝玉脫了衣裳二人便帶上門出來走到那边房内便找小紅問他方纔在屋里說什庅小紅道我何曾在屋里的只

因我的手帕子不見了往後頭找手帕子去不想二爷要茶吃叫姐々們一個
沒有是我進去了纔到了茶姐々們便來了秋紋听了抖臉啐了一口罵道沒（难說小红）
臉的下流東西正紅經叫你催水去你說有事故到叫我們去你可等着做這個
巧（妄心白寫）宗兒一里一里的這不上來了难道我們到跟不上你了你也拿鏡子照々（难說二句全在）
配（此句未）遞茶遞水不配碧痕道明兒我說給他們凡要茶要水送東送西的事咱們
都別動只叫他去便是了秋紋道這麼說不如我們散了單讓他在這屋里呢
二人你一句我一句正鬧着只見有個老嬷々進來傳鳳姐的話說明日有人
帶花兒匠來種樹叫你們嚴禁些衣服裙子別混曬混晾的那土山上一溜都攔
着幃幙呢可別混跑秋紋便問明兒（用秋纹问是暗透之法）不知是誰帶進匠人來監工那婆子道說（可是）
什麼後廊上的芸哥兒秋紋碧痕听了都不知道只管混問別的話那小紅听

(朱批：暗透法)

見了心内却明白就知是時〔作〕兒外書房所見那人了原來这小紅夲姓林【又是个林】小名紅玉【紅字切絳珠玉字則直通矣】只因玉字犯了林代玉宝玉【妙文】便都把这个字隱起來便都叫他小紅原是荣國府中世代的旧僕他父母現在收管各處房田事務這紅玉年方十六歲因分人在大观園的時節把他便分在怡紅院中到也清幽雅靜不想後來命人進來居住偏生这一所兒又被宝玉占了这紅玉虽然是个不諳事的丫頭却因他原有三分容貌【有三分容貌尚且不肯受屈况代玉等一干才貌者乎】心内着实妄想痴心的向上攀高【争奪者同來一看】每〻的要在宝玉面前現夷〻〻只是宝玉身边一干人都是能〔伶〕牙俐爪的那里又的下手去不想今兒纔有些消息又遭秋紋等一塲悪意心内早灰了一半【争名奪利者齊來一哭】正悶〻的忽然听見老嫉〻說起賈芸來不竟心中一動便悶〻的回至房中睡在床上顛〻盤笑

(朱批：难说的原故在此插)

(朱批：余前批不谬)

畨来覆去正没个抓寻忽听窗外低〻的叫道紅玉你的手帕子我拾在这里
呢紅玉听了忙走出来看不是别人正是賈芸紅玉不覺的粉面含羞問道二
爷在那里拾着的賈芸笑道你過来我告訴你一面説一面就上来拉他那紅
（睡夢中當然一跑這方是怡紅之鬟）
玉急回身一跑却被門檻伴倒要知端的下回分觧

紅樓夢寫夢章法總不雷同此夢更寫的新奇
不見後文不知是夢
紅玉在怡紅院為諸鬟所掩亦可謂生不遇
時但看後四章供阿鳳驅使可知

脂硯齋重評石頭記卷之

第二十五回

魘魔法姊弟逢五鬼　紅樓夢通灵遇双真

話説紅玉心神恍惚情思纏綿忽朦朧睡去遇見賈芸要拉他却回身一跑被門檻絆了一跤唬醒过来方知是夢因此番来復去一夜無眠至次日天明方纔起来就有几个丫頭子来會他去打掃房子地面提洗臉水這紅玉也不梳洗向鏡中胡乱挽了一挽頭髮洗了洗手腰内束了一條汗巾子便来打掃房屋誰知宝玉昨兒見了紅玉也就留了心若要直點名喚他來使用一則怕襲人等寒心（是宝玉心中想不是襲人拈酸）二則又不知紅玉是何等行為若好还罷了（不知好字是如何謂答曰在何等行為四字上看便知玉兒每情不情况有情者乎）若不好起来那時到不好退送的因此心下

悶〻的早起来也不梳洗只坐着出神一時下了窗子隔着紗屜子向外看的真切只見好几个丫頭在那里掃地都擦胭抹粉簪花插柳的（八字寫盡蠢鬟是為襯紅玉亦如用豪貴人家濃粧艷飾插金帶艮的襯宝釵代玉也）獨不見昨兒那一个宝玉便靸了鞋晃出了房門只粧着看花兒〔文字有層次〕这里瞧〻那里望〻一抬頭只見西南角上遊廊底下欄杆上似有一个人倚在那里却恨面前有一株海棠花遮着看不真切（余所謂此書之妙皆從詩詞句中泛出者皆係此等筆墨也試問覌者此非偶花人遠天涯近乎可知上几回非余妄擬）只得又轉了一步仔細一看可不是昨兒那个丫頭在那里出神待要迎上去又不好去的正想着忽見碧痕來摧他洗臉只得進去了不在話下却說紅玉正自出神忽見襲人招手叫他（此处方寫出襲人來是襯貼法）只得走上前来襲人笑道我們这里的噴壺还沒有收什了来呢你到林姑娘那里去把他們的借来使〻紅玉答應了便走出来往瀟湘

舘去正走上翠烟桥抬頭一望只見山坡上高処都是攔着幃幙方想起今兒有匠役在里頭種樹因轉身一望只見那边遠遠一簇人在那里掘土賈芸正坐在那山子石上红玉待要过去又不敢过去只得悶悶的向瀟湘舘取了噴壷回来無精打彩自向房内倒着衆人只說他一時身上不爽快都不理論（文字到此一頓狡滑之甚）睡眼过了一日（必云睡眼过了一日者是反襯紅玉挨一刻似一夏也知乎）原来次日就是王子騰夫人的壽誕那里原打發人来請賈母王夫人的王夫人見賈母不自在也便不去了（所謂一筆兩用也）到是薛姨媽同鳳姐兒並賈家四个姊妹宝釵宝玉一斉都去了至晚方回可巧王夫人見賈环下了学命他来抄个金剛咒唪誦唪誦那【用金剛咒引五鬼法】賈环正在王夫人炕上坐着命人点灯拿腔作勢的抄寫（小人乍得意者斉来一玩）一時又叫彩雲到杯茶来一時又叫玉釧兒来剪剪蠟花一時又說金釧兒擋了灯影衆

此等世俗之言亦因人而用妥極當極 壬午孟夏 雨窗 畸笏

了妳們素日厭惡他都不荅理只有彩霞还和他合的来暗中又伏風月之隙到了一鍾茶來遞与他因見王夫人和人說話他便悄ミ的向賈环說道你安些分罢何苦討这个厭那个厭的賈环道我也知道了你别哄我如今你和宝玉好把我不荅理我也看出来了彩霞咬着嘴唇向賈环頭上戳了一指頭說道沒良心的狗咬洞賓不識好人心風月之情皆係彼此業障所牽虽云惺惺惜惺惺但亦從業障而来蠢婦配才郎世间固不少然俏女挚村夫者猶多所謂業障牽魔不在才貌之論 兩人正說着只見鳳姐来了拜見过王夫人王夫人便一長一短的問他今兒是那几位堂客戲文好歹酒席如何等語說了不多几句話宝玉也來了進門見了王夫人不过規ミ矩ミ說了几句是大家子弟模樣 便命人除去抹額脫了袍服拉了靴子便一頭滚在王夫人王夫人的怀里王夫人便用手滿身滿臉摩挲撫弄他普天下幼年喪母者齐来一哭 宝玉也攬着脖子說長道短的王夫人道我的兒你

又吃多了酒臉上滾熱你还只是揉搓一會鬧上酒來还不再那里靜靜的倒
一會子呢說着便叫人拿个枕頭來宝玉听說下來在王夫人身後倒下又叫
彩霞來替他拍着宝玉便和彩霞說笑只見彩霞淡淡的不大荅理兩眼睛只
向賈环処看宝玉便拉他的手笑道好姐姐你也理我理兒呢一面說一面拉
他的手彩霞奪手不肯便說再鬧我就嚷了二人正鬧着原來賈环听的見素
日原恨宝玉如今又見他和彩霞鬧心中越發按不下這口毒氣虽不敢明言
却每每暗中筭計只是不得下手今見相离甚近便要用熱油燙瞎他的眼睛
因而故意粧作失手把那一盞油汪汪的蠟灯向宝玉臉上只一推只听宝玉
嗳喲了一声滿屋裡衆人都唬了一跳連忙将地下的椇灯挪过來又将里外
間屋的拿了三四盞看時只見宝玉滿臉滿頭都是油王夫人又急又氣一

面命人來替宝玉擦洗一面又罵賈环鳳姐三步兩步的上炕去替宝玉收拾着一面笑道老三还是这庅慌脚[鸡]是的我説你上不得高抬板趙姨娘時常也該教道〻〻他一句話提醒了王夫人那王夫人不罵賈环便叫过趙姨娘来罵道養出这樣黑心不知道理下流種子来也不管〻几番几次我都不理論你們得了意了越發上来了那趙姨娘素日也虽然常怀嫉妒之心不忿鳳姐宝玉兩個也不敢露出来如今賈环又生了事受这場惡氣不但吞声承受而且还要走去替宝玉收什只見宝玉左边臉上燙了一溜燎炮出来幸而眼睛竟没動王夫人看了又是心疼又怕明日賈母問怎庅回答急的又把趙姨娘数落一頓（揔是為楔緊五鬼一回文字）然後又安慰了宝玉一回又命取敗毒消腫藥来敷上宝玉道有些〻疼还〻不妨事明兒老太〻問就説是我自已燙的罢了鳳姐

為下文联一步

為五鬼法作耳非泛文也　雨窗

笑（雨笑坏極）道便說是自已燙的也要罵人為什庅不小心看着叫你燙了橫豎有一場氣生的到明兒憑你怎庅說去罷（坏極搃是調唆口吻趙氏寧不覺乎）王夫人命人好生送了宝玉回房去後襲人等見了都慌的了不得林代玉見宝玉出了一天門就覺悶〻的没個可說話的人至晚正打發人来問了兩三遍回来不曾这遍方纔回来又偏生燙了林代玉便赶着来瞧只見宝玉正拿鏡子照呢左边臉上滿〻的敷了一臉的藥林代玉只當燙的十分利害忙上来問怎庅燙了要瞧〻宝玉見他来了忙把臉遮着搖手叫他出去不肯叫他看知道他的癖性喜潔見不得这些東西（寫宝玉文字此等方是正緊筆墨）林代玉自已也知道自已也有这件癖性（寫林代玉文字此等方是正緊筆墨故二人文字虽多如此等晴伏淡寫処亦不少观者寔〻看不出者）知道宝玉的心内怕他嫌臟（将二人一並真〻寫他二人之心玲瓏七竅）因笑道我瞧〻燙了那里了有什庅

遮着藏着的一面說一面就凑上來强搬着脖子瞧了一瞧問他疼的怎么樣宝玉道也不狠疼養一兩日就好了林代玉坐了一回悶悶的回房去了一宿無語次日宝玉見了賈母虽然自己稱認是自己燙的不與别人相干免不得那賈母又把跟從的人罵一頓（此原非正文故艸艸寫去）過了一日就有宝玉寄名的干娘馬道婆進榮國府來請安見了宝玉唬一大跳問起原由說是燙的便點頭嘆息一回向宝玉臉上用指頭畫了一畫口内嘟嘟囔囔的又持頌了一回說道管保就好了这不過是一時飛災又向賈母道祖宗老菩薩那里知道那經典佛法上說的利害大凡那王公卿相人家的子弟只一生長下來暗里便有許多促狹鬼跟着他得空便擰他一下或掐他一下或吃飯時打下他的飯碗來或走着推他一跤所以往往的那些大家子孫多有長不大的賈母听如此

一段無倫無理信口開合的混話句句都是耳聞目覩者並非杜撰而有作者与余實實經過

說便赶着問這有什么佛法解釋沒有呢馬道婆道這個容易只是替他多作些
因果善事也就罷了再那经上還說西方有位大光明普照菩薩專管照耀陰
暗邪祟若有善男子善女人虔心供俸者可以永佑兒孫康寧安靜再無驚恐
邪祟撞客之災賈母道到不知怎么個供俸这位菩薩馬道婆道也不值些々什
么不過除香烛供養之外一天多添几斤香油點上个大海灯这海灯便是菩
薩現身法像晝夜不敢息的賈母道一天一夜也得多少油明白告訴我々也
好作这件功德的馬道婆听如此說便笑道这也不拘隨施主菩薩們隨心像
我家里就有好几処的王妃誥命供俸的南安郡王府里的太妃他許多的願
賊婆先用大鋪排試々
心大一天是四十八斤油一斤灯草那海灯也只比缸略小些錦田侯的誥命
次一等一天不过二十四斤油再还有几家也有五斤的三斤的一斤的都不拘

點頭思忖是量事之大小非吝澁也

壬午夏雨窗

畸笏

数那小家子窮人家捨不起這些就是四兩半斤也少不得替他點賈母听了

點頭思忖馬道婆又道還有一件若是為父母尊親長上的多捨些不妨若是像

賊道婆

是自太君思忖上來後用

如此数語收之使太君必心悅誠服愿行賊婆〻費我作者許多心机摹寫也

老祖宗如今為宝玉若捨多了到不好還怕哥兒禁不起倒折了福也不当家

花〻的要捨大多則七斤少則五斤也就是了賈母說既是這樣說你便一日五

斤合準了每月打躉來関了去馬道婆念一声阿弥陀佛慈悲大菩薩賈母又

命人來吩咐已後大凡宝玉出門的日子拿几串錢交給他的小子們帶着遇見

僧道窮苦人好捨說畢那馬道婆又坐了一回便又往各院各房問安閒逛了一

回一時來至趙姨娘房内二人見過趙姨娘命小丫頭倒了茶來与他吃馬道

見者有分是也

婆因見炕上堆着些零〻碎紬緞灣角趙姨娘正粘鞋呢馬道婆道可是我正

没了鞋面子了趙奶〻你有零碎緞子不拘什麼顔色的弄一双鞋面給我趙

姨娘听説便嘆口氣説道你瞧瞧那里頭还有那一塊是成樣的成了樣的東西也不能到我手里來有的没的都在這里你不嫌就挑兩塊子去馬道婆見説果真便挑了兩塊袖將起來趙姨娘問道前日我送了五百錢去藥王跟前上供你可收了没有馬道婆道早已替你上了供了趙姨娘嘆口氣道阿彌陀佛我手里但凡從容些些也時常的上個供只是心有餘力量不足馬道婆道你只管放心將來熬的环哥兒大了得個一官半職那時你要作多大的功德不能趙姨娘听説鼻子里哼了一声説道罷罷再別説起如今就是個樣兒我們娘兒們跟的上这屋里那一個兒也不是有了宝玉竟是得了活龍他还是小孩子家長的得人意兒大人偏疼他些也还罷了我只不伏這個主兒（趙嫗數語可知玉兒之身分况在背後之言　活像趙嫗）一面説一面伸出兩個指頭兒來（活現阿鳳）馬道婆會意便問道可是璉二奶奶趙姨娘唬的忙

摇手兒走到門前掀簾子向窓外看〻無人方進来向馬道婆悄〻說道了不

得了不得提起这個主兒这一分家私要不都斗他搬送到娘家去我也不是

这是妬心正題目

個人馬道婆見他如此說便探他口氣說道我还用你說难道都看不出來也

有隙即入所謂賊婆是極

亏你們心里也不理論只憑他去到也妙趙姨娘道我的娘不憑他去难道誰

还敢把他怎麼樣呢馬道婆听說鼻子里一哼半晌說道不是我說句造孽的

二哼

賊婆操必勝之權趙嫗已墮術中故敢直出明

話你們没有本事也难怪别人明不敢怎樣暗里也就筭計了还等到这如今

言阿畏可怕

趙姨娘聞听这話里有道理心内暗〻的欢喜便說道怎麼暗里筭計我到有

这個意思只是没这樣的能幹人你若教給我这法子我大〻的謝你馬道婆

听說这話打攏了一處便又故意說道阿彌陀佛你快休問我〻那里知道这

遠一步却是近一步賊婆〻〻

些事罪過〻〻趙姨娘道你又來了你是最肯濟困扶危的人難道就眼睁〻

的看人家來擺布死了我們娘兒兩個不成難道还怕我不謝你馬道婆听說如此便咲道若說我不忍叫你娘兒們受人委曲还由可若說謝我的这兩個字可是你錯打筭盤了就便是我希圖你謝靠你有些什庅東西能打動我趙姨娘听这話口氣松動了便說道你这庅個明白人怎庅糊塗起來了你若果然法子灵驗把他兩個絕了明日这家私不怕不是我环兒的那時你要什庅不得馬道婆听了低了頭半晌說道那時候事情妥了又無憑據你还理我呢趙姨娘道这又何難如今我虽手里沒什庅也零々碎攢了几兩梯己还有几件衣服簪子你先拿些去下剩的我寫個欠良子文契給你々要什庅保人也有那時我照數給你馬道婆道果然这樣趙姨娘道这如何还撒得謊說着便叫過一個心服婆子來耳根底下戚々喳々說了几句話那婆子出去了一時回

深謝礼輕重是這樣

說法可怕可畏

宝玉係馬道婆寄名乾兒一樣下此毒手况阿鳳乎三姑六婆之爲害如此即賈母之神明在所不免其他只知吃齋念佛之夫人太君豈能防悔得来此係老太君一大病作者一片婆

来果然寫了個五百兩欠契来趙姨娘便印了手模走到厨櫃里將梯己拿了（所謂狐羣狗黨是也大族所在不免看官着眼）出来與馬道婆看〻白花〻的一堆銀子又有欠契並不顧青紅皂白滿口里（並不顧三字寫得怕殺人細想）應着伸手先去抓了銀子揣起来然後收了欠契又向褲腰里掏了半晌掏出（千萬件壞事皆從此三字上作来嘆〻）（如此現成想賊婆）十個紙鉸的青面白髮的鬼来並兩個紙人遞與趙姨娘又悄〻的教他道把（所害之人豈止宝玉阿鳳二人哉大家太君夫人戒之慎之）他兩個的年庚八字寫在这兩個紙人身上一並五個鬼都掖在他們各人的床上就完了我只在家里作法自有效驗千万小心不要害怕正絕說着只見王夫人的丫环進来找道奶〻可在这里太〻等你呢二人方散了不在話下

却說林代玉因見宝玉近日燙了臉揔不出門到時常在一處說〻話兒这日飯後看了兩遍（篇）書自覺無趣便同紫鵑雪雁做了一回針線更覺煩悶便倚着房門出了一回神（所謂悶倚繡房吹柳絮是也）信步出来看堦下新迸出的稚笋不覺出（好〻妙〻是畨笋根）

心不避嬚疑特為稚子無人見句也

寫出使看官再四思之慎之戒之戒之

二宝荅言是補出諸艷俱領過之文

乙酉冬雪窗畸笏老人

了院門一望園中四顧無人惟見花光柳影鳥語溪声林代玉信步便往怡紅院中来只見几個丫頭舀水都在廻廊上圍着看画眉洗澡呢听見房内有咲聲林代玉便入房中看時原来是李宮裁鳳姐宝釵都在这里呢一見他進来都咲道这不又来了一個林代玉咲道今兒齊全誰下帖子請来的鳳姐道前兒我打發了丫頭送了兩瓶茶葉去你往那去了林代玉咲道哦可是到忘了多謝〻〻鳳姐兒又道你嚐了可还好不好沒有說完宝玉便說道論理可到罷了只是我說不大甚好也不知別人嚐着怎庅樣宝釵道味到輕只是顏色不大好些鳳姐道那是暹羅進貢来的我嚐着也沒什庅趣兒还不如我每日吃的呢林代玉道我吃着好不知你們的脾胃是怎樣宝玉道你果然愛吃把我这個你拿了去吃罷鳳姐咲道你要愛吃我那里还有呢林代玉道果真的

全用画家筆意寫法

閨中女兒樂事

有照應

該云我

正看会真記呢一笑

我就打發了頭取去了鳳姐道不用取去我打發人送來就是了我明兒还有一件事求你一同打發人送來林代玉听了咲道你們听〻这是吃了他們家一點子茶葉就來使喚人了鳳姐咲道到求你〻到說这些閑話吃茶吃水的你既吃了我們家的茶怎麼还不給我們家作媳婦（二玉之配偶在賈府上下諸人即觀者批者作者皆爲無疑故常〻有此等點題語我也要）衆人听了一齊都咲起來林代玉紅了臉一声兒不言語便回過頭去了（笑）李宮裁咲向宝釵道真〻我們二嬸子的詼諧是好的（好讚讚他讚）林代玉道什麼詼諧不过是貧嘴賤舌討人厭惡罷了（此句还不要候查一）說着便啐了一口鳳姐咲道你別作夢你替我們家作了媳婦少什麼指宝玉道你瞧〻（大〻落好接下文）人物兒門第配不上根基配不上家私配不上那一點还玷辱了誰呢林代玉抬身就走宝釵便叫顰兒急了还不回來坐着走了到沒意思說着便站起來拉住剛至房門前只見趙姨娘和周姨娘兩個人進來瞧宝玉李宮裁

代玉念佛是吃茶之語在心故也然摹寫神妙一絲不漏如此　己卯冬夜

宝釵宝玉等都讓他兩個坐獨鳳姐只和林代玉說咲正眼不看他們宝釵方欲說話時只見王夫人房内的丫頭來說舅太太來了請奶奶姑娘們出去呢李宮裁听了連忙叫着鳳姐等走了趙周兩個忙辞了宝玉出去宝玉道我也不能出去你們好歹别叫舅母進來又道林妹妹你先略站一站我說一句話鳳姐听了回頭向林代玉咲道有人叫你說話呢說着便把林代玉往里一推和李紈一同去了这里宝玉拉着林代玉的袖子只是嘻嘻的咲心里有話只是口里說不出來此時林代玉只是禁不住把臉紅漲了掙着要走宝玉道噯喲好頭疼林代玉道該阿弥陀佛宝玉大叫一声我要死將身一縱离地跳有三四尺高口内乱嚷乱叫說起胡話來了林代玉並丫頭們都唬慌了忙去報知王夫人賈母等此時王子騰的夫人也在这里都一齊來時宝玉亦發拿

此刻好看之至

是已受鎮說不出來忽得錫金之喜

自代玉看書起閑三段寫來真無容針之空如夏日烏雲四起疾閃長雷不絶不知雨從何时忽然霹靂一声傾盆大注何快如之何樂如之真令人寧不叫絶

刀弄杖寻死觅活的閙得天翻地覆賈母王夫人見了唬的抖衣而顫且兒一聲肉一聲放声慟哭于是驚動諸人連賈赦邢夫人賈珍賈政賈璉賈蓉賈芸賈萍薛姨娘薛蟠並周瑞家的一干家中上上下下里里外外衆媳婦了頭等都來園内看視登时園内乱麻一般正沒個主見只見鳳姐手持一把明晃晃刚刀砍進園來見雞殺雞見狗殺狗見人就要殺人

寫玉兄驚動若許人忙乱正寫太君一人之鍾愛耳看官勿被作者瞞过

此処爲用雞犬然煇煌富麗非処家之常也雞犬閑閑始爲兒孫千年之業故于此処必用雞犬二字方是一簇騰騰大舍

衆人慌了周瑞媳婦忙帶着几個有力量的胆壯的婆娘上去抱住奪下刀來抬回房去平兒豐兒等哭的泪天泪地賈政等心中也有些煩难顧了這里丢不下那里别人慌張自不必講独有

寫呆兄忙是躲煩碎文字法好想頭好筆力石頭記最得力処在此

薛蟠更比諸人忙到十分去又恐薛姨媽被人擠倒又恐薛宝釵被人瞧見又恐香菱被人燥皮知道賈珍等是在女人身上做工夫的因此忙的不堪忽一

眼瞥見了林代玉風流婉轉已酥倒在那里（忙中寫閑真大手眼大章法）當下衆人七言八語有的説請端公送祟的有的説請巫婆跳神的有的又荐玉皇閣的張真人種種宣騰不一也曾百般醫治祈禱問卜求神皆總無效驗堪堪日落王子騰夫人告辭去後次日王子騰也來瞧問接着小史侯家邢夫人弟兄輩并各親戚眷屬都來瞧看也有送符水的也有荐僧道的總不見效他叔嫂二人愈發糊塗不省人事睡在床上渾身火炭一般口内無般不説（收拾的得法正文）到夜晚間那些婆娘媳婦丫頭們都不敢上前因此把他二人都抬到王夫人的上房内夜間派了賈芸帶着小厮們挨次輪班看守賈母王夫人邢夫人薛姨娘等寸地不离只圍着乾哭此時賈赦賈政又恐哭坏了賈母日夜熬油費火鬧的人口不安（四字寫盡〻段者矣）也都沒了主意賈赦还各処去尋僧覓道賈政見不灵效着實懊惱因阻賈赦道兒

女之数皆由天命非人力可強者他二人之病出于不意百般醫治不效想天（人自应如是）意該如此也只好由他們去罷賈赦也不理此話仍是百般忙乱那里見些效驗看〻三日光陰那鳳姐和宝玉倘在床上亦發連氣都将沒了合家人口無不慌都說沒了指望忙着将他二人的後世的衣履都治備下了賈母王夫人賈璉平兒襲人这几個人更比諸人哭的忘飡廢寢覓死尋活趙姨娘賈环等自是稱愿（補明赵嫗進怡紅為行法也）到了第四日早晨賈母等正圍着宝玉哭時只見宝玉睁開眼說道（語不驚人死不休此之謂也）從今已後我可不在你家了快収拾了打發我走罷賈母听了这話如同摘心去肝一般趙姨娘在傍劝道老太〻也不必過于悲痛（断不可少此句）哥兒已是不中用了不如把哥兒的衣服穿好讓他早些回去也免些苦只管（大遂心人必有是語）捨不得他这口氣不斷他那世里也受罪不安生这些話沒說完被賈母照臉

讀書

啐了一口唾沫罵道爛了舌頭的混帳老婆誰叫你來多嘴多舌的你怎麽知道他在那世里受罪不安生怎麽見得不中用了你愿他死了有什麽好處你別做夢他死了我只和你們要命素日都不是你們調唆着逼他寫字念書奇語

所謂溺愛者不明然天生必有是一段文字的

把膽子唬破了見了他老子不像個避猫鼠兒都不是你們這起娼婦調唆的這會子逼死了你們遂了心我饒那一個一面罵一面哭賈政在傍听見这些話心里越發難過便喝退趙姨娘自己上来委宛解劝一時又有人來回說兩口棺槨都做齊了請老爺出去看賈母听了如火上澆

偏寫一頭不了又一頭之文真步步緊

油一般便罵是誰做了棺槨一叠声只叫把做棺材的拉來打死正鬧的天翻地覆沒個開交只聞得隱隱的木魚声响念了一句南無解冤孽菩薩有那

你看他不廢絲毫之力收住數百言之文石頭記得力處全在如此 以幻作真以真作幻看官亦要如此看法為幸

人口不利家宅顛傾或逢凶險或中邪祟者我們善能醫治賈母王夫人听

見這些話那里还耐得住便命人去快請進來賈政雖不自在耐賈母之言如何違拗想如此深宅何得听的这樣真切心中亦希罕命人請了進來衆人舉目看時原来是一個癩頭和尚與一個跛足道人（僧因鳳道因玉一絲不亂）

見那和尚是怎的模樣

鼻如懸膽兩眉長　目似明星蓄宝光　破衲芒鞋無住跡
腌臢更有滿頭瘡

那道人又是怎生模樣

一足高來一足低　渾身帶水又拖泥　相逢若問家何處
却在蓬萊弱水西

賈政問道你道友二人在那廟焚修那僧咲道長官不須多話（避俗套法）因聞得府上

人口不利故特來醫治賈政道到有兩個人中邪不知你們有何符水那道人笑道你家現有希世奇珎如何还問我們有符水賈政听這話有意思（點題）心中便動了因說道小兒落草時虽帶了一塊宝玉下來上面說能除邪祟誰知竟不（棒喝之声）灵驗那僧道長官你那里知道那物的妙用只因他如今被声色貨利所迷（石皆能迷可知其害不小观者着眼方向讀石頭記）故不灵驗了（讀書者观之）你今且取他出來待我們持頌

持頌只怕就好了（只怕二字是不知此石肯听持誦否）賈政听說便向宝玉項上取下那玉來遞與他二人那和尚接了過來擎在掌上長嘆一聲道（正點題大荒山手捧時語）青埂一別展眼已過十三載矣人世光陰如此迅速塵緣滿日若似彈指（見此一句令人可嘆可驚不忍往後再看矣）可羨你当时的那段好處

天不拘兮地不羈　心頭無喜亦無悲　却因煆煉通灵後

便向人間覓是非　所謂越不聽明越快活是也
可歎你今日这番經歴
粉漬脂痕汚宝光　綺櫳晝夜困鴛鴦
寃孽償清好散場　沉酣一夢終須醒
又是一番煅煉爲得不成佛作祖
念畢又摩挲一回說了些瘋話遞與賈政道此物已灵不可褻瀆懸于卧室上
是要緊語　是不可不寫之套語
檻将他二人安一屋之内除親身妻母外不可使陰人冲犯三十三日之後包
管身安病退復旧如初說着回頭便走了賈政赶着还說話讓二人坐了吃茶要
送謝礼他二人早已出去了賈母等还只管着人去赶那里有個踪影也不得
依言将他二人就安放在王夫人卧室之内将玉懸在門上王夫人親身守着
前明持誦故有是灵
不許別個人進來至晚間他二人竟漸〻醒來說腹中飢餓賈母王夫人如得

通灵玉除邪全部百回只此一見何得再言僧道蹊跷處寔幻筆幻想寫幻人于幻文也　壬午孟夏雨窗

了珍宝一般旋熬了米湯来與他二人吃了精神漸長邪祟稍退一家子纔（昊天罔極之恩如何得報哭殺幼而喪父母者）

把心放下来李宫裁並賈府三艷薛宝釵林代玉平兒襲人等在外間听信息

聞得吃了米湯省了人事别人未開口林代玉先就念了一聲阿弥陀佛（針对得病时一声）薛宝

釵便回頭看了半日嗤的一声笑衆人都不會意賈惜春道宝姐〻好〻的咲

什麽宝釵咲道我咲如来佛比人还忙（这一句作正意看餘皆雅謔但此一謔却抵攀兒半那之謔）又要講經説法又要普渡衆生這如今

宝玉鳳姐〻病了又焼香还愿賜福消災今纔好些又管林姑娘的姻緣了你説

忙的可笑不可笑林代玉不覺的紅了臉啐了一口道你們这起人不是好人

不知怎麽死再不跟着好人學只跟着鳳姐貧嘴爛舌的學一面説一面摔簾

子出去了不知端詳且听下回分解

通靈玉听癩和尚二偈即刻靈應抵却前回若干蔵子及語録譏鋒偈子正所謂物各有主也嘆不能得見宝玉懸崖撒手文字爲恨

丁亥夏 畸笏叟

此回書因才幹乖覺太露引出事来作者顛心爲世之乖覺人爲鑑

脂硯齋重評石頭記卷之

第二十六回

蜂腰橋設言傳心事　瀟湘館春困發幽情

話說宝玉養過了三十三天之後不但身体强壯亦且連臉上瘡痕平服仍回大觀園内去這也不在話下且說近日宝玉病的时節賈芸帶着家下小厮坐更看守晝夜在這里那紅玉同衆丫嬛也在這里守着宝玉彼此相見多日都漸漸混熟了那紅玉見賈芸手里拿着手帕子到像是自己從前弔的待要問他又不好問的不料那和尚道士來過用不着一切男人賈芸仍種樹去了這件事待要放下心内又放不下待要問去又怕人猜疑正是猶豫不决神魂不定之際忽听窗外問道姐姐在屋里沒有紅玉聞听在窗眼内望外一看原來

妙看他偏不寫正文偏有許多閒文却是補遺

此等細事是舊族大家閨中常情今特為暴發錢奴寫來作鑒一笑　壬午夏雨窗

是本院的個小了頭名叫佳蕙的因荅說在家里你進來罢佳蕙听了跑進來
就坐在床上咲道我好造化纔剛在院子里洗東西宝玉叫往林姑娘那里送
茶葉交代井〻有法花大姐〻交給我送去可巧老太〻那里給林姑娘送錢來正　前文有言　是補寫否
分給他們的丫頭們呢見我去了林姑娘就抓了兩把給我也不知多少你替
我收着便把手帕子打開把錢倒了出來紅玉替他一五一十的数了收起佳
蕙道你這一程子心里到的覺怎麽樣依我說你竟家去住兩日請一個大夫
來瞧〻吃兩剤藥就好了紅玉道那里的話好〻的家去作什麽佳蕙道我想
起來了林姑娘生的弱時常他吃藥你就和他要些來吃也是一樣閑言中敘出代玉之弱草蛇灰線　是補寫否
紅玉道胡說藥也是混吃的佳蕙道你這也不是個長法兒又懶吃懶　如聞　襯傍之根中口中
喝的終久怎麽樣紅玉道怕什麽还不如早些兒死了到干净佳蕙道好〻的　出妙極　此句令人氣噎摠在無可奈何上来

怎麽說這些話紅玉道你那里知道我心里的事佳蕙道我想了会子可也怨
是補文否
不得這个地方难站就像昨兒老太太因宝玉病了這些日子就跟着伏侍的
是補寫否
這些人都辛苦了如今身上好了各處還完了愿叫把跟着的人都按着等兒
是補寫否
道着心病
賞他們我們筭年紀小上不去我也不抱怨像你怎麽也不筭在里頭我心里
却論公論方見襲卿身分
就不服襲人那怕他得十分兒也不惱他原該的說良心話誰还敢比他呢别
說他素日殷勤小心便是不殷勤小心也抗不得可氣晴雯綺霰他們這几個
都筭在上等里去仗着老子娘的臉面衆人倒捧着他去你說可氣不可氣紅
玉道也不犯着氣他們俗語說的好千里搭長棚没有個不散的筵席此时寫出此等言語令人墮淚誰守誰一輩子呢不過三年五載各人幹各人的去了那时誰还管誰
不但佳蕙批書者亦淚下矣
呢這兩句話不覺感動了佳蕙的心腸由不得眼睛紅了又不好意思好端的

玉一腔委曲怨憤係身在怡紅不能遂志看官勿錯認為芸兒害相思也　已卯冬

獄神廟回有茜雪紅玉一大回文字惜迷失無稿嘆嘆　丁亥夏　畸笏叟

哭只得免強咲道你這話說的却是昨兒宝玉还說明兒怎么樣做衣裳到像有几百年的熬煎、却是小女兒口中無味之談寔是寫宝玉不如一嬛婢紅玉听了冷咲了兩声方要說話文字又一頓只見一個未留頭的小丫頭子走進來手里拿着些花樣子並兩張紙說道這是兩個樣子叫你描出來呢說着向紅玉擲下回身就跑了紅玉向外問道到是誰的也等不的說完就跑誰蒸下饅頭等着你怕冷了不成那小丫頭在窗外只說得一声是綺大姐姐的抬起脚來咕咚咕咚又跑了紅玉便賭氣把那樣子擲在一边向抽屜內找筆找了半天都是禿了的因說道前兒一枝筆放在那里了怎么一時想不起來一面說着一面出神總是画境想了一会方咲道是了前兒晚上鶯兒拿了去了便向佳蕙道你替我取了來佳蕙道花大姐姐还等着我替他抬箱子呢你自己取去罷

還是補文

又是不合式之言擢心語

活跳活現在

如画

何如

是補文否

既在矮簷下怎敢不低頭

还是補文

紅玉道他等着你你还坐着閒打牙兒我不叫你取去他也不等着你了壞透了的小蹄子說着自己便出房來出了怡紅院一逕往宝釵院內來剛至沁芳亭畔只見宝玉的奶娘李嬷〻從那边走來（奇文真令人不淂机関）紅玉立住咲問道李奶奶你老人家那去了怎打這里來李嬷（嫫）〻站住將手一拍道你說〻好〻的又看上了那个種樹的什広雲哥兒雨哥兒的（奇文神文）这会子逼着我叫了他來明兒叫上房里听見可又是不好紅玉咲道你老人家當真的就依了他去叫了（是遂心語）李嬷〻道可怎広樣呢（妙的是老嫗口氣）紅玉咲道那一个要是知道好歹就回不進來纔是（是私心語神妙）李嬷〻道他又不痴為什広不進來紅玉道既是進来你老人家該同他一齊來回来叫他一个人乱碰可是不好呢（撥是私心語要直問又不敢只用这等語慢〻的套出有神理）李嬷〻道我有那樣（些）工夫和他走不過告訴了他

[襲人身分]

[曲折再四方逼出正文來]

回来打發個小丫頭子或是老婆子帶進他來就完了說着拄着那揚仗一逕
去了紅玉听說便站着出神且不去取筆總是不言神情另出花樣一时只見一个小丫
頭子跑來見紅玉站在那里便問道林姐〻你在這里作什麽呢紅玉抬頭見
是小丫頭子墜兒墜兒者贅也人生天地間已是贅〻疣況又生許多冤情孽債嘆〻紅玉道那去墜兒道叫我帶
等的是这句话
進芸二爺來說着一逕跑了這里紅玉剛走至蜂腰橋門前只見那边墜兒引
着賈芸來了妙不說紅玉不走亦不說走只說剛走到三字可知紅玉有私心矣若說出必定不走必定走則文字死板亦且稜角過露非寫女兒之筆也
那賈芸一面走一面拿眼把紅玉一溜那紅玉只粧着和墜兒說話也把眼去
一溜賈芸四目恰相對时紅玉不覺臉紅了看官至此須掩卷細想上三十回中篇篇句〻點紅字處可與此處想如何
一扭身往蘅蕪苑去了不在話下這里賈芸隨着墜兒逶迤來至怡紅院中墜
兒先進去回明了然後方領賈芸進去賈芸看时只見院内略〻有几點山石

種看芭蕉那边有兩支仙鶴在松樹下剔翎一溜迴廊上吊着各色籠子各色
仙禽異鳥上面小小五間抱厦一色雕鏤新鮮花様隔扇上面懸着一个匾額
四个大字題道是怡紅快緑賈芸想道怪道叫怡紅院原来匾上是恁樣四个
字（傷哉轉眼便紅稀緑瘦矣嘆〻）正想着只听里面隔着紗窻子咲說道快進来罢我怎広
此文若係僧繇點睛之龍破壁飛去了焉得不拍案叫絶
就忘了你兩三個月賈芸听的是宝玉的声音連忙進入房内抬頭一看只見
金碧輝煌（器皿）文章閃灼（陳設）却看不見宝玉在那里一回頭只見左边立着
不能細覽之文　不得細玩之文　武夷九曲之文
一架大穿衣鏡從鏡後轉出兩個一般大的十五六歲的丫頭来說請二爺裡
頭屋里坐賈芸連正眼也不敢看連忙答應了又進一道碧紗厨只見小小一
張填漆床上懸着大紅銷金撒花帳子宝玉穿着家常衣服靸着鞋倚在床上
这是等芸哥看故作欵式若果真看書在隔紗窗子説話时已放下了玉兄若見此批必云老貨他処〻不放鬆我
拿着本書看見他進来将書擲下早堆着咲立起身来賈芸忙上前請了安宝

回思將余比作釵顰等乃一知己余何幸也一笑

玉讓坐便在下面一張椅子上坐了宝玉笑道只從那个月見了你我叫你往

書房里來誰知接〻連〻許多事情就把你忘了賈芸笑道揔是我沒福偏〻

又遇着叔〻身上欠安叔〻如今可大安了宝玉道大好了我到听見說你辛

誰一家子可發一天笑

苦了好几天賈芸道也是該当的叔〻大安了也是我們一家子的造化說着

此句是認人非前溜紅

只見有个丫嬛端了茶來与他那賈芸口里和宝玉說着話眼睛却溜瞅那丫

玉之文

水滸文法用的恰

嬛細挑身材容長臉面穿着銀紅襖兒青緞背心白綾細摺裙不是別个却是

当是芸哥眼中也

襲人那賈芸自從宝玉病了几天他在里頭混了两日他都把那有名人口都

何如可知前批非謬

記了一半 一路揔是賈芸是个有心人一絲不乱 他也知道襲人在宝玉房中比別个不同今見

他端了茶來宝玉又在傍边坐着便忙站起來笑道姐〻怎庅替我到起茶來

我來到叔〻这里又不是客讓我自己到罢 揔寫賈芸乖覺一絲不乱 宝玉道你只管坐

看罢了頭們跟前也是這樣賈芸咲道雖如此說叔〻房里姐〻們我怎麽敢放肆呢一面說一面坐下吃茶那宝玉便和他說些沒要緊的散話妙極是極况宝玉又有何正緊可說的此批被作者偏過了又說道誰家的戲子好誰家的花園好又告訴他誰家的了頭標緻誰家的酒席豐盛又是誰家有奇貨又是誰家有異物几个誰家自北靜王公侯駙馬諸大家包括盡矣寫盡紈袴口角　脂硯齋再筆　対芸兒原無可說之話　那賈芸口里只得順着他說〻了一会見宝玉有些懶〻的了便起身告辭宝玉也不甚留只說你明兒閒了只管來仍命小丫頭子墜兒送他出去出了怡紅院賈芸見四顧無人便把脚慢〻停着些走口里一長一短和墜兒說話先問他几歲了名子叫什麽你父母在那一行上在宝叔房内几年了入漸〻一个月多少錢共揔宝叔房内有几个女孩子那墜兒見問便一樁〻的都告訴他了賈芸又道纔〻剛那个與你說話的他可是

吽小紅墜兒笑道他到吽小紅你向他作什庅賈芸道方纔他向你什庅手帕子我到揀了一塊墜兒听了笑道他問了我好几遍可有看見他的帕子我有那庅大工夫管这些事今兒他又問我他說我替他找着了他还謝我呢纔在衡蕪苑門口說的二爺也听見了不是我撒謊好二下你既揀了給我罷我看他拿什庅謝我原来上月賈芸進来種樹之时便揀了一塊羅帕便知是所在園内的人失落的但不知是那一個人的故不敢造次今听見紅玉問墜兒便知是紅玉的心内不甚勝喜幸又見墜兒追索心中早得了主意便向袖内将自已的一塊取了出来向墜兒咲道我給是給你你若得了他的謝礼不許瞞着我墜兒滿口里荅應了接了手帕子送出賈芸回来找紅玉不在話下至此一頓

傳字正文此処方露

狡滑之甚

原非書中正文之人寫来間色耳

如今且說宝玉打發了賈芸去後意思懶懶的歪在床上

似有朦朧之態襲人便走上来坐在床沿上推他說道怎庅又要睡覺悶的狠你出去往往不是【不答上文妙極】宝玉見說便拉他的手咲道我要去只是捨不得你襲人咲道快起来罢一面說一面拉了宝玉起来宝玉道可往那去呢怪膩膩煩煩的【玉兄最得意之文起筆却】【如此写】襲人道你出去了就好了只管这庅葳蕤越發心里煩膩宝玉無精打彩的只得依他悵出了房門在廻廊上調弄了一回雀兒出至院外順着沁芳溪看了一回金魚只見那边山坡上兩隻小鹿箭也似的跑来宝玉不解其意正自納悶只見賈蘭在後面拿着一張小弓追了下来【此等文可是人能意料的】一見宝玉在前面便站住了咲道二叔二叔在家里呢我只當出門去了宝玉道你又淘氣了好好的射他作什庅賈蘭咲道這会子不念書閑着作什庅所以演習演習騎射【答的何其唐皇正大何其坦然之至】宝玉道把牙栽了那时候不演呢說着順着腳一逕来至一个院門前【像無意】只見鳳尾森森龍吟細

先用鳳尾森〻龍吟細〻八字一縷幽香自紗窓中暗〻透出細〻的長嘆一声等句方引出每日家情思睡昏〻仙音妙音來非純化工夫之筆不能可見行文之難

舉目（原無意）望门上一看只見匾上寫着瀟湘館三字（三字出出足見真出無意）宝玉
與後文落葉蕭〻寒烟細漠〻一對可傷可嘆
信步走入只見湘簾垂地悄無人声走至窓前覺得一縷幽香從碧紗窓中暗
暗透出宝玉便將臉貼在紗窓上往裡看時耳内忽听未曾看見先听見有神理得細細的
長嘆了一声道每日家情思睡昏昏宝玉听了不覺心内癢將起來再看時只見
代玉在床上伸懶腰有神理真〻畫出宝玉在窓外笑道為甚麼每日家情思睡昏
昏一面說一面掀簾子進來了林代玉自覺忘情不覺紅了臉拿袖子遮了臉
翻身向裡裝睡着了宝玉纔走上來要搬他的身子只見代玉的奶娘並兩个
婆子却跟了進來說妹〻睡覺呢等醒來再請来剛说着代玉便翻身坐了起
来笑道誰睡覺呢妙極可知代玉是怕宝玉去也那兩三个婆子見代玉起來便笑道我們只
當姑娘睡着了说着便叫紫鵑说姑娘醒了進来伺候一面说一面都去了代

二玉這回文字作者亦在無意上寫来所謂信手拈来無不是〻也

方才見芸哥所拿之書一定見是畫不然如何忘情至此

玉坐在床上一面抬手整理鬢髮一面咲向宝玉道人家睡覺你進來作什広宝玉見他星眼微餳香腮帶赤不覺神魂早蕩一歪身坐在椅子上咲道你纔說什広代玉道我沒說什広宝玉咲道給你个榧子吃我都听見了二人正說話只見紫鵑進來宝玉咲道紫鵑把你們好茶倒碗我吃紫鵑道那里是好的呢要好的只是等襲人來代玉道別理他你先給我舀水去罷紫鵑咲道他是客自然先倒了茶來再舀水去說着倒茶去了宝玉咲道好丫頭若共你多情小姐同鴛帳怎捨得疊被鋪床

真正無意忘情衝口而出之語

林代玉登時撂下臉來

我也要惱

說道二哥〻你說什広宝玉咲道我何嘗說什広代玉便哭道如今新興的外頭听了村話來也說給我听看了混書也來拿我取咲兒我成了爺們解悶的一面哭着一面下床來往外就走宝玉不知要怎樣心下慌了忙趕上來好妹〻我一时該死你別

若無如此文字收什二玉寫顰無非至再哭慟笑玉只以陪盡小心軟求漫懇二人一笑而止且書若此亦多多矣未免有犯雷同之病故用險句結住使二玉心中不得不將現事拋卻各懷一驚心意再作下文
壬午孟夏雨窗
畸笏

告訢去我再要敢嘴上就長个疔爛了舌頭正說着只見襲人走来說道快回

不止玉兒一驚即阿顰也不免一嚇作者只顧寫來收什二玉

穿衣服老爷叫你呢宝玉听了不覺打了个雷的一般也催不的別的疾忙回

之文忘卻顰兒也想作者亦似宝玉西廂之句忘情而出也呵呵

来穿衣服出園来只見焙茗在二門前等着宝王问道你可知道叫我是為什庅焙茗道爺快出来罷橫竪是見去的到那里就知道了一面說一面催着宝玉轉過大所宝玉心里还自狐疑只听墻角边一陣呵呵大笑回頭只見薛蟠

非敦兄行不出此等戲矣但作者有多少丘壑在胸中寫來酷肖

拍着手咲了出來咲道要不說姨夫叫你你那里出来的这庅快焙茗也咲道爷別怪我忙跪下了宝玉怔了半天方解過來了是薛蟠哄他出來薛蟠連忙打恭作揖陪不是又求不要难為了小子都是我逼他去的宝玉也無法了

酷肖

只好咲因道你哄我也罷了怎庅說我父親呢我告訢姨娘去評評这个理可使得庅薛蟠忙道好兄弟我原為求你快些出來就忘了忌諱这句話改日

真〻乱話

你也哄我説我的父親就完了寶玉道嗳〻越發該死了又向焙茗道反叛肏
的还跪着作什麽焙茗連忙叩頭起来薛蟠道要不是我也不敢驚動只因明
兒五月初三日是我的生日誰知古董行的程日興他不知那里尋了来的這

如見如聞

麽粗這麽長粉脆的鮮藕这麽大的大西瓜这麽長一尾新鮮的鱘魚这麽大
的一个暹羅國進貢的靈柏香燻的暹猪你説他这四様礼可難得不难得那
魚猪不過貴而难得这藕和瓜亏他怎麽種出来的我連忙孝敬了母親赶着

獃兄亦有此話批書人至此誠往生

给你们老太〻姨父姨母送了些去如今留了些我要自己吃恐怕折福左思

獃兄至恒河沙數也 此語令人哭不得笑不得亦真心語也

右想除我之外惟有你还配吃所以特請你来可巧唱曲兒的小么兒又纔来了
我同你樂一天何如一面説一面来至他書房里只見詹光程日興胡思来单
聘仁哥並唱曲兒的都在这里見他進来请安的问好的都彼此見過了吃了

閑事順筆將罵死不學之紈袴　壬午雨窗　畸笏

茶薛蟠即命人摆酒來說猶未了衆小厮七手八（又一句寫法）脚摆了半天方纔停当归坐宝玉（畢真酷肖）果見瓜藕新異因咲道我的寿礼还未送來到先擾了薛蟠道可是呢明兒你送我什麽宝玉道我可有什麽可送的若論銀錢吃的穿的東西究竟（誰說的）还（出經過者方說得出噯噯）不是我的惟有我寫一張字画一張画纔算是我的薛蟠咲道你提画兒我纔想起來昨兒我看人家一張春（阿獃兄眼見之画也）宫画的自是好上面还有許多的字也没细看只看落的款是庚黄画的真真的好的了不得宝玉听說心下猜疑道古今字画也都見過些那里有个庚黄想了半天不覺咲將起來命人取過筆來在手心里寫了兩个字又问薛蟠道你看真了是庚黄薛蟠道怎麽看不真宝玉將手一撒与他看道别是这兩字罢其實与庚黄相去不遠衆人都看时原來是唐寅兩个字都咲道想必是这兩字大爷一时眼花了也未可知薛蟠

紫英豪俠小三段是為金閨间色之文　壬午雨窗

寫倪二英湘蓮玉菡俠文皆各得傳真寫照之筆　丁亥夏　畸笏叟

（寔心人）只覔沒意思咲道誰知他糖銀果銀的正説着小廝來回馮大爷来了宝玉便知是神武将軍馮唐之子馮紫英來了薛蟠哥一齊都叫快請說猶未了只見（如見如聞）馮紫英一路説咲已進來了衆人忙起席讓坐馮紫英咲道好呀（如見其人于紙上）也不出门了在家裡高樂罷宝玉薛蟠都咲道一向少會老世伯身上康健紫英答道家父到也托庇康健近來家母偶着了些風寒不好了兩天薛蟠見他面上有些青傷便咲道這臉上又和誰揮拳的来掛了幌子了馮紫英咲道從那一遭把仇都尉打傷了我就記了再不慪氣如何又揮拳這个臉上是前日打圍在鐵網山教兔鹘捎一翅膀（如何看想新奇字樣）宝玉道几时的話紫英道三月二十八日去的前兒也就回來了宝玉道怪道前兒初三四兒我在沈世凡家赴席不見你呢我要問不知怎麼就忘了單你去了还是老世伯也去了紫英道可不是家父去我沒法兒

惜衛若蘭射圃文字迷失無稿嘆嘆 丁亥夏畸笏叟

去罢了难道我闲疯了偺們几個人吃酒听唱的不樂尋那个苦惱去這一次大不幸之中又大不幸薛蟠衆人見他吃完了茶都說道且入席有話慢慢的〔餘文再述〕說馮紫英听說便立起身來說道論理我該陪飲几杯纔是只是今兒有一件大大要緊的事回去还要見家父面回寔不敢領薛蟠寶玉衆人那里肯依死拉着不放馮紫英咲道這又奇了你我这些些年那回兒有这个道理的果然不〔如聞如見〕〔寫豪爽人如此〕能遵命若必定叫我領拿大杯來我領兩杯就是了衆人听說只得罢了薛蟠執壺寶玉把盞斟了兩大海那馮紫英站着一氣而尽寶玉道你到底把這个〔爽快人如此令人羡煞〕不幸之幸說完了再走馮紫英咲道今兒說的也不尽興我為这個还要特治一東請你们去细談一談一則还有可懇之処說着執手就走薛蟠道越發說的人熱刺刺的丢不下多早晚纔請我們告訴了也免的人猶疑馮紫英道多〔寔心人如此絲毫形跡俱無令人痛快煞〕

則十日少則八天一面說一面出门上馬去了衆人囬來依席又飲了一囬方散宝玉囬至園中襲人正記挂着他去見賈政不知是禍是福只見宝玉醉醺

下文伏線

醺的囬來問其原故宝玉一一向他說了襲人道人家牵腸挂肚的等着你且高樂去也到底打發人來給个信兒宝玉道我何嘗不要送信兒只因馮世兄來了就混忘了正說只見寶釵走進來笑道偏了我们新鮮東西了宝玉笑道姐姐家的東西自然先偏了我们了宝釵搖頭笑道昨兒哥哥到特特的請我吃我不吃叫他留着請人送人罷我知道我的命小福薄不配吃那个說着了妚到了茶來吃茶說閑話兒不在話下却說那林代玉听見賈政叫了宝玉去

這席東道是和事酒不是

了一日不囬來心中也替他憂慮至晚飯後聞听宝玉來了心里要找他問問是怎么樣了一步步行來見宝釵進宝玉的院内去了自己也便隨後走了來

剛到了沁芳橋只見各色水禽都在池中浴水也認不出名色來但見一个个
文彩炫燿好看異常因而站住看了一会再往怡紅院来只見院門関着代玉
避難法
便以手扣门誰知晴雯和碧痕正辯了嘴沒好氣忽見宝亞釵來了那晴雯正
晴雯遷怒是常事耳寫釵顰二卿身上与踢襲人之文令人于何処設想着筆　丁亥夏　畸笏叟
把氣移在宝釵身上正在院内報怨說有事沒事跑了來坐着叫我们三更半
指明人則暗寫
把宝卿如此寫法
夜的不得睡覺忽听又有人叫門晴雯越發動了氣也並不向是誰便說道
寫代玉如此犯不知人則明寫
都睡下了明兒再來罷林代玉素知了頭们的情性他们彼此頑要慣了恐怕
恐怕院内的了頭沒听真是他的声音只當是别的了頭们来了所以不開门因
想代玉高声亦不過你我平常說話一樣耳况晴雯素昔浮燥多氣之人如何辨得出此
而又高声說道是我还不開庅晴雯偏生还沒听出来便使性子說道憑你是
刻須得批書人唱大江東的喉嚨嚷着是我林代玉叫門方可又想若開了門如何有後面許多好
誰二爷分付的一槩不許放人進來呢林代玉听了不覺氣怔在门外待要
字樣好文章看官者意為是否
寄食者着眼况顰兒何等人乎
高声向他逗起氣来自己又回思一番雖說是旧母家如同自己家一樣到

底是客邊如今父母雙亡無依無靠現在他家依栖如今認真淘氣也覺沒趣
一面想一面又滾下淚珠来正是囬去不是站着不是正沒主意只听裡面一
陣唉語之声細听一听竟是宝玉宝釵二人林代玉心中亦發動了氣左思右
想忽然想起了早起的事來必竟是宝玉惱我要告他的原故但只我何嘗告你
了你也打听打听就惱我到這步田地你今兒不叫我進來难道明兒就不見
面了越想越傷感起来也不顧蒼苔露冷花逕風寒獨立墻角边花陰之下悲
悲戚戚嗚咽起来原來這林代玉秉絶代姿容具希世俊美不期這一哭那附
近柳枝花朵上的宿鳥栖鴉一聞此聲俱忒楞楞飛起遠避不忍再听真是花
魂默默無情緒鳥夢痴痴何處驚因有一首詩道

沉魚落雁閉月羞花原來是哭了出來的一笑

顰兒才貌世應希　獨抱幽芳出繡閨　嗚咽一聲猶未了

落花滿地鳥驚飛

那林代玉正自啼哭忽听吱嘍一聲院門開處不知是那一個出來要知端的

且听下回分解

脂硯齋重評石頭記

葬花吟是大觀園諸艷之帰源小引故用在餞花日諸艷畢集之期

餞花日不論其典與不典只取其韵耳

脂硯齋重評石頭記卷之

第二十七回

滴翠亭楊妃戲彩蝶　埋香塚飛燕泣殘紅

話說林代玉正自悲泣忽听院門响處只見宝釵出來了宝玉襲人等一群人送了出來待要上去向着宝玉又恐當着衆人問羞了宝玉不便因而閃過一傍讓宝釵去了宝玉等進去関了門方轉過來猶望着门（四字刻畫癡女兒也）洒了几點淚自覺無味方轉身回來（画美人之秘訣）無精打彩的卸了殘粧紫鵑雪鴈素日知道林代玉的情性（補寫卻是避繁文法）無事悶坐不是愁眉便是長嘆且好端端的不知為了什麼常常的便自淚道不乾的先時还有人解劝怕他思父母想家鄉受了委曲用話自得寬慰解劝誰知後來一年一月的竟常常的如此把這個樣兒看慣也都不理論了所以也沒

人理由他去悶坐只管睡覚去了那林代玉倚着床欄杆两手抱着膝眼睛合（所謂久病床前少孝子是也）（前批得画美人秘訣今竟画出金閨夜坐圖）

着淚好似木雕泥塑的一般直坐到二更多天方纔睡了一宿無話至次日乃（寫〻）（本是梅檀泥塑是金沙才用得）

是四月二十六日原來這日未時交芒種節尚古風俗凡交芒種節的這日都

要設擺各色禮物祭餞花神言芒種一過便是夏日了衆花皆卸花神退位須（無論事之有無看去有理）

要餞行然閨中更興這件風俗所以大觀園中之人都早起來了那些女孩子

們或用花瓣柳枝編成轎馬的或用綾錦紗羅叠成干旄旌幢的都用綵線繫

了每一顆樹上每一枝花上都繫了這些事物滿園里繡帶飄飄花枝招展更（數句抵省親一回文字反覺）

兼這些人打扮得桃羞柳讓燕妒鶯慚一時也道不盡且說宝釵迎春探春惜（詞〻有趣有味的饒略）（桃杏燕鶯是這樣用法）

春李紈鳳姐等並巧姐大姐香菱與衆丫鬟們在園内頑耍獨不見林代玉迎

春因說道林妹妹怎麽不見好個懶丫頭這會子还睡覚不成宝釵道你們等

（寫鳳姐隨大衆一筆不見紅玉一段則認為泛文矣何一絲不漏若此 畸笏）

我去闹了他众説省便丢下了衆人一直往瀟湘館来正走省只見文官等十（一人不漏）二个女孩子也来了上来向了好説了一回闲話宝釵回身指道他们都在那里呢你们找他们去罢我叫林姑 娘去就来説省便逶迤往瀟湘館来（安插一處好寫一處）忽然抬頭見宝玉進去了（二人一張口難説兩家話也）宝釵便站住低頭想了想宝玉和林代玉是從小兒一處長大他兄妹间多有不避嫌疑之處嘲笑喜怒無常（道盡二玉連日事）况且林代玉素習猜忌好弄小性兒的此刻自己也跟了進去一則怕宝玉不便二則恐代玉嫌疑罢了到是回来的妙（道盡代玉每每尖刺全不在宝釵心上）想畢抽身回来剛要尋别的姊妹去忽見前面一双玉色蝴蝶大如團扇一上一下迎風翩躚十分有趣宝釵意欲撲了来頑耍（可是一味知書識理女夫子行止）遂向袖中取出扇子（寫宝釵無不相宜）来向草地下来撲只見那一双蝴蝶忽起忽落来来往往穿花度柳将欲過河去了到引的宝釵躡手躡脚的一直跟到池中滴翠亭上香汗淋漓嬌喘细细（若玉兄在必有許多張羅）

這椿風流案又一体寫法甚當　己卯冬夜

原是無可無不可

宝釵也無心撲了剛欲回来只听滴翠亭裡边嘁〻喳〻有人説話原來這亭子四面俱是遊廊曲橋盖造在池中水上四面刁鏤隔子糊着紙宝釵在亭外听見説話便煞住脚往裡細听只听説道你瞧〻這手帕子果然是你丟的那塊你就拿着要不是就还芸二爷去又有一人説話可不是我那塊拿來給我罷又听道你拿什麽謝我呢难道白尋了來不成又荅道我既許了謝你自然不哄你又听説道我尋了來給你自然謝我但只是揀的人你就不拿什麽謝他又回道你别胡説他是个爷們家揀了我的東西自然該还的我拿什麽謝他呢又听説道你不謝他我怎麽回他呢况且他再三再四的和我説了若沒謝的不許我给你呢半晌又听荅道也罷拿我這个给他筭謝他的罷你要告訢别人呢須説个誓来又听説道我要告訢一个人就長一个疔日後不得好

這是自難自法好極〻〻慣用險筆如此　壬午夏雨窗

此節實借紅玉反寫寶釵也勿得認錯作者章法

死又听說道〔駭起遮飛志不假〕嗳呀偺們只顧說話看有人來悄〻在外頭听見〔豈敢〕不如把這隔子都推開了便是人見偺們在這裡他們只當我們說頑話呢若走到跟前偺們也看的見就別說了寶釵在外面听見這話心中吃驚〔四字寫寶釵守身如此〕想道怪道從古至今那些〻奸媱狗盜的人心〔道盡矣〕机都不錯這一開了見我在這里他們豈不燥了况俛〻說話的語音大似寶玉房里的紅兒的言語他素昔眼空心大是个頭等刁鑽古怪東西今兒我听了他的短兒一時人急造反狗急跳墻不但生事而且我還沒趣如今便赶着躲了〔園中弱女机变如此之便如此之急〕料也躲不及少不得要使个金蟬脫殼的法子猶未想完只听咯吱一声寶釵便故意放重了脚步笑着叫道顰兒我看你往那里藏一面說一面故意往前赶那亭內的紅玉墜兒剛一推窗只听寶釵如此說〔像極好煞妙煞焉得不〕着往前赶兩个人都唬怔了寶釵反向他二人笑道你們把林姑娘藏在那里

了墜兒道何曾見林姑娘了（拍案叫绝）宝釵道我纔在河那边看着林姑娘在這里蹲着弄水兒的我要悄悄的唬他一跳还沒有走到跟前他到看見我了朝東一繞就不見了别是藏在這里頭了（像極是極）一面說一面故意進去尋了一尋（像極）抽身就走（是極）口内說道一定是又鑽在山子洞里去了遇見蛇咬一口也罷了一面說一面走（宝釵身分）心中又好笑这件事筭遮过去了不知他二人是怎樣（真弄嬰兒輕便如此即余至此亦要發笑）誰知紅玉見了宝釵的話便信以為真（定有这一句的）讓宝釵去遠便拉墜兒道了不得了林姑娘蹲在這里一定听（移東挪西任意寫去却是）了話去了（真有的）墜兒听說也半日不言語紅玉又道这可怎麼樣呢墜兒道便是听了管誰筋疼各人幹各人就完了（勉強話）紅玉道若是宝姑娘听見还到罷了林姑娘嘴里又愛尅薄人心里又細他一听見了倘或走露了風声怎麼樣呢（二句係代玉身分）二人正说着只見文官香菱司棋侍書等上亭來了二人只得掩住這話且和他們頑

笑只見鳳姐兒站在山坡上招手叫紅玉連忙棄了衆人跑至鳳姐前堆着笑問奶
奶使換作什麽事鳳姐打諒了一打諒見他生的干凈俏麗說話知趣因笑道
我的丫頭今兒沒跟進我來我這会子想起一件事來要使換个人出去不知
你能幹不能幹說的齊全不齊全紅玉笑道奶奶有什麽話只管吩咐我說去
若說〔反出此問〕的不齊全悞了奶奶的事憑奶奶責罰就是了〔問那小姐答此〕鳳姐笑道你是那位小姐
房里的我使你出去他回來找你我好替你說的紅玉道我是宝二爺房里的
鳳姐听了笑道噯喲你原來是宝玉房里的怪道呢〔誇贊語也〕也罷了等他問我替你說
你到我們家告訴你平姐姐外頭屋里桌子上汝窑盤子架兒底下放着一卷
銀子那是一百六十兩給繡匠的工價等張材家的來要當面稱給他瞧了再
給他拿去〔一件〕再里頭床頭間有一个小荷包拿了來〔二件〕紅玉听說撤身去了一回只

見鳳姐不在這山坡子上了因見司棋從山洞裏出来站着繫裙子便赶上来問道姐姐不知道二奶奶往那里去了司棋道沒理論（妙極）紅玉听了抽身又往四下里一看只見那边探春宝釵在池边看魚紅玉上来陪笑問道姑娘們可知道二奶奶那去了探春道往你大奶奶院里找去紅玉听了纔往稻香村来頂頭只見（又一折）晴雯綺霰碧痕紫綃麝月侍書入画鶯兒等一群人来了晴雯一見了紅玉便說道你只是瘋罷院子里花兒也不澆雀兒也不喂茶鑪子也不爖就在外頭𨓜（此等口角乃逐心）紅玉道昨兒二爷說了今兒不用澆花過一日澆一回罷我喂雀兒的时候姐姐還睡覺呢碧痕道茶鑪子呢紅玉道今兒不該我爖的班兒有茶沒茶別問我綺霰道你听听他的嘴你們別說了讓他𨓜去罷紅玉道你們再問問我𨓜了沒有二奶奶使喚我說話取東西的說着將荷包舉給他們看方

（小點綴一笑）

（如有此數句方引出操心得意之語來）

（再不用本院人見小紅）

（得意操心如意在此一舉荷包）

没言語了大家分路走開晴雯冷笑道怪道呢原来爬上高枝兒去了把我們
不放在眼里不知說了一句話半句話名兒姓兒知道了不曾呢就把他興的
這樣这一遭半遭兒的筭不得什麽過了後兒还得听呵有本事從今兒出了
争是醋語却与下無痕
这園子長長遠遠的在高枝而上纔筭得一面説着去了这里紅玉听説不便
分証（争）只得忍着氣来找鳳姐兒到了李氏房中果見鳳姐兒在這里和李氏説
話兒呢紅玉上來回道平姐姐說奶奶剛出來了他就把銀子收了起來纔張
兩件完了
材家的来討當面稱了給他拿去了說着将荷包遞了上去又道平姐姐教我
回奶奶纔旺兒進来討奶奶的示下好往那家子去平姐姐就把那話按着奶
奶的主意打發他去了鳳姐笑道他怎麽按（着）我的主意打發去了紅玉道平姐
姐說我們奶奶問這里奶奶好原是我們二爷不在家雖然遲了兩天只管請

奶奶放心等五奶奶好些我們奶奶还(会)了五奶奶来瞧奶奶呢五奶奶前兒打
發了人来說舅奶奶帶了信来了向奶奶好还要和這里的姑奶奶尋兩丸延
年神驗萬全丹若有了奶奶打發人来只管送在我们奶奶這里明兒有人去〔又一閏色〕
就順路給那边舅奶奶帶去的話未說完李氏道嗳喲喲這些語(話)我就不懂了
什庅奶奶爷爷的一大堆鳳姐道怨不(涓)你不懂这是四門子的話呢說着又向〔寫死假斯文〕
紅玉笑道好孩子难為你說的斉全别像他們扭扭捏捏的蚊子似的嫂子你
不知道如今除了我随手使的几个丫頭老婆之外我就怕和他们說話他们
必把一句話拉長了作兩三截兒咬文咬字拿着腔兒哼哼唧唧的急的我冒
火他们那里知道先时我们平兒也是这庅着我就问着他难道必定粧蚊子〔姬叙罵殺〕
哼哼就是美人了說了几遭纔好些兒了李宮裁笑道都像你潑落户纔好鳳

姐又道這一个丫頭就好方纔兩遭說話雖不多听那口声就簡斷說着又向
紅玉笑道你明兒伏侍我去罢我認你作女兒我一調理你就出息了紅玉听
了撲哧一笑鳳姐道你怎麽笑你說我年輕比你大几歲就作你的媽了你还
作春夢呢你打听打听這些人頭比你大的大的赶着我叫媽我不理今兒抬
舉了你呢紅玉笑道我不是笑這个我笑奶々認諎了輩数了我媽是奶々的
女兒這會子又認我作女兒鳳姐道誰是你媽李宮裁笑道你原来不認得他
他是林之孝之女鳳姐听了十分詫異說道哦原来是他的丫頭又笑道林之
孝兩口子都是錐子扎不出一声兒来的我成日家說他們到是配就了的一
對夫妻一个天聾一个地啞那里承望養出這麽个伶俐丫頭来你十几歲了
紅玉道十七歲了又問名子紅玉道原叫紅玉的因為重了宝二爷如今只叫

紅玉听見了麽
紅玉此刻心内想可惜晴雯等不在傍
不撒
所以說比你大的々々
晴雯說过

紅兒了鳳姐听說將眉一皺把頭一回說道討人嫌的很得了玉的（益[illegible]是）像似的你（又一下針）

也玉我也玉因說道既這麼着肯跟我還和他媽說賴大家的如今事多也不、

知這府裡誰是誰你替我好好的挑兩个了頭我使他一般答應着他饒不挑

到把這女孩子送了別處去難道跟我必定不好李氏笑道你可是又多心了

他進来在先你說在後怎麼怨的他媽鳳姐道既這麼着明兒我和宝玉說叫

他再要人叫這了頭跟我去可不知本人愿意不愿意（總是追寫紅玉十分心事）紅玉笑道愿意不愿意

我們（有話）也不敢說（好答）只是跟着奶奶我们也学些（千愿意萬愿意之言）眉眼高低出入上下大小的事也

得見識見識剛說着（截得真好）只見王夫人的了頭来請鳳姐便辞了李宮裁去了紅玉

回（好接法更好）怡紅院去不在話下如今且說林代玉因夜间失寐次日起来遲了闻得衆

姊妹都在園中作餞花会恐人笑他痴懶連忙梳洗了出来剛到了院中只見

姦邪婢豈是怡紅應答者故即逐之前良兒後篆兒便是却証作者又不得可也　己卯冬夜

此係未見抄沒獄神廟諸事故有是批　丁亥夏　畸笏

石頭記用截法岔法突然法伏線法由近漸遠法將繁改簡法重作輕抹法虛敲實應法種〻諸法總在人意料之外且不曾見一些牽強

宝玉進門来了笑道好妹妹你昨兒可告我了不曾教我懸了一夜心林代玉

明知無是事不可不作閒談

並不為告懸心

便回頭叫紫鵑道把屋子收拾了撂下一扇紗屉看那大燕子回来把簾子放

到像不曾聽見的

下来拿獅子倚住燒了香就把炉罩上一面說一面又往外走宝玉見他這樣

还認作是昨日中晌的事那知晚間的這段公案还打恭作揖的林代玉正眼

畢真不錯

也不看各自出了院门一直找別的姊妹去了宝玉心中納悶自己猜疑看起

這个光景来不像是為昨日的事但只昨日我回来的晚了又沒有見他再沒

畢真不錯

故有此載

有冲撞了他的去處了一面想一面猶不得隨後追了来只見宝釵探春正再那

二玉文字豈是容易寫的

边看鶴舞見代玉去了三个一同站着說話兒又見宝玉来了探春便笑道宝

哥〻身上好我整〻的三天沒見你了宝玉笑道妹〻身上好我前兒还在大

是移一處語

嫂子跟前問你呢探春道宝哥〻你往這里来我和你說話宝玉听說便跟了

所謂信手拈來無不是也　己卯冬夜

若無此一岔二玉和合則成嚼臘文字石頭記得力處正此　丁亥夏　畸笏叟

他离了釵玉兩个到了一棵石榴樹下探春因說道這几天老爷可（曾）有叫你宝玉笑道沒有叫探春說昨兒我恍惚听見說老爷叫你出去的（老爷叫宝玉再無喜事故園中合宅皆知）宝玉笑道那想是別人听錯了（怕文繁）並沒叫的探春又笑道這几个月我又攢下有十來吊錢了你還拿了去明兒出门逛去时候或是好字画好輕巧頑意兒替我帶些來宝玉道我這麼城里城外大廊小庙的逛也沒見个新奇精致東西左不過是那些金玉銅磁沒處擱的古董再就是紬緞吃食衣服了探春（道）誰要這些怎麼像你上回買的那柳枝兒編的小籃子整竹子根摳的香盒兒膠泥垛的風炉兒這就好了我喜欢的什麼似（是）的誰知他们都爱上了都當宝貝似（是）的搶了去了宝玉笑道原來要這个這不值什麼拿五百錢出去給小子们管拉一車來（不知物理艰难公子口氣也）探春道小廝们知道什麼你揀那朴而不俗直而不拙者（是論物是論人看官着眼）這些東西你多多的替

我帶了來我还像上回的鞋作一雙(補遺法)你穿比那一雙还加工夫如何呢宝玉笑道你提起鞋來我想起个故事那一回我穿着可巧遇見了老爺〻〻就不受用问是誰作的我那里敢提三妹妹三个字我就回說是前兒我生日是舅母給的老爺听了是舅母給的纔不好說什麼半日还說何苦来虚耗人力作践綾羅作這樣的東西我回来告訴了襲人〻〻說這还罷了趙姨娘氣的抱怨的了不得正經兄弟(指环哥)鞋搭拉襪搭拉的沒人看的見且作這些東西探春听說登時沉下臉来道這話糊塗到什麼田地怎麼我是該(作)作鞋的人麼环兒难道沒有分例之人一般的衣裳是衣裳鞋襪是鞋襪了頭老婆一屋子怎麼報(說)這些話給誰听呢我不過是(白)閑着沒事兒作一雙半雙愛給那个哥〻兄弟隨我的心誰敢管我不成这也是他氣宝玉听了點頭笑道你不知道他心里自

这一節特為興利除獘一回伏線

然又有个想頭了探春听説亦發動了氣将頭一扭説道連你也糊塗了他那想頭自然是有的不過是那陰微鄙賤的見識他只管这庅想我只管認淂老爷太〻两个人别人我一槩不管就是姊妹弟兄跟前誰和我好我就和誰好什庅偏的庶的我也不知道論理我不該説他但特昏憒的不像了还有笑話呢就是上回我給你那錢替我帶那頑的東西过了两天他見了我也是説沒錢使怎庅难我也不理論誰知後来丫頭們去了他就报怨起来説我攢的錢為什庅給你使到不給环兒使呢我听見這話又好咲又好氣我就出来往太太跟前去了正説着只見宝釵（截得好）那边笑道説完了来罢顯見的是哥〻妹〻了丢下别人且説梯己去我們听一句兒就使不淂了庅説着探春宝玉二人方笑着来了宝玉（兄妹話雖久長心事總未少歇接得好）因不見了林代玉便知他躲了别處去了想了一想索性遲两日

不因見落花宝玉如何突至埋花塚不至埋花塚如何寫葬花吟石頭記無閑文閑字正此
丁亥夏　畸笏叟

等他的氣消一消再去也罢了因低頭看見許多鳳仙石榴等各色落花錦重（至埋香塚方）重的落了一地因嘆道這是他心裡生了氣也不收拾這花兒來了待我送了（不牽强好情思）去明兒再問着他說着只見寶釵約着他們往外頭去（故什沒干淨）宝玉道我就來說畢等他二人去遠了（怕人說笑）便把那花兜了起來登山渡水过樹穿花一直奔了那日同林代玉葬桃花的去處來將已（及）到了花塚（新鮮）猶未轉过山坡只听山坡那边有嗚咽之聲一行數落着哭的好不傷感宝玉心下想道這不知是那房里的丫頭受了委曲跑到这个地方來哭一面想一面煞住脚步（詩詞文章試問有如此行筆者乎）听他哭道是

開生面立新場是書不止紅樓夢一回惟是回更生更新且讀去非阿顰無是且吟非石兒斷无是章法行文愧殺古今小說家也畸笏

花謝花飛花滿天
紅消香斷有誰憐
遊絲軟繫飄春榭

落絮輕沾撲繡簾
閨中女兒惜春暮
愁緒滿懷無釋處

手把花鋤出繡簾
忍踏落花來復去
柳絲榆莢自芳菲

余讀葬花吟凡三閱其
淒楚感慨令人身世
兩忘舉筆再四不能
加批先生想身寶玉
何得而下筆即字字
雙圈料難遂顰兒
之意俟看玉兄
後文再批噫嘻客亦
石頭記化來之人故
擲筆以待

不管桃飄與李飛
三月香巢已壘成
却不道人去梁空巢也傾
明媚鮮妍能幾時
階前悶殺葬花人
杜鵑無語正黃昏
冷雨敲窗被未溫
憐春忽至惱忽去
知是花魂與鳥魂
願奴脇下生雙翼

桃李明年能再發
梁間燕子太無情
一年三百六十日
一朝飄泊難尋覓
獨把花鋤淚暗灑
荷鋤歸去掩重門
怪奴底事倍傷神
至又無言去未聞
花魂鳥魂總難留
隨花飛到天盡頭

明年閨中知有誰
明年花發雖可啄
風刀霜劍嚴相逼
花開易見落難尋
灑上空枝見血痕
青燈照壁人初睡
半為憐春半惱春
昨宵庭外悲歌發
鳥自無言花自羞
天盡頭何處有香坵

未若錦囊收艷骨
一抔淨土掩風流
質本潔來还潔去
強於污淖陷渠溝
尔今死去儂收葬
未卜儂身何日喪
儂今葬花人笑痴
他年葬儂知是誰
試看春殘花漸落
便是紅顏老死時
一朝春尽紅顏老
花落人亡兩不知

宝玉听了不覺痴倒要知端詳且听下回分解

脂硯齋重評石頭記

茜香羅紅麝串寫于一回蓋琪官雖係優人後回與襲人供奉玉兄宝卿得同終始者非泛泛之文也

自聞曲回以後回回寫藥方是白描顰兒添病也

不言鍊句鍊字辭藻工拙只想景想情事想理反復推求悲感乃玉兄一生之天性真顰兒之知己玉兄外寔無人想昨阻批葬花吟之客嫡是寶玉之化身

脂硯齋重評石頭記

第二十八回

蔣玉菡情贈茜香羅　薛宝釵羞籠紅麝串

話説林代玉只因昨夜晴雯不開门一事錯疑在宝玉身上至次日又可巧遇見餞花之期正是一腔無名正未發洩又勾起傷春愁思因把些殘花落瓣去掩埋由不得感花傷己哭了几声便隨口念了几句不想宝玉在山坡上听見先不過點頭感嘆次後听到儂今葬花人笑痴他年葬儂知是誰一朝春盡紅顏老花落人亡兩不知等句不覺慟倒山坡之上懷里兜的落花撒了一地試想林代玉的花顏月貌將来亦到無可尋覓之時寧不心碎腸斷既代玉終歸無可尋覓之時推之於他人如宝釵香菱襲人等亦可到無可尋覓之時矣

無移余戲作點金為鐵之人幸甚〻

宝釵終歸無可尋覓之時則自己又安在哉且自身尚不知何在何往則斯處

百轉千回矣

斯園斯花斯柳又不知當屬誰姓(氏矣)因此一而二二而三反復推求了去真不

非大善知識道不出此等語來

知此時此際欲為何等蠢物杳(茫)無所知逃大造出塵網使(便)可解釋這段悲傷正

是花影不離身左右鳥声只在耳東西那林代玉正自傷感忽听山坡上也有

二句作禪語參

悲声心下想道人〻都笑我有些痴病难道还有一个痴子不成想着抬頭一

看見是宝玉林代玉看見便道啐我道是誰原来是這個狠心短命的剛说道

情〻

短命二字又把口掩住長嘆了一声自己抽身便走了這里宝玉悲慟了一回

不忍也

忽然抬頭不見了代玉便知代玉看見他躲開了自己也覺無味抖〻土起来

哄人字眼

下山尋歸舊路往怡紅院来可巧看見林代玉在前頭走連忙赶上〻說道你

非此三字難留蓮步玉兄之機變如此

且站住我知你不理我我只說一句話從今後撂開手林代玉回頭看見是宝

撂開手句起。至後

總得托生句止。此

一段作者能替宝玉细祈受委曲後之衷腸。使代玉竟不能回答一語。其心思為何如。真令人嘆服。子曾親歷其境。竟至有相逢半句無了之事。深悔之。閱此將子固委曲细陳。心身一如。作者如此用心。得中不解繹其要之者。

一節頓挫綺園辞

在宝兄口中却是衷腸之語

已卯冬夜

玉待要不理他听他說只說一句話從此撂開手這話里有文章少不得站住說道有一句話請說来宝玉笑道兩句話說了你听不听代玉听說回頭就走宝玉在身後面嘆道既有今日何必當初林代玉听見這話由不得站住回頭道當初怎麼樣今日怎麼樣宝玉嘆道當初姑娘来了那不是我陪着頑笑憑我心愛的姑娘要就拿去我愛吃的听見姑娘也愛吃連忙干干净净收着等姑娘吃一桌子吃飯一床上睡覺了頭們想不到的我怕姑娘生氣我替了頭們想到了我心里想着姉妹們從小兒長大親也罢熱也罢和氣到了兒纔見得比人好如今誰承望姑娘人大心大不把我放在眼睛里到把外四路的什麼宝姐姐鳳姐姐的放在心坎兒上到把我三日不理四日不見的我又沒个親兄弟親姉妹雖然有兩个你难道不知道是和我隔母的我也和你是的独出

相难尚遠用此句補宝好近何頌

走的是

自言自語真是一句話

此下乃答言非一句話也

何頌擇惱着在宝兄

寔模頭不自不過不將自幼之甚心寔是事一訴方將心之白今之故力作閑文為幸

要緊之語

反派不是

心事

用此八瞞看官也

只怕同我的心一樣　誰知我是白操了這个心弄的有冤無處訴說着不覺滴
下眼淚來（玉兄泪不是容易有的）代玉耳内听了這話眼内見了這形景心内不覺灰了大半也不覺
滴下眼淚來低頭不語寶玉見他這般形景遂又說道我也知道我如今不好
了但只憑着怎麼不好萬不敢在妹々跟前（有是語）有錯處便有一二分錯處你到是
或教道我戒我（可怜語）下次或罵我兩句打我兩下我都不灰心誰知（寶难為情）你揔不理我叫
我摸不着頭腦（官及批書人）少魂失魄不知怎麼（真乃是事）樣纔好就便死了也是个屈死鬼任憑（又瞞看）高僧
高道懺悔也不能超生還得你伸明了緣故我纔得托生呢代玉听了（正文該问）這个話
不覺將昨晚的（情々衷腸）事都忘在九霄雲外了便說道你既這麼說昨兒為什麼我去
了你不叫了（如聞）頭開门寶玉詫異道這話從那里（寶々不知）說起我要是這麼樣立刻（真急了）就死
了林代玉啐道大清早起死呀活的也不忌諱你說有呢就有沒有就沒有。起什厶誓呢宝玉道寔在没有見你去就是宝姐〻坐了一坐就出来了林代玉（不用兄言彼已親覩）想了一想笑道是了想必是你的丫頭們懶待動喪声歪氣的也是有的宝玉道想必是這丫原故等我回去問了是誰教訓〻〻（玉兄口氣畢真）他們就好了代玉道你的那些（不快活之極）姑娘們也該教訓〻〻（照樣的妙）只是我論理不該說今兒得罪了我的事小倘或明兒（出這一句的是心坎上人）宝姑娘的什厶貝姑娘来也得罪了事情不大了說着抿着嘴笑宝玉听（玉此心事全無矣）了又是咬牙又是笑二人正說話只見丫頭来請吃飯遂都往前頭来了王夫（収什得干净）人見了林代玉因問道大姑娘你吃那鮑太醫的藥可好些（是矜持了的口氣）林代玉道也不过這厶着老太〻還叫我吃王大夫的藥呢宝玉道（何如）太〻不知道林妹〻是内症先天生的弱所以禁不住一點風寒不过吃兩劑煎藥就好了散了風寒还是吃丸藥的好（引下文）王夫人〔道〕前兒大夫說了个丸藥的名子我也忘了宝玉道我知道

此寫玉兄亦是釋却心中一夜半日要事故大大一泄　己卯冬夜

寫藥案是暗度顰卿病勢漸加之筆非泛泛閑文也　丁亥夏　畸笏叟

那些丸藥不过叫他吃什么人参養榮丸王夫人道不是宝玉又道八珍益母（奇文奇語）丸左歸右歸再不就是麥味地黃丸王夫人道都不是我只记得有个金剛兩个字的（宝玉因代玉事完一心）宝玉扎手笑道（慈母前放肆了）從来没听見有个什么金剛丸若有了金剛丸自然有（無罣碍故不知不覺手之舞之足之蹈之）（慧心人自应知之）菩薩丸了说的滿屋里人都笑了宝釵抿嘴笑道想是天王補心丹王夫人（是語甚对余幼时）笑道是这个名兒如今我也糊塗了宝玉道太太（借線）倒不糊塗都是叫金剛菩薩（所聞之語合符　哀哉傷哉）支使糊塗了王夫人道扯你娘的燥又欠你老子搥你了宝玉笑道我老子再（此言亦不假）不為这个搥我的王夫人又道既有这个名兒明兒就叫人買些来吃宝玉笑道这些都不中用的太太給我三百六十兩銀子我替妹妹配一料丸藥包管一料不完就好了王夫人道放屁什么藥就这么貴宝玉笑道當真的呢我這（只偶名）个方子比别的不同那个藥名兒也古怪一时也說不清只講那頭胎紫河車

寫得不犯冷
香丸方子
前玉生香回中顰
云他有金你有玉
他有冷香你豈不
該有暖香是宝玉
無藥可配矣今
顰兒之刻若許
材料皆係滋補想
惟云藥並有許
奇物而尚未擬名
何不竟以暖香名
之以代補宝玉之

人形帯葉叅三百六十两不足龜大（听也不曾听过）何首烏千年松根茯苓胆諸如此類的藥都不筭為奇（还有奇的）只在群藥里筭那為君的藥說起來唬人一跳前兒薛大哥〻求了我一二年我纔給了他這方子他拿了方子去又尋了二三年花了有上千的銀子纔配成了太〻不信只問宝姐〻宝釵听說笑道搖手兒說我不知道也沒听見你别叫姨娘問我王夫人笑道到的是宝丫頭好孩子不撒謊宝玉站在當地听見如此說一回身把手一拍說道我說的到是真話呢到說我撒謊口里說着忽一回身只見林代玉坐在宝釵身後抿着嘴笑（好看煞在顰兒必有之）用手指頭在臉上画着羞他鳳姐（且不接宝玉文字妙）因在里间屋里看着人放桌子听如此說便走來笑道宝兄弟不是撒謊這到是有的上〔前〕日薛大哥親自和我來尋珍珠我問他作什庅他說配藥他还抱怨說不配也罷了如今那里知道這庅費事我問他什庅藥他

不足寔不三人一体矣 己卯冬夜

說是宝兄弟的方子說了多少藥我也沒工夫听他說不然我也買幾顆珍珠了只是定要頭上帶过的所以来和我尋他說妹〻就沒散的花兒上也得（使）掐下来过後兒我揀好的再給妹〻串（穿）了来我沒法兒把兩枝珠花兒現折了給他还要了一塊三尺上用大紅紗去乳鉢乳了隔面子呢鳳姐說一句那宝玉念一句佛說太陽在屋子里呢鳳姐說完了宝玉又道太〻想这不过是將就呢正（經）按那方子这珍珠宝石定要在古墳里的有那古時富貴人家粧裹的頭面拿了来纔好如今那里為这个去挖坟掘墓所以只是活人帶过的也可以使得王夫人道阿弥陀佛沒（不）當家花〻的就是坟里有这个人家死了幾百（不止阿鳳）年这会子番尸盗骨的作了藥也不灵（圖荒人今作者云爲圖荒乃看此數則知矣）宝玉向林代玉說道你听見了沒有难道二姐〻也跟着我撒謊不成臉望着林代玉說話却拿眼睛飄着宝釵代玉

便拉王夫人道舅母听〻宝姐〻不替他圓謊他支吾着我王夫人也道宝玉
狠會欺服〔負〕你妹〻宝玉笑道太〻不知道這原故宝姐〻先在家里住着那薛
大哥〻的事他也不知道何況如今在里頭住着呢自然是越發不知道了林
〔分晰的是不敢正犯〕
妹〻繞在背後羞我打諒我撒謊呢正說着只見賈母房里的丫頭找宝玉林
代玉去吃飯林代玉也不叫宝玉便起身拉了那丫頭走那丫頭說等着宝玉
一塊兒走林代玉道他不吃飯了俗們走我先走了說着便出去了宝玉道我
今兒还跟着太〻吃罢王夫人道罢〻我今兒吃斋你正經〔經〕你吃去罢宝玉道
我也跟着吃斋說着便叫那丫頭去罢自己先跑到桌子上坐了王夫人向宝
釵等笑道你們只管吃你們的由他去罢宝釵因笑道你正經〔經〕去罢吃不吃陪
〔後文方知〕
着林姑娘走一盪他心里打緊的不自在呢宝玉道理他呢过一会子就好了

一時吃过飯宝玉一則怕賈母記掛二則他記罣着林代玉忙忙的要茶漱口探春惜春却笑道二哥哥你成旧家忙些些什広吃飯吃茶也是这広忙碌碌的宝釵笑道你叫他快吃了瞧林代玉妹妹去罷叫他在這里胡羼些什広宝玉吃了茶便出来一直往西院来可巧走到鳳姐兒院門前鳳姐兒蹬着门檻子拿耳挖子剔牙看着十來个小厮们挪花盆呢見宝玉來了笑道你來的好進來進來替我寫几个字兒宝玉只得跟了進來到了屋里鳳姐命人取过筆硯紙來向宝玉道大紅粧緞四十疋蟒緞四十疋上用紗各色一百疋金項圈四个宝玉道这算什広又不是賬又不是礼物怎広个寫法鳳姐兒道你只管寫上横竪我自己明白就罷了宝玉听說只得寫了鳳姐一面收起一面笑道还有句話告訴你不知你依不依你屋里有个丫頭叫紅玉我要叫了來使喚明兒

[冷眼人自然了了]

[也才吃了飯是何等身段]

[如聞]

[有是語有是事]

六三八

我再替你挑几个可使得宝玉道我屋里的人也多的狠姐〻喜欢誰只管叫
了来何必问我鳳姐笑道既這麽着我就叫人帶他去了宝玉道只管帶去説
又了却怡紅一段孽冤一嘆
着便要走鳳姐兒道你回来我还有一句話呢宝玉道老太〻叫我呢有話等
也非林妹〻叫我呢一嘆
我回来罢説着便来至賈母這边只見都已吃完飯了賈母因问他跟着你娘
吃了什麽好的宝玉笑道也没什麽好的我到多吃了一碗飯因问林妹〻在那
如何余言不謬
里賈母道里頭屋里呢宝玉進来只見地下一个了頭吹熨斗炕上兩个了頭
打粉線代玉湾着腰拿着剪子裁什麽呢宝玉走進来笑道呵這是作什麽呢
絶〻吃了飯這麽空着頭一會子又頭疼了代玉並不理只管裁他的有一个了
頭説道那紬子角兒还不好呢再熨他一熨代玉便把剪子一撂説道理他呢
有意無意
過一會子就好了宝玉听了只是悶只見宝釵探春也来了和賈母説了一
無情合針对無怪玉兒納悶

連重兩遍前言是韓玉氣味相做無非偶然暗合相符勿認作有过之小人也

回話宝釵也進来向林妹〻作什広呢因見林代玉裁剪因笑道妹〻越發能幹了連裁剪都會了代玉笑道這也不过是撒謊哄人罢了宝釵笑道我告訴你ケ笑話兒繞剛為那ケ藥我說了ケ不知道宝兄弟心里不受用了林代玉道理他呢过会子就好了宝玉向宝釵道老太〻要抹骨牌正沒人呢你抹骨牌去罢宝釵听說便笑道我是抹骨牌來了說着便走了林代玉道你到是去罢這里有老虎看吃了你說着又裁宝玉見他不理只得还陪笑說道你也出去逛〻再裁不遲林代玉揔不理宝玉便问了頭们这是誰叫裁的林代玉見问了頭们便說道憑他誰叫我裁也不管二爺的事宝玉方欲說話只見有人進来回說外頭有人請宝玉听了忙撤身出來代玉向外頭說道阿弥陀佛赶你回来我死了也罢了（何苦来余不忍听）宝玉出来外面只見焙茗說道馮大爷家請宝玉听了知

若真另有二事則不成石頭記文字也作者得三昧在兹批書人得書中三昧亦在兹 壬午孟夏

道是昨日的話便說要衣裳去自己便往書房里來焙茗一直到了二門前等
又逼書房文人美筆虛點綴也
人只見一个老婆子出來了焙茗上去說道宝二爷在書房里等出门的衣裳
此门請出玉兄來故信步
你老人家進去帶个信兒那婆子說放你娘的屁到好宝二爷如今在園里住
活現活跳
着跟他的人都在園里你又跑了來這里帶信兒來了焙茗听了笑道罵的是
我也糊塗了說着一逕往東边二門前上來可巧门上小廝在甬路底下踢球焙
茗將原故說了小廝跑了進去半日抱了一个包袱出來遞與焙茗回到書房
里宝玉換了命人備馬只帶着焙茗鋤藥雙瑞双壽四个小廝去了一逕到了
馮紫英家门口有人報與了紫英出來迎接進去只見薛蟠早已在那里久候
还有許多唱曲兒的小廝並唱小旦的蔣玉菡錦香院的妓女雲兒大家都見
过了然後吃茶宝玉擎茶笑道前兒所言幸與不幸之事我晝懸思夜想放不下今日

一聞呼喚即至馮紫英笑道你们令姑表兄弟到都心實前日不过是我的設辞誠心請你们一飲恐又推托故說下這句話今日一邀即至誰知都信真了說畢大家一笑然後擺上酒来依次坐定馮紫英先命唱曲兒的小厮過来讓酒然後命雲兒也来敬那薛蟠三杯下肚不覺忘了情拉着雲兒的手笑道你把那梯已新樣兒的曲子唱个我听我吃一鐔如何雲兒听說只得拿起琵琶来唱道

兩个寃家都难丢下　想着你来又記挂着他　兩个人形容俊俏都难描画

想昨宵幽期私訂在荼蘼架　一个偷情一个尋拿　拿住了三曹对案我也無回話　此唱一曲為直刺宝玉

唱畢笑道你㱃一鐔子罢了薛蟠听說笑道不值一鐔再唱好的来宝玉笑道

大海飲酒西堂產九台靈芝日也批書至此寧不悲乎

壬午重陽日

听我說来如此濫飲易醉而無味我先歡一大海發一新令有不尊者連罰十大海逐出席外與人斟酒馮紫英蒋玉菡等都道有理〻〻宝玉拿起海来一氣飲干說道如今要說悲愁喜樂四字却要說出女兒来还要註明這四字原故說完了飲门杯酒面要唱一个新鮮時樣曲子酒底要席上生風一樣東西或古诗舊对四書五经成語薛蟠未等说完先站起来攔道〔爽人爽語〕我不来别筭我这竟是捉弄我呢〔豈敢〕雲兒也站起来推他坐下笑道怕什麽这还亏你天〻吃酒呢难到你連我也不如我回来还說呢說是了罢不是了不过罰上几杯那里就醉死了你如今一乱令到歡十大海下去斟酒不成〔有理〕衆人都拍手道妙薛蟠听說無法只得坐了听宝玉說道

女兒悲青春已大守空閨

女兒愁悔教夫婿覓封侯

女兒喜对鏡晨粧顏色羨　女兒樂鞦韆架上[redacted]羅衫薄
衆人听了都説道説得有理薛蟠獨揚着臉摇頭説不好該罰衆人问如何該
罰薛蟠道他説的我痛通不懂怎麼不該罰雲兒便擰他一把笑道你悄悄的想
你的罷回来説不出又該罰了于是拿琵琶听宝玉唱道
滴不盡相思血淚抛紅豆　開不完春柳春花滿畫楼
睡不穩紗窓風雨黄昏後　忘不了新愁與舊愁　嚥不下玉粒金蓴
噎滿喉　照見菱花鏡里形容瘦　展不開眉頭　捱不明的更漏
呀　恰便似遮不住的青山隐隐　流不斷的绿水悠悠
唱完大家齊声喝彩獨薛蟠説無板宝玉飲了门杯便拈起一片梨来説道
雨打梨花深閉门　完了　令下該馮紫英説道

女兒悲兒夫染病在垂危　女兒愁大風吹倒梳粧樓
女兒喜頭胎養了双生子　女兒樂私向花園掏蟋蟀
說畢端起酒來唱道
你是个可人　你是个多情　你是个刁鑽古怪鬼灵精　你是个
神仙也不灵　我說的話兒你全不信　只叫你去背地里細打听
纔知道我疼你不疼　唱完
飲了门杯說道雞鳴茅店月令完下該雲兒〻〻便說道
女兒悲將來終身指靠誰　薛蟠嘆道我的兒有你薛大爷在你怕什
麼衆人都道別混他別混他雲兒又道　女兒愁媽〻打罵何时休
薛蟠道前兒我見了你媽还吩咐他不叫他打你呢衆人都道再多言者罰酒

十杯薛蟠連忙自己打了一个嘴巴子說道沒耳性再不許說了雲兒又道

女兒喜情郎不捨还家里　女兒樂住了簫管弄弦索　唱完

便唱道

荳蔻開花三月三　一个虫兒往里鑽　鑽了半日不得進

去爬到花兒上打鞦韆　肉兒小心肝我不開了你怎么鑽

薛蟠瞪了一瞪眼又說道女兒愁說了這句又不言語了衆人道怎么薛蟠道綉房攛出个大馬猴衆人呵〻笑道該罰〻〻這句更不通先还可恕說着便要篩酒宝玉笑道押韵就好薛蟠道令官都准了你们闹什么衆人听說方才罢了雲兒笑道下兩句越發难說了我替你説罢薛蟠道胡说當真我就沒好的了听我说罢女兒喜洞房花烛朝慵起衆人听了都诧異道这句何其太韵薛蟠又道　女兒樂一根毴毴往里戳衆人听了都回頭说道該死〻〻快唱了罢薛蟠便唱道　一个蚊子哼〻〻　衆人都怔了说這是个什么曲兒薛蟠还唱道　兩个蒼蝇嗡〻〻　衆人都道罢〻〻　薛蟠道愛听不听這是新鮮曲兒叫作哼〻韵你们要懶待听連酒底都免了我就不唱衆人都道免了罢〻〻〻到別耽悞了別人家于是蔣玉菡說道

女兒悲丈夫一去不囬歸　女兒愁無錢去打桂花油
女兒喜燈花並頭結雙蕊　女兒樂夫唱婦隨真和合

說畢唱道

可喜你天生百媚嬌　恰便似活神仙離碧霄　度青春年正小
配鸞鳳真也著呀　看天河正高　听樵樓鼓敲　剔銀燈同入鴛
幃悄

唱畢飲了门杯笑道这詩詞上我到有限幸而昨日見了一付對子可巧只記得這句幸而席上還有这件東西說畢便干了酒拿起一朵木樨來念道花氣襲人知晝暖衆人到都依了完令薛蟠又跳了起來喧嚷道了不得了不得該罰該罰这席上又沒有宝貝你怎么念起宝貝來蔣玉菡怔了說道何曾有宝

雲兒知怡红细事可想玉兄之風情意也　壬午重陽

貝薛蟠道你还賴呢你在念来蔣玉函只得又念了一遍薛蟠道襲人可不是宝貝是什広你们不信只问他說畢指着宝玉〻〻沒好意思起来說薛大哥你該罰多少薛蟠道該罰〻〻說着拿起酒来一飲而盡馮紫英與蔣玉函等不知原故雲兒便告訴了出来（用雲兒說出是章法）蔣玉函忙起身陪罪衆人都道不知者不作罪少刻宝玉出席解手蔣玉函便随了出来二人站在廊簷下蔣玉函又陪不是宝玉見他嫵媚溫柔心中十分留戀便緊〻的搭着他的手叫他閑了往我们那里去還有一句話借问也是你们貴班中有一个叫琪官的他在那里如今名馳天下我獨無緣一見蔣玉函笑道就是我的小名兒宝玉听說不覺欣然跌足笑道有幸〻〻果然名不虛傳今兒初会便怎広樣呢想了一想向袖中取出扇子將一个玉玦扇墜解下来遞與琪官道微物不堪略表今日之誼琪

官接了笑道無功受禄何以克當也罷我這里得了一件奇物今日早起方繫
上還是簇新聊可表我一点親熱之意説畢撩衣將繫小衣兒一條大紅汗巾
子解了下来遞與宝玉道這汗巾子是茜香國女國王所貢之物夏天繫着肌
膚生香不生汗漬昨日北静王給我的今日纔上身若是别人我断不肯相贈
二爺請把自己繫的解下来給我繫着宝玉听説喜不自禁連忙接了將自己
一條松花汗巾解了下来遞與琪官二人方束好只听一声大叫我可拿住了
只見薛蟠跳了出来拉着二人道放着酒不吃两个人逃席出来幹什麼快拿
出来我瞧瞧二人都道沒有什麼薛蟠那里肯依還是馮紫英出来纔解開了
身上事
于是復又歸坐飲酒至晚方散宝玉囬至園中寬衣吃茶襲人見扇子上的墜
隨口謊言
兒沒了便问他往那里去了宝玉道馬上丢了睡覺時只見腰里一條血點似

的大紅汗巾子襲人便猜了八九分因說道你有了好的繫褲子把我那條还
我罢宝玉听說方想起那條汗巾子原是襲人的不該給人纔是心里後悔口
里說不出来只得笑道我賠你一條罢襲人听了㸃頭嘆道我就知道又幹這
些事也不該拿着我的東西給那起混賬人去也难為你心里沒个筭計兒再
要說几句又恐慪上他的酒来少不得也睡了一宿無語至次日天明方纔醒
了只見宝玉笑道夜里失了盗也不曉得你瞧〻褲子上襲人低頭一看只見
昨日宝玉繫的那條汗巾子繫在自己腰里呢便知是宝玉夜間換了忙一頓
把觧下来我不希罕这行子趂早兒拿了去宝玉見他如此只得委婉觧劝了
一回襲人無法只得繫在腰里過後宝玉出去終久觧下来擲在个空箱子里
自己又換了一條繫着宝玉並未理論因问起昨日可有什么事情襲人便回

說二奶〻打發人叫了紅玉去了他原要等你來的我想什麼要緊我就作了
主打發他去了宝玉道很是我已知道了不必等我的很是罷了襲人又道昨兒貴妃
打發夏太監出來送了一百二十兩銀子叫在清虛觀初一到初三打三天平
安醮唱戲献供叫珍大爺領着衆位爺們跪香拜佛呢还有端午兒的節礼也
賞了說着命小丫頭子來將昨日的所賜之物取了出來只見上等宮扇兩柄
紅色麝香珠二串鳳尾羅二端芙蓉簟一領宝玉見了喜不自勝问别人的也都
是這个襲人道老太〻的多着一个香如意一个瑪瑙枕太〻老爷姨太〻的
只多着一个如意你的同宝姑娘的一樣林姑娘同二姑娘三姑娘四姑娘只
单有扇子同數珠兒别人都沒了大奶〻二奶〻他兩个是每人兩疋紗兩疋
羅兩个香袋兩个錠子藥宝玉听了笑道这是怎么樣原故怎么林姑娘的到

不同我的一樣到是宝姐〻的同我一樣別是傳錯了罢襲人道昨兒拿出來都是一分一分的寫着籤子怎麽就錯了你的是在老太〻屋里的我去拿了来了老太〻說了明兒叫你一个五更天進去謝恩呢宝玉道自然要走一盪說着便叫紫綃来拿了这个到林姑娘那里去就說是昨兒我得的愛什麽留下什麽紫綃答應了拿了去不一時回来說林姑娘說了昨兒也得了二爷留着罢宝玉听說便命人収了剛洗了臉出来要望賈母那里請安去只見林代玉頂頭来了宝玉赶上去笑道我的東西叫你揀你怎麽不揀林代玉昨日所惱宝玉的心事早又丟開只催今日的事了因說道我沒这麽大福禁受比不得宝姑娘什麽金什麽玉的我们不过是草木之人宝玉听他提出金玉二字来不覺心動疑猜便說道除了別人說什麽金什麽玉我心里要有这个想頭

天誅地滅萬世不得人身林代玉听他这話便知他心里動了疑忙又笑道好沒意思白々的說什么誓管你什么金什么玉的呢宝玉道我心里的事也难對你說日後自然明白除了老太々老爷太々這三个人第四个就是妹々了要有第五个人我也說个誓林代玉道你也不用說誓我狠知道你心里有妹々但只是見了姐々就把妹々忘了宝玉道那是你多心我再不的林代玉道昨兒宝丫頭不替你圓謊為什么问着我呢那要是我你又不知怎么樣了正說着只見宝釵從那边來了二人便走開了宝釵分明看見只粧看不見低着頭过去了到了王夫人那里坐了一回然後到了賈母這边只見宝玉在这里呢薛宝釵因往日母親对王夫人等曾提过金鎖是个和尚給的等日後有玉的方可结為婚姻等語所以摠遠着宝玉昨兒見元春所賜的東西独與他宝

玉一樣心里越發沒意思起來幸于宝玉被一个林代玉纏綿住了心〻念〻只記掛着林代玉並不理論这事此刻忽見宝玉便笑道宝姐〻我瞧〻你的紅麝串子可巧宝釵左腕上籠着一串見宝玉問他少不得褪了下来宝釵生的肌膚豐澤容易褪不下来宝玉在傍看着雪白一段酥臂不覺動了羨慕之心暗〻想道這个膀子要長在林妹〻身上或者还得摸一摸偏生長在他身上正是自恨沒福得摸忽然想起金玉一事来再看〻宝釵形容只見臉若銀盆眼似水杏唇不点而紅眉不画而翠比林代玉另具一種嫵媚風流不覺就獃了宝釵褪了串子来遞與他也忘了接宝釵見他怔了自己到不好意思的丢下串子回身纔要走只見林代玉蹬着门檻子嘴里咬着手帕子笑呢宝釵道你又禁不得風吹怎么又站在那風口里林代玉笑道何曾不是在屋里的只因

听見天上一聲叫喚出來瞧了瞧原來是个獃雁薛宝釵道雁在那里呢我也
瞧一瞧林代玉道我纔出來他就忒兒一聲飛了口里說着將手里的帕子一
甩向宝玉臉上甩來宝玉不防正打在眼上噯喲了一聲要知端的且听下回
分觧

脂硯齋重評石頭記

清虚觀賈母鳳姐原意大適意大快樂偏寫出多少不適意事來此亦天然至情至理必有之事

二玉心事此回大書是难了割却用太君一言以定是道悉通部書之大旨

脂硯齋重評石頭記

第二十九回

享福人福深還禱福　　斟情女情重愈斟情

話説宝玉正自發怔不想代玉將手帕子甩了來正碰在眼睛上到唬了一跳問是誰林代玉摇着頭兒笑道不敢是我失了手因為宝姐〻要看獃雁我比給他看不想失了手宝玉揉着眼睛待要説什么又不好説的一時鳳姐兒来了因説起初一日在清虚观打醮的事来約着宝釵宝玉代玉等看戲去宝釵笑道罷〻怪熱的什么没看过的戲我可不去了鳳姐兒道他們那里凉快两边又有樓咱們要去我頭几天打發人去把那些道士都赶出去把樓打掃干淨掛起簾子来一个閑人不許放進庙去纔是好呢我已経回了太〻了你們

不去我去這些〻日子也悶的很了家里唱動戲我又不得舒〻服〻的看賈母
听説笑道既这庅着我同你去鳳姐听説笑道老祖宗也去乾净好了就只是
我又不得受用了賈母道到明兒我再正面樓上你在傍边樓上你也不用到我
这边来立規矩可好不好鳳姐兒笑道这就是老祖宗疼我了賈母曰而向宝
釵道你也去連你母親也（我合他説）去長天老日的在家里也是睡覺宝釵只得荅應着
賈母又打發人去請了薛姨媽順路告訴王夫人要帶了他们姊妹去王夫人
因一則身上不好二則預備着元春有人出来早已囬了不去的听賈母如今
這樣説笑道還是這庅高興曰打發人去到園里告訴有要往的只管初一跟
了老太〻〻往去這个話一傳開了別人都還可已只是那些〻丫頭们天〻不得
出门檻子听了這話誰不要去便是各人的主子懶怠去他也百般攛掇了去

因此李宮裁苛都説去賈母越發心中喜歡早已分付人去打掃安置都不必
細説单表到了初一這一日榮國府門前車輛紛〻人馬簇〻那底下凡執事
人苛聞得是貴妃作好事賈母親去拈香正是初一日乃月之首日况是端陽
節间因此凡動用的什物一色都是齊全的不同往日少時賈母苛出来賈母
坐一乘八人大轎李氏鳳姐兒薛姨媽每人一乘四人轎宝釵代玉二人共坐
一輛翠蓋珠纓八宝車迎春探春惜春三人共坐一輛朱輪翠蓋車然後賈母
的丫頭鴛鴦鸚武琥珀珎珠林代玉的丫頭紫鵑雪雁春纖宝釵的丫頭鶯兒
文杏迎春的丫頭司棋綉橘探春的丫頭待書翠墨惜春的丫頭入画彩屏薛
姨媽的丫頭同喜同貴外帶着香菱〻〻的丫頭臻兒李氏的丫頭素雲碧月
鳳姐兒的丫頭平兒豐兒小紅並王夫人兩个丫頭也要跟了鳳姐兒来金釧

彩雲奶子抱着大姐兒帶着巧姐兒另在一車还有两个丫頭一共又連上各房的老嬤々奶娘並跟出门的家人媳婦子烏壓々的占了一街的車賈母等已經坐轎去了多遠這门前尚未坐完這个說我不同你在一處那个說你壓了我们奶々的包袱那边車上又說蹭了我的花兒這边又說碰折了我的扇子咭々呱々說笑不絕周瑞家的走来过去的說道姑娘们这是街上看人笑話说了两遍方覺好了前頭的全副執事擺開早已到了清虛觀了宝玉騎着馬在賈母轎前街上人都站在两边将至觀前只听鐘鳴鼓响早有張法官執香披衣帶領衆道士在路傍迎接賈母的轎剛至山門以内賈母在轎内因看見有守门大帥並千里眼順風耳當方土地本境城隍各位泥胎聖像便命住轎賈珍帶領各子弟上来迎接鳳姐兒知道鴛鴦等在後面赶不上来攙賈母

自已下了轎忙要上来挽可巧有个十二三歲的小道士兒拿着剪筒照管剪各處蠟花正欲得便且藏出去不想一頭撞在鳳姐兒怀里鳳姐便一揚手照臉一下把那小孩子打了一个筋斗罵道野牛肏的你往那里跑那小道士也不顧拾燭剪爬起来往外還要跑正置宝釵等下車衆婆娘媳婦正圍隨的風雨不透但見一个小道士子滚了出来都喝声叫拿々々打々々賈母听了忙问是怎麽了賈珍忙出来问鳳姐上去挽住賈母就回說一个小道士兒剪灯花的沒躲出去這会子混鑽呢賈母听說忙道快帶了那孩子来別唬着他小門小户的孩子都是嬌生慣養的那里見的這个勢派倘或唬着他到怪可怜見的他老子娘豈不疼的荒說着便叫賈珍去好生帶了来賈珍只得去拉了那孩子来那孩子還一手拿着蠟剪跪在地下乱战賈母命賈珍拉起来叫他

別怕问他几歲了那孩子痛(通)說不出話来賈母還説可怜見的又向賈珎道珎哥兒帶他去罷給他些錢買菓子吃別叫人难為了他賈珎答應領他去了這里賈母帶着衆人一層〻〻的瞻拜觀玩外面小廝們見賈母等進入二層山门忽見賈珎領了一个小道士出来叫人来帶去給他几百錢不要难為了他家人听說忙上来領了下去賈珎站在階(台)磯上问管家在那里底下站的小厮們見问都一齊喝声說叫管家登时林之孝一手整理着帽(子)跑了来到賈珎跟前賈珎道虽說這里地方大今(兒)不承望来这庅些人你使的人你就帶了往你的那院里去使不着的打發到那院里去把小么兒們多挑几个在这二層门上同兩边的角门上伺候着要東西傳話你可知道不知道今兒小姐奶〻們都出来一个閒人也到不了這里林之孝忙答(應)曉得又說了几个是賈珎道

去罢又問怎麼不見蓉兒一声未了只見賈蓉從鐘樓里跑了出来賈珍道你瞧瞧他我這里也沒熱他到乘涼去了喝命家人啐他那小厮們都知道賈珍素日的性子違拗不得有个小厮便上来向賈蓉臉上啐了一口賈珍又道问著他那小厮便问賈蓉道爺还不怕熱哥兒怎麼先乘涼去了賈蓉托着手一声不敢說那賈芸賈萍賈芹等听見了不但他們慌了亦且連賈璉賈瑞賈瓊等也都忙了一个一个從墻根下慢慢的溜下来賈珍又向賈蓉道你站着作什麼还不騎了馬跑到家里告訴你娘母子去老太太同姑娘們都来了叫他們快来伺候賈蓉听說忙跑了出来一叠声要馬一面报怨道早都不知作什麼的这会子尋趁我一面又罵小子捆着手呢馬也拉不来要打發小子去又恐後来对出来說不得親自走一遭騎馬去了不在話下且說賈珍方要抽身

進來只見張道士站在傍边陪笑說道論理我不比別人應該里頭伺候只因天氣炎熱衆位千金都出來了法官不敢擅入請爺的示下恐老太〻問我要隨喜那里我只在這里伺候罷了賈珍知道這張道士虽然是當日榮國府國公的替身曾經先皇御口親呼為大幻仙人如今現掌道錄司印又是當今封為終了真人現今王公藩鎮都稱他為神仙所以不敢輕慢二則他又常往兩个府里去凡夫人小姐都是見的今見他如此說便笑道偺們自己你又說起這話來再多說我把你這鬍子还撏了呢还不跟我進來那張道士呵〻大笑跟了賈珍進來賈珍到賈母限前控身陪笑說这張爺〻進來請安賈母听了忙道攙〻他來賈珍忙去攙了過來那張道士先哈〻笑道無量壽佛老祖宗一向福壽安康衆位奶〻小姐納福一向沒到府里請安老太〻氣色越發好了賈母

笑道老神仙你好張道士笑道托老太〻萬福萬壽小道也还康健别的到
罢了只記掛着哥兒一向身上好前日四月二十六日我這里做遮天大王的聖
誕人也來的少東西也狠干净我说請哥兒來逛〻怎么说不在家賈母说道
果真不在家一面回頭叫宝玉誰知宝玉解手去了纔来忙上前向張爷〻好
張道士忙抱住问了好又向賈母笑道哥兒越發〻福了賈母道他外頭好里
頭弱又搭着他老子逼着他念書生〻的把个孩子逼出病来了張道士道前
日我在好几處看見哥兒的偶字作的詩都好的了不得怎么老爺還报怨說
哥兒不大欢喜念書呢依小道看来也就罢了又嘆道我看見哥兒的這个形
容身段言談舉動怎么就同當日國公爷一个槁子說着兩眼流下泪来賈母
听說也由不得滿臉泪痕說道正是呢我養这些兒子孫子也沒一个像他爷

爷的就只這玉兒像他爷〻那張道士又向賈珍道當日國公爷的模樣兒爷们一輩的不用說自然沒赶上大约連大老爷二老爷也記不清楚了說畢呵〻又一大笑道前日在一个人家看見一位小姐今年十五歲了生的到也好个模樣兒我想着哥兒也该尋親事了若論这个小姐模樣兒聰明智慧根基家當到也配的过但不知老太〻怎么樣小道也不敢造次等請了老太〻的示下纔敢向人去說賈母道上回有和尚說了这孩子命里不該早定親等再大一大兒再定罷你可如今打听着不管他根基富貴只要模樣配的上就好来告訴我便是那家子窮不过給他几兩良子罷了只是模樣性格兒难得好的說畢只見鳳姐兒笑道張爷〻我们丫頭的寄名符兒你也不換去前兒亏你还有那么大臉打發人和我要鵞黄假子去要不給你又恐怕你那老臉

上過不去張道士呵〻大笑道你瞧我眼花了也沒看見奶〻在這里也沒道
多謝符早已有了前日原要送去的不指望娘〻来作好事就混忘了還在佛
前鎮着待我取来說着跑到大殿上去一時拿了一个茶盤搭着大紅蟒緞經
袱子托出符来大姐兒的奶子接了符張道士方欲抱过大姐兒来只見鳳姐
笑道你就手里拿出来罷了又用个盤子托着張道士道手里不干不凈的怎
么拿用盤子潔凈些鳳姐兒笑道你只顧拿出盤子来到唬我一跳我不說你是
為送符到像是和我們化布施来了衆人听說哄然一笑連賈珍也掌不住笑
了賈母回頭道猴兒〻〻你不怕割舌頭下地獄鳳姐兒笑道我們爺兒們不
相干他怎么常〻的說我該積陰騭遲了就短命呢張道士也笑道我拿出盤
子来一舉兩用却不為化布施到要將哥兒的這玉請了下来托出去給那些〻

遠来的道友並徒子徒孫們見識々々賈母道既這們着你老人家老天拔地
的跑什庅就帶他去瞧了叫他進来豈不省事張道士道老太々不知道看着
小道是八十多歲的人托老太々的福到也健壯二則外面的人多氣味难闻
况是个暑熱的天哥兒受不慣倘或哥兒受了腌臢氣味到值多的賈母听說
便命宝玉摘下通靈玉来放在盤内那張道士兢々業々的用蟒袱子墊着捧
了出去這里賈母與衆人各處遊玩了一回方去上樓只見賈珍回說張爷々
送了玉来剛說着只見張道士捧了盤子走到跟前笑道衆人托小道的福見
了哥兒的玉实在可罕都沒什庅敬賀之物這是他们傳道法器都愿意為敬
賀之礼哥兒便不希罕只留着在房里頑耍賞人罢賈母听說向盤内看時只
見也有金璜也有玉玦或有事々如意或有歲々平安皆是珠穿宝貫玉琢金

鏤共有三五十件因說道你〔這〕也胡鬧他們出家人是那里來的何必這樣道〔斷〕不
能〔可〕收張道士笑道這是他們一點敬心小道也不能阻擋老太〻若不留下豈
不叫他們看着小道微薄不像是門下出身了賈母听如此說方命人接了宝
玉笑道老太〻張爺〻既說〔這庅〕又推辞不得我要這个也無用不如叫小子們捧
了這个跟着我出去散給窮人罷賈母笑道這到說的是張道士又忙攔道哥
兒雖要行好但這此〻東西雖說不甚希奇到底也是几件器皿若給了乞丐一
則與他們無益二則反倒遭塌了這此〻東西要捨給窮人何不就散錢與他們
宝玉听說便命收下等晚間拿錢施捨罷了說畢張道士方退出去這里賈母
與眾人上了樓在正面樓上歸坐鳳姐等占了東樓眾丫頭等在西樓輪流伺
候賈珍一時來回神前點了戲頭一本白蛇記賈母問白蛇記是什庅故事賈

珎道是漢高祖斬蛇方起首的故事第二本是滿床笏賈母笑道這倒是第二本上也罷了神佛要這樣也只得罷了又問第三本賈珎道第三本是南柯夢賈母听了便不言語賈珎退了下來至外边預備着伸表焚錢粮開戲不在話下且說宝玉在楼上坐在賈母傍边因叫个小丫頭子捧着方才那一盤子賀物将自己的玉帶上用手番弄尋撥一件一件的挑與賈母看賈母因看見有个赤金點翠的其麟便伸手番弄拿了起來笑道这件東西好像我看見誰家的孩子也帶着这么一个的宝釵笑道史大妹々有一个比這个小些賈母道是雲兒有這个宝玉道他這么往我们家去住着我也沒看見探春笑道宝姐々有心不管什么他都記得林代玉冷笑道他在别的上还有限惟有這些人帶的東西上越發留心宝釵听說便回頭粧沒听見宝玉听見史湘雲有這件東

西自己便将那麒麟忙拿起来揣在懷里一面心里又想到怕人看見他听見史湘雲有了他就留這件因此手里揣着却拿眼睛飄人只見衆人都到不大理論惟有林代玉瞅着他點頭兒似有讚嘆之意宝玉不覺心里沒好意思起来又掏了出来向带玉笑道這个東西到好頑我替你留着到了家穿上你带林代玉将頭一扭説道我不希罕宝玉笑道你果然不希罕我少不得就拿着説着又揣了起来剛要説話只見賈珍賈蓉的妻子婆媳兩个来了彼此見过賈母方説你們又来做什庅我不过沒事来俇俇一句話沒説了只見人報馮将軍家有人来了原来馮紫英家听見賈府在庙里打醮連忙預備了猪羊香烛茶銀之類的東西送礼鳳姐兒听了忙赶过正楼来拍手咲道嗳呀我就不防這个只説偺們娘兒們来閑俇俇人家只當偺們大摆斋壇的来送礼都是

老太：鬧的這又不得預備賞封兒剛說了只見馮家的管家兩个娘子上樓
来了馮家兩个来去接着趙侍郎也有礼来了于是接二連三都听見賈府打
醮女眷都在廟里凡一應遠近親友世家相遇都来送礼賈母纔後悔起来說
又不是什么正緊斎事我們不過閒逛：就想不到這礼上沒的驚動了人因
此虽看了一天戲至下午便回来了次日便懶怠去鳳姐又說打墻也是動土
已经驚動了人今兒樂得还去逛：那賈母因昨日張道士提起宝玉說親的
事来誰知宝玉一日心中不自在回家来生氣嗔着張道士與他說了親口口
声声說從今以後再不見張道士了別人也並不知為什么原故二則林代玉
昨日回家又中了暑因此二事賈母便執意不去了鳳姐見不去自已帶了人
去也不在話下且說宝玉因此見林代玉又病了心里放不下飯也懶去吃不

時来向林代玉又怕他有个好歹因說道你只管看你的戲去在家里作什么宝玉因昨日張道士提親心中大不受用今听見林代玉如此說心里因想道别人不知道我的心還可恕連他也奚落起我来因此心中更比往日的煩惱加了百倍若是别人跟前断不能動这肝火只是林代玉說了这話到比往日别人說这話不同由不得立刻沉下臉来說道我白認得了你罷了：：林代玉听說便冷笑了两声白認得了我那里像人家有什么配的上呢宝玉听了便向前来直问到臉上你这么說是安心咒我天誅地滅林代玉一時解不过这个話来宝玉又道昨兒还為这个賭了几回咒今兒你到底又准我一句我便天誅地滅你又有什么益處林代玉一闻此言方想起上日的話来今日原自己說错了又是着急又是羞愧便顫：兢：的說道我要安心咒你我也天

誅地滅何苦來我知道昨日張道士說親你怕阻了你的好姻緣你心里生氣
來拿我煞性子原來那宝玉自幼生成有一種下流痴病况從幼時和代玉耳
鬢斯磨心情相对及如今稍明時事又看了那些邪書僻傳凡遠親近友之家
所見的那些閨英闈綉皆不能稍有及林代玉者所以早存了一段心事只不
好說出來故每每或喜或怒变盡法子暗中試探那林代玉偏生也是个有些
痴病的也每用假情試探因你既将真心真意瞞了起來只用假意我也将真
心真意瞞了起來只用假意如此兩假相逢終有一真其间瑣瑣碎碎难保不
有口角之争即如此刻宝玉的心内想的是别人不知我的心还有可恕难道
你就不想我的心里眼里只有你你不能為我煩惱反來以這話奚落堵我可
見我心里一時一刻白有你你竟心里沒我心里这意思只是口里說不出來

一個心弄成兩個心〻之句期望〻情殷每有是事從兄題石集中句云未形猜妬情猶淺當露嬌嗔愛始真信不誣也

綺園

那林代玉心里想着你心里自然有我虽有金玉相对之説你岂是重这邪説不重我的我便時常提这金玉你只管了然自有無间的方見得是待我重而毫無此心了如何我只一提金玉的事你就有急可知你心里时〻有金玉見我一提你又怕我多心故意着急安心哄我看来两个人原本是一个心但都多生了枝葉反弄成两个心了 那宝玉心中又想着我不管怎么樣都好只要你随意我便立刻因你死了也情愿你知也罢不知也罢只由我的心可見你方和我近不知我遠那林代玉心里又想着你只管你〻好我自好你何必為我而自失殊不知你失我自失可見是你不叫我近你有意叫我遠你了如此看來却都是求近之心反弄成疎遠之意如此之話皆他二人素習所存私心也难備述如今只述他们外面的形容那宝玉又听見他説好姻缘三个字越

發逆了已意心里乾噎口里說不出話來便賭氣向頸上抓下通灵宝玉咬牙
恨命往地下一摔道什厶撈什骨子我砸了你完事偏生那玉堅硬非常摔了
一下竟文風沒動宝玉見沒摔碎便回身找東西來砸林代玉見他如此早已
哭起來說道何苦來你摔砸那啞吧物件有砸他的不如來砸我二人鬧着紫
鵑雪雁等忙來解劝後來見宝玉下死砸玉忙上來奪又奪不下來見比往日
鬧的大了少不得去叫襲人〻〻忙赶了來纔奪了下來宝玉冷笑道我砸我
的東西与你們什厶相干襲人見他臉都氣黃了眼眉都变了從來沒氣的这
樣便拉着他的手笑道你同妹〻辯嘴不犯着砸他倘或砸坏了叫他心里臉
上怎厶过的去林代玉一行哭着一行听了這話說到自己心坎兒上來可見
宝玉連襲人不如越發傷心大哭起來心里一煩惱方纔吃的香薷飲解暑湯

便受不住哇的一声都吐了出来紫鵑忙上来用手帕子接住登時一口一口的把一塊手帕子吐濕雪雁忙上来搥紫鵑道虽然生氣姑娘到的也該保重着些〻纔吃了藥好些〻這会子因和宝二爷辯嘴又吐出来倘或犯了病宝二爷怎么过的去呢宝玉听了這話説到自己心坎兒上来可見代玉不如一紫鵑又見林代玉臉紅頭脹一行啼哭一行氣湊一行是淚一行是汗不勝怯弱宝玉見了這般又自己後悔方纔不該同他教証這会子他這様光景我又替不了他心里想着也由不的滴下泪来了襲人見他兩个哭由不得守着宝玉也心酸起来又摸着宝玉的手冰涼待要劝宝玉不哭罢一則又恐宝玉有什么委曲悶在心里二則又恐薄了林代玉不如大家一哭就丢開手了因此也流下泪来紫鵑一面収拾了吐的藥一面拿扇子替林代玉輕〻的搧着見三个

人都鴉雀無声各人哭各人的也由不得傷心起来也拿手帕子擦泪四个人都無言对泣一時襲人免強笑向宝玉道你不看別的你看〻這玉上穿的穗子也不該同林姑娘辯嘴林代玉听了也不顧病赶来奪过去順手抓起一把剪子来要剪襲人紫鵑刚要奪已经剪了几段林代玉哭道我也是白効力他也不希罕自有別人替他再穿好的去襲人忙接了説道何苦來這是我绕多嘴的不是了宝玉向林代玉道你只管剪我横竪不帶他也沒什庅只顧里頭鬧誰知那些老婆子们見林代玉大哭大吐宝玉又砸玉不知道要鬧到什庅田地倘或連累了他们便一齊往前頭回賈母王夫人知道好不甘連了他们那王夫人賈母見他們忙〻的作一件正緊事来告訴也都不知有了什庅大禍便一齊進園来瞧他兄妹急的襲人抱怨紫鵑為什庅驚動了老太〻太

太紫鵑又只当是襲人去告訴的也報怨襲人那賈母王夫人進來見宝玉也無言林代玉也無話問起來又沒為什庅事便將這禍移到襲人紫鵑兩个人身上說為什庅你們不小心伏侍這会子鬧起來都不管了因此將他二人連罵帶說教訓了一頓二人都沒話只得听着还是賈母帶出宝玉去了方纔平服过一日至初三日乃是薛蟠生日家里擺酒唱戲來了賈府諸人宝玉因得罪了林代玉二人揔未見面心中正自後悔無精打彩的那里还有心腸去看戲因而推病不去林代玉不过前日中了些暑溽之氣本無甚大病听見他不去心里想他是好吃酒看戲的今日反不去自然是因為昨兒氣着了再不然他見我不去他也沒心腸去只是昨兒千不該萬不該剪了那玉上的穗子管定他再不帶了还得我穿了他纔帶因而心中十分後悔那賈母見他兩个都

都生了氣只說趁今兒那边看戲他兩个見了也就完了不想又都不去老人家急的抱怨說我這老寃家是那世里孽障偏生遇見了這么兩个不省事的小寃家沒有一天不叫我操心真是俗語說的不是寃家不聚頭几時我閉了這眼斷了這口氣憑着這兩个寃家闹上天去我眼不見心不煩也就罷了偏又不嚥這口氣自已抱怨着也哭了這話傳入宝林二人耳内原來他二人竟是從未听見过不是寃家不聚頭的這句俗語如今忽然得了這句話好似參禅的一般都底頭細嚼這句的滋味都不覺潸然泣下虽不曾會面然一个在瀟湘館臨風洒泪一个在怡紅院對月長吁却不是人居兩地情發一心襲人因劝宝玉道千萬不是都是你的不是往日家里小厮们和他们的姊妹拌嘴或是兩口子分爭你听見了你还罵小厮们蠢不能体貼女孩兒们的心今兒你

也這庅省了明兒初五大節下你们兩个再這们仇人似的老太〻越發要生氣一定弄的不安生依我劝你正經下个氣陪个不是大家还是照常一樣這庅也好那庅也好那宝玉听見了不知依與不依要知端詳且听下囬分觧

脂硯齋重評石頭記

指扇槁双玉是寫宝釵金蟬肶殼
銀釵画薔學是癡女夢中説夢
脚踢襲人是斷無是理竟有是事

脂硯齋重評石頭記卷之

第三十回

宝釵借扇機帶双敲　椿灵劃薔癡及局外

話説林代玉與宝玉角口後也自後悔但又無去就他之理因此日夜悶〻如有所失紫鵑度其意乃勸道若論前日之事竟是姑娘太浮躁了些別人不知宝玉那脾氣难道偺们也不知道的為那玉也不是鬧了一遭兩遭了代玉啐道你到来替人派我的不是我怎么浮燥了紫鵑笑道好〻的為什么又剪了那穗子豈不是宝玉只有三分不是姑娘到有七分不是我看他素日在姑娘身上就好皆因姑娘小性兒常要歪派他纔這么林代玉欲荅話只听院外叫門紫鵑听了一听咲道这是宝玉的声音想必是来賠不是来了林代玉听了

道不許開門紫鵑道姑娘又不是了這庅熱天毒日頭地下晒壞了他如何使得呢口裡説着便出去開门果然是宝玉一面讓他進来一面咲道我只當是宝二爷再不上我們這門了誰知这会子又来了宝玉咲道你们把極小的事到説大了好〻的為什庅不来我便死了䰟也要一日来一百遭妹〻可大好了紫鵑道身上病好了只是心裏氣不大好宝玉咲道我曉得有什庅氣一面説着一面進来只見林代玉又在床上哭那林代玉本不曾哭听見宝玉来由不得傷了心止不住滚下淚来宝玉咲着走近床来道妹〻身上可大好了林代玉只顧拭淚並不荅應宝玉因便挨在床沿上坐了一面咲道我知道妹〻不惱我但只是我不来叫傍人看着到像是咱们又辯了嘴的似的若等他们來劝咱们那時節豈不咱们到覺生分了不如這会子你要打要駡憑着你怎

庅様千萬别不理我說着又把好妹妹叫了几萬声林代玉心里原是再不理
宝玉的這会子見宝玉說别叫人知道他們辯了嘴就生分了是的這一句話
又可見得比人原親近因又掌不住哭道你也不用哄我從今以後我也不敢
親近二爷〻〻也全當我去了宝玉听了咲道你往那去呢林代玉道我回家
去宝玉咲道我跟了你去林代玉道我死了宝玉道你死了我做和尚林代玉
一闻此言登時将臉放下来问道想是你要死了胡說的是什庅你家到有几
箇親姐〻親妹〻呢明兒都死了你几箇身子去作和尚明兒我到把這話告
訢别人去評〻宝玉自知這說的造次了後悔不来登時臉上红脹起来低着
頭不敢則一声幸而屋里没人林代玉直瞪〻的瞅了他半天氣的一声兒也
說不出来見宝玉鱉的臉上紫脹便咬着牙用指頭恨命的在他額顱上戳了

一下哼了一声咬牙說道你這剛說了兩箇字便又嘆了一口氣仍拿起手帕子來擦眼泪宝玉心里原有無限的心事又兼說錯了話正自後悔又見代玉戳他一下要說又說不出來自嘆自泣因此自己也有所感不覺滚下泪來要用帕子揩拭不想又忘了帶來便用衫袖去擦林代玉雖然哭着却一眼看見了見他穿着簇新藕合紗衫竟去拭泪便一面自己拭着泪一面回身將枕边搭的一方綃帕子拿起來向宝玉懷里一摔一語不發仍掩面自泣宝玉見他摔了帕子來忙接住拭了泪又挨近前些伸手拉了林代玉一隻手笑道我的五臟都碎了你还只是哭走罷我同你往老太太跟前去林代玉將手一摔道誰仝你拉拉扯扯的一天大似一天的还這麽涎皮賴臉的連个道理也不知道一句没說完只听喊道好了宝玉林二人不妨都唬了一跳回頭看是鳳姐兒跳了

進來笑道老太〻在那里抱怨天抱怨地只叫我來瞧〻你們好了沒有我說不用瞧過不了三天他們自己就好了老太〻罵我說我懶我來了果然應了我的話了也沒見你們兩个人有些什麼可辯的三日好了兩日惱了越大越成了孩子了有這会子拉着手哭的昨兒為什麼又成了烏眼雞呢还不跟我走到老太〻跟前叫老人家也放些〻心說着拉了林代玉就走林代玉回頭叫了頭們一个也沒有鳳姐道又叫他們作什麼有我伏侍你呢一面說一面拉了就走宝玉在後面跟着出了園門到了賈母跟前鳳姐笑道我說他們不用人費心自己就会好的老祖宗不信一定叫我去說合我及至到那里要說合誰知兩个人到在一處对賠不是了对笑对訴到像黄鷹抓住了鷂子的脚兩個都扣了环了那里还要人去說合說的滿屋里都笑起來此时宝釵正在這

里那林代玉只一言不蹀挨着賈母坐下宝玉沒甚說的便向宝釵笑道大哥哥好日子偏生我又不好了沒別的礼送連个頭也不得磕去大哥々不知我病到像我懶推故不去的倘或明兒閙恼了姐々替我分辯々々宝釵笑道這也多事你便要去也不敢驚動何況身上不好弟兄們日々一處要存这个心到生分了宝玉又唆道姐々知道体諒我就好了又道姐々怎庅不看戲去宝釵道我怕热着了两齣熱的狠要走客又不散我少不得推身上不好就来了宝玉听說自己由不得臉上沒意思只得又搭赸笑道怪不得他们拿姐々比楊妃原來也体豊怯热宝釵听說不由的大怒待要怎樣又不好怎樣回思了一回臉紅起来便冷々笑了两声說道我到像楊妃只是沒一个好哥々好兄弟可以作得楊國忠的二人正說着可巧小丫頭靛兒因不見了扇子和宝釵咲道

必是宝姑娘藏了我的好姑娘賞我罢宝釵指他道你要仔细我合你頑過你再疑我和你素日嘻皮笑臉的那些〻姑娘們跟前你該问他们去說的个靛兒跑了宝玉自知又把話說造次了當着許多人更比纔在林代玉跟前更不好意思便急回身又仝别人搭赸去了林代玉听見宝玉奚落宝釵心中着实得意纔要搭言也趂势兒取个笑不想靛兒因找扇子宝釵又發了两句話他便改口咲道宝姐〻你听两齣什庅戲宝釵因見林代玉面上有得意之態一定是听了宝玉方纔奚落之言遂了他的心愿忽又見问他這話便咲道我看的是李逵罵了宋江後来又賠不是宝玉便咲道姐〻通今博古色〻都知道怎庅連一齣戲的名子也不知道就說了這庅一串子這叫負荊請罪宝釵咲道原来這叫作負荊請罪你们通今博古纔知道負荊請罪我不知道什庅是負

荆請罪一句話还未説完宝玉林代玉二人心里有病听了這話早把臉羞紅了鳳姐於這些〻上虽不通達但只看他三人形景便知其意便也咲着向人道你们大暑天誰还吃生薑呢衆人不解其意便説道没有吃生薑鳳姐故意用手摸着腮咤異道既没人吃生薑怎庅這庅辣〻的宝玉代玉二人听見這話越發不好过了宝釵再要説话見宝玉十分討愢形景改变也就不好再説只淂一咲收住别人揔未解淂他四ケ人的言語因此付之流水一時宝釵鳳姐去了林代玉咲向宝玉道你也试肴比我利害的人了谁都像我心拙口怜的由肴人説呢宝玉正因宝釵多了心自己没趣又見林代玉来向肴他越發没好氣起来待要説两句又恐林代玉多心说不淂忍肴氣無精打彩一直出来谁知目今盛暑之時又當早飯已过各處主僕人等多半都因日長神倦之時宝

玉背着手到一處〻〻鴉雀無聞從賈母這里出來往西走過了穿堂便是鳳姐的院落到他們院門前只見院門掩着知道鳳姐素日的規矩每到天熱午間要歇一个時辰的進去不便遂進角門來到王夫人上房内只見几个丫頭子手里拿着針線却打盹兒呢王夫人在裡間凉榻上睡着金釧兒坐在傍边搥腿也乜斜着眼乱恍宝玉輕〻的走到跟前把他耳上帶的墜子一摘金釧兒睜開眼見是宝玉〻〻悄〻的笑道就困的這広着金釧抿嘴一笑擺手令他出去仍合上眼宝玉見了他就有些恋〻不捨的悄〻的探頭瞧〻王夫人合着眼便自己向身边荷包裡帶的香雪潤津丹掏了出來便向金釧兒口裡一送金釧兒並不睜眼只管噙了宝玉上來便拉着手悄〻的笑道我明日和太〻討你咱們在一處罷金釧兒不答宝玉又道不然等太〻醒了我就討金

釧兒睁開眼將寶玉一推咲道你忙什麽金簪子吊在井里頭有你的只是有你的連這句話語难道也不明白我到告訴你个巧宗兒你往東小院子里拿环哥兒彩雲去宝玉咲道憑他怎麽去罢我只守着你只見王夫人翻身起来照金釧兒臉上就打了个嘴巴子指着罵道下作小娼婦好〻的爺們都叫你教坏了宝玉見王夫人起来早一溜烟去了這里金釧兒半边臉火熱一声不敢言語登時衆了頭听見王夫人醒了都忙進来王夫人便叫玉釧兒把你媽叫来帶出你姐〻去金釧兒听說忙跪下哭道我再不敢了太〻要打罵只管罰落别叫我出去就是天恩了我跟了太〻十来年這会子攆出去我还見人不見人呢王夫人固然是个寬仁慈厚的人從来不曾打過了頭們一下今忽見金釧兒行此無耻之事此乃平生最恨者故氣忿不过打了一下罵了几

句虽金釧兒苦求亦不肯收留到底喚了金釧兒之母白老媳婦来領了下去那金釧兒含羞忍辱的出去不在話下且説那宝玉見王夫人醒来自己没趣忙進大觀園来只見赤日當空樹陰合地滿耳蟬声靜無人語剛到了薔薇花架只听有人哽噎之声宝玉心中疑惑便站住细听果然架下那边有人如今五月之際那薔薇正是花葉茂盛之際宝玉便悄悄的隔着籬笆洞兒一看只見一个女孩子蹲在花下手里拿着根管頭的簪子在地下摳土一面悄悄的流淚宝玉心中想到难道這也是个痴子又像顰兒来葬花不成因又自嘆道若真也葬花可謂東施效顰不但不為新特且更可厭了想畢便要叫那女子説你不用跟着那林姑娘学了話未出口幸而再看時這女孩子面生不是个侍兒到像是那十二个学戲的女孩子之内的却辯不出他是生旦淨丑那一个角

色来宝玉忙把舌頭一伸将口掩住自己想道幸而不曾造次上两次皆因造次了顰兒也生氣宝兒也多心如今在〔再〕得罪了他们越發没意思了一面想一面又恨認不得这丁是誰再留神细看只見這女孩子眉蹙[redacted]眼顰秋水面薄腰纖嫋嫋婷婷大有林代玉之態宝玉早又不忍棄他相去只管痴看只見他虽然用金簪劃地並不是掘土埋花竟是向土上画字宝玉用眼隨着簪子的起落一直一画一點一勾的看了去数一数十八筆自己又在手心里用指頭按着他方才下筆的規矩寫了猜是丁什么字寫成一想原来就是丁薔薇花的薔字宝玉想到必定是他也要作詩填词這会子見了这花因有所感或者偶成了两句一時興至恐忘在地下画着推敲也未可知且看他底下再寫什么一面想一面又看只見那女孩子还在那里画呢画来画去还是丁薔

字再看还是个薔字裡面的原是早已痴了画完一个又画一个已经画了有几千个薔外面的不覺也看痴了两个眼睛珠兒只管随着簪子動心里却想這女孩子一定有什麽話說不出来的大心事纔這樣個形景外面既是這个形景心里不知怎麽熬煎看他的模樣兒这般单薄心里那里还擱的住熬煎可恨我不能替他分些过来伏中陰晴不定片雲可以致雨忽一陣凉風过了唰唰的落下一陣雨来宝玉看着那女子頭上滴下水来纱衣裳登時湿了宝玉想道这時下雨他这个身子如何禁得驟雨一激因此禁不住便說道不用寫了你看下大雨身上都湿了那女孩子听说到唬了一跳抬頭一看只見花外一个人叫他不要寫了下大雨了一則宝玉臉面俊秀二則花葉繁茂上下俱被枝葉隱住剛露着半边臉那女孩子只當是个丫頭再不想是宝玉因咲道

多謝姐姐提醒了我難道姐〻在外頭有什么遮雨的一句提醒了宝玉噯哟了一声绝覺得渾身冰涼低頭一看自已身上也都湿了說声不好只得一氣跑回怡红院去了心里却还記罣着那女孩子没處避雨原來明日是端陽節那文官等十二个女子都放了假進園來各處頑耍可巧小生宝官正旦玉官兩个女孩子正在怡红院和襲人頑笑被大雨阻住大家把溝堵了水積在院内把些绿頭鴨花鸂鶒彩鴛鴦捉的捉赶的赶縫了翅膀放在院内頑耍將院門関了襲人等都在遊廊上嘻笑宝玉見関着门便以手扣门裡面諸人只顧笑那里听見叫了半日拍的门山响裡面方听見了估諒着宝玉这会子再不回來的襲人笑道谁这会子叫門叫人開去宝玉道是我麝月道是宝姑娘的声音晴雯道胡說宝姑娘这会子做什么来襲人道讓我隔着門縫兒瞧〻可

開就開要不可開叫他淋着去説着便順着遊廊到門前往外一瞧只見宝玉淋的雨打雞一般襲人見了又是着忙又是可笑忙開了门笑的彎着腰拍手道这麽大雨地里跑什麽那里知道爺回来了宝玉一肚子没好氣滿心里要把開門的踢几脚及開了门並不看真是誰还只當是那些小丫頭子们便抬腿踢在肋上襲人噯喲了一声宝玉还罵道下流東西们我素日担待你们得了益一點兒也不怕越發拿我取笑兒了口里説着一低頭見是襲人哭了方知踢錯了忙笑道噯喲是你来了踢在那里了襲人從来不曾受过大話的今兒忽見宝玉生氣踢他一下又當着許多人又是羞又是氣又是疼真一時置身無地待要怎麽樣料着宝玉未必是安心踢他少不得忍着説道没有踢着还不換衣裳去宝玉一面進房来解衣一面笑道我長了这麽大今兒是頭一遭兒

生氣打人不想就偏遇見了你襲人一面忍痛換衣一面哭道我是个起頭兒的人不論事大事小事好事歹自然也該從我起但只是别說打了我明兒順了手也打起别人来宝玉道我纔也不是安心襲人道誰說你是安心了素日開門関門都是那起小了頭子們的事他們是憨皮慣了的早已恨的人牙根兒癢癢他們也沒个怕惧兒你當是他们踢一下子唬唬他們也好些纔剛是我淘氣不叫開门的說着那雨已住了宝官玉官也早去了襲人只覺肋下疼的心裡發鬧晚飯也不曾好生吃至晚間洗澡時脫了衣服只見肋上青了碗大一塊自己到唬了一跳又不好声張一時睡下夢中作痛由不得噯喲之声從睡中哼出宝玉虽說不是安心因見襲人懶懶的也不安穩忽夜間听得噯喲便知踢重了自己下床悄悄的秉灯来照剛到床前只見襲人嗽了兩声吐出一口痰

来嗳呦一声睁開眼見了宝玉到唬了一跳道作什庅宝玉道你夢里嗳呦必定踢重了我瞧瞧襲人道我頭上發暈嗓子里又腥又甜你到照一照地下罢宝玉听説果然持灯向地下一照只見一口鮮血在地宝玉慌了只説了不得了襲人見了也就心冷了半截要知端的且听下回分解

石頭記

撕扇子作千金一笑　因麒麟伏白首雙星

訴肺腑情迷活寶玉　含耻辱情烈死金釧

手足耽々小動唇舌　不肖種々大承笞撻

情中情因情感妹々　錯裡錯以錯勸哥々

白玉釧親嘗蓮葉羹　黃金鶯巧結梅花絡

綉鴛鴦夢兆絳芸軒　識分定情悟梨香院

秋爽齋偶結海棠社　蘅蕪苑夜擬菊花題

林瀟湘魁奪菊花詩　薛蘅蕪諷和螃蟹詠

村嫽々是信口開河合　情哥々偏尋根究底

史太君兩宴大觀園　金鴛鴦三宣牙牌令

第三十一回　至四十回

脂硯齋凡四閱評過

撕扇子是以不知情之物供姣嗔不知情時之人一笑所謂情不情

金玉姻緣已定又寫一金麒麟是間色法也何顰兒為其所感故顰兒謂情情

脂硯齋重評石頭記卷之

第三十一回

撕扇子作千金一咲　因麒麟伏白首雙星

話說襲人見了自己吐的鮮血在地也[心里]就冷了半截想着往日常听人說少年吐血年月不保縱然命長終是廢人了想起此言不覺將素日想着後来争榮誇耀之心尽皆灰了眼中不覺滴下淚来宝玉見他哭了他不覺心酸起来因問道你心裡覺的[浮]怎広様襲人勉強笑道好々的覺[不]怎広呢宝玉的意思即刻便要叫人盪黄酒要山羊血黎洞丸来襲人拉了他的手咲道你這一鬧不大緊鬧多少人来到抱怨我輕狂分明人不知道到鬧的人知道了你也不好我也不好正經明兒你打發小子問々王太医去弄点子藥吃々就好了人不知

免不覺的可不好宝玉听了有理也只得罷了向案上斟了茶來給襲人漱了口襲人知宝玉心内是不安穩的待要不叫他伏侍他又未必不依二則定要驚動別人不如由他去罷因此只在榻上由宝玉去伏侍一交五更宝玉也顧不的梳洗忙穿衣出來將王濟仁叫來親自確問王濟仁問其原故不過是傷損便説了個丸藥的名子怎庅服怎庅敷宝玉記了回園依方調治不在話下這日正是端陽佳節蒲艾簪門虎符繫背午間王夫人治了酒席請薛家母女等賞午宝玉見宝釵淡淡的也不和他説話自知是昨兒的原故王夫人見宝玉沒精打彩也只當是為金釧兒昨日之事他沒好意思的越發不里他林代玉見宝玉懶懶的只當是他因為得罪了宝釵的原故心中不自在形容也就懶懶的鳳姐昨日晚間王夫人就告訴了他宝玉金釧的事知道王夫人不自在自

已如何敢說笑也就隨着王夫人的氣色行事便覺淡〻的賈迎春姊妹見衆人無意思也都無意思了因此大家坐了一坐就散了林代玉天性喜散不喜聚他想的也有個道理他說人有聚就有散聚時歡喜到散時豈不清冷既清冷則生傷感所以不如到是不聚的好比如那花開時令人愛慕謝時則增惆悵所以到是不開的好故此人以為喜之時他反以為悲那寶玉的情性只愿常聚生怕一時散了添悲那花只愿常開生怕一時謝了沒趣只到筵散花謝虽有萬種悲傷也就無可如何了因此今日之筵大家無興散了林代玉到不覺得到是寶玉心中悶〻不樂回至自己房中長吁短嘆偏生晴雯上來換衣服不妨又把扇子失了手跌在地上將股子跌折寶玉因嘆道蠢才〻〻將來怎庅樣明日你自己當家立事紀難道也是這庅顧前不顧後的晴雯冷笑道二爺

近来氣大的狠行動就給臉子瞧前兒連襲人都打了今兒又来尋我們的不是要踢要打憑爺去就是跌了扇子也是平常的事先時連那庅樣的玻璃缸瑪瑙碗不知弄坏了多少也沒見个大氣兒這会子一把扇子就這庅着了何苦来要嫌我們就打發我們再挑好的使好离好散的到不好宝玉听了這些話氣的渾身乱战因說道你不用忙將来有散的日子襲人在那边早已听見忙赶過来向宝玉道好〻的又怎庅了可是我說的一時我不到就有事故兒晴雯听了冷笑道姐〻既会說就該早来也省了爺生氣自古一来就是你一个人伏侍爺的我們原沒伏侍過因為你伏侍的好昨日纔挨窩心脚我們不会伏侍的到明兒还不知是个什庅罪呢襲人听了這話又是惱又是愧待要說几句話又見宝玉已経氣的黄了臉少不得自己忍了性子推晴雯道好妹

妹你出去逛〻原是我們的不是晴雯听他說我們兩个字自然是他和宝玉了不覺又添了酸意冷咲几声道我到不知道你們是誰别教我替你們害臊了便是你們鬼〻祟〻幹的那事兒也瞞不過我去那里就稱起我們來了明公正道連个姑娘还沒挣上去呢也不過和我似的那里就稱上我們了襲人羞的臉紫脹起来想一想原來是自已把話說錯了宝玉一面說你們氣不忿我明兒偏抬舉他襲人忙拉了宝玉的手他一个糊塗人你和他分証什庅况且你素日又是有担待的比這大的事過去了多少今兒是怎庅了晴雯冷咲道我原是糊塗人那里配和我說話呢襲人聽說道姑娘到是和我辯嘴呢是和和二爺辯嘴呢要是心里惱我你只和我說不犯着當着二爺吵要是惱二爺不該這们吵的萬人知道我總也不過為了事進來劝開了大家保重姑娘到

尋上我的晦氣又不像是惱我又不像是惱二爺夾槍帶棒終久是个什庅主
意我就不多說讓你說去說着便往外走宝玉向晴雯道你也不用生氣我也
猜着你的心事了我回太〻去你也大了打發你出去好不好晴雯听見了這
話不覺又傷起心來含淚說道為什庅我出去要嫌我變着法兒打發我出去
也不能彀宝玉道我何曾經過這个吵鬧一定是你要出去了不如回太〻打
發你去罷說着站起來就要走襲人忙回身攔住咲道往那里去宝玉道回太
太去襲人咲道好沒意思真个的去回你也不怕燥了便是他認真的要去也
等把這氣下去了等無事中說話兒回了太〻也不遲這会子急〻的當作一
件正經事去回豈不叫太〻犯疑宝玉道太〻必不犯疑我只明說是他鬧着
要去的晴雯哭道我多早晚鬧着要去了饒生了氣还拿話壓派我只管去回

我一頓硼死了也不出這門兒宝玉道這也奇了你又不去你又鬧些什庅我
經不起這吵不如去了到干淨說着一定要去回襲人見攔不住只得跪下了
碧痕秋紋麝月等衆丫環見吵鬧都鴉雀無聞的在外頭听消息這会子听見
襲人跪下央求便一齊進來都跪下了宝玉忙把襲人扶起來嘆了一声在床
上坐下叫衆人起去向襲人道叫我怎庅樣纔好這个心使碎了也沒人知道
說着不覺滴下淚來襲人見宝玉流下淚來自己也就哭了晴雯在傍哭着方
欲說話只見林代玉進來便出去了林代玉㗇道大節下怎庅好〻的哭起來了
难道是為争粽子吃争惱了不成宝玉和襲人嗤的一㗇代玉道二哥〻不告
訴為我〻問你就知道了一面說一面拍着襲人的肩㗇道好嫂子你告訴我
必定是你兩个辯了嘴了告訴妹〻替你们和勸〻〻襲人推他道林姑娘你

闹什么我们一个了頭姑娘只是混說代玉咲道你說你是了頭我只拿你當嫂子待宝玉道你何苦来替他招駡名兒饒這么着还有人說闲話还擱的住你来說他襲人咲道林姑娘你不知道我的心事除非一口氣不来死了到也罢了林代玉咲道你死了别人不知怎么樣我就先哭死了宝玉咲道你死了我作和尚去襲人咲道你老實些罢何苦还說這些話林代玉道把两个指頭一伸抿嘴咲道作了两个和尚了我從今已後都記着你作和尚的遭数兒宝玉听得知道是他点前兒的話自已一咲也就罢了一時代玉去後就有人說薛大爺請宝玉只得去了原來是吃酒不能推辞只得尽席而散晚间回来已帶了几分酒踉蹌来至自已院内只見院中早把乘凉枕榻設下榻上有个人睡着宝玉只當是襲人一面在榻沿上坐下一面推他问道疼的好些了只見那人

翻身起来說何苦来又招我宝玉一看原来不是襲人却是晴雯宝玉將他一拉〻在身傍坐下咲道你的性子越發慣姣了早起就是跌了扇子我不過說了那兩句你就說上那些話說我也罷了襲人好意来劝你又括上他你自已想〻該不該晴雯道怪熱的拉〻扯〻作什庅叫人来看見作什庅我這身子也不配坐在這裡宝玉咲道你既知道不配為什庅睡着呢晴雯沒的話嗤的又咲了說你不来便使得你来了就不配了起来讓我洗澡去襲人麝月都洗了澡我叫了他們来宝玉咲道我緫又吃了好些酒还得洗一洗你既沒有洗拿了水来咱们兩个洗晴雯搖手咲道罷〻我不敢惹爺还記得碧痕打發你洗澡足有兩三个時辰也不知道作什庅呢我们也不好進去的後来洗完了進去瞧〻地下的水淹着床腿連蓆子上都汪着水也不知是怎庅洗了咲了

几天我也没那工夫収什也不用同我洗去今兒也凉快那会子洗了可以不
用再洗我到㕰一盆水来你洗〻脸通〻頭緫剛夗央送了好些菓子都湃在那水
晶缸里呢叫他们打發你吃宝玉笑道既這么着你也不許洗去只洗〻手來
拿菓子來吃罢晴雯笑道我慌張的狠連扇子还跌折了那里还配打發吃菓
子倘或再打破了盤子还更了不得呢宝玉笑道你爱打就打這些東西原不
過是借人所用你爱這樣我爱那樣各自性情不同比如那扇子原是搧的你
要撕着頑也可以使的只是不可生氣時拿他出氣就如盃盤原是盛東西的
你喜听那声响就故意的碎了也可以使得只是别在生氣時拿他出氣這就
是爱物了晴雯听了笑道既這么説你就拿了扇子來我撕我最喜欢撕的宝
玉听了便笑着递与他晴雯果然接過來嗤的一声撕了两半接着嗤〻又听

几声宝玉在傍咲着説响的好再撕响些正説只見麝月走過來咲道少作些
孽罢宝玉赶上来一把将他手里的扇子也奪了遞与晴雯〻〻接了也撕了
几半子二人都大咲麝月道這是怎庅説拿我的東西開心兒宝玉咲道打開
扇子匣子你揀去什庅好東西麝月道既這庅説就把匣子搬了出来譲他儘
力的撕豈不好宝玉咲道你就搬去麝月道我可不造這孽他也没折了手叫
他自己搬去晴雯咲着倚在床上説道我也乏了明兒再撕罢宝玉咲道古人
云千金难買一笑几把扇子能值几何一面説着一面叫襲人〻〻纔換了衣
服走出来丫頭佳蕙過来拾去破扇大家乘凉不消細説至次日午間王夫人薛
宝釵林代玉衆姊妹正在賈母房内坐着就有人回史大姑娘来了一時果見
史湘雲帶領衆多丫环媳婦走進院来宝釵代玉等忙迎至堦下相見青年姊

妹间經月不見一旦相逢其親密自不必細說一時進入房中請安問好都見過了賈母因說天熱把外頭的衣服脱ミ罢史湘雲忙起來寬衣王夫人因咲道也沒見穿上這些作什庅史湘雲咲道都是二嬸子叫穿的誰愿意穿這些宝釵一傍咲道姨娘不知他穿衣裳还更爱穿别人的衣裳可記得旧年三月里他在這里住着把宝兄弟的袍子穿上靴子也穿上額子也勒上猛一瞧到像是宝兄弟就是多兩个墜子他站在那椅子後边哄的老太太只是叫宝玉你過来仔細那上頭掛的灯穗子招下灰来迷了眼他只是咲也不過去後来大家掌不住咲了老太ミ纔咲了說到扮上男人好看了林代玉道這算什庅惟有前年正月里接了老娘来了没兩日就下起雪来老太太和旧母那日想是纔拜了影回来老太太的一个新ミ的大紅猩ミ毡斗篷放在那里誰知眼錯不

見他就披了又大又長他就拿了个汗巾子攔腰繫上和丫頭们在後院子撲
雪人兒去一跤栽到溝跟前弄了一身泥水說着大家想着前情都笑了宝釵
笑向那周奶媽道周媽你们姑娘还是那庅淘氣不淘氣了周奶娘也笑了迎
春笑道淘氣也罷了我就嫌他愛說話也沒見睡在那里还是咭咭呱呱笑一
陣說一陣也不知那里來的那些話王夫人道只怕如今好了前日有人家來
相看眼見有婆婆家了还是那们着賈母因问今兒还是住着还是家去呢周
奶娘笑道老太太没有看見衣服都帶了來可不住兩天史湘雲問道宝玉哥
哥不在家庅宝釵笑道他再不想着别人只想宝兄弟兩个人好憨的（辟性好頑都合式）這可見
还沒改了淘氣賈母道如今你们大了别提小名兒了剛只說着只見宝玉來
了笑道雲妹妹來了怎庅前兒打發人接你去怎庅不來王夫人道這里老太

太總說這一个他又来提名道姓的了林代玉道你哥〻得了好東西䒭着你呢史湘雲道什庅好東西宝玉咲道你信他呢几日不見越發高了湘雲咲道襲人姐〻好宝玉道多謝你記罣湘雲道我給他帶了好東西来了說着拿出手帕子来挽着一个疙瘩宝玉道什庅好的你到不如把前兒送来的那種絳紋石的戒指兒帶两个給他湘雲咲道這是什庅說着便打開衆人看時果然就是上年送来的那絳紋戒指一包四个林代玉咲道你們瞧〻他這主意前兒一般的打發人給我們送了来你就把他的就帶来豈不省事今兒巴〻的自己帶了来我當又是什庅新奇東西原来还是他真〻你是糊塗人史湘雲咲道你才糊塗呢我把這理說出来大家評一評誰糊塗給你們送東西就是使人来不用說話拿進来一看自然就知是送姑娘們的了若帶他們的東西這得

我先告訴来人這是那一个丫頭的那是那一个丫頭的那使来的人明白还好再糊塗些丫頭的名字他也不記得混鬧胡說的反連你们的東西都攪糊塗了若是打發个女人素日知道的还罷了偏生前兒又打發小子来可怎麼說丫頭们的名字呢橫竪我来給他们帶来豈不清白說着把四个戒指放下說道襲人姐々一个夗央姐々一个金釧兒姐々一个平兒姐々一个這到是四个人的难到小子们也記得這们清白眾人听了都笑道果然明白宝玉笑道还是這麼会說話不讓人林代玉听了冷笑道他不会說話他的金麒麟会說話一面說着便起身走了幸而諸人都不曾听見只有薛宝釵抿嘴一笑宝玉听見了倒自已後悔又說錯了話忽見宝釵一笑由不得也笑了宝釵見宝玉笑了忙起身走開找了林代玉去說話賈母向湘雲道吃了茶歇一歇瞧々

你的嫂子們去園里也凉快同你姐〻們去逛〻湘雲答應了將三个戒指兒色上歇了一歇便起身要瞧鳳姐等人去衆奶娘丫頭跟着到了鳳姐那里説咲了一回出来便往大觀園来見過了李宮裁少坐片時便往怡紅院来找襲人因回頭説道你們不必跟着只管瞧你們的朋友親戚去留下翠縷伏侍就是了衆人听了自去尋姑覔嫂早剩下湘雲翠縷兩个人翠縷道這荷花怎広还不開史湘雲道時候没到翠縷道這也合偺們家池子里的一樣也是楼子花嗎湘雲道他們這个还不如偺們的翠縷道他們那边有顆石榴接連四五枝真是楼子上起楼子這也難為他長史湘雲道花草也是同人一樣氣脉充足長的就好翠縷道我不信這話若説同人一樣我怎広不見頭上又長出一个頭来的人湘雲听了由不得一咲説道我説你不用説話你偏好説這叫人怎広好

荅言天地間都賦阴阳二氣所生或正或邪或奇或怪千变萬化都是阴阳順逆多少一生出来人罕見的就奇究竟理还是一様翠縷道這庅説起来從古至今開天闢地都是阴阳了湘雲咲道糊塗東西越説越放屁什庅都是些阴阳难道还有个阴阳不成阴阳两个字还只是一字阳盡了就成阴〻盡了就成阳不是阴尽了又有个阳生出来阳尽了又有了阴生出来翠縷道這糊塗死了我什庅是个阴阳没影没形的我只问姑娘這阴阳是怎庅个様兒湘雲道阴阳有什庅様兒不過是个氣器物賦了成形比如天是阳地就是阴水是阴火就是阳日就是阳月就是阴翠縷听了咲道是了〻〻我今兒可明白了怪道人都管着日頭呌太阳呢算命的管着月亮呌什庅太阴星就是這个理了湘雲咲道阿弥陀佛〻〻的明白了翠縷道這些大東西有阴阳也罷了难

到那些蚊子虼蚤蠓虫兒花兒草兒瓦片兒磚頭兒也有陰阳不成湘雲道怎
広有没陰阳的呢比如那一个樹葉兒还分陰阳呢那边向上朝陽的便是阳
這边背陰覆下的便是陰翠縷听了点頭咲道原來這樣我可明白了只是偺
们這手里的扇子怎広是阳怎広是陰呢湘雲道這边正面就是阳那边反面
就為陰翠縷又点頭笑了还要我几件東西问因想不起來了什広來猛低頭就
看見湘雲宮縧上繫的金麒麟便提起來笑道姑娘這个難道也有陰阳湘雲
道走獸飛禽雄為阳雌為陰牝為陰牡為阳怎広沒有呢翠縷道這是公的到
底是母的呢湘雲道這連我也不知道翠縷道這也罷了怎広東西都有陰阳
偺们人到沒有陰阳呢湘雲照臉啐了一口道下流東西好生走罷越问越问
出好的來了翠縷咲道這有什広不告訴我的呢我也知道了不用難我湘雲

咲道你知道什庅翠縷道姑娘是阳我就是阴說着湘雲拿手帕子握着嘴呵
呵的咲起来翠縷道說是了就笑的這樣了湘雲道狠是〻〻翠縷道人規矩
主子為陽奴才為陰我連這大道理也不懂的湘雲咲道你狠懂的一面說一
面走剗到薔薇架下湘雲道你瞧那是誰吊的首飾金晃〻在那里翠縷听了
忙赶上拾在手里攥着咲道可分出阴阳来了說着先拿史湘雲的麒麟瞧湘
雲要他揀的瞧翠縷只管不放手咲道是件宝貝姑娘瞧不得這是從那里来
的好奇怪我從来在這里沒見有人有這了湘雲道拿来我看翠縷將手一撒
咲道請看湘雲舉目一驗却是文彩輝煌的一了金麒麟比自己配的又大又
有文彩湘雲伸手擎在掌上只是默〻不語正自出神忽見宝玉從那边来了
咲问道你兩了在這日頭底下作什庅呢怎庅不找襲人去湘雲連忙將那麒

麟藏起道正要去呢偺们一處走說着大家進入怡紅院來襲人正在堦下倚檻追風忽見湘雲來了連忙迎下來携手咲說一向别情况一时進來帰坐宝玉因咲道你該早來我淂了一件好東西耑等你呢說着一面在身上摸掏〻了半天呵呀了一声便问襲人那ケ東西你収起來了庅襲人道什庅東西宝玉道前兒淂的麒麟襲人道你天〻帶在身上的怎庅问我宝玉听了將手一拍說道這可丢了往那里我去就要起身自已尋去湘雲听了方知是他遺落的便咲问道你几时又有了麒麟了宝玉道前兒好容易得的呢不知多早晚丢了我也糊塗了相雲咲道幸而是頑的東西还是這庅慌張說着將手一撒你瞧〻是這ケ不是宝玉一見猶不淂欢喜非常因說道不知是如何且听下回分解

後数十回若蘭在射圃所佩之麒麟正此麒麟也提綱伏于此回中所謂草蛇灰線在千里之外

脂硯齋重評石頭記

前明顯祖湯先生有怀人詩一截讀之堪合此回故録之以待知音

無情無尽却情多　情到無多得尽広

解到多情〻尽處　月中無樹影無波

第三十二回

訴肺腑心迷活宝玉　含耻辱情烈死金釧

話説宝玉見那麒麟心中甚是欢喜便伸手来拿咲道虧你揀着了你是那里揀的史湘雲咲道幸而是這个明兒倘或把印也丢了难到也就罢了不成宝玉咲道到是丢了印平常若丢了這个我就該死了襲人斟了茶来与史湘雲吃一面咲道大姑娘听見前兒你大喜了史湘雲紅了臉吃茶不荅襲人道這会子又害燥了你还記得十年前偺们在西边煖閣住着晚上你同我説的話兒那会子不害燥這会子怎庅又害燥了史湘雲咲道你还説呢那会子偺们那庅好後来我们太々没了我家去住了一程子怎庅就把你派了跟二哥々

我來了你就不像先待我了襲人咲道你还説呢先姐〻長姐〻短哄着我替
你梳頭洗臉作這个弄那个如今大了就拿出小姐的款兒来了你既拿出小姐的款来
我怎敢親近呢史湘雲道阿弥陀佛寃枉寃哉我要這樣就立刻死了你瞧〻
這庅大熱天我来了必定赶着来先瞧〻你不信你問〻縷兒我在家時〻刻〻
那一回不念你幾声話未說了忙的襲人和宝玉都劝道頑話你又認真了还是
這庅性急史湘雲道你不説你的話噎人到説人性急一面説一面打開手帕
子將戒指遞与襲人〻〻感謝不尽因咲道你前兒送你姑娘姐〻們的我已得了
今兒你親自又送来可見是沒忘了我只這个就試出你来了戒指兒能值多
少可見你的心真史湘雲道是誰給你的襲人道是宝姑娘給我的湘雲咲道
我只當是林姐〻給你的原来是宝釵姐〻給了你我天〻在家裡想着這些

姐〻们再沒一个比宝姐〻好的可惜我们不是一个娘養的我但凡有這広

个親姐〻就是沒了父母也是沒〔無〕方碍的説着眼睛圈兒就紅了宝玉道罢〻

罢不用題〔提〕這个話史湘雲道題〔提〕這个〔了〕便怎広我知道你的心病恐怕你的林妹〻

听見又怪嗔我讚了宝姐〻可是為這个不是襲人在傍嗆的一咲説道雲姑

娘你如今大了越發心直口快了宝玉咲道我説你们這几个人難説話果然

不錯史湘雲道好哥〻你不必説話教〔叫〕我悪心只会在我们跟前説話見了你

林妹〻又不知怎広了襲人道且别説話正有一件事还要求你呢史湘雲便

问什広事襲人道有一双鞋摳了墊心子我這两日身上不好不得做你可有

工夫替我做〻史湘雲咲道這又奇了你家放着這些巧人不算还有什広針

線上的裁剪上的怎広教我做起来你〔了〕的活計叫誰做誰不好意〔思〕不做呢襲人

咲道你又糊塗了你難道不知道我们這屋里的針線是不要那些針線上的人
做的史湘雲听了便知是宝玉的鞋了因咲道既這広說我就替你做了罢只
是一件你的我纔作別人的我可不能襲人咲道又来了我是个什広就煩你
做鞋了實告訴你可不是我的你別管是誰的橫竪我領情就是了史湘雲道
論理你的東西也不知煩我做了多少了今兒我到不做了的原故你必定也
知道襲人道到也不知道史湘雲冷咲道前兒我听見把我做的扇套子拿着
和人家比賭氣又鉸了我早就听見了你还瞒我這会子又叫我做我成了你
们的奴才了宝玉忙笑道前兒的那事本不知是你做的襲人也咲道他本不
知是你做的是我哄他的話說是新近外頭有个会做活的女孩子說扎的出
奇的花我叫他拿了一个扇套子試〃看好不好他就信了拿出去給這个瞧

給那个眉的不知怎么又惹惱了林姑娘鉸了兩段回來他还叫着做去我總說了是你作的他後悔的什么似的史湘雲道越發奇了林姑娘他也犯不上生氣他既会剪就叫他做襲人道他可不作呢饒这么着老太太还怕他劳碌着了大夫又說好生靜養纔好誰还煩他做旧年好一年的工夫做了个香袋兒今年半年还沒見拿針線呢正說着有人來回說興隆街的大爺來了老爺叫二爺出去會宝玉听了便知是賈雨村來了心中好不自在襲人忙去拿衣服宝玉一面蹬着靴子一面抱怨道有老爺和他坐着就罷了回回定要見我史湘雲一边搖着扇子笑道自然你能会賓接客老爺纔叫你出去呢宝玉道那里是老爺都是他自己要請我去見的湘雲笑道主雅客來勤自然你有些警他的好處他纔只要会你宝玉道罷罷我也不敢稱雅俗中又俗的一个人

並不愿意同這些人往来湘雲咲道还是這个情性不改如今大了你就不愿讀書去考舉人進士的也該常〻的会〻這些為官做宰的人們談〻講〻些仕途經濟的學问也好將来應酬世務日後也有个朋友沒見你成年家只在我們隊里攪些什么宝玉听了道姑娘請别的姊妹屋里坐〻我這里仔細汚了你知經濟學问的襲人道雲姑娘快别說這話上回也是宝姑娘也說過一回他也不管人臉上過的去過不去他就咳了一声拿起脚来走了這里宝姑娘的話也沒說完見他走了登時羞的臉通紅說又不是不說又不是幸而是宝姑娘那要是林姑娘不知又鬧到怎么樣哭的怎么樣呢提起這个話来真〻的宝姑娘叫人敬重自己赸了一会子去了我到過不去只當他惱了誰知過後还是照旧一樣真〻有涵養心地寬大誰知這一个反到同他生分了那林

姑娘見你賭氣不理他你淂賠多少不是呢宝玉道林姑娘從来說過這些混賬話我早合他生分了襲人和湘雲都点頭咲道這原是混賬話原来林代玉知道史湘雲在這裡宝玉又赶来一定說麒麟的原故因此心下忖度着近日宝玉弄来的外傳野史多半才子佳人都因小巧玩物上撮合或有夗央或有鳳凰或玉环金珮或鮫帕鸞縧皆由小物而遂終身今忽見宝玉亦有麒麟便恐此生隙同史湘雲也做出那些風流佳事来因而悄悄走来見机行事以察二人之意不想剛走来正听見史湘雲說經濟事宝玉又說林妹妹不說這樣混賬話若說這話我也和他生分了林代玉听了這話不覺又喜又驚又悲又嘆所喜者果然自己眼力不錯素日認他是个知己果然是个知己所驚者他在人前一片私心称揚于我其親熱厚密不避嫌疑所嘆者你既為我之知己自然

我亦可為你之知已矣既你我為知已則又何必有金玉之論哉既有金玉之
論亦該你我有之則又何必来一宝釵哉所悲者父母早逝虽有銘心刻骨之
言無人為我主張况近日每覺神思恍惚病已漸成医者更云氣弱血虧恐致
劳怯之症你我虽為知已但恐自不能久待你縱為知已奈我薄命何想到此
間不禁滚衣淚来待進去相見自覺無味便一面拭淚一面抽身回去了這里
宝玉忙〻的穿了衣裳出来忽見林代玉在前面慢〻的走着似有拭淚之狀
便忙赶上来咲道妹〻往那里去怎庅又哭了又是誰得罪了你林代玉回頭
是宝玉便勉強咲道好〻的我何曽哭了宝玉咲道你瞧〻眼睛上的淚珠了
未乾还撒謊呢一面說一面禁不住抬起手来替他拭淚林代玉忙向後退了
几步說道你又要死了作什庅這庅動手動脚的宝玉咲道說話忘了情不覺

的動了手也就顧不的死活林代玉道你死了到不值什庅只是丟下了什庅金又是什庅麒麟可怎庅樣呢一句話又把宝玉說急了趕上來问道你还說这樣話到底是咒我还是氣我呢林代玉見问方又想起前日的事来遂自悔自己又說造次了忙咲道你別着急我原說錯了這有什庅的筋都暴起来急的一臉汗一面說一面禁不住近前伸手替他拭面上的汗宝玉瞅了半天方說道你放心三个字林代玉听了怔了半天方說道我有什庅不放心的我不明白這話你到說說怎庅放心不放心宝玉嘆了一口氣问道你果不明白這話难到我素日在你身上的心都用錯了連你的意思若体貼不着就难怪你天天為我生氣了林代玉道果然我不明白放心不放心的話宝玉點頭嘆道好妹妹你別哄我果然不明白這話不但我素日之意白用了且連你素日待我之意也

都聾了你皆因總是不放心的原故總弄了一身病但凡寬慰些這病也不得一日重似一日林代玉听了這話如轟雷掣電細細思之竟比自己肺腑中掏出来的还覔懇切竟有萬句言語滿心要說却是半个字也不能吐却怔怔的望看他此時宝玉心中也有萬句言語不知從那一句上說起却也怔怔的望看代玉兩个人怔了半天林代玉只咳了一声兩眼不覺滚下泪来回身便要走宝玉忙上前說道好妹妹且畧站住我說一句話再走林代玉一面拭泪一面將手推開說道可〔有〕什庅可說的你的話我早知道了口里說看却頭也不回竟去了宝玉站看只管發起獃来原来方總出来慌忙不曾帶得扇子龔人怕他熱忙拿了扇子赶来送与他忽抬頭見了林代玉和他站看一時代玉走了他还站看不動因而赶上来說道你也不帶了扇子去虧我看見赶了送来宝

玉出了神見襲人和他說話並未看出是何人來便一把拉住說道好妹〻我
的這心事從來也不敢說今兒我大胆說出来死也甘心我為你也弄了一身
的病這里又不敢告訴人只好掩着只等你的病好了只怕我的病纔得好呢
睡里夢里也忘不了你襲人听了這話唬得魄消魂散只教神天菩薩坑死我
了便推他道這是那里的話敢是中了邪还不快去宝玉一時醒過方知是襲
人送扇子来羞的滿面紫漲奪了扇子便忙〻的抽身跑了這里襲人是他去
了自思方才之言一定是代玉而起如此看来将来難免不才之事令人可驚
可畏想到此間也不覺怔〻滴下淚来心下暗度如何處治方免此醜禍正裁
疑間忽有宝釵從那边走来咲道大毒日頭地下出什麼神呢襲人見問忙咲
道那边兩个雀兒打架到也好頑我就看住了宝釵道宝兄弟這会子穿了衣

服忙忙的那去了我纔纔看見走過去到要叫住问他呢他如今説話越發沒了經緯我故此沒叫他了由他過去罷襲人道老爺叫他出去宝釵听了忙道噯喲這広黄天暑熱的叫他做他広别是想起什広来生了氣叫出去教訓一塲襲人咲道不是這个想是有客要会宝釵咲道這个客也沒意思這広熱天不在家里凉快还跑些什広襲人咲道到是你説説罷宝釵因而问道雲了頭在你们家做什広呢襲人咲道纔説了一會子閑話你瞧我前兒粘的那雙鞋明兒叫他做去宝釵听見這話便两边回頭看無人来往便咲道你這広个明白人怎広一時半刻的就不会躰人情我近来看着雲了頭神情再風里言風里語的听起来那雲了頭在家里竟一点兒作不得主他们家嫌費用大竟不用那些針線上的人差不多的東西多是他们娘兒们動手為什広這几次他来

了他和我說話兒見沒人在跟前他就說家里累的狠我再問他兩句家常過日子話他就連眼圈紅了口里含含糊糊待說不說的想其形景來自然從小兒沒爹娘的苦我看着他也不覺的傷起心來襲人見說這話將手一拍說是了了了怪道上月我煩他打十根蝴蝶結子過了那些日子纔打發人送來还說打的粗且在別處能着使罷要匀淨的等明兒來住着再好生打罷如今听宝姑娘這話想來我们煩他他不好推辭不知他在家里怎麼三更半夜的做呢可是我也糊塗了早知是這樣我也不煩他了宝釵道上次他就告訴我在家里做活做到三更天若是替別人做一点半点他家的那些奶奶太太们还不受用呢襲人道偏偏我们那牛心的小爺憑着小的大的活計一槩不要家里這些活計上的人作我又弄不開這些宝釵笑道你里他呢只管叫人做

去只說是你做的就是了襲人道那里哄的信他〻纔是認得出来呢說不得
我只好慢〻的累去罢了宝釵咲道你不必忙我替你作些如何襲人咲道當
真的這樣就是我的福了晚上我親自送過来一句話未了忽見一个老婆子
忙〻走来說道這是那里說起金釧兒姑娘好〻的投井死了襲人唬了一跳
忙问那个金釧兒那老婆子道那里还有两个金釧兒呢就是太〻屋里的前
兒不知為什庅攆他出去在家里哭天哭地的也都不里会他誰知找他不見
了剛纔打水的人在那東南角上井里打水見一个尸首赶着叫人打撈起来
說〔纔〕知是他〻們家里还只管乱着要救活那里中用了宝釵道這也奇了襲人
听說点頭讃嘆想素日同氣之情不覺流下淚来宝釵听見這話忙向王夫人
處来道安慰這里襲人回去不提却說宝釵来至王夫人處只見鴉雀無闻独

有王夫人在里間房内坐着垂淚宝釵便不好提這事只得一傍坐了王夫人便問你從那里来宝釵道從園里来王夫人道你從園里来可見你宝兄弟宝釵道纔到着見了他穿了衣服出去了不知那里去王夫人点頭哭道你可知道一樁奇事金釧兒忽然投井死了宝釵見說道怎么好々的投井這也奇了王夫人道原是前兒他把我一件東西弄坏了我一時生氣打了他几下攆了他下去我只說氣他兩天还叫他上来誰知他這么氣性大就投井死了豈不是我的罪過宝釵嘆道姨娘是慈善人故然這么想據我看来他並不是賭氣投井多半他下去住着或是在井跟前憨（貪）頑失了脚吊下去的他在上頭拘束慣了這一出去自然要到各處去頑々逛々豈有這樣大氣的理縱然有這樣大氣也不過是个糊塗人也不為可惜王夫人点頭嘆道這話虽然如此說到底

我心裡不安宝釵嘆道姨娘也不必念〻于茲十分過不去不過多賞他几兩銀子發送他也就盡主僕的情了王夫人道剛纔我賞了他娘五十兩銀子原要还把你妹〻們的新衣服拿兩套給他粧裹誰知鳳丫頭說可巧都沒什庅新做的衣服只有你林妹〻作生日的兩套我想你林妹〻那个孩子素日是个有心的況且他也三災八难的既說了給他過生日這会子又給人粧裹去他豈不忌諱因為這庅樣我現叫裁縫赶兩套給他要是別的丫頭賞他几兩銀子也就完了只是金釧兒虽然是个丫頭素日在我跟前比我的女兒也差不多口里說着不覺淚下宝釵忙道姨娘這会子又何用叫裁縫赶去我前兒到做了兩套拿来給他豈不省事況且他活着的時候也穿過我的旧衣服身量又相對王夫人道虽然這樣难道你不忌諱宝釵笑道姨娘放心我從來不計較這些

一面説一面起身就走王夫人忙叫了两个人来跟宝姑娘去一時宝釵取了衣服回来只見宝玉在王夫人傍边坐看垂泪王夫人正纔説他因宝釵来了却掩了口不説了宝釵見此光景察言观色早知覺了八分于是将衣服交割明白王夫人将他母親叫来拿了去再着下回便知

脂硯齋重評石頭記卷之

第三十三回

手足眈々小動唇舌　不肖種々大承笞撻

却說王夫人喚他母親上来拿几件簪环當面賞与他又吩咐請几衆僧人念經超度他母親磕頭謝了出去原来宝玉会過雨村回来听見了便知金釧兒含羞賭氣自盡心中早又五分摧傷進来被王夫人数落教訓也無可回說見宝釵進来方得便出来茫然不知何往背着手低頭一面感嘆一面慢々的走着信步来至廳上剛轉過屏門不想對面来了一人正往里走可巧兒撞了个滿懷只听那一人喝了一声站住宝玉唬了一跳抬頭一看不是別人却是他父親不覺的倒抽了一口氣只得垂手一傍站了賈政道好端々的你垂頭喪氣嗐

些什么方才雨村来了要見你那半天你纔出来了既出来全無一点慷慨揮洒談吐仍是葳葳蕤蕤我看你臉上一團思欲愁悶氣色這会子又咳声嘆氣你那些还不足还不自在無故這樣却是為何宝玉素日虽是口角伶俐只是此时一心總為金釧兒感傷恨不得此时也身亡命殞跟了金釧兒去如今見了他父親說這些話究竟不曾听見只是怔呵呵的站着賈政見他惶悚應對不似往日原本無氣的這一来生了三分氣方欲說話忽有回事人来回忠順親王府里有人来要見老爺賈政听了心下疑惑暗暗思忖道素日並不和忠順府来往為什么今日打發人来一面想一面令快請急走出来看时却是忠順府長史官忙接進廳上坐了献茶未及叙談那長史官先就說道下官此来並非擅造潭府皆因奉王命而来有一件事相求看王爷面上敢煩老大人作

主不但王爷知情且連下官輩亦感謝不盡賈政听了這話抓不住頭脳忙陪
咲道請問道大人既奉王命而来不知有何見諭望大人宣明學生好遵諭承
辦那長府史官便冷咲道也不必承辦只用大人一句話就完了我们府裡有一个
做小旦的琪官一向好好在府里如今竟三五日不見回去各處去找又摸不
着他的道路因此各處訪察這一城内十停人到有八停人都說他近日和啣
玉的那位令郎相与甚厚下官輩等听了尊府不比別家可以擅入索取因此
啟明王爺王爺亦云若是別的戲子呢一百了也罢了只是這琪官隨机應達
謹甚老誠甚合我老人家的心竟斷斷少不得此人故此求老爷轉諭令郎請
將琪官放回一則可慰王爷諄諄奉懇二則下官輩也可免操劳求覔之苦說
畢忙打一躬賈政听了這話又驚又氣即命換宝玉来宝玉也不知是何原故

忙赶来时賈政便问該死的奴才你在家不讀書也罢了怎広又做出這些無法無天的事来那琪官現是忠順王爷駕前承奉的人你是何等草芥無故引逗他出来如今禍及于我宝玉听了唬了一跳忙回道実在不知此事究竟連琪官两个字不知為何物豈更又加引逗二字説着便哭了賈政未及開言只見那長史官冷咲道公子也不必掩飾或隐藏在家或知其下落早説了出来我们也少受些辛苦豈不念公子之德宝玉連説不知恐是訛傳也未見得那長史官冷咲道現有據証何必还賴必定當着老大人説了出来公子豈不吃虧既云不知此人那紅汗巾子怎広到了公子腰里宝玉听了這話不覺轟去魂魄目瞪口呆心下自思这話他如何得知他既連這様机密事都知道了大約别的瞒他不過不如打發他去了免的再説出别的事来因説道大人既知

他的底細如何連他置買房舍這樣大事到不曉得了听得說他如今在東郊離城二十里有个什庅紫檀堡他在那里置了几畝田地几间房舍想是在那里也未可知那長府史官听了咲道這樣說一定是在那里我且去找一回若有了便罢若沒有还要来請教說着便忙〻走了賈政此時氣的目瞪口歪一面送那長府史官一面回頭命宝玉不許動回来有話问你一直送那官員去了才回身忽見賈环帶着几个小廝一陣乱跑賈政喝令小廝快打〻〻賈环見了他父親唬的骨軟筋酥忙低頭站住賈政便问你跑什庅帶着你的那些人都不管你不知往那里逛去由你野馬一般喝令叫跟上學的人来賈环見他父親盛怒便乘机說道方才原不曾跑只因從那井边一過那井里淹死了一个丫頭我看人頭這樣大身子這樣粗泡的寔在可怕所以才赶着跑了過来賈政

听了驚疑問道好端〻的誰去跳井我家從無這樣事情自祖宗以来皆是寛柔以待下人大約我近年於家務踈賴自然執事人操尅奪之权致使出這暴殄輕生的禍患若外人知道祖宗顏面何在喝令快叫賈璉賴大来小廝們荅应了一声方欲叫去賈环忙上前拉住賈政的袍襟貼膝跪下道父親不用生氣此事除太〻房里的人別人一点也不知道我听見我母親說〻道這里便回頭四顧一看賈政知意將眼一看衆人小廝小廝們明白都往兩边後面退去賈环便悄〻說道我母親告訴我說宝玉哥〻前在太〻屋里拉着太〻的了頭金釧兒強奸不遂打了一頓那金釧兒便賭氣投井死了話未說完把了賈政氣的面如金紙大喝快拿宝玉来一面說一面便往里边書房里去喝令今日再有人劝我〻把這冠帶家私一应交与他与宝玉過去我免不得做

个罪人把這几根煩惱鬢毛剃去尋个干净去處自了也免得上辱先人下生
逆子之罪衆门客僕從見賈政這个形景便知又是為宝玉了一个〻都是咲
指咬舌連忙退出那賈政喘吁〻直挺〻坐在椅子上滿面淚痕一叠声拿宝
玉拿大棍拿索子捆上把各门都関上有人傳信在里頭去立刻打死衆小厮
们只得齊声荅應有几个来找宝玉那宝玉听見賈政吩咐他不許動早知多凶
少吉那里承望賈环又添了許多的話正在廳上乾轉怎得个人来往里頭去
稍信偏生沒个人連焙茗也不知在那里正盼望时只見一个老姆〻出来宝
玉如得了珍宝便赶上来拉他說道快進去告訴老爺要打我呢快去〻〻要
緊〻〻宝玉一則急了說話不明二則老婆子偏生又聾竟不曾听見是什広
話把要緊二字只听見跳井二字便咲道跳井讓他跳去二爺怕什広宝玉見

是个聾子便着急道你出去叫我的小厮来罢那婆子道有什么不了的事老
早的完了太太又賞了衣服又賞了銀子怎么有不了事的宝玉急的跺脚正没
抓尋處只見賈政的小厮走来逼着他出去了賈政一見眼都紅紫也不暇问
他在外流蕩優伶表贈私物在家荒疎學業淫辱母婢苛語只喝令堵起嘴来
着實打死小厮们不敢違拗只得将宝玉按在櫈上舉起大板打了十来下賈
政猶嫌打輕了一脚踢開掌板的自己奪過来咬着牙狠命蓋了三四十下衆
门客見打的不祥了忙上前奪劝賈政那里肯听說道你们问问他幹的勾當
可饒不可饒素日皆是你们這些人把他釀壞了到這步田地还来解劝明日
釀到他弑君殺父你们纔不劝不成衆人听這話不好听知道氣急了忙又退
出只得覓人進去給信王夫人不敢先回賈母只得忙穿衣出来也不顧有人

沒人忙〻赶徃書房中来慌的衆门客小厮等避之不及王夫人一進房来賈
政更如火上澆油一般那板子越發下去的又狠又快按宝玉的两个小厮忙
鬆了手走開宝玉早已動彈不得了賈政还欲打时早被王夫人抱住板子賈
政道罷了〻〻今日必定要氣死我纔罷王夫人哭道宝玉虽然該打老爺也
要自重況且炎天暑日的老太〻身上也不大好打死宝玉事小倘或老太〻
一時不自在了豈不事大賈政冷笑道倒休提這話我養了這不肖的孽障已經
不孝教訓他一番又有衆人護持不如趁今日一發勒死了亦絕將来之患說
着便要繩索来勒死王夫人連忙抱住哭道老爺虽然應當管教兒子也要看
夫妻分上我如今已將五十歲的人只有這个孽障必定苦〻的以他為法我
也不敢深劝今日越發要他死豈不是有意絕我既要勒死他快拿繩子来先

批得是　綺園

勒死我再勒死他我們娘兒們不敢含怨到底在陰司里也得个依靠未喪母者來細玩既喪母者來痛哭說畢爬在宝玉身上大哭起来賈政听了此話不覺長嘆一声向椅上坐了淚如雨下王夫人抱着宝玉只見他面白氣弱底下穿着一條綠紗小衣皆是血漬禁不住解下汗巾看由腿至脛或青或紫或整或破竟無一点好處不覺失声大哭起来苦命的兒吓因哭出苦命兒来又想起賈珠来便叫着賈珠哭道若有你活着便死一百个我也不管了此时里面的人聞得王夫人出来那李宮裁王熙鳳与迎春姊妹早已出来了王夫人哭着賈珠的名子別人还可惟有宮裁禁不住也放声哭了賈政听了那淚珠更似滾瓜一般滾了下来正沒開交處忽听丫环来說老太太来了一句話未了只听窗外顫巍巍的声氣說道先打死我再打死他豈不干淨了賈政見他母親来了又急又痛連

忙迎接出来只見賈母扶着了頭喘吁〻的走来賈政上前躬身陪笑道大暑热天母親有何生氣親自走来有話只該叫了兒子進去吩咐賈母听說便止住步喘息一回厲声說道你原来是和我說話呢嗎我到有話吩咐只是可怜我一生沒養个好兒子却教我和誰說去賈政听這話不像忙跪下含淚說道為兒的教訓兒子也為的是光宗耀祖母親這話我做兒的如何禁得起賈母听說便啐了一口說道我說一句話你就禁不起你那樣下死手的板子难道宝玉就禁得起了你說教訓兒子是光宗耀祖當初你父親怎広教訓你来說着不覺就滚下淚来賈政又陪笑道母親也不必傷感皆是作兒的一時性起從此以後再不打他了賈母便冷笑道你也不必和我使性子賭氣的你的兒子我也不該管你打不打我猜着你也厭煩我们娘兒们不如我们趁早兒离了你大

家干净說省便令人去看轎馬我和你太太宝玉立刻回南京去家下人只得干答應省賈母又叫王夫人道你也不必哭了如今宝玉年紀小你疼他〻將来長大成人為官作宰的也未必想着你是他母親了你如今到不要疼他只怕將来还少生一口氣呢賈政听說忙叩頭哭道母親如此說賈政無立足之地賈母冷笑道你分明使我無立足之地你反說起你来只是我們回去了你心里干净看有誰来許你打一面說一面只令快打点行李車轎回去賈政苦〻叩求認罪賈母一面說話一面又記罣宝玉忙進前来看时只見今日這頓打不比往日又是心疼又是生氣也抱着哭了不了王夫人与鳳姐等解劝了一会方漸〻的止住早有丫鬟媳婦等上来要挽宝玉鳳姐便罵道糊塗東西也不睜開眼瞧〻打的這庅个樣兒还要挽着走还不快進去把那籐屜子春櫈抬出

来呢衆人听説連忙進去果然抬出春凳来将宝玉抬放凳上随着賈母王夫
人等進去送至賈母房中彼時賈政見賈母氣未全消不敢自便也跟了進去
看〻宝玉果然打重了再看〻王夫人兒一声肉一声你替珠兒早死了留着
珠兒免你父親生氣我也不白操這半世的心了這会子你倘或有个好歹丢
下我叫我靠那一個数落一場又哭不争氣的兒賈政听了也就灰心自悔不
該下毒手打到如此地步先劝賈母〻〻含淚你不出去还在這里做什広难
道於心不足还要眼看着他死了纔去不成賈政听説方退了出来此时薛姨
媽同宝釵香菱襲人史湘雲也都在這里襲人滿心委屈只不好十分使出見
衆人圍着灌水的灌水打扇的打扇自已插不下手去便越性走出来到二门
前令小厮们找了焙茗来細问方纔好端〻的為什広打起来你也不早来透

了信兒焙茗急的說偏生我沒在跟前打到半中間我纔听見了忙打听原故却是為琪官金釧姐〻的事襲人道老爺怎庅淂知道的焙茗道那琪官的事多半是薛大爺素日吃醋沒法兒出氣不知在外頭唆挑了誰来在老爺跟前下的火那金釧兒的事是三爺說的我也是听見老爺的人說的襲人听了這兩件事都对景心中也就信了八九分然後囬来只見衆人都替宝玉療治調停完備賈母令好生抬到他房内去衆人荅應七手八脚忙把宝玉送入怡紅院内自已床上卧好又乱了半日衆人漸〻散去襲人方進前来經心扶侍问他端的且听下囬分觧

脂硯齋重評石記卷之

第三十四回

情中情因情感妹〻　錯里錯以錯劝哥〻

話說襲人見賈母王夫人去後便走来寶玉身边坐下含淚问他怎麽就打到這步田地寶玉嘆氣說道不過為那些事问他做什麽只是下半截疼的狠你瞧〻打壞了那里襲人听說便輕〻伸手進去將中衣褪下寶玉略動一動便咬着牙叫噯喲襲人連忙停住手如此三四次纔褪了下来襲人睄看只見腿上半段青紫都有四指寬的僵痕高了起来襲人咬着牙說道我的娘怎麽下般的這麽狠手你但凡听我一句話也不得到這步田地幸而沒動筋骨倘或打出了殘疾来可叫人怎麽樣呢正說着只〻听了环們說寶姑娘来了襲人

听見知道穿不及中衣便拿了一床袷紗被替宝玉蓋了只見宝釵手里托着
一丸藥走進来向襲人説道晚上把這藥用酒研開替他敷上把那淤血的與熱
毒散開可以就好了説畢遞与襲人又问道這会子可好些宝玉一面道謝説
好了又讓坐宝釵見他睁開眼説話不像先时心中也寬慰了好些便点頭嘆
道早听人一句話也不至今日別説老太〻上〻心疼就是我们看着心里也
疼剛説了半句又忙嚥住自悔説的話急了不覺的就紅了臉低下頭来宝玉
听得這話如此親切稠密迥大有深意忽見他又嚥住不往下説紅了臉低下
頭只管弄衣帶那一種嬌羞怯〻非可形容得出者不覺心中大暢將疼痛早
丢在九宵雲外心中自思我不過捱了几下打他们一个〻就有這些憐惜悲
感之態露出令人可玩可觀可憐可敬假若我一时竟遭殃橫死他们还不知

是何苦悲慼呢既是他们這樣我便一時死了得他们如此一生事業縱然尽
付東流亦無足嘆息冥〻之中若不怡然自得亦可謂糊塗鬼祟矣想着只听
宝釵问襲人道怎么好〻的動了氣就打起来了襲人便把焙茗的話說了出
来宝玉原来还不知道賈环的話見襲人說出方才知道因又拉上薛蟠惟恐
宝釵沉心忙又止住襲人道薛大哥〻從来不這樣的你们混裁度不可宝釵
听說便知道是怕他多心用話相攔襲人因心中暗〻想道打的這个形像疼
还顧不過来还是這樣細心怕得罪了人可見在我们身上也算是用心了你
既這樣心何不在外頭大事上做工夫老爷也欢喜了也不能吃這樣亏但你
固然怕我沉心所以攔襲人的話难道我就不知我的哥〻素日恣心縱欲毫
無防犯的那種心性當日為一个秦鐘还鬧的天翻地覆自然如今比先又更

利害了想畢因咲道你们也不必怨這个怨那个據我想到底宝兄弟素日不
正肯和那些人来往老爷纔生氣就是我哥々說話不防頭一时說出宝兄弟
来也不是有心調唆一則也是本来的寔話二則他原不理論這些防嫌小事
襲姑娘從小兒只見宝兄弟這広樣細心的人你何嘗見過天不怕地不怕心
里有什広口里就說的人襲人因說出薛蟠来見宝釵如此說更覺羞愧無言
宝玉又听宝釵這番話一半堂黄（皇）正大一半是去己疑心更覺比先暢快了方
欲說話时只見宝釵起身說道明兒再来看你々好生養着罢方才我拿了藥
来交給襲人晚上敷上管就好了說着便走出门去襲人赶着送出院外說姑
娘到費心了改日宝二爷好了親自来謝宝釵回頭咲道有什広謝處你只劝
他好生静養别胡思乱想的就好了不必驚動老太々太々衆人倘或吹到老

爷耳躲里虽然彼时不怎広樣将来对景終是要吃虧的説着一面去了襲人抽身回来心内着寔感激宝釵進来見宝玉沉思默〻似睡非睡的模樣因而退出房外自去櫛沐宝玉默〻的倘在床上無奈豚上作痛如針挑刀挖一般更又热如火炙畧展轉时禁不住噯喲之声那时天色将晚因見襲人去了却有三两个了环伺候此时並無呼喚之事因説道你们且去梳洗等我叫时再来衆人听了也都退出這里宝玉昏〻默〻只見蒋玉菡走了進来訴説忠順府拿他之事又見金釧兒進来哭説為他投井之事宝玉半夢半醒都不在意忽又覺有人推他恍〻忽〻听得有人悲戚之声宝玉從夢中驚醒睁眼一看不是别人却是林代玉宝玉猶恐是夢忙又将身子欠起来向臉上細〻一認只見两个眼睛腫的桃兒一般滿面淚光不是代玉却是那个宝玉还欲看时

怎奈下半截疼痛难忍支持不住便嗳哟一声仍就倒下嘆了一声說道你又
做什庅跑来虽說太陽落下去那地上的餘熱未散走两遢又要受了暑我虽
然捱了打並不覺疼痛我這个様兒只粧出来哄他們好在外頭佈散与老爷
听其寔是假的你不可認真此时林代玉虽不是嚎啕大哭然越是這号無声
之泣氣噎喉堵更覺利害听了宝玉這番話心中虽然有萬句言詞只是不能
說得半句方抽抽噎噎的說道你從此可都改了罢宝玉听說便長嘆一声道
你放心別說這様話就便為這些人死了也是情愿的一句話未了只見院外
人說二奶奶来了林代玉便知是鳳姐来了連忙立起身說道我從後院子去
罢回来再来宝玉一把拉住道這可奇了好好的怎庅怕起他来林代玉急的
跺脚悄悄的說道你瞧瞧我的眼又該他取笑開心呢宝玉听說赶忙的放手

代玉三步两步轉過床後出後院而去鳳姐從前頭已進來了问宝玉可好些了想什庅吃吽人往我那里取去接看薛姨娘又來了一时賈母又打發了人來至掌灯时分宝玉只喝了两口湯便昏ゝ沉ゝ的睡去接着周瑞媳婦吳龍登媳婦鄭好时媳婦這几个有年紀常往來的听見宝玉捱了打也都進來襲人忙迎出來悄ゝ的笑道嬸ゝ子们來遲了一步二爺纔睡着了說着一面帶他们到那边房里坐了倒茶与他们吃那几个媳婦子都悄ゝ的坐了一回向襲人說䒭二爷醒了你替我们說罢襲人答應了送他们出去剛要回來只見王夫人使了婆子來口称太ゝ吽一个跟二爷的人呢襲人見說想了一想便回身悄ゝ告訴晴雯麝月檀雲秋紋䒭說太ゝ吽人你们好生在房里我去了就來說畢同那婆子一逕出了园子來至上房王夫人正坐在涼榻上摇着芭蕉

扇子見他來了說不管叫个誰來也罷了你又丟下他來了誰扶侍他呢襲人見說連陪笑說道二爷纔睡安穩了那裡有四五个丫頭呢如今也好了会扶侍二爺了太太請放心恐怕太太有什么話分付打發他們來一时听不明白到耽悮了王夫人道也沒甚話白问问他這会子疼的怎么樣襲人道宝姑娘送去的藥我給二爷敷上了比先好些了先疼的淌不穩這会子都睡沉了可見好些了王夫人又问吃了什么沒有襲人道老太太給的一碗湯喝了兩口只嚷乾渴要吃酸梅湯我想着酸梅是个收斂的東西纔剛捱了打又不許叫喊自然急的那热毒热血未免不存在心里倘或吃下這个去激在心里再弄出大病來可怎么樣呢因此我劝了半天纔沒吃只拿那糖醃的玫瑰滷子和了吃吃了半碗又嫌吃絮了不香甜王夫人道噯喲你不該早來和我說前兒有人送

了两瓶子香露来原要給他点子的我怕他胡遭遢了就没給既是他嫌那些
玫瑰膏子絮煩把這个拿两瓶子去一碗水里只用挑一茶匙兒就香的了不
得呢説着就喚彩雲来把前兒的那几瓶香露拿了来襲人道只拿两瓶来罢
多了也白遭遢等不彀再要再来取也是一樣彩雲听説去了半日果然拿了
两瓶来付与襲人〻〻看时只見两个玻璃小瓶却有三寸大小上面螺絲銀
盖鵞黄箋上寫着木樨清露那一个寫着玫瑰清露襲人咲道好金貴東西這
庅个小瓶兒能有多少王夫人道那是進上的你没看見鵞黄箋子你好生替
他収着别遭遢了襲人荅應着方要走时王夫人又叫站着我想起一句話来
问你襲人忙又回来王夫人見房内無人便问道我恍惚听見宝玉今兒捱打
是环兒在老爺跟前説了什庅話你可听見這个了你要听見告訴我听〻我

也不吵出来教人知道是你説的襲人道我[奴才]到没听見這[个]話為[听説]二爷霸占着戲
子人家来和老爷要為這ケ打的王夫人摇頭説道也為這ケ还有别的原故
襲人道别的原故寔在不知道了我[奴才]今兒在太〻跟前大胆説句不知好歹的
話論理説了半截忙又嚥住王夫人道你只管説襲人咲道太〻别生氣我[奴才]就
説了王夫人道我有什麼生氣的你只管説来襲人道[若]論理我们二爺也須得
老爷教訓兩頓若老爺再不管將来不知做出什麼事来呢王夫人一聞此言
便合掌念声阿弥陀佛由不的赶着襲人叫了一声我的兒虧了你也明白這
話和我的[心]一樣我何曾不知道管兒子先时你珠大爷在我是怎麼樣管他难
道我如今到不知管兒子了只是有ケ原故如今我想我已經快[快]五十歲的人
通共剩了他一ケ了他又長的单弱况且老太〻寶貝似的若管緊了他倘或再

有个好歹或是老太〻氣坏了那时上下不安豈不到不好了所以就縱坏了他
我常〻掰着口兒劝一陣説一陣氣的罵一陣哭一陣彼时他好過後兒还是
不相干端的吃了虧纔罷了若打坏了將来我靠誰呢説着由不得滚下泪来
襲人見王夫人這般悲感自己也不覺傷了心陪着落淚又道二爺是太〻養
的豈不心疼便是我们做下人的扶侍一場大家落了平安也算是造化了要
這樣起来連平安都不能了那一日那一时奴才不劝二爺只是再劝不醒偏生
那些〻人又肯親近他也怨不得他這樣總是奴才们劝的到不好了今兒太〻提
起這話来奴才还記掛着一件事每要来回太〻討太〻个主意只是我怕太〻
疑心不但奴才的話白説了且連葬身之地都沒了王夫人听了這話内有因忙
问道我的兒你有話只管説近来我因听見衆人背前背後都誇你我只説你

不過是在宝玉身上留心或是諸人跟前和氣這些〻小意好好所以将你合老
姨娘一躰行事誰知你方纔和我說的話全是大道理正和我的想頭一樣有
什么只管說什么只别教别人知道就是了襲人道我也没什么别的說我想
自討太〻一了示下怎么变了法兒已後竟还教二爷般出园外来住就好了
王夫人听了吃一大驚忙拉了襲人的手问道宝玉難到和誰作怪了不成襲
人連忙回道太〻别多心並没有這話這不過是我的小見識如今二爷也大
了里頭姑娘们也大了况且林姑娘宝姑娘又是两姨娘表姊妹虽說是姊妹
们到底是男女之分日夜一處起坐不方便由不得叫人悬心便是外人看自
也不像一家子的事俗語說的没事常思有事世上多少無頭惱的事多半因
為無心中做出有心人看見當作有心事反說坏了只是預先不防自断然不

好二爷素日性格太太是知道的他又偏好在我们隊里鬧倘或不防前後錯了一点半点不論真假人多口襍那起小人的嘴有什庅避諱心順了說的比菩薩还好心不順就貶的連畜不如二爺將来倘或有人說好不過大家直過沒事若要叫人說出一个不好字来我们不用說粉身碎骨罪有萬重都是平常小事但後来二爷一生的声名品行豈不完了二則太太也难見老爺俗語又說君子防不然不如這会子防避的為是太太事情多一時固然想不到我们想不到則可既想到了若不回明太太罪越重了近来我為這事日夜悬心又不好說与人惟有灯知道罷了王夫人听了這話如雷轟電掣的一般正觸了金釧兒之事心内越發感愛襲人不尽忙笑道我的兒你竟有這个心胸想的這樣週全我何曾又不想到這里只是這几次有事就忘了你今兒這一番

話提醒了我難為你成全我娘兒兩个声名體面真〻我竟不知道你這樣好罢了你且去罢我自有道理只是还有一句話你今既說了這樣的話我就把他交給你了好歹留心保全了他就是保全了我〻自然不辜負了你襲人連連答應着去了回來正值宝玉睡醒襲人回明香露之事宝玉喜不自禁即令調來嘗試果然香妙非常因心下記𡨚着代玉滿心里要打發人去只是怕襲人便設一法先使襲人往宝釵那里去借書襲人去了宝玉便命晴雯來（前文晴雯放肆原有把柄所持也）分付道你到林姑娘那里看〻他做什麼呢他要問我只說我好了晴雯道白眉赤眼做什麼去呢到底說句話兒也像一件事宝玉道沒有什麼可說的晴雯道若不然或是送件東西或是取件東西不然我去了怎麼搭赸呢宝玉想了一想便伸手拿了兩條手帕子撂與晴雯笑道也罢就說我叫

你送這个給他去了晴雯道這又奇了他要這半新不旧的兩條手帕子他又要惱了說你打趣他宝玉笑道你放心他自然知道晴雯听了只得拿了帕子往瀟湘館來只見春纖正在欄杆上晾手帕子見他進來忙擺手兒說睡下了晴雯走進來滿屋魆黑並未点灯代玉已睡在床上問是誰晴雯忙荅道晴雯代玉道做什麼晴雯道二爷（叫我）送手帕子來給姑娘代玉听了心中發悶做什麼送手帕子來給我因問這帕子是誰送他的必是上好的叫他留着送別人罷我這会子不用這个晴雯笑道不是新的就是家常旧的林代玉听見越發悶住（人）着是（寔）細心搜求思忖一时方大悟過來連忙說放下去罷晴雯听了只得放下抽身回去一路盤算不解何意這里林代玉体貼出手帕子的意思來不覺神魂馳蕩宝玉這番苦心能領会我這番苦意又令我可喜我這番意（思）不知將

来如何又令我悲忽然好〻的送两塊旧帕子来若不是領我深意单看了這帕子又令我可咲再想令人私相傳遞与我可惧我自已每〻好哭想来也無味又令我可愧如此左思右想一時五内沸然炙起代玉由不得餘意綿纏令掌灯也想不起嫌疑避諱等事便向案上研墨蘸筆便向那两塊旧帕上題筆寫道

眼空蓄淚〻空垂　暗洒閑抛却為誰
尺幅鮫鮹劳解贈　叫人焉得不傷悲

其二

抛珠滚玉只偷潸　鎮日無心鎮日閑
枕上袖边难拂拭　任他点〻与斑〻

其三

彩線难收面上珠　湘江旧跡已糢糊

窓前亦有千竿竹　不識香痕漬也無

林代玉还要往下寫时觉得渾身火热面上作烧走至鏡台揭起錦袱一照只見腮上通紅自羨壓倒桃花却不知病由萌起一时方上床睡去由拿着那帕子思索不在話下却說襲人来見宝釵誰知宝釵不在园内往他母親那里去了襲人便空手回来等至二更天宝釵方回来原来宝釵素知薛蟠情性心中已有一半疑薛蟠調唆了人来告宝玉的誰知又听襲人說出来越發信了究竟襲人是焙茗說的那焙茗也是私心窺度一半據實竟認准是他說的那薛蟠都因素日有這个名声其實這一次却不是他幹的被人生生的一口咬死是他

有口难分這日正從外頭吃了酒回来見过母親只見宝釵在這里說了几句
闲話因問听見宝兄弟吃了虧是為什庅薛姨媽正為這个不自在見他問时
便咬着牙道不知好歹的東西都是你閙的你还有臉来問薛蟠見說便怔了
忙问道我何嘗閙什庅薛姨媽道你还粧憨呢人〻都知道是你說的还賴呢
薛蟠道人〻說我殺了人也就信了罷薛姨媽道連你妹〻都知道是你說的
难道他也賴你不成宝釵忙劝道媽和哥〻且別叫喊消〻停〻的就有个青
紅皂白了因向薛蟠道是你說的也罷不是你說的也罷事情也過去了不必
較証到把小事兒弄大了我只劝你從此以後在外頭少去胡閙少管別人的
事天〻一處大家胡逛你是个不防頭的人过後兒沒事就罷了倘或有事不
是你幹的人〻都也疑惑若是你幹的不用說別人我就先疑惑薛蟠本是个

心直口快的人一生見不得這樣藏頭露尾的事又見宝釵劝他不要逛去他母親又説他犯舌宝玉之打是他治的早已急的乱跳賭身發誓的分辯又罵衆人誰這樣贓派我々把那囚攮的牙敲了纔罷分明是為打了宝玉沒的献勤兒拿我來作幌子难道宝玉是天王他父親打他一頓一家子定要鬧几天那一回為他不好姨爹打了他兩下子過後老太々不知怎麽知道了説是珍大哥々治的好々的叫了去罵了一頓今兒越發拉上我了既拉上我也不怕越性進去把宝玉打死了我替他償了命大家干净一面嚷一面抓起一根门闩來就跑慌的薛姨媽一把抓住罵道作死的孽障你打誰去你先打我來薛蟠急的眼似銅鈴一般嚷道何苦來又不叫我去又好々的賴我將來宝玉活一日我担一日的口舌不如大家死了清静宝釵忙也上前劝道你忍耐些兒

罢媽急的這个様兒你不說来勸媽你还反鬧的這様别說是媽便是傍人来劝你也為你好到把你的性子劝上来了薛蟠道這会子又說這話都是你說的宝釵道你只怨我說再不怨你顧前不顧後的形景薛蟠道你只会怨我顧前不顧後你怎庅不怨宝玉外頭招風惹草的那个様子别說多的只拿前兒琪官的事比給你们听那琪官我们見過十来次的我並未和他說一句親热話怎庅前兒他見了連姓名还不知道就把汗巾子給他了难道這也是我說的不成薛姨媽和宝釵急的說道还提這个可不是為這个打他呢可見是你說的了薛蟠道真真的氣人了賴我說的我不惱我只為一个宝玉鬧的這様天翻地覆的宝釵道誰鬧了你先持刀動杖的鬧起来到說别人鬧薛蟠見宝釵說的話句句有理难以駁政比母親的話反难回答因此便要設法拿話堵

回他去就無人敢攔自己的話了也因正在氣頭上未曾想話之輕重便説道好妹〻你不用和我鬧我早知道你的心了從先媽和我説你這金要揀有玉的纔可正配你留了心見寶玉有那捞什骨子你自然如今行動護着他話未説了把个寶釵氣怔了拉着薛姨媽哭道媽〻你听哥〻説的是什麼話薛蟠見妹〻哭了便知自己冒撞了便堵氣走到自己房里安歇不提這里薛姨媽氣的乱戰一面又劝寶釵道你素日知道那孽障説話沒道里明兒教他給你陪不是寶釵滿心的委屈氣忿待要怎樣又怕他母親不安少不得含淚别了母親各自回來到房里整哭了一夜次日早起來也無心梳洗胡乱整理〻〻便出來瞧母親可巧遇見林代玉獨立在花陰之下问他那里去薛寶釵因説家去口里説着便只管走代玉見他無精打彩的去了又見他眼上有哭泣之狀大非往

日可比便在後面哭道姐〻也得自保重些兒就是哭出兩缸眼淚來也医不好棒瘡不知宝釵如何荅對且听下回分解

脂硯齋重評石頭記卷之

第三十五回

白玉釧親嘗蓮葉羹　黄金鶯巧結梅花絡

話說宝釵分明听見林代玉尅薄他因記罣着母親哥〻並不回頭一逕去了這里林代玉还自立於花陰之下遠〻的却向紅怡院内坐着只見李宫裁迎春探春惜春並各項人等都向紅怡院内去過之後一起〻〻的散盡了只不見鳳姐兒來心里自己盤算道如何他不來瞧宝玉便是有事纏住了他必定也是要來打个花胡哨討老太〻和太〻的好兒纔是今兒這早晚不來必有原故一面猜疑一面抬頭再看时只見花〻簇〻一群人又向紅怡院内來了定睛看时只見賈母搭着鳳姐兒的手後頭邢夫人王夫人跟着周姨娘並了

你媳婦等人都進院去了代玉看了不覺點頭想起有父母的人的好處來早又泪珠滿面少頃只見宝釵薛姨娘等也進來去了忽見紫鵑從背后走來說道姑娘吃藥去罢開水又冷了代玉道你到底要怎庅樣只是催我吃不吃管你什庅相干紫鵑笑道咳嗽的才好了些又不吃藥了如今虽然是五月里天氣热到底也該还小心些大清早起在這个潮地方站了半日也該回去歇息歇息了一句話提醒了代玉方覺得有点腿酸呆了半日方慢〻的扶着紫鵑回瀟湘館來一進院門只見滿地下竹影參差苔痕濃淡不覺又想起西廂記中所云幽僻處可有人行点蒼苔白露冷〻二句來因暗〻的嘆道双文〻〻誠為命薄人矣然你虽命薄尚有孀母弱弟今日林代玉之命薄一併連孀母弱弟俱無古人云佳人命薄然我又非佳人何命薄勝于双文哉一面想一面

只管走不防廊上的鸚哥見林代玉来了嘎的一声撲了下来到嚇了一跳因
說道作死的又搧了我一頭灰那鸚哥仍飛上架去便叫雪雁快掀簾子姑娘
来了代玉便止住步〔脚〕以手扣架道添了食水不曾那鸚哥便長嘆一声竟大似
林代玉素日吁嗟音韵接着念道儂今葬花人咲痴他年葬儂知是誰試看春
尽花漸落便是紅顏老死时一朝春尽紅顏老花落人亡两不知代玉紫鵑听
了都笑起来紫鵑咲道這都是素日姑娘念的难為他怎麼記了〔得〕代玉便令将
架〔子〕摘下来另掛在月洞窓外〔户〕的鈎〔子〕上于是進了屋子在月洞窓〔户〕内坐了吃畢藥
只見窓〔户〕外竹影映入紗窓滿屋内陰陰翠润几簟生凉代玉無可釋悶便隔着
紗窓調逗鸚哥作戲又将素日所喜的詩詞也教与他念這且不在話下且說
薛宝釵来至家中只見母親正自〔在〕梳頭呢一見他来了便說道你大清早起跑

来作什庅宝釵道我瞧〻媽身上好不好昨兒我去了不知他可又過来閙了没有一面說一面在他母親身傍坐了由不(淂)哭將起来薛姨媽見他一哭自己掌不住也就哭了一(面傷心)塲一面又劝他我的兒你別委曲了你䒰我處分他你(要)有个好歹我指望那一个来(叫)薛蟠在外边听見連忙跑了過(進)来對着宝釵左一个揖右一个揖只說好妹〻恕我這一次罢原是我昨兒吃了酒回来的晚了路上撞客着了来家(酒还没)醒不知胡說了(些)什庅連自己也不知道恕不淂你生氣宝釵原是掩面哭的听如此說由不淂又好笑了遂抬頭向地下啐了一口說道你不用做這些像生兒我知道你的心里多嫌我们娘兒兩个是要変着法兒叫我们离了你〻就心浄了薛蟠听說連忙咲道妹〻這話從那里說起来的(若呢)這樣我連立足之地都没了妹〻從来不是這樣多心說歪話的人薛姨媽忙

又接着道你只会听見你妹〻的歪話难道昨兒晚上你説的那話就應該的不成當真是你發昏了薛蟠道媽也不必生氣妹〻也不用煩惱從今以後我再不同他们一處吃酒闲逛如何宝釵咲道這不明白過來了薛姨媽道你要有這个横劲那龍也下蛋了薛蟠道我若再和他们一處逛妹〻听見了只管啐我再叫我畜生不是人如何〻苦來為一个人娘兒两个天〻摻心媽為我生氣还有可恕若只管叫妹〻為我摻心我更不是人了如今父親没了我不能多孝順媽多疼妹〻反教娘生氣妹〻煩惱真連个畜生也不如了口里説着眼睛里禁不起也滚下淚來薛姨媽本不哭了听他一説又勾起傷心來宝釵勉強咲道你闹勾了這会子又招着媽哭起來了薛蟠听説忙収了淚咲道我何曾招媽哭來罢〻〻〻丢下這个别提了叫香菱來到茶妹〻吃宝釵道我也不

吃茶等媽洗了手我们就過去了薛蟠道妹〻的項圈我瞧〻只怕該炸一炸
去了宝釵道黄澄〻的又炸他作什麽薛蟠又道妹〻如今也該添補些衣裳
了要什麽顔色花樣告訴我宝釵道連那些衣服我还沒穿遍了又做什麽一
时薛姨媽換了衣裳拉着宝釵進去薛蟠方出去了這里薛姨媽和宝釵進园
来瞧宝玉到了紅怡院中只見抱厦里外廻廊上許多丫环老婆站着便知賈
母等都在這里母女兩个進来大家見过了只見宝玉淌在榻上薛姨媽问他
可好些了宝玉忙欲欠身口里答應着好些又說只管姨娘姐〻了涑睄我禁不起薛姨
娘忙扶他睡下又问他想什麽吃只管告訴我宝玉咲道我想起来自然和姨娘
要去的王夫人又问你想什麽吃回来好給你送来的宝玉咲道也到不想什
麽吃到是那一回做的那小荷葉兒小蓮蓬兒的湯还好些鳳姐一傍咲道听

听咮道不算高貴只是太磨牙了巴巴的想這个吃了賈母便一疊声的叫人做去鳳姐兒笑道老祖宗別急等我想一想這模子誰收着呢因回頭分付个婆子去问管厨房的要去那婆子去了半天来回說管厨房的說四付湯模子都交上来了鳳姐兒听說想了一想道我記得交給誰了多半在茶房里一面又遣人去问管茶房的也不曾收次後还是管金銀器皿的送了来薛姨娘先接過来瞧时原来是个小匣子里面装着四付銀模子都有一尺多長一寸見方上面鑿着有豆子大小也有菊花的也有梅花的也有蓮蓬的也有菱角的共有三四十様打的十分精巧因笑向賈母王夫人道你们府上也都想絕了吃碗湯还有這些様子若不說出来我見這个也不認得這是作什么用的鳳姐兒也不等人說話便笑道姑媽那里曉得這是旧年備膳他们想的法兒不知

美些什庅麪印出来借点新荷葉的清香全仗着好湯究竟沒意思誰家常吃
他了那一回呈樣的作了一回他今日怎庅想起来了說着接了過来遞与了
婦人分付厨房里立刻拿几支雞另外添了東西做出十来碗来王夫人道要
這些做什庅鳳姐兒笑道有个原故這一宗東西家常不大作今兒宝兄弟提
起来了単做給他吃老太〻姑媽太〻都不吃似乎不大好不如借勢兒美些
大家吃托賴連我也上个俊兒賈母听了笑道猴兒把你乖的拿著官中的錢
你做人說的大家笑了鳳姐也忙笑道這不相干這个小東道我还孝敬的起
便回頭吩咐婦人說給厨房里只管好生添補着做了在我的賬上来領銀子
婦人答應着去了宝釵一傍笑道我来了這庅几年留神看起来鳳丫頭憑他
怎庅巧巧不過老太〻去賈母听說便答道我如今老了那里还巧什庅當日

我像鳳姐兒這庅大年紀比他还來得呢他如今雖說不如我們也就筭好了比你姨娘強遠了你姨娘可怜見的不大說話和木頭是的在公婆跟前就不大顯好鳳兒嘴乖怎庅怨得人疼他宝玉笑道若這庅說不大說話的就不疼了賈母道不大說話的又有不大說話的可疼之處嘴乖的也有一宗可嫌的到不如不說話的好宝玉笑道這就是了我說大嫂子到不大說話呢老太〻也是和鳳姐〻〻的一樣看待若是单是会說話的可疼這些姊妹里頭也只是鳳姐〻〻和林妹〻〻可疼了賈母道提起姊妹不是我當着姨太〻的面奉承真萬真從我們家四个女孩兒筭起全不如宝了頭薛姨媽听說忙笑道這話是老太〻說偏了王夫人忙又笑道老太〻時常背地里和我說宝了頭好這到不是假話宝玉勾着賈母原為讚林代玉的不想反讚起宝釵來到也（喜）意出

望外便看肴宝釵一咲宝釵早扭过頭去和襲人説話去了忽有人来請吃飯
賈母方立起身来命宝玉好生養育〔着〕又把丫頭们囑咐了一回方扶着鳳姐兒
讓着薛姨媽大家出房去了因问湯好〔做〕了不曾又问薛姨媽昔想什庅吃只管
告訴我〻〻有本事叫鳳丫頭弄了来咱们吃薛姨媽咲道老太〻也会慪他的
时常他弄了東西孝敬究竟又吃不了多少鳳姐兒咲道姑媽到别這様説我
们老祖宗只是嫌人肉酸若不嫌人肉酸早已把我还吃了呢一句話没説了
引的賈母衆人都哈〻的笑起来宝玉在房里也掌不住笑了襲人咲道真〻
的二奶〻的這嘴怕死人宝玉伸手拉着襲人咲道你跕了這半日可乏了一
面説一面拉他身傍坐了襲人咲道可是又忘了趂宝姑娘在院子里你和他
説煩他鶯兒来打上几根絡〔縧〕子宝玉咲道亏你提起来説着便仰頭向窓外道

宝姐〻吃過飯叫鶯兒來煩他打几根絛子可得閑兒宝釵听見回頭道怎庅不淂閑兒一会兒叫他來就是了賈母并尚未听真都止步问宝釵〻說明了大家方明白賈母又說道好孩子叫他來替你兄弟打几根你要会人使喚我那里闲着的丫頭多呢你喜欢誰只管叫了去使喚薛姨媽宝釵并都笑道只管叫他來作〻就是了有什庅使喚的去處他天〻也是闲看淘氣大家說看往前邁步正走忽見史湘雲平兒香菱并在山石边掐鳳仙花呢見了他们走來都迎上來了少頃至园外王夫人恐賈母乏了便欲讓至上房内坐賈母也覺腿酸便点〻頭依允王夫人便令丫頭忙先去铺設坐位那时趙姨媽推病只有周姨娘与衆婆娘丫頭们忙着掀簾子立靠背铺褥子賈母扶看鳳姐兒進來与薛姨娘分賓主坐了薛宝釵史湘雲坐在下面王夫人親捧了茶奉与賈母李

宮裁奉与薛姨媽賈母向王夫人道讓他们小妯娌伏侍你在那里坐了好說話兒王夫人方向一張小杌子上坐下便吩咐鳳姐兒道老太〻的飯在這里放添了東西來鳳姐兒答應出去便令人去賈母那边告訴那边的婆娘忙往外傳了〻頭们忙都赶過來王夫人便令請姑娘们去請了半天只有探春惜春兩个来了迎春身上不奈煩不吃飯林代玉自不消說平素十頓飯只好吃五頓衆人也不看意了少頃飯至衆人調放了棹子鳳姐兒用手巾裹着一把牙筯站在地下笑道老祖宗和姑媽不用讓还听我說就是了賈母笑向薛姨娘道我们就是這樣薛姨媽笑着應了于是鳳姐放了四双上面兩双是賈母薛姨媽兩边是薛宝釵史湘雲的王夫人李宮裁等都站在地下看着放菜鳳姐先忙着要干淨家伙來替宝玉揀菜少頃荷葉湯來賈母看過了王夫人回頭

見玉釧兒在那边便令玉釧与宝玉送去凤姐道他一个人拿不去可巧鶯兒和喜兒都來了宝釵知道他們已吃了飯便向鶯兒道宝兄弟正叫你去打絡子你們兩个一同去罷鶯兒答應同着玉釧兒出來鶯兒道這麼遠怪熱的怎麼端了去玉釧笑道你放心我自有道理說着便令一个婆子來將湯飯等物放在一个捧盒里令他端了跟着他兩个却空着手走一直到了怡紅院门内玉釧兒方接了過來同鶯兒進入宝玉房中襲人麝月秋紋三个人正和宝玉頑笑呢見他倆个來了都忙起來笑道你倆个怎麼來的這麼碰巧一齊來了一面說一面接了下來玉釧便向一張杌子上坐了鶯兒不敢坐下襲人便忙端了个腳踏來鶯兒还不敢坐宝玉見鶯兒來了却到十分欢喜忽見了玉釧兒便想到他姐姐金釧兒身上又是傷心又是慚愧便把鶯兒丟下且和玉釧兒說

話襲人見把鶯兒不理恐鶯兒沒好意思的又見鶯兒不肯坐便拉了鶯兒出來到那邊房里去吃茶說話兒去了這里麝月等預備了碗筯來伺候吃飯宝玉只是不吃問玉釧兒道你母親身子好玉釧兒滿臉怒色正眼也不看宝玉半日方說了一个好字宝玉便覺沒趣半日只得又陪笑問道誰叫你給我送來的玉釧兒道不過是奶〻太〻們宝玉見他还是這樣哭喪便知他是為金釧兒的原故待要虛心下氣模轉他又見人多不好下氣的因兒便盡方法將人打支出去然後又陪笑問長問短那玉釧兒先雖不喜只管見宝玉一些性子沒有憑他怎沒喪謗他还是溫存和氣自己到不好意思的了臉上方有几分喜色宝玉便笑求他好姐〻你把那湯拿了來我嚐〻玉釧兒道我從不会喂人東西等他們來了再吃宝玉笑道我不是要你喂我〻因為走不動你遞給我吃

了你好赶早兒回去交代了你好吃飯的我只管耽悮時候你豈不餓坏了你
要懶貪待動我少不了我忍了疼下去取来說着便要下床来扎挣起来禁不住
噯喲之声玉釧兒見他這般忍不住起身說道淌下罷那世里造了来的業(孽)這
会子現世現報教我那一个眼睛看的上一面說一面哧的一声又笑了端過
湯来宝玉笑道姐〻你(別)要生氣只管在這里坐罷見了老太〻太〻可放和氣
些若还這樣你就又(要)捱罵了玉釧兒道吃罷〻〻不用和我甜嘴蜜舌的我可
不信這樣話說着催宝(玉)玉喝了两口湯宝玉故意說不好吃不吃了玉釧兒道阿
弥陀佛這还不好吃什庅好吃(呢)宝玉道一点〻味兒也沒有你不信嚐一嚐就知
道了玉釧兒真就賭氣嚐了一嚐宝玉笑道這可好吃了玉釧兒听說方解過
意来原是宝玉哄他吃一口便說道你既說不好吃這会子說好吃也不給你

吃了宝玉只管央求陪哭要吃玉釧兒又不給他一面又叫人打發吃飯了頭方進来時忽有人来回話傅二爺家的两个嬷嬷来請安来見二爺宝玉听説便知是通判傅試家的嬷嬷来了那傅試原是賈政的门生歷年来都頼賈家的名势得意賈政也着寔看待故与别个门生不同他那里常遣人来走動宝玉素習最厭愚男蠢女的今日却如何又令两个婆子過来其中原来有个原故只因那宝玉闻得傅試有了妹子名唤傅秋芳也是个瓊闺秀女常人傳説才貌俱全雖自未親覩然遐思遥愛之心十分誠敬不命他每進来恐薄了傅秋芳痴想因此連忙命讓進来那傅試原是暴發的因傅秋芳有几分姿色聰明過人那傅試安心仗自妹妹要与豪门貴族結姻不肯輕意許人所以耽悮到如今目今傅秋芳年已二十三歲尚未許人争奈那些豪门貴族又嫌他窮

酸根基浅薄不肯求配那傅試与賈家親密也自有一段心事今日遣来的两
个婆子偏生是極無知識的闻得宝玉要見進来只劉问了好説了没两句話
那玉釧見生人来也不和宝玉厮閙了手里端着湯只顧听話宝玉又只顧和
婆子説話一面吃飯一面伸手去要湯两个人的眼睛都看着人不想伸猛了
手便将碗撞落将湯潑了宝玉手上玉釧兒到不曾燙着唬了一跳忙咲了這
是怎麽説慌的丫頭们忙上来接碗宝玉自己燙了手到不覺的却只管问玉
釧兒燙了那里了疼不疼玉釧兒和衆人都咲了玉釧兒道你自己燙了只管
问我宝玉听説方覺自己燙了衆人上来連忙收拾宝玉也不吃飯了洗手吃
茶又和那两个婆子説了两句話然後两个婆子告辞出去晴雯等送至橋边
方回那两个婆子見没人了一行走一行談論這一个咲道怪道有人説他家

宝玉是外像好里頭糊塗中看不中吃的果然有些獃氣他自己燙了手倒问人疼不疼這可不是个獃子那一个又咲道我前一回来听見他家里許多人抱怨千真萬真的有些獃氣大雨淋的水雞似的他反告訴别人下雨了快避雨去罢你說可咲不可咲时常沒人在跟前就自哭自咲的看見燕子就和燕子說話河里看見了魚就和魚說話見了星々月亮不是長吁短嘆就是咕咕噥々的且是連一点剛性也沒有連那些毛丫頭的氣都受的愛惜東西連个線頭兒都是好的遭塌起来那怕值千值萬的都不管了两个人一面說一面走出园来辞别都人回去不在話下宝玉之為人非此一論亦描寫不尽宝玉之不肖非此一鄙亦形容不到試问作者是醜宝玉乎是讚宝玉乎試问覌者是喜宝玉乎是惡宝玉乎如今且說襲人見人去了便携了鶯兒過来问宝玉打什庅絛子宝玉咲向鶯兒道才只顧說話就忘了你煩你不為别的却

為替我打几根絡〔絛〕子鶯兒道裝什庅的絡〔絛〕子宝玉見问便咲道不管裝什庅的你都〔将各〕様打〔的都〕几个罢鶯兒拍手咲道這还了得要這樣十年也打不完了宝玉咲道好姐〻你闲着也没事都替我打了罢襲人咲道那里一时都打得完如今先揀要緊的打两个罢鶯兒道什庅要緊不過是扇子香墜兒汗巾子宝玉道汗巾子就好鶯兒道汗巾子是什庅顏色的宝玉道大紅的鶯兒道大紅的須是黑絡子才好看的或是石青的才壓的住顏色宝玉道松花色配什庅鶯兒道松花配桃紅宝玉咲道這才姣艶再要雅淡之中帶些姣艶鶯兒道葱緑柳黄是我最爱的宝玉道也罢了也打一條桃紅再打一條葱緑鶯兒道什庅花様呢宝玉道共有几様花様鶯兒道一柱香朝天凳象眼塊方勝連环梅花柳葉宝玉道前兒你替三姑娘打的那花様是什庅鶯兒道那是攢心梅花宝玉

道就是那樣好兒一面説一面叫襲人剛拿了線来窓外婆子説姑娘们的飯都有
了宝玉道你们吃飯去快吃了来罢襲人咲道有客在這里我们怎好去的鶯
兒一面理線一面咲道這話又打那里說起正經快吃了来罢襲人听説方去
了只留下两个小丫頭听呼喚宝玉一面看鶯兒打絡子一面説閑話因問他
十几歲了鶯兒手里打着一面荅話説十六歲了宝玉道你本姓什広鶯兒道
姓黄宝玉咲道這个名姓到对了果然是个黄鶯兒〻〻咲道我的名字本来
是两个字叫作金鶯姑娘嫌拗口就单叫鶯兒如今就叫開了宝玉道宝姐〻
也算疼你了明兒宝姐〻出閣少不得是你跟去了鶯兒抿嘴一咲宝玉咲道
我常〻和襲人說明兒不知那一个有福的消受你们主子奴才两个呢鶯兒
咲道你还不知道我们姑娘有几様世人都没有的好處呢模樣兒还在其次宝

玉見鶯兒姣憨婉轉語笑如痴早不勝其情了那更提起宝釵来便问他道好
處在那里好姐〻細〻告訴我听鶯兒咲道我告訴你〻可不許又告訴他去
宝玉咲道這个自然的正說着只听外頭說道怎麼這樣静悄〻的二人回頭
看时不是别人正是宝釵来了宝玉忙讓坐宝釵坐了因问鶯兒打什麼呢一
面问一面向他手裡去瞧才打了半截宝釵咲道這有什麼趣兒到不如打个
絡子把那个玉絡上呢一句話提醒了宝玉便拍手咲道到是姐〻說得是我就忘
了只是配个什麼顔色才好宝釵道若用雜色的断然使不得大紅又犯了色黄
的又不起眼黑的又過暗等我想个法兒把那金線拿来配着黑珠兒線一根
〻〻的拈上打成絡子這才好看宝玉听說喜之不尽一疊声便叫襲人来取
金線正值襲人端了兩碗菜走進来告訴宝玉道今兒奇怪才剛太〻打發人

給我送了兩碗菜来宝玉咲道必定是今兒菜[的][多]為送来給你們大家吃的襲人
道不是指名給我送来[的]还不叫我過去磕頭這可是奇了宝釵咲道給你的你
就吃了這有什麼[可]猜疑的襲人咲道從来沒有的事到叫我不好意思的宝
釵抿嘴一咲說道這就不好意思了明兒比這个更叫你不好意思的[地方]还有呢
襲人听了話内有因素[日]知宝釵不是輕嘴薄舌奚落人的自己方想起上日王
夫人的意思来便不再提將菜与宝玉看了說洗了手来拿線說畢便一直的
出去了吃過飯洗了手進来拿金線与鶯兒打絡子此时宝釵早被薛蟠遣人
来請出去了這里宝玉正看着打絡子忽見邢夫人遣了兩个丫环送了兩樣
菓子来与他吃问他可走得了若走得動叫哥兒明兒過来散〻心太〻着實
記掛着呢宝玉忙道若走得了必請太〻的安去疼的比先好些請太〻放心

罢一面叫他两丫坐下一面又叫秋紋来把才拿来的那菓子拿一般（盤）送与林姑娘去秋紋荅應了刚欲去时只听代玉在院内説話宝玉忙叫快請要知端的且听下回分解

脂硯齋重評石頭記

絳芸軒夢兆是金針暗度法夹寫月錢是為襲人漸入金屋步位梨香院是明寫大家蓄戲不免奸淫之陋可不慎哉〻〻

脂硯齋重評石頭記卷之

第三十六回

繡鴛鴦夢兆絳芸軒　識分定情語梨花院

話說賈母自王夫人処回來見宝玉一日好似一日心中自是欢喜因怕將來賈政又叫他遂命人將賈政的親隨小厮頭兒喚來吩咐他已後倘有会人待客諸樣的事你老爷要叫宝玉你不用上來傳話就回他說我說了一則打重了得着実將養几个月才走得二則他的星宿不利祭了星不見外人過了八月才許出二門那小厮頭兒听了領命而去賈母又命李嬷々襲人等來將此話說与宝玉使他放心那宝玉本就懶与士大夫諸男人接談又最厭峩冠礼服賀弔往还等事今日得了這句話越發得了意不但將親戚朋友一概杜絕

了而且連家庭中晨昏定省益發都隨他的便了日〻只在園中遊卧不過每日一清早到賈母王夫人處走〻就回來了却每〻甘心為諸丫妚充役竟也得十分闲消日月或如宝釵輩有时見机導劝反生起氣來只說好〻的一个清净潔白女兒也学的釣名沽誉入了國賊禄鬼之流這總是前人無故生事立言竪辞原為導後世的鬚眉濁物不想我生不辛亦且瓊闺綉阁中亦染此風真〻有負天地鍾靈毓秀之德因此禍延古人除四書外竟將別的書焚了衆人見他如此風顛也都不向他說這些正經話了獨有林代玉自幼不曾劝他去立身揚名等語所以深敬代玉闲言少述如今且說鳳姐自見金釧死後忽見几家僕人常來孝敬他些〻東西又不时的來請安奉承自己到生了疑惑不知何意這日又見人來孝敬他東西因晚间無人时咲问平兒道這几家

人不大管我的事為什么忽然這么和我貼近平兒冷笑道奶〻連這个都想不起來了我猜他們的女兒都必是太〻房里的丫頭如今太〻房里有四个大的一个月一兩銀子的分例下剩的都是一个月几百錢如今金釧兒死了必定他們要弄這兩銀子的巧宗兒呢鳳姐听了笑道是了〻〻到是你提醒了我看這些〻人也太不知足錢也賺夠了苦事情又侵不着弄个丫頭搪塞身子也就罷了又還想這个也罷了他們几家的錢容易也不能花到我跟前這是他們自尋的送什么來我就收什么橫竪我有主意鳳姐兒安下這个心所以自管遷延着等那些人把東西送足了然後乘空方回王夫人這日午間薛姨媽母女兩个与林代玉等正在王夫人房里大家吃東西呢鳳姐兒得便回王夫人道自從玉釧兒姐〻死了太〻跟前少着一个人太〻或看准了那个

了頭好就吩咐下月好發放月钱的王夫人听了想了一想道依我說什么是例必定四了五了的殼使就罢了竟可以免了罢鳳姐咲道論理太〻說的也是這原是旧例别人屋里还有兩丫呢太〻到不按例了况且省下一兩銀子也有限的王夫人听了又想一想道也罢這丫分例只管関了来不用補人就把這一兩銀子給他妹〻玉釧兒罢他姐〻伏侍了我一塲沒丫好結果剩下他妹〻跟着我吃了双分子也不為之過于了凤姐答應回着頭找玉釧兒咲道大喜〻〻玉釧兒過来嗑了頭王夫人问道正要问你如今趙姨娘周姨娘的月利多少凤姐道那是定例每人二兩趙姨娘有环兄弟的二兩共是四兩另外四串钱王夫人道可都按数給他们凤姐見问的奇怪忙道怎么不按数給王夫人道前兒我恍惚听見有人報怨說短了一吊錢是什么原故凤姐忙咲道姨

娘们的丫頭月例原是人各一吊從旧年他们外頭商議的姨娘们每位的丫頭分例減半人各五百錢每位两个丫頭所以短了一吊錢這也報怨不着我〻到樂得給他们呢他们外頭又扣着难道我添上不成這个事我不過是接手兒怎麽來怎麽去由不得我作主我到說了两三回仍旧添上這两分的他们說只有這个項数叫我也难再說了如今我手里每月連日子都不錯給他们呢先則(時)在外頭関那个月不打饑荒何曾順〻溜〻的得過一遭兒(呢)王夫人听說也就罢了半日又問老太〻屋里几个一两的凤姐道八个如今只有七个那一个是襲人王夫人道這就是了你宝兄弟也並沒有一两的丫頭襲人还算是老太〻房里的人凤姐咲道襲人原是老太〻的人不過給了宝兄弟使他這一两銀子还在老太〻的丫頭分例上領如今說因為襲人是宝玉的人

裁了这一两子断然使不得若說再添一个人給老太々这个还可以裁他的若不裁他的須得环兄弟屋里也添上一个才公道均匀了就是晴雯麝月等七个大丫頭每月人各月錢一吊佳蕙等八个小丫頭每月人各月錢五百还是老太々的話别人如何惱得氣得呢薛姨娘咲道只听凤丫頭的嘴到像倒了核桃車子的只听他的賬也清楚理也公道凤姐咲道姑媽难道我說錯了不成薛姨媽咲道說的何嘗錯只是你慢些說豈不省力凤姐才要咲忙又忍住了听王夫人示下王夫人想了半日向凤姐兒道明兒挑一个好丫頭送去給老太々使補襲人的數兒把襲人的一分子裁了把我每月的月例二十两銀子里拿出二两銀子一吊錢来給襲人已後凡事有趙姨娘周姨娘的也有襲人的只是襲人的这一分都从我的分例上匀出来不必動官中的就是了凤姐一々的

荅應了㕵推薛姨媽道姑媽听見了我素日說的話如何今兒果然應了我的話薛姨媽道早就該如此模樣兒自然不用說的他的那一種行事大方說話見人和氣里頭帶着剛硬要強這个寔在难得王夫人含淚說道你們那里知道襲人那孩子的好處孩子二字愈見親热故後文連呼二声我的兒比我的宝玉強十倍忽加我的宝玉四字愈令人墮淚加我的二字者是明顯襲人是彼的然彼的何如此好我的何如此不好又氣又恨宝玉罪有萬重矣作者有多少眼泪寫此一句覌者又不知有多少眼淚也宝玉果然是有造化的能彀得他長長遠遠的伏侍他一輩子也就罷了真好文字此批得出者凤姐道既這麼樣就開了臉明放他在屋里豈不好王夫人道那就不好了一則都年輕二則老爺也不許三則那宝玉見襲人是个丫頭總有放縱的事到能听他的劝如今作了他跟前人那襲人該劝的也不敢十分劝了如今且渾着再過二三年再說說畢半日凤姐見無話便轉身出來剛至

廊簷上只見有几个执事的媳婦子正㝵他(着)回事呢見他出来都咲道奶〻今兒回什庅事这半天可是要热着了凤姐把袖子挽了几挽跐着那角门的门檻子咲道這里過门(堂)風到凉快吹一吹再走又告訢衆人道你们說我回了这半日的話太〻把二百年都想起来问我难道我不說罢又冷咲道我從今已後到要幹几樣尅毒事了報怨凢(給)太〻听我也不怕糊塗油蒙了心爛了舌頭不淂好死的下作東西别作娘的春夢明兒一褁腦子扣的日子还有呢如今裁了丫頭的钱就報怨了偺们也不想一想(自己)是奴几也配使两三个丫頭一面駡一面方走了自去挑人回賈毋話去不在話下却說王夫人㝵这里吃畢西瓜又說了一回閑話各自方散去宝钗与代玉㝵回至园中宝钗因約(了)代玉往藕香榭去代玉回說立刻要洗澡便各自散了宝钗独自行来順路進了怡紅

八二〇

院意尋宝玉談講以解午倦不想一入院来鵶雀無聞一並两隻仙鶴在芭蕉
下都睡着了宝釵便順着遊廊来至房中只見外间床上横三竪四都是丫頭
們睡覺轉过十錦槅子来至宝玉的房内宝玉在床上睡着了襲人坐在身傍
手里做針線傍边放着一柄白犀麈宝釵走近前来悄悄的笑道也過于小心
了这个屋里那里还有蒼蝇蚊子还拿蝇帚子赶什么襲人不防猛抬頭見是
宝釵忙放下針線起身悄悄笑道姑娘来了我到也不防唬了一跳姑娘不知
道虽然没有蒼蝇蚊子誰知有一種小虫子從这紗眼里鑽進来人也看不見
只睡着了咬一口就像螞蟻夾的宝釵道怨不得这屋子後頭又近水又都是
香花兒这屋子里頭又香这種虫子都是花心里長的聞香就撲說着一面又
瞧他手里的針線原来是个白綾紅裏的兜肚上扎着鴛鴦戲蓮的花様紅蓮

綠葉五色鴛鴦寶釵道噯喲好鮮亮活計這是誰的也值的費這麽大工夫襲人向床上擻嘴兒寶釵笑道這麽大了還帶這個襲人笑道他原是不帶的所以特特的做的好了叫他看見由不得不帶如今天氣熱睡覺都不留神哄他帶上了便是夜裡縱蓋不嚴些兒也就不怕了你說這一個就用了工夫還沒看見他身上現帶的那一個呢寶釵笑道也虧你奈煩襲人道今兒做的工夫大了脖子低的怪酸的又笑道好姑娘你略坐一坐我出去走走就來說着便走了寶釵只顧看着活計便不留心一蹲身剛剛的也坐在襲人方才坐的所在因又見那活計實在可愛不由的拿起針來替他代刺不想林代玉因遇見史湘雲約他來與襲人道喜二人來至院中見靜悄悄的湘雲便轉身先到廂房里去找襲人林代玉却來至窗外隔着紗窗往里一看只見寶玉穿着銀紅紗衫子

随便睡着在床上宝釵坐在身傍做針線傍边放着蝇帚子林代玉見了这个景兒連忙把身子一藏手握着嘴不敢笑出来招手兒叫湘雲〻〻一見他这般景况只當有什么新聞忙也来一看也要笑时忽然想起宝釵素日待他厚道便忙掩住口知道林代玉不讓人怕他言語之中取笑便忙拉過他来道走罢我想起襲人来他説午間要到池子里去洗衣裳想必去了偺们那里找他去林代玉心下明白冷笑了两声只得随他走了這里宝釵只剛做了两三个花瓣忽見宝玉在夢中喊罵説和尚道士的話如何信得什么是金玉姻緣我偏説是木石姻緣薛宝釵听了这話不覺怔了忽見襲人走過来笑道还没有醒呢宝釵摇頭襲人又笑道我才碰見林大姑娘史大姑娘他们可有進来宝釵道没見他们進来因向襲人笑道他们没告訴你什么話襲人笑道左不過

是他们那些頑話有什広正緊〔經〕説的宝釵咲道他們説的可不是頑話我正要告訴你呢你又忙〻出去了一句話未〔説〕完只見凤姐兒打發人来叫襲人宝釵咲道就是為那話了襲人只得喚起兩个丫环来一同宝釵出怡紅院自往凤姐这里来果然是告訴他這話又叫他与王夫人叩頭且不必去見賈母到把襲人不好意思的〔了不得〕見過王夫人急忙回来宝玉已醒了問起原〔緣〕故襲人且含糊荅應至夜间人静襲人方告訴宝玉喜不自禁又向他咲道我可看你回家去不去了那一回往家里走了一淌回来就説你哥〻要贖你又説在這里没着落終久算什広説了那広些無情無義的生分話唬我（唬字妙尔果係明決男子何消畏女子唬哉）從今已後我可看誰来敢叫你去襲人听了便冷咲道你到别这広説從此已後我是太太的人了我要走連你也不必告訴只回了太〻就走宝玉咲道就

便笑我不好你回了太〻竟去了呌别人听見説我不好你去了你也没意思襲人咲道有什庅没意思難道作了強盗賊我也跟着罷再不然还有一个死呢人活百歲横竪要死這一口氣不在听不見看不見就罷了宝玉听見這話便忙握他的嘴説道罷〻〻不用説這些話了襲人深知宝玉性情古怪听見奉承吉利話又厭虚而不寔听了尽情寔話又生悲感便悔自己説冒撞了連忙咲着用話截開只揀那宝玉素喜談者问之先问他春風秋月再談及粉淡脂瑩然後談到女兒如何好又談到女兒死襲人忙掩住口宝玉談至濃快时見他不説了便咲道人誰不死只要死的好那些个鬚眉濁物只知道文死諫武死戰這二死是大丈夫死名死節竟何如不死的好必定有昏君他方諫他只顧邀名猛拚一死將來棄君于何地必定有刀兵他方戰猛拚一死他只顧

玉兄此論大覺痛快人心　綺園

圖汗馬之名將來棄国于何地所以這皆非正死襲人道忠臣良將出于不得已他才死宝玉道那武將不過仗血氣之勇疏謀少畧他自己無能送了性命这難道也是不得已那文官更不可比武官了他念两句書汙在心里若朝廷少有疵瑕他就胡談乱劝只顧他邀忠烈之心濁氣一湧即时弃死這难道也是不得已还要知道那朝廷是受命于天他不聖不仁那天地斷不把這萬几重任与他了可知那些死的都是沽名並不知大義比如我此时若果有造化該死于此时的趁你们在我就死了再能殼你们哭我的眼淚流成大河把我的尸首漂起來送到那鴉雀不到的幽僻之處隨風化了自此再不要托生為人就是我死的得时了襲人忽見説出這些瘋話來忙説困了不理他那宝玉方合眼睡着至次日也就丟開了一日宝玉因各處遊的煩膩便想起牡丹亭

死時當盡大義千古不磨之論　綺園

曲子来自已看了两篇猶不愜怀因闻得梨香院的十二个女孩子中有小旦齡官最是唱的好因特意出角门来找他只見宝官玉官都在院内見宝玉来了都咲嘻〻的讓坐宝玉因问齡官獨在那里衆人都告訴他説在他房里呢宝玉忙至他房内只見齡官獨自倒在炕上見他進来文風不動宝玉素習与別的女孩子頑慣了的只當齡官也同別人一樣因進前来身傍坐下又陪咲央他起来唱裊晴絲一套不想齡官見他坐下忙抬身起来躲避正色説道嗓子啞了前兒娘〻傳進我们去我还沒有唱呢宝玉見他坐正了再一細看原来就是那日薔薇花下劃薔字那一个又見如此景况從来未經過這番被人棄厭自己便訕〻的紅了臉只得出来了宝官等不解何故因问其所以宝玉便説了遂出来宝官便説道只略等一等薔二爷来了叫他唱是必唱的宝玉听

了心下納悶因问薔哥兒那去了宝官道才出去了一定还是齡官要什庅他去变弄去了宝玉听了已為奇特少站（不一時）便見賈薔從外頭来了手里又提着個雀兒籠子上面扎着个小戲臺並一个雀兒興頭〻的往裡走着找齡官見了宝玉只得站住宝玉问他是个什庅雀兒会啣旂串戲臺賈薔笑道是个玉頂金豆宝玉道多少錢買的賈薔道一两八钱銀子一面説一面讓宝玉坐自己往齡官房里来宝玉此刻把听曲子的心都沒了且要看他和齡官是怎樣只見賈薔進去笑道你起来瞧这个頑意兒齡官起身问是什庅賈薔道買了雀兒你頑省得天〻悶〻的無个開心（的）我先頑个你看説着便拿些穀子哄的那个雀兒在戲台上乱串啣鬼臉旂幟衆女孩子都笑道有趣獨齡官冷笑了两声賭氣仍睡去了賈薔还只管陪笑问他好不好齡官道你们家把好〻的人

弄了来関在這牢坑里學這个牢什子还不算你這会子又弄个雀兒来也偏
生幹这个你分明是弄了他来打趣形容我们还问我好不好賈薔听了不覺
慌起来連忙賭身立誓又道今兒我那里的香脂油蒙了心費一二兩銀子買
他来原說解悶就沒有想道这上頭罷罷放了生免免你的災病說着果然將
將雀兒放了一頓把將籠子拆了齡官还說那雀兒虽不如人他也有个老雀
兒在窩里你拿了他来弄这个劳什子也忍得今兒我咳嗽出兩口血来太太
叫大夫来瞧不說替我細问问你且弄这个来取笑兒偏生我這沒人管沒人理的又偏病說
着又哭起来賈薔忙道昨兒晚上我问了大夫他說不相干他說吃兩剂藥後
兒再瞧誰知今兒又吐了这会子請他去說着便要請去齡官又叫站住这会
子大毒日頭地下你賭氣子去請了来我也不瞧賈薔听如此說只得又站住

宝玉見了这般景况不覺痴了这才領会了劃薔深意自己站不住他抽身走了賈薔一心都在齡官身上也不顧送到是別的女孩子送了出来那宝玉一心裁奪盤算痴〻的回至怡紅院中正值林代玉和襲人坐着説話兒呢宝玉一進来就和襲人長嘆説道我昨晚上的話竟説錯了恠道老爺説我是管窺蠡測昨夜説你们的眼淚单葬我這就錯了我竟不能全得了從此後只是各人各瀽眼淚罢了襲人昨夜不過是些頑話已竟忘了不想宝玉今又提起来便咲道你可真〻有些風了宝玉默〻不对自此深悟人生情緣各有分定只是每〻暗傷不知將来葬我洒泪者為誰此皆宝玉心中所懷也不可十分忘擬且説林代玉當下見了宝玉如此形像便知是又從那里着了魔来也不便多问因向他説道我才在旧母跟前听的明兒是薛姨娘的生日叫我順便来

问你出去不出去你打發人前頭説一声去宝玉道上回連大老爷的生日我也没去這会子我又去倘或碰見了人呢我一概都不去这庅怪热的又穿衣裳我不去姨媽也未必惱襲人忙道這是什庅話他比不得大老爷這里又住的近又是親戚你不去豈不叫他思量你怕热只清早起到那里磕个頭吃鍾茶就来豈不好看宝玉未説話代玉便先咲道你看着人家赶蚊子分上也該去走走宝玉不觧忙问怎庅赶蚊子襲人便將昨日睡覺無人作伴宝姑娘坐了一坐的話説了出来宝玉听了忙説不該我怎庅睡着了褻瀆了他一面又説明日必去正説着忽見史湘雲穿的齊齊整整的走来辞説家里打發人来接他宝玉林代玉听説忙站起来讓坐史湘雲也不坐宝林两个只得送他至前面那史湘雲只是眼泪汪汪的見有他家人在跟前又不敢十分委曲少时

薛宝釵赶来愈覚繾綣难捨还是宝釵心内明白他家人若回去告訴了他嬸娘待他家去又恐受氣因此到催他走了衆人送至二门前宝玉还要往外送每逢此时就忘却嚴父可知前云爲你们死也情愿不假到是湘雲攔住了一时回身又吽宝玉到跟前悄々的嘱道便是老太々想不起我来你时常提着打發人接我去宝玉連々答應了眼看着他上車去了大家方才進来要知端的且听下回分解

脂硯齋重評石頭記

美人用别號亦新奇花樣且韻且雅呼去覺滿口生香起社出自探春意作者已伏下回興利除弊之文也

此回絶妙放筆寫詩寫詞作札看他詩復詩詞復詞札又札總不相犯

湘雲詩客也前回寫之其今才起社後用不寫不離閑人數語數折仍歸社中何巧活之筆如此

脂硯齋重評石頭記卷之

第三十七回

秋爽齋偶結海棠社　蘅蕪苑夜擬菊花題

這年賈政又点了學差擇于八月二十日起身是日拜过宗祠及賈母起身諸事宝玉諸子弟等送至洒泪亭却説賈政出门去後外面諸事不能多記单表宝玉每日在園中任意縱性的曠蕩真把光陰虚度歲月空添這日正無聊之際只見翠墨進来手里拿着一付花箋送与他宝玉因道可是我忘了才説要瞧〻三妹〻去的可好些了你偏走来翠墨道姑娘好了今兒也不吃藥了不過是凉着一点兒宝玉听説便展開花箋看时上面寫道

娣探謹奉

二兄文几前夕新霽月色如洗因惜清景难逢詎忍就卧时漏已三轉猶徘徊于桐檻之下未妨風露所欺致獲採薪之患昨蒙親劳撫囑復又數遣侍兒问切兼以鮮荔並真卿墨跡見賜何瘝痌惠愛之深哉今因伏几凭床處默之时因思及歷來古人中處名攻利敵之塲猶置一些山滴水之區遠招近揖投轄攀轅務結二三同志盤桓于其中或竪詞坛或開吟社虽一时之偶興遂成千古之佳談娣虽不才竊同叨棲處于泉石之间而兼慕薛林之技風庭月榭惜未讌集詩人帘杏溪桃或可醉飛吟盞孰謂連社之雄才獨許鬚眉直以東山之雅会讓余脂粉若蒙棹雪而來娣則掃花以待此謹奉

宝玉看了不覚喜的拍手笑道到是三妹々的高雅我如今就去商議一面說一面就走翠墨跟在後面剛到了沁芳亭只見园中後门上值日的婆子手里

拿着一个字帖走来見了宝玉便迎上去口内說道芸哥兒請安在後门只等着呌我送来的宝玉打開看时寫道是

不肖男　芸恭請

父親大人萬福金安男思自蒙天恩認于膝下日夜思一孝順竟無可孝順之処前因買辦花草上托大人金福竟認得許多花兒匠直欲噴飯真好新鮮文字并認得許多名园因忽見有白海棠一種不可多得故変尽方法只弄得兩盆大人若視男是親男一般皆千古未有之奇文初讀令人不解思之則噴飯便留下賞玩因天氣暑热恐园中姑娘們不便故不敢面見奉書恭啓并叩台安男芸跪書宝玉看了笑道独他来了还有什么人婆子道还有兩盆花兒宝玉道你出去說我知道了难為他想着你便把花兒送到我屋里去就是了一面說一面同翠墨往秋爽齋来只見

宝釵代玉迎春惜春已都在那里了却因芸之一字夫已將諸艷請來看却多少閑文不然必云如何請如何來則必至有犯宝玉終成重複之文矣衆人見他進來都咲說又來了一个探春咲道我不算俗偶然起个念頭寫了几个帖兒試一試誰知一招皆到宝玉咲道可惜遲了早該起个社的代玉道你们只管起社可別筭上我我是不敢的迎春咲道你不敢誰还敢呢必溽如此方是妙文○若也如宝玉說興頭說則不是代玉矣宝玉道這是一件正經大事大家鼓舞起來不要你讓我讓的各有主意自管說出來大家平章这是正經大事已妙且曰平章更妙的是宝玉的口角宝姐姐也出个主意林妹妹也說个話兒宝釵道你忙什么人还不全呢妙宝釵自有主見真不誣也一語未了李紈也來了進门咲道雅的緊要起詩社我自荐我掌壇前兒春天我原有个這意思的我想了一想我又不會作詩瞎乱些什么因而也忘了就沒有說溽既是三妹妹高興我就帮你作興起來看他又是一篇文字

分叙单傳之法也　代玉道既然定要起詩社偺们都是詩翁了先把這些姐妹叔嫂的字樣改了才不俗　看他寫代玉真可人也　李紈道極是何不大家起个别号彼此稱呼則雅　未起詩社先起别号　我是定了稻香老農再無人占的　最妙一个花樣　探春笑道我就是秋爽居士罢宝玉道居士主人到底不恰且又瘰𤻲這里梧桐芭蕉儘有或指梧桐芭蕉起个到好探春笑道有了我最喜芭蕉就稱蕉下客罢衆人都道别致有趣代玉笑道你们快牽了他去頓了脯子吃酒衆人不觧代玉笑道古人曾云蕉葉覆鹿他自稱蕉下客可不是一隻鹿了快做了鹿脯來衆人听了都笑起來探春因笑道你别忙中使巧話來駡人我已替你想了个極當的美号了又向衆人道當日娥皇女英洒泪在竹上成斑故今斑竹又名湘妃竹如今他住的是瀟湘舘他又愛哭將來他想林姐夫那些竹子也是要变成斑竹的以後

都叫他作瀟湘妃子就完了大家听說都拍手叫妙林代玉抵了頭方不言語妙極趣極所謂夫人必自侮然後人侮之看因一謔便勾出一美号来何等妙文另一花様李紈咲道我替薛大妹〻也早已想了个好的也只三个字惜春迎春都問是什庅妙文迎春惜春故不能答言然不便撇之不序故捧他二人問試思近日諸豪宴集雄語偉辯之時座上或有一二愚夫不敢接談然偏好問亦真可厭之事李紈道我是封他蘅蕪君了不知你們如何探春咲道這个封号極好宝玉道我呢你們也替我想一个必有是問宝釵咲道你的号早有了無事忙三字恰當的狠真恰當形容的尽李紈道你还是你的旧号絳洞花王就好妙極又点前文通部中從頭至末前文已过者恐去之冷落使人忘怀得便一点未来者恐未之突然或先伏一線皆行文之妙訣也宝玉咲道小時候幹的營生还提他作什庅赧言如聞不知大时又有何營生探春道你的号多的狠又起什庅我們愛叫你什庅你就答應着就是了更妙若只管挨次一个一个乱起則成何文字另一花様宝釵道还得我送你个号罢有最俗的一个号却

於你最當天下难淂的是富貴又难淂的是閑散這兩樣再不兼有不想你兼
有了就叫你富貴閑人也罢了宝玉笑道當不起〻〻〻到是随你们混叫去
罢李紈道二姑娘四姑娘起个什庅号迎春道我们又不大会作詩白起个号作
什庅（假斯文守錢虜 未有这句）探春道虽如此也起个才是宝釵道他住的是紫菱洲就
叫他菱洲四丫頭在藕香榭就叫他藕榭就完了李紈道就是這樣好但序齒
我大你们都要依我的主意管情說了大家合意我们七个人起社我和二姑
娘四姑娘都不会作詩須淂讓出我们三个人去我们三个各分一件事探春
笑道已有了號还只管這樣稱呼不如不有了以後錯了也要立个罰約才好
李紈道立定了社再定罰約我那裡地方大竟在我那里作社我虽不能作詩
這些詩人竟不厭俗客我作个東道主人我自然也清雅起来了于是要推我

作社長我一个社長自然不彀必要再請兩位副社長就請菱洲藕榭二位学究來一位出題限韻一位謄録監場亦不可拘定了我們三个人不作若遇見容易些的題目韻脚我們也隨便作一首你們四个却是要限定的若如此便起若不依我々也不敢附驥了迎春惜春本性頼于詩詞又有薛林在前听了這話便合已意二人皆説極是探春寺也知此意見他二人悅服也不好強只浔依了因咲道这話也罢了只是自想好咲好々的我起了个主意反叫你們三个來管起我來了宝玉道既這様偺們就往稲香村去李紈道都是你忙今日不過商議了寺我再請宝釵道也要議定几日一会才好探春道若只管会的多又沒趣了一月之中只可兩三次才好宝釵点頭道一月只要兩次就彀了擬定日期風雨無阻除這兩日外倘有高興的他情愿加一社的或情愿到

他那里去或附就了来亦可使淂豈不活潑有趣衆人都道這个主意更好探春道只是原係我起的意我須淂先作个東道主人方不負我這興李紈道既這樣説明日你就先開一社如何探春道明日不如今日此刻就狠好你就出題菱洲限韵藕榭監塲迎春道依我説也不必隨一人出題限韵竟是拈阄公道李紈道方才我来时看見他們抬進兩盆白海棠来到是好花你們何不就咏起他來（真正好題妙在未起詩社先淂了題目）迎春道都还未賞先到作詩宝釵道不過是白海棠又何必定要見了才作古人的詩賦也不過都是寄興寫情耳若都是等見了作如今也沒這些詩了（真詩人語）迎春道既如此待我限韵説着走到書架前抽出一本詩来隨手一揭這首竟是一首七言律遞与衆人看了都該作七言律迎春掩了詩又向一个小丫頭道你隨口説一个字来那丫頭正倚门

立着便說了丫门字迎春咲道就是门字韵十三元了頭一丫韵字要這门字說着又要了韵牌匣子過來抽出十三元一屜又命那小丫頭隨手拿四塊那了頭便拿了盆䰟痕昏四塊來宝玉道这盆门两丫字不大好作呢侍書一樣預备下四分紙筆便都悄然各自思索起來独代玉或撫梧桐或看秋色或又和丫环们嘲咲着他单寫代玉迎春又令丫环炷了一支夢甜香原來這夢甜香只有三寸來長有灯草粗細以其易烬故以此烬為限如香烬未成便要罰好香常能撰此新奇字樣一时探春便先有了自提筆寫出又改抹了一回遞与迎春因问宝釵蘅蕪君你可有了宝釵道有却有了只是不好宝玉背着手在廻廊上踱來踱去因向代玉說道你听他们都有了代玉道你别管我宝玉又見宝釵已謄寫出來因說道了不得香只剩了一寸了我才有了四句又向代玉道香就完了只

嘗蹲了在那潮地下作什広代玉也不理宝玉道可顧不得你了好歹也寫出來罷説着也走在案前寫了李紈道我們要看詩了若看完了还不交卷是必罰的宝玉道稲香老農虽不善作却善看又最公道理豈不盡你就評閲優劣我們都服的衆人都道自然于是先看探春的稿上寫道是

咏白海棠限门盆魂痕昏

斜陽寒草帶重门苔翠盈鋪雨後盆玉是精神难比潔雪為肌骨易銷魂芳心一点嬌無力倩影三更月有痕莫謂縞仙能羽化多情伴我咏黄昏

次看宝釵的是

珍重芳姿晝掩门宝釵詩全是自寫身分諷刺時事只以品行為先才技為末纖巧流蕩之詞綺靡穠艶之語一洗皆尽非不能也屑而不為也最恨近日小説中一百美人詩詞語氣只淂一了艶稿自携手甕灌苔盆胭脂洗出秋堦影冰雪招来露砌魂看他清潔自厲終不肯作一輕浮語淡極始知花更艶好極高情巨眼能几人哉正一鳥不鳴山更幽也愁多焉

淂玉無痕〔看他諷刺林宝二人省手〕欲償白帝憑清潔〔看他自已收到身上來是何等身分〕不語婷〃日又昏

李紈咲道到的(底)是蘅蕪君說着又着宝玉的道是

秋容淺淡映重门七節攢成雪滿盆出浴太真氷作影捧心西子玉為魂曉風不散愁千点〔這句直是自已一生心事〕宿雨还添泪一痕〔妙在終不忘代玉〕独倚画欄如有意清砧怨笛送黃昏〔宝玉再細心作只怕还有好的只是一心罣着代玉故手妥不警也〕大家看了宝玉說探春的好李紈才要推宝釵這詩有身分因又推代玉〃〃道你們都有了李紈等看他寫道是

半捲湘簾半掩门〔且不說花且說看花的人起的突然別致〕碾氷為土玉為盆〔極妙料定他自与别人不同〕看了这句宝玉先喝起彩來只說從何處想來又看下面道

偷来梨蕊三分白借淂梅花一縷魂衆人看了也都不禁叫好說果然比別人

又是一樣心腸又看下面道是

月窟仙人縫縞袂秋閨怨女拭啼痕盡敲傍比真逸才也且不脱落自己嬌羞默默同誰訴倦倚西風夜已昏看他終結道自己一人是一人口氣逸才仙品固讓顰兒温雅沉着終是宝釵今日之作宝玉自応居末衆人看了都道是這首為上李紈道若論風流別致自是這首若論含蓄渾厚終讓蘅稿探春道這評的有理瀟湘妃子當居第二李紈道怡紅公子是壓尾你服不服宝玉道我的那首原不好了這評的最公話内細思則似有不服先評之意又笑道只是蘅瀟二首还要斟酌李紈道原是依我評論不与你们相干再有多說者必罰宝玉听說只得罢了李紈道從此後我定于每月初二十六這兩日開社出題限韵都要依我這其間你们有高興的你们只管另擇日子補開那怕一个月每天都開社我只不管只是到了初二十六這兩日是必往我那里去宝玉道到底

要起个社名才是探春道俗了又不好特新了刁鑽古怪也不好可巧才是海
棠詩開端就叫个海棠社罢虽然俗些因真有此事也就不碍了説畢大家又
商議了一回略用些酒果方各自散去也有回家的也有往賈母王夫人處去
的當下别人無話一路總不大寫薛林興頭可見他二人並不着意于此不寫薛林正是大手筆独他二人長于詩必使他二人爲之則板腐矣全是錯綜法且説襲人忽然寫到襲人真令人不解看他如何終此詩社之文因見宝玉看了字帖兒便慌〻
張〻的同翠墨去了也不知是何事後来又見後门上婆子送了兩盆海棠花
来襲人問是那里来的婆子便將宝玉前一番緣故説了襲人听説便命擺好
讓他們在下房里坐了自己走到自己房内秤了六錢銀子封好又拿了三百
錢走来都遞与那兩个婆子道這銀子賞那抬花兒来的小子們這錢你們打酒
吃罢那婆子們站起来眉開眼笑千恩萬謝的不肯受見襲人執意不収方領

了襲人又道後门上外頭可有該班的小子們婆子忙應道天天有四个原預備里面差使的姑娘有什庅差使我們吩咐去襲人咲道有什庅差使今兒宝二爺要打發人到小候爺家与史大姑娘送東西去可巧你們来了順便出去叫後门小子們僱輛車来回来你們就往這里拿錢不用叫他們又往前頭混碰去婆子答應着去了襲人回至房中拿碟子盛東西与史湘雲送去（線頭却牽出觀者猶不理。不知是何碟何物令人犯思奪空昔忌却前文此句不解）却見槅子上碟槽空着（此极細極因此處係依古董式樣摳成槽子故無此件此槽遂）因回頭見晴雯秋紋麝月等都在一處做針黹襲人問道這一个纏絲白瑪瑙碟子那去了衆人見問都你看我我看你都想不起来半日晴雯咲道給三姑娘送荔枝去的还沒送来呢襲人道家常送東西的傢伙也多巴巴的拿這个去晴雯道我何當不也這樣說他說這个碟子配上鮮荔枝才好看

自然好看原該如此可恨今之有一二好花者不背象景而用

我送去三姑娘見了也說好看吽連碟子放着就沒帶来你再瞧那隔子傢上頭的一對聯珠瓶还沒収来呢秋紋笑道提起瓶来我又想起笑話我们宝二爺說声孝心一動也孝敬到二十分因那日見園（子里）花折了两枝原是自己要插瓶的忽然想起来說這是自己園里的才開的新鮮花不敢自己先頑巴巴的把那一对瓶拿下来親自灌水插好了吽个人拿着親自送一瓶進老太太又進一瓶与太太誰知他孝心一動連跟的都得了福了可巧那日是我拿去的老太太見了這樣喜的無可無不可見人就說到底是（我的）宝玉孝順（川）我連一枝花兒也想的到別人还只報怨我疼他你们知道老太太素日不大同我說話的有些不入他老人家的眼的那日竟吽人拿几百錢給我說我可怜見的生的单弱這可是再想不到的福氣几百錢是小事

难淂这个臉面及至到了太〻那里太〻正和二奶〻趙姨奶〻周姨奶〻好些人翻箱子找太〻當日年輕的顔色衣裳不知給那一个一見了連衣裳也不找了且看花兒又有二奶〻在傍边凑趣兒誇宝玉又是怎庅孝敬又是怎樣知好歹有的没的説了两車話當自衆人太太自為又增了光堵了衆人的嘴太〻越發喜欢了現成的衣裳就賞了我两件衣裳也是小事年〻横竪也淂却不像这个彩頭晴雯咲道呸没見識面的小蹄子那是把好的給了人挑剩下的才給你〻还充有臉呢秋紋道憑他給誰剩的到底是太〻的恩典晴雯道要是我〻就不要若是給别人剩下的給我也罢了一樣这屋里的人难道誰又比誰高貴些把好的給他剩下的才給我〻寧可不要冲撞了太〻我也不受这口軟氣秋紋忙问給这屋里誰的我因為前兒病了几天家去了不

知是給誰的好姐〻你告訴我知道〻〻晴雯道我告訴了你难到你这会退（子）還太〻去不成秋紋咲道胡説我白听了喜欢〻〻那怕給这屋里的狗剩下的我只領太〻的恩典也不犯管别的事衆人听了都咲道駡的巧可不是給了那西洋花点子哈吧兒了襲人咲道你们这起爛了嘴的得了空就拿我取咲打牙兒一个〻〻不知怎庅死呢秋紋咲道原来姐〻得了我寔在不知道我陪个不是罢襲人咲道少輕狂罢你们誰取了碟子来是正緊（經）（着他忽然夾寫女兒喁〻一段揔不脱落正事所謂此書一回是兩段〻〻中却有無限事体或有一語透至一回者或有反補上回者錯綜穿揷從不一氣直起真瀉至終爲了）麝月道那瓶得空兒也該收来了老太〻屋里还罢了太〻屋里人多手雜别人还可以趙姨奶〻一夥的人見是这屋里的東西又該使黑心弄坏了才罢太〻也不大管这些不如早些收来正緊（經）晴雯听説便擲下針黹道这話到是

苛我取去秋紋道还是我取去罢你取你的碟子去晴雯咲道我偏取一遭兒
去是巧踪兒你们都淂了难道不許我淂一遭兒麝月咲道通共秋丫頭淂了
一遭兒衣裳那里今兒又巧你也遇見找衣裳不成晴雯冷咲道虽然碰不見（我）
衣裳或者太〻看見我勤謹一个月也把太〻的公費里分出二兩銀子來給
我也定不淂說着又咲道你们别和我粧神弄鬼的什么事（兒）我不知道一面說
一面往外跑了秋紋也同他出來自去探春那里取了碟子來襲人打点齊備
東西叫過本處的一个老宋媽〻來（宋送也随事生文妙）向他說道你先好生梳洗了換
了出門的衣裳來如今打發你与史姑娘送東西去那宋嬤〻道姑娘只管交
給我有話說与我〻收拾了就好一順去的襲人听說便端過兩个小摺絲盒
子來先揭開一个里面裝的是紅菱和鷄頭（妙）兩樣鮮菓（子）又那一个是一碟子

桂花糖蒸新栗粉糕又説道这都是今年咱们这里園里新結的果子宝二爺
送来与姑娘嚐〻再前日姑娘説这瑪瑙碟子好姑娘就留下頑罢（妙隱这一件公案余想襲人必要瑪瑙碟子盛去何必驕奢輕薄如是耶固有此一案則去恢矣）这絹色兒里頭是姑娘上日叫我作的活
計姑娘別嫌粗糙能着罢替我们請安替二爺問好就是了宋嬷〻道宝二爺
不知还有什庅説的姑娘再問〻去回来又別説忘了襲人因問秋紋方才可
見在三姑娘那里秋紋道他们都在那里商議起什庅詩社呢又都作詩想来
没話你只去罢宋嬷〻听了便拿了東西出去另外穿帶了襲人又囑咐他從
後門出去有小子和車等着呢宋媽去後不在話下宝玉回来先忙着看了一
回海棠至房內告訴襲人起詩社的事襲人也把打發宋媽〻与史湘雲送東
西去的話告訴了宝玉〻〻听了拍手道偏忘了他我自覺心里有件事只是

想不起來虧你提起來正要請他去這詩社里若少了他还有什庅意思襲人
劝道什庅要緊不過頑意兒他比不得你們自在家里又作不得主兒告訴他
他要來又不得来他不來他又牽腸掛肚的没的叫他不受用寶玉道不妨事
我回老太太打發人接他去正說着宋媽媽已經回來回復道生受与襲人道
乏又說問二爺作什庅呢我說和姑娘們起什庅詩社作詩呢史姑娘說他們
作詩也不告訴他去急的了不的寶玉听了立身便往賈母處來立逼着叫人
接去賈母因說今兒天晚了明日一早再去寶玉只得罷了回來悶悶的次日
一早便又往賈母處來催逼人接去直到午後史湘雲才來寶玉方放了心見
面时就把始末原由告訴他又要与他詩看李紈等因說道且別給他詩看先
說与他韵他後來先罰他和了詩若好便請入社若不好还要罰他一个東道

再說史湘雲道你们忘了請我〻还要罸你们呢就拿韵来我虽不能只淂勉強出醜容我入社掃地焚香我也情愿众人見他这般有趣越發喜欢都埋怨昨日怎麽忘了他遂忙告訴他韵史湘雲一心兴頭等不淂推敲删改一面只管和人說着話心内早已和成即用隨便的紙筆録出可見起是好文字不曾怎樣就有了越用工夫越講究筆墨終成塗雅先笑說道我却依韵和了兩首更奇想前四律已將形容尽矣一首犹恐重犯不知二首又從何處着筆好歹我却不知不過應命而已說着遞与众人〻〻道我们四首也算想絶了再一首也不能了你到弄了兩首那里有許多話說必要重了我们一面說一面看时只見那兩首詩寫道

其一

神仙昨日降都门落想便新奇不落彼四套種淂藍田玉一盆好盆字押淂更穩總不落彼三套自是霜娥偏愛冷又不脫自己將來形景非關倩女亦離魂秋陰捧出何方雪拍案叫絶壓倒羣芳在此一句

雨漬添來隔宿痕却喜詩人吟不倦豈令寂寞度朝昏[真好]　其二　蘅芷階
通蘿薜门也宜墻角也宜盆[更好]花因喜潔难尋偶人為悲秋易断魂玉燭滴
乾風里泪晶簾隔破月中痕幽情欲向嫦娥訴無奈虚廊夜色昏[二首真可壓卷]
[詩文是奇々怪々之文搃令人想不到忽有二首末壓卷]衆人看一句驚訝一句看到了讃到了都說这[詩是好]
个不枉作了海棠詩真該要起海棠社了史湘雲道明日先罰我个東道就讓
我先邀一社可使得衆人道这更妙了因又將昨日的詩与他評論了一回至晚
宝釵將湘雲邀往衡蕪苑安歇去湘雲灯下計議如何設東擬題宝釵听他說
了半日皆不妥當[却于此刻方寫宝釵]因向他說道既開社便要作東雖然是頑意兒也
要瞻前顧後又要自己便宜又要不得罪了人然後方大家有趣你家里你又
作不得主一个月通共那几串錢你还不勾盤纏呢这会子又幹这沒要緊的

事你嬸子听見了越發報怨你了况且你就都拿出来做这个東道也是不勾难道為这个家去要不成还是往这里要呢一夕話提醒了湘雲到躊躕起来宝釵道这个我已經有个主意我們當舖里有个夥計他家田上出的狠好的肥螃蟹前兒送了几斤来現在这里的人從老太太起連上園里的人有多少半都是爱吃螃蟹的前日姨娘还說要請老太太在園里賞桂花吃螃蟹因為有事还沒有請呢你如今且把詩社別題起只管普通一請等他們散了偺們有多少詩作不得的我和我哥哥說要几簍極肥極大的螃蟹来再往舖子里取上几罈好酒再備上四五棹菓碟豈不又省事又大家热鬧了湘雲听了心中自是感服極讚他想的週到宝釵又咲道我是一片真心為你的話你千萬別多心想着我小看了你偺們两个就白好了你若不多心我就好叫他們辦

去的湘雲忙咲道好姐々你这樣說到是你多心待我了憑他怎庅糊塗連个好歹
也不知还成个人了我若不把姐々當作親姐々一樣看上回那些家常話煩
难事也不肯尽情告訴你了宝釵听說便叫一个婆子來出去和大爺說依前
日的大螃蟹要几簍來明日飯後請老太々姨娘賞桂花你說大爺好歹別忘
了我今兒已請下人了（必浔如此叮嚀阿獃兄方記浔）那婆子出去說明回來無話这里宝釵
又向湘雲道詩題也不要過于新巧了你看古人詩中那些刁鑽古怪的題目
和那極險的韵了若題目過于新巧韵過于險再不浔有好詩終是小家子氣詩固
然怕說熟話更不可過于求生只要頭一件立意清新自然措詞就不俗了究
竟这也筭不浔什庅还是紡績針黹是你我的本等一時闲了到是于你我深
有益的書看几章是正經湘雲只荅應着因咲道我如今心里想着昨日作了

海棠詩我如今要作个菊花詩如何宝釵道菊花到也合景只是前人太多了湘雲道我也是如此想着恐怕落套宝釵想了一想説道有了如今以菊花為賔以人為主竟擬出几个題目来都是两个字一个虛字一个实字〻〻便用菊字虛字就用人事双関的如此又是詠菊又是賦事前人也沒作過也不能落套賦景詠物两関着又新鮮又大方湘雲咲道這却狠好只是不知用何等虛字才好你先想一个我听〻宝釵想了一想咲道菊夢就好湘雲咲道果然好我也有一个菊影可使得宝釵道也罢了只是也有人作過若題目多這个也莫的上我又有了一个湘雲道快説出来宝釵道问菊如何湘雲拍案叫妙因接説道我也有了一个訪菊如何宝釵也讚有趣因説道越性擬出十个来寫上再来説着二人研墨蘸筆湘雲便寫宝釵便念一时湊了十个湘雲看了一遍又

咲道十个还不成幅越性凑成十二个便全了也如人家的字画册頁一様宝釵听說又想了兩个一共凑成十二个又說道既这様越性編出他个次序先後来湘雲道如此更妙竟弄成个菊譜了宝釵道起首是憶菊憶之不得故訪第二是訪菊訪之既得便種第三是種菊種既盛開故相對而賞第四是对菊相對而興有餘故折来供瓶為玩第五是供菊既供而不吟亦覺菊無彩色第六便是咏菊既入詞章不可不供筆墨第七便是画菊既為菊如是碌碌究竟不知菊有何妙処不禁有所问第八便是问菊〻如解語使人狂喜不禁第九便是簪菊如此人事雖尽犹有菊之可詠者菊影菊夢二首續在第十第十一末卷便以残菊總收前題之盛这便是三秋的妙景妙事都有了湘雲依說將題録出又看了一回又问該限何韵宝釵道我平生最不喜限韵的分明有好

詩何苦為韻所縛偺们别𡥉那小家子派頭只出題不拘韻原為大家偶淂了好句取樂並不為奈邦难人湘雲道这話狠是这様大家的詩还進一層但只偺们五了人这十二了題目难道每人作十二首不成宝釵道那也太难人了將这題目謄好都要七言律明日貼在牆上他们看了誰作那一了就作那一了有力量者十二首都作也可不能的一首不成也可高才捷足者為尊若十二首已全便不許他後赶着又作罰他就完了湘雲道这到也罢了二人商議妥貼方才息灯安寢要知端的且听下回分解

題曰菊花詩螃蟹詠偏自太君前阿凤若許詼谐中不失体夗央平兒寵婢中多少放肆之迎合取樂寫来似难入題却輕〻用弄水戲魚之看花等遊玩事及王夫人云這里凮大一句收住入題並無纖毫牽強此重作輕抹法也妙極好看煞

第三十八回

林瀟湘魁奪菊花詩　薛蘅蕪諷和螃蟹咏

話說宝釵湘雲二人計議已妥一宿無話湘雲次日便（請）賈母等賞桂花賈母等都說道是他有興頭須要擾（領）他这雅興若在古俗小家則云你是客在我们舍下怎麼反擾你的呢一何可笑至午果然賈母帶了王夫人凤姐兼請薛姨媽等進園來賈母因問那一位（處地方）好必如此問方好王夫人道憑老太太愛在那一處就在那一處必是王夫人如此答方妙凤姐道藕香榭已經擺下了那山坡下兩顆桂花開的又好河里的水又碧清坐在河當中亭子上豈（不）敞亮看看水眼也清亮智者樂水豈其然乎賈母听了說这話狠是說着就引了衆人往藕香榭來原來这藕香榭盖在池中四面有窗左右有曲廊可通

亦是跨水接岸後面又有曲折竹橋暗接衆人上了竹橋凤姐忙上来挽着賈母口里說老祖宗只管邁大步走不相干的这竹子橋規矩是咯吱咯喳的如見其勢如臨其上非走過者必形容不到一時進入榭中只見欄杆外另放着兩張竹案一个上面設着杯箸酒具一个上頭設着茶筅茶盂各色茶具那边有兩三个丫頭煽風炉煮茶这一边另外几个丫頭也煽風炉燙酒呢賈母喜的忙问这茶想的到且是地方東西都干淨湘雲咲道这是宝姐〻帮着我預備的賈母道我說这个孩子細致凡事想的妥當一面說一面又看見柱上掛的黑漆嵌蚌的对子命人念湘雲念道

芙蓉影破歸蘭槳　菱藕香深寫竹橋

妙極此處忽有補出一处不入賈政試才一回皆錯綜其事不作一直筆也

賈母听了又抬頭看匾因回頭向薛姨媽道我先小時家里也有这庅一个亭子叫做什庅枕霞閣我那時也只像他们这庅大年紀时同姊妹们天〻頑去那日誰知我失了脚掉下去几乎沒淹死好容易救了上来到底被那木釘把頭碰破了如今这鬢角子上那指頭頂大一塊窩兒就是那会兒殘破了衆人都怕經了水又怕冒了風都說活不得了誰知竟好了凤姐不等人說先笑道那时要活不得如今这大福可叫誰享呢可知老祖宗從小兒的福壽就不小神差鬼使碰出那个窩兒来好盛福壽的壽星老兒頭上原是一个窩兒因為萬福萬壽盛滿了所以到凸高出些来了未及說完賈母与衆人都笑軟了看他忽用賈母数語閑〻又補出此書之前似已有一部十二釵的一般令人遐憶不能一見余則將歀補出枕霞閣中十二釵来豈不又添一部新書

賈母笑道这猴兒慣的了不得了只管拿我取笑兒起来恨的我撕你那油嘴凤

姐咲道囬来吃螃蟹恐積了冷在心里討老祖宗(宗)咲一咲開〻心一高興多吃两个就無妨了賈母咲道明兒叫你日亱跟着我〻到常咲〻覺的開心不許囬家去王夫人咲道賈老太〻因為喜欢他才慣的他这樣还这樣說他明兒越發無禮(礼)了賈(賈)母咲道我喜欢他这樣況且他又不是那不知高底(低)的孩子家常沒人娘兒們原該这樣横竪礼體不錯就罢沒的到叫他縮神兒似的作什広

近〻暴發專講理法竟不知礼法此似無礼而礼法井〻所謂整瓶不動半瓶搖又曰習慣成自然真不謬也

說着一齊進入亭子献過茶凤姐忙着搭桌子要孟筯上面一桌賈母薛姨媽宝釵代玉宝玉東边一桌史湘雲王夫人迎探惜西边靠门一桌李紈和凤姐的虚設坐位二人皆不放(敢)坐只在賈母王夫人两桌上伺候凤姐吩咐螃蟹不可多拿来仍旧放在蒸籠里拿十个来吃了再拿一面又要水洗了手站在賈(母)跟前剥蟹肉頭次讓

薛姨娘〻〻〻道我自己掰(剥)着吃香甜不用人讓凤姐便奉与賈母二次的便与宝玉又説把酒燙的滚热的拿来又命小丫頭們去取菊花葉兒桂花蕊薫的菉豆面子来預俻洗手史湘雲陪着吃了一个就下坐来讓人又出至外頭令人盛两盤子与趙姨娘周姨娘送去又見凤姐走来道你不慣張羅你吃你的去我先替你張羅等散了我再吃湘雲不肯又令人在那边廊上擺了两棹讓鴛鴦琥珀彩霞彩雲平兒去坐鴛鴦因向凤姐笑道二奶〻在这里伺候我們可吃去了凤姐兒道你們只管去都交給我就是了説着史湘雲仍入了席凤姐和李紈也胡乱應个景兒凤姐仍是下来張羅一时出至廊上鴛鴦等正吃的高興見他来了鴛鴦等站起来道二奶〻又出来作什麼讓我們也受用一会子凤姐笑道鴛鴦小蹄子越發坏了我替你當差到不領情还報怨我还不

快斟一鍾酒來我喝呢鴛央咲着忙斟了一杯酒送至凤姐唇边凤姐一揚脖
子吃了琥珀彩霞二人也斟上一杯送至凤姐唇边那凤姐也吃了平兒早剝（剥）
了一殼黄子送來凤姐道多倒些薑醋一面也吃了咲道你们坐着吃罷我可
去了鴛央咲道好沒臉吃我们的東西凤姐兒咲道你和我少作恠你知道你
璉二爺爱上了你要和老太太討了你作小老婆呢鴛央道啐（呸）这也是作奶奶
說出來的話我不拿腥手抹你一臉算不得說着赶來就要抹凤兒（姐）央道好姐
姐饒我这一遭兒罷琥珀咲道鴛丫頭要去了平丫頭还饒他你们看看他沒
有吃了兩个螃蟹倒喝了一碟子醋他也算不会攬酸了平兒手里正拿（剥）了个
滿黄的螃蟹听如此奚落他便拿着螃蟹照着琥珀臉上抹來口内咲罵我把
你这嚼舌根的小蹄子琥珀也咲着往傍边一躲平兒使空了往前一撞正恰

恰的抹在风姐兒腮上风姐兒正和鸳央嘲咲不妨唬了一跳嗳哟了一声衆
人掌不住都哈〻的大咲起来风姐也禁不住咲駡道死娼婦吃離了眼了混
抹你娘的平兒忙赶過来替他擦了親自去端水鸳央道阿弥陀佛这是个報
應賈母那边听見一叠声问見了什庅这樣樂告訴我们也咲〻鸳央等忙高声
咲回道二奶〻来搶螃蟹吃平兒惱了抹了他主子一臉的螃蟹黄子主子奴
才打架呢賈母和王夫人等听了也咲起来賈母咲道你们看他可憐見的把
那小腿子臍子給他点子吃也就完了鸳央等咲着答應了高声又説道这满
棹子的腿子二奶〻只管吃就是了风姐洗了臉走来又伏侍賈母等吃了一
回代玉独不敢多吃只吃了一点兒夹子肉就下来了賈母一时不吃了大家
方散都洗了手也有看花的也有弄水看魚的遊玩了一回王夫人因回賈母

說這里風大才又吃了螃蟹老太〻還是回房去歇〻罷了若高興明日再来逛〻賈母听了咲道正是呢我怕你們高興我走了又怕掃了你們的興既這広說偺們就都去罷回頭又囑咐湘雲別讓你宝哥〻林姐〻多吃了湘雲答應着又囑咐湘雲宝釵二人說你兩个也別多吃那東西雖好吃不是什広好的吃多了肚子疼二人忙應着送出園外仍旧回来令將残席収什了另摆宝玉道也不摆罷偺們且作詩把那大團圓桌就放在當中酒菜都放着也不必拘定坐位有愛吃的大家去吃不爱的散坐豈不便宜宝釵道這話極是湘雲道雖如此說還有別人因又命另摆一桌揀了熱螃蟹来請襲人紫鵑司棋侍書入画鶯兒翠墨等一處共坐山坡桂樹底下鋪下兩條花毡命答應的婆子並小丫頭等也都坐了只管随意吃喝等使喚再来湘雲便取了詩題用針綰在墻上

衆人看了都説新奇因新奇只怕作不出來湘雲又把不限韵的原故説了一遍宝玉道這才是正理我也最不喜限韵林代玉因不大吃酒又不吃螃蟹自令人掇了一个綉墪倚欄杆坐着拿着釣杆釣魚宝釵手里拿着一枝桂花玩了一回俯在窗檻上掐了桂蕊擲向水面引的遊魚浮上來唼喋湘雲出一回神又讓一回襲人等又招呼山坡下的衆人只管放量吃探春和李紈惜春立在垂柳中看鷗鷺迎春又独在花陰下拿着花針穿茉莉花看他各人各式亦如画家有孤聳独出則有攢三聚五疎〻密〻直是一幅百美圖宝玉又看了一回代玉釣魚一回又俯在宝釵傍边説咲两句一回又看襲人等吃螃蟹自己也陪他飲两口酒襲人又剥了一壳肉給他吃代玉放下釣杆走至座間拿起那烏銀梅花自斟壺來寫壺非寫壺正寫代玉揀了一个小〻的海棠凍石蕉葉杯不妙杯非寫杯正寫代玉揀字有神理蓋代玉不善飲此任興也丫环看見

知他要飲酒忙着走上來斟代玉道你們只管吃去讓我自斟這才有趣兒説
着便斟了半盞看時却是黃酒因説道我吃了一点子螃蟹覺得心口微〻的
疼須得熱〻的喝口燒酒宝玉忙道有燒酒便令將那合欢花浸的酒燙一壺
來傷哉作者猶記矮䫋舫前以合欢花釀酒乎屈指二十年矣代玉也吃了一口便放下了宝釵也走過來
另拿了一支杯來也飲了一口便蘸筆至墻上把頭一个憶菊勾了底下又贅
了一个蘅字妙極韵極宝玉忙道好姐〻第二个我已經有了四句了你讓我作罷
宝釵咲道我好容易有了一首你就忙的這樣代玉也不説話接過筆來把第八
个問菊勾了接着把第十一个菊夢也勾了也贅一个瀟字這兩个妙題料定代玉必喜豈讓人作去
哉宝玉也拿起筆來將第二个訪菊也勾了也贅上一个絳字探春走來看
〻道竟沒有人作簪菊讓我作這簪菊又指着宝玉咲道才宣過總不許帶

出閨閣字樣来你可要留神說着只見史湘雲走來將第四第五對菊供菊一連兩个都勾了也贅上一个湘字探春道你也該起个号湘雲咲道我们家里如今虽有几處軒舘我又不住着借了來也沒趣（近之不讀書暴殄者偏愛起一別号一咲）宝釵咲道方才老太〻說你们家也有這个水亭叫枕霞閣难道不是你的如今虽沒了你到底是旧主人衆人都道有理宝玉不待湘雲動手便代將湘字抹了改了一个霞字又有頓飯工夫十二題已全各自謄出來都交与迎春另拿了一張雪浪箋過来一併謄録出來某人作的底下贅明某人的号李紈等從頭看到

憶菊　　蘅蕪君（真用此号妙極）

悵望西風抱悶思蓼紅葦白斷腸詩空籬旧圃秋無跡瘦月清霜夢有知念〻

心隨歸雁遠寥寥坐听晚砧痴誰憐爲我黄花病慰語重陽会有期

訪菊　怡紅公子

閑趁霜晴試一遊酒杯藥盞莫淹留霜前月下誰家種檻外籬边何處秋蠟屐

遠來情得得冷吟不盡興悠悠黄花若解憐詩客休負今朝掛杖頭

種菊　怡紅公子

携鋤秋圃自移來籬畔庭前故故栽昨夜不期經雨活今朝猶喜帶霜開冷吟

秋色詩千首醉酹寒香酒一杯泉溉泥封勤護惜好知井逕絶塵埃

對菊　枕霞旧友

别圃移來貴比金一叢淺淡一叢深蕭疏籬畔科頭坐清冷香中抱膝吟数去

更無君傲世看來惟有我知音秋光荏苒休辜負相對原宜惜寸陰

供菊　枕霞旧友

弹琴酌酒喜堪俦几案婷婷点缀幽隔座香分三径露抛书人对一枝秋霜清纸帐来新梦圃冷斜阳忆旧游傲世也因同气味春风桃李未淹留

咏菊　潇湘妃子

无赖诗魔昏晓侵遶篱欹石自沉音毫端运秀临霜写口齿噙香对月吟满纸自怜题素怨片言谁解诉秋心一从陶令平章后千古高风说到今

画菊　蘅芜君

诗余戏笔不知狂岂是丹青费较量聚叶泼成千点墨攒花染出几痕霜淡浓神会风前影跳脱秋生腕底香莫认东篱闲采掇粘屏聊以慰重阳

问菊　潇湘妃子

欲訊秋情衆莫知喃〻負手叩東籬孤標傲世偕誰隱一様花開為底遲圃露
庭霜何寂寞鴻歸蛩病可想思休言舉世無談者解語何妨片語时

簪菊　蕉下客

瓶供籬栽日〻忙折来休認鏡中粧長安公子因花癖彭澤先生是酒狂短髪
冷沾三徑露葛巾香染九秋霜高情不入時人眼拍手凴他笑路傍

菊影　枕霞旧友

秋光疊〻復重〻潛度偷移三逕中窓隔疎灯描遠近籬篩破月鎖玲瓏寒芳
留照魂應駐霜印傳神夢也空珍重暗香休踏碎凴誰醉眼認朦朧

菊夢　瀟湘妃子

籬畔秋酣一覺清和雲伴月不分明登仙非慕莊生蝶憶旧还尋陶令盟睡去

依〻随雁断惊廻故〻惱蛩鳴醒时幽怨同誰訴衰草寒烟無限情

残菊　　蕉下客

露凝霜重漸傾欹宴賞才过小雪时蒂有餘香金淡泊枝無全葉翠離披半床落月蛩声病萬里寒雲雁陣遲明歲秋風知再会暫时分手莫相思

衆人看一首讚一首彼此稱揚不已李紈咲道等我從公評来通篇看来各有各人的警句今日公評咏菊第一問菊第二菊夢第三題目新詩也新立意更新惱不得要推瀟湘妃子為魁了然後簪菊对菊供菊画菊憶菊次之宝玉听說喜的拍手叫極是極公道代玉道我那首也不好到底傷于纖巧些李紈道巧的却好不露堆砌生硬代玉道據我看来頭一句好到底是圃冷斜阳憶旧遊这句背面傅粉抛書人对一枝秋已經妙絕将供菊說完沒処再說故翻回来

想到未折未供之先意思深透李紈咲道固如此說你的口齒噙香句也敵的过了探春又道到底要算蘅蕪君沉忽秋無迹夢有知把个憶字竟烘染出来了宝釵咲道你的短鬓冷沾葛巾香染也就把簪菊形容的一个縫兒也沒了湘雲道偕誰隱為底遲真个把个菊花问的無言可对李紈咲道你的科頭坐抱膝吟竟一时也不能别開菊花有知也必膩煩了說的大家都咲了宝玉咲道我又落第难道誰家種何處秋蠟屐遠来冷吟不尽都不是訪昨夜雨今朝霜都不是種不成但恨敵不上口齒噙香対月吟清冷香中抱膝吟短鬓葛巾金淡泊翠離披秋無迹夢有知这几句就是了（逗冩宝玉不及灶绝）又道明兒闲了我一个人作出十二首来李紈道你的也好只是不及这几句新巧就是了大家又評了一回復又要了热螃蟹来就在大圓棹子上吃了一回宝玉咲道今日持螯

賞桂亦不可無詩全是他忙全是他不及妙極我已吟成誰还敢作呢説着便忙洗了手提筆寫出且莫看詩只看他偏于如許一大回詩後又寫一回詩豈世人想的到的衆人看道

持螯更喜桂陰涼潑醋擂薑興欲狂饕餮王孫應有酒橫行公子却無腸臍间積冷饞忘忌指上沾腥洗尚香原為世人美口腹坡仙曾咲一生忙

代玉咲道这樣的詩要一百首也有看他这一説宝玉咲道你这会子才力已尽不能作了还貶人家代玉听了並不答言也不思索提起筆来一揮已有了一首衆人看道

鉄甲長戈死未忘堆盤色相喜先嚐螯封嫩玉双〻滿殼凸紅脂塊〻香多肉更憐卿八足助情誰劝我千觴对斟佳品酧佳節桂拂清風菊帶霜

宝玉看了正喝彩代玉便一把撕了令人燒去因咲道我的不及你的我燒了

他你那个狠好比方才的菊花诗还好你留着他给人看宝钗接着笑道我也勉强了一首未必好写出来取笑儿罢说着也写了出来大家看时写道是
桂靄桐陰坐舉觴長安涎口盼重陽眼前道路無經緯皮裡春秋空黑黃
看到這里衆人不禁叫絕宝玉道寫得痛快我的詩也該燒了又看底下道
酒未敵腥还用菊性防積冷定須薑于今落釜成何益月浦空餘禾黍香
衆人看畢都説这是食螃蟹絕唱这些小題目原要寓大意才筭是大才只是諷刺世人太毒了些説着只見平兒復進园来不知作什麼且听下回分解

脂硯齋重評石頭記卷之

第三十九回

村姥〻是信口開河　情哥〻偏尋根究底

話說衆人見平兒來了都說你們奶〻作什麽呢怎麽不來了平兒笑道他那里淂空兒來因為說沒有好生吃淂又不淂來所以叫我來问还有沒有叫我要几个拿了家去吃罢湘雲道有多着呢忙令人拿了十个極大的平兒道多拿几个團臍的衆人又拉平兒坐平兒不肯李紈拉着他笑道偏要你坐拉着他身傍坐下端了一杯酒送到他嘴边平兒忙喝了一口就要走李紈道偏不許你去顯見淂只有凤丫頭就不听我的話了說着又命嬷〻們先送了盒子去就說我留下平兒了那婆子一时拿了盒子回來說二奶〻說叫奶〻和姑

娘们别咲説話要嘴吃这个盒子里是方才旧太〻那里送来的菱粉糕和鸡油
捲儿給奶〻姑娘们吃的又向平儿道説使你来你就貪住頑不去了劝你少
喝一杯儿罢平儿咲道多喝了又把我怎么様一面説一面只管喝又吃螃蟹
李紈攬着他咲道可惜这么个好體面模様儿命却平常只落得屋里使喚不
知道的人誰不拿你當作奶〻太〻看平儿一面和宝釵湘雲等吃喝一面回
頭咲道奶〻别只摸索的我恠癢的李氏道噯喲這硬的是什么平儿道鑰匙李
氏道什么鑰匙要緊梯己東西怕人偷了去却帶在身上我成日家和人説咲
有个唐僧取經就有个白馬来駝他刘智遠打天下就有个瓜精来送盔甲有
个凤丫頭就有个你〻就是你奶〻的一把総鑰匙还要这鑰匙作什么平儿
咲道奶〻吃了酒又拿了我来打趣着取咲儿了宝釵咲道这到是真話我们

没事評論起人來你们这几个都是百个里頭挑不出一个来妙在各人有各人的好處李紈道太小都有个天理比如老太太屋里要没那个夗央如何使得從太太起那一个敢駁老太太的回現在他敢駁回偏老太太只听他一个人的話老太太那些穿帶的别人不記得他都記得要不是他經管省不知叫人誆騙了多少去呢那孩子心也公道虽然这樣到常替人說好話兒还到不依勢欺人的惜春笑道老太太昨兒还說呢他比我们还强呢平兒道那原是个好的我们那里比的上他宝玉道太太屋里的彩霞是个老寔人探春道可不是外頭老寔心里有数兒太太是那庅佛爷似的事情上不留心他都知道凡百一應事他提省太太行連老爷在家出外去的一應大小事他都知道太太忘了他背地里告訴太太李紈道那也罢了指自宝玉道这一个小爷屋里

要不是襲人你們度量到个什麽田地鳳丫頭就是楚覇王也得這兩支膀子好舉千斤鼎他不是這丫頭就得這麽周到了平兒笑道先时賠了四个丫頭死的死去的去只剩下我一个孤鬼了李紈道你到是有造化的鳳丫頭也是有造化的想當初你大爺在日何曾也没兩个人你們看我还是那容不下人的天天只見他兩个不自在所以你珠大爺一没了趂年輕我都打發了若有一个守得住我到有个膀背說着滴下淚来衆人都道又何必傷心不如散了到好說着便都洗了手大家約往賈母王夫人處問安衆婆子丫頭打掃亭子収拾杯盤襲人和平兒同往前去讓平兒到房里坐坐便問道這个月的月錢為什麽还不放平兒見問忙悄悄說道遲兩天就放了這个月的月錢我們奶奶早已支了放給人使了等利錢収齊了才放呢你可不許告訴一个人去襲

人咲道难道他还短錢使何苦还𢶞这心平兒咲道这几年拿着这一项銀子他的月例公費放出去利錢一年不到上千的銀子呢襲人咲道拿着我们的錢你们主子奴才賺利錢哄的我们獃獃的等着平兒道你又說没良心的話你难道还少錢使襲人道我虽不少只是我也没地方使去就只預備我们那一个平兒道你倘若有要紧的事用錢使時我那里还有几两銀子你先拿来使明兒我扣下你的就是了襲人道此时也用不着怕一时要用起来不彀了我打發人去取就是了平兒答應着一逕出了园门来至家内只見凤姐兒不在房里忽見上回来打抽豐的那刘姥姥和板兒又来了坐在那边屋里还有張材家的周瑞家的陪着又有两三个丫頭在地下倒口袋里的枣子倭瓜並些野菜衆人見他進来都忙站起来了

妙文上回是先見平兒後見凤姐此則先見凤姐後見平兒也何錯綜巧妙得

情滑理之至耶　刘姥〻因上次来过知道平兒的身分忙跳下地来问姑娘好又説家里都问好早要来請姑奶〻的安看姑娘来的因為庄家忙好容易今年多打了两石粮食瓜菓菜蔬也豐盛这是頭一起摘下来的並没敢賣呢留的尖兒孝敬姑奶〻姑娘们嚐〻姑娘们天〻山珍海味的也吃膩了这个吃个野意兒也筭是我们的窮心平兒忙道多謝費心又讓坐自己也坐了又讓張嬸子周大娘坐又着令小丫頭子到茶去周瑞張材两家的因咲道姑娘今兒臉上有些〻春色眼圈兒都紅了平兒咲道可不是我原是不吃的大奶〻和姑娘们只是拉着死灌不得已喝了两鍾臉就紅了張材家的咲道我到想着要吃呢又没人讓我明兒再有人請姑娘可待了我去罢説着大家都咲了周瑞家的道早起我就看見那螃蠏了一斤只好秤了两个三个这庅三大簍想是有七八十

斤呢周瑞家的道若是上々下々只怕还不勾罷平兒道那里勾不过都是有名
兒的吃兩个子那些散衆的也沒有摸着吃的也少刘姥々道这樣螃蟹今年
就值五分一斤十斤五錢五々二兩五三五一十五再搭上酒菜一共到有二
十多兩銀子阿弥陀佛这一頓的銭勾我们庄家人过一年了平兒因问想是
見过奶々了（寫平兒伶俐如此）刘姥々道見过了叫我们等着呢說着又往窗外看天
氣（是八月中当閑窓时細緻之甚）說道天好早晚了我们也去罢别出不去城才是飢荒呢周
瑞家的道这話到是我替你瞧々去說着一逕去了半日方来咲道可是你老
的福来了竟投了这兩个人的緣了平兒等问怎麽樣周瑞家的咲道二奶々
在老太々的跟前呢我原是悄々的告訴二奶々刘姥々要家去呢怕晚了赶
不出城去二奶々說大遠的难為他扛了那些沉東西来晚了就住一宿明兒

再去这可不是投上二奶〻的緣了这也罢了偏生老太〻听見了又问刘姥〻是誰二奶〻便回明白了老太〻説我正想个積古的老人家説話兒請了来我見一見這可不是想不到天〔投〕上緣分了説着催刘姥〻下来前去刘姥〻道我这生像兒怎好見的好嫂子你就説我去了罢平兒道你快去罢不相干的我们老太〻最是惜老憐貧的比不淂那个狂三詐四的那些人想是你怯上我和周大娘送你去説着同周瑞家的引了刘姥〻往賈母这边来二门口該班的小厮们見了平兒出来都站起来了又有兩个跑上来赶着平兒叫姑〔娘〕

想这一个姑娘非下称上之姑娘也按北俗以姑母曰姑〻南俗曰娘〻此姑娘定是姑〻娘〻之称每見大家風俗多有小童称少主妾曰姑〻娘〻者按此書中若干人説話語氣及動用前照飲食諸類皆東西南北互相兼用此姑娘〻之称亦南北相兼而用無疑矣

平兒问又説什庅那小厮咲道这会子也好早晚了我媽病了等着我去請大

夫好姑娘我討半日假可使得平兒道你們到好都商議定了一天一个告假又不回奶〻只和我胡纏前兒住兒去了二爺偏生叫他叫不着我應起來了还說我作了情你今兒又來了分明几回没寫到賈璉今忽閑中一語便補浔賈璉这边天〻鬧熱令人却如看見听見一般所謂不寫之寫也刘姥〻眼中耳中又一番識面奇妙之甚周瑞家的道當真的他媽病了姑娘也替他應着放了他罷平兒道明兒一早來听着我还要使你呢再睡的日頭晒着屁股再來你这一去帶个信兒給旺兒就說奶〻的話问着他那剩的利錢明兒若不交了上來奶〻也不要了就索性送他使罷交代过襲人的話看他如此說真比凤姐又甚一層李紈之語不謬也不知阿凤何等福浔此一人那小厮欢天喜地答應去了平兒等來至賈母房中彼时大观園中姊妹們都在賈母前承奉妙極連宝玉一併笑入姊妹隊中了刘姥〻進去只見滿屋里珠圍翠繞花枝招展並不知都係何人只見一張榻上歪着一位老婆〻身

後坐着一个紗羅裹的美人一般的一个丫嬛在那里搥腿凤姐兒站着正説咲奇々怪々文章在刘姥々眼中以為阿凤至尊至貴普天下人独該站着説阿凤独坐才是如何今見阿凤独站我真妙文字刘姥々便知是賈母了忙上來陪着咲道了萬福口里説請老壽星安更妙賈母之号何其多耶在諸人口中則曰老太々在阿凤口中則曰老祖宗在僧尼口中則日老菩薩在刘姥々口中則日老壽星者却似有數人想去則皆賈母難得如此各尽其妙刘姥々亦善應接　賈母亦欠身問好又命周瑞家的端过椅子來坐着那板兒仍是怯人不知問候仍字妙蓋有上文故也不知教訓者未看此句　賈母道老親家你今年多大年紀了神妙之極看官至此必愁賈母以何相稱誰知公然曰老親家何等現成何等大方何等有情理若云作者心中編出余斷々不信何也蓋編得出者斷不能有这等情理　刘姥々忙立身答道我今年七十五了賈母向眾人道这広大年紀了还这広健壮比我大好几歲呢我要到這広大年紀还不知怎広動不得呢刘姥々咲道我们生來是受苦的人老太々生來是享福的若我们也这樣那

是村庄中人一語若謂於賈母特增一稱呼反失卻作者筆寫田野老眼面目矣　鑑堂

些庄家活也沒人作了賈母道眼睛牙齒都还好刘姥〻道都还好就是今年左边的槽牙活動了賈母道我老了都不中用了眼也花耳也聾記性也沒了你们这些老親戚我都不記得了親戚们来了我怕人咲我〻都不会不过嚼的動的吃两口睡一覺悶了时和这些孫子孫女兒頑咲一回就完了刘姥〻咲道这正是老太〻的福了我们想这広着也不能賈母道什広福不过是个老廢物罷了說的大家都咲了賈母又咲道我才听見风哥兒說你帶了好些瓜菜来叫他快着收拾去了我正想个地里現摘的瓜兒菜兒吃外頭買的不像你们田地里的好吃刘姥〻咲道这是野意兒不过吃个新鮮依我们想魚肉吃只就吃不起賈母又道今兒既認肴了親别空〻兒的就去不嫌我这里就住一两天再去我们也有个園子〻〻里頭也有菓子你明日也嚐〻帶些家去你也

笑看親戚一淌风姐兒見賈母喜欢也忙留道我們这里虽不比你們的塲院大空屋子还有两間你住两天罢把你們那里的新聞故事兒說些与我們老太〻听〻賈母笑道凤丫頭别拿他取笑兒他是鄉屯里的人老寔那里擱的住你打趣他說着又命人去先抓菓子与板兒吃板兒見人多了又不敢吃賈母又命拿些錢給他叫小么兒們带他外頭頑去刘姥〻吃了茶便把些鄉村中所見所聞的事情說与賈母〻〻亦發得了趣味正說着风姐兒便令人来請刘姥〻吃晚飯賈母又將自己的菜揀了几樣命人送過去与刘姥〻吃风姐知道合了賈母的心吃了飯便又打發过来夗央忙令老婆子带了刘姥〻去洗了澡自己挑了两件随常的衣服令給刘姥〻換上（一段夗央身分權勢心机口寫賈母也）那刘姥〻〻那里見过这般行事忙換了衣裳出来坐在賈母榻上又搜尋些話

出来說彼时宝玉姊妹们也都在這里坐着他们何曾听見过这些話自觉比那些瞽目先生說的書还好听那刘姥〻虽是个村野人却生來的有些見識况且年紀老了世情上經歷過的見頭一个賈母高兴第二見这些哥兒姐兒们都爱听便沒了說的也編出些話來講因說道我们村庄上種地種菜每年每日春夏秋冬風里雨里那有个坐着的空兒天〻都是在那地頭子上作歇馬涼亭什么奇〻怪〻的事不見呢就像去年冬天接連下了几天雪地下壓了三四尺深我那日起的早还沒出房门只听外頭柴草响我想着必定是有人偷柴草來了我爬着窗戶眼兒一瞧却不是我们村庄上的人賈母道必定是过路的客人们冷了見現成的柴抽些烤火去也是有的刘姥〻笑道也並不是客人所以說來奇怪老壽星當个什么人原來是一个十七八歲的極標

緻的一个小姑娘梳着油光的頭穿着大紅襖兒白綾子裙子（刘姥々口氣如此）劉說道這里忽听外面人吵嚷起來又說不相干的別唬着老太々賈母等听了忙問怎麼了了嬛回說南院馬棚里走了水不相干已經救下去了賈母最胆小的听了這个話忙起身扶了人出至廊上來瞧只見東南上火光猶亮賈母唬的口內念佛忙命人去火神跟前燒香王夫人等也忙都过來請安又回說已經下去了老太々請進房去罷賈母直等的看着火光息了方領衆人進來（一段為後回作引然偏于宝玉愛听時截住）宝玉且忙着問刘姥々那女孩兒大雪地作什麼抽柴草倘或凍出病來呢賈母道都是才說抽柴草惹出火來了你还問呢別說這个了再說別的罷宝玉听說心內虽不樂也只得罷了刘姥々便又想了一篇說道我們庄子東边庄上有个老奶々子今年九十多歲了他天々吃齋念佛誰知就

感動了觀音菩薩夜里來托夢說你這樣虔心原來你該絕後的如今奏了玉皇給你个孫子原來這老奶々只有一个兒子這兒子也只一个兒子好容易养到十七八歲上死了哭的什庅似的後果然又養了一个今年才十三四歲生的雪團兒一般聰明伶俐非常可見這些神佛有的這一夕話寔合了賈毋王夫人的心事連王夫人也都听住了宝玉心中只記罣着抽柴的故事因悶々的心中籌畫探春因問他昨日擾了史大妹々偺們回去商議着邀一社又還了席也請老太々賞菊花何如宝玉笑道老太々說了還要擺酒還史妹々的席叫偺們坐陪呢等着吃了老太々的偺們再請不遲探春道越往前去越冷了老太々未必高興宝玉道老太々又喜欢下雨下雪的不如偺們等下頭場雪請老太々賞雪豈不好偺們雪下吟詩也更有趣了林代玉忙笑道偺們雪下

吟詩依我說还不如箕[美]一捆柴火雪下抽柴还更有趣兒呢說着宝釵𡚱都咲了宝玉聽了他一眼也不答話一时散了背地里宝玉足的[到底]拉了刘姥〻細问那女孩兒是誰刘姥〻只淂編了告訴他道那原是我们庄北沿地埂子上有一个小祠堂里供的不是神佛當先有个什么老爷說着又想名姓宝玉道不拘什么名姓你不必想了只說原故就是了刘姥〻道这老爷沒有兒子只有一位小姐名叫茗玉小姐知書識字老爷太〻爱如珍宝可惜这茗玉小姐生到十七歲一病死了宝玉听了跌足嘆惜又问後来怎么樣刘姥〻道因為老爷太〻思念不尽便蓋了这祠堂塑了这茗玉小姐的像派了人燒香撥火如今日久年深的人也沒了庙也爛了那个像就成了精宝玉忙道不是成精規矩这樣人是虽死不死的刘姥〻道阿弥陀佛原来如此不是哥兒說我们都

此從還魂記套來未免可惜 鑑堂

當他成精他时常变了人出来各村庄店道上閑俇我才説这抽柴火的就是他了我们村庄上的人还商議着要打了这塑像平了廟呢宝玉忙道快别如此若平了廟罪過不小刘姥〻道幸亏哥兒告訴我〻明兒回去告訴他们就是了宝玉道我们老太〻太〻都是善人合家大小也都好善喜捨最爱修庙塑神的我明兒做一个疏頭替你化些佈施你就做香頭攢了钱把这廟脩盖再粧潢了泥像每月給你香火钱燒香豈不好刘姥〻道若这様我托那小姐的福也有几个钱使了宝玉又问他地名庄名来往遠近坐落何方刘姥〻便順口胡謅了出来宝玉信以為真回至房中盤筭了一夜次日一早便出来給了茗烟几百錢按着刘姥〻説的方向地名着茗烟去先踏看明白回来再做主意那茗烟去後宝玉左等也不來又等也不來急的热鍋上的螞蟻一般好

瘟神〻說作者猶色中人也故不云妙 鑑堂

容易等到日落方見茗烟興〻頭〻的回来宝玉忙问可有廟了茗烟咲道爷听的不明白叫我好找那地名坐落不似爷說的一様所以找了一日找到東北上田埂子上才有一ケ破廟宝玉听說喜的眉開眼咲忙說道刘姥〻有年紀的人一时錯記了也是有的你且說你見的茗烟道那廟門却道是朝南開的也是稀破的我找的正没好氣一見这ケ我說可好了連忙進去一看泥胎唬的我跑出来了活似真的一般宝玉喜的咲道他能变化人了自然有些生氣茗烟拍手道那里有什庅女孩兒竟是一位青臉紅髮的瘟神爺宝玉听了啐了一口駡道真是一ケ無用的殺才这点子事也幹不来茗烟道二爺又不知看了什庅書或者听了誰的混話信真了把这件没頭脑的事派我去碰頭怎庅說我没用呢宝玉見他急了忙安慰他道你别急改日閑了你再找去若是

他哄我們呢自然沒了若真是有的你豈不也積了陰隲我必重〻的賞你正說着只見二门上的小厮来老太〻房里的姑娘們站在二门口找二爺呢

脂硯齋重評石頭記卷之

第四十回

史太君兩宴大觀園　金鴛鴦三宣牙牌令

話說宝玉听了忙進來看时只見琥珀站在屏風跟前說快去罷立等你說話呢宝玉來至上房只見賈母正和王夫人家姊妹商議給史湘雲还席宝玉因說道我有个主意既沒有外客吃的東西也別定了樣数誰素日愛吃的揀樣兒做几樣也不要按桌席每人跟前擺一張高桌各人愛吃的東西一兩樣再一个什錦攢心盒子自斟壺豈不別致賈母听了說很是忙命傳与厨房明日就揀我們愛吃的東西作了按着人数再裝了盒子來早飯也擺在園里吃商議之間早又掌灯一夕無話次日清早起來可喜这日天氣清朗李紈侵晨先

起來看着老婆子丫頭们掃那些落葉是八月盡並擦抹棹椅預備茶酒器皿只見豐兒帶了刘姥〃板兒進來說大奶〃到忙的緊李紈咲道我說你昨兒去不成只忙着要去刘姥〃咲道老太〃留下我叫我也熱鬧一天去豐兒拿了几把大小鑰匙說道我们奶〃說了外頭的高几恐不彀使不如開了樓把那收着的拿下來使一天罢奶〃原該親自來的因和太〃說話呢請大奶〃開了帶着人搬罢李氏便令素雲接了鑰匙又令婆子出去把二门上的小厮叫几个來李氏站在大覌樓下往上看令人上去開了綴錦阁一張〃〃往下抬小厮老婆子丫頭一斉動手抬了二十多張下來李紈道好生着別荒〃張〃鬼赶來似的仔細碰了牙子又回頭向刘姥〃咲道姥〃你也上去瞧〃刘姥〃听說巴不浔一声兒便拉了板兒登梯上去進里面只見烏壓〃的堆着些圍屏

念了幾聲佛從抄
鑑堂

此揀大紅者喻賈母正在重灼時也須知
鑑堂

棹椅大小花灯之類虽不大認得只見五彩炫耀各有奇妙念了几声佛便下来了然後鎖上门一齊纔下来李紈道恐怕老太〻高興越性把舡上划子篙槳遮陽幔子都搬了下来預備着衆人答應復又開了色〻的搬了下来令小厮傳駕娘們到舡塢里撑出两支船来正乱着安排只見賈母已帶了一群人進来了李紈忙迎上去笑道老太〻高興到進来了我只當还没梳頭呢纔擷了菊花要送去一面説一面碧月早捧过一（个）大荷葉式的翡翠盤子来里面盛着各色的折枝菊花賈母便揀了一朶大紅的簪了（于）鬓上因回頭看見了刘姥〻忙笑道过来帶花兒一語未完凤姐便拉过刘姥〻来笑道讓我打扮你説着將一盤子花横三竪四的（給他）插了一頭賈母和衆人笑的（了）不（得）住刘姥〻笑道我这頭也不知修了什麽福今兒这樣體面起来衆人笑道你还不拔下来摔到

他臉上呢把你打扮的成了个老妖精了刘姥〻咲道我虽老了年輕时也風流愛个花兒粉兒的今兒老風流纔好說咲之间已来至沁芳亭子上了丫环们抱了一个大錦褥子来鋪在欄杆榻板上賈母倚柱坐下命刘姥〻也坐在傍边因问他这园子好不好刘姥〻念佛說道我们鄉下人到了年下都上城来買画兒貼时常閑了大家都說怎么得也到画兒上去逛〻想着那个画兒也不过是假的那里有这个真地方呢誰知我今兒進这园里一瞧竟比那画兒还强十陪怎么得有人也照着这个園子画一張我带了家去給他们見〻死了也得好處賈母听說便指着惜春咲道你瞧我这个小孫女兒他就会画等明兒叫他画一張如何刘姥〻听了喜的忙跑过来拉着惜春說道我的姑娘你这么大年紀兒又这么个好模樣还有这个能幹别是个神仙脫生的罢賈母

才說嘴就打嘴非閱歷深者不能道　鑑堂

少歇一回自然領着刘姥〻都見識〻〻先到了瀟湘館一進門只見两边翠竹夹路土地下蒼苔佈滿中间羊腸一條石子漫的路刘姥〻讓出路来与賈母衆人走自己却逆趄土地琥珀拉着他說道姥〻你上来走仔細蒼苔滑了刘姥〻道不相干的我们走熟了的姑娘们只管走罷可惜你们的那綉鞋别沾臟了他只顧上頭和人說話不妨底下果蹅滑了咕咚一跤跌倒衆人拍手都哈〻的笑起来賈母笑罵道小蹄子们还不攙起来只站着笑說話时刘姥〻已爬了起来了自己也笑了說道才說嘴就打了嘴賈母问他可扭了腰了不曾叫丫頭们搥一搥刘姥〻道那里說的我这庅姣嫩了那一天不跌两下子都要搥起来还了得呢紫鵑早打起湘簾賈母共進来坐下林代玉親自用小茶盤捧了一盖碗茶来奉与賈母王夫人道我们不吃茶姑娘不用倒了林

代玉听説便命了丫頭把自己窓下常坐的一張椅子挪到下首請王夫人坐了刘姥〻因見窓下案上設着筆硯又見書架上磊滿〻的書刘姥〻道这必定是那位哥兒的書房了賈母笑指代玉道这是我这外孫女兒的屋子刘姥〻留神打量了代玉一番方笑道这那像个小姐的繡房竟比那上等的書房还好賈母因問宝玉怎么不見衆丫頭們答説在池子里舡上呢賈母道誰又預備下舡了李紈忙回説纔開楼拿几我恐怕老太〻高興就預備下了賈母听了方欲説話时有人回説姨太〻來了賈母等剛站起來只見薛姨媽早進來了一面帰坐笑道今兒太〻高興这早晚就來了賈母笑道我才説來遲了的要罰他不想姨太〻就來遲了説笑一会賈母因見窓上紗的顏色旧了便和王夫人説道这个紗新糊上好看过了後來就不翠了这个院子里頭又沒

有个桃杏樹这竹子已是綠的再拿这綠紗糊上反不配我記得偺们先有四五樣顔色糊窗的紗呢明兒給他把这窗上的換了凤姐兒忙道昨兒我開庫房看見大扳箱里还有些疋銀紅蟬翼紗也有各樣折枝花樣的也有流雲卍福花樣的也有百蝶穿花〻樣的顔色又鮮紗又輕軟我竟沒見过这樣的拿了两疋出来作两床綿紗被想来一定是好的賈母听了咲道呸人〻都說你沒有不經过不見过連这个紗还不認得呢明兒还說嘴薛姨媽等都咲說凴他怎麽經过見过如何敢比老太〻呢老太〻何不教道了他我们也听〻凤姐兒也咲說好祖宗教給我罷賈母咲向薛姨媽衆人道那个紗比你们的年紀还大呢怪不得他認作蟬翼紗原也有些像不知道的都認作蟬翼紗正經名子叫作軟烟羅凤姐兒道這个名兒也好听只是我这麽大了紗羅也見过

劉姥々謗乃作者嘆醒不知物力艱難之子也　鑒堂

几百樣没没听見过这个名色賈母咲道你能彀活了多大見过几樣没処放的東西就説嘴来了那个軟烟羅只有四樣顏色一樣雨过天晴一樣秋香色一樣松緑的一樣就是銀紅的若是做了帳子糊了窓屜遠々的看着就似烟霧一樣所以叫作軟烟羅那銀紅的又叫作霞影紗如今上用的府紗也没有这樣軟厚輕密的了薛姨媽咲道别説凤丫頭没見連我也没听見过凤姐兒一面説早命人取了一疋来了賈母説可不是这个先时原不过是糊窓屜後来我们拿这个作被作帳子試々也竟好明兒就找出几疋来拿銀紅的替他糊窓子凤姐答應着衆人都看了稱賛不已刘姥々也覷着眼看个不了念佛説道我们想他作衣裳也不能拿着糊窓子豈不可惜賈母道倒是做衣裳不好看凤姐忙把自己身上穿的一件大紅綿紗襖子襟兒拉了出来向賈母薛

姨媽道看我的这衽兒賈母薛姨娘都說这也是上好的了这是如今的上用
内造的竟比不上这个凤姐兒道这个薄片子还說是上用内造呢竟連官用
的也比不上了賈母道再找一找只怕还有青的若有时拿出來送这刘親家
兩疋再坐一个帳子我掛下剩的添上里子做些夾背心子給了頭們穿白收着
霉壞了凤姐忙答應了仍令人送去賈母起身笑道这屋里窄再往別處逛去
刘姥姥念佛道人人都說大家子住大房昨兒見了老太太正房配上大箱大
櫃大桌子大牀果然威武那櫃子比我們那一間房子还大还高怪道後院子
里有个梯子我想並不上房晒東西預備个梯子作什麼後來我想起來定是
為開頂櫃收放東西非離了那梯子怎麼得上去呢如今又見了这小屋子更
比大的越發齊整了滿屋里的東西都只好看都不知叫什麼我越看越捨不

淂离了这里风姐道还有好的呢我都带你去瞧〻説着已經離了瀟湘舘遠〻望見池中一群人在那里撑舡賈母道他们既預備下船偺们就坐一面説着便向紫菱洲蓼溆一带走來未至池前只見几个婆子手里都捧着一色捏絲戧金五彩大盒子走來风姐忙问王夫人早飯在那里摆王夫人道问老太〻説在那里就在那里摆了賈母听説便回頭説你三妹〻那里就好你就带了人摆去我们從这里坐了舡去风姐听説便回身同了探春李紈妃央琥珀带着瑞飯的人等超着近路到了秋爽齋就在曉翠堂上調開桌椅案妃央笑道天〻偺们説外頭老爺们吃酒吃飯都有一个篾片相公拿他取笑兒偺们今兒也淂了一个女篾片了李紈是个厚道人听了不觧风姐兒却知是説的是刘姥〻了也笑説道偺们今兒就拿他取个笑兒二人便如此这般的商議李紈笑

勸道你們一点好事也不做又不是ケ小孩兒还这庅淘氣仔細老太〻說鴛鴦咲道恨不与你相干有我呢正說着只見賈母芽来了各自随便坐下先着了環端過兩盤茶来大家吃畢风姐手裡拿着西洋布手巾裹着一把烏木三廂銀箸故敠人位按席摆下賈母因說把那一張小楠木桌子抬过来讓刘親家近我这边坐着衆人听說忙抬了过来风姐一面递眼色与鸳央〻〻便拉了刘姥〻出去悄〻的囑咐了刘姥〻一夕話又說这是我們家的規矩若錯了我們就咲話呢調停已畢然後歸坐薛姨媽是吃過飯来的不吃只坐在一边吃茶此若只管寫薛姨媽来則吃飯則成何文理賈母帯着宝玉湘雲代玉宝釵一桌王夫人帶着迎春姊妹三ケ人一桌刘姥〻傍着賈母一桌賈母素日吃飯皆有小ㄚ嬛在傍边拿着漱盂麈尾巾帕之物如今鸳央是不當这差的了今日鸳央偏接过

麈尾来拂着了妚们知道他要撮(捉)美刘姥〻便躲開讓他妃央一面侍立一面

悄问刘姥〻說道别忘了刘姥〻道姑娘放心那刘姥〻入了坐拿起箸来沉

甸〻的不伏手原是凤姐和妃央商議定了单拿一双老年四楞(子)象牙厢金的

快子与刘姥〻刘姥〻見了說道这叉爬子比俺(们)那里铁锨还沉那里強的过

他說的衆人都笑起来只見一个媳婦端了一个盒子站在當地一个了妚上

来揭去盒盖里面盛着两碗菜李纨端了一碗放在賈母卓上凤姐兒偏楝了

一碗鴿子蛋放在刘姥〻桌上賈母这边說声請刘姥〻便站起身来高声說

道老刘〻〻食量大似牛吃一个老母猪不抬頭自己却鼓着腮不語衆人先

是發証後来一听上〻下〻都哈〻的大笑起来史湘雲掌不住一口飯都噴

了出来林代玉笑岔了氣伏着桌子嗳哟宝玉早滚了賈母懷里賈母笑的搂

着宝玉叫心肝王夫人咲的用手指着凤姐兒只説不出話来薛姨媽也掌不住口里茶噴了探春一裙子探春手里的飯碗都合在迎春身上惜春离了坐位拉着他奶母叫揉一揉腸子地下的(人)無一个不灣腰屈背也有躲出(去)蹲着咲去的也有忍着咲上来替他姊妹換衣裳的独有凤姐夗央二人掌着还只管讓刘姥〻〻〻〻〻拿起箸来只覺不听使又説道这里的鷄兒也俊下的这蛋也小巧怪俊的我且肏攮一个衆人方住了咲听見这話又笑起来賈母咲的眼泪出来琥珀在後搥着賈母咲道这定是凤了頭促扨(狭)鬼兒鬧的快别信他的話了那刘姥〻正誇鷄蛋小巧要肏攮一个凤姐兒咲道兩兩艮子一个呢你快嚐〻罷那冷了就不好吃了刘姥〻便伸箸子要夾那里夾的起来滿碗里鬧了一陣好的好容易撮起一个来纔伸着脖子要吃偏又滑下来滾在地

下忙放下箸子要親自去揀早有地下的人揀了出去了刘姥〻嘆道一两艮
子也没听見响声兒就没了衆人已没心吃飯都看着他咲賈母又說这会子
又把那个快子拿了出来又不請客摆大筵席都是风丫頭支使的还不换了
呢地下的人原不曾預備这牙箸本是风姐和鸳央拿了来的听如此說忙収
了过去也照樣换上一双烏木廂艮的刘姥〻道去了金的又是艮的到底不
及俺們那个伏手风姐兒道菜里若有毒这艮子下去了就試的出来刘姥〻
道这个菜里若有毒俺們那菜都成了砒霜了那怕毒死了也要吃尽了賈母
見他如此有趣吃的又香甜把自己的也都端过来与他吃又命一个老嬷〻
来将各樣的菜給板兒夾在碗上一时吃畢賈母苛都往探春卧室中去說閑
話这里収拾过残棹又放了一棹刘姥〻看着李紈与风姐兒对坐着吃飯嘆

道别的罢了我只爱你们家这行事怪道说礼出大家凤姐儿忙笑道你可别
多心才刚不过大家取笑儿一言未了鸳鸯也进来笑道姥姥别恼我给你老
人家賠个不是刘姥姥笑道姑娘說那里話咱们哄着老太太開个心兒可有
什么恼的你先嘱付我我就明白了不过大家取个笑儿我要心里恼也就不
說了鸳鸯便骂人為什么不倒茶給姥姥吃刘姥姥道刚才那个嫂子倒了茶
来我吃过了姑娘也該用飯了凤姐儿便拉鸳鸯你坐下和我们吃了罢省的
回来又鬧鸳鸯便坐下了婆子们添上碗箸来三人吃畢刘姥姥笑道我看你
们这些人都只吃这一点儿就完了亏你们也不餓怪只道風兒都吹的倒鸳
鸯便问今兒剩的菜不少都那去了婆子们道都还沒散呢在这里等着一齊
散与他们吃鸳鸯道他们吃不了这些挑两碗給二奶奶屋里平丫頭送去凤

姐兒道他早吃了飯了不用給他夗央道他不吃了喂你們的猫婆子听了忙
揀了兩樣拿盒子送去夗央道素雲那去了李紈道他們都在这里一処吃又
找他作什麽夗央道這就罢了凤姐兒道襲人不在这里你到是吽人送兩樣
給他去夗央听説便命人也送兩樣去後夗央又問婆子們回來吃酒的攢盒
可裝上了没有婆子道想必还得一回会子夗央道催着些兒婆子應喏了凤姐兒等
來至探春房中只見他娘兒們正咲探春素喜濶朗這三間屋子並不曾隔斷
當地放着一張花梨大理石大案〻上磊着各種名人法帖並數十方宝硯各
色筆筒筆海內插的筆如樹林一般那一边設着斗大的一个汝窑花囊插着
滿〻的一囊水晶球兒的白菊西墻上當中掛着一大幅米襄陽烟雨圖左右
掛着一付对聨乃是顔魯公墨跡其詞云

烟霞閑骨格　泉石野生涯

案上設着大鼎左边紫檀架上放着一个大观窑的大盤〻内盛着数十个嬌黄玲瓏大佛手右边洋漆架上懸着一个白玉比目磬傍边掛着小鎚那板兒畧熟了些便要摘那鎚子要擊了㚫们忙攔住他〻又要佛手吃探春揀了一个与他説頑罢吃不淂的東西東边便設着卧榻拔步床上懸着葱綠双綉花卉草蟲紗帳板兒又跑過来看説这是蝈〻这是螞蚱刘姥〻忙打了他一巴掌駡道下作黄子没干没净的乱闹到叫你進来瞧〻就上臉了打的板兒哭起来衆人忙劝解方罢賈母因隔着紗窓往後院内看了一回説道後廊簷下的梧桐也好了就只細些正説話忽一陣風过隐〻听淂鼓樂之声賈母问是誰家娶親呢这里臨街到近王夫人等咲回道街上的那里听的見这是偺们

的那十几个女孩子們演習吹打呢賈母便笑道既是他們演何不叫他們進來演習他們也逛一逛偺們可又樂了鳳姐听說忙命人出去叫來又一面分付擺下條桌鋪上紅毡子賈母道就鋪排在藕香榭的水亭子上借着水音更好听回來偺們就在綴錦閣底下吃酒又寬闊又听的見衆人都說那里好賈母向薛姨媽笑道偺們走罷他們姊妹們都不大喜欢人來坐着怕臟了屋子偺們別沒眼色正經坐一回子船喝酒去說着大家起身便走探春笑道這是那里的話求着老太太姨太太來坐坐還不能呢賈母笑道我的這三个頭却好只有兩个玉兒可恶回來吃醉了偺們偏往他們屋裡鬧去說着衆人都笑了一齊出來走不多遠已到了荇葉渚那姑蘇選來的几个駕娘早把兩支棠木舫撑來衆人扶了賈母王夫人薛姨媽劉姥姥鴛鴦玉釧兒上了這一支落

後李紈也跟上去凤姐兒也上去立在舡頭上也要撑舡賈母在艙内道不是頑的虽不是大河里也有好深的你快着給我進来凤姐兒咲道怕什庅老祖宗只管放心說着便一篙点開到了池當中舡小人多凤姐只覺乱恍忙把篙子递与駕娘方蹲下了然後迎春姊妹等並宝玉上了那支隨後跟来其餘老嬷々散衆丫嬛俱沿河隨行宝玉道这些破荷葉可恨怎庅还不叫人来抜去宝釵咲道今年这几月何曾饒了这园子閑了天々逛那里还有叫人来収拾的工夫林代玉道我最不喜欢李義山的詩只喜他这一句留得残荷听雨声偏你們又不留着残荷了宝玉道果然好句已後咱們就别叫人抜去了說着已到了花溆的蘿港之下覺得陰森透骨两灘上衰草残菱更助秋情賈母因見岸上的清厦曠朗便问这是薛姑娘的屋子不是衆人道是賈母忙命攏岸順着

雲步石梯上去一同進了蘅蕪苑只覺異香撲鼻那些奇草仙藤愈冷愈蒼翠都結了寔似珊瑚豆子一般纍垂可愛及進了房屋雪洞一般一色玩器全無案上只有一个土定瓶中供着數支菊花並兩部書茶甌茶杯而已床上只吊着青紗帳幔衾褥也十分朴素賈母嘆道這孩子太老實了你沒有陳設何妨和你姨娘要些我也不理論也沒想道你們的東西自然在家里沒帶了來說着命夗央去取些古董來又嗔着鳳姐兒不送些玩器來与你妹〻這樣小器王夫人鳳姐兒等都笑回說他自己不要的我們原送了來他都退回去了薛姨媽也笑說他在家里也不大弄這些東西的賈母搖頭道使不得雖然他省事倘或來一个親戚看着不像二則年輕的姑娘們房里這樣素淨也忌諱我們這老婆子越發該住馬圈去了你們听那些書上戲上說的小姐們的繡房

精緻的还了得呢他们姊妹们虽不敢比那些小姐们也不要狠离了格兒有
現成的東西為什庅不擺若狠愛素淨少几樣到使得我最会収拾屋子的如
今老了没有这些閑心了他们姊妹们也还学着収拾的好只怕俗氣有好東
西也擺坏了我看他们还不俗如今讓我替你収拾包管又大方又素淨我的梯
己兩件収到如今没給宝玉看見过若經了他的眼也没了說着叫过夗央來
親吩咐道你把那石頭盆景兒和那架紗桌屏还有个墨烟凍石鼎这三樣擺
在这案上就勾了再把水墨字畫白綾帳子拿來把这帳子也換了夗央荅應
着笑道这个東西都擱在東樓上的不知那个箱子里还得慢慢找去明兒再
拿去也罷了賈母道明日後日都使得只別忘了說着坐了一回方出來一逕
來至綴錦閣下文官等上來請过安因问演習何曲賈母道只揀你们生的演

習几套罢文官等下来往藕香榭去不提这里凤姐兒已代着人摆設整齐上
面左右两張榻〻上都鋪着錦裀蓉簟每一榻前有两張雕漆几也有海棠式
的也有梅花式的也有荷葉式的也有葵花式的也有方的也有圓的其式不
一乙丆上面放着炉瓶一分攢盒一丆上面空設着預備放人所喜食物上面
二榻四几是賈母薛姨媽下面一椅两几是王夫人的餘者都是一椅一几東
边是刘姥〻刘姥〻之下便是王夫人西边便是史湘雲第二便是宝釵第三
便是代玉第四迎春探春惜春挨次下去宝玉在末李紈凤姐二人之几設于
三層檻內二層紗厨之外攢盒式樣亦隨几之式樣每人一把烏銀洋鏨自斟
壺一丆十錦琺瑯杯大家坐定賈母先笑道咱们先吃两杯今日也行一令才
有意思薛姨娘等笑道老太〻自然有好酒令我们如何会呢安心要我们醉

了我們都多吃兩杯就有了賈母笑道姨太〻今兒也过謙起来想是厭我老了

薛姨媽笑道不是謙只怕行不上来倒是笑話了王夫人忙笑道便說不上来

就便多吃一杯酒醉了睡覚去还有誰笑話偺們不成薛姨娘点頭笑道依令

老太〻到底吃一杯令酒才是賈母笑道这个自然說着便吃了一盃凤姐兒

忙走至當地笑道既行令还叫鴛鴦姐〻来行更好衆人都知賈母所行之令

必得鴛鴦提着故听了这話都說狠是凤姐兒便拉了鴛鴦过来王夫人笑道

既在令内沒有站着的理回頭命小丫頭子端一張椅子放在你二位奶〻的

席上鴛鴦也半推半就謝了坐便坐下也吃了一鍾酒笑道酒令大如軍令不

論尊卑惟我是主違了我的話是要受罰的王夫人等都笑道一定如此快些

說来鴛鴦未開口刘姥〻便下了席摆手道别这樣捉弄人家我家去了衆人

都咲道這却使不得鴛鴦喝令小丫頭子們拉上席去小丫頭子們也咲看果然拉入席中刘姥々只叫饒了我罷夗央道再多言的罰一壼刘姥々方住了声夗央道如今我説骨牌付兒從太々起順領説下去至刘姥々止比如我説一付兒將這三張牌折開先説頭一張次説第二張再説第三張説完了合成這一付兒的名子無論詩詞歌賦成語俗話比上一句都要叶韵錯了的罰一杯衆人咲道這个令好就説出来夗央道有了一付了左边是張天賈母道頭上有青天衆人道好夗央道當中是个五与六賈母道六橋梅花香徹骨夗央道剩得一張六与么賈母道一輪紅日出雲霄夗央道湊成便是个蓬頭鬼賈母道這鬼抱住鍾馗腿説完大家咲説極妙賈母飲了一杯夗央又道有了一付左边是个大長五薛姨娘道梅花朶々風前舞夗央道右边还是个大五長

薛姨媽道十月梅花嶺上香夗央道當中二五是雜七薛姨媽道織女牛郎会七夕夗央道湊成二郎遊五岳薛姨娘道世人不及神仙樂説完大家稱賞飲了酒夗央又道有了一付左边長么兩点明湘雲道双懸日月照乾坤夗央道右边長么兩点明湘雲道閑花落地听無声夗央道中间还浮么四来湘雲道日边紅杏倚雲栽夗央道湊成櫻桃九熟湘雲道御園却被鳥啣出説完飲了一杯夗央道有了一付左边是長三宝釵道双双燕子語梁间夗央道右边是三長宝釵道水荇牽風翠帶長夗央道當中三六九点在宝釵道三山半落青天外夗央道湊成鉄鎖練孤舟宝釵道處處風波處處愁説完飲畢夗央又道左边一亇天代玉道良辰美景奈何天宝釵听了回頭看着他代玉只顧怕罰也不理論夗央道中间錦屏顏色俏代玉道紗窓也沒有紅娘報夗央道剩了

二六八点宥代玉道双瞻玉座朝〔歡〕儀妃央道凑成藍子好採花代玉道仙仗香
桃〔挑〕芍藥花說完飲了一口妃央道左边四五成花九迎春道桃花帶雨濃衆人
道該罰錯了韵而且又不像迎春咲省飲了一口原是凤姐兒和妃央都要听
刘姥〻的咲話故意都令說錯都罰了至王夫人妃央代說了个下便該刘姥
〻刘姥〻道我們庄家人閑了也常会几个人弄这个但不如說的这庅好听
少不得我也試一試衆人都咲道容易說的不相干只管說妃央咲道左边四
〻是个人刘姥〻听了想了半日說道是个庄家人罢衆人閧堂咲了賈母咲
道說的好就是这樣說刘姥〻也咲道我們庄家人不过是現成的本色衆位
别咲妃央道中间三四綠配紅刘姥〻道大火燒了毛〻虫衆人咲道這是有
的还說你的本色妃央道右边幺四真好看刘姥〻道一个蘿蔔一頭蒜衆人

又咲了死央咲道凑成便是一枝花刘姥〻两隻手比首說道花兒落了結了
大倭瓜衆人大咲起来只听外面乱嚷

紅樓夢古抄本叢刊

脂硯齋重評石頭記

庚辰本

【三】

人民文學出版社

櫳翠庵茶品梅花雪　怡紅院劫遇母蝗蟲

蘅蕪君蘭言解疑癖　瀟湘子雅謔補餘香

閒取樂偶攢金慶壽　不了情暫撮土為香

變生不測鳳姐潑醋　喜出望外平兒理粧

金蘭契互剖金蘭語　風雨夕悶製風雨詞

尷尬人難免尷尬事　死央女誓絕死央女侶

獃霸王調情遭苦打　冷郎君懼禍走他鄉

濫情人情誤思遊藝　慕雅女雅集苦吟詩

瑠璃世界白雪紅梅　脂粉香娃割腥啖膻

蘆雪广爭聯即景詩　暖香塢創製春灯謎

第四十一回至五十回

脂硯齋凡四閱評過

庚辰秋月定本

石頭記

此回櫳翠品茶怡紅遇劫蓋妙玉雖以清淨無爲自守而怪潔之癖未免有過老嫗只污得一盃見而勿用豈似玉兄日享洪福竟至無以復加而不自知故老嫗眠其床臥其蓆酒屁燻其屋却被人襲遮過則仍用其床其蓆其屋亦作者特爲轉眼不知身後事寫來作戒紈袴公子可不慎哉

脂硯齋重評石頭記卷之

第四十一回

櫳翠菴茶品梅花雪　怡紅院刼遇母蝗蟲

話說劉嫽嫽[姥姥]兩隻手比着說道花兒落了結個大倭瓜衆人聽了閧堂大笑起來於是吃過門杯因又逗趣笑道實告訴說罷我的手脚子粗笨又喝了酒仔細失手打了這磁杯有木頭的[酒]杯取個子來我便失了手掉了地下也無碍衆人聽了又笑起來鳳姐兒聽如此說便忙笑道果真要木頭的我就取了來可有一句先說下這木頭的可比不得磁的他都是一套定要吃遍一套方使得劉嫽嫽[姥姥]聽了心下敁敪道我方才不過是趣話取笑兒誰知他果真竟有我時常在村庄鄉紳大家也赴過席金杯銀杯倒都也見過從來沒見有木頭杯之

説哦是了想必是小孩子們使的木碗兒不過誆我多喫兩碗別管他橫豎這

酒蜜水兒似的多喫點子也無妨（為登厠伏脉）想畢便説取来再商量鳳姐乃命豐

兒到前面裡間屋里書架子上有十個竹根套杯取来豐兒聽了答應才然要去

鴛鴦笑道我知道你這十個杯還小况且你才説是木頭的這會子又拿了竹

根子的来到不好看不如把我們那里的黄楊根整摳的十個大套杯拿来灌他

十下子鳳姐兒笑道更好了鴛鴦果命人取来劉姥姥一看又驚又喜驚的是

一連十個挨次大小分下来那大的足似個小盆子第十個極小的還有手里

的杯子兩個大喜的是雕鏤奇絶一色山水樹木人物並有草字以及圖印因

忙説道拿了那小的来就是了怎麽這樣多鳳姐兒笑道這個杯沒有喫一個

的理我們家因沒有這大量酒的人所以沒人敢使他姥姥既要好容易尋了出来

必定要挨次吃一遍纔使得劉姥姥唬的忙道這个不敢好姑奶奶饒了我罷賈母薛姨媽王夫人知道他上了年紀的人禁不起忙笑道說是說笑是笑不可多吃了只吃這頭一杯罷劉姥姥道阿彌陀佛我還是小杯吃罷把這大杯收着我帶了家去慢慢的吃罷說的衆人又笑起来鴛鴦無法只得命人滿斟了一大杯劉姥姥兩手捧着吃賈母薛姨媽都道慢些不要嗆了薛姨媽又命鳳姐兒佈了菜鳳姐笑道姥姥要吃什麽說出名兒来我㨪了喂你劉姥姥道我知道什麽名兒樣樣都是好的賈母笑道你把茄鯗㨪些喂他鳳姐兒听說依言㨪些茄鯗送入劉姥姥口中因笑道你們天天吃茄子也嚐嚐我們的茄子弄的可口不可口劉姥姥笑道别哄我了茄子跑出這个味兒来了我們也不用種粮食只種茄子了衆人笑道真是茄子我們再不哄你劉姥姥詫異道

真是茄子我白吃了半日姑奶〻再喂我些這一口細嚼〻鳳姐兒果又搛了些
放入口內劉姥〻細嚼了半日笑道雖有一點茄子香只是還不像是茄子告
訴我是個什麽法子弄的我也弄着吃去鳳姐兒笑道這也不難你把纔下來
的茄子把皮籤了只要淨肉切成碎釘子用雞油炸了再用雞脯子肉並香菌
新笋蘑菇五香腐乾各色乾果子俱切成釘子用雞湯煨乾將香油一收外加
糟油一拌盛在磁罐子里封嚴要吃時拿出來用炒的雞瓜一拌就是劉姥姥
听了搖頭吐舌說道我的佛祖（爺）到得十來支雞來配他怪道這個味兒一面說
咲一面慢〻的吃完了酒還只（管）細玩那杯鳳姐笑道還是不足興再吃一杯罷
劉姥〻忙道了不得那就醉死了我因為愛這樣範虧他怎麽作了鴛鴦
笑道酒吃完了到底這杯子是什麽木（頭）的劉姥〻笑道怨不得姑娘不認得

你們在這金門繡戶的如何認得木頭我们成日家和樹林子作街坊困了枕着他睡乏了靠着他坐荒年閙饑了還吃他眼睛裏天〻見他耳朵裡天〻聽他口兒裡天〻講他所以好歹真假我是認得的讓我認一認一面說一面細〻端詳了半日道你们這樣人家斷没有那賤東西那容易得的木頭你们也不收着了我掂着這杯体重斷乎不是楊木這一定是黄松的衆人听了閧堂大笑起来只見一个婆子走来請問賈母說姑娘们都到了藕香榭請示下就演罷還是再等一会子賈母忙笑道可是倒忘了他们就呌他们演罷那个婆子答應去了不一時只聽得簫管悠揚笙笛並發正值風清氣爽之時那樂聲穿林度水而来自然使人神移心曠寶玉先禁不住拿起壺来斟了一杯一口飲盡復又斟上才要飲只見王夫人也要飲命人換煖酒寶玉連忙将自己的杯

捧了過来送到王夫人口邊妙極忽寫宝玉如此便是天地間母子之至情至性獻芹之民之意令人酸鼻
王夫人便就他手内吃了兩口一時煖酒来了寶玉仍歸舊坐王夫人提了煖
壺下席来衆人皆都出了席薛姨媽也立起来賈母忙命李鳳二人接過壺
来讓你姑媽坐了大家纔便王夫人見如此說方将壺提與鳳姐自己歸坐賈
母笑道大家吃上兩杯今日自寔有趣說着擎杯讓薛姨媽又向湘雲宝釵道
你姐妹兩个也吃一杯你妹〻雖不大會吃也别饒他肖自己已乾了湘雲宝
釵代玉也都乾了當下劉姥〻听見這般音樂且又有了酒越發喜的手舞足
蹈起来宝玉因下席過来向代玉笑道你瞧刘老〻的樣子代玉笑道當日
聖樂一奏百獸率舞如今纔一牛耳衆姐妹都笑了須臾樂止薛姨媽出席
笑道大家的酒想也都有了且出去散〻再坐罷賈母也正要散〻於是大

家出席都隨着賈母遊玩賈母因要帶着刘老〻散悶遂攜了刘姥〻至山前
樹下盤桓了半晌又説與他这是什庅樹这是什庅石这是什庅花刘姥〻一
一的領會又向賈母道誰知城裡不但人尊貴連雀兒也是尊貴的偏这雀兒
到了你们这里他也变俊了也會説話了衆人不觧因問什庅雀兒变俊了會
講話刘姥〻道那廊下金架子上站的緑毛紅嘴是鸚哥兒我是認得的那籠
子裡黑老鴰子怎庅又長出鳳頭来也會説話呢衆人听了都笑将起来一時
只見丫環们来請用點心賈母道吃了兩杯酒到也不餓也罷就拿了这裡来
大家隨便吃些罷丫環便去抬了兩張几来又端了兩个小捧盒揭開看時每
个盒内兩樣这盒内一樣是藕粉桂糖糕一樣是松穰鵞油捲那盒内一樣
是一寸来大的小餃兒賈母因問什庅餡兒婆子们忙回是螃蠏的賈母

聽了皺眉說這油膩膩的誰吃這个那一樣是奶油炸的各色小麵菓也不
喜歡因讓薛姨媽吃薛姨媽只揀了一塊糕賈母揀了一个捲子只嚐了一
嚐剩的半個遞與了環了劉姥姥因見那小麵菓子都玲瓏剔透便揀了
一朵牡丹花樣的笑道我們那裏最巧的姐兒們也不能鉸出這麼个
紙的來我又愛吃又捨不得吃包些家去給他們做花樣子去到好衆人
都笑了賈母道家去我送你一罈子你先趁熱吃這个罷別人不過
揀各人愛吃的一兩點就罷了劉姥姥原不曾吃過這些東西且都作的
小巧不顯盤堆的他和板兒每樣吃了些就去了半盤子剩的爲姐
又命攢了兩盤並一个攢盒與文官等吃去忽見奶子抱了大姐兒來
大家哄他頑了一會那大姐兒因抱着一个大柚子頑的忽見板兒抱

自一个佛手便也要佛手小兒常情遂成千里伏線了環哄他取去大姐兒等不得便哭

了衆人忙把柚子與了板兒將板兒的佛手哄過來與他繞罷那板兒因頑了

半日佛手此刻又兩手抓着些〻果子吃又忽見這柚子又香又圓更覺好頑且

當毬踢着頑去也就不要佛手了柚子即今香圓之屬也應與緣通佛手者正指迷津者也以小兒之戲暗透前後通部脈絡隱〻約〻毫無一絲漏洩豈獨爲劉姥〻之理言博笑而有此一大回文字哉當下賈母等吃過茶又帶了劉

姥〻至攏翠菴來妙玉忙接了進去至院中見花木繁盛賈母笑道到底是他

們修行的人沒事常〻修理比别處越發好看一面說一面便往東禪堂來妙

玉笑往裡讓賈母道我們才都吃了酒肉你這裡頭有菩薩冲了罪過我們這

里坐〻把你的好茶拿來我們吃一杯就去了妙玉听了忙去烹了茶來宝玉

留神看他是怎庅行事只見妙玉親自捧了一个海棠花式雕漆填金雲龍獻

壽的小茶盤裡面放一个成窰五彩小蓋鍾捧與賈母賈母道我不吃六安茶妙玉笑說知道这是老君眉賈母接了又問是什庅水妙玉笑回是舊年蠲的雨水賈母便吃了半盞便笑着遞與劉姥々說你嚐々这个茶刘姥々便一口吃盡笑道好是好就是淡些々再熬濃些々更好了賈母衆人都笑起来然後衆人都是一色官窰脫胎填白蓋碗那妙玉便把寶釵和代玉的衣襟一拉二人隨他出去寶玉悄々的隨後跟了来只見妙玉讓他二人在耳房内宝釵坐在榻上代玉便坐在妙玉的蒲團上妙玉自向風爐上煽滾了水另泡一壺茶宝玉便走了進来笑道偏你們吃梯己茶呢二人都笑道你又赶了来餮茶吃这里並沒你的妙玉剛要去取杯只見道婆收了上面的茶盞来妙玉忙命将那成窰的茶杯別收了擱在外頭去罷宝玉會意知為刘姥々吃了他嫌腌臢不要了又

見妙玉另拿出兩支杯來一个傍邊有一耳杯上鐫着𤫩爬斝三個隸字後有
一行小真字是晉王愷珍玩又有宋元豐五年四月眉山蘇軾見于秘府一行
小字妙玉便斟了一斝遞與寶釵那一支形似鉢而小也有三个垂珠篆字鐫
着杏犀䀉妙玉斟了一䀉與代玉仍將前番自己常日吃茶的那支綠玉斗來
斟與寶玉寶玉笑道常言世法平等他兩个就用那樣古玩奇珍我就是个俗
器了妙玉道這是俗器不是我說狂話只怕你家里未必找的出這庅一个俗
器來呢寶玉笑道俗說隨鄉入鄉到了你這里自然把那金玉珠寶一槩貶爲
俗器了妙玉聽如此說十分歡喜遂又尋出一支九曲十環一百二十節蟠虬整雕
竹根的一个大盒出來笑道就剩了這一个你可吃的了這一海寶玉喜的忙
道吃的了妙玉笑道你雖吃的了也沒些茶遭塌 茶下遭塌二字成窯杯已不
屑再要妙玉真清潔高雅然

亦怪譎孤僻甚矣寔有此等人物但罕耳豈不聞一杯為品二杯即是解渴的蠢物三杯便是飲牛飲騾了你吃（的了）這一海便成什庅（呢）說的寶釵代玉寶玉都笑了妙玉執壺只向海內斟了約有一杯寶玉細〻吃了果覺輕浮無比賞讚不絕妙玉正色道你這遭吃的茶是托他兩个福獨你來了我是不給你吃的寶玉笑道我深知道的我也不領你的情只謝他二人便是了妙玉聽了方說這話明白代玉因問這也是旧年的雨水（庅）妙玉冷笑道你這庅个人竟是大俗人連水也嘗不出來這是五年前我在玄墓蟠香寺住着收的梅花上的雪共得了那一鬼臉青的花甕一甕總捨不得吃埋在地下今年夏天纔開了我只吃過一回這是第二回了你怎庅嘗不出來隔年蠲的雨水那有這樣輕浮如何吃得代玉知他天性怪僻不好多話亦不好多坐吃（完）輕茶便約着寶釵走了出

来宝玉和妙玉陪笑道那茶杯雖然𩓐了白撂了豈不可惜依我說不如就給
那貧婆子罷他賣了也可以度日你道可使得妙玉听了想了一想點頭說道
這也罷了幸而那杯子是我沒吃過的若我使過我就砸碎了也不能給他你要給他我
也不管你只交給你快拿了去罷宝玉笑道自然如此你那里和他說話授受
去越發連你也𩓐了只交與我就是了妙玉便命人拿来遞與宝玉宝玉接了
又道等我们出去了我吽几个小么兒来河里打几桶水来洗地如何妙玉笑
道這更好了只是你囑咐他们抬了水只擱在山門外頭墻根下別進門来宝
玉道這是自然的說着便袖着那杯遞與賈母房中小丫頭拿着說明日刘姥
姥家去給他帶去罷交代明白賈母已經出来要回去妙玉亦不甚留送出山
門回身便將門閉了不在話下且說賈母因覺身上乏倦便命王夫人和迎春

姊妹陪了薛姨媽去吃酒自巳便往稻香村來歇息鳳姐忙命人將小竹椅子抬
來賈母坐上兩个婆子抬起鳳姐與李紈和衆了環婆子圍隨着去了不在話下
這里薛姨媽也就辭出王夫人打發文官等出去將攢盒散與衆了環們吃去
自巳便也乘空歇着隨便歪在方纔賈母坐的榻上命一个小了頭放下簾子
來又命他搥着腿吩咐他老太太那里有信你就叫我說着也歪着睡着了寶
玉湘雲等看着了環们將攢盒擱在山石上也有坐在山石上的也有坐在草
地下的也有靠着樹的也有傍着水的倒也十分熱鬧一時又見鴛鴦來了要
帶着刘姥姥各處去逛衆人也都赶着取笑一時來至省親別墅的牌坊底下
刘姥姥道嗳呀這里還有个大廟呢說着便爬下磕頭衆人笑湾了腰刘姥姥
道笑什麼這牌樓上字我都認得我们那里這樣的廟宇最多都是這樣的牌

坊那字就是廟的名字衆人笑道你認得這是什麽廟刘姥〻便抬頭指那字道這不是玉皇寶殿四字衆人笑的拍手打脚還有(要)拿他取笑刘姥〻覺得腹内一陣亂響忙的拉着一个小了頭要了兩張紙就解衣衆人又是笑又忙喝他這里使不得忙命一个婆子帶了東北上去了那婆子指與地方便樂得走開去歇息那刘姥〻因喝了些酒他脾氣不與黄酒相宜且吃了許多油膩飲食發渴多皷了几碗茶不免通瀉起来蹲了半日方完及出廁来酒被風禁且年邁之人蹲了半天忽一起身只覺得眼花頭眩辨不出路徑四顧一望皆是樹木山石樓臺房舍却不知那一處是往那里去的了只得認着一條石子路慢慢的走来及至到了房舍跟前又找不着門再找了半日忽見一帶竹籬刘姥〻心中自忖道這里也有扁豆架子一面想一面順着花障兒走了来得了一个

月洞門進去只見迎面忽有一帶水池只有七八尺寬石頭砌岸裡面碧瀏清水往那邊去了上面有一塊白石橫架在上面刘姥ゝ便度石過去順着石子甬路走去轉了兩个灣子只見有一房門于是進了房門只見迎面一个女孩兒滿面含笑迎了出來刘姥ゝ忙笑道姑娘們把我丟下來了要我碰頭碰到這里來說了只覺那女孩兒不答刘姥ゝ便赶來拉他的手咕咚一聲便撞到板壁上把頭碰的生疼細瞧了一瞧原來是一幅畫兒刘姥ゝ自忖道原來畫兒有這樣活凸出來的一面想一面看一面又用手摸去却是一色平的點頭嘆了兩聲一轉身方得了一个小門門上掛着葱綠撒花軟簾刘姥ゝ掀簾進去抬頭一看只見四面墻壁玲瓏剔透琴劍瓶鑪皆貼在墻上錦籠紗罩金彩珠光連地下踹的磚皆是碧綠鑿花竟越發把眼花了找門出去那有門左一架

書右一架屏剛從屏後得了一門轉去只見他親家母也從外面迎了進来刘
姥〻詫意忙問道你想是見我這几日沒家去虧你找我来那一位姑娘帶你
進来的他親家只是笑不還言刘姥〻笑道你好沒見識面見這園裡的花好
你就沒死活帶了一頭他親家也不荅便心下忽然想起常听(見說)大冨貴人家有
一種穿衣鏡這别是我(的影兒)在鏡子裡頭呢罷說畢伸手一摸再細一看可不是四
面雕空紫檀板壁将鏡子嵌在中間因說這已經攔住如何走出去呢一面說
一面只管用手摸這鏡子原是西洋机括可以開合不意刘姥〻乱摸之間其
力巧合便撞開消息掩過鏡子露出門来刘姥〻又驚又喜邁步出来忽見有
一副最精緻的床帳他此時又帶了七八分醉又走乏了便一屁股坐在床上
只說歇〻不承望(身)不由己前仰後合的朦朧自兩眼一歪身就睡熟(着了)在床上且

說衆人等他不見板兒見沒了他姥々急的哭了衆人都笑道別是吊在茅厠里
了快叫人去瞧々因命兩个婆子去找回來說沒有衆人各處搜尋不見襲人
敠其道路是他醉了迷了路順着這一條路往我們後院子里去了若進了花
障子到後房門進去雖然碰頭還有小丫頭們知道若不進去花障子再往西
南上去若繞出去還好若繞不出去可彀他繞回子好的我且瞧々去一面想
一面回來進了怡紅院便叫人誰知那几个房子里小丫頭已偷空頑去了襲
人一直進了房門轉過集錦槅子就听的鼾齁如雷忙進來只聞見酒屁臭氣
滿屋一瞧只見刘姥々扎手舞脚的仰卧在床上襲人這一驚不小慌忙赶上
來將他沒死活的推醒那刘姥々驚醒睜眼見了襲人連忙爬起來道姑娘我
失錯了並沒弄臟了床帳一面說一面用手去掸襲人恐驚動了人被宝玉知

道了只向他摇手不叫他說話忙将鼎内貯了三四把合香仍用罩子罩上些々
須收拾收拾所喜不曾嘔吐忙悄々的笑道不相干有我呢你隨我出来刘姥
々趕了襲人出至小丫頭们房中命他坐了向他說道你說醉倒山子石上打
了个盹耳刘姥々答應知道又與他兩碗茶吃方覺酒醒了因問道這是那个
小姐的綉房這樣精致我就像到了天宫裡的一樣襲人微々笑道這个麼是
宝二爺的卧室那刘姥々嚇的不敢作聲襲人帶他從前面出去見了衆人
只說他在草地下睡熱了帶了他来的衆人都不理會也就罷了一時賈母醒
了就在稻香村擺晚飯賈母因覺懶々的也不吃飯便坐了竹椅小敞轎回至
房中歇息命鳳姐兒等去吃飯他姊妹方復進園来要知端的

脂硯齋重評石頭記

釵玉名雖二个人却一身此幻筆也今書至三十八回時已過三分之一有

餘故寫是回使二人合而爲一請看代玉逝後寶釵之文字便知余言不謬

矣

脂硯齋重評石頭記卷之

第四十二回

蘅蕪君蘭言解疑癖　瀟湘子雅謔補餘香

話說他姊妹復進園来吃過飯大家散出都無別話且說劉姥〻帶着板兒先来見鳳姐兒說明日一早定要家去了雖住了兩三天日却不多把古往今来沒見過的沒吃過的沒聽見過的都經驗了難得老太〻和姑奶〻並那些〻小姐們連各房裡的姑娘們都這樣憐貧惜老照看我我這一回去後沒別的報答惟有請些高香天〻給你們念佛保佑你們長命百歲的就筭我的了鳳姐兒笑道你別喜歡都是為你老太〻也被風吹病了睡着說不好過我們大姐兒也着了凉在那里發熱呢劉姥〻听了忙嘆道老太〻有年紀

的人不慣十分勞乏的鳳姐兒道從來沒像昨兒高興往常進也園子逛去不過
到一二處坐〻就來了昨兒因為你在這里要叫你逛〻一个園子倒走了多半
个大姐兒因為找我去太〻遞了一塊（糕）給他誰知風地里吃了就發起熱來
姥〻道小（大）姐兒只怕不大進園子生地方兒小人兒家原不該去比不得我们
的孩子會走了个（那）坟圈子里不跑去一則風撲了也是有的二則只怕他身上
干淨眼睛又淨或是遇見什庅神了依我說給他瞧〻祟書本子仔細撞客着
了一語提醒了鳳姐兒便叫平兒拿出玉匣紀（記）着（叫）彩明來念彩明翻了一回
念道八月二十五日病者在東南方得遇（之）花神用五色紙錢四十張向東南方
四十步送之大吉鳳姐兒笑道果然不錯園子裡頭可不是花神只怕老太〻
也是遇見了一回命人請兩分錢紙來着（叫）兩个人來一个與賈母送祟一个與

大姐兒送祟果見大姐兒安穩睡了〔豈真送了就安穩哉蓋婦人之心意皆如此即不送豈有一夜不睡之理作者正描愚人之見耳〕鳳姐兒笑道到底是你們有年紀的經歷的多我這大姐兒時常肯病也不知是個什麼原故劉姥姥道這也有的事富貴人家養的孩子多太嬌嫩自然禁不得一些些兒委曲再他小人兒家過于尊貴了也禁不起以後姑奶奶少疼他些就好了鳳姐兒道這也有理我想起來他還沒個名字你就給他起個名字一則借借你的壽二則你們是莊家人不怕你惱到底貧苦些你貧苦人起個名字只怕壓的住他〔一篇愚婦無理之談實是世間必有之事〕劉姥姥聽說便想了一想笑道不知他幾時生的鳳姐兒道正是生日的日子不好呢可巧是七月初柒日劉姥姥忙笑道這個正好就叫他是巧哥兒這叫作以毒攻毒以火攻火的法子姑奶奶定要依我這名字他必長命百歲日後大了各人成家立業或一時有不

遂心的事必然是遇難成祥逢凶化吉却從這巧字上来鳳姐兒听了自是歡喜忙道謝又笑道只保佑他應了你的話就好了說着叫平兒来吩咐道明兒咱们有事恐怕不得閑兒你這空兒把送姥姥的東西打點他明兒一早就好走的便宜了刘姥姥忙說不敢多破費了已經遭擾了幾日又拿着越發心里不安起来鳳姐兒道也沒有什麽不過隨常的東西好也罷歹也罷帶了去你们街坊隣舍看着也熱鬧些也是上城一次只見平兒走来說姥姥過這邊瞧瞧刘姥姥忙赶了平兒到那邊屋裡只見堆着半炕東西平兒一一的拿與他瞧着說道這是昨日你要的青紗一疋奶奶另外送你一个實地子月白紗作裡子這是兩个繭紬作襖兒裙子都好這包袱裡是兩疋紬子年下做件衣裳穿這是一盒子各樣內造點心也有你

吃過的也有沒(你)吃過的拿去擺碟子請客比你們買的強些這兩條口袋
是你昨日裝瓜菓子來的如今這一个裡頭裝了兩斗御田粳米熬粥是
難得的這一條里頭是園子里菓子和各樣干菓子這一包是八兩銀子
這都是我們奶奶的(給你)這兩包每包里頭五十兩共是一百兩是太太給(你)的叫
你拿去或者作个小本(兒)買賣或者置几畝地以(以)後再別求親靠友的說着
又悄悄笑道這兩件襖兒和兩條裙子還有四塊包頭一包絨線可是我送姥
姥的衣裳雖是旧的我也不(沒)大狠穿(過)你要棄嫌我就不敢說了平兒說一樣
刘姥姥就念一句佛已經念了几千聲佛了又見平兒也送他這西(些)東西又
如此謙遜忙念佛道姑娘說那里話這樣好東西我還棄嫌我便有銀子也
沒處去買這樣的呢只是我怪燥的收了又不好不收又辜負了姑娘的心

平兒笑道休說外話咱们都是自己我纔這樣你放心收了罷我還和你
要東西呢到年下你只把你们晒的那个灰條菜根子和豇豆扁豆茄子葫
芦條兒各樣乾菜帶些来我们這里上上下下都愛吃這个就算了別的一槩不
要別囡費了心刘姥姥千恩萬謝答應了平兒道你只管睡你的去
我替你收拾妥當了就放在這里明兒一早打發小廝们雇輛車裝上
不用你費一點心的刘姥姥越發感激不盡過来又千恩萬謝的辞
了鳳姐兒過賈母這邊睡了一夜次早梳洗了就要告辞因賈母欠
安衆人都過来請安出去傳請大夫一時婆子回大夫来了老嬷嬷請
賈母進幔子去坐賈母道我也老了那里養不出那阿物兒来還怕他
不成不要放幔子就這樣瞧罷衆婆子听了便拿過一張小桌兒来放下

一个小枕頭便命人請一時只見賈珍賈璉賈蓉三个人將王太醫領來
王太醫不敢走甬路只走傍堦跟着賈珍到了堦磯上早有兩个婆子在
兩邊打起簾子兩个婆子在前導引進去又見宝玉迎了出來只見賈母
穿着青縐紬一斗珠的羊皮褂子端坐在榻上兩邊四个未留頭的小
了環都拿着蝇帚漱盂等物又有五六个老嬷〻〻雁翅擺在兩傍碧紗
㕑後隱〻約〻有許多穿紅着緑戴宝簪珠的人王太醫便不敢抬頭
忙上來請了安賈母見他穿着六品服色便知御醫了也便含笑問供
奉好因問賈珍這位供奉貴姓賈珍等忙回姓王賈母道當日太醫
院正堂王君效好脉息王太醫忙躬身低頭含笑回說那是晚〻生
家叔祖賈母听了笑道原來這樣也是世交了一面說一面慢〻的伸

手放在小枕上老嬷〻端着一張小杌連忙放在小桌前畧偏些〻王太醫便屈一膝坐下歪着頭胗了半日又胗了那隻手忙欠身低頭退出賈母笑說勞動了珍兒讓出去好生看茶賈珍賈璉等忙答了几个是復領王太醫出到外書房中王太醫說太夫人並無別症偶感一點風凉究竟不用吃藥不過畧清淡些煖着一點兒就好了如今寫个方子在這里若老人家愛吃便按方煎一劑吃若懶待吃也就罷了說着吃過茶寫了方子剛要告辭只見奶子抱了大姐兒出来笑說王老爺也瞧〻我们王太醫听說忙起身就奶子懷中左手抱着大姐兒的手右手胗了一胗又摸了一摸頭又叫伸出舌頭来瞧〻笑道我說姐兒又罵我了只是要清〻淨〻的餓兩頓就好了不必吃煎藥我送丸藥来臨睡時用薑湯研開吃下去

就是了説畢作辞而去賈珍等拿了葯方来回明賈母原故將藥方放在桌上出去不在話下這里王夫人和李紈鳳姐兒宝釵姊妹等見大夫出去方從橱後出来王夫人畧坐一坐也回房去了刘姥〻見無事方上来和賈母告辞賈母説閑了再来又命鴛鴦来好生打發刘姥〻出去我身上不好不能送你刘姥〻道了謝又作辞方同鴛鴦出来到了下房兒鴛鴦指炕上一个包袱説道這是老太〻的几件衣服都是往年間生日節下衆人孝敬的老太〻從不穿人家做的收着也可惜却是一次也沒穿過的昨日叫我拿出兩套兒送你帶去或是送人或是自己家裡穿罷别見笑這盒子裡是你要的麵果子這包子里是你前兒説的葯梅花點舌丹也有紫金錠也有活絡丹也有催生保命丹也有每一樣是一張方子包着總包在

裡頭了這是兩个荷包代着頑罷說着便抽繫子掏出兩个筆錠如意
的〔金〕錁子来給他瞧又笑道荷包拿去這个留下給我罷刘姥〻已意〔喜〕出
望外早又念了几千聲佛听死央如此說便說道姑娘只管留下罷死央
見他信以為真仍與他裝上笑道哄你頑呢我有好些〻呢留着年下給小
孩子们罷說着只見一个小丫頭拿了个成窑鍾子来遞與刘姥〻這是
宝二爺給你的刘姥〻道這是那里說起我那一世修了来的今兒這樣
說着便接了過来死央道前兒我叫你洗澡換的衣裳是我的你不
棄嫌我還有几件也送你罷刘姥〻又忙道謝死央果然又拿出兩件来
與他包好刘姥〻又要到園中辞謝宝玉和衆姊妹王夫人等去死央
道不用去了他们這回〔会〕子也不見人〔了〕回来我替你說罷閑了再来又命

了一个老婆子吩咐他二門上叫兩个小厮来帮着姥〻拿了東西送出去婆子答應了又和刘姥〻到了鳳姐兒那邊一併拿了東西在角門上命小厮們搬了出去直送刘姥〻上車去了不在話下且說寶釵等吃過早飯又往賈母處問過安回園至分路之處宝釵便叫代玉道顰兒跟我来有一句話(要)問你代玉便同了宝釵来至蘅蕪院中進了房(屋子)宝釵便坐了(下)笑道我(你)跪下我要審你代玉不觧何故因笑道你瞧(这)宝丫頭瘋了(可)審問我什庅宝釵冷笑道好个千金小姐好个不出閨門的女孩兒滿嘴說的是什庅你只實說便罷代玉不觧只管發笑心里也不免疑惑起来口裡只說我何曾說什庅你不過要捏我的錯(兒)罷了你到說出来我听〻宝釵笑道你還裝憨(兒)昨兒行酒令你說的是什庅我竟不知(是)那里来的(上頭)代玉一想方想起来昨兒失於檢

點那牡丹亭西廂紀(記)說了兩句不覺紅了臉便上來摟着寶釵笑道好姐〻原是我不知道隨口說的你交給我再不說了寶釵笑道我也不知道听你說的怪生的所以請教你代玉道好姐〻你別說與別人我已(以)後再不說了寶釵見他羞得滿臉飛紅滿口央告便不肯再往下追(向)因拉他坐下吃茶款〻的告訴他道你當我是誰我也是淘(个)氣的從小七八歲上也勾个人纏的我們家也筭是个讀書人家祖父手裡也愛藏書先時人口多姊妹弟兄都在一處都怕看正緊(經)書弟兄們也有要(愛)詩的也有愛詞的諸如這些西廂琵琶以及元人百種無所不有他們是偷背(〻的)着我們看我們却也偷背(〻兒的)着他們看後來大人知道了打的打罵的罵燒的燒纔丟開了所以咱們女孩兒家不認(得)字的倒好男人們讀書不明理尚且不如不讀書的好

何况你我就連作詩寫字等事這不是你我分内之事究竟也不是男人
分内之事男人们讀書明理輔國治民這便好了只是如今並不听見有這
樣的人讀了書倒更坏了這是書悮了他可惜他也把書遭塌了所以竟
不如耕讀買賣倒没有什麽大害處你我只該做些針黹紡績的事纔
是偏又認得了字既認得了字不過揀那正緊的看看也罷了最怕見了
些雜書移了性情就不可救了一席話説的代玉垂頭吃茶心下暗伏只有
答應是的一字忽見素雲進来説我们奶奶請二位姑娘商議要緊的事呢
二姑娘三姑娘四姑娘史姑娘宝二爺都在那里等着呢宝釵道又是什麽事
代玉道偺们到了那里就知道了説着便和宝釵往稲香村来果見衆人
都在那里李紈見了两个笑道社還没起就有脱滑的了四丫頭要告

一年的假呢代玉笑道都是老太〻昨兒一句話又吋他画什庅園子圖兒
惹得他樂得告假了（呢）探春笑道也别要怪老太〻都是（那个）刘姥〻一句話林
代玉忙笑道可是呢都是他一句話他是那一門子的姥〻直吋他是个母
蝗虫就是了說着大家都笑起来宝釵笑道世上的話到了鳳丫頭嘴
裡也就盡了（情）幸而鳳丫頭不認得字不大通不過一槩是市俗取笑更有
顰兒這促（侠）刼嘴他用春秋的法子（筆）（將）市俗的粗話撮其要刪其繁再加潤色比方
出来一句是一句這母蝗虫三字把昨兒那些形景都現出来了虧他想的
到也快衆人听了都笑道你這一註觧也就不在他两个以下李紈道我
請你們大家商議給他多少日子的（呢）我給了他一个月他嫌少你們怎庅
說代玉道論理一年也不多這園子蓋纔〻蓋了一年如今要画自然（也）得

二年(的)工夫呢又要研墨又要蘸筆又要鋪紙又要着顏色又要剛說到怎樣代(向)
玉也自巳拿(掌)不住笑道又要照着這樣兒慢慢的画可不得二年的工夫衆(众)人
听了都拍手笑个不住(宝釵)笑道又要照着這个慢慢的画這落後一句最妙所以
昨兒那些笑話兒雖然可笑回想是沒味的你们細想顰兒這几句話雖是淡
的回想却有滋味我倒笑的動不得了 看他刘姥姥笑後復一笑亦想不到之文也听宝卿之評亦千古定論
惜春道都是宝姐姐讚的他越發逞強這會子拿我也取笑兒代玉忙拉他笑
道我且問你還是单画這園子呢還是連我们衆人都画在上頭呢惜春道原
說只画這園子的昨兒老太太又說单画了園子成个房樣子了叫連人都画
上就像行樂似的纔好我又不會這工細樓臺又不會画人物又不好駁回正
為這个為難呢代玉道人物還容易你草虫上不能李紈道你又說不通的話

了這个上頭那里又用的着草虫或者翎毛倒要点綴一兩様代玉笑道别的
草虫不画罷了昨兒母蝗虫不画上豈不缺了典衆人听了又都笑起来代玉
一面笑的兩手捧着胸口一面説道你快画罷我連題跋都有了起个名字就
叫作携蝗大嚼圖衆人听了越發鬨然大笑前仰後合只听咕咚一聲响不知
什麽倒了急忙看時原来是湘雲伏在椅子背後那椅子原不曾放穩被他全
身伏着背子大笑他又不提防兩下里錯了勁向東一歪連人帶椅都歪倒了
幸有板壁擋住不曾落地衆人一見越發笑个不住宝玉忙赶上去扶了起来
方漸ミ止了笑宝玉和代玉使个眼色兒代玉會意便走至裡間将鏡袱揭起
照了一照只見兩鬢略鬆了些忙開了李紈的粧奩拿出抿子来對鏡抿了仍就
收拾好了方出来指着李紈道這是叫你帶着我们作針線都你反招我们来

大頋大笑的李紈笑道你们聽他這刁諧(話)他領着頭鬧(兒)引着人笑了倒賴我的不是真〻恨(的)的我只保佑(著)明兒你得一个利害婆〻再得几个千刁萬惡的大姑子小姑子試〻你那會子還這庅刁不刁了林代玉早紅了臉拉着宝釵說俗門放他一年的假罷宝釵道我有一句公道話你们听〻藕丫頭雖會画不過是几筆寫意如今画這園子非離了肚子裡頭有几副丘壑的纔能成画這園子却是像画兒一般山石樹木楼閣房屋遠近疎密也不多也不少恰〻的是這樣你及照樣兒往紙上一画是必不能討好的這要看紙的地步遠近該多該少分主分賓該添的要添該減的要減該藏的要藏該露的要露這一起了稿子再端詳斟酌方成一幅圖樣第二件這些楼台房舍是必要用界劃的一點不留神欄杆也歪了柱子也塌了門窓

也倒豎過來階磯也離了縫甚至于桌子擠到墻裏去花盆放在簾子上
來豈不到成了一張笑話兒了第三要插人物也要有疎密有高低衣褶裙帶
手指足步最是要緊的一筆不細不是腫了手就是跏了腿染臉撕髮倒是小事
依我看來竟難的狠如今一年的假也太多一月的假也太少竟給他半年的
假再派了寶兄弟幫着他並不是為寶兄弟知道教着他畫那就更誤了事
為的是有不知道的或難安插的寶兄弟好拿出去問問那會畫的相公
就容易了寶玉听了先喜的說這話極是詹子亮的工細樓臺就極好程
日興的美人是絕技如今就問他們去寶釵道我說你是無事忙說了一
聲你就問去等商議定了再去如今且拿什麼畫寶玉道家裏有雪
浪紙又大又托墨寶釵冷笑道我說你不中用那雪浪紙寫字畫寫意畫

免或是會山水的畫南宋山水托墨禁得皴擦拿了画這个又不托色
又難瀚（烘染）画也不好紙也可惜我交你一个法子原先盖這園子就有一張
細致圖様雖是近人描的那地步方向是不錯的你和太〻要了出来也
比着那紙（的）大小和鳳丫頭要一塊重絹叫相公（們）礬了叫他照着這圖様删補着
立了稿子添了人物就是了就是配這些〻青緑顔色並泥金泥銀也得他
们配去你们也得另攏工風爐子預備化膠出膠洗筆還得一張粉油大案
鋪上毡子你们那些〻碟子也不全筆也不全都得從新再罯（置）一具（分）兒纔好惜
春道我何曾有這些〻画器不過隨手寫字（的）筆画〻罷了就是顔色只有
赭石廣花藤黄臙脂這四様再有（的）不過是兩支着色筆就完了宝釵道
你不該早説我這些〻東西我却（還）有只是你也用不着給你也白放着如

令我且替你收着等你用着这个時候我送你些〻也只可留着画扇子若画這大幅的也就可惜了的令兒替你開个单子照着单子和老太〻要去你们也未必知道的全我說着宝兄弟寫宝玉早已預備下筆硯了原怕記不清白要寫了記着听宝釵如此說喜的提起筆来静听宝釵說道頭号排筆四支二号排筆四支三号排筆四支大染四支中染四支小染四支大南蟹爪十支小蟹爪十支鬚眉十支大著色二十支小著色二十支開面十支柳條二十支箭頭硃四兩南赭四兩石黄四兩石青四兩石緑四兩管黄四兩廣花八兩蛤粉四匣胭脂十斤大赤飛金二百帖青金二百帖廣匀膠四兩淨礬四兩礬絹的膠礬在外別管他们你只把絹交出去叫他们礬去這些顏色偺們淘澄飛跌着又頑了又使了包你一倍

子都勻使了再要頂細絹籮四个粗絹籮四个担筆四支大小乳鉢四个大粗碗二十个五寸粗碟十个三寸粗白碟二十个風爐两个沙鍋大小四个新磁罐二口新水桶四支一尺長白布口袋四條浮炭二十斤柳木炭一斤三稀木箱一个直地紗一丈生薑二两醬半斤代玉忙道鉄鍋一口鍋鏟一个宝釵道這作什庅代玉笑道你要生薑和醬這些作料我替你要鉄鍋来好炒顏色吃的衆人都笑起来宝釵笑道你那里知道那粗色碟子保不住不上火烤不拿薑汁子和醬預先抹在底子上烤過了一徑了火是要炸的衆人听說都道原来如此代玉又看了一回单子笑着拉探春悄〻的道你瞧〻画个画兒又要這些〻水缸箱子来了想必他糊塗了把他的嫁粧单子也寫上了探春嗳了一聲笑个不住說道宝姐〻你還不

掙他的嘴你問〻他編排你的話宝釵笑道不用問狗嘴裡還有象牙不
成一面說一面走上来把代玉按在炕上便要掙他的臉代玉笑道忙央告
好姐〻饒了我罷顰兒年紀小只知說不知道輕重作姐〻的教道我
姐〻不饒我還求誰去衆人不知話内有因都笑道說的好可怜見的
連我们也軟了饒了他罷宝釵原是和他頑忽听他又拉扯前番說他胡看雜
書的話便不好再和他厮閙放起他来代玉笑道到底是姐〻要是我再
不饒人的宝釵笑指他道怪不得老太〻疼你衆人愛你伶俐今兒我也
怪疼你的了過来我替你把頭髮攏一攏代玉果然轉過身来宝釵用手
攏上去宝玉在傍看着只覺更好不覺後悔頭里不該令他抿上鬢去也該
留着此時叫他替他抿去正自胡思只見宝釵說道寫完了明兒回老

太〻去若家裡有的就罷若沒有的就拿了些〻錢去買了來我幫着你們
配宝玉忙収了單子大家又説了一回閒話至晚飯後又往賈母處來請
安賈母原沒有大病不過是勞乏了薫着了些〻涼溫存了一日又吃了一
劑藥踈散一踈散至晚也就好了不知次日又有何話且听下回分觧

脂硯齋重評石頭記卷之

第四十三回

閒取樂偶攢金慶壽　不了情暫撮土為香

話説王夫人因見賈母那日在大觀園不過着了些風寒不是什麽大病請醫生吃了兩劑藥也就好了命鳳姐來吩咐他預備給賈政帶去的東西正商議着只見賈母打發人來請王夫人忙引着鳳姐兒過來王夫人又請問這會子可又覺大安些賈母道今日可大好了方纔你們送來的野雞崽子湯我嚐了一嚐倒有味兒又吃了兩塊肉心裡狠受用王夫人笑道這是鳳了頭孝敬老太太的算他的孝心虔不枉了素日老太太疼他賈母點頭笑道難為他想着若是還有生的再炸上兩塊鹹浸浸的吃粥有味兒那湯雖好就

只不對稀飯鳳姐听了連忙答應命人去厨房傳話這里賈母又向王夫人笑道我打發人請你来不為别的初二是鳳丫頭的生日上兩年我原早想替他做生日偏到跟前有大事就混過去了今年人又齊全料着又沒事偺们大家好生樂一日賈母猶云好生樂一日可見逐日虽樂皆還不趁心也所以世人無論貧富各有愁腸終不能時〻遂心如意此是至理非不足語也王夫人笑道我也想着呢既是老太〻高興何不就商議定了賈母笑道我想往年不拘誰作生日都是各自送各自的禮這个也俗了也覺生狠的是似的今兒我出个新法子又不生分又可取笑王夫人忙道老太〻怎広想着好就是怎広樣行賈母笑道我想着偺們也學那小家子大家凑分子原来請分子是小家的事近見多少人家紅白事一出且籌羡分子之多寡不知何說多少儘着這錢去辦你道好頑不好頑看他寫與宝釵作生

日後又偏寫與鳳姐作生日阿鳳何人也豈不為彼之華誕大用一回筆墨哉
只是虧也如何想来特寫于宝釵之後較姊妹勝而有餘于賈母之前較諸父
母相去不遠一部書中若一个一个只管寫過生日復成何文哉故起用宝釵
盛用阿鳳終用賈母各有妙文名有妙景餘者諸人或一筆不寫或偶因一語
帶過或豈或簡其情當理合不表可知豈必諄〻死筆
按數而寫衆人之生日哉
迴不犯宝釵

王夫人笑道這个狠好但
不知怎広湊法賈母听說亦(益)發高興起来忙遣人去請薛姨媽邢夫人等又
叫請姑娘们等並宝玉那府裡珍兒媳婦並頼大家的等有頭臉管事
的媳婦也都叫来了衆丫頭婆子見賈母十分高興也都高興忙〻的各自
分頭去請的請傳的傳沒一頓飯的工夫老的少的上的下的烏壓〻擠了
一屋子只薛姨媽和賈母對坐邢夫人王夫人只坐在房門前兩張椅子上
宝釵姊妹等五六个人坐在炕上宝玉坐在賈母懷前地下滿〻的站了一
地賈母忙命拿几个小杌子来給頼大母親等几个高年有体的面媽〻

坐了賈府風俗年高伏侍過父母的家人比年輕的主子還有体面所以
尤氏鳳姐兒等只管地下站着那賴大的母親等三四个老媽〻告个
罪都坐在小杌子上了賈母笑着把方纔一夕話說與衆人听了衆人
誰不湊這趣兒再也有和鳳姐兒好的有情愿這樣的有畏惧鳳姐兒的
巴不得來奉承的況且都是拿的出来的所以一聞此言都欣然應
諾賈母先道我出二十兩薛姨媽笑道我隨着老太〻也是二十兩
了邢夫人王夫人道我们不敢和老太〻並肩自然矮一等每人十六兩
罷了尤氏李紈也笑道我们自然又矮一等每人十二兩罷賈母忙和李
紈道你寡婦失業的那里還拉着你出這个錢我替你出了罷（必如是古妙）
鳳姐忙笑道老太〻別高興且筭一筭賬再攬事老太〻身上已有

兩分呢這會子又替大嫂子出十六兩說着高興一會子回想又心疼了過後兒又說都是爲鳳了頭花了錢使个巧法子哄着我拿出三四分子来暗裡補上我還做夢呢說的衆人都笑了賈母笑道依你怎麽樣呢又

阿鳳一詳更妙若一華直下有何趣哉

鳳姐笑道生日沒到我這會子已徑折受的不受用了我一个錢饒不出驚動這些人實在不安不如大嫂子這一分我替他出了罷了我到了那一日多吃些東西就享了福了邢夫人等听了都說狠是賈母方允了鳳姐兒又笑道我還有一句話呢我想老祖宗自已二十兩又有林妹妹宝兄弟的兩分子姨媽自已二十兩又有宝妹妹的一分子這到也公道只是二位太太每位十六兩自已又少又不替人出這有些不公道老祖宗吃了虧了賈母听了忙笑道到底是我的鳳姐兒向着我這說的狠是要不是你

我吽他们又哄了去了鳳姐笑道老祖宗只把他姐兒兩个交給兩位太〻一位占一个派多派少每位替出一分就是了賈母忙說這狠公道就是這樣賴大的母親忙站起来笑說道這可反了我替二位太〻生氣在那邊是兒子媳婦在這邊是內侄女兒到不向著婆〻姑娘到向着别人這兒媳婦成了陌路人內侄女兒竟成了个外侄女兒了說的賈母與衆人都大笑起来了寫阿鳳全付精神虽一戲亦人想不到之文賴大之母因又問道少奶〻们十二兩我们自然也該矮一等了賈母听說道使不得你雖該矮一等我知你们这几个都是財主果位雖低錢却比他们多驚魂奪魄只此一句所以一部書全是老婆舌頭全是諷刺世事反面春秋也所謂痴子弟正照風自鑑若单看了家常老婆舌頭豈非痴子弟乎你们和他们一例絻使得衆媽〻听了連忙荅應賈母又道姑娘们不過應个景兒每人照一个月的月例就是了

又回頭吽夗央来你们也凑几个人商議凑了来夗央荅應自去不多時帶

（會了）兒平兒襲人彩霞等還有几个小丫環来也有二兩的也有一兩的賈母因問

平兒你難到不替你主子作生日還入在（这）裡頭平兒笑道我那个私自另外

有了這是官中的也該出一分賈母笑道这纔是好孩子鳳姐又笑道上下

都全了還有二位姨奶〻他出不出也問一聲兒儘到他们是理不然他们

只（又該說）管小看了他们了（純寫阿鳳以襯後文）賈母听了忙說可是呢怎庅到忘了他们只怕

他们不得閑兒吽一个丫頭問〻去說着早有了頭去了半日回来說道每位

也出二兩賈母喜道拿筆硯来筭明共計多少尤氏因悄駡鳳姐道我把你

你這沒足厭的小蹄子這庅些婆〻孀子来凑銀子給你過生日你還不足又

拉上兩个苦瓠子作什庅鳳姐也悄笑道你少胡說一會子離了這裡我纔和

你筭賬他们两个為什麼苦呢有了錢也是白填送别人不如拘来咱们乐（純爲阿鳳以襯後文二人形景如見語言如聞真描画的到）說着早已合筭了一共凑了一百五十两有餘賈母道一日戲酒用不了尤氏道既不請客酒席又不多两三日的用度都彀了頭等戲不用錢省在這頭上賈母道鳳丫頭說那一班好就傳那一班鳳姐兒道偺們家的班子都听熟了到是花几个錢叫一班来听〻罷賈母道這件事我交給珍哥媳婦了越性叫鳳丫頭別操一點心受用一日緫筭（所以特受用了緫有璉卿之変樂極生悲自然之理）尤氏答應着又說了一回話都知賈母乏了緫漸〻的都散出来尤氏等送邢夫人王夫人二人散去便往鳳姐房里来商議怎麼辦生日的話鳳姐兒道你不用問我你只看老太〻的眼色行事就完了尤氏笑道你這阿物兒也特行了大運了我

當有什么事叫我们去原来单為這个出了錢不筭還要我来操心你怎么謝我鳯姐笑道你別拉燥我又没叫你来謝你什么你怕操心你這會子就回老太〻去再派一个就是了尤氏笑道你瞧他興的這樣兒我勸你收着些〻兒好太滿了就要潑出来的二人又說了一回方散次日將銀子送到寧國府来尤氏方纔起来梳洗因問是誰送過来的丫環们回說是林大娘尤氏便命叫了他来丫環走至下房叫了林之孝的過来尤氏命他脚踏上坐了一面忙自梳洗一面問他這一包銀子共多少林之孝的回說這是我们底下人的銀子凑了来先送過来老太〻和太〻们的還没有呢正說着丫環们回說那府里太〻和姨太〻打發人送分子来了尤氏笑罵道小蹄子们専會記得這些〻没要緊的話昨兒不過老太〻一時高興故意的

要學那小家子湊分子就（你）们就記得了你们嘴里當正（經）的說還不快接
了進来好生待茶再打發他们去了環應自忙進（接）了進来一共兩封連寶釵
代玉的都有了尤氏問還少誰的林之孝道還少老太ゝ太ゝ姑娘们的和
底下姑娘们的尤氏道還有你们大奶ゝ的呢林之孝道奶ゝ過去這銀子都
從二奶ゝ手裡發一共都有了說着尤氏已梳洗了命人伺候車輛一時来至
榮府先来見鳳姐只見鳳姐已將銀子封好正要送去尤氏問都齊了鳳姐
兒笑道笑字就有神情都有了快拿了去罷丢了我不管尤氏笑道我（有）些信
不及到要當面點一點說着果然按數一點只沒有李紈的一分尤氏笑道我
說你肏鬼呢怎沒（広）你大嫂子的沒有鳳姐兒笑道那広些還不勾使短一
分兒也罷了等不勾了我再給你可見阿鳳處ゝ心机尤氏道昨兒你在人跟前作

人今兒又来和我賴这个断不依你我只和老太〻要去鳳姐兒笑道我看你利害明兒有了事我也丁是丁卯是卯的你也别抱怨尤氏笑道你一般的也怕不看你素日孝敬我〻纔是不依你呢說着把平兒的一分拿了出来說道平兒来把你的収起去等不的了我替你添上平兒會意因說道奶〻先使着若剩下了再商〔賞〕我一樣尤氏笑道只許你那主子作弊就不許我作情兒平兒只得収了尤氏又道我看着你主子這麽細致弄這些錢那里使去使不了明兒带了棺材裡使去（此言不假伏下後文短命尤氏亦能干事矣惜不能劝夫治字惜哉痛哉）一面說着一面又往賈母處来先請了安大槩說了兩句話便走到夗央房中和夗央商議只听夗央的主意行事何以討賈母的喜歡二人計議妥當尤氏臨走時也把夗央二兩銀子還他說這還使不了呢說着一經出

来又至王夫人跟前一時把周趙二人的也還了他兩个還不敢收阿鳳声势亦甚矣
尤氏道你们可怜見的那里有這些閑錢鳳丫頭便知道了有我應首
呢二人听說千恩萬謝的方收了尤氏亦可謂有才矣論有德比阿鳳高十倍惜乎不能諫夫治家所謂人各有當也此方是至理至情最恨近之野史中惡則無往不惡美則無一不美何不近情理之如是耶
瞬眼已是九月初二日園中人都打听得尤氏辦得十分热閙不但有戲連耍百戲並說書的男女
先兒全有都打點取樂頑耍李紈又向衆姊妹道今兒是正經社日可别
忘了看書者已忘批書者亦已忘了作者竟未忘忽寫此事真忙中愈忙緊處愈緊也寳玉也不来想必他只圖
热閙把清雅就去開了此獨寳玉亦罵世人余亦為寳玉忘了不然何不来耶說着便命丫環去瞧〻作什
庅呢快請了来丫環去了半日回說花大姐〻說今兒一早就出門去了奇文衆人听
了都詫異說再没有出門之理這丫頭糊塗不知說話因又命翠雲去一時

翠墨回來說可不真出了門了說有個朋友死了出去探喪去了奇文信有之守花園錦簇之日
偏如此寫法探春道斷然沒有的事憑他什麼再沒今日出門之理你叫襲人來
我問他剛說着只見襲人走來李紈等都說道今兒憑他有什麼事也不
該出門頭一件你二奶奶的生日老太太都這等高興兩府上下衆人來湊
熱鬧他倒走了第二件又是頭一社的正日子他也不告假就私自去了襲人
嘆道昨兒晚上就說了今兒一早起有要緊的事到北靜王府里去就趕回
來的勸他不要去他必不依今兒一早起來又要素衣裳穿想必是北靜
王府里的要緊姬妾沒了也未可知李紈等道若果如此也該去走走只是也該
回來了說着大家又商議咱們只管作詩等他回來罰他剛說着只見賈母
已打發人來請便都往前頭來了襲人回明寶玉的事賈母不樂便命人

去接原来宝玉心裡有件私事於頭一日就吩咐茗煙明日一早要出門備下兩疋馬在後門口等着不要別一个跟着說給李貴我往北府里去了倘或要有人找我叫他攔住不用找只說北府里留下了横豎就来的茗煙也摸不着頭腦只得依言說了今兒一早果然備了兩疋馬在園後門等着天亮了只見宝玉遍体純素從角門出来一語不發跨上馬一湾腰順着街就趲下去了茗煙也只得跨馬加鞭赶上在後面忙問往那里去宝玉道這條路是往那里去的茗煙道這是出北門的大道出去了冷清清没有可頑的宝玉听說点頭道正要冷清清的地方好說着越性加了鞭那馬早已轉了兩个湾子出了城門茗煙越發不得主意只得緊緊跟着一氣跑了七八里路出来人煙漸漸稀少宝玉方勒住馬回頭問茗煙道這里

可有賣香的茗煙道香到有不知是那一樣宝玉想道别的香不好須得檀芸降三樣茗煙笑道這三樣可難得宝玉為難茗煙見他為難因問道要香作什麽使我見二爺時常小荷包有散香何不找一找一句題醒了宝玉便回首(手内)衣襟上撕(拉)出一个荷包来摸了一摸竟有兩星(塊)沉素心内歡喜只是不恭些々再想自巳親身帶的到比買的又好些々于是又問炉炭茗煙道這可罷了(人哩)荒郊野外那里有用這些々何不早說帶了来豈不便宜宝玉道糊塗東西若可帶(以)了来又不這樣沒命的跑了

奇々怪々不知為何 看他下文怎樣

茗煙想了半日笑道我得了个主意不知二爺心下如何我想二爺不止(手)用這个呢只怕還要用别的這也不是事如今我們(们)往前再走二里地就是水仙菴了宝玉听了忙問水仙菴就在這里更好了我們就去說着就加鞭前行一面

回道向茗煙道這水仙菴的姑子長往俗門家去俗門這一去到那里和他借香炉使〻他自然是肯的茗煙道別說他是俗們家的香火就是平白不認識的廟裡和他借他也不敢駁回只是一件我常見二爺最厭這水仙菴的何如今兒又這樣喜歡了宝玉道我素日應恨俗人不知原故混供神混蓋廟這都是當日有錢的老公們和那些有錢的愚婦們听見有个神就蓋起廟來供着也不知那神是何人因听些野史小說便信真了近聞門丙廟又有三教菴以如來爲尊太上爲次先師爲末真殺有餘辜所謂此書救世之溺不假比如這水仙菴里面因供的是洛神故名水仙菴殊不知古來並沒有个洛神那原是曹子建的謊話誰知這起愚人就塑了像供着今兒却合我的心事故借他一用說着早已來至門前那老姑子見宝玉來了事出意外竟像天工掉下个活龍來的

一般忙上来問好命老道来接馬宝玉進去也不拜洛神之像却只管賞鑒雖是泥塑的却真有翩若驚鴻婉若游龍之態荷出緑波日映朝霞之姿（妙極用洛神賦諸洛神本地風光愈覺新奇）宝玉不覺滴下淚来老姑子獻了茶宝玉因和他借香炉那姑子去了半日連香供紙馬都預備了来宝玉道一槩不用說道命茗煙捧着炉出至後院中揀一塊干淨地方兒竟揀不出茗煙道那井台兒上如何宝玉點頭一齊来至井台上將爐放下（妙極之文宝玉心中揀定是井台了故意使茗煙說出使彼不犯疑猜矣宝玉亦有欺人之才蓋不用耳）茗煙站過一傍宝玉掏出香来焚上含淚施了半禮（奇文云只施半禮然不知為何事也）回身命収了去茗煙答應且不収忙爬下磕了几个頭口内祝道我茗煙跟二爺這几年二爺的心事我沒有不知道的只有今兒這一祭祀沒有告訴我我也不敢問只是這受祭的陰魂雖不知名姓想来自然是那人間有一天上無雙極聰明極俊雅的一位姐姐妹妹了二爺心事不

能出口讓我待祝若芳魂有感（靈）香魄多情雖然陰陽間隔既是知己之間時常來望候二爺未嘗不可你在陰間保佑二爺來生也變个女孩兒和你们一處相伴再不可又托生这鬚眉濁物了說畢又磕几个頭纔爬起來忽插入茗烟一篇流言粗看則小兒戲語亦甚無味細玩則大有深意試思宝玉之爲人豈不應有一極伶俐乖巧小童哉此一祝亦如西廂記中双文降香第三柱則不語紅娘則待祝數語直將双文心事道破此處若寫宝玉一祝則成何文字若不祝直成一啞謎如何散場故寫茗烟一戲直戲入宝玉心中又發出前文又可收後文又寫茗烟素日之乖覺可人且襯出宝玉直似一个守禮待嫁的女兒一般其素日脂香粉氣不待寫而全現出矣今看此回直欲將宝玉當作一个極輕俊羞怯的女兒看茗烟則極乖覺可人之丫環也　宝玉听他沒說完便掌不住笑了方一笑蓋原可發笑且說的合心愈見可笑也　因踢他道休胡說看人听見笑話也知人笑更奇　茗烟起來收過香炉和宝玉走着因道我已經合姑子說了二爺還沒用飯叫他隨便收拾了些東西二爺勉強吃些我知道今兒偺們里頭大排筵宴熱鬧非常二爺

為此纔躲了出来的橫竪在這里清淨一天也就儘到禮了若不吃東西斷使不得宝玉道戲酒既不吃這隨便素的吃些何妨茗煙道這便纔是還有一說偺們來了還有人不放心若沒有人不放心便晚了進城何妨若有人不放心二爺須得進城回家去纔是第一老太太也放了心第二禮也進（盡）了不過如此就是家去了看戲吃酒也並不是二爺有意原不過陪着父母進（盡）孝道二爺若単爲了這个不顧老太太太太懸心就是方纔那受祭的陰魂也不安生二爺想我這話如何宝玉笑道你的意思我猜着了你想着只你一个跟了我出来回来你怕担不是所以拿這大題目来勸我（亦知大妙極）這个我纔来了不過爲儘（盡）个禮再去吃酒看戲並沒說一日不進城這已完了心愿趕着進城大家放心豈不兩進（盡）其道（這是大通的意見世人不及的去處）茗煙道這更好了說着二人来至禪堂果然那姑子收拾了一桌素菜宝玉

胡乱吃了些々茗煙也吃了二人便上馬仍回舊路茗煙在後面只嘱付二爺好生騎着這馬總沒大騎的手裡提緊着看他偏不寫鳳姐那樣熱鬧却寫這般清冷真世人意料不到這一篇文字也一面說着早已進了城仍從後門進去忙々來至怡紅院中襲人等都不在房里只有几个老婆子看屋子見他來了都喜的眉開眼笑道說阿弥陀佛可來了把花姑娘急瘋了上頭正坐席呢二爺快去罷宝玉听說忙將素服脫了自去尋了華服換上問在什麼地方坐席老婆子回說在新蓋的大花廳上宝玉听說一徑往花廳來耳內早已隱々聞得歌管之聲剛至穿堂那邊只見玉釧兒獨坐在廊簷下垂淚總是千奇百怪的文字一見他來便收淚說道鳳凰來了快進去罷再一會子不來都反了是平常言語却是無限文章無限情理看至後文再細思此言則可知矣宝玉陪笑道你猜我往那里去了玉釧兒不答只管擦淚無限情理宝玉忙進廳里見了賈母王夫人等衆

人真如得了鳳凰一般寶玉忙赶着與鳳姐兒行禮賈母王夫人人都說他不知道
好歹怎麼也不說聲就私自跑了這還了得明兒再這樣等老爺回家來必告
訴他打你說着又罵跟的小廝們都偏听他的話說那里去就去也不回一聲兒
一面又問他到底那去了可吃了什麼可唬着了(奇文畢肖)寶玉只回說北靜王的一
个愛妾昨日沒了給他道惱去他哭的那樣不好撇下就回來所以多等了一
會子賈母道以後再私自出門不先告訴我們一定叫你老子打你寶玉答應
着因又要打跟的小子們衆人又忙說情又勸道老太太也不必過慮了他已
經回來大家該放心樂一回了賈母先不放心自然發恨今兒來了喜且有
餘那里還恨也就不提了還怕他不受用或者別處沒吃飽路上着了驚怕
反百般的哄他襲人早過來伏侍大家仍舊看戲當日演的是荊釵記賈母

薛姨媽等都看的心酸落淚也有嘆的也有罵的要知端的下回分解

脂硯齋重評石頭記卷之

第四十四回

變生不測鳳姐潑醋　喜出望外平兒理粧

話説衆人看演荆釵記宝玉和姐妹一處坐着林代玉因看到男祭這一齣工便和宝釵説道這王十朋也不通的狠不管在那里祭一祭罷了必定跑到江邊子上來作什麼俗語説覩物思人天下的水總歸一源不拘那里的水舀一碗看着哭去也就盡情了宝釵不荅宝玉回頭要熱酒敬鳳姐兒原來賈母説今日不比往日定要叫鳳姐痛樂一日本來自己懶待坐席只在裡間屋里榻上歪着和薛姨媽看戲隨心愛吃的揀几樣放在小几上隨意吃着説話兒將自己兩桌席面賞那沒有席面的大小丫頭並那應差听差的婦人

等命他们在窓外廊簷下也只管坐着随意吃歒不必拘禮王夫人和邢
夫人在地下高棹上坐着外面幾席是他姊妹们坐賈母不時吩咐尤氏
等讓鳯了頭坐在上面你们好生替我待東難為他一年到頭辛苦尤
氏答應了又笑回說道他坐不慣首席坐在上頭横不是竪不是的
酒也不肯吃賈母听了笑道你不會等我親自讓他去鳯姐兒忙也進
来笑說老祖宗别信他们的話我吃了好几鍾了賈母笑着命尤氏快
拉他出去按在椅子上你们都輪流着敬他〻再不吃我當真的就親自去
了尤氏听說忙笑着又拉他出来坐下命人拿了台盞斟了酒笑道一年
到頭難為你孝順老太〻太〻和我〻今兒没什麽疼你的親自斟杯酒
乖〻兒的在我手裡歒一口鳯姐兒笑道你要安心孝敬我跪下我就歒

尤氏笑道說的你不知是誰我告訴你說好容易今兒這一遭過了後兒
知道還得像今兒這樣不得了趁着儘力（今兒又體面）灌喪兩鍾子罷肉々一戲語伏下後文令人可傷所
謂盛筵難再鳳姐兒見推不過只得喝了兩鍾接着眾姊妹也來鳳姐也只得每
人的唱一口賴大媽々見賈母尚這等高興也少不得來湊趣兒領着些嬤
々們也來敬酒鳳姐兒也難推脫只得喝了兩口夗央等也來敬鳳姐兒真不
能了忙央告道好姐々々們饒了我罷我明兒再喝罷夗央笑道真個的我們
是沒臉的了就是我們在太々跟前太々還賞個臉兒呢往常到有些体面
今兒當着這些々人到拿起主子的款兒來了我原不該來不喝我們就走說
着真個回去了鳳姐兒忙赶上拉住笑道好姐々我喝就是了說着拿過酒
來滿々的斟了一杯喝干夗央方笑了散去然後又入席鳳姐兒自覺酒

沉了心里实々的似往上撞往家去歇々只見那要百戲的上来便和尤氏
說預備賞錢我要洗々臉去尤氏點頭鳳姐兒瞧人不防便出了席往房
門後簷下走来平兒留心也忙跟了来鳳姐兒便扶着他纔(走)至穿廊下
只見他房里的一个小丫頭正在那里站着見他兩个来了回身就跑鳳
姐兒便疑心忙叫那丫頭先只粧听不見無奈後面連平兒也叫只得回(来)
鳳姐兒越發起了疑心忙和平兒進了穿堂叫那小丫頭子也進来把槅
扇閉了鳳姐兒坐在小院子的台磯上命那丫頭子跪(下)了喝命平兒叫两
两个二門上的小廝来拿繩(了)子鞭子把(来)那眼睛里沒主子的小蹄子打爛
了那小丫頭子已経唬的魂飛魄散哭着只管磞頭求饒鳳姐兒問道我
又不是鬼你見了我不說規々矩(矩)々站住怎么倒往前跑小丫頭子哭道我

原沒看見奶〻来我又記挂着房里無人所以跑了鳳姐兒道房里既沒人誰
吽你来的你便沒看見我〻和平兒在後頭扯着脖子吽了你十来声越
吽越跑离（分）明又不遠你聾了不成你還和我强嘴說着便揚手一掌打在臉上
打的那小了頭一栽這邊臉上又一下登時小了頭子兩腮紫脹起来平兒忙勸
奶〻仔細手疼鳳姐便說你再打着問他跑什麼他再不說把嘴撕爛了他的
那小了頭子先還强嘴後来听見鳳姐兒要燒了紅烙鉄来烙嘴方哭道二爺
在家里打發我来這里瞧着奶〻的若見奶〻散了先吽我送信兒去的不承
望奶〻這會子就来了鳳姐兒見話中有文章吽你瞧着我作什麼難道怕
我家去不成必有別的原故快告訴我我從此以後疼你〻若不細說立刻拿
刀子来割你的肉說着回頭向（平兒）頭上拔下一根簪子来向那了頭嘴上乱戳唬

的那丫頭一行躲一行哭求道我告訴奶〻可別說我說的平兒一傍勸一傍面推他叫他快說丫頭便說道二爺也是纔来房里的睡了一回(会子)醒了打發人来瞧〻奶〻說纔〻坐席還得好一回(会子)纔来呢二爺就開了箱子拿了兩塊銀子還有兩根簪子兩疋緞子叫我悄〻的送與鮑二的老婆去叫他進来他収了東西就往俗們屋里来了二爺叫我来瞧着奶〻底下的事我就不知道了鳳姐聽了已氣的渾身發軟忙立起来一逕来家剛至院門只見有(又)一个小丫頭在門前探頭兒一見了鳳姐也縮頭就跑(如見其形)鳳姐兒提着名字喝住那丫頭本来伶俐見躲不過了越(索)性跑了出来笑道我正要告訴奶〻去呢可巧奶〻来了鳳姐兒道告訴我什麼那小丫頭便說二爺在家這般如此如此將方纔的話也說了一遍鳳姐啐(啐)道你早作什麼了(来着)這會子

我看見你了你來推干淨兒說着也揚手一下打的那了頭一个趔趄便攝手

攝脚的走至窗前往里听時只听裡頭說笑那婦人笑道多早晚你那閆王老

婆死了就好了賈璉道他死了再娶一个也是這樣又怎庅樣呢那婦人道他死

了你到是把平兒扶了正只怕還好些賈璉道如今連平兒他也不吽我沾一

沾了平兒也是一肚子委曲不敢說我命里怎庅就該犯了夜叉星鳳姐听

了氣的渾身乱戰又听(見)他倆都讚平兒便疑平兒素日背地里自然也有憤(憤)

怨語了那酒越發湧了上來也並不忖(度)奪回身把平兒先打了兩下一(子)脚踢開

門進去也不容分說抓着鮑二家的撕打一頓又怕賈璉走出去便堵着門站着

罵道好淫(娼)婦你偷主子漢子還要治死主子老婆平兒過來你們淫婦忘八

一條藤兒多嫌着我外面兒你哄我說着又把平兒打几下奇極先打平兒可是世人想得着的

打的平兒有冤無處訴只氣得干哭罵道你们做這些沒臉的事好〻的又拉上我做什麼說着也把鮑二家的撕打起来賈璉也因吃多了酒進来高興未曾作的機密一見鳳姐来了已沒了主意又見平兒也鬧起来把酒也氣上来了鳳姐（見）兒打鮑二家的他已（自）又氣又愧只不好說的今見平兒也打便上来踢罵道好娼婦你也動手打人平兒怯（怕）打忙住了手哭道你们背地里說話為什麼拉我呢鳳姐見平兒怕賈璉越發氣（生了）了又趕上来打着平兒偏叫打鮑二家的平兒急了便跑出来找刀子要尋死外面衆婆子丫頭忙攔住解勸這里鳳姐見平兒尋死去便一頭撞在賈璉懷里叫道你们一條藤兒害我被我听見了到都唬起我来你也勒死我賈璉氣的墻（上炕）上拔出劍来說道不用尋死我也急了一齊

殺了我償了命大家干淨正鬧的不開交只見尤氏等一群人（来）了說這是怎
庅說纔好好的就鬧起來賈璉見了人越發倚酒三分醉逞起威風来天下
小人大都如是故意要殺鳳姐兒鳳姐兒見人来了便不似先前那般潑了天下奸雄妬婦惡婦大都
如是只是恨無阿鳳之才耳丟下衆人便哭着往賈母那邊跑此時戲已散出鳳姐跑到賈母
跟前爬在賈母懷里只說老祖宗救我璉二爺要殺我呢瞧他称呼
賈母邢夫人王夫人等（人）忙問怎庅了鳳姐兒哭道我纔家去換衣裳不防璉二爺
在家和人說話我只當是有客来了唬的我不敢進去在窗戶外頭听了一
听原来是和鮑二家的媳婦商議說我利害要拿毒藥給我吃了治死我
把平兒扶了正我原氣了（生了）又不敢和他炒（吵）原打了平兒兩下（子）問他爲什庅害（要）
我他燥了就要殺我賈母听了都信以爲真說這還了得快拿了那下流種

子来一語未完只見賈璉拿着劍赶来後面許多人跟着賈璉明仗着賈
母素習疼他們連（又有）母親嬸母也無碍故逞強鬧了来（在这里断不至于闹出事来）邢夫人王夫人見了氣
的忙攔住罵道這下流種子你越發反了老太太在這里呢賈璉乜斜着眼
道都是老太太慣的他他纔這樣連我也罵起来了邢夫人氣的奪下劍
来只管喝他快出去那賈璉撒嬌撒痴涎言涎語的還只乱說賈母氣的
說道我知道（你也）不把我們放在眼睛里叫人把他老子叫来賈璉聽見這話
方趔趄着脚兒出去了賭氣也不往家去便往外書房来這里邢夫人
王夫人也說鳳姐兒賈母笑道什麼要緊的事小孩子們年輕饞嘴猫兒
似的那里保的（住）不這麼着從小兒世人都打這麼過的都是我的不是
他多吃了兩口酒又吃起醋来（了）說的衆人都笑了賈母又道你放心等

明兒我叫他來替（給）你賠不是你今兒別要過去燥着他因又罵平兒那蹄子
素日我到看他好怎麼暗（背）地里这麼壞尤氏等笑道平兒沒有不是〻鳳
了頭拿着人家出氣兩口子不好對打都拿着平兒煞性子平兒委曲的
什麼是的呢老太〻還罵人家賈母道原來這樣我說那孩子到不像
那狐媚魘道的既這麼着可怜見的白受他的（們）氣因叫琥珀來你出去告訴
平兒就說我的話我知道他受了委曲明兒我叫鳳姐兒替（給）他賠不是今
兒是他主子的好日子不許他胡鬧原來平兒早被李紈拉入大觀園去
了可知吃嚇一回非閑文也平兒哭的哽咽難抬宝釵勸道你是个明白人必用宝釵評出方是身分
素日鳳丫頭何等待你今兒不過他多吃一口酒他可不拿你出氣難到
〻拿別人出氣不成別人又笑話他吃醉了你只管這會子委曲素日你的

好處豈不都是假的了正說着只見琥珀走來說了賈母的話平兒自覺面上有了光輝方才漸漸的好了也不往前頭來寶釵等歇息了一回方來看賈母鳳姐寶玉便讓平兒到怡紅院中來襲人忙接着笑道我先原要讓你的只因大奶奶和姑娘們都讓你我就不好讓的了平兒也陪笑說多謝因又說道好好兒的從那里說起無緣無故白受了一場氣襲人笑道二奶奶素日待你好這不過是一時氣急了平兒道二奶奶倒沒說的只是那淫婦治的我他又偏拿我湊趣況還有我們那糊塗爺倒打我說着便又委曲禁不住落淚寶玉忙勸道好姐姐別傷心我替他兩個賠不是罷平兒笑道與你什麽相干寶玉笑道我們弟兄姊妹都一樣他們得罪了人我替他賠個不是也是應該的又道可惜這新衣裳也

沾了這裡有你花妹妹的衣裳何不換了下來拿些燒酒噴了熨一熨把頭也另梳一梳洗洗臉一面說一面便吩咐了小丫頭子們舀洗臉水燒熨斗來平兒素習只聞人說寶玉常能和女孩兒們接交寶玉素日因平兒是賈璉的愛妾又是鳳姐兒的心腹故不肯和他廝近因不能盡心也常為恨事平兒今見他這般心中也暗暗的敁敠果然話不虛傳色色想的週到又見襲人特特的開了箱子拿出兩件不大穿的衣裳來與他換便趕忙的脫下自己的衣服忙去洗了臉寶玉一傍笑勸道姐姐還該擦上些脂粉不然到像是和鳳姐姐賭氣了似的況且又是他的好日子而且老太太又打發了人來安慰你平兒聽了有理便去找粉只不見粉寶玉忙走至粧台前將一個宣窯磁盒揭開裡面盛着一排十根玉簪花棒兒拈了一根遞與平兒又笑向他道這不是鉛粉這是紫茉莉

花種研碎了兌上香料製的平兒倒在掌上看時果見輕白紅香四樣俱美攤在面上也容易勻淨且能潤澤肌膚不是（像）別的粉青重澁滯然後看見胭脂也不是成張的却是一个小小的白玉盒子裡面盛着一盒如玫瑰膏子一樣寶玉笑道那（外頭）市賣的胭脂都不干淨顏色也薄這是上好的胭脂擰出汁子來淘澄淨了渣滓配了花露蒸疊成的只用細簪子挑一點兒抹在手心里用一點水化開抹在唇上手心里就殼打結腮了平兒依言粧飾果見鮮艷異常且又甜香滿頰寶玉又將盆內的一枝並蒂秋蕙用竹剪刀擷了下來與他簪在鬢上忽見李紈打發了頭來喚他方忙忙的去了

忽使平兒在絳芸軒中梳粧非世人想不到寶玉亦想不到者也作者費盡心機了寫寶玉最善閨閣中事諸如胭粉等類不寫成別致文章則寶玉不成寶玉矣然要寫又不便特為此費一畨筆墨故思及借人發端然借人又無人若襲人輩則逐日皆如此又何必揀一日細寫似覺無味若寶釵等又係姊妹更不便來細搜襲人之粧奩況也是自幼知道的了因

【左想右想須得一個又甚親又甚疎又可唐突又不可唐突又和襲人等極親又和襲人等不大常處又得襲人輩之美又不得襲人輩之修飾一人來方可發端故思及平兒一人方如此故放手細寫絳芸閣中之什物也】宝玉因自來從未在平兒前盡過心且平兒又是个極聰明極清俊的上等女孩兒比不得那起俗蠢拙物深為恨怨今日是金釧兒的生日故一日不樂【原來為此宝玉之私祭玉釧之潛哀俱針對矣然于此刻補明又一法也真十變萬化之文萬法俱備毫無脫漏真好書也】不想落後鬧出這件事來竟得在平兒前稍盡片心亦今生意中不想之樂也因歪在床上心內怡然自得忽又思及賈璉惟知以淫樂悅己並不知作養脂粉又思平兒並無父母兄弟姊妹獨自一人供應賈璉夫婦二人賈璉之俗鳳姐之威他竟能周全妥貼今兒还遭荼毒想來此人薄命比代玉猶甚想到此間便又傷感起來不覺淒然泪下因見襲人等不在房內盡力落了幾

點痛淚漫起身又見方纔的衣裳上噴的酒已半乾便拿熨斗
熨了疊好見他的手帕子忘去上面猶有淚漬又拿至臉盆中洗了
晾上又喜又悲悶了一回也往稻香村來說一回閑話掌灯後方散平
兒就在李紈處歇了一夜鳳姐兒只跟着賈母賈璉晚間歸房冷
清清的又不好去叫只得胡乱睡了一夜次日醒了想昨日之事大
沒意思後悔不來邢夫人記挂着昨日賈璉醉了忙一早過來叫
了賈璉過賈母這边來賈璉只得忍愧前來在賈母面前跪下
賈母問他怎麽了賈璉忙陪笑說昨兒原是吃了酒驚了老太
太的駕了今兒來領罪賈母啐道下流東西灌了黄湯不說安
分守己的挺尸去到打起老婆來了鳳丫頭成日家說嘴霸王似

的一个人昨兒唬得可怜要不是我你要傷了他的命這會子怎麽樣賈璉一肚子的委屈不敢分辯只認不是賈母又道那鳳丫頭和平兒还不是个美人胎子你还不足成日家偷雞摸狗臟的臭的都拉了你屋裡去為這起淫婦打老婆又打屋里的人你还亏是大家子的公子出身活打了嘴了若你眼睛里有我你起來我饒了你乖乖的替你媳婦陪个不是拉了他家去我就喜歡了要不然你只管出去我也不敢受你的跪賈璉听如此說又見鳳姐兒站在那边也不盛粧哭的眼睛腫着也不施脂粉黄黄的臉兒（大妙大奇之文此一句便伏下病根了草草看去便可惜了作者行文苦心）比往常更覺可怜可愛想着不如賠了不是彼此也好了又討老太太的喜歡了想畢便笑道老太太的話我不敢不依只是越發縱了他

了賈母笑道胡說我知道他最有禮的再不會冲撞人他日後淂罪
了你我自然也作會叫你降伏就是了賈璉听說爬起來便與鳳姐兒作
了一个揖笑道原來是我的不是二奶奶饒過我罷滿屋里的人都笑了
賈母笑道鳳丫頭不許惱了再惱我就惱了說着又命人去叫了平兒
來命鳳姐兒和賈璉兩个安慰他平兒賈璉見了平兒越發顧不淂了
所謂妻不如妾妾不如偷听賈母一說便赶上來說道姑娘昨日受了
委屈了都是我的不是奶奶淂罪了你也是因我而起我陪了不是不
筭外還替你奶奶賠个不是說着也作了一个揖引的賈母笑了鳳
姐兒也笑了賈母又命鳳姐兒來安慰他平兒忙走上來給鳳姐兒磕
頭說奶奶的千秋我惹了奶奶生氣是我該死鳳姐兒正自愧悔昨

日酒吃多了念素日之情浮躁起來爲听了傍人的話無故給平兒沒
臉今反見他如此又是慚愧又是心酸忙一把拉起來落下淚來平兒
道我伏侍了奶奶這麼幾年也沒彈我一指甲就是昨兒打我我也
不怨奶奶都是那淫婦治的願不得奶奶生氣說着也滴下淚來
婦人女子之情畢有但世之大英雄羽翼偶推尚按劍生悲况阿
了鳳與平兒哉所謂此書真是哭成的
賈母便命人將他三人送回房去有一個再提此事即刻來回我
我不管是誰拿拐棍子給他一頓三个人沒新給賈母邢王二位夫人
磕了頭老嬤嬤答應了送他三人回去至房中鳳姐兒見無人方說
道我怎麼樣你个閻王又係像夜叉那淫婦咒咒我死我也似幫着咒我千
日不好也有一日好可憐我熬的連个淫婦也不如了我還有什

麽臉来過這日子說着又哭了（轄治丈夫此是首計懦夫来看此句）賈璉道你还不足你細想〻昨兒誰的不是多（妙不敢自說沒不是只論多少懦夫来者）今兒當着人还是我跪了一跪又賠不是你也争足了光了這會子还叨〻難道还叫我替你跪下纔罷太要足了强也不是好事說的鳳姐兒無言可對平兒嗤的一聲又笑了賈璉也笑道又好了真〻我也沒法了正說着只見一个媳婦来回說鮑二的媳婦吊死了（到也有氣性只是又是情累一个可怜）賈璉鳳姐兒都吃了一驚鳳姐忙收了怯色反喝道死了罷了有什麽大驚小怪的（寫阿鳳如此）一時只見林之孝家的進来悄回鳳姐道鮑二媳婦吊死了他娘家的親戚要告呢鳳姐兒笑道（偏于此處寫阿鳳咲懷哉阿鳳）這倒好了我正想要打官私呢林之孝的道我纔和衆人勸了他們又威赫了

一陣又許了他幾個錢也就依了鳳姐兒道我沒一個錢有錢也不給只管叫他告去也不許勸他也不用震嚇他只管讓他告去告不成倒問他個移尸訛詐林之孝家的正在為难見賈璉和他使眼色兒心下明白便出來等着賈璉道我出去瞧瞧看是怎麽樣鳳姐兒道不許給他錢賈璉一逕出來和林之孝商議着人去作好作歹許了二百兩發送纔罷賈璉生恐有變又命人去和王子騰說將番役仵作人等叫了幾名來幫着辦喪事那些人見了如此縱要復辦亦不敢辦只得忍氣吞聲罷了賈璉又命林之孝將那二百銀子入在流年賬上分別添補開消過去大敝小敝無一不到又梯己給鮑二些銀兩安慰他說另日再挑個好媳婦給你鮑二又有体面又

有銀子有何不依便仍然奉承賈璉不在話下裡面鳳
姐心中雖不安面上只管佯不理論因房中無人便拉平兒咲道
我昨兒灌喪了酒了你別抱怨打了那裡讓我瞧瞧平兒道也沒
打重只听得說奶奶姑娘們都進來了要知端的下回分解

脂硯齋重評石頭記卷之

第四十五回

金蘭契互剖金蘭語　風雨夕悶製風雨詞

話說鳳姐兒正撫恤平兒忽見衆姊妹進来忙讓坐了平兒斟上茶来鳳姐兒笑道今兒来的這庅齊倒像下帖子請了来的探春笑道我們有兩件事一件是我的一件是四妹妹的还夾着老太太的話鳳姐兒笑道有什庅事這庅要緊探春笑道我們起了个詩社頭一社就不齊全衆人臉軟所以就乱了我想必得你去作个監社御史鉄面無私纔好再四妹妹為画園子用的東西這般那般不全回了老太太老太太說只怕後頭楼底下还有當年剩下的找一找若

有呢拿出來右沒有叫人買去鳳姐咲道我又不會作什庅湿的
乾的要我吃東西去不成探春道你雖不爲作也不要你作你只
監察着我們里頭有偷安怠惰的該怎庅樣罰他就是了鳳姐兒
笑道你們必哄我〻也猜着了那里是請我作監社御史分明是叫
我作个進銅錢的銅商你們弄什庅社必是要輪流作東道的你
們的月錢不敷花了想出這个法子來拘了我去好和我要錢可
是這个主意一夕話說的衆人都咲起來了李紈咲道真〻你
是个水晶心肝玻璃人鳳姐兒咲道虧你是个大嫂子呢把姑
娘們原教給你帶着念書學規矩針線的他們不好你要勸這
會子他們起詩社能用幾個錢你就不管了老太〻太〻罷原是

老封君你一个月十两銀子的月錢比我們多両倍銀子老太
太、还說你寡婦失業的可憐不毅用又有拉着个小子足的又添
了十両和老太、太、平等又給你園子地各人取租子年中分
年例你又是上、分兒你娘兒們主子奴才共總沒十個人吃的穿
的仍舊是官中的一年通共算起来也有四五百銀子這會子你就
每年拿出一二百両銀子来賠着他們頑、能几年的遠限期他們各人出了
閣難道路还要你賠不成這會子你怕花錢調唆他們来鬧我、樂得去
吃一個河涸海乾我还通不知道呢李紈笑道你們听、我說了一句他
就瘋了說了兩車的無賴泥腿市俗尚會打細算盤分斤撥兩的話出
来（心直口拙之人急了恨不得將萬句話来併成一句說死那人畢肖）這東西虧他托生在詩書大宦名門之

家做小姐出了嫁又是這樣他還是這麼着若是生在貧寒小戶人家作個小子
還不知怎麼下作貧嘴惡舌的呢天下人都被你筭記了去昨兒還打平兒呢虧
你伸的出手來那黃湯難道灌喪了狗肚子里去了氣的我只要給平兒打報
不平兒忖奪了半日好容易狗長尾巴尖兒的好日子又怕老太太心里不受用
因此沒來究竟氣還未平你今兒又招我來了給平兒拾鞋不要你們兩个只
該換一个過子纔是說的衆人都笑了鳳姐兒忙笑道竟不是為詩為畫
來找我這樣臉子竟是為平兒來報仇的竟不承望平兒有你這一位仗
腰子的人早知道便有鬼拉着我的手打他我也不打了平姑娘過來我
當着大奶奶姑娘們替你賠个不是擔待我酒後無德罷說着衆人又都
笑起來了李紈笑問平兒道如何我說必定要給你爭爭氣纔罷平兒

笑道雖如此奶奶們取笑我禁不起李紈道什麽禁不起有我呢快拿了鑰匙叫你主子開了樓房找東西去鳳姐兒笑道好嫂子你且同他們回園子里去纔要把這米賬和他們筭一筭那邊大太太又打發人來叫又不知有什麽話說須得過去走一遭還有年下你們添補的衣服還沒打點給他們做去李紈笑道這些事我都不管你只把我的事完了我好歇着去省得這些姑娘小姐鬧我鳳姐忙笑道好嫂子賞我一點空兒你是最疼我的怎麽今兒爲平兒就不疼我了往常你還勸我說事情雖多也該保養身子撿点着偷空兒歇歇你今兒反到逼我的命了况且悞了别人的年下衣裳無碍他姊妹們的若悞了不是你的責任老太太豈不怪你不管閑事這一句現成的話也不說我寧可自己

賠不是豈敢帶累你呢李紈笑道你們聽聽說的好不好把他會說話的
我且問你這詩社你到底管不管鳳姐兒笑道這是什麼話我不入社
花幾個錢不成了大觀園的反叛了還想在這里吃飯不成明兒一早就
到任下馬拜了印先放下五十兩銀子給你們慢慢作會社東道過
後幾日我又不會作詩作文只不過是个俗人罷了監察也罷不監察也
罷有了錢了你們還要撵出我來說的衆人又都笑起來鳳姐兒道過
會子我開了樓房凡有這些東西都叫人搬出來你們看着使得
留着使若少什麼照你們單子我叫人替你們買去就是了畫絹
我就裁出來那圖樣没有在太太跟前還在那邊珍大爺那里呢
說給你們别碰釘子去我打發人取了來一併叫人連絹交給相

公們𥚃去如何李紈点首笑道這難爲你果然這樣還罷了既如此
偺們家去罷等着他不送了去再来閙他說着便带了他姊妹
就走鳳姐兒道這些事再沒兩個人都是宝玉生出来的李紈听
了忙回身笑道正是爲宝玉来反忘了他頭一社是他悞了我們
臉軟你說該怎麽罰他鳳姐想了一想說道沒有别的法子只叫他
把你們各人屋子里的地罰他掃一遍纔好衆人都笑道這話不差說
着纔要回去只見一个小丫頭扶了賴嬤嬤進来鳳姐兒等忙站起
来笑道大娘坐着又都向他道喜賴嬤嬤向炕沿上坐了笑道我也喜
主子們也喜若不是主子們的恩典我們這喜從何来昨兒奶奶又打
發彩哥兒賞東西我孫子在大門上朝上磕了頭了李紈笑道多早

晚上任去賴嬤〻嘆道我那里管他們由他們去罷前兒在家裡給
我磕頭我沒好話我說哥〻兒你別說你是官兒了橫行霸道的你今
年活了三十歲雖然是人家的奴才一落娘胎胞主子的恩典就放你出來
上托着主子的洪福下托着你老子娘也是公子哥兒似的讀書認
字也是丫頭老婆奶子捧鳳凰似的長了這麽大你那里知道那奴
才兩字是怎麽寫的只知道享福也不知道你爺〻和你老子受的那
苦惱熬了兩三輩子好容易掙熬出你這麽个東西來從小兒三災八
難花的銀子也照樣打出你這麽个銀人兒來了到二十歲上又蒙
主子的恩典許你蠲个前程在身上你看那正根正苗的忍饑挨餓
的要多少你一个奴才秧子仔細折了福如今樂了十年不知怎

么弄神弄鬼的求了主子又選了出來州縣官兒雖小事情却大為那一州的州官就是那一方的父母你不安分守己盡忠報國孝敬主子只怕天也不容你李紈鳳姐兒都咲道你也多慮我們看他也就好了先那几年还進來了兩次這有好几年沒來了年下生日只見他的名字就罷了前兒給老太〻太〻磕頭來在老太〻那院里見他又穿着新官的服色到發的威武了比先時也胖了他這一得了官正該你樂呢反到愁起這些來他不好还有他父親呢你只受用你的就完了閑了坐个轎子進來和老太〻鬪一日牌說一天話兒誰好意思的委屈了你家去一般也是樓房厦厛誰不敬你自然也是老封君似的了平兒斟上茶來賴嬷〻忙站起來接了咲道姑娘不管叫那個

孩子到未罷了又折受我說着一面吃茶一面又道奶〻不知道這些小孩子們全要管的嚴饒這麼嚴他們还偷空兒鬧個乱子未叫大人操心知道的說小孩子們淘氣不知道的人家就要仗着財勢欺人連主子名聲也不好恨的我沒法兒常把他老子叫未罵一頓纔好些因又指宝玉道不怕你嫌我如今老爺不過這麼管你一管老太〻護在頭里當日老爺小時挨你爺〻的打誰沒看見的老爺小時何曾像你這麼天不怕地不怕的了还有那大老爺雖然淘氣也沒像你這扎窩子的樣兒也是天〻打还有東府里你珍哥兒的爺〻那纔是火上澆油的性子說声惱了什麼兒子竟是審賊如今我眼里看着耳朵里听着那珍大爺管兒子到也像當日老祖宗的規

矩只是管的到三不着兩的他自己也不管一管自己這些兄弟侄
兒怎庅怨的不怕他你心里明白喜歡我說不明白嘴裡不好意思心里
不知怎庅罵我呢正說着只見賴大家的來了接着周瑞家的張
材家的都進來回事情鳳姐兒笑道媳婦來接婆婆來了賴大
家的笑道不是接他老人家到是打听打听奶奶姑娘們賞臉不
賞臉賴嬷嬷听了笑道可是我糊塗了正緊說的話且不說且說
陳穀子爛芝蔴的混搗熟因為我們小子選了出來衆親友要給
他賀喜少不得家里擺个酒我想擺一日酒請這个也不是請那个也
不是又想了一想托主子洪福想不到的這樣榮耀就傾了家我也
是愿意的因此分付他老子連擺三日酒一日在我們破花園子里擺

幾席酒一台戲請老太〻太〻們奶〻姑娘們去散一日悶外頭大廳上
一台戲擺几席酒請老爺們爺們去爭〻光第二日再請親友第三
日再把我們兩府里的伴兒（們）請一請熱鬧三天也是托着主子的洪福一
塲光輝〻〻李紈鳳姐兒都笑道多早晚的日子我們必去只怕老
太〻高興要去也定不得賴大家的忙道擇了十四的日子只〻看我
們奶〻的老臉罷了鳳姐笑道別人不知道我是一定去的先說下
我是沒有賀（礼的呢賴大家的道）奶〻要賞我們三二萬銀子就有了賴嬷〻笑道我
幾去請老太〻老太〻也說去可笑我這臉還好說畢又叮嚀了
一回方起身要走因〻看見周瑞家的便想起一事來因說道可是
邊（还）有一句（話）問奶〻這周嫂子的兒子犯了什庅不是攆了他不

用鳳姐兒听了笑道正是我要告訴你媳婦事情多也忘了賴嫂
子回去說給你老頭子兩府里不許收留他小子叫他各人去罷
賴大家的只得答應着周瑞家的忙跪下央求賴嬷〻忙道
什広事說給我評〻鳳姐兒道前日我生日裡頭还沒吃酒他小
子先醉了老娘那边送了礼來他不說在外頭張羅他到坐着罵
人礼也不送進來兩個女人進來了他纔帶着小么們往里抬小么們到好他
拏的一盒子到失了手撒了一院子饅頭人去了打發彩明去說他〻到罵
了彩明一頓这樣無法無天的忘八羔子不攆了作什広賴嬷〻笑道我
當什広事情原來為这个奶〻听我說他有不是打他罵他使他改過攆
了去斷乎使不得他又比不得是咱們家的家生子兒他現是太〻的陪房

奶〻只催攆了他太〻臉上不好看依我說奶〻教導他幾板子以戒下次仍

舊留着他纔是不看他娘也看太〻鳳姐兒听說便問向賴大家的說道既这

樣打他四十棍以後不許他吃酒賴大家的答應了周瑞家的磕頭起來又

要與賴嬷〻磕頭賴大家的拉着方罷然後他三人去了李紈等也就回園

中來至晚果然鳳姐命人找了許多舊收的畫具出來送至園中寶釵等選

了一回各色東西可用的只有一半將那一半又開了單子與鳳姐兒去照樣置

買不必細說一日外面礬了絹起了稿子進來寶玉每日便在惜春这里帮

忙自忙不暇又加工一帮字何奕可笑　所謂春秋筆法　探春李紈迎春寶釵等也常往那里閑

坐一則觀畫二則便于會面寶釵因見天氣涼爽夜復漸長　復字妙補出寶釵每年夜

長之事皆春秋字法也　遂至母親房中商議打點些針線來日間至賈母處王

夫人處省候兩次不免又承色(歡)陪坐閒話半時園中姊妹處也要度時閒話
一回故日間不大得閒每夜燈下女工必至三更方寢（代下收夕）（寫針線下商議二字直將寡母訓女多少溫存活現在紙上不寫阿獃兄已見阿獃兄終日醉飽優游怒則吼喜則躍家務一槩無聞之形景畢露矣春秋筆法）代玉每歲至
春分秋分之後必犯嗽疾今秋又遇賈母高興多遊玩了兩次未免過勞了
神近日又復嗽起來覺得比往常又重所以總不出門只在自己房中將養有
時悶了又盼個姊妹來說些閒話排遣及至寶釵等來望候他說不得三
五句話又厭煩了眾人都体諒他病中且素日形体嬌弱禁不得一些委屈
所以他接待不周礼數粗忽也都不苛責這日寶釵來望他因說起這病
症來寶釵道這里走的幾个太醫雖都還好只是你吃他們的藥總不見效
不如再請一个高明的人來瞧一瞧治好了豈不好每年間鬧一春夏又

不老又不小成什麽不是個常法黛玉道不中用我知道我這樣病是不能
好的了且別說病只論好的日子我是怎麽形景就可知了寶釵點頭道
可正是這話古人說食穀者生你素日吃的竟不能添養精神氣血
也不是好事黛玉嘆道生死有命富貴在天也不是人力可强的今
年比往年反覺又重了些似的說話之間已咳嗽了兩三次寶釵道昨兒我
看你那藥方上人參肉桂覺得太多了雖說益氣補神也不宜太熱依
我說先以平肝建胃為要肝火一平不能尅土胃氣無病飲食就可
以養人了每日早起拿上等燕窩一兩冰糖五錢用銀銚子熬出粥來
若吃慣了比藥還强最是滋陰補氣的黛玉嘆道你素日待人固然是
極好的然我最是個多心的人只當你心里藏奸從前日你說看襍書

不好又勸我那些好話竟大感激你往日竟是我錯了實在悮到如今細
細筭来我母親去世的早又無姊妹兄弟我長了今年十五歲（代玉纔十五歲記清）
竟沒一個人像你前日的話教導我怨不得雲丫頭說你好我往日
見他讚你我還不受用昨兒我親自經過纔知道了比如若是你說了
那個我再不輕放過你的你竟不介意反勸我那些話可知我竟自悮
了若不是從前日看出来今日这話再不對你說你方纔說叫我吃燕窩
粥的話雖然燕窩易得但只我因身上不好了每年犯这個病也沒
什麽要緊的去處請大夫熬藥人參肉桂已經鬧了個天翻地覆這會子我
又興出新文来熬什麽燕窩粥老太太太太鳳姐姐這三個人便沒話說
那些底下的老婆子丫頭們未免不嫌我太多事了你看這里這些人

因見老太〻多疼了寶玉和鳳丫頭兩個他們尚虎視眈〻背地里言三語四的何況於我況我又不是他們這里正緊經主子原是無依無靠投奔了來的他們已經多嫌着我了如今我還不知進退何苦叫他們咒我寶釵道這樣說我也是和你一樣代玉道你如何比我你又有母親又有哥〻這里又有買賣地土家里又仍舊有房有地你不過是親戚的情分白住了這里一應大小事情又不沾他們一文半個要走就走了我是一無所有吃穿用度一草一紙皆是和他們家的姑娘一樣那起小人豈有不多嫌的寶釵笑道將來也不過多費得一付嫁庄罷了如今也愁不到這裡寶釵此一戲直抵過通部代玉之戲寶釵矣又懇切又真情又平和又雅致又不穿鑿又不牽强代玉因識得寶釵後方吐真情寶釵亦識得代玉後方肯戲也此是大關節大章法非細心看不出 細心二人此時好看之極真

是兒女小意中喝〻也代玉聽了不覺紅了臉笑道人家纔拿你當個正經人把心里的煩難告訴你聽你反拿我取笑兒寶釵笑道雖是取笑兒却也是真話你放心我在這里一日我與你消遣一日你有什広委屈煩難只管告訴我〻能解的自然替你解一日我雖有個哥〻你也是知道的只有個母親比你畧強些偺們也筭得同病相怜你也是個明白人何必作司馬牛之嘆通部衆人只從寶釵之評方定然寶釵亦必從顰兒之評始可何妙之至你纔說的也是多一事不如省一事我明日家去和媽〻說了只怕我們家里還有與你送幾兩每日叫丫頭們就熬了又便宜又不驚師動衆的代玉忙笑道東西事小難得你多情如此寶釵道這有什広放在口里的只愁我人〻跟前失于應候罷了只

怕你煩了我且去了(罷)代玉道晚上再來和我說句話兒寶釵答應着便去了不在話下這里代玉喝了兩口稀粥仍歪在床上不想日未落時天就變了淅淅瀝瀝下起雨來秋霖脉脉陰晴不定那天漸漸的黃昏且陰的沉黑兼着那雨滴竹梢更覺凄涼知寶釵不能來便在燈下隨便拿了一本書却是樂府襍稿有秋閨怨別離怨等詞代玉不覺心有所感亦不禁發于章句遂成代別離一首擬春江花月夜之格乃名其詞曰秋窗風雨夕其詞曰

秋花慘淡秋草黃　耿耿秋燈秋夜長　已覺秋窗秋不盡
那堪風雨助淒(秋)涼　助秋風雨來何速　驚破秋窗秋夢綠
抱得秋情不忍眠　自向秋屏移淚燭　淚燭搖搖爇短檠

牽愁照恨動離情　誰家秋院無風入　何處秋窗無雨聲
羅衾不奈秋風力　殘漏聲催秋雨急　連宵脉〻復颼〻
燈前以伴離人泣　寒烟小院轉蕭條　疎竹虚窗時滴瀝
不知風雨幾時休　已教泪洒窗紗濕

吟罷擱筆方要安寢了妳報說寶二爺来了一語未完只見寶玉頭上帶着大箬(斗)笠身上披着簑衣代玉不覺笑了那里来的漁翁寶玉忙問今兒好些 一句 吃了藥沒有 两句 今兒一日吃了多少飯 三句 一面說一面摘了笠脫(了)簑(衣)忙一手擧起燈来(用手)遮住燈光向代玉臉上照了一照覷着眼細瞧了一瞧笑道今兒氣色好了些代玉看脫了簑衣里面只穿半舊紅綾短襖繫着綠汗巾

子膝上露出撒花褲子底下是掐金滿綉的綿紗襪子靸著蝴蝶落花鞋代玉問道上頭怕雨底下這鞋襪子是不怕雨的也到乾淨寶玉笑道我這一套是全的有一雙棠木屐纔穿了來脫在廊簷上了代玉又看那箬笠蓑衣斗笠不是尋常市上賣的十分細緻輕巧因說道是什麼草編的怪道穿上不像那刺蝟似的寶玉道這三樣都是北靜王送的他閒了下雨時在家里也是這樣你喜歡這個我也弄一套來送你別的都罷了惟有這斗笠有趣竟是活的頭上的這頂兒是活的冬天下雪帶上帽子就把竹信子抽了去下頂子來只剩了這圈子下雪時男女都帶得我送你一頂冬天下雪帶代玉笑道我不要他帶上那個就

戌個畫兒上畫的和戲上扮的漁婆兒及說了出来方想起話未忖度方纔

說寶玉的話相連後悔不及羞的臉飛紅便伏在桌子上嗽個不住妙極之文使代玉自己直說出夫妻来却又云畫的扮的本是閒談却是暗隐不吉之兆所謂畫兒中愛寵是也誰曰不然寶玉却不留心必云不留心方好方是宝玉若着心又有何文字且直是一時〻獵色一賊矣因見案上有詩遂拿起来看了一遍又不

禁叫好代玉聽了忙起来奪在手內向燈上燒了寶玉笑道我已背熟了燒

也無碍代玉道我也好了許多謝你一天来幾次瞧我下雨還来這會了夜深

了我也要歇着你且請回去明兒再来寶玉聽說回手向懷中掏出一個核

桃大小的一個金表来瞧了一瞧那針已指到戌末亥初之間忙又揣了說

道原該歇了又擾的你勞了半日神說着披簑帶笠出去了又番身進来

問道你想什麼吃告訴我〻明兒一早回老太〻豈不比老婆子們說的

明白直與後部寶釵之文遙〻針對　想彼姊妹房中婆子丫嬛皆有隨便皆可遣使令寶玉獨云婆子而不云丫嬛者心內已度定丫嬛之為人一言一事無論大小是方無錯謬者也一何可笑

代玉笑道等我夜里想着了明兒早起告訴你你聽雨越發緊了快去罷可有人跟着沒有〻兩個婆子答應有人外面拿着傘點着燈籠呢代玉笑道這個天點燈籠寶玉道不相干是明瓦的不怕雨代玉聽說回手向書架上把個玻璃繡毬燈拏了下來命點一支小蠟來遞與寶玉道這個又比那個亮正是雨里(地)點的寶玉道我也有這庅一個怕他們失腳滑倒了打破了所以沒點來代玉道跌了燈值錢跌了人值錢你又穿不慣木屐子那燈籠命他們前頭照着這個又輕巧又亮原是雨里(地)自己拿着的你自己手里拿着這個豈不好明兒再送來就(是)失了手也有(很)限的怎(庅)樣忽然又變

在這里剖腹藏珠的脾氣來寶玉聽說連忙接了過來前頭兩個婆子打着傘提着明瓦燈後頭還有兩個小丫嬛打着傘寶玉便將這個燈遞與一個小丫頭捧着寶玉扶着他的肩一逕去了就有蘅蕪苑的一個婆子也打着傘提着燈送了一大包上等燕窩來還有一包子潔粉梅片雪花洋糖說這比買的強姑娘說了姑娘先吃着完了再送了代玉回說費心命他外頭坐了吃茶婆子笑道不吃茶了我還有事呢代玉笑道我也知道你們忙如今天又涼夜又長越發該會個夜局痛賭兩場子婆子笑道不瞞姑娘說今年我大沾光兒了橫豎每夜各處有幾個上夜的人悮了便也不好不如會夜局又坐了更又解悶今兒又是

我的頭家如今園門關了就該上塲了几句閒話將渾々大宅夜間所有之事描寫一畫雖偌大一園且值秋冬之夜豈不寥落哉今用老嫗數語更寫得每夜深人定之後各處光燦爛人烟簇集柳陌花巷之中或提燈同酒或寒月烹茶者竟仍有絡繹人跡不絕不但不見寥落且覺更勝于日間繁華矣此是大宅妙景不可不寫出又伏下後文且又趁出後文之冷落此閑話中寫出正是不寫之寫也脂硯齋評

代玉聽說笑道難為你悮了你發財冒雨送来命人給他几百錢打些酒吃避々雨氣那婆子笑道又破費姑娘賞酒吃說着磕了一個頭外面接了錢打傘去了紫鵑收起燕窩然後移燈下簾伏侍代玉睡下代玉自在枕上感念宝釵一時又羨他有母兄一面又想宝玉雖素習和睦終有嫌疑又聽見窓外竹梢蕉葉之上雨聲淅瀝清寒透幕不覺又滴下泪来直到四更將闌方漸々的睡了暫且無話要知端的

脂硯齋重評石頭記

此回亦有本而筆非泛〻之筆也

只看他題綱用尷尬二字于邢夫人可知包藏含蓄文字之中莫能量也

脂硯齋重評石頭記卷之

第四十六回

尷尬人難免尷尬事

鴛鴦女誓絕鴛鴦偶

話說林代玉直到四更將闌方漸〻的睡去暫且無話如今且說鳳姐兒因見邢夫人叫他不知何事忙另穿帶了一番坐車過來邢夫人將房內人遣出悄向鳳姐兒道叫你來不為別事有一件為難的事老爺托我〻不得主意先和你商議老爺因看上了老太〻的使鴛鴦要他在房里叫我和老太〻討去我想這倒平常有的事只是怕老太〻不給你可有法子鳳姐兒聽了忙道依我說竟別碰這個釘子去老太〻離了鴛鴦飯也吃不下去的那里就捨得了況且平

日說起閒話來老太〻常說老爺如今上了年紀作什麼左一個小老婆右一個小老婆放在屋里沒的耽悞了人家放着身子不保養官兒也不好生作去成日家和小老婆喝酒太〻聽這話很喜歡老爺呢這會子迴避還恐迴避不及到拿草棍兒戳老虎的鼻子眼兒去了太〻別惱我是不敢去的明放着不中用而且反招出沒意思來老爺如今上了年紀行事不妥太〻該勸纔是比不得年輕作這些事無碍如今兄弟姪兒〻子孫子一大群還這麼鬧起來怎樣見人呢邢夫人冷笑道大家子三房四妾的也多偏偺們就使不得我勸了也未必依就是老太〻心愛的丫頭這麼鬍子蒼白了又作了官的一

個大兒子要了作房里人也未必好駁回的我叫了你來不過
商議〻〻你先派上了我一篇不是也有叫你要去的理自然是我說去
你到說我不勸你還不知道那性子的勸不成先和我陷了鳳姐兒
知道邢夫人禀性愚弱只知承順賈赦以自保次則婪取財貨
為自得家下一應大小事務俱由賈赦擺佈凡出入銀錢事務
一經他手便剋嗇異常以賈赦浪費為名須得我就中儉省
方可償補兒女奴僕一人不靠一言不聽的如今又聽邢夫人
如此的話便知他又弄左性子勸了不中用連忙陪笑說道太太
這話說的極是我能活了多大知道什麼輕重想來父
母跟前別說一個了頭就是那麼大的話寶貝不給老爺給

誰背地里的話那里信得我竟是個獃子璉二爺或有日得了
不是老爺太〻恨的那樣恨不得立刻拿來一下子打死及至
見了面也罷了依舊拏着老爺太〻心愛的東西賞他如今
老太〻代老爺自然也是那樣了依我說老太〻今兒喜歡
要討今兒就討去我先過去哄着老太〻發笑等太〻過去了
我搭赸着走開把屋子(里)的人我也代(帶)開太〻好和老太〻說的
給了更好不給也沒方碍衆人也不知道邢夫人見他這般說便
又喜歡起來又告訴他道我的主意先不和老太〻要老太〻要
說不給這事便死了(作)我心里想着先悄〻的和鴛鴦說他雖害
燥我細〻的告訴了他〻自然不言語就妥了那時再和老太

太說老太〻雖不依擱不住他愿意常言人去不中留自然這就妥了鳳姐兒
笑道到底是太〻有智謀這是千妥萬妥的別說是死央凴他是誰那一個不
想巴高望上不想出頭的這半個主子不做倒愿意做個了頭將来配個小子
就完了邢夫人笑道正是這個話了別說死央就是那些執事的大了頭誰不
愿意這樣呢你先過去別露一点風聲我吃了晚飯就過来鳳姐兒暗想死央
素習是个可悪的雖如此說保不嚴他就愿意我先過去了太〻後過去若他
依了便没話說倘或不依太〻是多疑的人只怕就疑我走了風聲使他拿腔
作勢的那時太〻又見了應了我的話羞惱變成怒拿我出起氣来到没意思
不如同着一齊過去了他依也罷不依也罷就疑不到我身上了想畢因笑道
方纔臨来的時候舅母那邊送了兩籠子鵪鶉我吩咐他們炸了原要赶太〻晚飯上送

過来的我纔進大門時見小子們抬車説太〻的車抜了縫拿去収拾去了不
如這會子坐了我的車一齊過去到好邢夫人聽了便命人来換衣服鳳姐忙
着伏侍了一回娘兒兩个坐車過来鳳姐兒又説道太〻過老太〻那里去我
若跟了去老太〻若問起我過去作什麼的到不好不如太〻先去我脱了衣
裳再来邢夫人聽了有理便自往賈母處和賈母説了一回閑話便出来假托
往王夫人房裡去從後門出去打鴛鴦的卧房前過只見鴛鴦正然坐在那裏做
針線見了邢夫人忙站起来邢夫人笑道做什麼呢我瞧〻你插的花兒越發
好了一面説一面便接他手内的針線瞧了一瞧只管讃好放下針線又渾身
打量他只見他穿着半新的藕合色的綾子兒祅青緞子掐牙子背心下面水緑裙子蜂腰削
背鴨蛋臉面烏油頭髮高〻的鼻子兩邊腮上微〻的幾点雀班鴛鴦見這般

看他自已到不好意思起来心里便覺咤意田（因）笑問道太〻這田子不早不晚的過来做什麽邢夫人使個眼色兒跟的人退出（去）邢夫人便坐下拉着鴛鴦的手笑道我特（特）来給你道喜了（来）鴛鴦聽了心中已猜着三分不覺紅臉低了頭不發一言听邢夫人道你知道你老爺跟前竟沒有個可靠的人說淂淂体我正想開口一句不知如何說如此則妙極是極如聞如見心里再要買一個又怕那些人牙子家出来的不干不净也不知道毛病兒買了来家三日兩日又要肏鬼吊猴的因滿府裏要挑一個家生女兒収了又沒個好的不是模樣兒不好就是性子不好有了這个好處沒了那個好處因此冷眼選了半年這些女孩子里頭就這（只）是你是个尖兒模樣兒行事作人温柔可靠一概是齊全的意思要和老太〻討了你去収在屋裡你比不淂外頭新買的你這一進去了進門就開了臉就封你姨娘又体面

又尊貴你又是個要强的人俗語説的金子終淂金子換誰知竟被老爺看重了你如今這一來你可遂了素日志大心高的愿了也堵一堵那些嫌你的人的嘴跟了我回老太〻去説着拉了他的手就要走夗央紅了臉奪手不行邢夫人知他害臊因又説道這有什麽臊處你又不用説話只跟着我就是了夗央只低了頭不動身邢夫人見他這般便又説道難道你不愿意不成若果然不愿意可真是個傻丫頭了放着主子奶〻不作倒愿意作丫頭三年二年不過配上一個小子還是奴才你跟了我們去你知道我的性子又好又不是那不容人的人老爺待你們又好過一年半載生下個一男半女你就和我並肩了家里人你要使喚誰〻還不動現成主子不做去錯過這個機會後悔就遲了夗央只管低了頭仍是不語邢夫人又道你這麽個響快人怎麽又這樣積粘起

來有什麽不稱心之處只管說與我〻管你遂心如意就是了鴛鴦仍不語邢
夫人又笑道想必你有老子娘你自己不肯說話怕臊你等他們問你這也是
理讓我問他們去叫他們來問你有話只管告訴他們說畢便往鳳姐兒房中
來鳳姐兒早換了衣服因房內無人便將此話告訴了平兒平兒也搖頭笑道
據我看此事未必妥[當]平常我們背着人說起話來聽他那主意未必是肯的也
只說着瞧罷了鳳姐兒道太〻必來這屋裏商議依了還可若不依白討個臊
當着你們豈不臉上不好看你說[給]他們炸鵪鶉再有什麽配几樣預備吃飯你
且別處逛〻去估[量]着去了再來平兒聽說照樣傳給婆子們便逍遙自在的往
園子里來這里鴛鴦見邢夫人去了必在鳳姐兒房里商議去了必定有人來
問他的不如躲了這里（終不免女兒氣不知躲在那里方無人來羅皂寫得可憐可愛）因找了琥珀說道老太

太要問我只說我病了没吃早飯往園子里俇〻就来珊珀荅應了他央也往園子里来各處遊玩不想正遇見平兒平兒因見無人便笑道新姨娘来了他央聽了便紅了臉說道怪道你們串通一氣来算計我等着我和你主子鬧去就是了平兒聽了自悔失言便拉他到楓樹底下（随筆帶出妙景正愁園中草木黄落不想看此一句便恍如值身于千霞萬錦絳雪紅霜之中矣）坐在一塊石上越性把方纔鳳姐過去回来所有的形景言詞始末原由告訴於他央紅了臉向平兒冷笑道這是俗們好比如襲人琥珀素雲紫絹彩霞玉釧兒麝月翠墨跟了史姑娘去的翠縷死了的可人和金釧去了的茜雪（余按此一笑亦是十二釵真鏡中花水中月雲中豹林中之鳥穴中之鼠無數可考無人可指有跡可追有形可據九曲八折遠響近影迷離烟灼縱橫隱現千奇百怪眩目移神現千手千眼大遊戲法也脂硯齋）連上你我這十来個人從小兒什麽話兒不說什麽事兒不作這如今因都大了各自幹各自的去了（此語已可傷犹未各自幹各自

去後日更有各自之處也知之乎然我心裏仍是照舊有話有事並不瞞你們這話我且放在你心里且別和二奶〻說別說大老爺要我做小老婆就是太〻這會子死了他三媒六聘証的娶我去作大老婆我也不能去平兒方欲笑答道只聽山石背後哈〻的笑道好個沒臉的丫頭虧你不怕牙磣二人聽了不免吃了一驚忙起身向山石子背後找尋不是別個却是襲人笑着說了出來問什麼事情告訴我說着三人坐在石上平兒又把方纔的話說與襲人听道真〻這話論理不該我們說這個大老爺太好色了畧平頭正臉的他就不放手了平兒道你既不愿意我教你個法子不用費事就完了鴛鴦道什麼法子你說來我聽平兒笑道你只和老太〻說就說已經給了璉二爺了大老爺就不好要了鴛鴦啐道什麼東西你還說呢前兒你主子不是這麼混說的誰知應到今兒了襲人

笑道他們兩個都不愿意我就和老太〻說叫老太〻說把你已經許了寶玉
了大老爺也就死了心了鴛鴦又是氣又是燥又是急因罵道兩個蹄子不得好
死的人家有為難的事拿着你們當正經人告訴你們與我排解排解你們到
替換着取笑兒你們自為都有了結果了將來都是做姨娘的據我看天下的
事未必都遂心如意你們且收着些兒別特樂過了頭兒二人見他急了忙陪
笑央告道好姐〻別多心咱們從小兒都是親姊妹一般不過無人處偶然取
個笑兒你的主意告訴我們知道也好放心鴛鴦道什麼主意我只不去就完
了平兒搖頭道你不去未必得干休大老爺的性子你是知道的雖然你是老
太〻房裡的人此刻不敢把你怎樣將來難道你跟老太〻一輩子不成也要
出去的那時落了他的手到不好了鴛鴦冷笑道老太〻在一日我一日不離

這里若是老太〻歸西去了他橫豎還有三年的孝呢沒個娘纔死了他先放小老婆的等過三年知道又是怎麼個光景那時再說總到了至急為難我剪了頭髮作姑子去不然還有一死一傍子不嫁男人又怎麼樣樂得干凈呢平兒襲人笑道真這蹄子沒了臉越發信口兒都說出來了夗央道事到如此燥一會怎麼樣你們不信慢〻的看着就是了太〻纔說了找我老子娘去我看他南京找去平兒道你的父母都在南京看房子沒上來終久也尋的着現在還有你哥〻嫂子在這里可惜你是這里的家生女兒不如我們兩個人是單在這里夗央道家生女兒怎麼樣牛不吃水强按頭我不願意難道殺我的老子娘不成正說着只見他嫂子從那邊走來襲人道當時找不着你的爹娘一定和你嫂子說了夗央道這個娼婦專管是個九國販駱駝的聽了這話他有

個（不）奉承去的說話之間已来到跟前他嫂子笑道那里没找到姑娘跑了這里
来你跟了我来我和你說話平兒襲人都忙讓他坐（着他）嫂子說姑娘們請坐我找
我們姑娘說句話襲人平兒都裝不知道笑道什麽這（話）樣忙我們這里猜謎兒
羸手批（到）子打呢等猜了這個再去夗央道什麽話你說罷他嫂子笑道你跟我
来到那里我告訴你横竪有好話兒夗央道可是大太太和你說的那話他嫂
子笑道姑娘既知道還奈何我快来我細〻的告訴你可是天大的喜事夗央
聽說立起身来照他嫂子臉上下死勁啐了一口指着他罵道你快夾着（你那）毴嘴
離了這里好多着呢什麽好話宋徽宗的鷹趙子昂的馬都是好畫兒什麽
喜事状元痘兒灌的漿（兒）又滿是喜事怪知道成日家羡慕人家女兒作了
小老婆一家子都仗着他横行霸道的一家子都成了小老婆了看的眼

熱了也把我送在火坑裏去我若得臉呢你們在外頭橫行霸道自已就封自
已是舅爺了我若不得臉敗了時你們把忘八脖子一縮生死由我一面說
一面哭平兒襲人攔着勸他嫂子臉上下不來因說道愿意不愿意你也好說
不犯着牽三掛四的俗語說當着矮人別說短話姑奶々罵我々不敢還言這
二位姑娘並沒惹着你小老婆長小老婆短人家臉上怎麼過得去襲人平兒
忙道你到別這麼說他也並不是說我們你到別牽三掛四的你听見那位太
々太爺們封了我們做小老婆况且我們兩個也沒有爹娘哥々兄弟在這門子
里仗着我們橫行霸道的他罵的人自有他罵的我們犯不着多心鴛鴦道他
見我罵了他々燥了沒的蓋臉又拿話挑唆你們兩個幸虧你們兩個明白
原是我急了也沒分別出來他就挑出這個空兒來他嫂子自覺沒趣賭氣去

了他尖氣得還罵平兒襲人勸他一回方纔罷了平兒因問襲人道你在那里
藏着做甚麽的我們竟没看見你襲人道我因爲往四姑娘房里瞧我們寶二爺
去的誰知遲了一步說是來家里來了我疑惑怎麽不遇見呢想要往林
姑娘家里我去又遇見他的人說也没去我這里正疑惑是出園子去了可巧
你從那里來了我一閃他也没看見後來他又來了我從這樹頭走到山子石
後我却見你兩個說話來了誰知你們四個眼睛没見我一語未了又听身後
笑道四個眼睛没見你你們六個眼睛竟没見我三人唬了一跳回身一看
不是别個正是寶玉走來（通部情案皆必從石兄掛號然各有各稿穿插神妙）襲人先笑道要我好找你
那里來寶玉笑道我從四妹妹那里出來迎頭看見你來了我就知道是找我
去的我就藏了起來哄你看你趾着頭過去了進了院子就出來了逢人就

問我在那里好笑只苐你到了跟前唬你一跳的後来見你也藏〻躲〻的我
就知道也是要哄人了我探頭往前看了一看却是他兩個所以我就遶到你
身後你出去我就躲在你躲的那里了平兒笑道偺們再往後找〻去只怕還
找出兩個人来也未（可）知寶玉笑道這可再沒了夗央已知話俱被寶玉聽了只
伏在石頭上粧睡寶玉推他笑道這石頭上冷偺們回房里去睡豈不好說着
拉起夗央来又忙讓平兒来家坐吃茶平兒和襲人都勸夗央走夗央方立起
身来四人竟往怡紅院来寶玉將方纔的話俱已聽見心中自然不快（快）只默〻
的歪在床上任他三人在外間說笑外（那）邊邢夫人因問鳳姐兒夗央的父母鳳
姐因回說他爹的名字叫金彩（姓金名彩由夗央二字化出因文而生文也）兩口子都往（在）南京看房
子從不大上京他哥〻（名叫）金文翔（更妙）現在是老太太那邊的買辦他嫂子也是老

太ミ那邊煑洗的頭兒只夗央一家罵的榮府中人各有各職如目已賭邢夫人便令人叫了他嫂子金文翔媳婦来細ミ說與他金家媳婦自是喜歡興ミ頭ミ找夗央只望一說必妥不想被夗央搶白一頓又被襲人平兒說了几句羞惱回来便對邢夫人說不中用他到罵了我一場因鳳姐兒在傍不敢提平兒說了襲人也帮着他搶白我也說了許多不知好歹的話回不淂主子的太ミ和老爺商議再買罷諒那小蹄子也沒有這麼大福我們也沒有這麼大造化邢夫人聽了因說道又與襲人什麼相干他們如何知道的又問還有誰在跟前金家的道還有平姑娘鳳姐兒忙道你不該拿嘴巴子打他回来我一出了門他就逛去了回家来連一個影兒也摸不着他ミ必定也帮着說什麼呢金家的道平姑娘沒在跟前遠ミ的看着到像是他可也不真切不過是我白忖度鳳姐便命人去快打了

他来告訴他我来家了太〻也在這里請他来幫個忙兒豊兒忙上来回道林姑娘打發了人下請字請了三四次他才去了奶〻一進門我就叫他去的林姑娘說告訴你奶〻我煩他有事呢鳳姐兒聽了方罷故意的還說天〻煩他有些什麽事那夫人無計吃了飯回家晚間告訴了賈赦賈赦想了一想即刻叫賈璉来說南京的房子還有人看着不止一家即刻叫上金彩来賈璉回道上次南京信来金彩已經得了痰迷心竅那邊連棺材銀子都賞了不知如今是死是活便是活着人事不知敎〔叫〕来〔也〕無用他老婆子又是個聾子賈赦听了喝了一聲又罵下流囚攮的偏你這麽知道還不離了我這里唬得賈璉退出一時又叫傳金文翔賈璉在外書房伺候着又不敢家去又不敢見他父親只得聽着一時金文翔来了小么兒們直帶入二門里去隔了五六頓飯的工夫才

出来去了賈璉暫且不敢打聽隔了一會又打聽賈赦睡了方纔過来至晚間鳳姐兒告訴他方纔明白鴛鴦一夜没睡至次日他哥〻回賈母接他家去逛〻賈母允了命他出去鴛鴦意欲不去又怕賈母疑心只得勉强出来他哥〻只得將賈赦的話說與他又許他怎麼體面又怎麼當家作娘娘鴛鴦只咬定牙不願意他哥〻無法少不得去回覆了賈赦賈赦怒起来因說道我這話告訴你叫你女人向他說去就說我的話自古嫦娥愛少年他必定嫌我老了大約他戀着少爺們多半是看上了寶玉只怕也有賈璉果有此心叫他早〻歇了心我要他不来此後誰還敢收此是一件第二件想着老太〻疼他將来自然往外聘作正頭夫妻去叫他細想憑他嫁到誰家去也難出我的手心除非他死了或是終身不嫁男人我就伏了他若不然時叫他趁早回心轉意有多少

好處賈赦說一句金文翔應一般是賈赦道你别哄我〻明兒還打發你太〻
過去問鴛鴦你們說了他不依便没你們的不是若問他〻再依了仔細你的
腦袋金文翔忙應了又應退出回家也不等得告訴他女人轉說竟自已對面
說了只話把個鴛鴦氣的無話可回想了一想便說道便願意去也須得你們
帶了我回聲老太〻去他哥嫂聽了只當回想過來都喜之不勝他嫂子即刻
帶了他上来見賈母可巧王夫人薛姨媽李紈鳳姐兒寶釵等姊妹並外頭的
几個執事有頭臉的媳婦都在賈母跟前湊趣兒呢鴛鴦喜之不盡拉了他嫂
子到賈母跟前跪下一行哭一行說把邢夫人怎麽来說園子里他嫂子又如
何說今兒他哥〻又如何說因為不依方纔大老爺越性說我戀着寶玉不
然要等着往外聘我到天上這一倍子也跳不出他的手心去終久要報仇我

是横了心的當着衆人在這里我這一倍子莫説是寶玉便是寶金寶銀寶天
王寶皇帝横竪不嫁人就完了就是老太〻逼着我〻一刀抹死了也不能從
命若有造化我死在老太〻之先若没造化該討吃的命伏侍老太〻歸了西
我也不跟着我老子娘哥〻去我或是尋死或是剪了頭髮當尼姑去若説我
不是真心暫且拿話来支吾日後再圖天地鬼神日頭月亮照着嗓子從嗓子
里頭長疔爛了出来爛化成醬在這里原来他一進来時便袖了一把剪子一
面説着一面左手打開頭髮右手便鉸衆婆娘了鬟忙来拉住已剪下半綹
来了衆人看時幸而他的頭髮極多鉸的不透連忙替他挽上賈母听了氣的
渾身亂战口内只説我通共剩了這麽一個可靠的人他們還要来筭計因見
王夫人在傍便向王夫人道你們原来都是哄我的外頭孝敬暗地里盤筭我

有好東西也来要有好人也要剩了這麼個毛了頭見我待他好了你們自然
氣不過弄開了他好攛弄我王夫人忙站起来不敢還一言千奇百怪王夫人亦有罪乎老人家
遷怒之言必應如此薛姨媽見連王夫人怪上反不好勸的了李紈一聽見夗央的話早
帶了姊妹們出去探春有心的人想王夫人雖有委曲如何敢辯薛姨媽也是
親姊妹自然也不好辯的宝釵也不便為姨母辯李紈鳳姐寶玉一槩不敢辯
這正用着女孩兒之時迎春老寔惜春小因此窓外聽了一聽便走進来陪笑
向賈母道這是（事）與太〻什麼相干老太〻想一想也有大伯子要收屋里的人
小嬸子（兒）如何知道便知道也推不知道犹未說完賈母笑道可是我老糊塗了
姨太〻別笑話我你這個姐〻他極孝順我不像我那大太〻一味怕老爺婆
〻跟前不過應景兒可是委屈了他薛姨媽只答應是又說老太〻偏心多疼

小兒子媳婦也是有的賈母道不是偏心因又說道寶玉我錯怪了你娘你怎麼
也不提我看看你娘受委屈寶玉笑道我偏着娘說大爺大娘不成通共一個不
是我娘在這里不認卻推誰去我到要認是我的不是老太太又不信賈母笑道
這也有理你快給你娘跪下你說太太別委屈了老太太有年紀了看着寶玉
罷寶玉听了忙走過去便跪下要說王夫人忙笑着拉他起來說快起來快起來
斷乎使不得終不成你替老太太給我賠不是不成宝玉听說忙站起來（宝玉亦有）
罷了賈母又笑道鳳姐兒也不提我（阿鳳也有了罪 奇奇怪怪之文所謂石頭記不是作出來的）鳳姐兒笑道
我到不派老太太的不是老太太到尋上我了賈母听了與衆人都笑道（是的人）這（迷又）
奇了到要聽聽這不是鳳姐兒道誰教老太太會調理的水葱兒似的怎麼怨
得人要我幸虧是孫子媳婦若是孫子我早要了還等到這會子呢賈母笑

道這到是我的不是了鳳姐兒笑道自然是老太〻的不是了賈母笑道這樣我也不要了你帶了去罷鳳姐兒道等着修了這輩子來生托生男人我再要罷賈母笑道你帶了去給璉兒放在屋里看你那没臉的公〻還要不要了鳳姐兒道璉兒不配就只配我和平兒這一對燒胡了的捲子和他混罷說的衆人都笑起來了丫鬟回說大太〻來了王夫人忙迎了出去要知端的

脂硯齋重評石頭記卷之

第四十七回

獃霸王調情遭苦打　冷郎君懼禍走他鄉

話說王夫人聽見邢夫人來了連忙迎了出去邢夫人猶不知賈母已知鴛鴦之事正還要來打听信息進了院門早有幾個婆子悄悄的回了他他方知道待要回去裏面已知（徑）又見（道是來了）王夫人接了出來少不得進來先與賈母請安（見）賈母一般兒不言語自己也覺得愧悔鳳姐兒早指一事迴避了鴛鴦也自回房去生氣薛姨媽王夫人等恐礙着邢夫人的臉面也都漸漸的退了邢夫人且不敢出去賈母見無人方說道我听見你替你老爺說媒來了你到也三從四德只是這賢慧也太過了你們如今也是孫子兒子滿眼了你還怕他

勸兩句都使不得還由着你老爺性兒鬧那夫人滿面通紅回道我勸過幾次不依老太々還有什麽不知道呢我也是不得已兒賈母道他逼着你殺人你也殺去如今你也想々你兄弟媳婦本來老寔又生得多病多痛上々下々那不是他操心你一個媳婦雖然帮着也是天々丟下笆兒笑掃帚凡百事情我如今都自已減了他們兩個就有一些不到的去處有鴛鴦那孩子還心細些我的事情他還想着一點子該要去的他就要了來該添什麽的他就度（瞅）空兒告訴他們添了鴛鴦再不這樣他娘兒兩個里頭外頭大的小的那里不忽畧一件半件我如今反到自已操心去不成還是天々盤算和你們要東西去我這屋裏有的沒的剩了他一個年紀也大些我凡百的脾氣性格兒他還知道些二則他還投主子們的緣法也並不指着我和這位太々要衣裳去又和那位

奶〻要銀子去所以這几年一應事情他說什麼從你小嬸(兒)和你媳婦起以至
家下大〻小小沒有不信的所以不單(但)我得靠連你小嬸(兒)媳婦也都省心我有
了這麼個人便是媳婦和孫子媳婦有想不到的我也不得缺了也沒氣可生
了這會子他去了(要)你們弄個什麼人來我使你們就弄他那麼一個真(珍)珠的人
来不會說話也無用我正要打發人和你老爺說去他要什麼人我這里有錢
叫他只管一萬八千的買就(只)這個丫頭不能留下他伏侍我几年就比他日夜
伏侍我盡了孝的一般你来的也巧你就去說更妥當了說畢命人来請
了姨太〻你姑娘們来說個話兒纔高興怎麼又都散了丫頭們忙答應着
去了衆人忙赶的又来只有薛姨媽向丫鬟道我纔来了又作什麼去(呢)你就
說我睡了覺了那丫頭道好親〻的姨太太姨祖宗我們老太〻生氣呢你

老人家不去沒個開交了只當疼我們罷你老人家嬸〻我背了你老人家去薛
姨媽道小鬼頭兒你怕些什麽不過罵几句完了說着只得和這小丫頭子走
来賈母忙讓坐又笑道咱們鬭牌姨太〻的牌也生咱們一處坐着別叫鳳姐
兒混了我們去薛姨媽笑道正是呢老太〻替我看着些兒就是咱們娘兒四
個鬭呢還是再添個呢王夫人笑道可不只四個言語鳳姐兒道再添一個
人熱鬧些賈母道叫鴛鴦来叫他在這下手里坐着姨太〻眼花了咱們兩個
的牌都叫他瞧着些兒鳳姐兒嘆了一聲向探春道你們知書識字的到不覺
筭命探春道這又奇了這會子你到不打點精神羸老太〻幾個錢又想筭命
鳳姐兒道我正要筭〻今兒該輸多少呢我還想羸呢你瞧〻場子没上左右
都埋伏下了說的賈母薛姨媽都笑起来一時鴛鴦来了便坐在賈母下手

鴛鴦之下便是鳳姐兒紅毡洗牌告么五人起牌鬭了一回鴛鴦見賈母的牌
已十嚴只等一張二餅便遞了暗號與鳳姐兒鳳姐兒正該發牌便故意躊躇
了半晌笑道我這一張牌定在姨媽手里扣着呢我若不發這一張再頂不下
来的薛姨媽道我手裡並沒有你的牌鳳姐兒道我回来是要察的薛姨媽道你
只管察你且發下来我瞧瞧是張什麽鳳姐兒便送在薛姨媽跟前薛姨媽一
看是個二餅便笑道我倒不稀罕他只怕老太太滿了鳳姐兒聽了忙笑道我
發錯了賈母笑的已擲下牌来說你敢拿回去誰叫你錯的不成鳳姐兒道可
是我要算一算命呢這是自己發的也怨埋伏別人賈母笑道可是呢你自己該打着
你那嘴問着你自己纔是又向薛姨媽笑道我不是小器愛贏錢原是個彩頭
兒薛姨媽笑道可是不過是這樣那里有那樣糊塗人說老太太愛錢呢鳳姐兒正

数着錢听了這話他又把錢穿上了向衆人笑道𣪍了我的了竟不為贏錢單
為贏彩頭兒我到底小器輸了就数錢快收起來罷賈母規矩是鴛鴦代洗牌
因和薛姨媽説笑不見鴛鴦動手賈母道你怎麼惱了連牌也不替我洗鴛鴦
拏起牌來笑道二奶〻不給錢賈母道他不給錢那是他交運了便命小丫頭
子把他那一吊錢都拿過來小丫頭子真就拿了擱在賈母傍邊鳳姐兒笑
道賞我罷我照数兒給就是了薛姨媽笑道果然是鳳丫頭小器不過是頑兒
罷了鳳姐听説便站起來拉着薛姨媽回頭指着賈母素日放錢的一個木匣
子笑道姨媽瞧〻那個里頭不知頑了我多少去了這一吊錢頑不了半個時
辰那里頭的錢就招手兒叫他了只等把這一吊也叫進去了牌也不用鬭了老
祖宗的氣也平了又有正經事差我辦去了話説未完引的賈母衆人笑個

不住偏有平兒怕錢不彀又送了一吊来鳳姐兒道不用放在我跟前也放在
老太ミ的那一處罷一齊叫進去到省事不用做兩次開箱子里裝的錢費事賈母
笑的手裡的牌撒了一桌子推着鴛鴦快叫撕他的嘴平兒依言放下錢也笑
了一回方回来至院門前遇見賈璉問他太ミ在那里呢老爺叫我請過去呢
平兒忙笑道在老太ミ跟前呢站了這半日還沒動呢趂早兒丢開手罷老
太ミ生了半日氣這會子虧二奶ミ湊了半日趣兒纔略好了些賈璉道我過
去只說討老太ミ的示下十四往賴大家取錢去好預備轎子的又請了太ミ
又湊了趣兒豈不好平兒笑道依我說你竟不去罷合家子連太ミ寶玉都有
了不是這會子你又塡限去了賈璉道已經完了難道還找補不成況且
與我又無干二則老爺親自吩咐我請太ミ的這會子我打發了人去倘

我知道了正沒好氣呢指着這個拿我出氣罷說着就走平兒見他說得
有理也便跟了過来賈璉到了堂屋裡便把脚步放輕了往里間探頭只見那
夫人站在那里鳳姐兒眼尖先瞧見了使眼色兒不令他進来又使眼色與那
夫人夫人不便就走只得倒了一碗茶来放在賈母跟前賈母一回身賈璉
不防便沒躲伶俐賈母便問外頭是誰倒像個小子一伸頭鳳姐兒忙起
身說我也恍惚看見一個人影兒讓我瞧瞧去一面說一面起身出来賈璉
忙進去陪笑道打听老太太十四可出門好預倫轎子賈母道既這麼樣怎
麼不進来又作鬼作神的賈璉陪笑道見老太太玩牌不敢驚動不過叫
媳婦出来問問賈母忙道這一時等他家去你問多少問不得那一遭兒你這
麼小心来着又不知是来作耳報神的也不知是来作探子的鬼鬼祟祟的到

唬了我一跳什麽好下流種子你媳婦和我頑牌呢還有半日的空兒你家去
再和那趙二家的商量治你媳婦去罷說着衆人都笑了尤氏笑道鮑二家的
老祖宗又拉上趙二家的賈母也笑道可是我那里記得什麽抱着背着的提
起這些事来不由我不生氣我進了這門子作重孫子媳婦起到如今我也有
了重孫子媳婦了連頭帶尾五十四年憑着大驚大險千奇百怪的事也
經了些從没經過這些事還不離了我這裡呢賈璉一聲兒不敢說忙退了
出来平兒站在窓外悄悄的笑道我說着你不聽到底碰在網裡了正說着只
見邢夫人也出来賈璉道都是老爺鬧的如今都搬在我和太太身上邢夫人
道我把你没孝心雷打的下流種子人家還替老子死呢白說了[仰.]几句[話]你就
抱怨了你還[没遇見他]不生氣的呢[時候]這几日[肯]生氣仔細他揾你賈璉道太太快過去罷叫

我来請了好半日了說着送他母親出来過那邊去邢夫人將方纔的話只畧
說了幾句賈赦無法又舍愧自此便告病且不敢見賈母只打發邢夫人及賈
璉每日過去請安只得又各處遣人購求尋覔終久費了八百兩銀子買了一
個十七歲的女孩子来名喚嫣紅收在屋內不在話下這裏鬬了半日牌吃晚
飯纔罷此一二日間無話展眼到了十四日黑早賴大的媳婦又進来請賈母高
興便帶了王夫人薛姨媽及寶玉姊妹等到賴大花園中坐了半日那花園雖
不及大觀園却也十分齊整寬闊泉石林木樓閣亭軒也好幾處驚人駭目的
外面廳上薛蟠賈珍賈璉賈蓉並幾個近族的很遠的也沒来賈赦也沒来賴
大家內也請了幾個現任的官長並幾個世家子弟作陪因其中有柳湘蓮薛
蟠自上次會過一次已念念不忘又打聽他最喜串戲且串的都是生旦風

月戲文不免錯會了意悞認他作了風月子弟正要與他相交恨沒有個引進
這日可巧遇見無可不可且賈珍等也慕他的名酒盖住了臉就求他串了兩
齣戲下來移席和他一處坐着問長問短說此說彼那柳湘蓮原是世家子弟
讀書不成父母早喪素性爽俠不拘細事酷好耍鎗舞劍賭博吃酒以至眠花
卧柳吹笛彈箏無所不為因他年紀又輕生得又美不知他身分的人却悞
認作優伶一類那賴大之子賴尚榮與他素習交好故他今日請來作陪
不想酒後別人猶可獨薛蟠又犯了舊病他心中早已不快得便意欲走開
完事無奈賴尚榮死也不放賴尚榮又說方纔寶二爺又囑付我纔一進門雖
見了只是人多不好說話叫我囑付你散的時候別走他還有話說呢你既一定
要去等我叫出他來你兩個見了再走與我無干說着便命小廝們到裡頭

找一個老婆子悄悄告訴請出寶二爺來那小廝去了沒一盞茶時果見寶玉出来了賴尚榮向寶玉笑道好叔叔把他交給你我張羅人去了說着一逕去了寶玉便拉了柳湘蓮到廳側小書房中坐下問他這几日可到秦鐘的坟上去了（忽提此人使我墮淚近几回不見提此人自謂不表矣乃忽于此處柳湘蓮提及所謂方以類聚物以群分也）湘蓮道怎麼不去前日我們几個人放鷹去離他坟上還有二里我想今年夏天的雨水勤恐怕他的坟站不住我背着眾人走去瞧了一瞧果然又動了一點子回家來就便弄了几百錢第三日一早出去僱了兩個人收拾好了寶玉道怪道呢上月我們大觀園的池子裡頭結了蓮蓬我摘了十個叫茗烟出去到坟上供他去回來我也問他的坟可被雨冲壞了沒有他說不但不冲且比上回又新了些我想着不過是這几個朋友新築了我只恨我天天圈在家裏一點兒做不得主行動就有

人知道不是這個攔就是那個劝的能說不能行雖然有錢又不由我使湘蓮道這個事也用不着你操心外頭有我你(呢)只心裏有了(就好)就是眼前十月一我已經打點下上坟的花消你知道我一貧如洗家裡是没的(有)積聚總有几個錢(来)随手就光的不如趂空兒留下這一分省得到了跟前扎(干撇着)手宝玉道我也正為這個要打發茗烟找你〻〻又不大在家知道你天〻萍踪浪跡没個一定的去處湘蓮道這也不用找我〻這個事不過各盡其道眼前我還要出門去走〻外頭伲個三年五載再回来寶玉听了忙問道這是為何柳湘蓮冷笑道你不知道我的心事等到跟前你自然知道我如今要别(先走)過了宝玉道好容易會着晚上同散豈不好湘蓮道你那令姨表兄還是那樣再坐着未免有事不如我迴避了到好宝玉想了一想道既是這樣到是迴避他為是只是你要果

真遠行必須先告訴我一聲千萬別悄悄的去了說着便滴下淚來柳湘蓮道自然要辭的你只別和別人說就是了說着便站起來要走又道你們進去不必送我一面說一面出了書房剛至大門前早遇見薛蟠在那里亂嚷亂叫說誰放了小柳兒走了柳湘蓮聽了火星亂迸恨不得一拳打死復思酒後揮拳又礙着賴尚榮的臉面只得忍了又忍薛蟠忽見他走出來如得了珍寶忙趔趄着上來一把拉住笑道我的兄弟你往那里去了湘蓮道走走就來薛蟠笑道好兄弟你一去都沒興了好歹坐一坐你就疼我了憑你有什麽要緊的事交給哥哥你只別忙有你這個哥哥你要做官發財都容易湘蓮見他如此不堪心中又恨又愧早生一計便拉他到避人之處笑道你真心和我好假心和我好呢薛蟠聽這話喜的心癢難撓乜斜着眼忙笑道好兄弟你怎麽問起我這話來

我要是假心立刻死在眼前湘蓮道既如此這裏不便等坐一坐我先走你隨

後出來跟到我下處偺們替另喝一夜酒我那裏還有兩個絕好的孩子從沒

出門過去呢你可連一個跟的人也不用帶到了那里伏侍的人都是現成的薛蟠

听如此說喜得酒醒了一半說果然如此湘蓮道如何人拿真心待你你到不

信了薛蟠忙笑道我又不是獃子怎麼有個不信的呢既如此我又不認得你

先去了我在那里找你湘蓮道我這下處在北門外頭你可捨得家城外住一

夜去薛蟠笑道有了你我還要家做什麼湘蓮道既如此我在北門外頭橋

上等你偺們席上且吃酒去你看我走了之後你再走他們就不留心了薛蟠

听了連忙荅應于是二人復又入席飲了一回那薛蟠難熬只拿眼看湘蓮心

內越發歡樂左一壺右一壺並不用人讓自己便吃了又吃不覺酒已八九分

了湘蓮便起身出來瞧人不妨防去了至門外命小廝杏奴先家去罷我到城外就來説畢已跨馬直出北門橋上等候薛蟠沒頓飯時工夫只見薛蟠騎着一匹大馬遠遠的赶了來張着嘴瞪着眼頭似撥浪鼓子一般不住左右亂瞧及至從湘蓮馬前過去只顧望遠處瞧不曾留心近處反蹈過去了湘蓮又是笑又是恨便也撒馬隨後赶來薛蟠往前看時漸漸人烟稀少便又圈馬回來再找不想一回頭見了湘蓮如獲奇珍忙笑道我説你是個再不失信的湘蓮笑道快往前走仔細人看見跟了來就不便了説着先就撒馬前去薛蟠也緊緊的跟來湘蓮見前面人跡已稀且有一帶葦塘便下馬將馬拴在樹上向薛蟠笑道你下來偺們先設個誓日後要變了心告訴人去的便應了誓薛蟠笑道這話有理速連忙下了馬也拴在樹上便跪下説道我要日久變

必告訴人去的天誅地滅一語未了只聽嘡的一聲頸後好似鉄椎砸下来只
覺得一陣黑滿眼金星乱迸身不由己便倒下来湘蓮走上来瞧〻知道他是
個怢家不慣捱打只使了三分氣力向他臉上拍了幾下登時便開了菓子鋪
薛蟠先還要掙挫起来又被湘蓮用脚尖點了兩點仍旧跌倒口内說道原是
兩家情愿你不依只好說為什麽哄出我来打我一面說一面乱罵湘蓮道我
把你瞎了眼的你認〻柳大爺是誰你不說哀求你還傷我〻打死你也無益
只給你個利害罷說着便取了馬鞭過来從背至脛打了三四十下薛蟠酒已
醒了大半覺得疼痛難禁不禁有噯喲之聲湘蓮冷笑道也只如此我只当
你是不怕打的一面說一面又把薛蟠的左腿拉起来朝葦中濘泥處拉了几
步滚的滿身泥水又問道你可認得我了薛蟠不應只伏着哼〻湘蓮又擲

下鞭子用拳頭向他身上擂了几下薛蟠便乱滚乱叫説肋條折了我知道你是正緊人應為我錯聽傍人的話了湘蓮道不用拉別人你只説現在的薛蟠道現在沒什麽説的不過你是個正緊人我錯了湘蓮道還要説軟些纔饒你薛蟠哼哼着道好兄弟湘蓮便又一拳薛蟠噯了一聲道好哥哥湘蓮又連兩拳薛蟠忙噯喲叫道好老爺饒了我這沒眼睛的瞎子罷從今以後我敬你怕你了湘蓮道你把那水喝兩口薛蟠一面听了一面皺眉道那水臟得很怎麽喝得下去湘蓮舉拳就打薛蟠忙道我喝喝説着説着只得俯頭向葦根下喝了一口犹未嚥下去只听哇的一聲把方纔吃的東西都吐了出來湘蓮道好臟東西你快吃盡了饒你薛蟠听了叩頭不迭道好歹積陰功饒我罷這至死不能吃的湘蓮道這樣氣息到燻壞了我説着丟下薛蟠便牽馬認鐙去了

這里薛蟠見他已去心内方放下心来後悔自已不該悞認了人待要掙挫起来無奈遍身疼痛難禁誰知賈珍等席上忽不見了他两個各處尋找不見有人說恍惚出北門去了薛蟠的小厮們素日是懼他的他吩咐不許跟去誰還敢找去（亦如秦法自悞）後来還是賈珍不放心命賈蓉帶着小厮們尋蹤問跡的直找出北門下橋二里多路忽見葦坑边薛蟠的馬拴在那里衆人都道可好了有馬必有人一齊来至馬前只听葦中有人呻吟大家忙走了来一看只見薛蟠衣衫零碎面目腫破沒頭沒臉遍身内外滚的似個泥猪一般賈蓉心内已猜着九分了忙下馬令人攙了出来笑道薛大叔天天調情今兒調到葦子坑裏来了必定是龍王爺也愛上你風流要招駙馬去你就碰到龍犄角上了薛蟠羞的恨沒地縫兒鑽不進去那裏爬的上馬去賈蓉只得命人赶到關廂里僱了

二乘小轎子薛蟠坐了一齊進城賈蓉還要抬往賴家去赴席薛蟠百般央告又命他不要告訴人賈蓉方依允了讓他各自回家賈蓉仍往賴家回覆賈珍也知為湘蓮所打也笑道他須得吃〔一遭〕個虧纔好至晚散了便來問候薛蟠自在外房將養推病不見賈母等回來各自歸家時薛姨媽與寶釵見香菱哭得眼睛腫了問其原故忙赶來瞧薛蟠時臉上身上雖有傷痕並未傷筋動骨薛姨媽又是心疼又是發恨罵一回薛蟠又罵一回柳湘蓮意欲告訴王夫人遣人尋拿柳湘蓮寶釵忙勸道這不是什麼大事不過他們一處吃酒〻後反臉常情誰醉了多挨几下子打也是有的況且咱們家無法無天也是人所共知的媽不過是心疼的緣故要出氣也容易等三五天哥〻養好了出的去時那邊珍大爺璉二爺這干人也未必白丟開了手自然備個東道叫了那個人來当

着衆人替(給)哥哥賠不是認罪就是了如今媽先當件大事告訴衆人到顯得媽
偏心溺愛縱容他生事招人今兒偶然吃了一次(遭)虧媽就這樣興師動衆倚(仗)着
親戚之勢欺壓常人薛姨媽听了道我的兒到底是你想的到我一時氣糊塗
了宝釵笑道這纔好呢他又不怕媽又不听人劝一天縱似一天吃過兩三個(遭)
虧他到罷了(改悔些也好)薛蟠睡在炕上痛罵柳湘蓮又命小厮們去拆他的房子打死他
和他打官厮(司)薛姨媽禁住小厮們只說柳湘蓮一時酒後放肆如今酒醒後悔
不及懼罪逃走了薛蟠聽見如此說了要知端的

題曰柳湘蓮走他鄉必謂寫湘蓮如何走今却不寫反細寫阿獃兄之游藝了心却湘蓮之分内走者而不細寫其走反寫阿獃不應走而寫其走文牽岐路令人不識者如此

至情小妹回中方寫湘蓮文字真神化之筆

脂硯齋重評石頭記卷之

第四十八回

濫情人情誤思游藝　慕雅女雅集苦吟詩

且說薛蟠聽見如此說了氣方漸平三五日後疼痛雖愈傷痕未平只粧病在家愧見親友展眼已到十月因有各鋪面夥計內有筭年賬要回家的少不得家內治酒餞行內有一个張德輝年過六十自幼在薛家當鋪內攬總家內也有二三千金的過活今歲也要回家明春方來因說起今年紙劄香料短少明年必是貴的明年先打發大小兒上來當鋪內照管自己趕端陽前我順路販些紙劄香扇來賣除去關稅花銷亦可以剩得几倍利息薛蟠听了心中忖度我如今捱了打正難見人想着要躲他個一年半載又沒處去躲天天粧病也不

是事況且我長了這麼大文又不文武又不武雖說做買賣究竟戥子筭盤
從没拿過地土風俗遠近道路又不知道不如也打點些个本錢和張德輝伴
一年來賺錢也罷不賺錢也罷且躲躲羞去二則伴伴山水也是好的心內主
意已定至酒席散後便和張德輝說知命他等一二日一同前往晚間薛蟠告
訴了他母親薛姨媽聽了雖是歡喜但又恐他在外生事花了本錢到是末
事因此不命他去只說好歹你守着我我還能放心些況且也不用做這買賣
也等不着這几百銀子來用你在家里安分守已的就強似這几百銀子了薛
蟠主意已定那里肯依只說天天又說我不知世事這個也不知那個也不學
如今我發狠把那些没要緊的都斷了如今要成人立事學習着買賣又不准
我了叫我怎麼樣呢我又不是個丫頭把我關在家里何日是個了日況且那

張德輝又是個年高有德的偺們和他世交我同他去怎麽得有錯我就一
時半刻有不好的去處他自然說我勸我就是東西貴賤行情他是知道的自
然色〻問他何等順利到不叫我去過兩日我不告訴家裏私自打點了一走
明年發了財回家那時纔知道我呢說畢賭氣睡覺去了薛姨媽听他如此說
因和寶釵商議宝釵笑道哥〻果然要經歷正事正是好的了只是他的在家
時說着好听到了外頭舊病復犯越發難拘束了〻但也愁不得許多他若是
真改了是他一生的福若不改媽也不能又有別的法子一半盡人力一半听
天命罷了這麽大人了若只管怕他不知世路出不得門幹不得事今年関在家
里明年還是這個樣兒他既說的名正言順媽就打諒着丟了八百一千銀子
竟交與他試一試橫竪有夥計們帮着也未必好意思哄騙他的二則他出去

了左右沒有助興的人又沒了倚仗的人到了外頭誰還怕誰有了的吃沒了
的餓着衆眼無靠他見這樣只怕比在家里省了好些事也未可知作書者曾吃此虧批書者亦曾
吃此虧故特于此註明使後人深思默戒脂硯齋 薛姨媽听了思忖半晌說道到是你說的是花兩個
錢叫他學些乖來也值了商議已定一宿無語至次日薛姨媽命人請了張德
輝來在書房中命薛蟠款待酒飯自已在後廊下隔着窓子向裏千言萬語囑
託張德輝照管薛蟠張德輝滿口應承吃過飯告辭又回說十四日是上好出
行日期大世兄即刻打點行李僱下騾子十四一早就長行了薛蟠喜之不盡
將此話告訴了薛姨媽薛姨媽便和宝釵香菱並兩個老年的嫲〻連日打點行
裝派下薛蟠之乳父老蒼頭一名當年諸事舊僕二名外有薛蟠隨身常
使小廝二人主僕一共六人僱了三輛大車〻上拉行李使物又僱了四個長行

騾子薛蟠自騎一疋家內養的鐵青大走騾外備一疋坐馬諸事完畢薛姨媽寶釵等連夜勸戒之言自不必備說至十三日薛蟠先去辭了他舅舅然後過來辭了賈宅諸人賈珍等未免又有餞行之說也不必細述至十四日一早薛姨媽寶釵等直同薛蟠出了儀門母女兩個四隻淚眼看他去了方回來薛姨媽上京帶來的家人不過四五房並兩三個老嬷嬷小丫頭今跟了薛蟠一去外面只剩了一兩個男子因此薛姨媽即日到書房將一應陳設玩器並簾幔等物盡行搬了進來收貯命那兩個跟去的男子之妻一並也進來睡覺又命香菱將他屋裏也收拾嚴緊將門鎖了晚間和我去睡寶釵道媽既有這些作伴不如叫菱姐姐和我作伴去我們園裏又空夜長了我每夜作活越多一個人豈不越好薛姨媽听了笑道正是我忘了原該叫他同你去纔是我前日還同

你哥〻說文杏又小道三不着兩鶯兒一個人不彀伏侍的還要買一個丫頭来使使宝釵道買的不知底裡倘或走了眼花了錢小事沒的淘氣到是慢〻的打听着又知道来歷的買個還罷了閑言過耳無跡然已伏下一事矣一面說一面命香菱收拾了衾褥妝奩命一個老婆〻並臻兒送至蘅蕪苑去然後宝釵和香菱纔同回園中来細想香菱之為人也根基不讓迎探容貌不讓鳳秦端雅不讓紈釵風流不讓湘黛賢惠不讓襲平所惜者青年罹禍命運乖蹇足為側室且雖曾讀書不能與林湘輩並馳于海棠之社耳然此一人豈可不入園哉故欲令入園終無可入之隙籌畫再四欲令入園必獃兄遠行後方可然阿獃兄又如何方可遠行曰名不可利不可正事不可必得萬人想不到自己忽一發機之事方可因此思及情之一字及獃素所悮者故借情悮二字生出一事使阿獃遊藝之志已堅則菱卿入園之隙方安回思因欲香菱入園是寫阿獃情悮因欲阿獃情悮先寫一賴尚榮寔委婉嚴密之甚也　脂硯齋評香菱道我久要和姑娘作伴兒去又恐怕奶〻多心說我貪着園里来還誰知你竟說了宝釵笑道我知道你心裏羡慕這園子不是一日兩日了只是沒個空

只得陪笑相問因有無限驚慌作者摹擬神情無不週

兒就每日来一猗荒﹅張﹅的也沒趣兒所以趂着机會越性住上一年我也

多個作伴的你也遂了心香菱笑道好姑娘你趂着這個工夫交給我作詩罷

寫得何其有趣今忽見菱卿此句合卷從紙上另走出一姣小美人来並不是

湘林探鳳等一樣口氣聲色真神駿之技雖馳驅萬里而不見有倦怠之色

宝釵笑道我說你得隴望蜀呢我劝你今兒頭一日進来先出園東角門從老

太﹅起各處各人你都瞧﹅問候一聲兒也不必特意告訴他們說搬進園来

若有提起因由你只帶口說我帶了你進来作伴兒就完了回来進了園再到

各姑娘房里走﹅香菱應着纔要走時只見平兒忙﹅的走来 忙﹅二字竒不知有何妙文

香菱忙問了好平兒只得陪笑相問宝釵因向平兒笑道我今兒帶了他来作

伴兒正要去回你奶﹅一聲兒平兒笑道姑娘說的是那里話我竟沒話答言

了宝釵道這纔是正理店房也有個主人廟裏也有個住持雖不是大事到底

告訴一般便是園裏坐更上夜的人知道添了他兩個也好関門候户的了你
回去告訴一般罷我不打發人去了平兒答應着因又向香菱笑道你既来了
也不拜一拜街坊鄰舍去（是極恰是戲言寔欲支出香菱去也）宝釵笑道我正（要）叫他去呢平兒道
你且不必往我（們）家去二爺病了在家裏呢香菱答應着去了先從賈母處來不
在話下且說平兒見香菱去了便拉宝釵忙說道姑娘（听見）我們的新文（聞）了（没有）新文可
宝釵道我沒听見新（什麽）文因連日打發我哥〻出門所以你們這裏的事一槩也
不知道連姊妹們這兩日也沒見平兒笑道老爺把二爺打了箇動不得難道
姑娘就沒聽見宝釵道早起恍惚听見了一句也信不真我也正要瞧你奶〻
去呢不想你来了又是為了什麽打他平兒咬牙罵道都是那賈雨村什麽風
村半路途中那里来的餓不死的野雜種認了不到十年生了多少事出来今

年春天老爺不知在那個地方看見了几把舊扇子回家看家里的所有收着的
這些好扇子都不中用了立刻叫人各處搜求誰知就有一個不知死的寃家
姓石
混號兒世人叫他作石獃子窮的連飯也沒的吃偏他家就有二十把舊扇子死
也不肯拿出大門來二爺好容易煩了多少情見了這個人說之再三把二爺
請到他家里坐着拿出這扇子略瞧了一瞧據二爺說原是不能再有的全是
湘妃棕竹麋鹿玉竹的皆是古人寫畫真跡因來告訴了老爺老爺便叫買他
的要多少銀子給他多少偏那石獃子說我餓死凍死一千兩銀子一把我也
不賣老爺沒法子天天罵二爺沒能為已經許了他五百兩先兌銀子後拿扇
子他只是不賣只說要扇子先要我的命姑娘想想這有什麼法子誰知雨村
那沒天理的聽見了便設了個法子訛他拖欠了官銀拿他到衙門里去說所

欠官銀變賣家產賠補把這扇子抄了來作了官價送了來那石獃子如今不知是死是活老爺拿着扇子問着二爺說人家怎麽弄了來二爺只說了一句爲這點子小事弄得人坑家敗業也不筭什麽能爲老爺听了就生了氣說二爺拿話堵老爺因此這是第一件大的這几日還有几件小的我也記不清所以都湊在一處就打起来了也沒拉倒用板子棍子就站着不知拿什麽混打一頓臉上打破了兩處我們听見姨太太這里有一種丸藥上棒瘡的姑娘快尋一丸子給我宝釵听了忙命鶯兒去要了一丸来與平兒宝釵道既這樣替我問候罷我就不去了平兒答應着去了不在話下且說香菱見過衆人之後吃過晚飯宝釵等都往賈母處去了自已便往瀟湘館中来此時代玉已好了大半見香菱也進園来住自是欢喜香菱因笑道我這一進来了也得了空兒

好歹教給我作詩就是我的造化了代玉笑道既要作詩你就拜我作師我雖不通大約也還教得起你香菱笑道果然這樣我就拜你作師你可不許膩煩的代玉道什庅难事也值得去學不過是起承轉合當中承轉是兩付對子平聲對仄聲虛的對實的實的對虛的若是果有了奇句連平仄虛實不对都使得的香菱笑道怪道我常弄一本舊詩偷空兒看一兩首又有对的極工的又有不对的又听見説一三五不論二四六分明看古人的詩上亦有順的亦有二四六上錯了的所以天天疑惑如今听你這一説原來這些格調規矩竟是末事只要詞句新奇為上代玉道正是這個道理詞句究竟還是末事第一主意要緊若意趣真了連詞句不用修飾自是好的這叫做不以詞害意香菱笑道我只愛陸放翁的詩

古硯微凹聚墨多
重簾不捲留香久

說的真有趣代玉道斷不可學這樣的詩你們因不知詩所以見了這淺近的就
愛一入了這個格局再學不出来的你只听我說你若真心要學我這里有王
摩詰全集你且把他的五言律讀一百首細心揣磨透熟了然後再讀一二百
首老杜的七言律次再把李青蓮的七言絕句讀一二百首肚子裏先有了這三
個人作了底子然後再把陶淵明應瑒謝阮庾鮑等人的一看你又是一個極
聰敏伶俐的人不用一年的工夫不愁不是詩翁了香菱听了笑道既這樣好
姑娘你就把這書給我拿出来我帶回去夜里念几首也是好的代玉听說便
命紫鵑將王右丞的五言律拿来遞與香菱又道你只看有紅圈的都是我
選的有一首念一首不明白的問你姑娘或者遇見我〻講與你就是了香菱

拿了詩回至蘅蕪院中諸事不顧只向燈下一首一首的讀起来宝釵連催他
数次睡覺他也不睡宝釵見他這般苦心只得随他去了一日代玉方梳洗完
了只見香菱笑吟〻的送了書来又要換杜律代玉笑道共記得多少首香菱
笑道凡紅圈選的我盡讀了代玉道可領畧了些滋味没有香菱笑道領畧了
些滋味不知可是不是説與你听〻代玉笑道正要講究討論方能長進你且
説来我听香菱笑道據我看来詩的好處有口裏説不出来的意思想去却是
逼真的有似乎無理的想去竟是有理有情的代玉笑道這話有了些意思但
不知你從何處見得香菱笑道我看他塞上一首那一聯云

大漠孤烟直　長河落日圓

想来烟如何直日自然是圓的這直字似無理圓字似太俗合上書一想到

像是見了這景的若說再找兩個字換這兩個竟再找不出兩個字来再還有

日落江湖白　潮来天地青

這白青兩個字也似無理想来必得這兩個字纔形容得盡念在嘴裏到像有几千斤重的一個橄欖還有

渡頭餘落日　墟里上孤烟

這餘字和上字難爲他這麼想来我們那年上京来那日下晚便灣住船岸上又沒有人只有几棵樹遠遠的几家人家作晚飯那個烟竟是碧青連雲直上誰知我昨日晚上讀了這兩句到像我又到了那個地方去了正說着寶玉和探春也来了也都入坐听他講詩宝玉笑道既是這樣也不用看詩會心處不在多听你說了這兩句可知三昧你已得了代玉笑道你說他這上孤烟好你

還不知他這一句還是套了前人的來我給你這一句瞧〻更比這個淡而現

成說着便把陶淵明的

曖〻遠人村　依〻墟里烟

翻了出來遞與香菱香菱瞧了點頭嘆賞笑道原來上字是從依〻兩個字上化出來的宝玉大笑道你已得了不用再講越發倒學雜了你就作起來必是好的探春笑道明兒我補一個柬來請你入社香菱笑道姑娘何苦打趣我〻不過是心裏羨慕纔學着頑罷了探春黛玉都笑道誰不是頑難道我們是認真作詩呢若說我們認真成了詩出了這園子把人的牙還笑倒了呢宝玉道這也算自暴自棄了前日我在外頭和相公們商議詁兒他們聽見咱們起詩社求我把稿子給他們瞧〻我就寫了几首給他們看〻誰不真心嘆服他們

都抄了剩去了探春代玉忙問道這是真話麼宝玉笑道說謊的是那架上的鸚哥代玉探春听說都道你真〻胡鬧且别說那不成詩便是成詩我們的筆墨也不該傳到外頭去宝玉道這怕什麼古来閨閣中的筆墨不要傳出去如今也沒有人知道了說着只見惜春打發了入畫来請宝玉宝玉方去了香菱又逼着代玉換出杜律来又央代玉探春二人出個題目讓我謅去謅了来替我改正代玉道昨夜的月最好我正要謅一首竟未謅成你竟作一首来十四寒的韵由你愛用那几個字去香菱听了喜的拿回詩来又苦思一回作兩句詩又捨不得杜詩又讀兩首如此茶飯無心坐卧不定宝釵道何苦自尋煩惱都是顰兒引的你我和他筭賬去你本来獃頭獃腦的再添上這個越發弄成個獃子了獃頭獃腦的有趣之至最恨野史有一百个女子皆曰聰敏伶俐究竟看来他行為也只平〻今以獃字為香菱定評何等嫵媚之至也

香菱笑道好姑娘別混我如聞如見一面說一面作[redacted]作了一首先與寶釵看了笑道這個不好不是這個作法你別怕燥只管拿了給他瞧去看他是怎麼說香菱听了便拿了詩找代玉代玉看時只是寫道是

月桂中天夜色寒　清光皎〻影團〻
詩人助興常思玩　野客添愁不忍觀
翡翠樓邊懸玉鏡　珍珠簾外掛冰盤
良宵何用燒銀燭　晴彩輝煌映畫欄

代玉笑道意思却有只是措詞不雅皆因你看的詩少被他縛住了把這首丟開再作一首只管放開膽子去作香菱听了默〻的回來越性連房也不入只在池邊樹下或坐在山石上出神或蹲在地下摳土來往的人都咤異李紈宝

釵探春寶玉等听得此信都遠遠的站在山坡上瞧看他只見他皺一回眉又
自己含笑一回宝釵笑道這個人定要瘋了昨夜嘟嘟噥噥直鬧到五更天纔
睡下沒一頓飯的工夫天就亮了我就听見他起来了忙忙碌碌梳了頭就找
顰兒去一回来了獃了一日作了一首又不好這會子自然另作呢宝玉笑
道這正是地靈人傑老天生人再不虛賦情性的我們成日嘆說可惜他這麼
個人竟俗了誰知到底有今日可見天地至公宝釵笑道你能勾像他這苦心
就好了學什麼有個不成的寶玉不荅只見香菱興興頭頭的又往代玉那邊去来
了探春笑道咱們跟了去看他有些意思沒有說着一齊都往瀟湘館来只見
代玉正拿着詩和他講究衆人因問代玉作的如何代玉道自然算難為他了只
是還不好這一首過于穿鑿了還得另作衆人因要詩看時只見作道

非銀非水映窗寒　試看晴空護玉盤
淡淡梅花香欲染　絲絲柳帶露初乾
只疑殘粉塗金砌　恍若輕霜抹玉欄
夢醒西樓人跡絕　餘容猶可隔簾看

寶釵笑道不像吟月了月字底下添一個色字倒還使得你看句句倒是月色這也罷了原來詩從胡說來再遲幾天就好了香菱自為這首妙絕聽如此說自己掃了興不肯丟開手便要思索起來因見他姊妹們說笑便自己走至堦前竹下閑步挖心搜膽耳不傍聽目不別視一時探春隔窗笑說道你閑閑罷香菱怔怔荅道閑字是十五刪的你錯了韻了眾人听了不覺大笑起來寶釵道可真是詩魔了都是顰兒引的他代玉道聖人說誨人不倦他又來問我我

豈有不說之理李紈笑道偺們拉了他往四姑娘房裏去引他瞧〻畫兒叫他
醒一醒纔好說着真個出来拉了他過藕香榭至煖香塢中惜春正乏倦在床
上歪着睡午覺畫繒立在壁間用紗罩着衆人喚醒了惜春揭紗看時十
停方有了三停香菱見畫上有几個美人因指着笑道這一個是我們姑娘那
一個是林姑娘探春笑道凡會作詩的都畫在上頭快學罷說着頑笑了一回
各自散着香菱滿心中還是想詩至晚間對燈出了一回神至三更以後上床
卧下兩眼鰥〻直到五更方纔朦朧睡去了一時天亮宝釵醒了听了一听他
安穩睡了心下想他翻騰了一夜不知可作成了這會子乏了且别叫他正想
着只听香菱從梦中笑道可是有了難道這一首還不好宝釵听了又是可嘆
又是可笑連忙喚醒了他問他得了什麽你這誠心都通了僊了斈不成詩還

美出病来呢一面說一面梳洗了會同姊妹往賈母處来原来香菱苦志學詩精血誠聚日間做不出忽于梦中得了八句梳洗已畢便忙錄出来自已並不知好歹便拿来又找代玉剛到沁芳亭這見李紈與衆姊妹方從王夫人處回来宝釵正告訴他們說他梦中作詩說梦話（一部大書起是梦宝玉情是梦賈瑞淫又是梦秦之家計長策又是梦今作詩也是梦一並風月鑑亦從梦中所有故紅樓梦也 余今批評亦在梦中特為梦中之人特作此一大梦也 脂硯齋）衆人正笑抬頭見他来了便都争着要詩看且聽下回分解

脂硯齋重評石頭記

此回係大觀園集十二正釵之文

脂硯齋重評石頭記卷之

第四十九回

琉璃世界白雪紅梅　脂粉香娃割腥啖膻

話説衆人〔香菱〕見衆人正説笑他便迎上去笑道你們看這一首若使得我便還學若還不學〔好〕我就死了這作詩的心了説着把詩遞與代玉及衆人看時只見寫道是

精華欲掩料應難　影自娟〻魄自寒
一片砧敲千里白　半輪雞唱五更殘
緑蓑江上秋聞笛　紅袖樓頭夜倚欄
博得嫦娥應借問　緣何不使永團圓

衆人看了笑道這首不但好而且新巧有意趣可知俗語說天下無難事只怕
有心人社里一定請你了香菱听了心下不信料着是他們瞞哄自己的話還只
管問代玉宝釵苛正說之間只見几個小丫頭並老婆子忙忙的走来都笑道
来了好些姑娘奶奶們我們都不認得奶奶姑娘們快認親去李紈笑道這是
那里的話你到底說明白了是誰的親戚那婆子丫頭都笑道奶奶的兩位妹
子都来了還有一位姑娘說是薛大姑娘的妹妹還有一位爺說是薛大爺的
兄弟我這會子請姨太太去呢奶奶和姑娘們先上去罷說着一逕去了宝釵
笑道我們薛蝌和他妹妹来了不成李紈也笑道我們嬸子又上京来了不成
他們也不能湊在一處這可是奇事大家納悶来至王夫人上房只見烏壓壓
一地的人原来邢夫人之兄嫂帶了女兒岫烟進京来投邢夫人的可巧鳳姐

之兄王仁也正進京兩親家一處打帮来了走至半路泊船時正遇見李紈之寡嬸帶着兩個女兒大名李紋次名李綺也上京大家叙起来又是親戚因此三家一路同行後有薛蟠之從弟薛蝌因當年父親在京時已將胞妹薛宝琴許配都中梅翰林之子為婚正欲進京發嫁聞得王仁進京他也帶了妹子隨後赶来所以今日會齊了来訪投各人親戚于是大家見礼叙過賈母王夫人都歡喜非常賈母因笑道怪道昨日晚上燈花兒爆了又爆結了又結原来應到今日一面叙些家常一面收看帶来的礼物一面命留酒飯鳳姐兒自不必説忙上加忙李紈宝釵自然和嬸母姉妹叙離别之情代玉見了先是歡喜次後想起衆人皆有親眷獨自己孤單無個親眷不免又去垂淚宝玉深知其情十分劝慰了一番方罷然後宝玉忙忙来至怡紅院中向襲人麝月晴雯等笑道

你們還不快看人去誰知宝姐〻的親哥〻是那個樣子他這叔伯弟兄形
容舉止另是一樣了到像是宝姐〻的同胞弟兄似的更奇在你們成日家只
說宝姐〻是絕色的人物你們如今瞧〻他這妹子更有大嫂〻這兩個妹子
我竟形容不出了老天老天你有多少精華靈秀生出這些人上之人来可知
我井底之蛙成日家自說現在的這几个人是有一無二的誰知不必遠尋就
是本地風光一個賽似一個如今我又長了一層學問了除了這几個難道還
有几個不成一面說一面自笑自嘆襲人見他又有了魔意便不肯去瞧晴雯
卋早去瞧了遍回来坎(頂)〻笑(着未了)向襲人道你快瞧〻去大太〻的一个姪女兒宝
姑娘一个妹〻大奶〻兩个妹〻到像一把子四根水葱兒一語未了只見探
春也笑着進来找宝玉因說道偺們的詩社可興旺了宝玉笑道正是呢這是

你一高興起詩社所以鬼使神差來了這些人但這一件不知他們可學過作詩不曾探春道我纔都問了問他們雖是他們自謙看其光景沒有不會的便是不會也沒難處你看香菱就知道了襲人笑道他們說薛大姑娘的妹〻更好三姑娘看着怎麽樣探春道果然的話據我看連他姐〻並這些人總不及他襲人听了又是咤意又笑道這也奇了還從那里再好的去呢我到要瞧〻去探春道老太〻一見了喜歡的無可不可已經逼着太〻認了乾女兒了老太〻要養活纔剛已經定了寶玉喜的忙問這(話)果然的(庅)探春道我几時說過謊又笑道有了這個好孫女兒就忘了這孫子了寶玉笑道這到不妨原該多疼女兒些纔是正理明兒十六偺們起社了社了探春道林丫頭剛起來了二姐〻又病了終是七上八下的寶玉道二姐〻又不大作詩沒有他又何妨探春

道越性芍几天他們新来的混熟了偺們邀上他們豈不好這會子大嫂子宝姐ニ心裏自然没有詩興的况且湘雲後来輩兒到好了人ニ不合式不如芍着雲了頭来了这几个新的也熟了輩兒也大好了大嫂子和宝姐ニ心也閑了香菱詩也長進了如此邀一滿社豈不好咱們兩個如今且往老太ニ那里去听ニ除寶姐ニ的妹ニ不筭外他一定是在偺們家住定了的倘或那三个要不在偺們這里住偺們央告着老太ニ留下他們在園子里住下偺們豈不多添几个人越發有趣了宝玉听了喜的眉開眼笑忙說道到是你明白我終久是個糊塗心腸空喜歡一會子却想不到這上頭来說着兄妹兩個一齊往賈母来果然王夫人已認了寶琴作乾女兒賈母歡喜非常連園中也不命住晚上跟着賈母一處安寢薛蝌自向薛蟠書房中住下賈母便和邢夫人說你

姪女兒也不必家去了園裏住几天逛〻再去邢夫人兄嫂家中原艱難這一上京原仗的是邢夫人與他們治房舍幫盤纏听如此說豈不願意邢夫人便將岫烟交與鳳姐兒鳳姐兒籌算得園中姊妹多性情不一且又不便另設一處莫若送到迎春一處去倘日後邢岫烟有些不遂意的事縱然邢夫人知道了與自己無干從此後若邢岫烟家去住的日期不算若在大觀園住到一個月上鳳姐兒亦照迎春的例送一分與岫烟鳳姐兒冷眼敁敠（音顛奪心内忖度也）岫烟心性為人竟不像邢夫人及他的父母一樣却是温厚可疼的人因此鳳姐兒又憐他家貧命苦比別的姊妹多疼他些邢夫人到不大理論了賈母王夫人因素喜李紈賢惠且年輕守節令人敬伏今見他寡嬸來了便不肯令他外頭去住那李嬸雖十分不肯無奈賈母執意不從只得帶着李紋李綺在稻香村

住下來當下安插既定誰知保齡侯史鼐又遷委了外省大員不日要帶了家眷去上任賈母因捨不得湘雲便留下他了接到家中原要命鳳姐兒另設一處與他住史湘雲執意不肯只要與宝釵一處住因此就罷了此時大觀園中比先更熱鬧了多少李紈為首餘者迎春探春惜春宝釵黛玉湘雲李紋李綺宝琴邢岫烟再添上鳳姐兒和宝玉一共十三個敘起年庚除李紈年紀最長（與鳳姐兒）他十五個人皆不過十五六七歲或有這三个同年或有那五个共歲或有這兩个同月同日那兩個同刻同時所差者大半是時刻月分而已連他們自已也不能細細分晰不過是弟兄姊妹四個字隨便亂叫如今香菱正滿心滿意只想作詩又不敢十分囉唣宝釵可巧來了个史湘雲那史湘雲又是極愛說話的那里禁得起香菱又請教他談詩越發高了興沒晝夜高談濶論起來宝

釵因笑道我实在聒噪的受不得了一个女孩兒家只管拿着詩作正緊（經）事講
起来叫有學問的人听了反笑話説不守本分的一个香菱沒閙清偏又添了
你這庅个話口袋子滿嘴里説的是什庅怎庅是杜工部之沉鬱韋蘇州之淡
雅又怎庅是温八叉之綺靡李義山之隠僻放着兩个現成的詩家不知道提那
些死人做什庅湘雲听了忙笑問道是那兩个好姐〻你告訴我宝釵笑道獃
香菱之心苦瘋湘雲之話多湘雲香菱听了都笑起来正説着只見宝琴来了
披着一領斗篷金翠輝煌不知何物宝釵忙問這是那里的宝琴笑道因下雪
珠兒老太〻找了這一件給我的香菱上来瞧道怪道這庅好看原来是孔雀
毛織的湘雲道那里是孔雀毛就是野鴨子頭上的毛作的可見老太〻疼你
了這樣疼宝玉也沒給他穿宝釵道真俗語説各人有（帶来的）緣法他也再想不到他

這會子來既來了又有老太〻這庅疼他湘雲道你除了在老太〻跟前就在園裏來這兩處只管頑笑吃喝到了太〻屋里若太太在屋里只管和太〻說笑多坐一回無妨若太〻不在屋里你別進去那屋里人多心壞都是要害偺們的說的宝釵宝琴香菱鶯兒等都笑了宝釵笑道說你沒心却又有心雖然有心到底嘴太直了我們這琹兒就有些像你〻天〻說要我作親姐〻我今兒竟叫你認他作親妹〻罷了湘雲又瞧了宝琴半日笑道這一件衣裳也這配他穿別人穿了寔在不配正說着只見琥珀走來笑道老太〻說了叫宝姑娘別管緊了琴姑娘他還小呢讓他爱怎麽樣就怎庅樣要什麽東西只管要去別多心宝釵忙起身荅應了又推宝琴笑道你也不知是那里来的福氣你到去罷仔細我們委屈着你我就不信我那些兒不如你說話之間寶玉代玉

都進來了宝釵猶自嘲笑湘雲曰笑道宝姐〻你這話雖是頑話恰有人真心
是這樣想呢琥珀笑道真心惱的再沒別人就只是他口裏說手里指着寶玉宝
釵湘雲都笑道他到不是這樣人琥珀又笑道不是他就是他說着又指着代
玉湘雲便不則聲是不知道代玉病中相談贈燕窩之事也脂硯宝釵忙笑道更不是了我的妹〻和
他的妹〻一樣他喜歡的比我還疼呢那里還惱你信口兒混說他的那嘴有
什麼實據宝玉素習深知代玉有些小性兒且尚不知近日代玉和宝釵之事正
恐賈母疼宝琴他心中不自在今見湘雲如此說了宝釵又如此答再審度代
玉聲色亦不似往時果然與宝釵之說相符心中悶〻不樂曰想他兩個素日
不是這樣的好今看來竟更比他人好十倍一時林代玉又赶着宝琴叫做妹〻
並不提名道姓直是親姉妹一般那宝琴年輕心熱四字道盡不犯宝釵脂硯齋評且本性聰

敏自幼讀書識字我批此書竟得一秘訣以告諸公凡埜史中所云才貌雙全佳人者細〻通審之只得一個粗知筆墨之女子耳此書凡云知書識字者便是上等才女不信時只看他通部行為及詩詞詠諧皆可知妙在此書從不肯自下評註云此人係何等人只借書中人閑評一二語故不淂有未審之縫被看書者指出真狡猾之筆耳今在賈府住了兩日大槩人物已知又見諸姊妹都不是個輕薄脂粉且又和姐〻皆和契故也不肯怠慢其中又見林代玉是個出類拔萃的便更與代玉親近異常宝玉看着只是瞎〻的納罕一時宝釵姊妹往薛姨媽房内去後湘雲往賈母處来林代玉回房歇着宝玉便找了代玉来笑道我雖看了西廂記也曾有明白的几回說了取笑你曾惱過如今想来竟有一句不解我念出来你講〻我听代玉听了便知有文章因笑道你念出来我听〻宝玉笑道那闘簡上有一句說得最好是几時孟光接了梁鴻案這句最妙孟光接了梁鴻案這五個字不過是現成的典難為他這是几時三個虛字

問的有趣是几時接了你說〻我听〻代玉听了禁不住也笑起来因笑道這原問的好他也問的好你也問的好宝玉道先時你只疑我如今你也沒的說我反落了個摸不着頭緒代玉笑道誰知他竟真是個好人我素日只當他藏奸因把說錯了酒令起送燕窩病中所談之事細〻告訴了宝玉〻〻方知緣故因笑道我說呢正納悶是几時孟光接了梁鴻案原來是從小孩兒口沒遮攔就接了案了代玉因又說起寶琴来想起自己沒有姊妹不免又哭了寶玉忙勸道你又自尋煩惱了你瞧〻今年比舊年越發瘦了你還不保養每天好〻的你必是自尋煩惱哭一會子纔算完了這一天的事代玉拭淚道近来我只覺心酸眼淚恰像比旧年少了些的心里只管酸痛眼淚恰不多宝玉道這是你哭慣了心里起的豈有眼淚會少的正說着只見他屋里的小丫頭子送了猩〻毡斗

篷来又説大奶〻纔打發人来説下了雪要商議明日請人作詩呢一語未了
只見李紈的丫頭走来請代玉宝玉便邀着代玉同往稲香村来代玉換上掐
金掐雲紅香羊皮小靴褂罩子一件大紅羽紗面白狐狸裏的鶴氅束一條金心
閃綠雙環四合如意縧頭上罩了雪帽二人一齊踏雪行来只見衆姊妹都在
那邊都是一色大紅猩〻毡與羽毛緞斗篷獨李紈穿一件青哆囉呢对襟褂
子薛宝釵穿一件蓮青斗紋錦上添花洋線番羓絲的鶴氅邢岫烟仍是家藏常
旧衣並無避雪之衣一時史湘雲来了穿着賈母與他的一件貂鼠腦袋面
子大毛黑灰鼠裏子裡外發燒大褂子頭上帶着一頂挖雲鵝子黄片金裏大紅
猩〻毡昭君套又圍着大貂鼠風領代玉先笑道你們瞧〻孫行者来了他一
般的也拿着雪褂子故意粧出個小騷達子来湘雲笑道你們瞧〻我裏頭打扮

的一面說一面脫了褂子只見他裏頭穿着一件半新的靠色三鑲領袖秋香色盤金五色繡龍窄褙小袖掩衿銀鼠短襖裡面短短的一件水紅粧緞狐肷褶子腰裏緊緊束着一條蝴蝶結子長穗五色宮絛脚下也穿着麀皮小靴越顯的蜂腰猿背鶴勢螂形近之拳譜中有坐馬勢便似螂之蹲立昔人愛輕捷便俏閑取一螂觀其仰頸疊胸之勢今四字無出處却寫盡矣脂硯齋評眾人都笑道偏他𨍏愛打扮成個小子的樣兒原比他打扮女兒更俏麗了些湘雲道快商議作詩我听听是誰的東家李紈道我的主意想来昨兒的正日已過了再等正日又太遠可巧又下雪不如大家湊個社又替他們接風又可以作詩你們意思怎麼樣宝玉先道這話狠是只是晚了晚了若到明兒晴了又無趣眾人看道這雪未必晴縱晴了這一夜下的也句賞了李紈道我這裡雖好又不如蘆雪广好我已經打發人籠地炕去了偺們大家擁

爐作詩老太〻想来未必高興況且偺們小頑意兒單給鳳丫頭個信兒就是了
你們每人一兩銀子就彀了送到我這裏来指着香菱寳琴李紋李綺岫烟
五個不筭外偺們裏頭二丫頭病了不筭四丫頭告了假也不筭你們四分子
送了来我再包總拿出五六兩銀子也来儘彀了宝釵等一齊應諾因又擬題限韻李紈
笑道我心里自已定了等到了明日臨期横豎知道說畢大家又閑話了一回
方往賈母處来本日無話到了次日一早寳玉因心裡記掛着這事一夜沒好
生淂睡天亮了就爬起来掀開帳子一看雖門窻尚掩只見窻上光輝奪目心
内早躊躇起来慨怨是晴了日光已出一面忙起来揭起窻屜從玻璃窻内
往外一看原来不是日光竟是一夜大雪下將有一尺多厚天上仍是搓綿扯
絮一般宝玉此時歡喜非常忙喚人起来盥漱已畢只穿一件茄色哆囉呢狐

皮袄子罩一件海龍皮小〻鷹膀褂束了腰披了玉針蓑戴上金藤笠登上沙棠屐忙〻的往蘆雪广来出了院門四顧一望並無二色遠〻的是青松翠竹自己却如裝在玻璃盒内一般于是走至山坡之下順着山脚剛轉過去已聞得一股寒香拂鼻回頭一看恰是妙玉門前櫳翠庵中有十數株紅梅花開的如胭脂一般映着雪色分外顯得精神好不有趣宝玉便立住細〻的賞玩一回方走只見蜂腰板橋上一個人打着傘走来是李紈打發了請鳳姐兒去的人寶玉来至蘆雪广只見丫嬛婆子正在那里掃雪開逕原来這蘆雪广盖在傍山臨水河灘之上一帶几間茅簷土壁横草籬竹牖推牕便可垂釣四面都是芦葦掩覆一條去逕逶迤穿蘆度葦過去便是藕香榭的竹橋了衆丫鬟婆子見他披蓑戴笠而来却笑道我們纔說正少一个漁翁如今都全了姑娘們吃了飯纔

来呢你也太性急了宝玉听了只得回来剛至沁芳亭見探春正從秋爽斋来圍着大紅猩氊斗篷戴着觀音兜扶着小丫頭後面一个婦人打着青油紬傘宝玉知他往賈母處去便立在亭邊等他来到二人一同出園前去宝琴正在裏間房内梳洗更衣一時衆姊妹来齊宝玉只嚷餓了連連催飯好容易等擺上来頭一樣菜便是牛乳蒸羊羔賈母便說這是我們有年紀的人的藥没見天日的東西可惜你們小孩子們吃不得今兒另外有新鹿肉你們等着吃衆人答應了宝玉却等不得只拿茶泡了一碗飯就着野雞瓜虀忙忙的咽完了賈母道我知道你們今兒又有事情連飯也不顧吃了便叫留着鹿肉與他晚上吃鳳姐忙說還有呢方纔罷了史湘雲便悄和寳玉計較道有新鹿肉不如偺們要一塊自己拿了園裡弄着又頑又吃寳玉听了巴不得一聲兒便真和

鳳姐要了一塊命婆子送入園去一時大家散後進園齊往芦雪广来听李紈出題限韻独不見湘雲宝玉二人代玉道他倆個再到不了一處若到一處生出多少故事来這會子一定筭計那塊鹿肉去了（联詩極雅之事偏于雅前寫出小兒啖膻茹血極腌臢的事来為錦心繡口作配）正說着只見李嬸也走来看熱鬧因問李紈道怎庅一个帶玉的哥兒和那一个掛金麒麟的姐兒那樣干净清秀又不少吃的他兩个在那裡商議着要吃生肉呢說的有来有去的我只不信肉也生吃得的衆人听了都笑道了不得快拿了他兩個来代玉笑道這可是雲丫頭鬧的我的卦再不錯李紈等忙出来找着他兩个說道你們兩个要吃生的我送你們到老太太那里吃去那怕吃一隻生鹿撑病了不與我相干這庅大雪怪冷的替我作禍呢宝玉笑道沒有的事我們燒着吃呢李紈道這還罷了只見老婆們拿了鉄炉鉄叉鉄

緣縩来李紈道仔細劉了手不許哭說着同探春進去了鳳姐打發了平兒来
回覆不能来為發放年例忙忙湘雲見了平兒那里肯放平兒也是個好頑的
素日跟着鳳姐兒（不能）無所不至見如此有趣樂得頑笑因而褪去手上的鐲子三
個圍着火爐兒便要先燒三塊吃那邊宝釵代玉平素看慣了不以為異宝琴
等及李嬸深為罕事探春與李紈等已議定了題韵探春笑道你聞〻香氣這
里都聞見了我也吃去說着也找了他們来李紈也隨来說客已齊了你們還
吃不彀湘雲一面吃一面說道我吃這个方愛吃酒吃了酒纔有詩若不是這
鹿肉今兒斷不能作詩說着只見宝琴披着鳧靨裘站在那里笑湘雲笑道傻
子過来嚐〻宝琴笑說怪臟的宝釵道道你嚐〻去好吃的你林姐〻弱吃了
不消化不然他也愛吃宝琴听了便過去吃了一塊果然好吃竟好吃便也吃

起来一時鳳姐兒打發小丫頭来叫平兒平兒説史姑娘拉着我呢你先走罷
小丫頭去了一時只見鳳姐也披了斗篷走来笑道吃這樣好東西也不告訴
我説着也湊着一處吃起来代玉笑道那裏找這一群花子去罷了罷了今日
芦雪广遭刼生〻被雲丫頭作践了我為蘆雪广一大哭 大約此話不独代玉覌書者亦如此
湘雲冷笑道你知道什麽是真名士自風流你們都是假清高最可厭的我
們這會子腥膻大吃大嚼回来却是錦心繡口宝釵笑道你回来若作的不好
了把那肉掏了出来就把這雪壓的芦葦子揌上些以完此刼説着吃畢洗浴
了一回平兒帶鐲子時却少了一箇左右前後亂找了一番踪跡全無衆人都
咤噫鳳姐兒笑道我知道這鐲子的去向你們只管作詩去我們也不用找只
管前頭去不出三日包管就有了説着又問你們今兒作什庅詩老太〻説了

離年又近了正月裡還該作些燈謎兒大家頑笑衆人听了都笑道可是呢到忘了如今赶着作几個好的預備正月裡頑說着一齊来至地炕屋内只見杯盤菓菜俱已擺齊墻上已貼出詩題韵脚格式来了宝玉湘雲二人忙看時只見題目是即景聯句五言排律一首限二蕭韵後面尚未列次序李紈道我不大會作詩我只起三句罷然後誰先得了誰先聯宝釵道到底分個次序要知端的且聽下回分解

句出者似是批語不宜混入

脂硯齋重評石頭記卷之

第五十回

蘆雪广争聯即景詩　暖春塢創製春燈謎

話說薛宝釵道到底分個次序讓我寫出来說着便令眾人拈鬮為序起首恰是李氏一定要按次序恰又不按次序似脫落處而不脫落文章岐路如此然後按次各〻開出鳳姐兒說道既是這樣說我也說一句在上頭眾人都笑說道更妙了宝釵便将稻香老農之上補了一个鳳字李紈又将題目講與他听鳳姐兒想了半日笑道你們別笑話我〻只有一句粗話下剩的我就不知道了眾人都笑道越是粗話越好你說了只管幹正事去罷鳳姐兒笑道我想下雪必刮北風昨夜听見了一夜的北風我有了一句就是一夜北風緊可使得

衆人听了都相視笑道這句雖粗不見底下的這正是會作詩的起法不但好而以下留了多少地步與後人就是這句為首稻香老農快寫上續下去鳳姐和李嬸平兒又吃了兩盃酒自去了這里李紈便寫了一夜北風緊

自己聯道

開門雪尚飄

入泥憐潔白

香菱道

匝地惜瓊瑤

有意榮枯艸

探春道

無心飾萎茗　價高村釀熟

李綺道

年稔府梁饒　葭動灰飛管

李紋道

陽回斗轉杓　寒山已失翠

岫烟道

凍浦不聞潮　易掛踈枝柳

湘雲道

難堆破葉蕉　麝煤融寶鼎

寶琴道

綺袖籠金貂　光奪窗前鏡

黛玉道

香粘壁上椒　斜風仍故故

寶玉道

清梦轉聊聊　何處梅花笛

寶釵道

誰家碧玉簫　鰲愁坤軸限

李紈笑道我替你們看熱酒去罷宝釵命宝琴續聯只見湘雲起来道

龍鬭陣雲銷　野岸迴孤棹

宝琴也站起道

吟鞭指灞橋　　賜裘憐撫戍

湘雲那里肯讓人且別人也不如他敏捷都看他揚眉挺身的說道

加絮念征徭　　坳垤審夷險

寶釵連聲讚好也便聯道

枝柯怕動搖　　皚皚輕趁步

黛玉忙聯道

翦翦舞隨腰　　煮芋成新賞

一面說一面推寶玉命他聯寶玉正看寶釵寶琴黛玉三人共戰湘雲十分有趣那里還顧得聯詩今見黛玉推他方聯道

撒鹽是舊謠　　葦蓑猶泊釣

湘雲笑道你快下去你不中用到躭擱了我一面只听寶琴聯道

林斧不聞樵　伏象千峰凸

湘雲忙聯道

盤蛇一逕遥　花緣經冷緒

宝釵與衆人又忙讚好探春又聯道

色豈畏霜凋　深院驚寒雀

湘雲正渴了忙忙的吃茶已被岫烟道

空山泣老鴉　堦墀隨上下

湘雲忙丟了茶盃忙聯道

池水任浮漂　照耀臨清曉

黛玉联道

缤纷入永宵　诚忘三尺冷

湘云忙笑联道

瑞释九重焦　僵卧谁相问

宝琴也忙笑联道

狂游客喜招　天机断缟带

湘云又忙道

海市失鲛鲔

林代玉不容他出（再说），接着便道

寂寞对台榭

湘雲忙聯道
清貧懷箪瓢
寶琴也不容情也忙道
烹茶冰漸沸
湘雲見這般自為得趣又是笑又忙聯道
煮酒葉難燒
代玉也笑道
沒帚山僧掃
寶琴也笑道
埋琴稚子挑

湘雲笑的彎了腰忙念了一句衆人問到底說的什麼湘雲喊道

石樓閑睡鶴

黛玉笑的握着胸口高聲嚷道

錦罽煖親猫

宝琴也忙笑道

月窟翻銀浪

湘雲忙聯道

霞城隐赤標

代玉忙笑道

沁梅香可嚼

宝釵笑稱好也忙聨道

淋竹醉堪調

宝琴也忙道

或濕鴛鴦帶

湘雲忙聨道

時凝翡翠翘

黛玉又忙道

無風仍脉こ

宝琴又忙笑聨道

不雨亦瀟こ

湘雲伏着已笑軟了衆人看他三人對搶也都不顧作詩看着也只是笑代玉
還推他往下聯又道你也有才盡之時我听〻還是什麽舌根嚼了湘雲只伏
在宝釵懷里笑个不住宝釵推他起来道你有本事把二蕭的韵全用完了我
纔伏你湘雲起身笑道我也不是作詩竟是搶命呢衆人笑道到是你說罷探
春早已料定沒有自已聯的了便早寫出来因說還沒收住呢李紈听了接過
来便聯了一句道
欲誌今朝樂
李綺收了一句道
憑詩祝舜堯
李紈道彀了彀了雖沒作完了韵𦡊的字若生扭用了到不好了說着大家来

細〻評論一回獨湘雲的多都笑道這都是那塊鹿肉的功劳李紈笑道逐句
評去都還一氣只是宝玉又落了第了宝玉笑道我原不會聯句只好擔待我
罷李紈笑道也沒有社〻擔待你的又說韵險了又整悞了又不會聯句了今
日必得罰你我才看見櫳翠庵的紅梅花有趣我要折一枝来插瓶可厭妙玉為人
我不理他如今罰你去取一枝来衆人都道這罰的又雅又有趣宝玉也樂
為荅應着就要走湘雲代玉一齊說道外頭冷得狠你且吃盃熱酒再去湘雲
早執起壺来代玉遞了一个大盃滿斟了一杯湘雲笑道你吃了我們的酒你
要取不来加倍罰你宝玉忙吃一杯冒雪而去李紈命人好〻跟着代玉忙攔
說不必有了人反不得了李紈点頭說是一面命丫鬟將一箇美女聳肩瓶拿
来貯了水准備插梅花因又笑道回来該咏紅梅了湘雲忙道我先作一首宝釵

忙道今日斷乎不容你作再了你都搶了去別人都閑着也沒趣回來還罰宝玉他說不會聯句如今就叫他自己作去（想此刻宝玉已到庵中矣）代玉笑道這話很是我還有個主意方才聯句不彀莫若揀着聯的少的人作紅梅宝釵笑道這話是極方纔邢李三位屈才且又是客琴兒和顰兒雲兒三个人也搶了許多我們一概都別作只讓他三個作纔是李紈因說綺兒也不大會作還是讓琴妹作罷宝釵只得依允（想此刻二玉已會不知肯見賜否）又道就用紅梅花三個字作韻每人一首七律邢大妹作紅字你們李大妹作梅字琴兒作花字李紈道饒過寶玉去我不服湘雲忙道有個好題目命他作衆人問何題目湘雲道命他就作訪妙玉乞紅梅豈不有趣衆人听了都說有趣一語未了只見宝玉笑欣欣擎了一枝紅梅進來衆丫鬟忙已接過揷入瓶内衆人都笑稱謝宝玉笑道你們如今賞

罷也不知費了我多少精神呢說着探春早又遞過一鍾煖酒來衆丫鬟走上來接了簑笠撣雪各人房中丫鬟都添送衣服來（冬日午後景况）襲人也遣人送了半舊的狐腋褂來李紈命人將那蒸的大芋頭盛了一盤又將硃橘黄橙橄欖等物盛了兩盤命人帶與襲人去湘雲且告訴寶玉方纔的詩題又催寶玉快作寶玉道姐〻妹〻們讓我自己用韻罷別限韻了衆人都說隨你作去罷一面說一面大家看梅花原來這一枝梅花只有二尺來高傍有一横枝縱横而出約有五六尺長其間小枝分岐或如蟠螭或如僵蚓或孤削如筆或密聚如林花吐胭脂香欺蘭蕙（一篇梅賦）（紅）各〻稱賞誰知邢岫烟李紋薛寶琴三人都已吟成各自寫了出來衆人便依紅梅花三字之序看去寫道是

詠紅梅花 得紅字　　邢岫烟

桃未芳菲杏未紅
沖寒先已笑東風
魂飛庾嶺春難辨 辨
霞隔浮羅梦未通
綠蕚添粧融寶炬
縞仙扶醉跨殘虹
看来豈是尋常色
濃淡由他冰雪中

咏紅梅花得梅字　李紋

白梅懶賦〻紅梅
逞艷先迎醉眼開
凍臉有痕皆是血
酸心無恨亦成灰
誤吞丹藥移真骨
偷下瑤池脫舊胎
江北江南春燦爛
寄言蜂蝶漫疑猜

咏紅梅花得花字　薛寶琴

疎是枝條艷是花
春粧兒女競奢華
閑庭曲檻無餘雪
流水空山有落霞
幽梦冷隨紅袖笛
遊仙香泛絳河槎

前身定是瑶臺種　無復相疑色相差

衆人看了都笑稱賞了一番又指末一首説更好宝玉見宝琴年紀最小才又敏捷深爲奇異代玉湘雲二人斟了一小盃酒齊和寶琴宝釵笑道三首各有各好你們兩個天天捉弄厭了我如今捉弄他来了李紈又問宝玉你可有了宝玉忙道我到有了才一看見那三首又唬怱了等我再想湘雲听了便拿了一支銅火箸擊着手炉笑道我擊鼓了若鼓絶不成又要罰的宝玉笑道我已有了代玉提起筆来説道你念我寫湘雲便擊了一下笑道一鼓絶宝玉笑道有了你寫筆罷衆人听他念道

酒未開罇句未裁

代玉寫了搖頭笑道起的平平湘雲又道快着宝玉笑道

尋春問臘到蓬莱

代玉湘雲都點頭笑道有些意思了宝玉又道

不求大士瓶中露　為乞嫦娥檻外梅

代玉寫了又搖頭道湊巧而已湘雲忙催二鼓宝玉又笑道

入世冷挑紅雪去　離塵香割紫雲来

槎枒誰惜詩肩瘦　衣上猶沾佛院苔

代玉寫畢湘雲大家纔評論時只見几个丫鬟跑進来道老太〻来了衆人忙迎出来大家又笑道怎麼這等高興説着遠〻見賈母圍了大斗篷帶着灰鼠煖兜坐着小竹轎打着青紬油傘鴛鴦琥珀等五六個丫鬟每人都是打着傘擁轎而来李紈等忙往上迎賈母命人止住説只在那里就是了来至跟前賈

母笑道我瞞着你太〻和鳳丫頭来了大雪地下坐着這個無妨沒的呌他們
来踹雪衆人忙連一面上前接斗篷攙扶着一面答應着賈母来至室中先笑道好
俊梅花你們也會樂我来着了說着李紈早自己命拿了一個大狼皮褥来鋪在當
中賈母坐了因笑道你們只管頑笑吃喝我因為天短了不敢睡中覺抹了一
回牌想起你們来了我也来凑個趣兒李紈早又捧過手炉来探春另拿了一
付盃箸来親自斟了煖酒奉與賈母賈母便飲了一口問那個盤子里是什麼
東西衆人忙捧了過来回說是糟鵪鶉賈母道這倒罷了撕一兩點腿子来李
紈忙答應了要水洗手親自来撕賈母又道你們仍舊坐下笑說我听又命李
紈你也坐下就如同我沒来的一樣纔好不然我就去了衆人听了方依次坐
下這李紈便挪到儘下邊賈母因問作何事来着了衆人便說作詩来賈母道有作詩

的不如作些燈謎大家正月裏好頑的衆人答應了說笑了一回賈母便說這里潮濕你們别久坐仔細受了潮濕回說你四妹〻那裏煖和我們到那里瞧〻他的畫兒赶年可有了（完不完）衆人笑道那里能年下就有了只怕明年端陽有了（還算早呢）賈母道這還了得他竟比蓋這（園）子還費工夫了說着仍坐了（小）竹椅轎（子）大家圍隨（着）過了藕香榭穿入一條夾道東西兩邊皆有過街門〻樓上裏外皆嵌着石頭匾如今進的是西門向外的匾上鑿着穿雲二字向（裡）外的鑿着度月兩（个）字来至當中進了向南的正門賈母下了轎惜春已接了出来從裏邊遊廊過去便是惜春卧房門斗上有煖香塢三個字（看他又寫出一處從起至末一筆一部之文也有千萬筆成一部之文也有一二筆成一部之文也有如試才一回起若都說完以後則索然無味故留此几處以為後文之點染也此方活潑不板眼目屢新）早有几個人打起猩紅氈簾已覺溫香拂臉（各处皆如此非獨因煖香二字方有此景戲註于此以博一笑耳）大家進入房中

賈母並不歸坐只問画兒在那里惜春因笑回天氣寒冷了膠性皆凝澁不潤画
了恐不好看故此収起来了賈母笑道我年下就要的你別托懶兒快拿出来給
我快盡一語未了忽見鳳姐兒披着紫羯褂笑吟吟的来了口内説道老祖宗
今兒也不告訴人私自就来了要叫我好找賈母見他来了心中自是喜悅道我怕
你們冷着了所以不許人告訴你們去你真是個鬼灵精兒到底找了我来以
論理孝敬也不在這上頭鳳姐兒笑道我那裏是孝敬的心找了来我因為到了
老祖宗那里鴉沒雀静的這四个字俗語中常聞但不能落紙筆耳便欲寫時究竟不知係何四字今如此寫来真是不可移易
問小丫頭子們他又不肯説叫我找到園裏来我正疑惑忽然来了兩三個姑子
我心裡纔明白我想姑子必是来送年疏或要年例香例銀子老祖宗年下的
事也多一定是躲債来了如今来回老祖宗債主兒已去了不用躲着了已預備下

希嫩的野雞請用晚飯去再遲一回就老了他一行笑衆人(說)一行笑鳳姐兒也
不等賈母說話便命人搭過轎子來賈母笑着攙了鳳姐的手仍舊上轎帶着
衆人說笑出了夾道東門一看四面粉粧銀砌忽見寶琴披着鳧靨裘站在山
坡上遥等身後一個丫嬛抱着一瓶紅梅衆人都笑道少了兩個人他却在這
裡等着也弄梅花去了賈母喜的忙笑道你們瞧這山坡上配上他的這个人
品又是這件衣裳後頭又是這梅花(樣)像個什麼衆人都笑道就像老太〻屋里
掛的仇十洲畫的(雙)艷圖賈母搖頭笑道那畫的那里有這件衣裳人也不能這
樣好一語未了這(只)見寶琴背後轉出一個披大紅猩毡的人來賈母道那又是
那個女兒(孩)兒賈人(鳳姐)笑道我們都(姊妹們)在這里那是寶玉賈母笑道我的眼越發花了
說話之間來至跟前可不是寶玉和寶琴寶玉笑向寶釵代玉等道我纔又到

了櫳翠庵妙玉每人送你們一枝梅花我已經打發人送去了衆人都笑說多
謝你費心說話之間已出了園門来至賈母房中吃畢飯大家又說笑了一回
忽見雪（薛）姨媽也来了說好大雪一日也沒過来望候老太〻今日老太〻到不
高興正該賞雪纔是賈母笑道何曾不高興我被（找）了他們姊妹們去頑了一會
子薛姨媽笑道昨日晚上我原想着今日要和我們姨太〻借一日園子擺兩
桌粗酒請老太〻賞雪的又見老太〻安息的早我聞得女兒說老太〻心下
不大爽（快）因此今日也沒敢驚動早知如此我正該請賈母笑道這纔是十月裡
頭場雪往後下雪的日子多呢再破費不遲薛姨媽笑道果然如此算我的孝
心虔（慶）了鳳姐兒笑道姨媽仔（看）細忘了如今（竟）先秤了五十兩銀子来交給我收着
一下雪我就預備下酒子姨媽也不用操心也不得忘了賈母笑道既這麼說

姨太〻給他五十兩銀子收着我和他每人分二十五兩到下雪的日子我粧心里不爽快混過去了姨太〻更不用操心我和鳳丫頭到得了實惠鳳姐將手一拍笑道妙極了這和我的主意一樣衆人都笑了賈母笑道呸沒臉的就順着竿子爬上去了你不該說姨太〻是客在咱們家受屈我們該請姨太〻纔是那里有破費姨太〻的理不這樣說呢還有臉先要五十兩子真不害燥鳳姐兒笑道我們老祖宗最是有眼色的試一試姨媽的口氣若鬆呢拿出五十兩來就和我分這會子估量着不中用了翻過來拿我做法子說出這些大方話來如今我也不和姨媽要銀子竟替姨媽出銀子治了酒請老祖宗吃了我另外再封五十兩銀子孝敬老祖宗算是罰我個包攬閑事這可好不好話未說完衆人已笑倒在炕上賈母因又說及寶琴雪下折梅比畫兒上還好因又細問他的年

庚八字并家内景况薛姨媽度其意思大約是要與宝玉求配薛姨媽心中固也遂意只是已許過梅家了因賈母尚未明說自已也不好擬定遂半吐半露告賈母道可惜這孩子没福前年他父親就没了他從小兒見的世面到多跟他父母四山五岳都走遍了他父親是个好樂的各處因有買賣帶着家眷這一省逛一年明年又往那一省逛半年所以天下十停走了有五六停了那年在這裡把他就許了梅翰林的兒子偏第二年他父親就辭世了他母親又是痰症鳳姐也不等說完便嗐聲跺脚的說偏不巧我正要作个媒呢又已經許了人家賈母笑道你要給誰說媒鳳姐兒說道老祖宗別管我心裏看准了他們兩個是一對如今已許了人說也無益不如不說罷了賈母也知鳳姐兒之意听見已有了人家也就不提了大家又閒話了一會方散一宿無話次日雪晴賈

後賈母又親囑惜春不管冷煖你只畫去赶到年下十分不能便罷了第一要
緊把昨日琴兒和丫頭梅花照模照樣一筆別錯快〻添上惜春听了雖是為
難只得應了一時衆人都来看他如何畫惜春只是出神李紈因笑向衆人道
讓他自己想去偺們且說話兒昨兒老太〻只叫作燈謎回家和綺兒紋兒
睡不着我就編了兩個四書的他兩個每人也編了兩個衆人听了都笑道這
到該作的先說了我們猜〻李紈笑道觀音未有世家傳打四書一句湘雲接着
就說在止于至善寶釵笑道你也想一想世家傳三個字的意思再猜李紈笑
道再想代玉笑道哦是了是雖善無徵衆人都笑道這句是了李紈又道一池
青草〻何名也打四書一句湘雲忙道這一定是蒲蘆也再不是不成李紈笑道這難為你猜
紋兒的是水向池邊流出去冷打一古人名探春笑問道可是山濤李紋笑道是

李紈又道綺兒的是個螢字打一個字眾人猜了半日寶琴笑道這個意思却深不知可是花艸的花字李綺笑道恰是了眾人道螢與花何干代玉笑道妙得狠螢可不是艸化的眾人會意都笑了道螢與花說好宝釵道這些雖好不合老太太的意思不如作些淺近的物兒大家雅俗共賞纔好眾人都道也要作些淺近的俗物纔是湘雲笑道我編了一枝點絳唇恰是俗物你們猜猜說着便念道溪壑分離紅塵遊戲真何趣名利猶虛後事終難繼眾人不解想了半日也有猜是和尚的也有猜是道士的也有猜是偶戲人的宝玉笑了半日道都不是我猜着了一定是耍的猴兒湘雲笑道這個正是了眾人道前頭都好末後一句怎麼解湘雲道那一個耍的猴子不是剁了尾巴去的眾人听了都笑起來說他編個謎兒也是刁鑽古怪的李紈道昨日姨媽說琴妹見的世

面多走的道路也多你正訣編謎兒正用着了你的詩且又好何不編幾個我們猜一猜宝琴聽了點頭含笑自去尋思宝釵也有了一個念道

鏤檀鍥梓一層層　豈係良工堆砌成　雖是半天風雨過
何曾聞得梵鈴聲　打一物

衆人猜時宝玉也有了一個念道

天上人間兩渺茫　琅玕節過謹隄防　鸞音鶴信須凝睇
好把唏噓答上蒼

代玉也有了一個念道是

騄駬何勞縛紫繩　馳城逐塹勢猙獰　主人指示風雷動
鰲背三山獨立名

探春也有了一個方欲念時寶琴走過来笑道我從小兒所走的地方的古蹟不少我今揀了十個地方的古蹟作了十首懷古的詩〻雖粗鄙却懷往事又暗隐俗物十件姐〻們請猜一猜衆人聽了都說這倒巧何不寫出来大家一看要知端的

石頭記

第五十一回　至六十回

石頭記

薛小妹新編懷古詩　胡庸醫亂用虎狼藥

俏平兒情掩蝦鬚鐲　勇晴雯病補雀金裘

寧國府除夕祭宗祠　榮國府元宵開夜宴

史太君破陳腐舊套　王熙鳳傚戲彩斑衣

辱親女愚妾爭閑氣　欺幼主刁奴蓄險心

敏探春興利除宿弊　時寶釵小惠全大體

慧紫鵑情辭試忙玉　慈姨媽愛語慰癡顰

杏子陰假鳳泣虛凰　晒紗牕真情揆癡理

柳葉渚邊嗔鶯咤燕　絳雲軒裏召將飛符

茉莉粉替去薔薇硝　玫瑰露引出茯苓霜

第五十一回　至六十回

脂硯齋凡四閲評過

庚辰秋定本

脂硯齋重評石頭記卷之

第五十一回

薛小妹新編懷古詩　胡庸醫亂用虎狼藥

衆人聞得寶琴將素習所經過各省内的古跡爲題作了十首懷古絶句内隱十物皆説這自然新巧都争着看時只見寫道是

赤壁懷古　其一

赤壁沉埋水不流　徒留名姓載空舟
喧闐一炬悲風冷　無限英魂在内遊

交趾懷古　其二

銅鑄金鏞振紀綱　聲傳海外播戎羌

馬援自是功劳大　鉄留笛無煩說子房

鍾山懷古　其三

名利何曾伴汝身　無端被詔出凢塵

牽連大抵难休絕　莫怨他人嘲笑頻

誰淮陰懷古　其四

壯士須防悪犬欺　三齊位定蓋棺時

寄言世俗休輕鄙　一飯之恩死也知

廣陵懷古　其五

蟬噪鴉栖轉眼過　隋堤風景近如何

只緣占得風流號　惹得紛紛口舌多

桃葉渡懷古　其六

衰草閑花映淺池，桃枝桃葉總分离。

六朝梁棟多如許，小照空懸壁上題。

青塚懷古　其七

黑水茫茫咽不流，氷絃撥盡曲中愁。

漢家制度誠堪嘆，樗櫟應慚萬古羞。

馬嵬懷古　其八

寂寞脂痕漬汗光，温柔一旦付東洋。

只因遺得風流跡，此日衣衾尚有香。

蒲東寺懷古　其九

小紅骨賤最身輕　私掖偷携強撮成
雖被夫人時吊起　已經勾引彼同行

梅花觀懷古　其十

不在梅边在柳边　個中誰拾画嬋娟
團圓莫憶春香到　一别西風又一年

衆人看了都稱奇道妙宝釵先説道前八首都是史鑑上有據的後二首却無考我們也不大懂得不如另(作)兩首為是(如何必得宝釵此駁方是好文後文若真另作亦必無趣若不另作又有何法省文看他下文如何)代玉忙攔道(好極非代玉不可脂硯)这宝姐姐也忒膠柱鼓瑟矯揉造作了这兩首雖于(是)史鑑上無考偺們雖不曾看这些外傳不知抵(底)理难道偺們連兩

本戲也沒有見過不成那三歲孩子也知道何況偺們探春便道這話正是了

余謂顰兒必有尖語來諷不望竟有此飾詞代為解釋

李紈又道況且他原是

此則真心以待寶釵也

到過這個地方的這兩件事雖無考古往今來以訛傳訛好事者竟故意的弄出這古蹟来以愚惑人比如那年上京的時候單是關夫子的坟倒見了三四处關夫子一生事業皆是有據的如何又有許多的坟自然是後來人敬愛他生前為人只怕從這敬愛上穿鑿出来也是有的及至看廣輿記上不止關夫子的坟多自古来有些名望的坟就不少無考的古蹟更多如今這兩首雖無考凡說書唱戲甚至于求的籤上皆有註批老小男女俗語口頭人人皆知皆說的況且又並不是看了西廂牡丹的詞曲怕看了邪書這竟無妨只管留着寶釵听說方罷了

此為三染無痕也妙極天花無縫之文

大家猜了一回皆不是冬日天短不覺

又是前頭吃晚飯之時一齊前来吃飯因有人回王夫人說襲人的哥哥花自芳進来說他母親病重了想他女兒他来求恩典接襲人家去走走王夫人听了便道人家母女一場豈有不許他去的一面就叫了鳳姐兒来告訴了鳳姐兒命酌量去辦理鳳姐兒荅應了回至房中便命周瑞家的去告訴襲人原故又吩咐周瑞家的再將跟隨出門的媳婦傳一個你兩個人再帶兩個小了頭子跟了襲人去外頭派四個有年紀跟車的要一輛大車你們帶着坐要一輛小車給了頭們坐周瑞家的荅應了才要去鳳姐兒又道那襲人是個省事的你告訴他說我的話叫他穿几件顏色好衣裳大大的包一包袱衣裳拿着包袱也要好好的手炉也要拿好的臨走時叫他先来我瞧瞧周瑞家的荅應去了半日果見襲人穿帶来了兩個了頭與周瑞家的拿着手炉與衣包鳳姐兒看襲

人頭上帶着几枝金釵珠釧到華麗又看身上穿着桃紅百子刻絲銀鼠襖子
葱綠盤金彩綉綿裙外面穿着青緞灰鼠褂鳳姐兒笑道这三件衣裳都是太
太的賞了你到是好的但只这褂子太素了些如今穿着也冷你該穿一件大
毛的襲人笑道太太就只給了这灰鼠的還有一件銀鼠的説赶年下再給大
毛的還沒有得呢鳳姐兒笑道我道有一件大毛的我嫌風毛兒出不好了正
要改去也罷先給你穿去罷等年下太太給作的時節我再作罷只當你還我
一樣衆人都笑道奶奶慣會説这話成年家大手大脚的替太太不知背地裡
賠墊了多少東西真真的賠的是説不出來那里又和太太筭去偏會子又説
这小氣話取笑兒鳳姐兒笑道太太那里想的到这些究竟这又不是正經事
再不照管也是大家的体面説不得我自已吃些虧把衆人打扮体統了寧可

我得個好名也罷了一個一個像燒糊的捲子似的人先笑話我當家到把人
弄出了花子来衆人听了都嘆說誰是奶奶這樣聖名在上体貼太太在下又
疼顧下人一面說一面只見鳳姐兒命平兒將昨日那件石青刻絲八團天馬
皮褂子拿出来與了襲人又看包袱只得一個彈墨花綾水紅紬裏的夾包袱
里面只包着兩件半旧棉袄與皮褂鳳姐兒又命平兒把一個玉色紬裏的哆
囉呢的包袱拿出来又命包上一件雪褂子平兒走去拿了出来一件是半旧
大紅猩猩毡一件是大紅羽紗的襲人道一件就當不起了平兒笑道你拿这猩
猩毡的把这件順手拿將出来叫人給那大姑娘送去昨兒那麼大雪人人都
是有的不是猩猩毡就是羽緞羽紗的十来件大紅衣裳映着大雪好不齊整
就只他穿着那件旧毡斗蓬越發顯的拱肩縮背好不可怜見的如今把這件

給他罷鳳姐兒笑道我的東西他私自就要給人我一個還花不勾再添上你
提着更好了衆人笑道這都是奶奶素日孝敬太太疼愛下人若是奶奶素日
是小氣的只以東西為事不顧下人的姑娘那里還敢這樣了鳳姐兒笑道所
以有知道我的心的也就是他還知三分罷了說着又囑咐襲人道你媽若好了
就罷若不中用了只管住下打發人來回我我再另打發人給你送鋪蓋去可
别使人家的鋪蓋和梳頭的傢伙又吩咐周瑞家的道你們自然也知道这里
的也不用我囑咐了周瑞家的答應都知道我們这去到那里總叫他們的人廻
避若住下必是另要一兩間内房的說着跟了襲人出去又吩咐預備灯籠遂
坐車往花自芳家來不在話下这里鳳姐又將怡紅院的嬷嬷喚了兩個來分
付道襲人只怕不來家你們素日知道那大了頭們那兩個知好歹派出来在

寶玉屋里上夜你們也好生照管着别由着宝玉胡鬧兩個嬷嬷去了一時来
回說派了晴雯和麝月在屋里我們四個人原是輪流着帶管上夜的鳳姐兒
听了点頭道晚上催他早睡早上催他早起老嬷嬷們答應了自回園去一時
果有周瑞家的帶了信回鳳姐兒說襲人之母業已停床不能回来鳳姐兒回
明了王夫人一面着人往大观园去取他的鋪盖粧奩宝玉看着晴雯麝月二
人打点妥當送去之後晴雯麝月皆卸罷殘粧脫換過裙襖晴雯只在薰籠上
圍坐麝月笑道你今兒别粧小姐了我劝你也動一動兒晴雯道等你們都去尽
了我再動不遲有你們一日我且受用一日麝月笑道好姐姐我鋪床你把那
穿衣鏡的套子放下来上頭的划子划上你的身量比我高些說着便去了給宝
玉鋪床晴雯嗐了一聲笑道人家纔坐煖和了你就来鬧此時宝玉正坐着納

悶想襲人之母不知是死是活忽所見晴雯如此說便自己起身出去放下鏡
奩划上消息進來咲道你們煖和罷都完了晴雯咲道終久煖和不成的我又
想起来湯婆子還沒拿来呢麝月道这难為你想着他素日又不要湯婆子偺
們那薰籠上煖和比不得那屋裡炕冷今兒可以不用寶玉笑道这個話你們
兩個都在上頭睡了我这外边没個人我怪怕的一夜也睡不着晴雯道我是
在这裡叫晴雯麝月往他外边睡去說話之間天色二更麝月早已放下簾幔移
灯炷香伏侍寶玉卧下二人放睡晴雯自在薰籠上麝月便在煖閣內外边至
三更已後寶玉睡夢之中便叫襲人叫了兩聲無人荅應自己醒了方想起襲
人不在家自己也好咲起来晴雯已醒因咲喚麝月道連我都醒了他守在傍
边還不知道真是個挺死尸的麝月翻身打個哈氣咲道他叫襲人與我什麼

相干因問作什庅宝玉要吃茶麝月忙起来单穿紅紬小棉袄兒宝玉道披上我的袄兒再去仔細冷着麝月听説回手便把宝玉披着起夜的一件貂鼠頦子襟（訥爾庫）煖袄披上下去向盆内洗手先到了一鍾温水拿了大漱盂宝玉漱了一口然後纔向茶槅上取了茶碗先用温水灥了一灥向煖壺中倒了半碗茶遞與寶玉吃了自已也漱了一漱吃了半碗晴雯笑道好妹子也賞我一口兒麝月笑道越發上臉兒了晴雯道好妹妹明兒晚上你别動我伏侍你一夜如何麝月听説只得也伏侍他漱了口倒了半碗茶與他吃过麝月笑道你們兩個别睡説着話兒我出去走走回来晴雯笑道外頭有個鬼等着呢你宝玉道外頭自然有大月亮的我們説話你只管去一面説一面便嗽了兩声麝月便開了後門揭起毡簾一看果然好月色晴雯等他出去便欲唬他頑要仗自素日比别人氣

壮不畏寒冷也不披衣只穿着小袄便蹑手蹑脚的下了熏笼随後出来宝玉咲劝道看凍着不是顽的晴雯只擺手随後出了房門只見月光如水忽然一陣微風只覔侵肌透骨不禁毛骨森然心下自思道怪道人説热身子不可被風吹这一冷果（然）利害一面正要唬麝月只听宝玉高声在内道（説）晴雯出去了晴雯忙回身進来笑道那裡就唬死了他偏你慣会这蝎蝎螫螫老婆寒（漢）像的宝玉笑道到不為唬坏了他頭（兒）一則凍着也（你）不好二則他不妨（防）不免（兒）一喊倘或唬醒了别人不説偺們是頑意（兒）到反説襲人纔去了一夜你們就見神見鬼的你来把我的这边被掖一掖晴雯听説便上来掖了掖伸手進去渥一渥時宝玉笑道好冷手我説看凍着一面又見晴雯兩腮如胭脂一般用手摸了一摸也覺氷冷宝玉道快進被来渥渥罷一語未了只听咯噔的一声門响麝月慌慌

張張的笑了進來說道嚇了我一跳好的黑影子裡山子石後頭只見一個人
蹲着我纔要叫喊原來是那個大錦雞見了人一飛飛到亮處來我纔看真了
若冒冒失失一嚷倒鬧起人來一面說一面洗手又笑道晴雯出去我怎麼不
見一定是要唬我去了寶玉笑道這不是他在這裡渥呢我若不叫人快可是
到唬一跳晴雯笑道也不用我唬去這小蹄子已經自怯自驚的了一面說一
向仍回自己被中去了麝月道你就這麼跑解馬的打扮得伶伶俐俐的出去
了不成寶玉笑道可不就這麼丁麝月道你死不揀好日子你出去站一站把
皮不凍破了你的說着又將火盆上的銅罩揭起拿灰鍬重將熟炭埋了一埋
拈了兩塊素香放上仍旧罩了至屏後重剔了灯方纔睡下晴雯因方才一冷
如今又一煖不覺打了兩個噴嚏寶玉嘆道如何到底傷了風了麝月笑道他

早起就嚷不受用一日也沒吃飯他这會還不保養些還要捉弄人明兒病了
叫他自作自受宝玉問頭上熱不熱晴雯嗽了兩声說着只听外間房中十錦隔上
的自鳴鐘噹噹兩声外間值宿的老嬷嬷嗽了兩声因說道姑娘們睡罷明兒再
說罷宝玉方悄悄的笑道偺們別說話了又惹他們說話說着方大家睡了至
次日起来晴雯果竟有些鼻塞声重懶怠動弹宝玉道快不要声張太太知道
又叫你搬了家去養息家去雖好到底冷些不如在這裡你就在里間屋裡倘
着我叫人請了大夫悄悄的從後門来瞧瞧就是了晴雯道雖如此說你到底
要告訴大奶奶一聲兒不然一時大夫来了人問起来怎麽說呢宝玉听了有
理便換一個老嬷嬷吩咐道你回太太去就說晴雯白冷着了些不是什麽大
病襲人又不在家他若家去養病這更沒有人了傳一個大夫悄悄的從後門

進来瞧瞧別回太太罷了老嬷嬷去了半日来回説大奶奶知道了説一兩劑藥吃好了便罷若不好時還是出去為是如今時氣不好恐沾染了別人事小別姑娘們的身子要緊的晴雯睡在煖閣裡只管咳嗽听了這話氣的喊道我那里就害瘟病了只怕過了人我離了這裡看你們這一輩子別都頭疼腦熱的説着便真要起来宝玉忙按他咲道別生氣這原是他的責任惟恐太太知道了説他不是白説一句你素習就好生氣如今肝火自然要盛了正説時人回大夫来了宝玉便走過来避在書架之後只見兩三個後門口的老嬷嬷代了一個大夫進来这裡的丫环都廻避了有三四個老嬷嬷放下煖閣上的大紅綉幔晴雯從幔中单伸出手去那大夫見這隻手上有兩根指甲足有三寸長尚有金鳳花染的通紅的痕跡便忙回過頭来有一個老嬷嬷忙拿了一塊手帕掩了

那大夫方胗了一回起身到外間向嬷嬷們說道小姐的症是外感內滯近日時氣不好意莫是個小傷寒幸亏是小姐素日飲食有限風寒也不大不過是血氣原弱偶然沾帶了些吃兩劑藥踈散踈散就好了說着便又隨婆子們出去彼時李紈已遣人知會過後門上的人及各處了𡚱迴避那大夫知見了园中的影致並不曾見一子一時出了园門就在守园門的小廝們的班房內坐了開了藥方老嬷嬷道你老且別去我們小爺囉唆恐怕還有話說大夫忙道方纔不是小姐是位爺不成那屋子竟是綉房一樣又是放下幔子來的如何是位爺呢老嬷嬷悄悄笑道我的老爺怪道小廝們纔說今兒請了一位新大夫來了真不知我們家的事那屋子是我們小哥兒的那人是他屋裡的了頭到是個大姐那里的小姐若是小姐的綉房小姐病了你那么容易就進去

了説着拿了藥方進去宝玉看時上面有紫蘇桔梗防風荊芥等藥後面又有枳实麻黄宝玉道該死該死他拿着女孩兒們也像我們一樣的治如何使得憑他有什広内滯這枳实麻黄如何禁得誰請了来的快打發他去罷再請一個熟的来老婆子道用藥好不好我們不知道這个理如今再叫小厮去請王太醫去到容易只是这大夫又不是告訴總管房請来的这轎馬錢是要給他的少婆子道少了不好看也得一兩銀子纔是我們這門户的礼宝玉道王太醫来了給他多少婆子笑道王太醫和張太醫每常来了也並没个給錢的不過每年四節大躉送礼那是一定的年例這人新来了一次須得給他一兩銀子去宝玉听説便命麝月去取銀子麝月道花大奶奶還不知擱在那里呢宝玉道我常見他在螺甸小櫃子里取錢我和你找去説着二人来至宝玉堆東西的

寫痴公子
畢肖鑑璧

房子開了螺甸櫃子上一槅子都是筆墨扇子香餅各色荷包汗巾等物下一槅却是几串錢於是開了抽屜纔看見一個小簸籮内放着几塊銀子到也有一把戥子麝月便拿了一塊銀子提起戥子来問宝玉那是一兩的星兒宝玉笑道你問我有趣你到成了纔来的了麝月也咲了又要去問人宝玉道揀那大的給他一塊就是了又不作買賣這些做什庅麝月聽了便放下戥子揀了一塊掂了一掂咲道這一塊只怕是一兩了寧可多些好別少了叫那窮小子咲話不說偺們不識戥子到說偺們有心小器是的那婆子站在外頭台磯上咲道那是五兩的錠子夾了半边這一塊至少還有二兩呢這會子又沒夾剪姑娘收了這塊再揀一塊小些的罷麝月早掩了櫃子出來咲道誰又找去多了些你拿了去罷宝玉道你只快叫茗烟再請王大夫去就是了婆子接了

以風亂嚮喻寶玉之事此也　鑑堂

銀子自去料理一時茗烟果請了王太醫來胗了脈後說病症與前相倣只是方上果沒有枳實麻黃等藥到有當歸陳皮白芍等類的藥之分量較先也減了些寶玉喜道這才是女孩兒們的藥雖然疎散也不可太過舊年我病了却是傷寒內里飲食停滯他瞧了還說我禁不起麻黃石膏枳實的狼虎藥我和你們一比我就如那野坟圈子里長的几十年的一棵老楊樹你們就如秋天芸兒進我的那纔開的白海棠連我禁不起的藥你們如何禁得起麝月等笑道野坟只有楊樹不成難道就沒有松柏我最嫌的是楊樹那麼大笨樹葉子只一點子沒一絲風他也是乱嚮（鄉音）你偏比他也太下流了寶玉笑道松柏不敢比連孔子都說歲寒然後知松柏之後凋也可知這兩件東西高雅不怕羞臊的才拿他混比呢說着只見老婆子取了藥來寶玉命把煎藥的銀吊子找了

詳細
鑑重

出來（找字神理乃不常用之物也）就命在火盆上煎晴雯因說正經給他們茶房里煎去
弄得這屋裡藥氣如何使得寶玉道藥氣比一切的花香果子香都雅神仙採
藥燒藥再者高人逸士採藥治藥最妙的一件東西這屋裡我正想各色都齊
了就只少藥香如今恰好全了一面說一面早命人煨上又囑咐麝月打点東西
遣老嬷嬷去看襲人劝他少哭一一妥当方過前边來賈母王夫人處問安吃
飯正值鳳姐兒和賈母王夫人商議說天又短又冷不如以後大嫂子帶着姑娘
們在園子里吃飯一樣等天長煖和了再來回的跑也不妨王夫人笑道這也
是好主意刮風下雪倒便宜吃些東西受了冷氣也不好空心走來一肚子冷
風壓上些東西也不好不如後園門里頭的五間大房子横豎有女人們上值
的挑兩個厨子女人在那里單給他姊妹們弄飯新鮮菜蔬是有分例的在總

管房里支去或要錢或要東西那些野鷄獐麅各樣野味分些給他們就是了賈母道我也正想着呢就怕又添一個厨房多事些鳳姐道並不多事一樣的分例這里添了那里減了就便多費些事小姑娘們冷風朔氣的朔字又妙朔作韶此音也用此音奇想奇想　別人還可学一林妹妹如何禁得住就連寶兄弟也禁不住何况衆位姑娘賈母道正是這話了上次我要說這話我見你們的大事太多了如今又添出這些事来要知端的

脂硯齋重評石頭卷之

第五十二回

俏平兒情掩蝦鬚鐲　勇晴雯病補雀金裘

賈母道正是這話了上次我要說這話我見你們的大事多如今又添出這些事来你們固然不敢抱怨未免想着我只顧疼這些小孩子孫女兒們就不体貼你們這当家人了你既這麽說出来更好了因此時薛姨媽李嬸都在座邢夫人及尤氏婆媳也都過来請安還未過去賈母向王夫人等說道今兒我才說這話素日我不說一則怕逞了鳳了頭的臉二則衆人不伏今日你們都在這里都是經過妯娌姑嫂的还有他這樣想的到的没有薛姨媽李嬸尤氏等齊咲說真个少有別人不過是礼上面子情兒寔在他是真疼小叔子小姑子

就是老太〻跟前也是真孝順賈母点頭嘆道我雖疼他我又怕他太伶俐也不是好事鳳姐兒忙笑道這話老祖宗說差了世人都說太伶俐聦明怕活不長世人都說得人人都信獨老祖宗不当說不当信老祖宗只有伶俐聦明過我十倍的怎庅如今這樣福寿双全的只怕我明兒還勝老祖宗一倍呢我活一千歲後等老祖宗歸了西我才死呢賈母笑道衆人都死了単剩下偺們兩個老妖精有什庅意思說的衆人都笑了宝玉因記掛着晴雯襲人等事便先回園里來到房中蘭香滿屋一人不見只見晴雯独卧于炕上臉面燒的飛紅又摸了一摸只覺燙手忙又向炉上將手烘煖伸進被去摸了一摸身上也是火燒因說道別人去了也罷麝月秋紋也這樣無情各自去了晴雯道秋紋是我攆了他去吃飯的麝月是方才平兒來找他出去了兩人鬼〻崇〻的不知說

妙緒續絲此是書中之葉絡靈竅不可沒也 鑑堂

什庅必是說我病了不出去宝玉道平兒不是那樣人况且他並不知你病特来瞧你想来一定是(合)麝月来說話偶然見你病了隨口說特瞧你的病這也是人情乖覔取和的常事便不出去有不是與他何干你們素日又好斷不肯為這無干的事傷和氣晴雯道這話也是只(我)是疑(心)他為什庅忽然(間)瞒起我来

宝玉一篇推情度理之談以射正事不知何如

宝玉咲道讓我從(後)門出去(在)那窓根下听〃(他們)說些〃什庅来告訴你說着果然從後門出去至窓下潛听麝月悄悄問道你怎庅就淂了的

妙〃這才有神理是平兒說过一半了若此時從宝玉口中從頭說起一原一故直是二人特等宝玉来听方說起也

平兒道那日彼時洗手時不見了二奶〃就不許吵嚷出了園子即刻就傳給園里各処的媽媽們小心查妨(訪)我們只疑惑邢姑娘的了頭本来又窮只怕小孩子家没見过拿了起来有的再不料定是你們這里的幸而二奶〃沒有在屋里你們這里

的宋媽〻的去了拿這支鐲子說是小丫頭子墜兒偷起來的被他看見來回二奶〻的（妙極紅玉既有归結墜兒豈可不表哉可知奸賊二字是相連的故情字原非正道墜兒原不情也不過一愚人耳可以傳姦即可以為盜二次小竊皆出于宝玉房中亦大有深意在焉）我赶着忙接了鐲子想了一想宝玉是偏在你們身上留心用意爭勝要強的那一年有一个良兒偷玉剛冷了一二年間還有人提起来趁愿這會子又跑出一個偷金子的來了而且更偷到街房家去了偏是他這樣偏是他的人打嘴所以我連忙叮嚀宋媽千萬別告訴宝玉只当沒有這事別和一个人題起第二件老太〻太〻听了也生氣三則襲人和你們也不好看所以我回二奶奶只說我往大奶〻那里去的誰知鐲子褪了口掉在草根底下雪深了沒看見今兒雪化盡了黃澄〻的映着日頭還在那里呢我就揀了起來二奶〻也就信了所以我来告訴你們〻〻以後防着他些別使喚他到別処去等襲人

回来你們商議着变个法子打發他出去就完了麝月道這小娼婦也見過些ゝ東西怎庅這庅眼皮子淺平兒道究竟這鐲子能多少重原是二奶ゝ說的這叫做蝦鬚鐲到是這顆珠子還罷了晴雯那蹄子是塊爆炭要告訴了他ゝ是忍不住的一時氣了或打或罵依旧嚷出来不好所以单告訴你留心就是了說着便作辞而去宝玉听了又喜又氣又嘆喜的是平兒竟能体貼自已氣的是墜兒小竊嘆的是墜兒那樣一個伶俐人作出這醜事来因而回至房中把平兒之話一長一短告訴了晴雯又說他說你是個要強的如今病着听了這話越發要添病等好了再告訴你晴雯听了果然氣的蛾眉倒蹙鳳眼圓睁即時就叫墜兒宝玉忙劝道你這一喊出来豈不辜負了平兒待你我之心了不如領他這个情過後打發他就完了晴雯道雖如此說只是這口氣

如何忍得宝玉道這有什広（生）氣的你只養病就是了晴雯服了藥至晚間又服二
和夜間雖有些〻汗還未見效仍是發燒頭疼鼻塞声重次日王太醫又来胗
視另加減湯劑虽然稍減了燒仍是頭疼宝玉便命麝月取鼻烟来給他
嗅些〻痛打几个嚏噴就通了関竅麝月果真去取了一個金廂双扣金星玻璃
的一個扁盒来逓與宝玉〻〻便揭（開）翻盒扇（蓋）里面有西洋琺瑯的黄髮赤身女
子両肋又有肉翅（盒）里面盛着些〻真正汪恰洋烟（汪恰西洋一等宝烟也）晴雯只顧看画兒
宝玉道嗅些〻走了氣（罷）就不好了晴雯听說忙用指甲挑了些〻嗅入鼻中不怎樣
便有（又）多〻挑了些〻嗅入忽覺鼻中一股酸辣透入顖門接連打了五六個嚏噴
眼淚鼻涕登時齊流（遍得出）晴雯忙収了盒子笑道了不得好爽快拿紙來早
有小丫頭子遞過一搭子細紙晴雯便一張〻〻的拿來醒鼻子宝玉笑問如

何晴雯咲道果䖏通快些只是太陽还疼宝玉咲道越性尽用西洋藥治一治只怕就好了說着便命麝月和二奶〻要去就說我說了姐〻那里常有那西洋貼頭疼的膏子藥叫作依弗哪找尋一点兒麝月答應了去了半日果拿了半節来便去找了一塊紅緞子角兒鉸了两塊指頂大的圓式将那藥烤化和了用簪挺攤上晴雯自拿着一面靶兒鏡子貼在两太陽上麝月咲道病的蓬頭鬼一樣如今貼了这个到俏皮了二奶〻貼慣了到不大顯說畢又向宝玉道二奶〻說了明日是旧老爺生日太〻說了叫你去呢明兒穿什広衣裳今兒晚上好打点齊脩了省得明兒早起費手宝玉道什広順手就是什広罢了一年鬧生日也鬧不清說着便起身出房往惜春房中去看画剛到院門外边忽見宝琴的小丫头名小螺者從那边過去宝玉忙赶上問那去小螺咲道我們二位姑

娘都在林姑娘房里呢我如今也往那里去宝玉听了轉步也便同他往瀟湘舘来不但宝釵姊妹在此且連邢岫烟也在那里四人圍坐在薰籠上序家常紫鵑到坐在煖閣里臨窓作針黹一見他来都笑說又来了一个可㲼了你的坐処了宝玉笑道好一付冬閨集艷圖可惜我遲来了一步橫竪这屋子比各屋子煖这椅子坐着並不冷說着便坐在代玉常坐的搭着灰鼠椅搭的一張椅上因見煖閣之中有一白玉石長條盆子里面攢三聚五栽着一盆单瓣水仙点着宣石便極口讚好花这屋子越發煖这花香的越清香昨日未見代玉因說道这是你家的大總管賴大嫂子給送薛二姑娘的兩盆臘梅兩盆水仙他送了我一盆水仙他送了蕉了頭一盆臘梅我原不要的又恐辜負了他的心你若要我轉送你如何宝玉道我屋里却有兩盆只是不及这个琴妹〻送的如何又轉

送人这个断使不得代玉道我一日藥盂子不離火我竟是藥培着呢那里还
擱的住花香来熏越發弱了况且这屋子里一股藥香反把这花香攙坏了不
如你抬了去这花也清淨了没雜味来攙他宝玉咲道我屋里今兒也有病人
煎藥呢你怎庅知道的代玉咲道这話奇了我原是無心的話誰知你屋里的
事你不早来听說古記这会子来了自驚自怪的宝玉咲道偺們明兒下一社
又有了題目了就咏水仙臘梅代玉听了咲道罢〻我再不敢作詩了作一回
罰一回没的怪羞的說着便两手握起臉来宝玉咲道何苦来又奚落我作什
庅我还不怕臊呢你倒握起臉来了宝釵因咲道下次我邀一社四个詩題四
个詞題每人四首詩四闋詞頭一个詞題咏太極圖限一先的韵五言律要把
一先的韵都用尽了一个不許剩宝琴咲道这一說可知是姐〻不是真心起

社了这分明难人若論起來也強扭的出來不過顛來倒去弄些易經上的話生填究竟有何趣味我八歲時節跟我父親到西海沿子上買洋貨誰知有个真真國色的女孩子纔十五歲那臉面就和那西洋画上的美人一樣也披着黄頭髮打着聯垂滿頭帶的都是珊瑚猫兒眼祖母緑这些宝石身上穿着金絲織的鎖子甲洋錦襖袖帶着倭刀也是廂金嵌宝的實在画兒上的也沒他好看有人說他通中國的詩書会講五経能作诗填詞因此我父親央煩了一位通事官煩他寫了一張字就寫的是他作的詩衆人都称奇道異宝玉忙笑道好妹妹你拿出來我瞧瞧宝琴笑道在南京收着呢此時那里去取来宝玉听了大失所望便說沒福得見这世面代玉笑拉宝琴道你别哄我們我知道你这一來你的这些東西未必放在家里自然都是要帶了來的这会子又扯謊

此等處最令人着急 鑑堂

徽諱也

故作頓挫
以免直學
而
鑒堂

說沒帶來他們雖信我是不信的宝琴便紅了臉低頭微笑不語宝釵笑道偏
这个顰兒慣說这些白話把你就伶俐的代玉道若帶了来就給我們見識〻
〻也罢了宝釵笑道箱子籠子一大堆还沒理清知道在那个里頭呢等过日
収什清了我出来大家再看就是了又向宝琴道你若記得何不念〻我們听
听宝琴方答道記得是首五言律外國的女子也就难為他了宝釵道你且別
念等把雲兒叫了来也叫他听〻說着便叫小螺来分付道你到我那里去就
說我們这里有一个外國美人来了作的好詩請你这詩瘋子来瞧去再把我
們詩獃子也帶来小螺笑着去了半日只听湘雲笑問那一个外国美人来了
一頭說一頭果和香菱来了衆人笑道人未見形先已聞聲宝琴等忙讓坐遂
把方纔的话重序了一遍湘雲笑道快念来听〻宝琴因念道

詩好便照壯飄三玉鑑書

昨夜朱楼夢　今宵水国吟　島雲蒸大海　嵐氣接叢林
月本無今古　情緣自淺深　漢南春歷歷　焉得不関心

衆人听了都道难為他竟比我們中国人还強一語未了只見麝月走来説太太打發人来告訴二爺明兒一早往旧旧那里去就说太太身上不大好不得親自来宝玉忙站起来答應道是因問宝釵宝琴可去宝釵道我们不去昨兒单送了礼去了大家説了一回方散宝玉因讓諸姊妹先行自己落後代玉便又吗住他問道襲人到底多早晚回来宝玉道自然等送了殯纔来呢代玉还有話說又不曾出口出了一回神便說道你去罢宝玉也竟心里有許多話只是口里不知要説什庅想了一想也咲道明日再説罷一面下了堦磯低頭正欲迈步復又忙回身问道如今的夜越發長了你一夜咳嗽几遍醒几次此皆好笑之極

無味扯淡之極回思則皆瀝血滴髓之至情至神也豈別部偷寒送煖私奔暗約一味淫情浪態之小說可比哉

代玉道昨兒夜里好些兒咳嗽了兩遍却只睡了四更一个更次就再不能睡了宝玉又笑道正是有句要緊的話这会子纔想起来一面説一面便挨過身来悄〻道我想宝姐〻送你的燕窩一語未了只見趙姨娘走了進来瞧代玉問姑娘這兩天好些代玉便知他是從探春処来從門前过順路的人情代玉忙陪笑讓坐説难為姨娘想着怪冷的親身走来又忙命倒茶一面又使眼色与宝玉〻〻会意便走了出来正值吃晚飯時見了王夫人〻〻〻又囑他早去宝玉回来看晴雯吃了藥此夕宝玉便不命晴雯挪出煖閣来自己便在晴雯外边又命将薰籠抬至煖閣前麝月便在薰籠上一宿無話至次日天未明時晴雯便叫醒麝月道你也該醒了只是睡不彀你出去叫人給他預備茶水我叫

醒他就是了麝月忙披衣起来道咱們叫起他来穿好衣裳抬过这大箱去再
叫他們進来老嫗〻們已経説过不叫他在這屋里怕过了病氣如今他們見
咱們擠在一処又該唠叨了晴雯道我也是这庅説呢二人才叫時宝玉已醒
了忙起身披衣麝月先叫進小丫頭子来収什妥當了才命秋紋檀雲等進来
一同伏侍宝玉梳洗畢麝月道天又陰〻的只怕有雪穿那一套毡子的罢宝玉
点〻頭即時换了衣裳小丫頭便用小茶盤捧了一盖碗建蓮紅枣兒湯来宝玉
喝了両口麝月又捧过一小碟法製紫薑来宝玉噙了一塊又嘱咐了晴雯一回
便往賈母処来賈母犹未起来知道宝玉出門便開了房門命宝玉進去宝玉
見賈母身後宝琴面向里也睡未醒賈母見宝玉身上穿着荔色哆罗呢的天
馬箭袖大紅猩毡盤金彩綉石青粧緞沿边的排穗褂子賈母道下雪呢宝玉

道天陰着还没下呢賈母便命鴛央来把昨兒那一件烏雲豹的氅衣給他罢
鴛央荅應了走去果取了一件来宝玉看時金翠輝煌碧彩烟灼又不似宝琴
所披之鳧靨裘只听賈母笑道这叫作雀金呢这是哦囉斯国拿孔雀毛拈了
線織的前兒把那一件野鴨子的給了你小妹〻小字更妙盖王夫人之末女也
这件給你罢宝玉磕了一个頭便披在身上賈母笑道你先給你娘瞧〻去再
去宝玉荅應了便出来只見鴛央跕在地下揉眼睛因自那日鴛央發誓决絶
之後他揔不合宝玉講話宝玉正自日夜不安此時見他又要廻避宝玉便上
来笑道好姐〻你瞧〻我穿着这个好不好鴛央一摔手便進賈母房中来了
宝玉只得到了王夫人房中與王夫人看了然後又回至房中與晴雯麝月
看过後至賈母房中回说太〻看了只说可惜了的叫我仔細穿别遭搨了他

賈母道就剩下了这一件你遭搨了也再没了这会子特給你做这个也是没有的事説着又嘱咐他不許多吃酒早些回来宝玉應了几个是老嬷〻跟至所上只見宝玉的奶兄嬷〻哥〻李貴和王荣張若錦趙亦華錢啓周瑞六个人帶着茗烟伴鶴鋤藥掃紅四个小厮背着衣包抱着坐褥籠着一匹雕鞍彩轡的白馬早已伺候多時了老嬷〻又吩咐了他六人些話六个人忙答應了几个是忙捧鞭墜鐙宝玉慢〻的上了馬李貴和王荣籠着嚼环錢啓周瑞二人在前引導張若錦趙亦華在兩边緊貼宝玉後身宝玉在馬上咲道周哥錢哥偺們打这角門走罷省得到了老爺的書房門口又下来周瑞側身笑道老爺不在家書房天〻鎖着的爺可以不用下来罷了宝玉咲道雖鎖着要下来的錢啓李貴和都咲道爺説的是便托懶不下来倘或遇見賴大爺林二爺雖不好説爺

也劝两句有的不是都派在我們身上又説我們不教爺礼了周瑞錢啟便一直出角門来正説話時頂頭果見賴大爺走來宝玉忙籠住馬意欲下来賴大忙上来抱住腿宝玉便在鐙上站起来笑携他的手説了几句話棲首又見一个小厮帶有二三十个拿掃箒簸箕的人進来見了宝玉都順墻垂手立住独那為首的小厮打千兒請了一个安宝玉不識名姓只微笑点了点頭兒馬已过去總為後文伏線那人方帶人去了于是出了角門門外又有李貴和等六人的小厮並几个馬夫早預備下十来匹馬専候一出了角門李貴等都各上了馬前引傍圍的一陣烟去了不在話下这里晴雯吃了藥仍不見病退急的乱罵大夫説只会騙人的錢一劑好藥也不給人吃奇文真妓愍女兒之語也麝月笑劝他道你太性急了俗語説病来如山倒病去如抽丝又不是老君的仙丹那

有这樣霻𤘽你只净養几天自然好了你越急越着手晴雯又罵小丫頭子們
那里鑽沙去了瞅我病了都大胆子走了明兒我好了一个〻〻的緫揭你們
的皮呢唬的小丫頭子篆兒忙進来問姑娘作什庅此姑娘亦姑〻娘〻之称亦如賈璉処小厮呼平兒皆南北互用一語也脂硯
晴雯道別人都死絶了就剩了你不成説着只見墜兒
也蹭了進来晴雯道你瞧〻这小蹄子不問他还不来呢这里又放月錢了又
散果子了你该跑在頭里了你徃前些我不是老虎吃了你墜兒只淂前凑晴
雯便冷不防欠身一把将他的手抓住是病卧之時向枕边取了一丈青向他
手上乱戳口内罵道要这庂(爪)子作什庅拈不淂針拿不動線只会偷嘴吃眼皮
子又浅爪子又輕打嘴現世的不如戳爛了墜兒疼的乱哭乱喊麝月忙拉開
墜兒按晴雯睡下咲道纔出了汗又作死芋你好了要打多少打不的(得)这会子

鬧什麽晴雯便命人叫宋媽〻進来説道寶二〻爺纔告訴了我叫我告訴你們墜兒很懶寶二〻爺當面使他〻撥嘴兒不動連襲人使他〻背後罵他今兒務必打發他出去明兒寶二〻爺親自回太〻就是了宋媽〻听了心下便知鐲子事發因笑道雖如此説也等花姑娘回来知道了再打發他晴雯道寶二爺今兒千叮嚀万囑咐的什麽花姑娘草姑娘我們自然有道理你只依我的話快叫他家的人来領他出去麝月道这也罷了早也去晚也去帶了去早清淨一日宋媽〻听了只得出去喚了他母親来打点了他的東西又来見晴雯等説道姑娘們怎麽了你侄女兒不好侄女二字妙余前注不謬你們教導他怎麽攆出去也到底給我們留個臉兒晴雯道你这話只等寶玉来〻爺問他与我們無干那媳婦冷笑道我有胆子問他去他那一件事不是听姑娘們的調停他總依了

姑娘們不依也未必中用比如方纔説話雖是背地里姑娘就直叫他的名字
在姑娘們就使得在我們就成了野人了晴雯听説亦發急紅了臉説道我叫
了他的名字了你在老太〻跟前告我去説我撒野也攆出我去麝月忙道嫂
子你只管代了人出去有話再説這个地方豈有你叫喊講礼的你見誰和我
們講过礼别説嫂子你就是賴奶〻林大娘也得担代我們三分便是叫名字
從小兒直到如今都是老太〻吩咐过的你們也知道的恐怕难養活巴〻的
寫了他的小名兒各処貼着叫万人叫去為的是好養活連挑水挑糞花子都
叫得何况我們連昨兒林大娘叫了一聲爺老太〻还説他呢此是一件二則
我們这些〻人常回老太〻的話去可不叫着名子回話难道也称爺那一日不
把宝玉两个字念二百遍偏嫂子又来挑這个了过一日嫂子閒了在老太〻

太〻跟前听〻我們當着面兒叫他就知道了嫂子原也不淂在老太〻太〻
跟前當此〻体統差事成年家只〻在三門外頭混怪不淂不知我們里頭的規矩
这里不是嫂子久站的再一会不用我們说話就有人来問你了有什庅分証
話且帶了他去你回了林大娘叫他来找二〻爺说話家里上千的人你也跑来
我也跑来我們認人問姓还認不清呢说着便叫小丫頭子拿了擦地的布来
擦地那媳婦听了無言可对亦不敢久立堵氣帶了墜兒就走宋媽〻忙道怪
道你這嫂子不知規矩你女兒在這屋裡一場臨去時也給姑娘們磕個頭沒有
别的謝礼便有謝礼他們也不希罕不過磕個頭尽了心怎庅說走就走墜
兒听了只淂翻身進来給他兩個磕了兩个頭又找秋紋等他們也不睬他那
媳婦嗐声嘆氣不敢言抱恨而去晴雯方纔又閃了風着了氣反覺更不好

了翻騰至掌灯剛安淨了些只見宝玉回来進門就噯声跺脚麝月忙問原故
宝玉道今兒老太々喜々欢々的給了這个掛子誰知不妨後襟子上燒了一
塊幸而天晚了老太々太々都不理論一面說一面脫下来麝月瞧時果見有脂
頭大的燒眼說這必定是手炉里的火迸上了這不值什么赶着叫人悄々
的拿出去叫個能幹織補匠人織上就是了說着便用包袱包了交與一個媽
媽送出去說赶天亮就有纔好千萬别給老太々太々知道婆子去了半日
仍旧拿回来說不但能幹織補匠人就連裁縫繡匠並作女工的問了都
不認得這是什么都不敢攬麝月道這怎么樣呢明兒不穿也罷了宝玉道
明兒是正日子老太々太々說了還叫穿這个去呢偏頭一日燒了豈不掃
興晴雯听了半日忍不住翻身說道拿來我瞧々罷沒這個福氣穿就罷了這

會子又着急宝玉咲道這話到說的是說着便遞與晴雯又移過灯来細看了一會晴雯道這是孔雀金線織的如今偺們也拿孔雀金線就像界線似的界密了只怕還可混得過去麝月咲道孔雀線現成的但這里除了你還有誰會界線晴雯道說不得我挣命罷了宝玉咲道這如何使得纔好了些如何做得活晴雯道不用你蝎、螫、的我自知道一面說一面坐起来挽了一挽頭髮披了衣裳只覺頭重身輕滿眼金星乱迸实、掌不住若不做又怕宝玉着急少不得恨命咬牙捱着便命麝月只帮着拈線晴雯先拿了一根比一比咲道這虽不狠像若補上也不狠顯宝玉道這就狠好那里又找哦囉嘶國的裁縫去 妙談 晴雯先将裡子拆開用茶盃口大的一個竹弓釘牢在背面再将破口四邊用金刀刮的散鬆、的然後把針紉了兩條分出經緯亦如界線之

法先界出地子後依本衣之紋来回織補〻兩針又看〻織補兩針又端詳〻〻

無奈頭暈眼黑氣喘神虛補不上三五針伏在枕上歇一會宝玉在傍一時又問吃些滚水不吃一時又命歇一歇一時又拿一件灰鼠斗蓬替他披在背上一時又命拿个拐枕與他靠着急的晴雯央道小祖宗你只管睡罷再熬上半夜明兒把眼睛摳摟了怎広処宝玉見他着急只得胡乱睡下仍睡不着一時只听自鳴鐘已敲了四下（按四下乃寅正初刻寅此樣法避諱也）剛〻補完又用小牙刷慢〻的剔出毧毛来麝月道這就很好若不留心再看不出的宝玉忙要了瞧〻說道真真一樣了晴雯已嗽了几陣好容易補完了說了一声補雖補了到底不像我也再不能了噯喲了一声便身不由主倒下到地要知端的且听下回分解

脂硯齋重評石頭記卷之

第五十三回

寧國府除夕祭宗祠　　榮國府元宵開夜宴

話説宝玉見晴雯將雀裘補完已使得的力尽神危忙命小丫頭子来替他捶肖彼此捶打了一會歇下沒一頓飯的工夫天已大亮且不出門只叫快傳大夫一時王太醫來了胗了脉疑惑説道昨日已好了些今日如何反虛微浮縮起来敢是吃多了飲食不然就是勞了神思外感却到清了這汗後失于調養非同小可一面説一面出去開了藥方進来宝玉看時已將疎散驅邪諸藥減去了到添了茯苓地黄当帰等益神養血之劑宝玉忙命人煎去一面嘆説這怎么処倘或有个好歹都是我的罪孽晴雯睡在枕上嗐道

好太爺你幹你的去罷那里就得勞病了宝玉無奈只得去了至下半天說身上不好就回來了晴雯此症雖重幸虧他素習是個使力不使心的再素習飲食清淡飢飽無傷這賈宅中的風俗秘法無論上下只一略有些傷風咳嗽總以淨餓為主次則服藥調養故于前日一病時淨餓了兩三日又謹慎服藥調治如今勞碌了些又加倍培養了几日便漸漸的好了近日園中姊妹皆各在房中吃飯炊爨飲食亦便宝玉自不（点便於）要湯要羮調停不必細說襲人送母殯後業已回來麝月便將平兒所說宋媽墜兒一事並晴雯攆逐出去等話一一也曾回過宝玉襲人也沒別說只說太性急了些只因李紈亦因時氣感冒邢夫人又正害火眼迎春岫烟皆過去朝夕侍藥（妙在一人不落事事皆到）李嬸之弟又接了李嬸和李紋李綺家去住几日（來的也有理去的也有情）宝玉又見襲人常常

思母含悲情雯犹未大愈因此詩社之日皆未有人作興便空了几社当下已
是臘月離年日近王夫人與鳳姐治办年事王子騰陞了九省都檢点賈
雨村補授了大司馬恊理軍機忝讚朝政不題且説賈珍那邊開了宗祠
着人打掃收什供器請神主又打掃上房以備懸供遺真影像此時荣寧二
府内外上下皆是忙〻碌〻這日寧府中尤氏正起来問賈蓉之妻打点送
賈母這边針線礼物正值丫頭捧了一茶盤押歲錁子進来回說興兒回奶
奶前兒那一色碎金子共是一百五十三兩六錢七分里頭成色不等共
總傾了二百二十個錁子說着遞上去尤氏看了看只見也有梅花式的也
有海棠式的也有必錠如意的也有八宝聯春的尤氏命收起這個来叫他
把銀錁子快〻交了進来了 妳荅應去了一時賈珍進来吃飯賈蓉之

自可卿死後未見賈蓉續娶此回有蓉妻迴避語是書中遺漏處 綺園

妻迴避了賈珍因問尤氏偺們春祭的恩賞可領了不曾尤氏道今兒我打發蓉兒関去了賈珍道偺們家雖不等這几两銀子使多少是皇上天恩早関了来給那边老太〻見過置（買）了祖宗的供（物）上領皇上（的）恩下則是托祖宗的福偺們那怕用一萬銀子供祖宗到底不如這个又体面又是沾恩錫福的除偺們這様一二家之外那些世襲窮官兒家若不仗着這銀子拿什庅上供过年真正皇恩浩大想的週到尤氏道正是這話二人正說着只見人回哥兒来了賈珍便命叫他進来只見賈蓉捧了一個小黄布口袋進来賈珍道怎庅去了這一日賈蓉陪咲回說今兒不在礼部関領又分在光禄寺庫上因又到了光禄寺纔領了下来光禄寺的官兒們都說問父親好多日不見都着实想念賈珍咲道他們都那是想我這又到了年下了不

是想我的東西就是想我的戲酒了一面說一面瞧那黃布口袋上有印就是皇恩永錫四個大字那一邊又有礼部祠祭司的印記又寫着一行小字道是寧國公賈演榮國公賈法恩賜永遠春祭賞共二分淨折銀若干兩某年月日龍禁尉候補侍衛賈蓉當堂領訖值年寺丞某人下面一個硃筆花押賈珍吃過飯盥漱畢換了靴帽命賈蓉捧着銀子跟了來回過賈母王夫人又至這邊回過賈赦邢夫人方回家去取出銀子命將口袋向宗祠大炉內焚了又命賈蓉道你去問問你璉二嬸子正月裡請吃年酒的日子擬了沒有若擬定了叫書房里明白開了單子來咱們再請時就不能重犯了旧年不留心重了几家不說咱們不留神倒像兩宅商議定了送虛情怕費事一樣賈蓉忙答應了過去一時拿了請人吃年酒的日期單子來了賈珍看了命交與賴昇去看了

請人別重這上頭日子因在所上看省小廝們抬圍屏擦抹几案金銀什器只
見小廝手里拿省個禀帖並一篇賬目回説黑山村的烏庄頭来了賈珍道這
個老吹（坎）頭的今兒纔来説省賈蓉接過禀帖和賬目忙展開捧省賈珍倒背省
兩手向賈蓉手内只看紅禀帖上寫省門下庄頭烏進孝叩請爺奶〻万福金
安併公子小姐金安新春大喜大福榮貴平安加官進祿萬事如意賈珍咲
道庄家人有些〻意思賈蓉也忙咲説別看文法只取個吉利罷了一面忙展開
单子看時只見上面寫省大鹿三十隻獐子五十隻麅子五十隻暹猪二十個湯
羊二十個龍（猪）二十個野猪二十個家臘猪二十個野羊二十個青羊二十個家
湯羊二十個家風羊二十個鱘鰉魚二個各色雜魚二百斤活鷄鴨鵝各二
百（隻）風鷄鴨鵞二百隻野鷄兔子各二百对熊掌二十对鹿筋二十斤海參五

十斤鹿舌五十條牛舌五十條蟶干二十斤榛松桃杏穰各二口袋大対蝦五十対干蝦二百斤銀霜炭上等選用乙千斤中等二千斤柴炭三萬斤御田胭脂米二石（在園雜字曾有此說）碧糯五十斛白糯五十斛粉秔五十斛雜色粱穀各五十斛下用常米一千石各色干菜一車外賣粱穀牲口各項之銀共折銀二千五百兩外門下孝敬哥兒姐兒頑意活鹿兩対活白兔四対黑兔四対活錦鷄兩対西洋鴨兩対賈珍便命帶進他来一時只見烏進孝進来只在院内磕頭請安賈珍命人拉他起来笑說你還硬朗烏進孝咲回托爺的福還能走得動賈珍道你兒子也大了該叫他走走也罷了烏進孝咲道不瞞爺說小的們走慣了不来也悶的慌他們可不是都愿意来見見天子脚下世面他們到底年輕怕路上有失再過几年就可放心了賈珍道你走了几日烏

進孝道回爺的話今年雪大外頭都是四五尺深的雪前日忽然一煖一化路上竟难走的狠耽擱了几日雖走了一個月零兩日因日子有限了怕爺心焦可不赶着来了賈珍道我說呢怎么今兒纔来我纔看那单子上今年你這老貨又来打擂台来了烏進孝忙進前了兩步回道回爺說今年年成実在不好從三月下雨起接接連連直到八月竟沒有一連晴過五日九月里一場碗大的雹子方近一千三百里地連人帶房並牲口粮食打傷了上千上萬的所以纔這様小的並不敢說謊賈珍皺眉道我算定了你至少也有五千兩銀子来這殼作什么的如今你們一共只剩了八九個庄子今年到有兩処报了旱澇你們又打擂台真真是又教別過年了烏進孝道爺的這地方還算好呢我兄弟离我那里只一百多里誰知竟大差了他現

管省那府里八處庄地比爷這邊多省几倍今年也只這些東西不過多
二三千两銀子也是有饑荒打呢賈珍道正是呢我這邊都可已沒
有什麼外項大事不過是一年的費用費些我受些委屈就省些再者
年例送人請人我把臉皮厚些可省些也就完了比不得那府里這几年添
了許多花錢的事一定不可免是要花的却又不添些銀子產業這一二
年到賠了許多不和你們要找誰去烏進孝咲道那府里如今雖添了
事有去有來娘娘和萬歲爺豈不賞的（是庄頭口中語氣　脂硯）賈珍听了咲向賈蓉
等道你們听他這話可咲賈蓉等忙咲道你們山坳海沿子上的人那里
知道這道理娘娘難道把皇上的庫給了我們不成他心里總有這心他也不
敢長作主豈有不賞之理按時到節不過是些彩緞古董頑意兒總賞金銀子不

過一百两金子纔值了一千两銀子敎一年的什庅這二年那一年不多賠出
几千銀子来頭一年省親連盖花园子你筭〻那一注共花了多少就知道
了再两年再一回省親只怕就淨穹了賈珍笑道所以他們庄家老实
人外頭不知裡(內)暗的事黄柏木作磬槌子外頭体面裡頭苦 新鮮趣語 賈蓉
又笑向賈珍道果真那府(裡)穹了前兒我所見鳳姑娘 此亦南北互用之文前注不謬
和夗央悄〻商議要偷出老太〻的東西去当銀子呢賈珍〻笑道那(又是)你鳳
姑娘的鬼那里就穹到如此他必定是見去路太多了实在賠的狠了不知
又要省那一項的錢先設此法使人知道說穹到如此了我心里却有一個
筭盤還不至如此田地說自命人带了烏進孝出(去)好生待他不在話下
這里賈珍〻分付將方纔各物留出供祖的来將各樣取了些〻命賈蓉

送過荣府里然後自己留了家中所用的餘者派出等例来一分〻〻
的堆在月台下命人將族中的子侄喚来與他們接着荣国府也送了許多
供祖宗之物及與賈珍之物賈珍看着收拾完備供器靸着鞋披着猞猁獼大
裘命人在所柱下石磯上太陽中鋪了一個大狼皮褥子負暄閑看各子
弟們来領取年物因見賈芹亦来領物賈珍叫他過来說道你作什麼也来
了誰叫你来的賈芹垂手回說所見大爺這里叫我們領東西我沒等人去
就来了賈珍道我這東西原是給你那些〻閑着無事的無進益的小叔〻兄
弟們的那二年你閑着我也給過你的你如今在那府里管事家庙里
管和尚道士們一月又有你的分例外這些〻和尚的分例艮子都從你手
里過你還也来取這個太也貪了你自己瞧〻你穿的像個手里使錢办事的

先前說你沒進益如今又怎么了比先倒不像了賈芹道我家里原人口多
費用大賈珍冷笑道你還支吾我你在家庙里幹的事打諒我不知道呢你到
了那里自然是爺了沒人敢違拗你、手里又有了錢离着我們又遠你就
為王称霸起来夜、招聚匪類賭錢少這一回文字断不可養老婆小子這會子
花的這個形像你還敢領東西来領不成東西領一頓馱水棍去才罷等過
了年我必和你璉二叔說換回你来賈芹紅了臉不敢荅應人回北府水
王爺送了字聯荷包来了賈珍听說忙命賈蓉出去款待只說我不在
家賈蓉去了這里賈珍看着領完東西回房與尤氏吃畢晚飯
一宿無話至此日更比往日更忙都不必細說已到了臘月二十九日了各色
齊備兩府中都換了門神聯对掛牌新油了桃符煥然一新寧国府從大

此聯宜掉轉

門儀門大廳煖閣內廳內三門內儀門並內塞直到正堂一路正門大開兩邊堦下一色硃紅大高照燈點的兩條金龍一般次日由賈毋有誥封者皆按品級着朝服先坐八人大轎代領着衆人進宮朝賀行礼領宴畢回来便到寧國府煖閣下轎諸子弟有未隨入朝者皆在寧府門前排班伺候然後引入宗祠且說寶琴是初次一面細細留神打諒這宗祠原来寧府西邊另一個院子里油栅欄內五間大門上懸一塊匾寫着是賈氏宗祠四個字傍書衍聖公孔繼宗書兩傍有一付長聯寫道是

肝腦塗地兆姓賴保育之恩

功名貫天百代仰蒸嘗之盛　亦衍聖公所書

進入院中白石甬路兩邊皆是蒼松翠栢月台上設着青綠古銅鼎彝等器抱

厦前上面懸一九龍金匾寫道是
星輝輔弼　　乃先皇御筆兩邊一付对聯寫道是
勳業有光照日月
功名無間及兒孫　　亦是御筆五间正殿前懸一鬧龍填青
匾寫道是
慎終追遠　　傍邊一付对聯寫道是
已後兒孫承福德
至今黎庶念荣寧
俱是御筆裡邊香烛輝煌錦幛繡幙雖列着神主却看不真切只見

賈府人分昭穆排班立定賈敬主祭賈赦陪祭賈珍獻爵賈璉賈琮獻帛宝
玉捧香賈菖賈菱展拜毯守焚池青衣樂奏三獻爵拜興畢焚帛奠酒礼
畢樂止退出衆人圍隨着賈母至正堂上影前錦幔高掛彩屏張護香燭
輝煌上面正居中懸着寧榮二祖遺像皆是披龍腰玉兩邊還有几軸列祖遺
影賈荇賈芷等從內儀門挨次列站直到正堂廊下檻外方是賈敬賈赦檻內
是各女眷衆家人小廝皆在儀門之外每一道菜至傳至儀門賈荇賈芷
等便接了按次傳至堦上賈敬手中賈蓉係長房長孫獨他隨女眷在
檻內每賈敬捧菜至傳于賈蓉〻〻便傳于他妻子又傳于鳳姐尤氏諸人直
傳至供桌前方傳于王夫人〻〻傳于賈母〻〻方捧放在桌上邢夫人在
供桌之西東向立同賈母供放直至將菜飯湯點酒茶傳完賈蓉方退出

下皆归入賈芹階位之首凡從文傍之名者賈敬為首下則從玉者賈珍為
首在下從草頭者賈蓉為首左昭右穆男東女西俟賈母拈香下拜衆人
方一齊跪下將五间大厅三间抱厦内外廊簷階上階下兩丹墀内花團錦
簇塞的無一隙空地鴉雀無聞只听鏗鏘叮噹金鈴玉珮微微搖曳之声並起
跪靴履颯沓之響一時礼畢賈敬賈赦等便忙退出至荣府肅候與賈母
行礼尤氏上房早已襲地鋪滿紅毡当地放着象鼻三足鰍沿流金琺瑯大
火盆正面炕上鋪新猩紅毡設着大紅彩綉雲龍捧寿的靠背引枕外另有
黑狐皮的袱子搭在上面大白狐皮坐褥請賈母上去坐了兩邊又鋪皮褥
讓賈母一輩的兩三個妯娌坐了這邊橫頭排插之後小炕上也鋪了皮褥讓
邢夫人等坐了地下兩面相对十二張雕漆椅上都是一色灰鼠椅搭小褥每

一張椅下一個大銅脚炉讓宝琴等姊妹坐了尤氏用茶盤親捧茶与賈
母蓉妻捧與衆老祖母然後尤氏又捧与邢夫人等蓉妻又捧与衆姊妹鳳
姐李紈等只在地下伺候茶畢邢夫人等便先起身来侍賈母〻吃
茶與老妯娌閑話了兩三句便命看轎鳳姐兒忙上去挽起来尤氏笑回說
已經預備下老太〻的晚飯每年都不肯賞些体面用過晚飯過去果然我
們就不濟鳳了頭不成鳳姐兒挽着賈母笑道老祖宗快走偺們家去吃飯別
理他賈母笑道你這里供着祖宗忙的什麽似的那里擱得住我鬧況且
每年我不吃你們也要送去的不如還送了去我吃不了留着明兒再吃豈
不多吃些說的衆人都笑了又分付他好生派妥当人夜里照看点火不是大意
得的尤氏答應了一面走出来至煖閣前上了轎尤氏等閃过屏風小厮們

纔領轎夫請了轎出大门尤氏亦隨邢夫人等同至榮府這里轎出大门这
一條街上東一邊合面設列着寧國府的儀仗執事樂器西一面合面設
列着榮國公的儀仗執事樂器來往行人皆屏退不從此過一時來至
榮府也是大门正厅直開到底如今便不在煖閣下轎了過了大厅便轉
湾向西至賈母這邊正厅上下轎眾人圍隨同至賈母正室之中亦是錦
裀繡屏煥然一新當地火盆內焚着松柏香百合草賈母歸了坐老嬷嬷
來回老太太們來行礼賈母忙又起身要迎只見兩三个老妯娌已進來了
大家挽手笑了一回讓了一回吃茶去後賈母只送至內儀门便回來歸正
坐賈敬賈赦等領諸子弟進來賈母笑道一年價难為你们不行礼罢一面
說着一面男一起女一起一起一起俱行过了礼左右兩旁設下交椅然後又

按長幼挨次归坐受礼两府男婦小厮丫鬟亦按差役上中下行礼畢散押歲錢荷包金银錁摆上合歡宴来男東女西帰坐献屠蘇酒合欢湯吉祥菓如意糕畢賈母起身進内間更衣众人方各散出那晚各处佛堂皂王前焚香上供王夫人正房院内設着天地紙馬香供大觀园正門上也挑着大明角灯两溜高照各处皆有路灯上下人等皆打扮的花團錦簇一夜人聲嘈雜语笑喧阗爆竹起火絡繹不絶至次日五鼓賈母等又按品(級)大粧(飾)摆全付執事進宫朝賀兼(並)祝元春千秋領宴回来又至寧府祭过列祖方回来受礼畢便換衣歇息所有賀節來的親友一槩不會只和薛姨媽李嬸二人說話取便或者同宝玉宝琴釵玉等姊妹赶圍棋抹牌作戲王夫人與鳳姐是天〻忙着(請)情人吃年酒那边所上院内皆時(設著)戲酒親友絡繹不絶一連忙了

七八日纔完了早又元宵將道(近)寧榮二府皆張灯結彩十一日是賈赦請
賈母等次日賈珍又請賈母皆去隨便領了半日王夫人和凤姐兒連日
被人請去吃年酒不能勝(全)記至十五日之夕賈母便在大花廳上命擺几席
酒定一班小戲滿掛各色佳灯帶領榮寧二府各子侄孫男孫媳等家宴
賈敬素不茹酒也不去請他于後十七日祖祀已完他便仍出城去修養
便這几日在家內亦是淨室默处一槩無(不見不)聞不在話下賈赦畧領
了賈母之賜也便告(退)而去賈母知他在此彼此不便也就隨他去了
賈赦自到家中与衆門客賞灯吃酒自然是笙歌聒耳錦繡盈眸其
取便快樂另与這边不同的(个)(又文代一)這边賈母花廳之上共擺了十來
席每一席傍边設一几〻上設炉瓶三(事)色焚着御賜百合宮香又有

八寸來長四五寸寬二三寸高的点有山石佈滿青苔的小盆景俱
是新鮮花卉又有小洋漆茶盤内放着旧窑茶杯並十錦小茶盃裡
面泡着上等名茶一色皆是紫檀透雕嵌着大紅沙透綉花卉
並草字詩詞的瓔珞原來綉这瓔珞的也是个姑蘓女子名喚
慧娘因他亦是書香宦门之家他原精于書画不过偶然綉一
两件針線作耍並非市賣之物凡这屏上所綉之花卉皆倣的
是唐宋元明各名家的折枝花卉故其格式配色皆從雅本來
非一味濃艷匠工可比每一枝花側皆用古人題此花之旧句或詩詞歌
賦不一皆用黑絨綉出草字来且字跡勾踢轉折輕重連断皆与
筆草無異亦不比市繡字跡板強可恨他不伏此技獲利所以

天下虽知得者甚少凡世宦富遺〔貴〕之家無此物者甚多当今便
称為慧綉竟有世俗射利者近日倣其針迹愚人獲利偏这慧
娘命夭十八歲便死了如今竟不能再得一件的了凡所有之家
縱有一两件皆珍藏不用有那一干翰林文魔先生們因深惜慧
綉之佳便説这綉字不長〔能〕盡其妙這樣筆跡説一繡字反似乎
唐突了便大家商議了將綉字便隱去換了一个紋字所以如
今都称為慧紋若有一件真慧紋之物價則無限賈府之帯也
只有两三件上年將那两件已進了上目下只剩这一付瓔珞一共
十六扇賈母爱如珍宝不入在請客各色陳設之内只留在自
已这边高興擺酒时賞玩又有各色旧窰小瓶中都点綴着

歲寒三友玉堂富貴等鮮花草上面兩席是李嬸薛姨媽二
位賈毋于東边設一綉雕夔龍護屏矮足短榻靠背引枕皮褥俱
全榻之上一頭又設一个極輕巧洋漆描金小几几上放着茶盃茶
碗漱盂洋巾之類又有一个眼鏡匣子賈毋歪在榻上与衆人說
笑一回又自取眼鏡向戲台上照一回又向薛姨媽李嬸笑說恕我
老了骨頭疼放肆容我歪着相陪罢因又命琥珀坐在榻上拿着
美人拳搥腿榻下並不擺席面只有一張高几却設着瓔珞花
瓶香等物外另設一精緻小高棹設着酒杯箸將自己这一席
設於榻傍命宝琴湘雲代玉宝玉四人坐着每一饌一菓来先捧与
賈毋看了喜則留在小棹上嘗一嘗仍撤了放在他四人席上只

算他四人是跟着賈母坐故下面方是邢夫人王夫人之位在下
便是尤氏李紈凤姐賈蓉之妻西边一路便是宝釵李纹李綺岫烟
迎春姊妹等两边大梁上掛着一对聯三聚五玻璃芙蓉彩
穗灯每一席前竖一柄漆幹倒垂新荷葉葉上有燭信插着彩燭
这荷葉乃是鏨珐瑯的活信可以扭轉如今皆將荷葉扭轉
向外將灯影副住全向外照看戲分外真切窗隔门户一齐
摘下全掛彩穗各種灯廊簷内外及两边遊廊罩棚將各
色羊角玻璃戲紗料絲或绣或画或堆或摳或絹或紙諸灯掛
满廊上几席便是賈珍賈璉賈環賈琮賈蓉賈芹賈芸賈
菱賈菖等賈母也曾差人去請衆族中男女奈他們或有年

迈懶于热闹的或有家内没有人不便来或有疾病淹纏欲來竟
不長來的或有羞一芓妬富愧貧不來的甚至于有一芓憎畏
凤姐之為人而賭氣不來的或有羞口羞脚不慣見人不敢來的
曰此族中虽多女客來者只不过賈菌之母娄氏帶了賈菌來
了男子只有賈芹賈芸賈菖賈菱四个現是在凤姐麾下辦事的
來了当下人虽不在家庭间小宴中數來也筭是闹热的了当
又有林之孝之妻帶了六个媳婦抬了三張炕棹每一張上搭有
一條毡毡上放有選净一般大新出局的銅钱用大紅彩縄串
有每二人搭一張共三張林之孝家的指示將那兩張摆至薛姨
媽李嬸的席下將一張送至賈母榻下來賈母便説放在当

地𫄧这媳婦們都素知規矩的放下棹子一並將小都打開將彩繩
抽去散堆在棹上正唱西樓樓會这齣將終于叔夜回睹氣去了
那文豹便發科渾道你睹氣去了恰好今日正月十五榮國府中老
祖宗家宴待我騎了这馬赶進去討些菓子吃是要緊的說畢引
的賈母等都笑了薛姨媽等都說好个鬼頭孩子可憐見的凤
姐便說这孩子纔九歲了賈母笑說難為他說的巧便說了一
个賞字早有三个媳婦已經手下預備下簸籮听見一个賞字走
上去向棹上的散錢堆內每人便撮了一簸籮走出來向戲台說老祖宗
姨太太親家太太賞文豹買菓子吃的說着向台上便一撒只听
豁啷啷滿台的錢响賈珍賈璉已命小厮們抬了大簸籮的錢

來暗々的預惱在那里听見賈母一賞要知端的

脂硯齋重評石頭記

首回楔子內云古今小說千部共成一套云云猶未洩真今借老太君一寫是劝後來胸中無机軸之諸君子不可動筆作書鳳姐乃太君之要緊陪堂今題斑衣戲彩是作者酬我阿鳳之労特貶賈珍璉輩之無能耳

脂硯斋重評石頭記卷之

第五十四回

史太君破陳腐旧套　王熙鳯傚戲彩斑衣

却說賈珍賈璉暗〻預僃下大簸籮的钱听見賈毋說賞他也忙命小廝們快撒钱自听滿台钱响賈毋大悅二人隨起身小廝們忙將一把新煖銀壺遞在賈璉手内隨了賈珍趋至里面賈珍先至李嬸席上躬身取下杯来回身賈璉忙斟了一盏然後便至薛姨媽席上也斟了二人忙起身笑說二位爺請坐着罢了何必多礼于是除邢王二夫人滿席都離了席俱垂手傍侍賈珍等至賈毋榻前回榻矮二人便屈膝跪了賈珍在先捧杯賈璉在後捧壺虽止二人奉酒那賈环弟兄等却也是

排班按序一溜隨着他二人進来見他二人跪下也都一溜跪下宝玉也忙跪下了史湘雲悄推他笑道你这会又帮着跪下作什庅有这樣你也去斟一巡酒豈不好宝玉悄笑道再等一会子再斟去說着等他二人斟完起来方起来又与邢夫人王夫人斟过来賈珍笑道妹〻們怎庅樣呢賈母等都說你們去罷他們到便宜些說了賈珍等方退出

当下天未二鼓戲演的是八義中觀灯八齣正在热鬧之際宝玉因下席往外走賈母因說你往那里去外頭爆竹利害仔細天上吊下火紙来燒了宝玉回說不往遠去只出去就来賈母命婆子們好生跟着于是宝玉出来只有麝月秋紋並几個小丫頭隨着賈母因說襲人怎庅不見他如今也有些拿大了单支使小女孩子出来王夫人忙起身笑

回道他媽前日沒了因有熱孝不便前頭來賈母听了点頭又笑道跟
主子却講不起这孝与不孝若是他还跟我难到这会子也不在這里不
成皆因我们太寬了有人使不查這些竟成了例了凤姐兒忙過來
笑回道今兒晚上他便沒孝那园子里也須得他看着灯燭花炮最
是耽險的這里一唱戲园子里的人誰不偷着來瞧瞧他還細心各處照
看看況且這一散後寶兄弟回去睡覺各色都是齊全的若他再
來了衆人又不經心散了回去鋪盖也是冷的茶水也不齊備各色都
不便宜所以我叫他不用來只看屋子散了又齊備我們這里也不耽心又
可以全他的礼豈不三處有益老祖宗要叫他來就是了賈母听了這話忙
說你的這話狠是比我想的週到快别叫他了但只他媽几時沒了我怎麼不知

道鳳姐笑道前兒襲人去親自回老太太的怎麼到忘了賈母想了一想笑說
想起來了我的記性竟平常了衆人都笑說老太太那里記得這些事賈母
因又嘆道我想着他從小兒伏侍了我一場又伏侍了云兒一場末後給了一
個魔王寶玉亏他魔了這几年他又不是咱們家的根生土長的奴才沒受過咱
們什麼大恩典他媽沒了我想着要給他几兩銀子發送也就忘了鳳姐兒道
前兒太太賞了他四十兩銀子也就是了賈母听說點頭道這還罷了正好兒
央的娘前兒也死了我想他老子娘都在南邊我也沒叫他家去走走守孝如
今叫他兩個一処作伴兒去又命婆子將些菓子菜饌點心之類與他兩个吃
去琥珀笑說還等這會子呢他早就去了說着大家又吃酒看戲且說寶玉
一逕來至園中婆子見他回房便不跟去只坐在園門裡茶房里烤火和管

茶的女人偷空飲酒鬭牌宝玉至园中雖是灯光燦爛却無人声麝月道他們
都睡了不成偺們悄〻的進去唬他們一跳于是大家躡足潛踪的進來鏡壁
一看只見襲人和一人二人对面都歪在地炕上那一頭有兩三個老媽〻打
盹宝玉只当他兩个睡着了纔要進去忽听夗央嘆了一声說道可知天下事
难定論理你单身在這里父母在外頭每年他們東去西来没个定準想来你
是不能送終的了偏生今年就死在這里你道出去送了終襲人道正是我也
想不到能彀看父母回首太〻又賞了四十兩銀子這到也算不圖養我一場我也不
敢妄想了宝玉听了忙轉身悄向麝月等道誰知他也来了我這一進去他
又賭氣走了不如偺們回去罷讓他兩個清〻静〻的說一回襲人正一個人悶的慌
他幸而他来的好說着仍悄〻的出来宝玉便走過山石之後去站着撩衣麝月秋

紋皆跕住背過臉去口内笑說蹲下再觧小衣仔細風吹了肚子後面兩个小
了頭子知是小觧忙先出去茶房預備去了這里宝玉剛轉過来只見兩个媳
婦子迎走来了問是誰秋紋道宝玉在這里你大呼小叫仔細唬着罷那媳婦們
忙笑道我們不知道大二爺下来了别惹禍了姑娘們可連日辛苦了說着已到了跟
前麝月等問手里拿的是什麽媳婦們道是老太〻賞金花二位姑娘吃
的秋紋笑道外頭唱的是八義沒唱混元盒那里又跑出金花娘〻来了宝玉
笑命揭起来我瞧〻秋紋麝月忙上去將兩个盒子揭開兩个媳婦忙蹲下身
子細膩〻極一部大观园〻文皆若食肥蟹至此一句則又三月于鎮江〻上喫出鯛〻鮮鮒矣宝玉看了兩盒
内都是席上所有的上等菓品菜蔬点了一点頭迈步就走麝月二人忙
胡乱擲了盒蓋跟上来宝玉笑道这兩个女人倒和氣會說話他們天〻乏

了到説你們連日辛苦到不是那矜功自伐(代)的麝月道這好的也狠好那不
知礼的也太不知礼宝玉哭道你們是明白人就代他們是粗体可怜的人就
完了一面説一面来至園门那儿个婆子岀吃酒鬪牌却不住出来打探宝玉
来了也都跟上了花廳後廊上只見那両個小丫頭一個捧着小沭盆一個搭
着手巾又拿着漚子壷在那里久等秋紋先忙伸手向盆内試了一試説道你
越大越粗心了那里弄的這冷水小丫頭哭道姑娘瞧〻這个天我怕(的)水冷巴
〻的倒的是(還)滚水這還冷了正説着可巧見一個老婆子提着一壷滚水走来
小丫頭便説好(好)〻過来給我倒上些那婆子道哥〻兒這是太〻泡茶的劝你
走了舀去罷那里走(就)大了脚〻秋紋道憑你是誰(誰)的你不給我管把老太〻茶盅
子倒了洗手那婆子回頭見是秋紋忙提起壷来就倒秋紋道彀了你這広大

年紀也沒个見識誰不知是老太〃的水要不着的人就敢要了婆子咲道我
眼花了沒認出這姑娘来宝玉洗了手那小丫頭子拿小壺倒了些漚子在他
手内宝玉漚了秋紋麝月也趂熱水洗了一回漚了跟進宝玉来宝玉便要了
一壺煖酒也從李嬸斟起二人也讓坐賈母便說他小讓他斟去大家到要干
过這杯說着便自己干了那王二夫人也忙干了讓他二人薛李也只得干了
賈母又命宝玉道連你姐〃妹〃一齊斟上不許乱斟都要叫他干了宝玉
听說荅應着一〃按次斟了至代玉前偏他不飲拿起杯来放在宝玉唇上边
宝玉一氣飲干代玉咲說多謝宝玉宝玉替他斟上一杯鳳姐兒便咲道宝玉
别喝冷酒仔細手顫明兒寫不得字拉不得弓宝玉忙道沒有吃冷酒鳳姐兒
咲道我知道沒有不過白囑咐你然後宝玉將里面斟完只除賈蓉之妻是

了頭們斟的復出至廊上又與賈珍等斟了坐了一回方進来仍归旧坐一時上湯後又接献元宵来賈母便命將戲暫歇〻小孩子們可怜見的也給他們些〻滚湯滚菜的吃了再唱又命將各色菓子元宵等物拿些与他們吃去一時歇了戲便有婆子帶了兩個門下常走的女先生兒進来放兩張杌子在那一邊命他坐了將絃子琵琶遞過去賈母便问李薛听何書他二人都回說不拘什庅都好賈母便问近来可有添些什庅新書那兩個女先兒回說道倒有一段新書是殘唐五代的故事賈母問是何名女先兒道叫做鳳求鸞賈母道這一個名字到好不知因什庅起的先大槩說〻原故若好再說女先道這書上乃說殘唐之時有一位鄉紳本是金陵人氏名喚王忠曾做過兩朝宰輔如今告老還家膝下只有一位公子名喚王熈鳳衆人听了笑將起来賈母

咲道這重了我們鳳丫頭了媳婦忙上去推他這是二奶奶的名字少混說賈母咲道你說你說：女先生忙咲着站起來說我們該死了不知是奶奶的諱鳳姐兒咲道怕什么你們只管說罷重名重姓的多呢女先生又說道這年王老爺打發了王公子上京赴考那日遇見大雨進到一個庄上避雨誰知這庄上也有個鄉紳姓李與王老爺是世交便留下這公子住在書房裏這李鄉紳膝下無兒只有一位千金小姐這小姐芳名叫作雛鸞琴棋書画無所不通賈母忙道怪道叫作鳳求鸞不用說我猜着了自然是這王熙鳳要求這雛鸞小姐為妻女先兒咲道老祖宗原來听過這一回書衆人都道老太太什么沒听過便沒听過也猜着了賈母咲道這些書都是一個套子左不過是些佳人才子最沒趣兒把人家女兒說的那樣壞還說是佳人編的連影兒也沒有了開

口都是書香門第父親不是尚書就是宰相生一個小姐必是愛如珍宝這小姐必是通文知礼無所不曉竟是個絶代佳人只一見了一個清俊的男人不管是親是友便想起終身大事来了父母也忘了書礼也忘了鬼不成鬼賊不成賊那一点兒是佳人便是滿腹文章做出這些事来也筭不得是佳人了比如男人滿腹文章去作賊難道那王法就說他是才子就不入賊情一案不成可知那編書的是自己塞了自己的嘴再者既說是世宦書香大家小姐都知礼讀書連夫人都知書識礼便是告老还家自然這樣大家人口不少奶母丫嬛伏侍小姐的人也不少怎麽這些書上凡有這樣的事就只小姐和緊跟的一個丫嬛你們白想想那些人都是管什麽的可是前言不荅後語衆人听了都笑說老太太這一說是謊都批出来了賈母笑道這有個原故編這樣書的

有一等妒人家富貴或有求不遂心所以編出来汚穢人家再一等他自已看了這些書看魔了他也想一個佳人所以編了出来取樂何嘗他知道那世宦讀書家的道理别説他那書上那些世宦書礼大家如今眼下真的拿我們這中等人家説起也没有這樣的事别説是那些大家子可謅掉下巴的話所以我們從不許説這些書了頭們也不懂這些話這几年我老了他們姊妹們住的遠我偶然悶了説几句听听他們一来就忙歇了李薛二人都咲説這正是大家的規矩連我們家也没這些雜話給孩子們听見鳳姐兒走上来斟酒咲道罷罷酒冷了老祖宗喝一口潤潤嗓子再掰謊這一回就叫作掰謊記就出在本朝本地本年本月本日本時老祖宗一張口难説兩家話花開兩朶各表一枝是真是謊且不表再整那觀灯看戲的人老宗且讓這二位親戚吃一

杯酒看兩出戲之後再從昨朝話言辯起如何他一向斟酒一向咲說未曾說完衆人俱已咲倒兩個女先生也咲個不住都說奶〻好剛口奶〻要一說書真連我們吃飯的地方也沒了薛姨媽咲道你少興頭些外頭有人比不得往常鳳姐兒咲道外頭的只有一位珍大爺我們还是論哥〻妹〻從小兒[在]一処淘氣了[到]這麼大這几年因做了親我如今立了多少規矩了便不是從小兒的兄妹便以伯叔論那二十四孝上班衣戲綵他們不長來戲綵引老祖宗咲一咲我這里好容易引的老祖宗咲了一咲多吃了一点〻兒東西大家喜劝都該謝我纔是难到反咲話我不成賈母咲道可是兩日我竟沒有慟〻的咲一場到是亏他纔〻一路咲的我心里通快了些〻我再吃一鐘酒吃着酒又命宝玉也敬你姐〻一杯鳳姐兒咲道不用他敬我討老祖宗的寿罷說着便將賈母的

拿起来將半杯剩酒吃了將杯進了[給]妳另將溫水浸的杯換了一個上来于是
各席上的杯都撤去另將溫水浸着代[拿]換的杯斟了新酒上来然後归坐女先
生回說老祖宗不听這书或者彈一套曲子听〻罷賈母便說道你們兩個对
一套將軍令罷二人听說忙和弦按調撥弄起来賈母因问天有几更了衆婆
子忙回三更了賈母道怪道寒浸〻的起来早有衆丫妳拿了添換的衣裳送
来王夫人起身笑說道老太〻不如挪進煖閣里地炕上倒也罷了這二位親
戚也不是外人我們賠着就是了賈母听說笑道既這樣說不如大家都挪進
去豈不煖和王夫人道恐里间坐不下賈母笑道我有道理如今也不用這些
桌子只用兩三張併起来大家坐在一处擠着又親香〻又煖和衆人都道這纔
有趣說着便起了[来]席衆媳婦忙撤去殘席里面直順併[着]了三張大桌另有添換

子的菓饌擺好賈母便說這都不要拘礼只听我分派你們就坐纔好說着便讓
薛李正面上坐自己西向坐了叫宝琴代玉湘雲三人皆緊依左右坐下向宝
玉說你挨着你太〻于是邢夫人王夫人之中夹着宝玉宝釵等姊妹在西邉
挨次下去便是婁氏帶着賈菌尤氏李紈夹着賈蘭下面横頭便是賈蓉之妻
賈母便說珍哥兒帶着你兄弟們去罷我也就睡了賈珍忙答應又都進来賈
母道快去罷不用進来纔坐好了又都起来你快歇着明日還有大事呢賈珍
忙答應了又咲說留下蓉兒斟酒纔是賈母咲道正是忘了他賈珍答應了一
個是便轉身帶領賈璉等出来二人自是欢喜便命人將賈琮賈璜各自送回
家去便邀了賈璉去追欢買咲不在話下這里賈母咲道我正想着雖然這些
人取樂竟沒一对双全的就忘了蓉兒這可全了蓉兒就合你媳婦坐在一処

到也團圓了回有媳婦回說開戲賈母笑道我們娘兒們正說的興頭又要吵起來況且那孩子們熬夜怪冷的也罷叫他們且歇歇把偺們的女孩子們叫了來就在這台上唱兩齣給他們瞧瞧媳婦听了荅應了出來忙的一面省人往大觀園去傳人一面二门口去傳小廝們伺候小廝們忙至戲房將班中所有的大人一概帶出只留下小孩子們抱着几個軟包回不及抬廂故料省賈母愛听的是三五齣戲的綵衣包了來婆子們帶了文官等進去見過只垂手跕着賈母笑道大正月裡你師父也不放你們出來逛逛你等唱什麽剛才八齣八義鬧得我頭疼偺們清淡些好你瞧瞧薛姨太太這李親家太太都是有戲的人家不知听過多少好戲的這些姑娘都比偺們家的姑娘見過好戲听過好曲子如今這小戲子又是那有名頑戲家的班子雖是小孩兒們却比大班

還強借們好反別落了褒貶少不得弄個新樣兒的叫芳官唱一齣尋夢只提
琴至管簫合笙笛一槩不用文官笑道這也是的我們的戲自然不能入姨太
太和親家太々姑娘們的眼不過听我們一個發脫口齒再听一個喉嚨罷了
賈母笑道正是這話了李嬸薛姨媽喜的都笑道好個靈透孩子他也跟着老
太々打趣我們賈母笑道我們這原是隨便的頑意兒又不出去做買賣所以
竟不大合時說着又道叫葵官唱一齣惠明下書也不用抹臉只用這兩齣叫
他們听個踈異罷了若省一点力我可不依文官等听了出來忙去扮演上台
先是尋夢次是下書衆人都鴉雀無聞薛姨媽因笑道實在虧他也看過几百
班從沒見用簫管的賈母道有只是像方纔西樓楚江晴一支多有小生吹簫
合的這大套的實在少這也在主人講究不講究罷了這算什麼出奇指湘雲

道我像他這麽大的時節他爺〻有一班小戲偏有一個彈琴的湊了來即如
西廂記的听琴玉簪記的琴挑續琵琶的胡笳十八拍竟成了真的了比這个更
如何衆人都道這更難得了賈母便命個媳婦來吩咐文官等叫他們吹一套
灯月圓媳婦領命而去当下賈蓉夫妻二人捧酒一巡鳳姐兒因見賈母十分
高興便笑道趁着女先兒們在這里不如叫他們擊鼓咱們傳梅行一個春喜
上眉梢的酒令如何賈母笑道這是個好令正对時对景忙命人取了一面黑漆銅
釘花腔令鼓來与女先兒們擊着席上取了一枝紅梅賈母笑道若到誰手里
住了吃一杯也要說个什麽纔好鳳姐兒笑道依我說像老祖宗要什麽有什麽
呢我們這不会的豈不沒意思依我說也要雅俗共賞不如誰輸了誰說个笑
話罷衆人听了都知道素日善說笑話最是他肚内有無限的新鮮趣談今兒

如此說不但在席的諸人喜歡連地下伏侍的老小人等無不欢喜那小丫頭
子們都忙出去找姐喚妹的告訴他們快来听二奶〻又說笑話兒了衆丫頭
子們便擠了一屋子于是戲完樂罷賈母命將些〻湯点菓菜与文官等吃去便
命响鼓那女先兒們皆是慣的或緊或慢或如殘漏之滴或如迸豆之疾或如
驚馬之乱馳或如疾電之光而忽暗其鼓聲慢傳梅亦慢鼓声疾傳梅亦疾恰
恰至賈母手中鼓声忽住大家呵〻一笑賈母忙上来斟了一杯衆人都笑道
自然老太〻先喜了我們纔托賴些〻喜賈母笑道這酒也罷了只是這笑話到有
些〻個难說衆人都說老太〻的比鳳姐兒的還好還多賞一個我們也笑一笑
兒賈母笑道並沒什庅新鮮發笑的少不得老臉皮子厚的說一個罷了因說
道一家養了十個兒子娶了十房媳婦惟有第十個媳婦聰明伶俐心巧嘴乖

公婆最疼成日家說那九個不孝順這九個媳婦委屈便商議說咱們九個心里
孝順只是不像那小蹄子嘴巧所以公〻婆〻老了只說他好這委屈向誰訴去
大媳婦有主意便說道咱們明兒到閻王廟去燒香和閻王爺說去問他一問
叫我們托生人為什麼單〻的給那小蹄子一張乖嘴我們都是笨的衆人听
了都喜欢說這主意不錯第二日便都到閻王廟里來燒了香九個人都在供
桌底下睡着了九個魂專等閻王駕到左等不來右等也不到正着急只見孫
行者駕着筋斗雲來了看見九個魂便要拿金箍棒打唬得九個魂忙跪下央
求孫行者問原故九個人忙細〻的告訴了他孫行者听了把腳一跺嘆了一
口氣道這原故幸虧遇見我等着閻王來了他也不得知道的九個人听了就
求說大聖發個慈悲我們就好了孫行者笑道這卻不難那日你們妯娌十個那

日托生時可巧我到閻王那里去的因為撒了泡尿在地下你那小嬸子便吃
了你們如今要伶俐嘴乖有的是尿再撒泡你們吃了就是了說畢大家都笑
起來鳳姐兒笑道好的幸而我們都笨嘴笨腮的不然也就吃了猴兒尿了尤
氏婁氏都笑向李紈道偺們這里誰是吃過猴兒尿的別裝沒事人兒薛姨媽
笑道笑話兒不在好歹只要对景就發笑說着又擊起鼓來小丫頭子們只要
聽鳳姐兒的笑話便悄〻的和女先兒說明以咳嗽為暗号記須臾傳至兩遍剛到
了鳳姐兒手里小丫頭子們故意咳嗽女先兒便住了眾人齊笑道這可拿住
他了快吃了酒說一個好的別太逗的人笑的腸子疼鳳姐兒想了一想笑道
一家子也是過正月半合家賞灯吃酒真〻的熱鬧非常祖婆〻太婆〻
媳婦孫子媳婦重孫子媳婦親孫子侄孫子重孫子灰孫子滴〻搭〻的孫子

孫女兒外孫女兒姨表孫女兒姑表孫女兒嗳喲〻真好熱鬧衆人听他說着
已經笑了都說听數貧嘴又不知編派那一個呢尤氏笑道你要招我〻可撕
你的嘴鳳姐兒起身拍手笑道人家費力說你們混我就不說了賈母笑道你
說〻〻底下怎麽樣鳳姐兒想了一想笑道底下就團〻的坐了一屋子吃了
一夜酒就散了衆人見他正言厲色的說了别無他話都怔〻的還等他往下說只
覺冰冷無味史湘雲看了他半日鳳姐兒笑道再說一個過正月半的几个人
抬着個房子大的炮燀往城外放去引了上万的人跟着瞧去有一個性急的
人等不得使偷着拿香點着了只听㸌哧一聲衆人閧然一笑都散了這抬炮
燀的人报怨賣炮燀的捍的不結實没等放就散了湘雲道难道他本人没听
見响鳳姐兒道這本人原是聾子衆人听說一回想不覺一齊失声都大笑起

来又想着先前那一個都没完的问他先一個怎麽樣也該說完鳳姐兒将桌子一拍說道好囉唆到了第二日是十六日年也完了節也完了我看着人忙着收東西還鬧不清那里還知道底下的事了衆人听說復又笑将起来鳳姐兒笑道外頭已經四更依我說老祖宗也乏了偺們也該聾子放炮㸌散了罷尤氏等用手帕子握着嘴笑的前仰後合指他說道這個東西真会數貧嘴賈母笑道真〻這鳳丫頭越發貧嘴了一面說一面吩咐道他提炮㸌来偺們也把烟火放了解〻酒賈蓉听了忙出去帶着小厮們就在院内安下屏架将烟火設吊齊備這烟火皆係各處進貢之物雖不甚大却極精巧各色故事俱全夾着各樣花炮林代玉稟氣柔弱不禁畢駁之聲賈母便摟他在怀中薛姨媽摟着湘雲〻〻笑道我不怕宝釵等笑道他專愛自己放大炮㸌还怕這個呢王夫

人便将宝玉摟入怀内鳳姐兒笑道我們是没有人疼的了尤氏笑道有我呢
我摟着你也不怕燥你這孩子又撒嬌了听見放炮燇吃了蜜蜂兒屎的今兒
又輕狂起来鳳姐兒笑道等散了偺們园子里放去我比小厮們還放的好呢
說話之间外面一色〻〻的放了又放又有許多的滿天星九龍入雲一聲雷
飛天响十之類的零碎小爆竹放罷然後又命小戲子打了一回蓮花落撒了滿
台錢命那孩子們滿台槍錢取樂又上湯時賈母說道夜長覺的有些餓了鳳
姐兒忙回說有預備的鴨子肉粥賈母道我吃些清淡的罷鳳姐兒忙道也有
棗兒熬的粳米粥預備太〻們吃齋的賈母笑道不是油膩〻的就是甜的鳳
姐兒又忙道還有杏仁茶只怕也甜賈母道到是這個還罷了說着又命人撤
去殘席外面另設上各種精緻小菜大家随便随意吃了些用過漱口茶方散十七

六

日方散一早又過寧府行礼伺候掩了祖宗収過影像方回来此日便是薛姨媽家
請吃年酒十八日便是賴大家十九日便是寧府賴升家二十日便是林之孝
家二十一日便是單大良二十二日便是吴新登家這几家賈母也有去的也
有不去的也有高興真帶着衆人到晚方回的也有丹只半日一時就来的凡諸親友
来請或来赴席的賈母一槩怕拘束不會自邢夫人王夫人鳳姐兒三人料理連
宝玉只除王子騰家去了餘者亦皆不会只説賈母留下解悶所以倒是家下
人家来請賈母可以自便之處方高興去狂々閑言不提且説当下元宵已過

脂硯齋重平石頭記巻之

第五十五回

辱親女愚妾爭閑氣　欺幼主刁奴蓄險心

且說元宵已過只因當今以孝治天下目下宮中有一位太妃欠安故各嬪妃皆為之減膳謝粧不獨不能省親亦且將宴樂俱免故榮府今歲元宵亦無灯謎之集剛將年事忙過鳳姐兒便小月了在家一月不能理事天天兩三個太醫用藥鳳姐兒自恃強壯雖不出門然籌画計筭想起什麼事來便命平兒去回王夫人任人諫劝他只不听王夫人便覺失了膀背一人能有許多的精神凢有了大事自己主張將家中瑣碎之事一應都暫令李紈協理李紈是個尚德不尚才的未免逞縱了下人王夫人便命探春合同李紈裁處只說過了一

月鳳姐將息好了仍交與他誰知鳳姐禀賦氣血不足兼年幼不知保養平生爭強鬭志心力更虧故雖係小月竟着實虧虛下來一月之後復添了下紅之症他雖不肯說出來衆人看他面目黄瘦便知失于調養王夫人只令他好生服養不令他操心他自己也怕成了大症遺笑于人便想偷空調養恨不得一時復旧如常誰知一直服藥調養到八九月間纔漸漸的起復過來下紅也漸漸止了此是後話如今且說目今王夫人見他如此探春與李紈暫難謝事園中人多又恐失于照管因又特請了宝釵來托他各處小心老婆子們不中用得空兒吃酒鬭牌白日里睡覺夜里鬭牌我都知道的鳳丫頭在外頭他們還有個懼怕如今他們又該取便了好孩子你還是個妥当人你兄弟妹妹們又小我又沒工夫你替我辛苦兩天照看照看凡有想不到的事你來告訴

我别等老太〻问出来我没話回那些〻人不好你只管說他们不聽你来回我别失出大事来䌸好宝釵聽說只得荅應了時届孟春代王又犯了嗽疾湘雲亦因時氣所感亦卧病于蘅蕪苑一天醫藥不断探春同李紈相住間隔二人近日同事不比往年来往回話人等亦不便故二人議定每日早晨皆到園门口南邊的三间小花廳上去會齊办事吃過早飯於午錯方回房這三间廳原係預俻省親之事時衆執事太監起坐之處故省親之後也用不着了每日只有婆子們上夜如今天已和暖不用十分修餙只不過略〻的鋪陳了便可他二人起坐這所上也有一匾題着補仁諭德四字家下俗呼皆只叫議事廳兒如今他二人每日卯正至午正方散凡一應执事媳婦等来往回話者絡繹不絕衆人先聽見李紈独办各〻心中暗喜以為李紈素日原是個厚道多恩

無爵的自然比鳳姐兒好搪塞便添了一個探春也却想自不過是个未出閨
閣的輕年小姐且素日也最平和恬淡因此都不在意比鳳姐兒前更懈怠了
許多只三四日後几件事過手漸覺探春精細處不讓鳳姐只不過是言語
沉静性情和順而已這是小姐身分耳阿鳳未出閣想亦如此可巧連日有王公侯伯世襲官
員十几處皆係榮寧非親即友或世交之家或有陞遷或有黜降或有婚喪
紅白等事王夫人賀弔迎送應酬不暇前邊更無人他二人便一日皆在所
上起坐宝釵便一日在上房監察至王夫人回方散每于夜間針線暇時臨寢
之先坐了小轎帶領園中上夜人等各處巡察一次他三人如此一理更覺
比鳳姐兒当差時到更謹慎了此因而里外下人都暗中抱怨說剛剛的
倒了一個巡海夜叉又添了三個鎮山太歲越性連夜里偷着吃酒頑的工

夫都沒了這日王夫人正是往錦鄉侯府去赴席李紈与探春早已梳洗伺候

出門去後回至廳上坐了剛吃茶時只見吳新登的媳婦進來回說趙姨娘的

兄弟趙國基昨日死了昨日回過太太太太說知道了叫回姑娘奶奶來說

畢便垂手傍侍再不言語彼時來回話者不少都打听他二人办事如何若

办得妥当大家則安个畏惧之心若少有嫌隙不当之處不但不畏伏出二門

還要編出許多笑話来取笑吳新登的媳婦心中已有主意若是鳳姐前他便

早已獻勤說出許多主意又查出許多旧例来任鳳姐兒揀擇施行可知雖有才幹亦必

有羽翼方可如今他藐視李紈老實探春是青年的姑娘所以只說出這一句話

来試他二人有何主見探春便问李紈李紈想了一想便道前兒襲人的媽死

了听見說賞銀四十兩這也賞他四十兩罷了吳新登听了忙答應了是接了

對牌就走探春道你且回來吳新登家的只得回來探春道你且別支銀子我
且問你那几年老太〻屋里的几位老姨奶〻也有家里的也有外頭的這兩
（樣必有）個分別家里的若死了人是賞多少外頭的死了人是賞多少你且說兩
個我們听〻一向吳新登家的便都忙了忙陪笑回說這也不是什麽大事賞
多少誰還敢爭不成探春笑道這話胡鬧依我說賞一百到好若不按例別說
你們笑話明兒也難見你二奶〻吳新登家的笑道既這麽說我查旧賬去
此時却記不得探春笑道你办事办老了的还記不得到來難我們你素
日回你二奶〻也（說）現查去若有這道理鳳姐〻还不笑利害也就是算寬厚
了还不快找了來我瞧再遲一日不說你們粗心反相我們沒主意了吳新登
家的滿面通紅忙轉身出來衆媳婦們都伸舌頭這里又回別的事一時

吴家的取了旧賬來探春看時兩個家里賞過皆二十四兩兩个外頭的皆賞過四十兩外还有兩個外頭的一个賞過一百兩一個賞過六十兩这兩筆底下皆有原故一個是隔省遷父母之柩外賞六十兩一個是現買葬地外賞二十兩探春便遞与李紈看了探春便說給他二十兩銀子把这賬留下我們細看〻吴新登家的去了忽見趙姨娘進來李紈探春忙讓坐趙姨娘開口便說道這屋里的人都踩下我的頭去还罷了姑娘你也想一想該替我出氣才是一面說一面眼淚鼻涕哭起來探春忙道姨娘這話說誰我竟不解誰踩姨娘的頭說出來我替姨娘出氣趙姨娘道姑娘現踩我〻告訴誰探春听說忙站起來說道我並不敢李紈也站起來劝趙姨娘道你們請坐下听我說我這屋里熬油似的熬了这麼大年紀又有你和你兄弟這会子連衆人都不如

了我還有什麼臉連你也沒臉向則（倒）說我了探春笑道原來為這个我說我並
不敢犯法違理一面便坐了拿賬番与趙姨娘看又念与他听又說道這是
祖宗手里旧規矩人〻都依着偏我改了不成也不但襲人將来环兒收了外
頭的自然也是同襲人一樣這原不是什麼爭大爭小的事講不到有臉沒
臉的話上他是太〻的奴才我是按着旧規矩辦說辦的好領祖宗的恩典太
太的恩典若說辦的不均那是他糊塗不知福也只好憑他抱怨去太〻連房
子賞了人我有什麼有臉之處一文不賞我也沒什麼沒臉之處依我說太
太不在家姨娘安靜些養神罷了何苦只要操心太〻滿心疼我因姨娘
每〻生事几次寒心我但凡是個男人可以出得去我必早走了立一番事
業那時自有我一番道理偏我是女孩兒家一句多話也沒有我亂說的太〻

滿心里都知道如今因看重我纔叫我照管家務还没有做一件好事姨娘到
先来作踐我倘或太太知道了怕我為難不叫我管那纔正經没臉連姨娘也真
没臉一面說一面不禁滚滚淚下来趙姨娘没了别話荅對便說道太太疼你
你越發拉扯拉扯我們你只顧討太太的疼就把我们忘了探春道我怎麽忘
了叫我怎麽拉扯這也问你們各人那一個主子不疼出力得用的人那一个
好人用人拉扯的李紈在傍只管劝說姨娘别生氣也怨不得姑娘他滿心
里要有拉扯口里怎麽說的出来探春忙道這大嫂子也糊塗了我拉扯誰誰
家姑娘们拉扯奴才了他们的好歹你们該知道與我什麽相干趙姨娘氣
的问道誰叫你拉扯别人去了你不当家我也不来问你你如今現說一是一
說二是二如今你舅舅死了你多給了二三十两銀子難道太太就不依你分

明太〻是好太〻都是你們尖酸刻薄可惜太〻有恩無處使姑娘放心這也使不着你的銀子明兒等你出了閣我還想你額外照看趙家呢如今沒有長羽毛就忘了根本只揀高枝兒飛去了探春沒听完已氣的臉白氣噎抽〻咽〻的一面哭一面問道誰是我旧〻我旧〻年下纔陞了九省檢点那里又跑出一個旧〻来我過素習按理尊敬越發敬出這些親戚来了既這麼說环兒出去為什麼趙國基又站起来又跟他上學為什麼不拿出旧〻的款来何苦来誰不知道我是姨娘養的必要過兩三個月尋出由頭来徹底来翻騰一陣生怕人不知道故意的表白〻〻也不知誰給誰沒臉幸虧我還明白但凡糊塗不知理的早急了李紈急的只管劝趙姨娘只管还唠叨忽听有人說二奶〻叫平姑娘說話来了趙姨娘听說方把口止住只見平兒進来趙

姨娘忙陪笑讓坐又忙問你奶〻好些我正要瞧去就只沒得空兒李紈見平
兒進來因问道來做什麽平兒笑道奶〻說趙姨奶〻的兄弟沒了恐怕奶〻
和姑娘不知有旧例若照常例只得二十两如今请姑娘裁奪着再添些〻也使
得探春早已拭去淚痕忙說道又好〻的添什麽誰又是二十四個月養下來
的不然也是那出兵放馬背着主子逃出命來過的人不成你主子真个倒巧
叫我開了例他做好人拿着太〻不心疼的錢樂得的做人情你告訴他我不敢
添減混出主意他添他施恩等他好了出來愛怎麽添〻去平兒一來時已明
白了对半今听这一番话越發會意見探春有怒色便不敢以往日喜樂之時
相待只一边垂手默侍時值宝釵也從上房中來探春等忙起身讓坐未及開
言又有一个媳婦進來回事因探春纔哭了便有三四个小丫環捧了沐盆巾

帕靶鏡等物来此時探春曰盤膝坐在矮板榻上那捧盆的了环走至跟前便
双膝跪下高捧沐盆那两个小了环也都在傍屈膝捧着巾帕並靶鏡脂粉之
飾平兒見侍書不在这里便忙上来与探春挽袖卸鐲又接過一條大手巾来
将探春面前衣襟掩了探春方伸手向面盆中盥沐那媳婦便回道回奶奶姑
娘家學里支环爺知(合)蘭哥兒的一年公費平兒先道你忙什庅你睁着眼看見
姑娘洗臉你不出去伺候着先説話来二奶奶跟前你也这庅没眼色来着姑
娘雖然恩寛我去回了二奶奶只説(你)們眼里都没姑娘你們都吃了虧可别怨
我啼的那个媳婦忙陪笑道我粗心了一面説一面忙退出去探春一面匀臉
一面向平兒冷笑道你遲了一步还有可笑的連吳姐姐这庅個辦老了事的
也不查(清)楚了就来混我們幸虧我們問他他竟有臉説忘了我説他回你主

子事也忘了再找去我料着你那主子未必有耐性兒等他去找平兒忙笑道
他有这一次管包腿上的筋早折了两根姑娘别信他們那是他們瞅着大奶
〻是个菩薩姑娘又是个腼腆小姐固然是托懶来混说道又向门外说道你
们只管撒野等奶〻大安了偺們再说门外的衆媳婦都笑道姑娘你是个最
明白的人俗语说一人作罪一人當我們並不敢欺蔽小姐如今小姐是嬌客
若認真惹惱了死無葬身之地平兒冷笑道你們明白就好了又陪笑向探春
道姑娘知道二奶〻本来事多那里照看的这些〻保不住不忽略俗语说傍觀
者清这几年姑娘冷眼看着或有該添該减的去処二奶〻没行到姑娘竟一
添減頭一件于太〻的事有益第二件也不枉姑娘待我們奶〻的情義了话未
说完宝釵李紈皆笑道好了頭真怨不得鳳了頭偏疼他本来無可添减的事

如今听你一说到要找出两件来斟酌斟酌不辜負你这话探春笑道我一肚子氣没人煞性子正要拿他奶奶出氣去偏他碰了来说了这些话叫我也没了主意了一面说一面叫進方纔那媳婦来問环爺和蘭哥儿家學里这一年的銀子是做那一項用的那媳婦便回说一年學里吃點心或者買紙筆每位有八兩銀子的使用探春道凡爺們的使用都是各屋領了月錢的环哥的是姨娘領二兩宝玉的是老太太屋里襲人領二兩蘭哥儿的是大奶奶屋里領怎広學里每人又多这八兩原来上學去的是為这八兩銀子從今兒起把这一項蠲了平兒回去告訴你奶奶我的话把这一條務必免了平兒笑道早就该免旧年奶奶原说要免的因年下忙就忘了那个媳婦只得答應着去了就有大觀園中媳婦捧了飯盒来侍書素雲早已抬过一張小飯桌来平兒也忙着

上菓探春笑道你说完了话幹你的去罢在这里忙什庅平兒笑道我原没事的二奶々打發了我来一则说话二则恐这里人不方便原是叫我帮着妹々們伏侍奶々姑娘的探春因問宝姑娘的飯怎庅不端来一処吃了环们听说忙出至簷外命媳婦去说請宝姑娘如今在厛上一処吃叫他们把飯送了这里来探春听说便高声说道你别混支使人那都是辦大事的管家娘子们你们支使他要飯要茶的連个高低都不知道平兒这里站着你叫々去平兒忙答应了一声出来那些媳婦们都忙悄々的拉住笑道那里用姑娘去叫我們已有人叫去了一面说一面用手帕撣石矶上说姑娘站了半天乏々了这太陽影里且歇々平兒便坐下又有茶房里的两个婆子拿了个坐褥鋪下说石頭冷这是極乾淨的姑娘將就坐一坐兒罢平兒忙陪笑道多谢一个又捧了一碗

精緻新茶出来也悄々笑説这不是我们的常用茶原是伺候姑娘们的姑娘
且润一润罢平兒忙欠身接了因指衆媳婦悄々説道你們太闲的不像了他
是个姑娘家不肯發威動怒这是他尊重你們就藐視欺負他果然招他動了
大氣不過説他个粗糙就完了你們就吃不了的虧他撒要嬌太々也得讓他一
二分二奶々也不敢怎樣你們就这庅大胆子小看他可是雞蛋往石頭上碰
衆人都忙道我們何嘗敢大胆了都是趙姨奶々閙的平兒也悄々的説罢了
好奶々們墻倒衆人推那趙姨奶々原有些倒三不着两有了事都就頼他你
們素日那眼里没人心術利害我这几年難道还不知道二奶々若是略差一
点兒的早被你們这些奶々治倒了饒这庅着得一点空兒还要難他一難好
几次没落了你们的口声衆人都道他利害你們都怕他惟我知道他心里也

就不筭不怕你们呢前兒我們还議論到这里再不能依頭順尾必有兩塲氣生那三姑娘雖是个姑娘你们都横看了他二奶〻这些〻大姑子小姑子里頭也就只单畏他五分你们这會子到不把他放在眼里了正説着只見秋紋走来衆媳婦忙赶着問好又説姑娘也且歇一歇里頭擺飯呢等撤下飯桌子再回话去秋紋咲道我比不得你们我那里等得説着便直腰上所去平兒忙叫快回來秋紋回頭見了平兒咲道你又在这里充什麽外圍的防護一面回身便坐在平兒褥上平兒悄問回什麽秋紋道問一问宝玉的月銀我们的月錢多早晚纔領平兒道这什麽大事你快回去告訴襲人説我的话憑有什麽事今兒都别回若回一件管駁一件回一百件管駁一百件秋紋听了忙問这是為什麽了平兒與衆媳婦等都忙告訴他原故又説正要找几件利害事與有

体面的人開例作法子鎮壓與衆人作榜樣呢何苦你們先来碰在这釘子上你这一去説了他們若拿你們也作一二件榜樣又碍着老太〻太〻若不拿着你們作一二件人家又説偏一个向一个仗着老太〻太〻威势的就怕也不敢動只拿着軟的作鼻子頭你听〻罢二奶〻的事他还要駁兩件纔壓的衆人口声呢秋紋听了伸舌咲道幸而平姐〻在这里没的燥一鼻子灰我趂早知会他們去説着便起身走了接着宝釵的飯至平兒忙進来伏侍那時趙姨娘已去三人在板床上吃飯宝釵面南探春面西李紈面東衆媳婦皆在廊下静候里頭只有他們緊跟常侍的丫嬛伺候别人一概不敢擅入这些媳婦們都悄〻的議論説大家省事罢别安着没良心的主意連吴大娘纔都討了没意思偺們又是什麽有臉的他們一边悄議等飯完回事只覺里面鴉雀無声

並不聞碗箸之声一時只見一个丫嬛將簾櫳高揭又有兩个將棹抬出茶房内早有三个丫頭捧着三沭盆水見飯桌已出三人便進去了一回又捧出沭盆並漱盂來方有侍書素雲鶯兒三个每人用茶盤捧了三盖碗茶進去一時等他三人出來侍書命小丫頭子好生伺候着我們吃飯來換你們別又偷坐着去衆媳婦們方慢〻的一个〻〻的安分回事不敢如先前輕慢踈忽了探春氣方漸平因向平兒道我有一件大事早要和你奶〻商議如今可巧想起来你吃了飯快來宝姑娘也在这里偺們四个人商議了再細〻問你奶〻可行可止平兒答應回去鳳姐因問為何去这一日平兒便笑着將方纔的原故細〻說與他听了鳳姐兒笑道好〻〻好个三姑娘我說他不錯只可惜他命薄沒托生在太〻肚里平兒笑道奶〻也說糊塗話了他便不是太〻養的难

道誰敢小看他不與別的一樣看了鳳姐兒嘆道你那里知道雖然庶出一樣
女兒却比不得男人將来攀親時如今有一種輕狂人先要打听姑娘是正出庶
出多有為庶出不要的除不知別說庶出便是我們的丫頭比人家的小姐还
強呢將来不知那个沒造化的挑庶正悮了事呢也不知那个有造化的不挑庶
正的得了去說着又向平兒咲道我这几年生了多少省儉的法子一家子大
約也沒个不背地里恨我的我如今也是騎上老虎了雖然看破些無奈一時
也难寬放二則家里出去的多進来的少凡百大小事仍是照着老祖宗手里
的規矩却一年進的産業又不及先時多省儉了外人又咲话老太〻太〻也
受委屈家下人也抱怨剋薄若不趂早兒料理省儉之计再几年就都賠盡了
平兒道可不是这话將来还有三四位姑娘还有两三个小爺一位老太〻这

几件大事未完呢鳳姐兒咲道我也慮到這里到也勾了宝玉和林妹〻他两个一娶一嫁可以使不着官中的錢老太〻自有梯己拿出来二姑娘是大老爺那边的也不筭剩了三四个满破着每人花上一萬銀子环哥娶親有現花上三千两銀子不拘那里省一抿子也就勾了老太〻事出來一應都是全了的不过零星雜項便費也满破三五千两如今在儉省些陸續也就勾了只怕如今平空又生出一两件事来可就了不得了偺們且别慮後事你且吃了飯快听他商議什庅這正碰了我的机会我正愁没个膀背雖有个宝玉他又不是這里頭的貨總收伏了他也不中用太奶〻是个佛爺也不中用二姑娘更不中用亦且不是這屋里的人四姑娘小呢蘭小子更小环兒更是个燎毛的小凍猫子只等有热灶火坑讓他鑽去罷真〻一个娘肚子里跑出這个天懸地隔

的兩个人來我想到这里就不伏再者林了頭和宝姑娘他兩个到好偏又都
是親戚又不好管偺家務事況且一个是美人灯兒風吹〻就坏了一个是拿
定了主意不干已事不張口一問搖頭三不知也难十分去問他到只剩了三
姑娘一个心里嘴里都也來的又是偺家的正人太〻又疼他雖然面上淡〻的
皆因是趙姨娘那老東西鬧的心里却是和宝玉一樣呢比不淂环兒実在令
人难疼要依我的性早攆出去了如今他既有这主意正該和他協同大家做
个膀背（阿鳳有才処全在擇人收納膀背羽翼並非一味以才自恃者可知这方是大才）我
也不孤不獨了按正理天理良心上論偺們有他这个人𢰅着偺們也省些心
于太〻的事也有些益若按私心藏奸上論我也太行毒了也該抽頭退步回
頭看了看再要窮追苦尅人恨極了暗地里笑里藏刀偺們兩个纔四个眼精

两个心一時不防到弄坏了趂着緊溜之中他出頭一料理衆人就把往日俗們的恨暫可觧了还有一件我雖知你極明白恐怕你心里挽不过来如今嘱咐你他雖是姑娘家心里却事ゝ明白不過是言語謹慎他又比我知書識字更利害一層了如今俗語擒賊必先擒王他如今要作法開端一定是先拿我開端倘或他要駁我的事你可别分辯你只越恭敬越説駁的是纔好千万别想着怕我没臉和他一𡚒就不好了平兒不等説完便笑道你太把人看糊塗了我纔已經行在先这會子又反嘱咐我鳳姐兒笑道我是恐怕你心里眼里只有了我一槩没有别人之故不得不嘱咐既已行在先更比我明白了你又急了滿口里你我起来平兒道偏説你ゝ不依这不是嘴巴子再打一頓難道这臉上還没嘗过的不成鳳姐兒笑道你这小蹄子要掂多少過子纔罷看我

病的這樣还来漚我过来坐下横竪没人来俗們一処吃飯是正緊（經）説着豐兒等三四个小丫頭子進来放小炕桌鳳姐只吃燕窩粥兩碟子精微（緻）小菜每日分例菜已暫减去豐兒便将平兒的四樣分例菜端至桌上與平兒盛了飯来平兒屈一膝於炕沿之上半身猶立于炕下陪着鳳姐兒吃了飯（鳳姐之才又在能罰邀人心）伏侍漱盥漱畢嚼咐了豐兒话（些）方往探春処来只見院中寂静人已散出要知端的

脂硯齋重評石頭記巻之

第五十六回

敏探春興利除宿弊　時宝釵小惠全大躰

話説平兒陪着鳳姐兒吃了飯伏侍盥漱畢方往探春處来只見院中寂靜只有了环婆子諸（園）内壼近（諸執事）人在窓外聽候平兒進入廰中他姊妹三人正議論些家務説的便是年内賴大家請吃酒他家花園中事故見他来了探春便命他脚踏上坐了因説道我想的事不爲别的曰想着我們一月有二兩月銀外了頭們又另有月錢前兒又有人回要我們一月所用的頭油脂粉每人又是二兩这又同纔剛學里的八兩一樣重〻疊〻事雖小錢有限看起来也不妥當你奶〻怎庅就没想到这个（呢）平兒咲道这有个原故姑娘們所用的这些〻東西

自然是該有分例每月買辦買了令女人們各房交與我們收管不過預備姑
娘們使用就罷了沒有一个我們天〻各人拿錢找人買頭油又是脂粉去的
理所已外頭買辦揔領了去按月使女人按房交與我們的姑娘們的每月这
二兩原不是為買这些〻的原為的是一時當家的奶〻太〻或不在或不得閑
姑娘們偶然一時可巧要几個錢使省得找人去这原是恐怕姑娘們受委屈
可知这个錢並不是買这个纔〻有的如今我冷眼看着各房里的我們的姊妹
都是現拿錢買这些〻東西的竟有一半我就疑惑不是買辦脫了空遲些〻日子
就是買的不是正經貨弄些〻使不得的東西來搪塞探春李紈都笑道你也留
心看出來了脫空是沒有的也不敢只是遲些〻日子催急了不知那里弄些〻来
不過是个名兒其實使不得依然得現買就用这二兩銀子另叫別人的奶媽

子的或是弟兄哥〃的兒子買了來總使得若使了閑(官)中的人依然是那一樣的不知他們是什么法子是鋪子里坏了不要的他們都弄了來單預備給我們平兒咲道買辦買的是那樣的他買了好的來買辦豈肯戓(合)他善開交又説他便(安)坏心要奪这買辦了所以他們也只得如此能可得罪了里頭不肯得罪了外頭辦事的人姑娘們只能可使奶媽〃們他們也就不敢(硝)閑话了探春道日此我心中不自在錢費兩起東西又白丟一半通算起來反費了兩折子不如竟把買辦的每月蠲了為是此是一件事第二件年里往賴大家去你也去的你看他那小园子比偺們这个如何平兒咲道还沒有偺們这一半大樹木花草也少多了探春道我因和他家女兒説悯话兒誰知那么个园子除他們帶的花吃的笋菜魚蝦之外一年还有人包了去年終足有二百兩銀子剩送

那日我纔知道一个破荷葉一根枯草根子都是值錢的宝釵笑道真真膏粱
紈袴之談雖是千金小姐原不知這事但你們都念過書識字的竟没看見朱
夫子有一篇不自棄文不成探春笑道雖看過那不過是勉人自勵虛比浮詞
那里都真有的宝釵道朱子都有虛比浮詞那句句都是有的你纔辦了兩天
時事就利欲薰心把朱子都看虛浮了你再出去見了那些利弊大事越發把
孔子也看虛了探春笑道你這樣一个通人竟没看見子書當日姬子有云登
利祿之場處運籌之界者竊堯舜之詞背孔孟之道宝釵笑道底下一
句呢探春笑道如今只斷章取意念出底下一句我自己罵我自己不成宝釵
道天下没有不可用的東西既可用便值錢難為你是個聰敏人這些正
事大節目事竟没經歷也可惜遲了反点題文法中又一变休也李紈笑道叫了人

家来不説正事且你們對講學问寔敍道學向中便是正事此刻于小事
上用學问一提那小事越發作高一層了不拿學问提着便都流入事世俗
去了三人只是取笑之談説了笑了一回便仍談正事 作者又用金蟬脱壳之法 探春
因又接説道偺們這園子只筭比他們的多一半加一倍筭一年就有四百銀
子的利息若此時也出脱生發銀子自然小器不是偺們這樣人家的事若
派出兩个一定的人来既有許多值錢之物一味任人作踐也似乎暴殄天物
不如在園子里所有的老媽々中揀出几个本分老誠能知園圃的事進派他
們収什料理也不必要他們交租納稅只问他們一年可以孝敬些什麼一則
園子有專定之人修理花木自有一年好似一年的也不用臨时忙乱
二則也不至作踐白辜負了東西三則老媽々們也可借此小補不枉

年日在園中辛苦四則亦可以省了這些花兒匠山子匠打掃人等的工費將此有餘以補不足未為不可寶釵正在地下看壁上的字畫聽如此說一則(向)便點一回頭說完便笑道善哉三年之內無飢饉矣李紈笑道好主意這果一行太太必喜歡(欢)省錢事小第一有(人)打掃專司其職又許他人去賣錢使之以權動之以利再無不盡職的了平兒道這件(事)須得姑娘說出來我們奶奶雖有此心也未必好出口此刻姑娘(們)在園里住着不能多弄些頑意兒陪襯(添上)反叫人去監管修理圖省錢這話斷不好出口寶釵忙走過來摸着他的臉笑道你張開嘴我瞧瞧你的牙齒舌頭是什麽作的從早起來到這會子你說這些話一套一個樣子也不奉承三姑娘也沒見你說奶奶才短想不到也並沒有三姑娘說一句你就說一句是橫

豎三姑娘一套說出你就有一套話進去總是三姑娘想的到的你奶〻也想
到了只是必有個不可少的原故這會子又是因姑娘們住的在園子裡不好因省錢
令人去監管你們想〻這話若果真交與人弄錢去的時侯人自然是一枝花也
不許掐一個菓子也不許動了姑娘們分中自然不敢天〻與小姑娘們就吵
不清他這遠愁近慮不抗不卑他奶〻便不是和偺們好聽他這一番話也必
要自愧的变好了不和也变和了探春笑道我早起一肚子氣聽他来了忽然
想起他主子来素日當家使出来的好撒野的人我見了他便生了氣誰知他
来了避猫鼠兒是的站子半日怪可怜的接着又說了那麽些話不說他主子
待我好到說不枉姑娘待我們奶〻素日的情意了這一句不但沒了氣我到
愧了又傷起心来我細想我一個女孩兒家自己還鬧得沒人疼沒人顧的我

那里還有好處去待人口内說到這里不免流下淚来李紈等見他說的懇切
又想他素日因趙姨娘每生誹謗在王夫人跟前亦為趙姨娘所累亦都不免流
下淚来都忙劝道趁今日清淨大家商議兩件興利剔獘的事也不枉太〻委託
一場又提這沒要緊的事做什麽平兒忙道我已明白了姑娘竟說誰好竟一
派人就完了探春道雖如此說也須滑回你奶〻一聲我們這里捜剔小遺已
經不當皆因你奶〻是個明白人我纔這樣行若是糊塗多患多妬的我也不
肯倒像抓他的乖一般豈可不商議了行平兒笑道既這樣我去告訴一聲說
着去了半日方回来笑說我說是白走一淌這樣好事奶〻豈有不依的探春
聽了便和李紈命人將園中所有婆子的名單要来大家參度大槩定了几個又
將他們一齊傳来李紈大概告訴與他們衆人聽了無不願意也有說那一

片竹子单交給我一年工夫明年又是一片除了家里吃的笋一年還可交些ゝ錢粮這一個説那一片稻地交給我一年這些碩的大小雀鳥的粮食不必動官中錢粮我還可以交錢粮探春終要説話人回大夫来了進園瞧姑娘衆婆子只淂去接大夫平兒忙説单你們有一百個也不成個体統难道没有兩個管事的頭腦帶進大夫来回事的那人説有吴大娘和单大娘他兩個在西南角上聚錦門等着呢平兒聽説方罷了衆婆子去後探春問宝釵如何宝釵笑荅道幸于始者怠于終繕其辞者嗜其利探春聽了点頭稱讃便向册上指出几人来與他三人看平兒忙去取筆硯来他三人説道這一個老祝媽是個妥當的況他老頭子和他兒子代ゝ都是管打掃竹子如今竟把這所有的竹子交與他這一個老田媽本是種庄家的稲香村一帶凡有菜蔬稲稗之類雖有

禎意兒不必認真大治大耕也須得他去再一按時加些〻培埴豈不更好探春
又笑道可惜蘅蕪院和怡紅院這兩處大地方竟沒有出利息之物李紈忙笑
道蘅蕪院更利害如今香料鋪並大市大廟賣的各處香料香草兒都不是
這些〻東西算起來比别的利息更大怡紅院别說别的單只說春夏天一季玫
瑰花共下多少花還有一帶籬笆上薔薇月季宝相金銀藤單這沒要緊的草
花乾了賣到茶葉鋪藥鋪去也值几個錢探春笑道原來如此只是弄〻草
的沒有在行的人平兒忙笑道跟宝姑娘的鶯兒他媽就是會弄這個的上回他
還採了些〻曬乾了辮成花籃葫蘆給我頑的姑娘到忘了不成宝釵笑道我終
讚你〻到來捉弄我了三人都吒意都問這是為何宝釵道斷〻使不得你們
這里多少得用的人一個〻閑着沒事辦這會子我又弄個人來叫那起

人連我也看小了我到替你們想出一個人來怡紅院有個老葉媽他就是茗烟的娘那是個誠實老人家他又合我們鶯兒的娘極好不如把這事交與葉媽他有不知的不必偺們說他就找鶯兒的娘去商議了那怕葉媽全不管竟交與那一個那是他們私情兒有人說閑話也就怨不到偺們身上了如此一行你們辦的又至公道了事又甚妥李紈平兒都道是極寶釵此等非與鳳姐一樣此時隨時俯仰彼則逸才踰蹈也探春笑道雖如此只怕他們見利忘義這是探春敏智過人處此諷亦不可少平兒笑道不相干前兒鶯兒還認了葉媽做乾娘請吃飯吃酒兩家和厚的好的狠呢夾寫大觀園中多少兒女家常閑景此亦補前文之不足也探春聽了方罷了又共斟酌出几人來俱是他四人素昔冷眼取中的用筆圈出一時婆子們來回大夫已去將藥方送上去三人看了一面遣人送出去取藥監派調服一面探春與

李紈明示諸人某人管某處按四季除家中定例用多少外餘者任憑你們
採取了去取到年例終筭賬採春笑道我又想起一件事若年終筭賬歸錢時自
然歸到賬房仍是上頭又添一層管主還在他們手心里又剥一層皮這如今
我們興出這事来派了你們已是跨過他們的頭去了心里有氣只說不出来
你們年終去歸賬他們還不捉弄你們等什麽再者這一年間管什麽的主子
有一全分他們就得半分這是家里的舊禮例人所共知的别的偷着的在外如
今這園子裡是我的新創竟别入他們手每到年終歸賬竟歸到里頭来才好宝釵
笑道依我說里頭也不用歸賬這個多了那個少了到多了事不如問他們誰
領這一分的他就攬一宗事去不過是園里的人的動用我替你們筭出来了
有限的几宗事不過是頭油胭粉香紙每一位姑娘几個了頭都是有定例

的再者各處笘帚撮簸撣子並大小禽鳥鹿兔吃的粮食不過這几樣都是
他們包了去不用賬房去領錢你筭〻就省下多少来平兒笑道這几宗雖小
一年通共筭了也省的下四百兩銀子宝釵笑道却又来一年四百二年八百
兩取租的房子也能看得了几间薄地也可添几畝雖然還有富餘的但他們
既辛苦鬧一年也要叫他們剩些粘補〻自家雖是興利節用為綱然亦不
可太嗇總再省上二三百銀子失了大体統也不像所以如此一行外頭賬房
里一年少出四五百銀子也不覺得狠艱嗇了他們里頭却也得些小補這些
没营生的媽〻們也寬裕了園子里花木也可以每年滋長蕃盛你们也得了
可使之物這庶几不失大体若一味要省時那里不搜尋出几個錢来凡有些〻
餘利的一概入了官中那時里外怨聲載道豈不失了你们這樣人家的大

体如今這園里几十個老媽〻們若只給了這個那剩的也必抱怨不公我終
説的他們只供給這個几樣也未免太寬裕了一年竟除這個之外他每人不
論有餘無餘只叫他拿出若干貫錢来大家凑齊单散與園中這些媽〻們他
們雖不料理這些却日夜也是在園中照看当差之人関門閉户起早睡晚大
雨大雪姑娘們出入抬轎子撑船拉冰床一應粗糙（活）伙計都是你（他）們的差使一
年在園里辛苦到頭這園内既有出息也是分内該（的）沾帶些的还有一句至小（氣）
的話越發説破了你們只管了自己寬裕不分與他們些〻他們雖不敢明怨心
里却都不服只用假公借私的多摘你們几個菓子多掐几枝花兒你們有
寬還没處訴他們也沾帶（補）了些〻利息你們有照顧不到他們就替你們照顧了衆
婆子聽了這個議論又去了賬房受轄制又不與鳳姐兒去筭賬一年不過多

拿出若干貫錢來各々歡喜異常都齊說願意強如出去被他揉搓着還得拿
出錢來呢那不得管的也聽見每年終又無故得分錢也都喜欢起來口內說
他們辛苦收拾是該剩些々錢粘補的我們怎庅好穩坐吃三注的宝釵笑道媽
媽們也別推辭了這原是分內應當的你们只要日夜辛苦些別躲懶縱放人
吃酒賭錢就是了不然我也不該管這事你們一般听見姨娘親口囑託我三
五回說大奶々如今又不得閒兒別的姑娘又小託我照看々々我若不依分
明是叫姨娘操心我們奶々又多病多痛家務也忙我原是個閒人便是個街
坊隣居也要幫着些何況是親姨娘託我々々免不得去小就大講不起衆人嫌
我尚或我只顧了小分沽名吊譽那時酒醉賭博生出事來我怎庅見姨娘你
們那時後悔也遲了就連你們素日的老臉也都丟了這些姑娘小姐們這庅

一所大花園都是你們照看皆因看得你們是三四代的老媽〻最是循規尊
矩的原該大家齊心顧些体統你們反縱放別人任意吃酒賭博姨娘聽見了
教訓一場犹可倘若被那几個管家娘子聽見了他們也不用回姨娘竟教導你們
你們一番你們這年老的反受了年小的教訓雖是他們是管家管的着你們
何如自己存些体統他們如何得来作踐所以我如今替你們想出這個額外
的進益来也為大家齊心把這園里週全得謹〻慎〻使那些〻有權執事的看
見這般嚴肅謹慎且不用他們操心他們心里豈不敬伏也不用替你們籌画
進益既能奪他們之權生你們之利豈不能無為之治分他們之憂你們去細
想〻這話家人都欢声鼎沸說姑娘說的狠是從此姑娘奶〻只管放心姑娘
奶〻這樣疼顧我們〻〻再要不体上情天地也不容了剛說着只見林之孝

進来説江南甄府里家眷昨日到京今日進宫朝賀此刻先遣人来送礼請安
説着便将礼单送上去探春接了看道是上用的粧緞蟒緞十二疋上用雜色
緞十二疋上用各色紗十二疋上用宫紬十二疋官用各色緞紗紬綾二十四
疋李紈也看過説上用等封兒賞他因又命人回了賈母：：便命人叫李紈
探春宝釵等也都過来将礼物看了李紈収過一邊分付内庫上人説等太：
回来看了再収賈母因説這甄家又不與別家相同上等賞封賞男人只怕展
眼又打發女人来請安預備下尺頭一語未完果然人回甄府四個女人来請
安賈母聽了忙命人帶進来那四個人都是四十往上的年紀穿帶之物皆比
主子不甚差別請安問好畢賈母命拿了四個脚蹈来他四人謝了坐待宝釵
等坐了方都坐下賈母便問多早晚進京的四人忙起身回説昨日進的京今

日太〻帶了姑娘進宮請安去了故令女人們來請安问候姑娘們賈母问道
這些年沒進京也不想到今年來四人也都笑回道正是今年是奉旨進京的
賈母问道家眷都來了四人回說老太〻和哥兒兩位小姐並別位太〻都沒
來就只太〻帶了三姑娘來了賈母道有了人家沒有四人道尚沒有呢賈母咲道
你們大姑娘和二姑娘這兩家都和我們家甚好四人咲道正是每年姑娘們
有信回去說全虧府上照看賈母笑道什麽照看原是世交又是老親原應当
的你们二姑娘更好更不自尊自大所以我們纔走的親密四人咲道這是老太
太過謙了賈母又问你這哥兒也跟着你们老太〻四人回說也是跟着老太
太賈母道几歲了又问上學不曾四人咲說今年十三歲因長得齊整老太〻
狠疼自幼陶氣異常天〻逃學老爺太〻也不便十分管教賈母咲道这不成

了我們家的了你这哥兒教什庅名字四人道因老太〻当作宝貝一樣他又生的白老太〻便叫他作宝玉賈母便向李紈等道偏也叫作個宝玉李紈忙欠身笑道從古至今同時隔代重名的狠多四人也笑道起了這小名兒之後我們上下都疑惑不知那位親友家也倒似曾有一個的只是这十來年沒進京來却記不得真了賈母笑道豈敢就是我的孫子人來衆媳婦了頭答應了一聲走近几步賈母笑道園里把偺們的宝玉叫了來給这四个管家娘子瞧〻比他們的宝玉如何衆媳婦听了忙去了半刻圍了宝玉進來四人一見忙起身笑道唬了我們一跳若是我們不進府來倘若別處遇見还只道我們的宝玉後趕着也進了京了呢一面說一面都上來拉他的手問長問短宝玉忙也笑問好賈母笑道比你們的長的如何李紈等笑道四位媽〻纔一說可知是模

樣相訪了賈母咲道那有這樣巧事大家子孩子們再養的姣嫩除了臉上有
殘疾十分黑醜的大概看去都是一樣的齊整這也沒有什麽怪處四人笑道
如今看来模樣是一樣據老太太說淘氣也一樣我们看来這位哥兒性情却
比我們的好些賈母忙問怎見得四人笑道方纔我们拉哥兒的手說話便知
我們那一個只說我们糊塗慢說拉手他的東西我們略動一動也不依所使
喚的人都是女孩子們四人未說完李紈姊妹等禁不住都失聲笑出来賈母
也笑道我們這會子也打發人去見了你們寶玉若拉他的手他也自然免強
忍耐一時可知你我這樣人家的孩子们憑他们有什麽刁鑽古怪的毛病兒
見了外人必是要還出正緊礼数来的若他不還正緊礼数也斷不容他刁鑽
去了就是大人溺愛的是他一則生的得人意二則見人礼數竟比大人行出

来的不錯使人見了可愛可怜背地里所以纔縱他一點子若一味他只管沒
里沒外不與大人爭光憑他生的怎樣也是該打死的四人听了都笑說老太
太這話正是雖然我們宝玉淘氣古怪有時見了人客規矩礼数更比大人有
所以無人見了不愛只說為什庅還打他除不知他在家里無法無天大人想
不到的話偏會說想不到的事他偏要行所以老爺太〻恨的無法就是弄性
也是小孩子的常情胡乱花費這也是公子哥兒的常情怕上學也是小孩子
的常情都還治的過来第一天生下来這一種刁鑽古怪的脾氣如何使得一
語未了人回太〻回来了王夫人進来問過安他四人請了安大概說了兩句
賈母便命歇〻去王夫人親捧過茶方退出四人告辞了賈母便往王夫人處
来說了一會家務打發他们回去不必細說這里賈母喜的逢人便告訴也有

（旁注：乱　礼　脾）

一个宝玉也却一般行景衆人都為天下之大世宦之多同名者也甚多祖母
溺爱孫者也古(多)今所有常事耳不足(是)什庅罕事故皆不介意独宝玉是個迂闊
獃公子的性情自為是那四人承悦賈母之詞後至苑(衡蕪)去看湘雲病去(将這話告訴)湘雲
説他你放心鬧罷先是单絲不成線独樹不成林如(今)有了個對子鬧急了再打
狠了你逃走到南京我(找)那一個去寶玉道那里的謊話你也信了偏又有個宝
玉了湘雲道怎庅列國有個藺相如漢朝又有个司馬相如呢寶玉笑道這也
罷了偏又模樣兒也一樣這是没有的事湘雲道怎庅匡人看見孔子只當是
陽虎呢寶玉笑道孔子陽虎雖同貌却不同性藺(相如)與司馬(相如)雖同名而又不同貌
偏我和他就两樣俱同不成湘雲没了話答對因笑道你只會胡攪我也不和
你分証有也罷没也罷与我無干説着便睡下了寶玉心中便又疑惑起未若

說必無然亦似必有若說必有又並無目覩心中悶了回至房中榻上默默盤
算不覺就忽忽的睡去不覺竟到了一座花園之內寶玉咤意道除了我們大
觀園更又有這一個園子偶園可知正疑惑間從那邊來了几個女兒都是丫鬟
寶玉又咤意道除了鴛鴦襲人平兒之外也竟還有這一干人偶人可知妙在更不說更強二
字只見那些丫鬟笑道寶玉怎麽跑到這里来了寶玉只當是說他自己忙来
陪笑說道因我偶步到此不知是那位世交的花園好姐姐們帶我狂狂衆丫
鬟都笑道原来不是咱家的寶玉他生的到也还干淨妙在玉卿身上只落了這兩個字亦不奇了
嘴兒也到乖覺寶玉听了忙道姐姐們這里也更还有個寶玉了丫鬟們忙道寶
玉二字我們是奉老太太之命為保佑他延寿消災的我叫他他听見喜
歡你是那里遠方来的臭小厮也乱叫起他来仔細你的臭肉打不爛你的又

一個丫環笑道偺們快走罷別叫宝玉看見又說同這臭小厮說了話把偺薰、

臭了說着一逕去了宝玉納悶道從來沒有人如此塗毒我他們如何更這樣

真亦有我這樣一個人不成一面想一面順步早到了一所院內宝玉又咤異

道除了怡紅院也更還有這麼一個院落忽上了台磯進入屋內只見榻上那

個少年嘆了一聲一個丫頭笑問道宝玉你不睡又嘆什麼想必為你妹妹病

了你又胡愁乱恨呢宝玉听說心下也便吃驚只見榻上少年說道我听見老

太太說長安都中也有個宝玉和我一樣的性情我只不信我纔作了一個夢

都夢中到了都中一個花園子里頭遇見几個姐姐都叫我臭小厮不理我好

容易找到他房里頭偏他睡覺空有皮囊真性不知那去了宝玉听說忙說道

我因找宝玉來到這里原來你就是宝玉榻上的忙下來拉住原來你就是宝

玉這可不是夢里了宝玉道這如何是夢真切而又真了一語未了只見人來說
老爺叫宝玉唬得二人皆慌了一個宝玉就走一個宝玉便忙叫宝玉快回來
快回來襲人在傍听他夢中自喚忙推醒他笑问道宝玉在那里此時宝玉雖
醒神意尚忽因向門外指說才出去了襲人笑道那是你夢迷了你揉眼細瞧
是鏡子裡照的你影兒宝玉向前瞧了一瞧原是那嵌的大鏡对面相照自己
也笑了早有人捧過漱盂茶滷來漱了口麝月道怪道老太太常囑咐說小人屋
里不可多有鏡子小人魂不全有鏡子照多了睡覺驚恐作胡夢如今到在大
鏡子那里安了一張床有時放下鏡套還好往前去天熱困倦不定那里想的
到放他比如方才就忘了自然是先躺下照着影兒頑的一時合上眼自然是
胡夢顛倒不然如何得看着自己叫着自己的名字不如明兒挪進床來是正

經一語未了只見王夫人遣人來叫寶玉不知有何話說此下緊接慧紫鵑試忙玉

脂硯齋重評石頭記卷之

第五十七回

慧紫鵑情辭試忙玉　慈姨媽愛語慰癡顰

話説寶玉聽王夫人喚他忙至前邊来原来是王夫人要帶他拜甄夫人去寶玉自是欢喜忙去換衣服跟了王夫人到那里見其家中形影自與榮寧不甚差別或有一二稍盛者細問果有一寶玉甄夫人留席竟日方回寶玉方信因晚間回家来王夫人又吩咐預備上等的席面定名班大戲請過甄夫人母女後二日他母女便不来作辭回任去了無話這日寶玉因見湘雲漸愈然後去看代玉正值代玉纔歇午覺宝玉不敢驚動因紫鵑正在廻廊上手里做針黹便来問他昨日夜里咳嗽可好了紫鵑道好些了宝玉笑道阿弥陀佛寧可好了

罷紫鵑笑道你也念起佛來真是新聞宝玉笑道所謂病篤乱投醫了一面說一面見他穿着彈墨綾薄綿襖外面只穿着青緞夾背心宝玉便伸手向他身上摸了一摸說穿這樣單薄还在風口里坐着看天風饞時氣又不好你再病了越發难了紫鵑便說道從此偺們只可說話別動手動脚的一年大二年小的叫人看着不尊重打緊的那起混賬行子們背地里說你々總不留心还只管和小時一般行為如何使得姑娘常々吩咐我們不叫和你說笑你近來瞧他遠着你還恐遠不及呢說着便起身携了針線進別房去了宝玉見了這般景況心中忽像澆了一盆冷水一般只瞅着竹子發了一回獃因祝媽正來挖竹修竿便怔々的走出來一時魂魄失守心無所知隨便坐在一塊山石上出神不覺滴下淚來直獃了五六頓飯的工夫千思萬想總不知如何是好偶值雪雁從

王夫人房中取了人参来從此經過忽扭項看見桃花樹下石上一人手托着
腮頰出神不是別人却是寶玉画出宝玉来却又不画阿顰何等筆力使不從鵑寫却寫一雁更奇是仍歸寫鵑
雪雁疑惑道怪冷的他一個人生在這里作什麽春天凡有殘疾的人都犯病敢
是他犯了獃病了寫妍憨女兒之心何等新巧一邊想一邊便走過来蹲下笑道你在
這里作什麽呢宝玉忽見了雪雁便説道你又作什麽来找我你難道不是女孩
兒他既防嫌不許你們理我你又来尋我倘被人看見豈不又生口舌你快家
去罷了雪雁聽了只當是他又受了代玉的委屈只得回至房中代玉未醒將
人參交與紫鵑々々因問他太々做什麽呢雪雁道也歇中覺所以等了這半
日姐々你听笑話兒我因等太々的工夫和玉釧兒姐々坐在下房里説話兒
誰知趙姨奶々招手兒叫我々只當有什麽話説原来他合何太々告了假出去

給他兄弟作宿坐夜明兒送殯去跟他的小丫頭子小吉祥兒沒衣裳要借我的月白緞子襖兒我想他們一般也有兩件子的（衣裳）往髒地方兒去恐怕弄髒了自己的捨不得穿故此借別人的借我的弄髒了也是小事只是我想他素日有些什麼好處到偺們跟前所以我說了我的衣裳簪環都是姑娘叫紫鵑姐姐收着呢如今先得去告訴他還得回姑娘呢姑娘（身）上又病着更費了大事誤了你老出門不如再轉借罷紫鵑笑道你這個小東西子到也巧你不借給他你往我和姑娘身上推叫人怨不着你他這會子就下去了還是等明日一早纔去雪鴈道這會子就去的只怕此時已去了紫鵑點點頭雪鴈道姑娘還沒醒呢是誰給了寶愛（玉）氣受坐在那里哭呢紫鵑听了忙問在那里雪鴈道在沁芳亭後頭桃花底下呢紫鵑听說忙放下針線又囑咐雪鴈好生听叫若

問我答應我就来說着便出了瀟湘舘一徑来尋寶玉走至宝玉跟前含笑說道我不過說了那兩句話為的是大家好你就賭氣跑了这風地里来哭作出病来唬我宝玉忙咲道誰賭氣了我因為听你說的有理我想你們既这樣說自然別人也是这樣說將来漸漸的都不理我了我所以想着自己傷心紫鵑也便挨他坐着宝玉笑道方纔對面說話你尚走開这會子如何又来挨着我坐着紫鵑道你都忘了幾日前你們兄妹兩個正說話趙姨娘一頭走了進来我纔听見他不在家所以我来問你正是前日你和他纔說了一句燕窩就歇住了揔沒提起我正想着問你宝玉道也沒什庅要緊不過我想着宝姐姐也是客中既吃燕窩又不可間斷若只管和他要太也托實雖不便和太太要我已經在老太太跟前略露了個風声只怕老太太和鳳姐姐說了我告訴他的竟沒

告訴完了他如今我听見一日給你们一两燕窝这也就完了紫鵑道原来是你說了这又多謝你費心我们正疑惑老太〻怎应忽然想起来叫人每一日送一两燕窝来呢这就是了宝玉笑道这要天〻吃惯了吃上三二年就好了紫鵑道在这里吃惯了明年家去那里有這些閑錢吃這個宝玉听了吃了一驚忙问誰往那個家去（这句不成寫細讀細嚼方有無限神情咏味）紫鵑道你妹〻回蘇州家去宝玉笑道（咲字奇甚）你又說白話蘇州雖是原籍因没了姑父姑母無人照看纔就来的明年回去找誰可見是扯謊此（論極是不個意）紫鵑冷笑道你太看小了人（渾）你们賈家獨是大族人口多的除了你家别人只得一父一母房族中真个再無人了不成我们姑娘来時原是老太〻心疼他年小雖有叔伯不如親父母故此接来住

几年大了該出閣時自然要送还林家的終不成林家的女兒在你賈家一世
不成林家雖貧到沒飯吃也是世代書宦之家斷不肯將他家的人丟在親戚家
落人的恥笑所以早則明年春天遲則秋天这里縱不送去林家亦必有人來
接的前日夜里姑娘和我說了叫我告訴你將從前小時頑的東西有他送你
的叫你都打点出來还他〻〻也將你送他的打叠了在那里呢宝玉聽了便如
頭頂上响了一個焦雷一般紫鵑看他怎樣回答只不作聲忽見晴雯找來說
老太〻叫你呢誰知道在这里紫鵑笑道他这里问姑娘的病症我告訴了他
半日他只不信你倒拉他去罷說着自己便走回房去了晴雯見他獃〻的一
頭熱汗滿臉紫脹忙拉他的手一直到怡紅院中襲人見了这般慌起來只說
時氣所感熱汗被風撲了無奈宝玉發熱事猶小可更覺兩個眼珠兒直〻的

起來口角邊津液流出皆不知覺給他個枕頭他便睡下扶他起來他便坐着到了茶來他便吃茶衆人見他這般一時忙起來又不敢造次去回賈母先便差人出去請李嬷嬷一時李嬷嬷來了看了半日問他几句話也無回答用手向他脈門摸了摸嘴唇人中上邊着力掐了兩下掐的指甲印如許來深竟也不覺疼李嬷嬷只說了一聲可了不得了呀的一聲便摟着放聲大哭起來急的襲人忙拉他說你老人家瞧瞧可怕不怕且告訴我們去回老太太去你老人家怎麼先哭起來李嬷嬷捶床搗枕說這可不中用了我白操了一世心了襲人等以他年老多知所以請他來看如今見他這般一說都信以為真也都哭起來晴雯便告訴襲人方纔如此這般襲人聽了便忙到瀟湘館來見紫鵑正伏侍代玉吃藥也顧不得什麼便走上來問紫鵑道你纔和我們宝玉說

了些什庅你瞧他去你回老太太去我也不管了說着便坐在椅上代玉忽見
襲人滿面急怒又有淚痕舉止大變便不免也慌了忙問怎庅了襲人定了一
回哭道不知紫鵑姑奶奶說了些什庅話那個獃子眼睛也直了手脚也冷了話
也不說了李媽媽掐着也不疼了已死了大半個了奇極之語從急怒妒癡口中描出不成話之話來方是千古奇文五字是一口氣來的連李媽媽都說不中用了那里放聲大哭只怕這會子都死
了代玉一聽此言李媽媽乃是經過的老嫗說不中用了可知必不中用了哇的
一聲將腹中之葯一槩嗆出抖腸搜肺熾胃扇肝的痛聲大嗽了几陣一時面
紅髮乱目腫筋浮喘的抬不起頭來紫鵑忙上來搥背代玉伏枕喘息半晌推
紫鵑道你不用搥你竟拿繩子來勒死我是正經紫鵑哭道我並沒說什庅不
過是說了几句頑話他就認真了襲人道你還不知道他那傻子每每頑話都要認

了真的代玉道你說了什庅話趁早兒去解說他只怕就醒過了來紫鵑聽說忙下
了床同襲人到了怡紅院誰知賈母王夫人等已都在那里了賈母一見了紫
鵑眼内出火罵道你這小蹄子和他說了什庅紫鵑忙道並沒說什庅不過說了
幾句頑話誰知寶玉見了紫鵑方噯呀了一聲哭出來了衆人一見方都放下
心來賈母便拉住紫鵑只當他得罪了寶玉所以拉紫鵑命他打誰知寶玉一
把拉住紫鵑死也不放說要去連我也帶了去衆人不解細問起來方知紫鵑
說要回蘇州去一句頑話引出來的賈母流淚道我當有什庅要緊大事原來
是這句頑話又向紫鵑道你這孩子素日最是個伶俐聰敏的你又知道他有
個獃子病平白的哄他作什庅薛姨媽勸見道寶玉本來心實可巧林姑娘又是從
小兒來的他姊妹兩個一處長了這庅大比别的姊妹更不同這會子熱刺刺

的說一個去別說他是個寔心的孩子便是冷心腸的大人也要傷心這並不
是什庅大病老太〻和姨太〻只管萬安吃一兩劑藥就好了正說着人回林
之孝家的單大娘家的都來瞧哥兒來了賈母道難為他們想着叫他們來瞧
瞧寶玉聽了一個林字便滿床鬧起來說了不得了林家的人接他們來了快
打出去罷賈母聽了也忙說打出去罷又忙安慰說那不是林家的人林家的
人都死絕了沒人來接他的你只放心罷寶玉哭道憑他是誰除了林妹〻都
不許姓林的賈母道沒姓林的來凡姓林的我都打走了一面吩咐衆人已後
別叫林之孝的進園來你們也別說林字好孩子們你們聽我這句話罷衆人
忙答應又不敢笑一時寶玉又一眼看見了十錦格子上陳設的一隻金西洋
自行船便指着乱叫說那不是接他們來的船來了灣在那里呢賈母忙命拏

下來襲人忙掙下來寳玉伸手要襲人遞過寳玉便掖在被中笑道可去不成
了一面說一面死拉着紫鵑不放一時人回大夫來了賈母忙命快進來王夫
人薛姨媽寳釵等暫避在裡間賈母便端坐在寳玉身傍王太醫進來見許多的
人忙上去請了賈母的安拏了寳玉的手胗了一回脉那紫鵑少不得低了頭王
大夫也不解何意起身說道世兄這症乃是急痛迷心古人曾云痰迷有別幾樣有
氣血虧柔飲食不能鎔化痰迷者有怒惱中痰果而迷者有急痛壅塞者此亦
痰迷之症係急痛所致不過一時壅蔽較諸痰迷似輕賈母道你只說怕不怕
誰同你背藥書呢王太醫忙躬身咲說不妨〻〻賈母道果真不妨王太醫道
寔在不妨都在晚生身上賈母道既如此請到外面坐開藥方若吃好了我另
外預備好謝禮叫他親自捧來送去磕頭若耽悮了我打發人去拆了太醫院

大堂王太醫只躬身笑說不敢〻〻他原聽了說另具上等謝礼命寶玉去磕
頭故滿口說不敢竟未聽見賈母後來說拆太醫院之戲語猶說不敢賈母與
衆人反道〔倒〕笑了一時按方煎了藥來服下果覺比先安靜無奈寶玉只不肯放
紫鵑只說他去了便是要回蘇州去了賈母王夫人無法只得命紫鵑守着他
另將琥珀去伏侍代玉代玉不時遣雪鴈來探消息這邊事務盡知自己心中
暗嘆幸喜衆人都知寶玉原有些獃氣自幼是他二人親密如今紫鵑之戲語
亦是常情寶玉之病亦非罕事因不疑到別事〔上〕去晚間寶玉稍安賈母王夫人
等方回房去一夜還遣人來問訊〔詢〕几次李奶母帶領宋嬤〻等几個年老人用
心看守紫鵑襲人晴雯等日夜相伴有時寶玉睡去必從夢中驚醒不是哭了
說代玉已去便是有人來接每一驚時必得紫鵑安慰一番方罷彼時賈母又

命將袪邪守灵丹及開竅通神散各樣上方秘製諸藥按方飲服次日又服了王太醫藥漸次好起来寳玉心下明白因恐紫鵑回去故有或作佯狂之態紫鵑自那日也着實後悔如今日夜辛苦並沒有怨意襲人等皆心安神定因向紫鵑笑道都是你鬧的還得你来治也沒見我們這獃子聽了風就是雨往後怎庅好暫且安下因此時湘雲之症已愈天天過来瞧看見寳玉明白了便將他病中狂態形容了與他瞧到的寳玉自己伏枕而笑原来他起先那樣竟是不知的如今聽人說還不信無人時紫鵑在側寳玉又拉他的手問道你為什庅唬我紫鵑道不過是哄你頑的你就認真了寳玉道你說的那樣有情有理如何是頑話紫鵑笑道那些頑話都是我編的林家實沒了人口縱有也是極遠的族中也都不在蘇州住各省流寓不定縱有人来接老太太必不放去的

寶玉道便老太〻放去我也不依紫鵑笑道果真的你不依只怕是口里的話
你如今也大了連親也定下了過二三年再娶了親你眼里還有誰了寶玉聽
了又驚問誰定了親定了誰紫鵑笑道年里我聽見老太〻說要定下琴姑娘
呢不然那広疼他寶玉笑道人〻只說我傻你比我更傻不過是句頑話他已
經許了梅翰林家了果然定下了他我還是這個形景了先是我發誓賭咒砸這撈
什子你都沒勸過說我瘋的了剛〻的這几日纔好了你又來慪我一面說一面
咬牙切齒的又說道我只願這會子立刻我死了把心迸出来你們瞧見了然
後連皮帶骨一概都化成一股灰〻還有形跡不如再化一股烟〻還可凝聚
人還看見須得一陣大乱風吹的四面八方都登時散了這纔好一面說一面
又滚下淚来紫鵑忙上来握他的嘴替他擦眼淚又忙笑解說道你不用着急

這原是我心里着急故來試你寶玉聽了更又啶意問道你又着什庅急紫鵑咲道你知道我並不是林家的人我也和襲人鴛鴦是一夥的偏把我給了林姑娘使偏生他又和我極好比他蘇州帶來的还好十倍一時一刻我們兩個離不開我如今心里却愁他倘或要去了我必要跟了他去的我是合家在這里我若不去辜負了我們素日的情常若去又棄了本家所以我疑惑故設出這謊話來問你誰知你就傻閙起來本來是愁這個所以你是傻子從此後再别提了我只告訴你一句打的話活着偺們一處活着不活着偺們一處化灰化烟如何宝玉聽了心下暗暗籌畫忽有人回環爺蘭哥兒問候寶玉道就說難為他們我纔睡了不必進來婆子答應去了紫鵑笑道你也好了該放我回去瞧瞧我們那一個去了寶玉道正是這話我昨日就要叫你去的偏又忘了

我已经大好了你就去罷紫鵑聽說方打疊鋪盖粧奩之類寶玉笑道我看見你文具裡頭有三兩面鏡子你把那面小菱花的給我留下罷我擱在枕頭傍邊睡着好照明兒出門帶着也輕巧紫鵑聽說只得與他留下先命〔手人〕下將東西送過去然後別了衆人自回瀟湘館來林代玉近日聞得寶玉如此形景未免又添些病症多哭几場今見紫鵑來了問其原故已知大愈仍遣琥珀去伏侍賈母夜間人定後紫鵑已寬衣卧下之時悄向代玉笑道寶玉的心到寔〔在〕聽見偺們去就那樣起來代玉不答紫鵑停了半晌自言自語的說道一動不如一靜我們這里就算好人家別的都容易最難得的是從小兒一處長大脾氣情性都彼此知道的了代玉啐道你這几天還不乏趂〔這〕會子〔也該〕不歇一歇還嚼什広蛆紫鵑笑道到不是白嚼蛆我到是一片真心為姑娘替你愁了這几年了〔上〕無

父母下無兄弟誰是知疼着热的人趁早兒老太〻還明白硬朗的時節作定了
大事要緊俗語說老健春寒秋後熱倘或老太〻一時有個好歹那時雖也完
事只怕躭悮了時光还不得趁心如意呢公子王孫雖多那一個不是三房五
妾今兒朝東明兒朝西要一個天仙來也不過三夜五夕也丢在脖子後頭了
甚至于為妾為丫頭反目成讐的若娘家有人有势的还好些若是姑娘这樣
的人有老太〻一日还好一日若沒了老太〻也只是凭人去欺負了所以說早
姆主意要緊姑娘是個明白人豈不聞俗語說萬兩黃金容易得知心一個也
難求代玉听了便說道這丫頭今兒不可瘋了怎庅去了几日忽然变了一個人
我明兒必回老太〻退回去我不敢要你了紫鵑笑道我說的是好話不過叫
你心里留神並凭不叫你去為非作歹何苦回老太〻叫我吃了虧又有何好處

說着竟自睡了代玉聽了這話口內雖如此說心內未嘗不傷感待他睡了便直泣了一夜至天明方打了一個盹兒次日勉強盥漱了吃了些燕窝粥便有賈母等親來看視了又囑咐了許多話目今是薛姨媽的生日自賈母起諸人皆有祝賀之礼代玉亦早備了兩色針線送去是日也定了一本小戲請賈母王夫人等獨有宝玉與代玉二人不曾去得至散時賈母等順路又瞧他二人一遍方回房去次日薛姨媽家又命薛蝌陪諸夥計吃了一天酒連忙了三四天方完備了因薛姨媽看見邢岫烟生得端雅穩重且家道貧寒是個釵荆裙布的女兒便欲說與薛蟠為妻因薛蟠素習行止浮奢又恐遭遢人家的女兒正在躊躇之際忽想起薛蝌未娶看他二人恰是一對天生地設的夫妻因謀之于鳳姐兒鳳姐兒嘆道姑媽素知我們太太有些左性的這事等我慢謀因賈

母去瞧鳳姐兒時鳳姐兒便和賈母説薛姑媽有件事求老祖宗只是不好啟齒的賈母忙問何事鳳姐便將求親一事説了賈母笑道這有什麽不好啟齒這是極好的事等我和你婆〻説了怕他不依因回房來即刻就命人來請邢夫人過來硬作保山邢夫人想了一想薛家根基不錯且現今大富薛蝌生得又好且賈母硬作保山將机就計便應了賈母十分喜歡忙命人請了薛姨媽來二人見了自然有許多謙辭邢夫人即刻命人去告訴邢忠夫婦他夫婦原是此來投靠邢夫人的如何不依早極口的説妙極賈母笑道我愛管個閑事今兒又管成了一個事不知得多少謝媒錢薛姨媽笑道這是自然的縱抬了十萬銀子來只怕不希罕但只一件老太〻既是主親還得一位才好賈母笑道別的沒有我們家折腿爛手的人還有兩個説着便命人去叫過賈珍婆媳

二人来賈母告訴他原故彼此忙都道喜賈母吩咐道偺們家的規矩你是盡
知的從沒有兩親家争礼争面的如今你替我在當中料理也不可太嗇也不
可太費把他兩家的事週全了回我尤氏忙答應了薛姨媽喜之不盡回家来
忙命寫了請帖補送過寧府尤氏深知邢夫人情性本不欲管無奈賈母親嘱
咐只得應了惟有忖度邢夫人之意行事薛姨媽是個無可無不可的人到還
易説這且不在話下如今薛姨媽既定了邢岫烟為媳合宅皆知邢夫人本欲
接出岫烟去住賈母因説這又何妨兩個孩子又不能見面就是姨太〻和他
一個大姑子一個小姑子又何妨況且都是女兒正好親香呢邢夫人方罷蝌岫二
人前次途中皆曾有一面之遇大約二人心中也皆如意只是邢岫烟未免比
先時拘泥了些不好與寶釵姊妹共處閑語又兼湘雲是個愛取笑的更覺不

好意思幸他是個知書達礼的雖有女兒身分还不是那種佯羞詐愧一味輕薄造作之輩寶釵自見他時見他家業貧寒二則別人之父母皆年高有德之人獨他父母偏是酒糟透之人于女兒分中平常邢夫人也不過是面臉之情亦非真心疼愛且岫烟為人雅重迎春是個有氣的老寔人連他自己尚未照管齊全如何能照管到他身上凡閨閣中家常一應需用之物或有虧乏無人照管他又不與人張口宝釵到暗每相體貼接濟也不敢與邢夫人知道亦恐多心閑話之故耳如今却出人意料之外奇緣作成這門親事岫烟心中先取中寶釵然後方取薛蝌有時岫烟仍與宝釵閒話宝釵仍以姊妹相呼這日宝釵因來瞧代玉恰值岫烟也來瞧代玉二人在半路相遇宝釵含笑喚他到跟前二人同走至一塊石壁後宝釵咲問他這天還冷的狠你怎麼到全換了夾的岫烟

見問低頭不荅寶釵便知道又有了原故因又笑問道必定是這個月的月錢又沒得鳳丫頭如今也這樣沒心沒計了岫烟道他到想着不錯日子給因姑媽打發人和我說一個月用不了二兩銀子叫我省一兩給爹媽送出去要使什麼橫豎有二姐〻的東西能着些兒搭着就使了姐〻想二姐〻也是個老實人也不大留心我使他的東西他雖不說什麼他那些媽〻丫頭那一個是省事的那一個是嘴里不尖的我雖在那屋里都不敢狠使他們過三天五天我到得拏出錢來給他們打酒買点心吃纔好因一月二兩銀子還不殼使如今又去了一兩前兒我悄〻的把綿衣服叫人當了几吊錢盤纏了寶釵聽了愁眉嘆道偏梅家又合家在任上後年才進來若里是在這里琴兒過去了好再商議你這事離了這里就完了如今不先定了他妹〻的事也斷不敢先娶親的如

今到是一件難事再遲兩年又怕你熬煎出病來等我和媽再商議有人欺負你〻只管耐些煩兒千萬別自己熬煎出病出〔來〕不如把那一兩銀子明兒也越性給了他們到都歇心你已後也不用白給那些人東西吃他尖刺讓他們去尖刺狠聽不過了各人走開倘或短了什麼你別〔學〕那小家〔子〕兒女氣只管找我去並不是作親後方如此你一來時偺們就好的便怕人閑話你打發小了頭悄悄的和我說去就是了岫烟低頭荅應了宝釵又指他裙上一個碧玉佩問道這是誰給你的岫烟道這是三姐〻給的宝釵点頭笑道他見人〻皆有獨你一個沒有怕人笑話故此送你一個這是他聰明細致之處但還有一句〔話〕你也要知道這些粧飾原出于大官富貴之家的小姐你看我從頭至脚可有這些〻富麗閑粧然七八年之先我也是這樣來的如今一時比不得一時了所

以我都自己該省的就省了將来我〔你〕這一到了我們家這些沒有用的東西只
怕還有一箱子偺們如今比不得他們了總要一色從實守分為主不比他們
緫是岫烟咲道姐〻既這樣說我回去摘了就是了宝釵忙咲道你也太听說
了這是他好意送你〻不佩着他豈不疑心我不過是偶然提到這里以後知
道就是了岫烟忙又答應又問姐〻此時那里去宝釵道我到瀟湘館去你且
回去把那當票叫丫頭送来我那里悄〻的取出来晚上再悄〻的送給你
去早晚好穿不然風扇了事大但不知當在那里了岫烟道叫作恒舒典是鼓
樓西大街的宝釵咲道這鬧在一家去了夥計們倘或知道了好說人沒過来
衣裳先過来了岫烟听說便知是他家的本錢也不覺紅了臉一咲二人走
開宝釵就往瀟湘館来正值他母親也来瞧代玉正說閒話呢宝釵

咲道媽多早晚來的我竟不知道薛姨媽道我這幾天連日忙總沒來
瞧瞧宝玉和他所以今兒瞧瞧他兩個人都也好了代玉忙讓宝釵坐了因向宝釵
道天下的事真是人想不到的怎麼想的到姨媽和大舅母又作一門親家
薛姨媽道我的兒你們女孩家那里知道自古道千里姻緣一線牽管姻
緣的有一位月下老人預先註定暗里只用一根紅絲把這兩個人的脚絆
住憑你兩家隔着海隔着國有世仇的也終久有机會作了夫婦這一件事
都是出人意料之外想憑父母本人都願意了或是年年在一處的以為是定了
的親事若月下老人不用紅線拴的再不能到一處比如你姐妹兩個的婚姻
此刻也不知在眼前也不知在山南海北呢宝釵道惟有媽說動話就拉上
我們一面說一面伏着他母親懷里笑說偺們走罷代玉笑道你瞧這麼大了

離了姨媽他就是個最老道的見了姨媽他就撒嬌兒薛姨媽用手摩弄着宝釵嘆向代玉道你这姐〻就和鳳哥兒在老太〻跟前一樣有了正經事就和他商量沒了事幸虧他開〻我的心我見了他有这樣有多少愁不散的代玉聽說流淚嘆道他偏在这里这樣分明是氣我沒娘的人故意来刺我的眼宝釵咲道媽瞧他輕狂到說我撒嬌兒薛姨媽道也怨不得他傷心可憐沒父母到底沒個親人又摩娑代玉咲道好孩子别哭你見我疼你姐〻你傷心了你不知我心里更疼你呢你姐〻雖沒了父親到底有我有親哥〻这就比你强了我每〻和你姐姐說心里狠疼你只是外頭不好帶出来的你这里人多口襍說好話的人少說歹話的人多不說你無依無靠為人作人可配人疼只說我們看老太〻疼你了我們也偎赴上水去了代玉咲道姨媽既这庅說我明日就

認姨媽做娘姨媽若是棄嫌不認便是假意疼我了薛姨媽道你不厭我就認
了就狠好宝釵忙道認不得的代玉道怎庅認不得宝釵咲問道我且問你我哥
〻還沒定親事為什庅反將邢妹〻先說與我兄弟了是什庅道理代玉道他
不在家或是属相生日不對所以先說與兄弟了宝釵咲道非也我哥〻已經
相準了只等来家就下定了也不必提出人来我方纔說你認不得娘你細想
去說着便和他母親擠眼兒發咲代玉聽了便也一頭伏在薛姨媽身上說道
姨媽不打他我不依薛姨媽忙也摟他笑道你別信你姐〻的話他是頑你呢
宝釵咲道真個的媽明兒和老太〻求了他作媳婦豈不比外頭尋的好代玉
便拘上来要抓他口内笑說你越發瘋了薛姨媽忙也笑勸用手分開方罷因
又向宝釵道連邢女兒我還怕你哥〻遭遏了他所以給你兄弟說了別說这

孩子我也斷不肯給他前兒老太〻因要把你妹〻說給宝玉偏生又有了人家
不然到是一門好親前兒我說定了我們的一個去了雖是頑話細想來到有
些意思我想宝琴雖有了人家我雖沒人可給難到一句話也不說我想着你
宝兄弟老太〻那樣疼他〻又生的那樣若要外頭說去斷不中意不如竟把
你林妹〻定與他豈不四角俱全林代玉先還怔〻的聽後來見說道自已身
上便啐了宝釵一口紅了臉拉着宝釵咲道我只打你〻為什么招出姨媽這
些老沒正經的話來宝釵笑道這可奇了媽說你為什么打我紫鵑忙也跑來
咲道姨太〻既有這主意為什么不和太〻說早些去薛姨媽哈〻咲道你這孩子急
什么想必催着你姑娘出了閣你也要早些尋一個小女婿去了紫鵑聽了也
紅了臉咲道姨太〻真個倚老賣老的起來說着便轉身去了代玉先罵又與

你這蹄子什麽相干後來見了這樣也笑起來說阿彌陀佛該〻〻也燥了一鼻子灰去了薛姨媽母女及屋内婆子丫環都咲起來婆子們因也笑道姨太太雖是頑話却到也不差呢到閑了時和老太〻一商議太〻竟做媒保成這門親事是千妥萬妥的薛姨媽道我一出這主意老太〻必喜歡的一語未了忽見湘雲走來手里拿着一張當票口内笑道這是個賬篇子代玉瞧了也不認得地下婆子們都笑道這可是一件奇貨這個乖可不是白教人的宝釵忙一把接了看時就是岫烟才說的當票忙摺了起來薛姨媽忙說那必定是那個媽〻的當票子失落了回來急的他們找那里得的湘雲道什麽是當票子衆人都笑道真〻是個獃子連個當票子也不知道薛姨媽嘆道怨不得他真〻是侯門千金而且又小那里知道這個那里去有這個便是家下人有這個

他如何見過笑他獃子若給你們家的小姐們看了也都成了獃子衆婆子咲道林姑娘方才也不認得別說姑娘們此刻宝玉他倒是外頭常走出去的只怕也還沒見過呢薛姨媽忙將原故講明湘雲代玉二人聽了方笑道原來為此人也太會想錢了姨媽家的當鋪也有这個不成衆人咲道这又獃了天下老鴰一般黑豈有兩樣的薛姨媽因又問是那里拾的湘雲方欲說時宝釵忙說是一張死了沒用的不知那年勾了賬的香菱拏着哄他們頑的薛姨媽聽了此話是真也就不問了一時人来回那府里大奶奶過来請姨太太說話呢薛姨媽起身去了这里屋内無人時宝釵方問湘雲何處拾的湘雲咲道我見你令弟媳的丫頭篆兒悄悄的遞與鶯兒鶯兒便隨手夹在書里只當我没看見我等他們出去了我偷着看看竟不認得知道你們都在这里所以拏来大家

認々代玉忙問怎庅他也當衣裳不成既當了怎庅又給你去宝釵見問不好
隐瞞他两個遂將方纔之事都告訴了他二人代玉便說有兔死狐悲物傷其類
不免感嘆起來史湘雲便動了氣說等我問着二姐々去我駡那起老婆子丫
頭一頓給你們出氣何如說着便要走宝釵忙一把拉住咲道你又發瘋了還
不給我坐着呢代玉笑道你要是個男人出去打一個報不平兒你又充什庅荊
軻聶政真々好笑湘雲道既不𠮩我問他去明兒也把他料在借們苑園里一處住去
豈不好宝釵咲道明日再商量說着人報三姑娘四姑娘來了三人聽了忙掩
了口不提此事要知端的且聽下回分解

命名句似批語

脂硯齋重評石頭記卷之

第五十八回

杏子陰假鳳泣虛凰　茜紗窓真情揆癡理

話說他三人因見探春等進來忙將此話掩住不提探春等問候過大家說笑
了一會方散誰知上回所表的那位老太妃已薨凡誥命等皆入朝隨班按爵
守制勑諭天下凡有爵之家一年內不得筵宴音樂庶民皆三日（月）不得婚嫁賈
母邢王尤許婆媳祖孫等皆每日入朝隨祭至未正已後方回在大內偏宮二
十一日後方請靈入先陵地名曰孝慈縣［隨事命名］這陵離都來往得十來日
之功（的工夫）如今請靈至此還要（安）放數日方入地宮故得一月光景週到細膩之至
真細之至不獨寫侯府得理亦且將
皇宮赫赫寫得令人不敢坐閱
寧府賈珍夫妻二人也少不得是要去

的兩府無人因此大家計議家内無主少不得又大家計議便報了尤氏產育將
他騰挪出來協理榮寧兩處事體因又托了薛姨媽在園內照管他姊妹丫环
薛姨媽只得也挪進園來因寶釵處有湘雲香菱李紈處目今李嬸母女雖去
然有時亦來住三五日不定賈母又將寶琴送與他去照管迎春處有岫烟探
春因家務冗雜且不時有趙姨娘與賈环來嘈聒甚不方便惜春處房屋狹小
況賈母又千叮嚀万囑咐托他照管林代玉薛姨媽素習也最憐愛他的今既
巧遇這事便挪至瀟湘館來和代玉同房一應葯餌飲食十分經心代玉感戴不盡
已後便亦如寶釵之呼連寶釵前亦直以姐々呼之寶琴前直以妹々呼之亦儼
似同胞共出較諸人更似親切賈母見如此也十分喜悅放心薛姨媽只不過
照管姊妹禁約得了頭輩一應家中大小事務也不肯多口尤氏雖天々過來

也不過應名點卯亦不肯亂作威福且他家內上下也只剩他一個料理再
者每日要還照管賈母王夫人的下處一應所需飲饌鋪設之物所以照料奔忙應接也是操
勞不暇當下榮寧兩處主人既如此不暇並兩處執事人等或有人跟隨入朝的或
有朝外照理下處事務的又有先踹蹈下處的去也都各各忙亂因此兩處下人
無了正經頭緒也都偷安或乘隙結黨與權暫執事者竊弄威福榮府只留得
賴大並幾個管事照管外務這賴大手下常用幾個人已去雖另委人都是些
生的只覺不順手且他們無知或賺騙無節或呈告無據或舉荐無因種種不
善在在生事也難備述又見各官宦家凡養優伶男女者一槩蠲免遣發尤氏
等便議定待王夫人回家回明也欲遣發十那二個女孩子又說這些人原是買
的如今雖不學唱儘可留着使喚令其教習們自去也罷了王夫人因說這學

戲的到比不得使喚的他們也是好人家的兒女因無能賣了做這事妝醜丢
鬼的几年如今有這机會不如給他們几兩銀子盤費令他們各自去罷當日祖宗手
里都是有這例的你偺們如今損因壞德而且還小器如今雖有几個老的還在那
是他們各有原故不肯回去的所以纔留下使喚大了配了偺們家的小廝們
了尤氏道如今我們也去問他十二個有願意回去的就帶了信兒叫上他們的父母
來親自來領回去給他們几兩銀盤纏方妥當若不叫上他們的父母親人來只怕
有混賬人頂名冒領出去又轉賣了豈不辜負了這恩典若有不願意回去的
就留下王夫人笑道這話妥當尤氏等又遣人告訴了鳳姐兒看他任意鄙俚詼諧之中必有
一個礼字還清足 一面說與總理房中每教習給銀八兩令其自便凡梨香院一
是大家形景
應物件查清註冊收明派人上夜將十二個女孩子叫來面問到有一多半不

愿意回家的也有說父母雖有他只以賣我們為事這一去還被他賣了也有
父母已亡或被叔伯兄弟所賣的也有說(竟)無人可投的也有說戀恩不捨的所
愿去者止四五人王夫人聽了只得留下將去(愿的)四五人皆令其乾娘領回家
去單等他親父母來領將(去)不愿去者分散在園中使(使)喚賈母便留下文官自使
將正旦芳官指與寶玉將小旦蕊官送了寶釵將小生藕官指與了代玉將大
花面葵官送了湘雲將小花面荳官送了寶琴將老外艾官送了探春尤氏便
討了老旦茄官去當下各得其所就如(野)倦鳥出籠每日園中遊戲衆人皆知他
們不能針黹不慣使用皆不大責備其中或有一二個知事的愁將來無應時
之技亦將本技丟開便學起針黹紡績女工諸務一日正是朝中大祭賈母等
五更便(沃)去了先到下處用些點心小食然後入朝早膳已畢方退至下處用過

早飯略歇片刻復入朝侍中晚二祭方出至下處歇息用過晚飯方回家可
巧這下處乃是一個大官的家廟里乃比丘尼焚修房舍極多極淨東西二
院榮府便賃了東院北靜王府便賃了西院太妃少妃每日宴息見賈母等
在東院彼此同出同入都有照應外面細事不消細述且說大觀園中因賈母
王夫人天天不在家內又送靈去一月方回各丫環婆子皆有閑空多在園中
遊玩更又將梨香園內伏侍的衆婆子一槩撤回併散在園內听使更覺園內
多了几十個因官等一干人或心性高傲或倚勢淩下或揀衣挑食或口角
鋒芒大槩不安分守理者多因此衆婆子無不含怨只是口中不敢與他們分
証如今散了學大家稱了愿也有丢開手的也有心地狭窄犹懷舊怨的因
將衆人皆分在各房名下不敢來厮侵可巧這日乃是清明之日賈璉已備

下年例祭祀帶領賈環賈琮賈蘭三人去往鉄檻寺祭柩燒帋寧府賈蓉也同
族中几人各辦祭祀前往因宝玉未愈故不曾去得飯後發倦襲人因說天氣
甚好你且出去逛〻省得去下粥碗就睡存在心里宝玉聽說只得柱了一支
杖鞭靸着鞋步出院外出病労因近日將園中分與衆婆子料理各司各業
皆在忙時也有修竹的也有剔樹的也有栽花的也有種豆池中又有駕娘們
行着船夾泥的種藕香菱湘雲宝琴與了环等都坐在山石上瞧他們取樂宝
玉也慢〻行來湘雲見了他來忙咲說快把這船打出去他們是接林妹〻的
衆人都笑起來宝玉紅了臉也咲道人家的病誰是好意的你也形容着取
咲兒湘雲咲道病也比人家另一樣原招咲兒反說起人來說着宝玉便也
坐下看着衆人忙乱了一回湘雲因說這里有瘋石頭上又冷坐〻去罷

宝玉便也正要去瞧林代玉便起身拄拐辞了他們從沁芳橋一帶堤上走
来只見柳垂金線桃吐丹霞山石之後一株大杏樹花已全落葉稠陰翠上
面已結了豆子大小的許多小杏宝玉因想道能病了几天竟把杏花辜負
了不覺到綠葉成陰子滿枝了因此仰望杏子不捨又想起邢岫烟已擇了夫
婿一事雖說是男女大事不可不行但未免又少了一個好女兒不過兩年便
也要綠葉成陰子滿枝了再過几日這杏樹子落枝空再几年岫烟未免烏髮如
銀紅顏似槁了因此不免傷心只管对杏流淚嘆息（近之淫書滿紙傷春究竟不知傷春原委看他並不提傷春字樣却艷恨穠愁香流滿紙矣）正悲嘆時忽有一個雀兒飛来落於枝上乱啼宝
玉又發了獃性心下想道這雀兒必定是杏花正開時他曾来過今見無花空
有子葉故也乱啼這声韻必是啼哭之聲可恨公冶長不在眼前不能問他但不

不知明年再發時這個雀兒可還記得飛到這里来與杏花一會了正胡思間忽見一股火光從山石那邊發出將雀兒驚飛宝玉吃一大驚又聽那邊有人喊道藕官你要死怎弄些紙錢進来燒我回去回奶〻們去仔細你的肉宝玉聽了益發疑惑起来忙轉過山石看時只見藕官滿面淚痕蹲在那里手里還拿着火守着些紙錢灰作悲宝玉忙問道你與誰燒紙錢快不要在這里燒你或是為父母兄弟你告訴我姓名外頭去叫小厮們打了包袱寫上名姓去燒藕官見了宝玉只不作一聲宝玉數問不答忽見一婆子惡恨〻走来拉藕官口内說道我經已回了奶〻們了奶〻氣的了不得藕官聽了終是孩氣怕辱沒了沒臉便不肯去婆子道我說你們別太興頭過餘了如今還比你們在外頭隨心乱鬧呢這是尺寸地方兒指宝玉道連我們的爺還守規矩

呢你是什庅阿物兒跑来胡鬧怕也不中用跟我快走罷　如何必是含怨之人又拉上宝玉画出小人得意来　宝玉忙道他並没燒紙錢原是林妹〻叫他来燒那爛字紙的你没看真反錯告了他藕官正没了主意見了宝玉也正添了畏懼忽聽他反掩飾心内轉憂成喜也便硬着口説道你狠看真是紙錢了庅我燒的是林姑娘寫壞了的字紙那婆子聽如此亦發狠(恨)起来便彎腰向紙灰中揀那不曾化盡的遺紙揀了两点在手内説道你還嘴硬有據有証在这里我只和你廳上講去説着拉了袖子就拽着要走宝玉忙把藕官拉住用拄杖敲開那婆子的手説道你只管拿了那個回去實告訴你我昨夜作了一個夢〻見杏花神和我要一掛白紙錢不可叫本房人燒要一個生人替我燒了我的病就好的快所以我請了这白紙錢巴〻兒的和林姑娘煩(説)了他来替我燒了祝讚原不許一

個人知道的所以我今日才能起来偏你看見了我这會子又不好了都是你
沖了你還要告他去藕官只管去見了他們你就照依我这話說等老太〻回
来我就說他故意来沖神祇保祐我早死藕官聽了亦發得了主意反到拉着
婆子要走那婆子聽了這話忙丢下紙錢陪笑央告宝玉道我原不知道二爺
若回了老太〻我这老婆子豈不完了我如今回奶〻們去就說是二爺祭神我
看錯了宝玉道你也不許再回去了我便不說婆子道我已經回了叫我来帶他
我怎好不回去的也罷就說我已經叫到了他林姑娘叫了去了宝玉想一想
方点頭應允那婆子只得去了这里宝玉問他到底是為誰燒紙我想来若
是為父母兄弟你們皆煩人外頭燒過了这里燒这几張必有私自的情
理藕官因方纔護庇之情感激于衷便知他是自己一流的人物便含

淚說道我這事除了你屋里的芳官並寶姑娘的蕊官並沒第三人個知道今日被你遇見又有這段意思少不得也告訴了你只不許再對人言講又哭道我也不便和你面說你只回去背人悄問芳官就知道了說畢佯常而去寶玉聽了心下納悶 連觀書者亦納悶 只得踱到瀟湘館瞧代玉亦發瘦的可憐問起來比往日已算大愈了 好若只管病亦不好 代玉見他也比先大瘦了想起往日之事不免流下淚來些微談了談便催寶玉去歇息調養寶玉只得回來因記罣著要問芳官那原委偏有湘雲香菱來了正和襲人芳官說笑不好叫他恐人又盤詰只得耐著一時芳官又跟了他乾娘去洗頭他乾娘偏又先叫了他親女兒洗過了後纔叫芳官洗芳官見了這般便說他偏心把你女兒剩水給我洗我一個月的月錢都是你拏著沾我的光不算反到給我剩東剩西的他干娘羞

愧变成惱便罵他不識抬舉的東西怪不得人〻說戲子沒一個好纏的憑你
甚庅好人入了這一行都弄壞了這一点子屄崽子也挑么挑六醎庅淡話咬
羣的騾子似的娘兒兩個吵起来襲人忙打發人去說少乱嚷瞧着老太〻不
在家一個〻連句安静話也不說晴文因說都是芳官不省事不知狂的什庅
也不是會兩出戲到像殺了賊王擒了反叛来的襲人道一個巴掌拍不响老
的也太不公些〻小的也太可悪些〻宝玉道怨不得芳官自古說物不平則鳴自来
經語未遭如是用也
他少親失眷的在這里沒人照看了賺了他的錢又作踐他如
何怪得因又向襲人道他一月多少錢已後不如你收了過来照管他豈不省
事襲人道我要照看他那里不照看了又要他那几個錢纔照看他沒的討人
罵去了說着便起身至那屋里取了一瓶花露油並些〻鷄卵香皂頭繩之類叫

一个婆子來送給芳官去叫他另要水自洗不要吵鬧了他干娘亦發羞愧便說
芳官沒良心花辨（掰）我尅扣你的錢便向他身上拍了几把芳官便哭起來寶玉
便走出襲人忙勸作什麼我去說他晴雯忙先過來指他干娘說道你老人家
太不省事你不給他洗頭的東西我們饒給他東西你不自（己）燥還有臉打他〻
要還在學里學藝你也敢打他不成那婆子便說一日叫娘終身是母他排場
我〻就打得（他）襲人喚麝月道我不會和人辯嘴晴雯性（子）太急你快過去震嚇
他兩句麝月听了忙過來說道你且別嚷我且問你別說我們這一處你看滿
園子里誰在主子屋里教導過女兒的便是你的親女兒既分了房（地方）有了主子
自有主子打得罵得再者大〻的姑娘姐〻們打得罵得誰許老子娘又半中
間管閑事了都這樣管又要叫他們跟着我們學什麼越老越沒了規矩你見

前兒墜兒的（娘）來吵你也來跟他學你們放心因連日這個病那個病老太〻
又不得閒心所以我沒回等兩日閒（消）了僧們痛（四）一回大家把威風煞〻一煞兒纔好
宝玉纔〻好了些〻連我們不敢大聲說話你反打的人狼號（嚎）鬼（鬼）叫的上頭能出了
几日門你們就無法無天的眼睛里沒了我們再兩天你們就該打我們了他
不要這（你）里干娘怕糞草埋了他不成宝玉恨的用拄杖敲着門檻子說道這
些〻老婆子都是些〻鉄心石頭腸子也是件大奇的事不能照看反到折挫天長
地久如何是好（來　西出宝玉）晴雯道什庅如何是好都攆了出去不要這些〻中看
不中吃的那婆子羞愧難當一言不發那芳官只穿着海棠紅的小棉襖底
下絲細撒花袷褲敞着褲腿（四字奇想寫得紙上跳出）一頭烏油似的頭髮
披在腦後哭的淚人一般（一個女優來）麝月笑道把一個鶯〻小姐反弄成拷打紅娘了

這會子又不妝扮了还是这庅鬆怠怠（咕唧）的宝玉道他這本来面目極好到别其
緊襯了晴雯過去拉了他替他洗净了髮用手巾擰乾鬆〻的挽了一個慵妝
髻命他穿了衣服過这邊来了接着司内厨的婆子来問晚飯有了可送不送
小丫頭聽了進来問襲人〻〻咲道方纔胡吵了一陣也没留心聽鐘几下了
晴雯道那捞什子又不知怎庅了又得去收（什了）說着便拿過表来瞧了一瞧說
略等半鍾茶的工夫就是了小丫頭去了麝月咲道提起淘氣芳官也該打几
下昨兒是他擺弄了那墜子半日就壞了說話之間便將食具打点現成一
時小丫頭子捧了盒子進来站住晴雯麝月揭開看時還是只四樣小菜晴
雯咲道已經好了還不給两樣清淡菜吃過（這）稀飯鹹菜鬧到多早晚一面
擺好一面又看（看）那盒中却有一碗火腿鮮笋湯忙端了放在宝玉跟前宝玉便

就桌上喝了一口　西出病人　說好溫蘐人咲道菩薩能几日不見葷飯的就这樣
起來一面說一面忙端起輕〻用口吹　西因見芳官在側便遞與芳官咲道你
也學着些伏侍別一味獃憨獃賑口勁輕着別吹上漄沫星兒芳官依言果吹了
几口甚妥他干娘也忙端飯在門外伺候向日芳官等一到時原從外邊認的
就同往梨香院去了这干婆子原係榮府三等人物不過令其與他們漿洗皆
不曾入內答應故此不知內幃規矩今亦托賴他們方入園中隨女歸房这婆
子先領過廚月的排場方知了一二分生恐不令芳官認他做干娘便有許多
失利之處故心中只要買轉他們今見芳官吹湯便忙跑進來咲道他不老寔仔
細打了碗讓我吹罷一面說一面就接晴雯忙喊出去你讓他砸了碗也輪不
到你吹你什庅空兒跑出在这裡裡槅子來了還不出去一面又罵小丫頭們瞎了

心的他不知道你們也不說給他小了頭們都說我們擠他〻〻不出去說他〻
又不信如今帶累我們受氣你可信了我們到不去的地方还不笑又去伸手
動嘴的(哩)了一面說一面推他出去堵下几個等空盒家伙的婆子見他出来都
咲道嫂子也沒用鏡子照一照就進去了羞的那婆子又恨又氣只得忍耐下
去芳官吹了几口宝玉咲道好了仔細傷了氣你嚐一口可好了芳官只當(沒有)是
頑話只是笑看着襲(襲)人等襲人道你就嚐一口說好了遞與宝玉〻〻喝了
半碗吃了几片笋又吃了几碗(匙)粥就罷了衆人揀收出去了小丫頭捧了沐盆(盆)
盥漱已畢襲人等出去吃飯宝玉使個眼色與芳官〻〻本自伶俐又學几年
戲何事不知便粧說頭疼不吃飯了襲人道既不吃飯你就在屋里作伴兒
把这粥給你留着一時(会兒)餓了再吃說着都去了这里宝玉和他只二人宝玉便

將方才從火光發起如何見了藕官又如何謊言護庇又如何藕官叫我問你從頭至尾細〻的告訴他一遍又問他祭的果係何人芳官聽了滿面含笑又嘆一口氣說道這事說來可笑又可嘆寶玉聽了忙問如何芳官嘆道你說他祭的是誰祭的是死了的菂官寶玉道這是友誼也應當的芳官笑道那里是友誼他竟是瘋傻的想頭說他自己是小生菂官是小旦常做夫妻雖說是假的每日那些曲文排場皆是真正溫存體貼之事故此二人就瘋了雖不做戲尋常飲食起坐兩個人竟是你恩我愛菂官一死他哭的死去活來至今不妄(忘)所以每節燒紙後來補了蕊官我們(他倆)一般的溫柔體貼也曾問過他得新棄舊的他說這又有個大道理比如男子喪了妻或有必當續弦者也必要續弦為是便只是不把死的丟過不提便是情深意重了若一味因死的不續孤守一世妨

了大節也不是理死者反不安了你說可是又瘋又獃說來可是可笑寶玉
聽說了這篇獃話獨合了他的獃性不覺又是歡喜又是悲嘆又稱奇道絕
說天既生這樣人又何用我這鬚眉濁物玷辱世界因又忙拉芳官囑道既
如此說我也有一句話囑咐他我若親自對面與他講未免不便須得你告訴他
芳官問何事寶玉道已後斷不可燒紙錢這紙錢原是後人異端不是孔子的遺
訓已後逢時按節只備一個爐到日隨便焚香一心誠虔就可感格了愚人原
不知無論神佛死人必要分出等例各式各樣的除不知只一誠心二字為主
即值倉皇流離之日雖連香亦無隨便有土有草只以潔淨便可為祭不獨死
者為祭便是神佛也來享的你瞧瞧我那案上只設一爐不論日期時常焚香
他們皆不知原故我心里卻各有所因隨便有新茶便供一鍾茶有新水就供

一盞水或有鮮花或有鮮果甚至于葷羹腥菜只要心誠意潔便是佛也
都可來以享所以說只在敬不在虛名已以後快命他不可再燒紙芳官聽了
便答應着一時吃過飯便有人回老太〻太〻回来了

脂硯齋重評石頭記卷之

第五十九回

柳葉渚邊嗔鶯咤燕　絳雲軒裡召將飛符

話說宝玉多添了一件衣服拄杖前邊來都見過回每日辛苦都要早些歇息一宿無話次日五鼓又往朝中去離送靈日不遠鴛鴦琥珀翡翠玻璃四人都忙着打點賈母之物玉釧彩雲彩霞等皆打疊王夫人之物當面查點與跟隨的管事媳婦們跟隨的一共大小大個丫鬟十个老婆子媳婦子男人不算連日收拾馱轎器械鴛鴦與玉釧兒皆不隨去只看屋子一面先几日預發帳幔鋪陳之物先有四五个媳婦並几個男人領了出來坐了几輛車遶道先至下處鋪陳安插等候臨日賈母帶着蓉妻坐一乘馱轎王夫人在後亦坐一乘馱

轎賈珍騎馬率了衆家丁護衛又有几輛大車與婆子丫鬟等坐並放些隨換
的衣包等件是日薛姨媽尤氏率領諸人直送至大門外方回賈璉恐路上不
便一面打發了他父母起身赶上賈母王夫人馱轎自己也隨后帶領家丁押
後跟来榮府内賴大添派人丁上夜將兩处所院都關了一應出入人等皆走
西邊小角門日落時便命關了儀門不放人出入園中前後東西角門亦皆關
鎖只留王夫人大房之後常係他姊妹出入之門東邊通薛姨媽的角門這兩
門因在内院不必關鎖里面鴛鴦和玉釧兒也各將上房關了自領丫鬟婆子
下房去安歇每日林之孝之妻進来帶領十来個婆子上夜穿堂内又添了許
多小廝們坐更打梆子已安插得十分妥當一日清曉宝釵春困已醒（尚未）搴帷下
榻微覺輕寒啟戶視之見園中土潤苔青原来五更時落了几点微雨于是喚

起湘雲等人來一面梳洗湘雲因說兩腮作癢恐又犯了杏癍癬因問寳釵要些薔薇硝來寳釵道前兒剩的都給了妹子因說顰兒配了許多我正要和他要些因今年竟沒發癢就忘了因命鶯兒去取些來鶯兒應了纔去時蕋官便說我同你去順便瞧瞧藕官說着一徑同鶯兒出了蘅蕪苑二人你言我語一面行走一面說笑不覺到了柳葉渚順着柳堤走來因見柳葉纔吐淺碧絲若垂金鶯兒便笑道你會拿着柳條子編東西不會蕋官笑道編什麼東西鶯兒道什麼編不得頑的使的都可等我摘些下來帶着這葉子編個花籃兒採了各色花放在里頭纔是好頑呢說着且不去取硝且伸手挽翠披金採了許多的嫩條命蕋官拿着鶯兒恰一行走一行編花籃隨路見花便採一二枝編出一個玲瓏過樑的籃子枝上自有本來翠葉滿佈將花放上却也别致有趣喜

的蕋官笑道姐〻給了我罷〻鶯兒道這一個咱們送林姑娘回来咱們再多採些編几个大家頑説着来至瀟湘舘中代玉也正晨粧見了籃子便笑説這個新鮮花籃是誰編的鶯兒笑説我編了送姑娘頑的代玉接了笑道怪道人讚你的手巧這頑意兒却也别致一面瞧了一面便命紫鵑掛在那里鶯兒又問候了薛姨媽方和代玉要硝代玉忙命紫鵑包了一包遞與鶯兒代玉又道我好了今日要出去逛〻你回去説與姐〻不用過来問候媽了也不敢劳他来瞧我梳了頭同媽往你們那里去連飯也端了那里去吃大家熱鬧些鶯兒荅應了出来便到紫鵑房中找蕋官只見藕官與蕋官二人正説㝵高興不能相捨因説姑娘也去呢藕官先同我們去等着豈不好紫鵑听如此説便也説道這話到是他這里淘氣的也可厭一面説一面便將代玉的匙箸用一塊洋巾包

了交與藕官道你先帶了這个去也筭一遥差使了藕官接了笑嘻嘻同他二人
出来一徑順着柳堤走来蔦兒便又採些柳條越性坐在山石上編起来又命
蕋官先送了硝去再来他二人只顧愛看他編那里捨得去蔦兒只顧催説你
們再不去我也不編了藕官便説我同你去了再快回来二人方去了這里蔦
兒正編只見何婆的小女春燕走来笑問姐姐織什麼呢正説着蕋官二人也
到了春燕便向藕官道前兒你到底燒什麼紙被我姨媽看見了要告你没告
你到被宝玉賴了他一大些不是氣的他一五一十告訴我媽你們在外頭這
二三年積了些什麼讐恨如今還不解開藕官冷笑道有什麼讐恨他們不知
足反怨我們了在外頭這兩年别的東西不筭只筭我們的米菜不知賺了多少
家去閤家子吃不了還有每日買東買西賺的錢在外逢我們使他們一使兒

就怨天怨地的你說〻可有良心 春燕㗒道他是我的姨媽也不好向着外人反說他的怨不得宝玉說女孩兒未出嫁是顆無價之宝珠出了嫁不知怎庅就变出許多的不好的毛病来雖是顆珠子却没有光彩宝色是顆死珠了再老了更变的不是珠子竟是魚眼睛了分明一個人怎庅变出三樣来這話雖是混話到也有些不差別人不知道只說我媽和我姨媽他老姊妹兩個如今越老了越把錢看的真了先時老姐兒兩個在家抱怨沒個差使沒個進益幸虧有了這園子把我挑進来可巧把我分到怡紅院家里省了我一個人的費用不算外每月還有四五百錢的餘剩這也還說不彀後来老姊妹二人都派到梨香院去照看他們藕官認了我姨媽芳官認了我媽這几年着实寬裕了如今挪進来也算撒開手了還只無厭你說好笑不好笑我姨媽剛和藕官吵了

接着我媽為洗頭就和芳官吵芳官連要洗頭也不給他洗昨日得月錢推不
去了買了東西先叫我洗我想了一想我自有錢就沒錢要洗時不管襲人晴
雯麝月那一個跟前和他們說一聲也都容易何必借這個光兒好沒意思所
以我不洗他又叫我妹妹小鳩兒洗了才叫芳官果然就吵起來接着又要給
寶玉吹湯你說可笑死了人我見他一進來我就告訴那些規矩他只不信只要
强做知道的足的（知道）（定）討個沒趣兒幸虧園里的人到沒人都記的清楚誰是誰的
親故若有人記得只有我們一家人吵什麼意思呢你這會子又跑了（來）弄這個
一（這）帶地上的東西都是我姑娘管着得一得了這地方比得了永遠基業（還）利
害每日早起晚睡自己辛苦了還不算每日逼着我們來照看生怕有人遭遢
又怕悞了我的差使如今進來了老姑嫂兩個照看得謹（謹）謹慎慎一根艸也不

許人動你還掐這些花兒又折他的嫩樹他們即刻就來仔細他們抱怨鶯兒
道別人亂折亂掐使不得獨我使得自從分了地基之後每日里各處皆有分例
吃的不用算單管花艸頑意兒誰管什麼每日誰就把各房里姑娘丫頭戴
的必要各色送些折枝的去還有插瓶的惟有我們說了一槩不用送等要什
麼再和你們要究竟沒有要過一次我今日便掐些他們也不好意思說的一語
未了他姑娘果然拄了拐棍走來鶯兒春燕等忙讓坐那婆子見採了許多嫩柳
又見藕官等都採了許多鮮花心內便不受用看着鶯兒編又不好說什麼便
說春燕道我叫你來照看照看你就貪住頑不去了倘或叫起你來你又說我
使你了拿我做隱身符兒你來樂春燕道你老又使我又怕這會子反說我難
道把我劈做八瓣子不成鶯兒笑道姑媽你別信小燕的話這都是他摘下來

的頑我給他編我攆他〻不去春燕笑道你可少頑兒你只顧頑兒他老人家就
認真了那婆子本是愚頑之輩兼之年近昏眊惟利是命一槩情面不管正心
疼肝斷無計可施听鶯兒如此說便以老賣老拿起拄杖來向春燕身上擊上
幾下罵道小蹄子我說着你〻還和我強嘴兒呢你媽恨的牙根癢〻要撕你的
肉吃呢你還來和我強嘴柳子似的打的春燕又愧又急哭道鶯兒姐〻頑話你
老就認真打我〻媽爲什麽恨我〻又沒有燒胡了洗臉水有什麽不是鶯兒本是
頑話忽見婆子認真動了氣忙上去拉住笑道我纔是頑話你老人家打他我
豈不愧那婆子道姑娘你別管我們的事難道爲姑娘在這里不許我管孩子
不成鶯兒听見這般蠢話便堵氣紅了臉撒了手冷笑道你老人家要管那一
刻管不得偏我說了一句頑話就管他了我看你老管去說着便坐下仍編柳

籃子偏又有春燕出(的娘)来出来找他喊道你不来舀水在那里做什麽呢那婆子
便接骰兒道你来瞧瞧你的女兒連我也不服了在那(這)里排揎我呢那婆子一
面走過来說姑奶奶又怎麽了我們了頭眼里沒娘罷(了)連姑媽也沒了不成鶯
兒見他娘来了只得又說原故他姑娘那里容人說話便將石上的花柳與他
娘瞧道你瞧瞧你女兒這麽大孩(兒)子的他先領着人遭遢我我怎麽說人他娘
也正為芳官之氣未平又恨春燕不遂他的心便走上来打耳刮子罵道小娼
婦你能上了(来)几年你也跟那起輕狂浪小婦學怎麽就管不得你們了乾的(我)你
管不得你是我屄里吊出来的難道也不敢管你不成既是你們這起蹄子到
的去的地方我到不去你就該死在那里伺候又跑出来浪汗一面又抓起柳
條子来直送到他臉上問道你叫(這)作什麽這編的是你娘的屄鶯兒忙道那是

我們編的你老別指桑罵槐那婆子深妒襲人晴雯一干人已〔亦〕知凡房中大些
的丫鬟都比他們有些體統權勢凡見了這一干人心中又畏又讓未免又氣
又恨亦且遷怒于衆復又看見了藕官又是他令姉的冤家四處凑成一股怒
氣那春燕啼哭着往怡紅院去了他娘又恐問他為何哭怕他又說出自己打
他又要受晴雯等之氣不免着起急來又忙喊道你回來我告訴你再去春燕
那里肯回來急的他娘跑了去又拉他〻回頭看見便也往前飛跑他娘只顧
赶他不防脚下〔青〕苔滑倒引的鶯兒三个人反都笑了鶯兒便賭氣將花柳皆
擲于河中自回房去這里把个婆子心疼的只念佛又罵促狹小蹄子遭遢了
花兒雷也是要打的自己且掐花與各房送去不提却說春燕一直跑入
院中頂頭遇見襲人往代玉处去問安春燕便一把抱住襲人說姑娘救我

我娘又打我呢襲人見他娘來了不免生氣便說道三日兩頭兒打了乾的打親的還是賣弄你女兒多還是認真不知王法這婆子不言不這凡日見襲人不言不語是好性的便說道姑娘你不知道別管我們閑事都是你們縱的這會子還管什麼說着便又趕着打襲人氣的轉身進來見麝月正在海棠下晾手巾听得如此喊鬧便說姐〻別管看他怎樣一面使眼色與春燕春燕會意便直奔了宝玉去衆人都笑說這可是沒有的事都鬧出来了麝月向婆子道你再略煞一煞氣兒難道這些人的臉面和你討一個情還討不下来不成那婆子見他女兒奔到宝玉身邊去又見宝玉拉了春燕的手說別怕有我呢春燕又一行哭又一行說把方才鶯兒等事都說出来宝玉越發急起来說你只在這里鬧也罷了怎麼連親戚也都得罪起来麝月又向婆子及衆人道怨不

淂這嫂子說我們管不着他們的事我們雖無知錯管了如今請出一个管淂
着的人来管一管嫂子就心伏口伏也知道規矩了便回頭吽小丫頭子去把
平兒給我們吽来平兒不淂閑就把林大娘吽了来那小丫頭應了就走衆媳
婦上来笑說嫂子快求姑娘們吽回那孩子罷平姑娘来了可就不好了那婆
子說道凴你那个平姑娘来也凴个理沒有娘管女兒大家管着娘的衆人咲
道你當是那個平姑娘是二奶ゝ屋里的平姑娘他有情呢說你兩句他一翻
臉嫂子你吃不了兜着走說話之間只見小丫頭子回来說平姑娘正有事問
我作什麽我告訴了他ゝ說既這樣且攆他出去告訴了林大娘在角門外打
他四十板子就是了那婆子听如此說自不捨淂出去便又淚流滿面央告襲
人等說好容易我進来了況且我是寡婦家里沒人正好一心無罣的在里頭

伏侍姑娘們姑娘們也便宜我家里又有些較（攪）過我這一去又要去自己生火
過活將来不免又没了過活襲人見他如此早又心軟了便說你既要
在這里又不守規矩又不听說又亂打人那里弄你這个不曉事的来
天〻鬧口也𠮟人笑話失了體統晴雯道理他呢打發去了是正經誰和他去
對嘴對舌的那婆子又央衆人道我雖錯了姑娘們吩咐了我已後改過姑娘
們那不是行包（好）積德一向又央春燕道原是我為打你起的究竟没打成你我
如今反受了罪你也替我說〻宝玉見如此可憐只得留下吩咐他不可再鬧
那婆走（子）来一〻的謝過了下去只見平兒走来問係何事襲人等忙說已完了
不必再提平兒咲道得饒人處且饒人得省的將就省些事也罷了能去了几
日只听各處大小人兒都作起反来了一処不了又一處𠮟我不知管那一處

的是襲人笑道我只説我們這里反了原来還有几處平兒笑道這笑什麼正和你大奶奶笑呢這三四日的工夫一共大小出来了八九件了你這里是極小的笑不起数兒来還有大的可氣可笑之事不知襲人問他果係何事且听下回分解

脂硯齋重評石頭記卷之

第六十回

茉莉粉替去薔薇硝　玫瑰露引来茯苓霜

話說襲人因問平兒何事這等忙亂平兒笑道都是世人想不到的就說来也好笑等几日告訴你如今沒頭緒呢且也不得閑兒一語未了只見李紈的丫鬟来了說平姐〃可在這里奶〃等你〃怎麽不去了平兒忙轉身出来口内笑說来了〃〃襲人等笑道他奶〃病了他又成了香餑〃了都搶不到手平兒去了不提宝玉便叫春燕你跟了你媽去到宝姑娘房里給鶯兒几句好話聽〃也不可白得罪了他春燕答應了和他媽出去宝玉又隔窓說道不可當着宝姑娘說仔細反叫鶯兒受教導娘兒兩個應了出来一壁走着一面說閑話

兒春燕回向他娘道我素日勸你老人家再不信何苦鬧出沒趣来才罷他娘
笑道小蹄子你走罷俗語道不經一事不長一智我如今知道了你又該来枝
問着我春燕笑道媽你若安分守己在這屋里長久了自有許多的好處呢且
告訴你句話宝玉常說將来這屋里的人無論家里外頭的一應我們這些人
他都要回太太全放出去與本人父母自便呢（補前文不足處）你只說這一件可好不
好他娘聽說喜的忙問這話果真春燕道誰可扯這謊做什麼婆子听了便念
佛不絕當下来至蘅蕪院中正值宝釵代玉薛姨媽等吃飯鶯兒自去泡茶春
燕便和他媽一逕到鶯兒前陪笑說方纔言語冒撞了姑娘莫嗔莫怪特来陪
罪等語鶯兒忙笑讓坐又到茶他娘兒兩個說有事便作辭回来忽見蕋官赶
出叫媽媽姐姐畧站一站一面走上来遞了一個紙包與他們說是薔薇硝帶

與芳官去擦臉春燕笑道你們也太小氣了還怕那里沒這個與他巴〻的你又弄一包給他去蕊官道他是他的我送的是我的好姐〻千萬帶回去罷春燕只得接了娘兒兩個回来正值賈環賈琮二人来問候寶玉也纔進去春燕便向他娘說只我進去罷你老不用去他娘听了自此便百依百随的不敢倔强了春燕進来宝玉知道回復便先點頭春燕知意便不再說一語略站了一站便轉身出来使眼色與芳官芳官出来春燕方悄〻的說與他蕊官之事並與了他硝宝玉並無與琮環可談之語因笑問芳官手里是什麽芳官便忙遞與寶玉瞧又說是擦春癬的薔薇硝宝玉笑道虧他想得到賈環听了便伸着頭瞧了一瞧又聞得一股清香便湾着腰向靴桶内掏出一張紙来托（拿）着笑說好哥〻給我一半兒宝玉只得要與他芳官心中因是蕊官之贈不肯與別人

連忙攔住笑說道別動這個我另拿些来宝玉會意忙笑包上說道快取来芳官接了這個自去收好便從奩中去尋自已常使的啟妝看時奩內已空心中疑惑早間還剩了些如何沒了因問人時都說不知麝月便說這會子且忙着問這個不過是這屋里人一時短了你不管拿些什麽給他們他們那里看得出来快打發他們去了偺們好吃飯芳官听了便將些茉莉粉包了一包拿来賈環見了就伸手来接芳官便忙向炕上一擲賈環只得向炕上拾了揣在懷內方作辭而去原来賈政不在家且王夫人等又不在家賈環連日也便粧病逃學如今得了硝興々頭々来找彩雲正值彩雲和趙姨娘閑談賈環嘻々(笑)向彩雲道我也得了一包好的送你擦臉你常說薔薇硝擦癬比外頭的銀硝强你且看々可是這個彩雲打開一看嗤的一聲笑了說道你是合誰要来

的賈環便將方纔之事說了彩雲笑道這是他們哄你這鄉老呢這不是硝
這是茉莉粉賈環看了一看果然比先的帶些紅色聞聞也是噴香因笑道這
也是好的硝粉一樣留着擦罷自是比外頭買的高便好彩雲只得收了趙姨
娘便說有好的給你誰叫你要去了怎怨他們要(耍)你依我要你依依我拿了去照照
臉摔給他去趁着這回子撞(屍)去了挺牀的便挺牀吵一出子大家別心
淨也算是報仇莫不是兩個月之後還找出這個渣兒來問你不成便問你你
也有話說寶玉是哥哥不敢冲撞他罷了他(雖)道他屋裡的猫兒狗兒也不敢去
問問不成賈環聽說便低了頭彩雲忙說這又何苦生事不管怎樣忍耐些罷
了趙姨娘道你快休管橫豎與你無干乘着抓住了理罵給那些浪淫婦們一
頓也是好的又指賈環道呸你這下流沒剛性的也只好受這些毛崽子的氣

平白我說你一句兒或無心中錯拿了一件東西給你〻到會扭頭暴筋
瞪着眼墩摔娘這會子被那起屄崽子耍弄也罷了你明兒還想這些〻家里人
怕你呢你沒有屄本事我也替你羞賈環听了不免又愧又急又不敢去只摔
手說道你這麼會說你也不敢去指使了我去閙倘或往學里告去捱了打你
敢自不疼呢遭〻兒調唆了我閙去閙出了事来我捱了打罵你一般也低了
頭這會子又調唆我去閙丫頭們去閙你不怕三姐〻你敢去我就伏你只這
一句話便戳了他娘的肺便喊說我腸子爬出来的我再怕不成這屋里越發
有的話了一面說一面拿了那包子便飛也似往園中去彩雲死勸不住只
得躲入別房賈環便也躲出儀門自去頑耍趙姨娘直進園子正是一頭火頂
頭正遇見藕官的乾娘夏婆子走来見趙姨娘氣〻恨〻的走来因問姨奶〻那

去趙姨娘又說你瞧瞧這屋里連三日兩日進來的唱戲的小粉頭們都三般
兩樣掂人分兩放小菜兒（碟）了若是別一个我还不惱若叫這些小娼婦捉弄了
还成个什庅夏婆子听了正中己懷忙問因何趙姨娘悉將芳官以粉作硝輕
侮賈環之事說了夏婆子道我的奶奶你今日纔知道這筭什庅事連昨日這
個地方他們私自燒紙錢寶玉還攔到頭（里）人家還没拿進個什麼兒來就說使
不得不干不淨的忌諱這燒紙到不忌諱你老想一想這屋里除了太太誰还
大似你你老自己拿不起來但凡拿起來的誰还不怕你老人家如今我想乘
着這几個小粉頭兒恰不是正頭貨（貨）得罪了他們也有限的快把这兩件事抓（抓）
着禮（理）扎個筏子我在傍作（个）証據（見）你老把威風抖一抖以後也好爭別的礼便是
奶奶姑娘們也不好為那起小粉頭子說你老的趙姨娘听了這話亦發有理

便說燒紙的事不知道你卻細〻的告訴我夏婆子便將前事一〻的說了又
說你只管說去倘或鬧起还有我們幫着你呢趙姨娘听了越發得了意仗着
胆子便一逕到了怡紅院中可巧宝玉听見代玉在那里便往那里去了芳官
正與襲人等吃飯見趙姨娘来了便都起身笑讓姨奶〻吃飯有什麼事這麼
忙趙姨娘也不答話走上来便將粉照着芳官臉上撒来指着芳官罵道小淫
婦你是我銀子錢買来學戲的不過娼婦粉頭之流我家里下三等奴才也比
你高貴些的你都會看人下菜碟兒宝玉要給東西你攔在頭里莫不是要了
你的了拿这個哄他你只當他不認得呢好不好他們是手足都是一樣的主
子那里有你小看他的芳官那里禁得住這話一行哭一行說沒了硝我纔把
這個給他的若說沒了又恐他不信難道這不是好的我便學戲也沒往外頭

去唱我一個女孩兒家知道什麼是粉頭麪頭的姨奶〻犯不着来罵我〻又不是姨奶〻家買的梅香拜把子都是奴幾呢襲人忙拉他説休胡説趙姨娘氣的便上来打了兩個耳刮子襲人等忙上来拉勸説姨奶〻别和他小孩子一般見識等我們説他芳官捱了兩下打那里肯依便拾頭打滚潑哭潑閙起来口内便説你打得起我麼你瞧〻那模樣兒再動手我叫你打了去我還活着便撞在懷里叫他打衆人一面勸一面拉他晴雯悄拉襲人説别管他們讓他們閙去看怎麼開交如今乱爲王了什麼你也来打我也来打都這樣起来還了得呢外面跟着趙姨娘来的一干的人听見如此心中各〻稱愿都念佛説也有今日又有那一干懷怨的老婆子見打了芳官也都稱愿當下藕官蕊官等正在一處作耍湘雲的大花面葵官寶琴的荳官兩個聞了此信慌忙

找着他兩個說芳官被人欺侮偺們也沒趣須得大家破着大鬧一場方爭過這口
氣來四人終是小孩子心性只顧他們情分上義憤便不顧別的一齊跑入怡
紅院中荳官先便一頭幾乎不曾將趙姨娘撞了一跌那三個也便擁上來放
聲大哭手撕頭撞把個趙姨娘裹住晴雯等一面笑一面假意去拉急的襲人
拉起這個又跑了那個口內只說你們要死有委曲只好說這沒理的事如何使得
趙姨娘反沒了主意只好亂罵蕊官藕官兩個一邊一個抱住左右手葵官荳
官前後頭頂住四人只說你只打死我們四個就罷芳官直挺挺倘在地下哭
得死過去正沒開交誰知晴雯早遣春燕回了探春當下尤氏李紈探春三人
帶着平兒與衆媳婦走來將四個喝住問起原故趙姨娘便氣的瞪着眼粗
了筋一五一十說個不清尤李兩個不荅言只喝禁他四人探春便嘆氣說這

是什麽大事姨娘也太肯動氣了我正有一句話要請姨娘商議怪道了頭說
不知在那里原来在這里生氣呢快同我来尤氏李氏都笑說姨娘請到廳上
来偺們商量趙姨娘無法只得同他三人出来口内猶說長說短探春便說那些
小丫頭子們原是些頑意喜歡呢和他說〻笑〻不喜歡便可以不里他便他
不好了也如同猫兒狗兒抓咬了下〻子可恕就恕不恕時也只該叫了管家
媳婦們去說給他去責罰何苦自己不尊重大吆小喝失了體統你瞧周姨娘
怎不見人欺他〻也不尋人去我勸姨娘且回房去煞〻性兒別听那些
混帳人的調唆沒的惹人笑話自己獃白給人作粗活心里有二十分的氣也
忍耐這几天等太〻回来自然料理一夕話說得趙姨娘閉口無言只得回房
去了這里探春氣的和尤氏李紈說這麽大年紀行出来的事總不叫

人敢伏這是什麽意思值得吵一吵並不留體統耳躲又軟心里又沒有計
筭這又是那起沒臉面的奴才們的調停作美出個歎人替他們出氣越
想越氣因命人查是誰調唆的媳婦們只得荅應着出来相視而笑都說是大
海里那里尋針去只得將趙姨娘的人並園中喚来盤詰都說不知道衆人沒
法只得回探春一時難查慢〻訪查凡有口舌不妥的一摠来回了責罰
探春氣漸〻平服方罷可巧艾官便悄〻的回探春說都是夏媽和我們素日
不對每〻的造言生事前兒賴藕官燒紙幸虧是宝玉叫他燒的宝玉自已應
了他總纔沒話今兒我與姑娘送手帕去看見他和姨奶〻在一處說了半天嘁
〻喳〻的見了我纔走開了探春听了雖知情弊亦料定他們皆是一黨本皆淘
氣異常便只答應也不肯據此爲實誰知夏婆子的外孫女兒蟬姐兒便

是採春處當後(差)的時常與房中丫鬟們買東西呼喚人衆女孩兒都和他好這日飯後採春正上廳理事翠墨在家看屋子因命蟬姐(兒)出去叫小幺兒買糕去蟬(姐)兒便說我纔掃了個大園子腰腿生疼的你叫個别的去罷翠墨笑說我又叫誰去你趂早兒去我告訴你一句好話你到後門順路告訴你老娘防着些兒說着便將艾官告他老娘話告訴了他蟬姐(兒)听了忙接了錢道這个小蹄子也要捉弄人等我告訴去說着便起身出來至後門邊只見厨房内此刻手閑之時都坐在堦砌上說閑話呢他老娘亦在内蟬(姐)兒便命一個婆子出去買糕他且一行罵一行說將方纔之話告訴與夏婆子听了又氣又怕便欲去找艾官問他又欲往採春前去訴冤蟬(姐)兒忙攔住說你老人家去怎麽說呢這話怎得知道的可又叨登不好了說給你老防着就是了那里忙到這一時兒正

說着忽見芳官走来扒着院門笑向厨房中柳家媳婦說道柳嫂子宝二爺說了晚飯的素菜要一樣凉〻的酸〻的東西只别擱上香油弄膩了柳家的笑道知道今兒怎麽遣你来了告訴這麽一句要緊的話你不嫌臟進来𨑨〻兒不是芳官纔進来忽有一個婆子手里托了一碟糕来芳官便戲道誰買的熱糕我先嚐一塊兒蟬姐兒一手接了道這是誰人家買的你們還稀罕這個柳家的見了忙笑道芳姑娘你喜吃這個我這里有纔買下給你姐〻吃的他不曾吃還收在那里乾〻淨〻没動呢說着便拿了一碟子出来遞與芳官又說你等我進去替你頓口好茶来一面進去現通開火頓茶芳官便拏着熱糕問到蟬姐兒臉上說希罕吃你〻那糕〻這个不是糕〻不成我不過說着頑罷了你給我磕個頭我也不吃說着便將手内的糕一塊一塊的掰了擲着打雀兒頑口内笑說柳

嫂子你別心疼我回来買二斤給你小蟬氣的怔〻的瞅着冷笑道雷公老爺
也有眼睛怎不打這作孽的他還氣我呢我可拿什麽比你們又有人
進貢又有人作乾奴才溜〇你們每上好兒帮襯着說句話兒衆媳婦
都說姑娘們罷呀天〻見了就咕唧有几个伶透的見了他們對了口
怕又生事都拏起脚来各自走開了當下蟬兒也不敢十分說他一面咕嘟着
去了這裏柳家的見人散了忙出来和芳官說前兒那話兒說了不曾芳官道
說了等一二日再提這事偏那趙不死的又和我鬧了一塲前兒那玫瑰露姐
〻吃了不成他到底可好些柳家的道可不都吃了他愛的什麽是的又不好
問你再要的芳官道不值什麽等我再要些来給他就是了原来這柳家的有
個女兒今年纔十六歲雖是厨役之女却生的人物與平襲紫鴛皆類因他排

行第五回叫他是五兒五月之柳春色可知回素有弱疾故沒得差近〔使〕回柳家的見宝玉

房中的了鬟差〔使〕輕人多且又聞得宝玉將来都要放他們故如今要送他到那

里應名兒正無頭路可巧這柳家的是梨香院的差役他最小意殷勤伏侍得

芳官一干人比别的乾娘還好芳官等亦待他們極好如今便和芳官說了央

芳官去與寶玉說宝玉雖是依允只是近日病着又見事多尚未說得前言少

述且說當下芳官回至怡紅院中回復了寶玉宝玉正在听見趙姨娘廝吵心

中自是不悦說又不是不說又不是只得等吵完了打听着探春勸了他去後

方從蘅蕪院回来勸了芳官一陣方大家安妥〔靜〕今見他回来又說還要些玫瑰

露與柳五兒吃去宝玉忙道〔还〕有的〔呢〕我又不大吃你都給他去罷說着命襲人取

了出来見瓶中亦不多遂連瓶與了他芳官便自携了瓶與他去正值柳家的

帶進他女兒来散悶在那邊畸角子上一帶地方兒𨑨了一回便回到厨房内正吃茶歇脚兒芳官拿了一個五寸来高的小玻璃瓶来迎亮照、看裡面小半瓶胭脂一般的汁子還道是寶玉吃的西洋葡萄酒母女兩個忙說快拿鏇子盪滚水你且坐下芳官笑道就剩了這些連瓶子都給你們罷五兒聽了方知是玫瑰露忙接了謝了又謝芳官又問他好些五兒道今兒精神些進来𨑨𨑨這後邊一帶也沒什麽意思不過見些大石頭大樹和房子後墻正經好景致也沒看見芳官道你為什麽不往前頭去柳家的道我沒叫他往前去姑娘們也不認得他倘有不對眼的人看見了又是一番口舌明兒托你攜帶他有了房頭怕沒有人帶着他𨑨呢只怕𨑨膩了的日子還有呢芳官听了笑道怕什麽有我呢柳家的忙道噯喲喲我的姑娘我們的頭皮兒薄比不得你們說着又到了茶来芳官那里吃這茶只漱了一口就走了柳家的說道我這里占着手五了頭送〻五兒便送出来㕠見無人又拉着芳官說道我的話到底說了沒有芳官笑道難道哄你不成我听見屋裡正經還少兩個人的窩兒並沒補上一個是紅玉的璉二奶〻要去還沒給人来一個是墜兒的也還沒補如今要你一个也不算過分皆因平兒每〻的和襲人說凡有動人動錢的事得挨的且挨一日更好如今三姑娘正要拿人扎筏子呢連他屋里的事都駁了兩三件如今正要尋我們屋里的事沒尋着何苦来往網里碰去倘或說些話駁了那時老了到難回轉不如等冷一冷老太〻太〻心閑了憑是天大的事先和老的一說沒有不成的五兒道雖如此說我却性急等不得了趁如今挑上来了一則給我罵〔媽〕爭口氣也不枉養我一場母〔為〕二則添上月錢家里又從容些二為

家中三則我的心開一開只怕這病就好了便是請大夫吃藥也省了家里的錢
芳官道我都知道了你只放心二人別過芳官自去不提單表五兒回來與他
娘深謝感芳官之情他娘因說再不承望得了這些東西雖然是個珍貴物兒却
是吃多了也最動熱竟把這個到些送個人去也是個大情五兒問送誰他娘
道送你舅舅的兒子昨日熱病也想這些東西吃如今我到半盞與他去五兒
听了半日沒言語隨他媽倒了半盞子去將剩的連瓶便放在家伙廚内五兒
冷笑道依我說竟不給他也罷了倘或有人盤問起来到又是一塲事了他娘
道那里怕起這些来還了得了我們辛辛苦苦的裡頭賺些東西也是應當的
難道是賊偷的不成說着一逕去了直至外邊他哥哥家中他外甥姪子正倘着
一見了侄男他哥嫂姪男無不歡喜現從井上取了凉水吃了一碗心中一

暢頭目清凉剩的半盞用紙覆着放在桌上可巧又有家中几个小厮同他外甥姪兒
素日相好的走来問候他的病内中有一小彩名唤錢槐者乃係趙姨娘之内姪他父母
現在庫上管賬他本身又派跟賈環上學因他有些錢勢尚未娶親素日看上了柳家的
五兒標緻和父母說了欲娶他為妻也曾央中保媒人再四求告柳家父母却也情愿爭奈
五兒執意不從雖未明言却行止中已帶出父母未敢應允近日又想往園内去越發將此
事丟開只等三五年後放出来自向外邊擇婿了錢家見他如此也就罷了怎奈錢槐不得五
兒心中又氣又愧發恨定要弄取成配方了此愿今也同人来瞧望柳侄不期柳家的在内柳
家的忽見一羣人来了内中有錢槐便推說不得閑起身便走了他哥嫂忙說姑媽怎麽
不吃茶就走到難為姑媽記掛柳家的因笑道只怕裡面傳飯再閑了出来瞧姪子罷他嫂
子因向抽替屜内取了一個紙包出来拿在手内送了柳家的出来至墻角邊遞與柳家的又

笑道這是你哥〻昨兒在門上該班兒誰知這五日一班竟偏冷淡一個外財沒發只有昨兒
有粵東的官兒來拜送了上頭兩小簍子茯苓霜餘外給了門上人一簍作門礼你哥〻
分了這些這地方千年松柏最多所以单取了這茯苓的精液和了藥不知怎麼弄出這
怪俊的白霜兒來說第一用人乳和着每日早起吃一鍾最補人的第二用牛奶子萬不得
滚白水也好我們想着正宜外甥女兒吃原是上半日打發小丫頭子送了家去的他說鎖着
門連外甥女兒也進去了本來我要瞧〻他去給他帶了去的又想主子們不在家各處嚴
緊我又沒甚麼差使有要沒緊跑些什麼况且這兩日風聲聞得里頭家反宅亂的倘或沾帶
了倒值多的姑娘來的正好親自帶去罷柳氏道了生受作別回來剛到了角
門前只見一個小幺兒笑道你老人家那里去了裏頭三次兩淌叫人傳呢我
們三四個人都找你老去了還沒來你老人家却從那里來了這條路又不是

家去的路我到疑心起來那柳家的笑駡道好猴兒崽子要知端的且听下回分解

紅樓夢古抄本叢刊

脂硯齋重評石頭記

庚辰本

【四】

人民文學出版社

石頭記

投鼠忌器寶玉情贓　判冤決獄平兒情權

憨湘雲醉眠芍藥裀　獃香菱情解石榴裙

壽怡紅群芳開夜宴　死金丹獨艷理親喪

賈二舍偷娶尤二姨　尤三姐思嫁柳二郎

情小妹恥情歸地府　冷二郎一冷入室(空)門

苦尤娘賺入大觀園　酸鳳姐大鬧寧國府

弄小巧用借劍殺人　覺大限吞生金自逝

林黛玉重建桃花社　史湘雲偶填柳絮詞

第六十一回　至七十回　内缺六十四回、六十七回

脂硯齋凡四閱評過

庚辰秋月定本

脂硯齋重評石頭記卷之

第六十一回

投鼠忌器寶玉情贓　判冤决獄平兒情權

那柳家的笑道好猴兒崽子你親嬸子找野老兒去了你豈不多得一个叔〻有什麽疑的别討我把你頭上的楇子蓋似的几根屄毛撏下來还不開門讓我進去呢這小厮且不開門且拉着笑說好嬸子你這一進去好歹偷些杏子出來賞我吃我這里老等你若忘了時日後半夜三更打酒買油的我不給你老人家開門也不荅你應隨你乾叫去柳氏啐道發了昏的今年不比往年把這些東西都分給了衆奶〻了一个〻的不像抓破了臉的人打樹底下一過兩眼就像那黧鷄似的不許動他的菓子昨兒我從李子樹下一走偏有一个蜜蜂

兒往臉上一過我一招手兒偏你那好舅母就看見了他离的遠看不真只當

我搞李子呢就㞗声浪嗓喊起來說又是不(誰)還說(没)供佛呢又是老太〻太〻不在家

還沒進鮮呢等進了上頭嫂子們都有分的到像誰害了饞癆等李子出汗呢

叫我也沒好話說搶白了他一頓可是你舅母姨娘兩三个親戚都管着怎不

和他們要的到和我來要這可是倉老鼠和老鴰去借粮守着的沒有飛着的

有小廝笑道噯喲〻沒有罷了說上這些閑話我看你老已後就用不着我了

就便是姐姐有了好地方將來便呼喚着的(我們)日子(也)多只要我們多答應他些就

有了柳氏听了笑道你這个小猴精又搗鬼弔(弔)白顛(的)你姐姐有什庅好地方了

那小廝笑道別哄我了早已知道了单是他(你)們有内牽難道我們就沒有内牽

不成我雖在這里听哈里頭却也有兩个姊妹成個體統的什庅事瞞了我們

正說着只听門内又有老婆子向外叫小猴兒們快傳柳嬸子去罷再不來可
就悮了柳家的听了不顧和小厮說話忙推進去笑說不必忙我來了一
面來至厨房雖有幾个同伴的人他們都不敢自專单等他來調停分派一
面問衆人五了頭那去了衆人都說纔往茶房里找他們姊妹去了柳家听了
便將茯苓霜擱起且按着房頭分派菜饌忽見迎春房里小丫頭蓮花兒走來
總是寫春景將殘
說司棋姐姐說了要碗鷄蛋頓的嫩嫩的柳家道就是這樣尊貴不
知怎的今年這鷄蛋短的狠十个錢一个还找不出來昨兒上頭給親戚家送
粥米去四五个買辦出去好容易纔湊了二千个來我那里找去你說給他改
日吃罷蓮花兒道前兒要吃豆腐你弄了些餿的叫他說了我一頓今兒要雞
蛋又沒有了什庅好東西我就不信連雞蛋都沒有了別叫我翻出來一向說

一面真个走来揭起菜箱一看只見里面果有十来個雞蛋說道這不是你就
這庅利害吃的是主子的我們的分例你為什庅心疼又不是你下的蛋怕人
吃了椰家的忙丟了手里的計(活)便上来說道你少滿嘴里混唸(唚)你娘纔下蛋
呢通共留下這几个預備菜上的澆頭姑娘們不要还不肯做上去呢預備接
急的你們吃了倘或一声要起來没有好的連雞蛋都没了你們深宅大院水
来伸手飯来張口只知雞蛋是平常物件那里知道外頭買賣的行市呢别說
这个有一年連草根子还没了的日子还有呢我勸他們細米白飯每日肥雞
大鴨子将就些兒也罷了吃膩了膈天天又鬧起故事來了雞蛋豆腐又是什
庅麫觔醬蘿卜炸兒敢自到換口味只是我又不是答應你們的一處要一樣
就是十来樣我到别伺候頭層主子只預備你們二層主子了(罷)蓮花兒听了便

紅了臉喊道說天天要你什麼來你說上這兩車子（騾）話叫你來不是為便宜却為什麼前兒小燕來說晴雯姐姐要吃蘆蒿你怎麼忙的還問肉炒雞炒小燕說葷的因不好纔另叫你炒個麵觔的少擱油纔好你忙的倒說自己發昏趕着洗手炒了狗顛兒似的親捧了去今兒反（反）倒拿我作（扎）筏子說我給眾人听㮟家的忙道阿彌陀佛這些人眼見的別說前兒一次就從舊年一立廚房以來凡各房里偶然間不論姑娘姐兒們要添一樣半樣誰不是先拿了錢來另買另添有的沒的名声好听說我單管姑娘廚房省事又有剩頭兒筭起賬來惹人惡心連姑娘帶姐兒們四五十人一日也只（光）管要兩隻雞兩隻鴨子十來個（斤）肉一吊錢的菜蔬你們筭筭勾作什麼的連本項兩頓飯還撐持不住還擱的住這個點這樣那（那）個點那樣買來的又不吃又買別的去既這樣不如回了太太

多添些〻分例也像大廚房里預備老太太的飯把天下所有的菜蔬用水牌寫
了天天轉着吃吃到一個月現筭道好連前兒三姑娘和宝姑娘偶然商議
了要吃个油塩炒枸杞芽兒来現打發个姐兒拿着五百錢来給我我到咲
起来了說二位姑娘就是大肚子弥勒佛也吃不了五百錢的去这三二十
个錢的事我還預備的起赶着我送回錢去姑娘們到底不収說賞我打酒吃又說如
今廚房在里頭保不住屋里的人不去叨登一塩一醬那不是錢買的你不給又不
好給了你又沒的賠你拿着这个錢全當還了他們素日叨登的東西窩兒这
就是明白体下的姑娘我們心里只替他念佛沒的趙姨奶〻听了又氣不忿又
說太便宜了我隔不了十天也打發个小丫頭子来尋这樣尋那樣我到好咲
起来你們竟成了例不是这个就是那个我那里有这些賠的正乱時只見司棋

又打發人来催蓮花兒說他死在这里了怎広就不回去蓮花兒賭氣回来便添一篇話告訴了司棋司棋听了不免心頭起火此刻伺候迎春飯罢代了小丫頭們走来見了許多人正吃飯見他来的势頭不好都忙起身陪笑讓坐司棋便喝命小丫頭子動手凡箱櫃所有的菜蔬只管丢出来喂狗大家賺不成小丫頭子們扒不得一声七手八脚搶上一頓乱翻乱擲的衆人一面 拉勸一面央告司棋說姑娘别悞听了小孩子的話柳嫂子有八个頭也不敢得罪姑娘說雞蛋难買是真我們纔也說他不知好歹凴是什広東西也少不得变法兒去他已經悟過来了連忙蒸上了姑娘不信瞧那火上司棋被衆人一頓好言方将氣勸的漸平小丫頭們也没得摔完東西便拉開了司棋連說帶駡鬧了一回方被衆人勸去柳家的只好摔碗丢盤自己咕嘟了一回蒸了一碗鷄蛋

令人送去司棋全潑了地下了那人回来也不敢說恐又生事柳家的打發他
女兒喝了一回湯吃了半碗粥又將茯苓霜一節說了五兒听罢便心下要分
些贈芳官遂用紙另包了一半趂黄昏人稀之時自己花遮柳隱的来找芳官
且喜無人盤問一逕到了怡紅院門前不好進去只在一簇玫瑰花前站立遠
遠的望着有一盞茶時可巧小燕出来忙上前叫住小燕不知是那一個至跟
前方看真切因問作什庅五兒咲道你叫出芳官来我和他說話小燕悄笑道
姐〻太惟（性）急了横竪等十来日就来了只管找他做什庅方才使了他往前頭
去了你且等他一等不然有什庅話告訴我等我告訴他恐怕你等不得只怕
関園門了五兒便將茯苓霜遞與了小燕又說這是茯苓霜如何吃如何補益
我得了些送他的轉煩你遞與他就是了說畢作辭回来正走蓼溆一带忽見

迊頭林之孝家的帶着几个婆子走来五兒藏躲不及只得上来問好林之孝

問道我听見你病了怎庅跑到这里来五兒陪笑道因這兩日好些跟我媽進

来散〻悶纔因我媽使我到怡紅院送傢伙去林之孝家的說道這話岔了方

纔我見你媽出来我纔関門既是你媽使了你去他如何不告訴我說你在這

里呢竟出去讓我関門是何主意可知是你扯謊五兒听了沒話回荅說原是

我媽一早教我取去的我忘了挨到這時我纔想起来了只怕我媽錯當我先出去

了所以沒和大娘說得林之孝家的听他辭鈍色虛又因近日玉釧兒說那边

正房内失落了東西几個了頭對賴沒主兒心下便起了疑可巧小蝉蓮花兒

並几个媳婦子走来見了這事便說道林奶〻到要審〻他這兩日他往這里

頭跑的不像鬼〻唧唧的不知幹些〻什庅事小蝉又道正事是昨兒玉釧姐姐說

太太耳房里的櫃子開了少了好些零碎東西璉二奶奶打發平姑娘和玉釧
姐〻要些玫瑰露誰知也少了一礶子若不是尋露还不知道呢蓮花兒笑道
這話我没听見今兒我到看見一個露瓶子林之孝家的正曰這些事没生兒
每日鳯姐兒使平姐兒催逼他一听些言忙問在那里蓮花兒便說在他們廚房
里呢林之孝家的听了忙命打了燈籠帶着衆人來尋五兒急的便說那原是
宝二爺屋里的芳官給我的林之孝家的便說不管你方官圓官現有了贜証
我只呈報了憑你主子前辯去一面說一面進入廚房蓮花兒帶着取出露瓶
恐还有偷的別物又細〻搜了一遍又得了一包茯苓霜一並拿了帶了五兒
来回李纨與探春那時李紈正曰蘭哥兒病了不理事務只命去見探春探春
已歸房人回進去了嬛們都在院内納涼探春在内盥沐只有侍書回進去半

日出来說姑娘知道了叫你們找平兒回二奶〻去林之孝家的只得領出来到鳳姐兒那边先找着了平兒平兒進去回了鳳姐鳳姐方纔歇下听見此事便吩咐將他娘打四十板子攆出去永不許進二門把五兒打四十板子立刻交給庄子上或賣或配人平兒听了出来依言吩咐了林之孝家五兒唬的哭啼〻給平兒跪着細訴芳官之事平兒道这也不难等明日問了芳官便知真假但这茯苓霜前日人送了来还等老太太〻〻太回来看了纔敢打動这不該偷了去五兒見問忙又將他舅〻送的一節說了出来平兒听了笑道这樣說你竟是个平白無辜之人拿你来頂缸此時天晚奶奶纔進了藥歇下不便為这點子小事去絮叨如今且將他交給上夜的人看守一夜等明兒我回了奶〻再做道理林之孝家的不敢違拗只得帶了出来交與上夜的媳婦們看

守自便去了这理五兒被人軟禁起来一步不敢多走又兼衆媳婦也有勸他說不該做这沒行止之事也有报怨說正經更还坐不上来又有個賊来給我們看倘或眼不見尋了死逃走了都是我們不是于是又有素日一干與柳家不睦的人見了这般十分趣愿都来奚落嘲戲他这五兒心内又氣又委屈竟無處可訴且本来怯弱有病这一夜思茶無茶思水無水思睡無睡枕嗚嗚咽咽直哭了一夜誰知和他母女不和的那些些人巴不得一時撵出他們去惟恐次日有变大家先起了个清早都悄悄的来買轉平兒一面送些東西一面又奉承他辦事簡斷一面又講述他母親素日許多不好平兒一一的都應着打發他們去了却悄悄的来訪襲人問他可果真芳官給他露了襲人便說露却是給芳官芳官轉給何人我却不知襲人于是又問芳官芳官听了嚇

天跳地忙應是自己送他的芳官便又告訴了寶玉寶玉也慌了說露雖有了若
勾起茯苓霜來他自然也實供若听見了是他舅〻門上得的他舅〻又有了不
是豈不是人家的好意反被咱們陷害了因忙和平兒計議露的事雖完然
這霜也是有不是的姐（好）〻好你叫他說是也是芳官給他的就完了平兒笑
道雖如此只是他昨晚已經同人說是他舅〻給的了如何又說你給的況且
那边所丢的露也是無主兒如今有贓証的白放了又去找誰〻还肯認衆人
也未必心服晴雯走來笑道太太那边的露再無別人分明是彩雲偷了給环
哥兒去了你們可瞎乱說（望）平兒笑道誰不知是這个原故但今玉釧兒急的哭
悄〻問着他〻應了玉釧也罷了大家也就混着不問了难道我們好意兜
攬這事不成可恨彩雲不但不應他还擠玉釧兒說他偷了去了两个人窩里

發炮先炒的合府皆知我們如何粧沒事人少不得要查的除不知告失盜的就是賊又沒贓証怎麼說他宝玉道也罷這件事我也應起來就說是我唬他們頑的悄悄的偷了太太的來了兩件事都完了襲人道也到是件陰隲事保全人的賊名兒只是太太听見又說你小孩子氣不知好歹了平兒笑道這也到是小事如今便從趙姨娘屋里起了贓來也容易我只怕又傷着一个好人的體面別人都別管這一个人豈不又生氣我可憐的是他不肯為打老鼠傷了玉瓶說這着把三个指頭一伸襲人等听說便知他說的是探春大家都忙說可是這話竟是我們這里應了起來的為是平兒又笑道也須得把彩雲和玉釧兒兩个業障叫了來問準了他方好不然他們得了益不說為這个相都到像我沒了本事問不出來煩出這里來完事他們已後越發偷的不管的不

管了襲人等笑道正是也要你留个地步平兒便命人叫了他兩個來說道不
用慌賊已有了玉釧兒先問賊在那里平兒道現在二奶〻屋里你問他什庅
應什庅我心里明知不是他偷的可憐他害怕都承認這里宝二爺不過意要
替他認一半我待要說出來但只是這做賊的意思又是和我好的一个姊妹
窩主却是平常裡面有（又）傷着一个好人的體面曰此為難少不得央求宝二爺
應了大家無事如今反要問他（你）們兩个还是怎樣若從此已後大家小心存體
面這便求宝二爺應了若不然我就回了二奶〻別宽屈了好人彩雲听了不
覺紅了臉一時羞恶之心感發便說道姐〻放心也別宽了好人也別帶累
了無辜之人傷体面偷東西原是趙姨奶〻央告我再三我拿了些與環哥是
情真連太〻在家我們还拿過各人去送人也是常事我原說嚷過兩天就罷

了如今既冤屈了好人我心也不忍姐〻竟帶了我回二奶〻去我一槩應了完
事衆人听了這話一个〻都叱意他竟這樣有肝胆宝玉忙笑道彩雲姐〻果
然是个正経人如今也不用你應我只說是我悄〻的偷的唬你們頑如今鬧
出事來我原該承認只求姐〻們以後省些事大家就好了彩雲道我幹的事
為什庅叫你應死活我該去受平兒襲人忙道不是這樣說你一應了未免又
叨登出趙姨奶〻來那時三姑娘听了豈不生氣竟不如宝二爺應了大家無
事且除這几个人皆不得知道這事何等的干凈但只以後千萬大家小心些〻
就是了要拿什庅好歹等到太〻到家那怕連這房子給了人我們就沒干係
了彩雲听了低頭想了一想方依允于是大家商議妥貼平兒帶了他兩个並
芳官往前边來至上夜房中叫了五兒將茯苓霜一節也悄〻的教他說係芳

官所贈五兒感謝不盡平兒代他們來至自己這边已見林之孝家的帶領了几个媳婦押解看柳家的等勾多時林之孝家的又向平兒說今兒一早押了他來恐園里没人伺候姑娘們的飯我暫且將秦顯的女人派了去伺候姑娘一併回明奶〻他到干淨謹慎以後就派他常伺候罷平兒道秦顯的女人是誰我不大想熱〻（相熟）林之孝的道他是園里南角子上夜的白日里没什麽事所以姑娘不大相識高〻的孤拐大〻的眼睛最干淨爽利的玉釧兒道是了姐〻你怎麽忘了他是跟二姑娘的司棋的嬸娘司棋的父母虽是大老〻爺那边的人他這叔〻却是偺們這边的平兒听了方想起來笑道哦你早說是他我就明白了又笑道也太派急了些〻如今這事八下里水落石出了連前兒太〻屋里丢的也有了主兒是宝玉那日過來和這兩个業障要什麽的偏這兩个業障

逼他須說太〻不在家不敢拿宝玉便聽他兩个不隄防的時節自己進去拿
了些〻什庅出來這兩个業障不知道就唬慌了如今宝玉所見帶累了别人
方給的告訴了我拿出東西來我瞧〻一件不差那茯苓霜是宝玉外頭得了的
也曾賞過許多人不独園内人有連媽〻子們討了出去給親戚們吃又轉
送人襲人也曾給過芳官之流的人他們私情各相來徃也是常事前兒那兩
簍还擺在議事所上好〻的原封没動怎庅就混賴起人來等我回了奶〻再說〻
畢抽身進了卧房將此事照前言回了鳳姐兒一遍鳳姐兒道虽如此說但宝
玉為人不管青紅皂白愛攬事情别人再求〻他去他又擱不住人兩句好
話給他个炭簍子帶上什庅事他不應承偺們若信了將来若大事也如此
如何使人还要細〻的追求纔是依我的主意把太〻屋里的了頭都拿來虽不

便擅加拷打只叫他們墊着磁瓦子跪在太陽地下茶飯也別給飯(吃)一日不說跪
一日便是鐵打的一日也管招了又道是蒼蝿(蠅)不抱沒縫的(鷄)蛋雖然這柳家的
沒偷到底有些影兒人纔說他雖不加賊刑也革出不用朝廷家原有掛悮的
到也不算委屈了他平兒道何苦來操這心得放手時須放手什麽大不了的事
樂得不施恩呢依我說總在這屋里操上一百分的心終久咱們是那边屋里
去的沒的結些小人仇恨使人含怨況且自己又三災八難的好容易杯(懷)了一
个哥兒到了六七个月还吊了焉知不是素日操劳太過氣惱傷着的如今
乘早兒見一半不見一半的也到罷了一夕話說的鳳姐兒到咲了說道憑你這
小蹄子發放去罢我纔精爽些了沒的淘氣平兒咲道這不是正經說畢
轉身出来一一發放要知端的且听下回分解

脂硯齋重評石頭記卷之

第六十二回

憨湘雲醉眠芍藥裀　　獃香菱情解柘榴裙

話說平兒出來吩咐林之孝家的道大事化為小事〻〻化為沒事方是興旺之家若得不了一点子小事便揚鈴打鼓的乱折騰起來不成道理如今將他母女帶回照舊去當差將秦顯家的仍舊退回再不必提此事只是每日小心巡察要緊說畢起身走了柳家的母女忙朝上磕頭林家的帶回園中回了李紈探春二人皆說知道了能可無事狠好司棋等人空興頭了一陣那秦顯家的好容易等了這个空子攢了來只興頭上半天在厨房内正乱接收傢伙米粮煤炭等物又查出許多虧空來說粳米短了兩石常用米又多支了一个月

的炭也欠着額数一面又打点送林之孝家的礼悄悄的备了一簍炭五百斤木柴一担粳米在外边就遣了子侄送入林家去了又打点送賬房的礼又預備几樣菜蔬請几位同事的人說我来了全仗列位扶持自今以後都是一家人了我有照顧不到的好歹大家照顧些正乱着忽有人来說與他伺候過這早飯就出去罢柳嫂子原無事如今还交與他管了秦顯家的听了轟去魂魄垂頭喪氣登時掩旗息鼓捲包而出送人之物白丢了許多自己到要折变了賠補虧空連司棋都氣了个倒仰無計挽回只得罢了趙姨娘正因彩雲私贈了許多東西被玉釧兒吵出生恐查考出来每日捏一把汗打听信兒忽見彩雲来告訴說都是宝玉應了此無事趙姨娘方把心放下来誰知賈环听如此說便起了疑心將彩雲凡私贈之物都拿了出来照着彩雲的臉摔了去說這兩

面三刀的東西我不稀罕你不和宝玉好他如何肯替你應你既有担當給了我原該不與一个人知道如今你既然告訴他如今我再要這个也沒趣兒彩雲見如此急的發身賭誓至於哭了百般解說賈环執意不信說不看你素日之情去告訴二嫂子就說你偷來給我我不敢要你細想去說畢摔手出去了急的趙姨娘罵沒造化的種子蛆心業障氣的彩雲哭个淚乾腸斷趙姨娘百般的安慰他好孩子他辜負了你的我看你的真讓我收起來过兩日他自然回轉过來了說著便要收東西彩雲賭氣氣一頓包起來乘人不見時來至園中都撇在河內順水沉的沉漂的漂自己氣氣的夜間在被內暗哭當下又值宝玉生日已到原來宝琴也是這日二人相同因王夫人不在家也不曾像往年鬧熱只有張道士送了四樣礼換的寄名符兒还有几處僧尼廟的和尚姑子

送了供尖兒并壽星紙馬疏頭并本命星官值年太歲週年換的鎖兒家中
常走的男女先兒來上壽王子騰那邊仍是一套衣服一雙鞋襪一百壽桃一百
束上用銀絲掛麵薛姨娘処減一等其餘家中人尤氏仍是一双鞋襪鳳姐
兒是一个宮製四面和合荷包裡面裝一个金壽星一件波斯国所製玩器各
廟中遣人去放堂捨錢又另有宝琴之礼不能備述姊妹中皆隨便或有一扇的
或有一字的或有一画的或有一詩聊復應景而已這日宝玉清晨起來梳
洗已畢冠帶出來至前一所院中已有李貴等四五个人在那里設下天地
香燭宝玉炷了香行畢礼奠茶焚紙後便至寧府中宗祠祖先堂兩處行畢礼出
至月台上又朝上遥拜過賈母賈政王夫人等一順到尤氏上房行過礼坐了一回
方回榮府先至薛姨媽處薛姨媽再三拉着然後又遇見薛蝌讓一回方進

園來晴雯麝月二人跟隨小丫頭夾着氊子從李氏起一一挨着所(比他)長的房中
到過復出二門至李趙張王四个奶媽家讓了一回方進來雖衆人要行礼也
不曾受回至房中襲人等只都來說一聲就是了王夫人有言不令年 輕 人受礼
恐折了福壽故皆不磕頭歇一時賈環賈蘭等來了襲人連忙拉住 坐了一
坐便去了宝玉笑說走乏了便歪在床上方吃了半盞茶只听外面咭〻呱〻一
群了頭笑進來原來是翠墨小螺翠縷入畫邢岫烟的了頭篆兒並奶
子抱巧姐兒彩鸞綉鸞八九个人都抱着紅氊笑着走來說拜壽的擠破了
門了快拿麺來我們吃剛進來時探春湘雲宝琴岫烟惜春也都來了宝玉
忙迎出來笑說不敢起動快預備好茶進入房中不免推讓一回大家歸坐襲人
等捧过茶來纔吃了一口平兒也打扮的花枝招展的來了宝玉忙迎出來笑

說我方才到鳳姐〻門上回了進去不能見我又打發人進去讓姐〻的平兒
笑道我正打發你姐〻梳頭不得出來回你後來听見又說讓我〻那里禁當
的起所以特（特趕了）敢來磕頭宝玉笑道我也經（禁）當不起襲人早在外間安了坐讓他
坐平兒便福下去宝玉作揖不迭平兒便跪下去宝玉也忙還跪下襲人連忙攙
起來又下了一福宝玉又還了一揖襲人笑推宝玉你再作揖宝玉道已經完了怎麼又
作揖襲人笑道這是你（他）來給你拜壽今兒也是你（他）的生日你也該給他
拜壽宝玉听了忙（又）作下揖去（說）就原來今兒也是姐〻的芳誕平兒還萬福不
迭湘雲拉宝琴岫烟說你們四个人對拜壽直拜一天纔是探春忙問原來
邢妹〻也是今兒我怎麼就忘了忙命了頭去告訴二奶〻趕着補了一分礼女
琴姑娘的一樣送到二姑娘屋里去了頭答應着去了岫烟見湘雲直口說出

来少不得要到各房去讓〻探春咲道到有些〻意思一年十二个月月〻有几个
生日人多了便这等巧也有三个一日兩個一日的大年初一日也不白過大姐〻占了
去愿不得他福大生日比别人就占先又是太祖太爺的生日过了灯節就是老
太〻和宝姐〻他們娘兒兩个遇的巧三月初一日是太〻初九日是璉二哥〻三月没人
襲人道二月十二是林姑娘怎庅没人就只不是偺家的人探春咲道我这个記性是怎庅
了宝玉咲指襲人道他和林妹〻是一日所以他記的探春咲原来你兩個到是一
日每年連頭也不給我們磕一个平兒的生日我們也不知道这也是纔〻
知道平兒咲道我們是那牌兒名上的人生日也没拜壽的福又没壽礼職
分可吵鬧什庅可不悄〻的遇〔過〕過去今兒他又偏吵出来了等姑娘們回房我再
行禮去罢探春咲道也不敢驚動只是今兒到要替你过个生日我心〔里〕纔〻過得去

宝玉湘雲等一齊都說狠是探春便吩咐了丫頭去告訴他奶〻就說我們大家說了今兒一日不放平兒出去我們也大家湊了分子過生日呢丫頭㗒着去了半日回来說二奶〻說了多謝姑娘們給他臉不知過生日給他些什麽吃只别忘了二奶〻就不來絮聒他了衆人都㗒了探春因說道可巧今兒里頭厨房不預備飯一應下麪菜都是外頭收拾偺們就湊了錢就叫柳家的来攬了去只在偺們里頭收拾到好衆人都說是極探春一面遣人去問李紈宝釵代玉一面遣人去傳柳家的進来吩咐他内厨房中快收拾兩棹酒席柳家的不知何意因說外厨房都預備了探春㗒道你原来不知道今兒是平姑娘的華誕外頭預備的是上頭的這如今我們私下又湊了分子单爲平姑娘預備兩棹請他你只管揀新巧的菜蔬預備了来開了賬和到我那里領錢柳家的㗒道原来今日也是平姑娘的千秋我竟不知道

說着便向平兒磕下頭去慌的平兒拉起他來柳家的忙去預備酒這里探春又邀了寶玉同到廳上去吃麪等到李紈寶釵一齊來全又遣人去請薛姨媽與代玉因天氣和煖代玉之疾漸愈故也來了花團錦簇擠了一廳的人誰知薛蝌又送了巾扇香帛四色壽禮與寶玉寶玉于是过去陪他吃麪兩家皆治了壽酒互相酬送彼此同領至午間寶玉又陪薛蝌吃了兩杯酒寶釵帶了寶琴过來與薛蝌行礼把盞畢寶釵因囑薛蝌家里的酒也不用送過那边去這虛套竟可收了你只請夥計們吃罷我們和寶兄弟進去还要待人去呢也不能陪你了薛蝌忙說姐姐兄弟只管請只怕夥計們也就好來了寶玉忙又告过罪方同他姊妹回來一進角門寶釵便命婆子將門鎖上把鑰匙要了自己拿着寶玉忙說這一道門何必關又沒多的人走況且姨娘姐姐妹妹都在裡

頭倘或家去取什麽豈不費事寶釵笑道小心没過逃的你瞧你們那边這
几日七事八事竟没有我們這边的人可知是這門関的有功效了若是開着保
不住那起人圖順脚趕超路從這里走攔誰的是不如鎖了連媽和我也禁肴
些大家別走縱有了東西寶釵笑道你只知道玫瑰露和茯苓霜兩件乃因人而
及物若非因人你連這兩件还不知道呢除不知还有几件比這兩件大的呢
大家別走可總有事就賴不着這边的人了寶玉笑道原来姐姐也知道我
若已後叨登不出来是大家的造化若叨登出来不知里頭連累多少人呢
你也是不管事的人我總告訴你平兒是个明白人我前兒也告訴了他皆因他
奶奶不在外頭所以使他明白了若不出来大家樂得丟開手若犯出来他心
里已有稿子自有頭緒就冤屈不着平人了你只听我說已後留神小心就是

了这話也不可對第二个人講說着来到沁芳亭边只見襲人香菱侍書素雲
晴雯麝月芳官蕊官藕官等十來个人都在那里看魚作耍見他們来了都
說芍藥欄里預偹下了快去上席罷宝釵等随携了他們同到了藥欄中紅香
圃三間小廠廳內連尤氏已請過来了諸人都在那里只没平兒原来平兒出
有賴林諸家送了礼來連三接四上中下三等家人来拜壽送礼的不少平兒
忙着打發賞錢道謝一面又色色的回明鳳姐兒不过留下几樣也有不收的
也有收下即刻賞与人的忙了一回又直待鳳姐兒吃过麪方換了衣裳往園
里來剛進了園就有几个丫環來找他一同到了紅香圃中只見筵開玳瑁褥
設芙蓉衆人都笑壽星全了上面四座定要讓他四个人座四人皆不肯薛姨
媽說我老天拔地又不合你們的群兒我到覺拘的慌不如我到所上随便躺

尚去到好我又吃不下什庅去又不大吃酒這里讓他們到便宜尤氏等執意
不從宝釵道這也罷了到是讓媽在厛上歪着自如些有愛吃的送些过去到
自在罷哩且前頭沒人在那里又可照看了探春等笑道既這樣恭敬不如從
命因大家送了他到議事厛上眼看着命丫頭們鋪了一个錦褥並靠背引
枕之類又囑咐好生結給姨媽搥腿要茶要水別推三拉四的回來送了東西
姨媽吃了就賞你們吃只別離了這里出去小丫頭們都答應了探春等方回
來終久讓宝琴岫烟二人在上平兒面西坐宝玉面東坐探春又接了鴛鴦
來二人並肩對面相陪西邊一桌宝釵代玉湘雲迎春惜春一面又拉了香菱玉
釧兒二人打横三桌上尤氏李紈又拉了襲人彩雲陪坐四桌上便是紫鵑
鶯兒晴雯小螺司棋等人圍坐當下探春等还要把盞宝琴等四人都說這

一鬧一日都坐不成了方才罷了兩个女先兒要彈詞上壽衆人都說我們沒
人要听那些野話你廳上去說給姨太太解悶兒去罷一面又將各色吃食揀
了命人送與薛姨媽去寶玉便說雅座無趣須要行令才好衆人有的說行這
个令好那个又說行那个令好代玉道依我說拿了筆硯將各色全都寫了拈
成鬮兒偺們抓出那个來就是那个衆人都道這妙即拿了一付筆硯花箋
香菱近日學了詩又天天學寫字見了筆硯便圖不得連忙起來坐說我寫大家想
了一回共得了十來个念着香菱一一的寫了搓成鬮兒擲在一个瓶中間探春便
命平兒揀平兒向內攪了一攪用箸拈了一个出來打開看上寫着射覆
二字寶釵笑道把个酒令的祖宗拈出來射覆從古有的如今失了傳這是後
人篡的比一切的令都難這里頭到有一半是不會的不如毀了另拈一个雅

俗共賞的探春笑道既拈了出來如何又毀如今再拈一个若是雅俗的便叫
他們行出（去）俗們行这个說着又著襲人拈了一个都（都）是拇战史湘雲笑着說
這个簡断爽利合了我的脾氣我不行这个射覆没的垂頭丧氣悶人我
只剗拳去了探春道惟有他乱令宝姐々快罸他一鍾宝釵不容分說便灌（了）湘雲
一杯探春道我吃一杯我是令官也不用宣只我所分派命取了令骰令盆來從
琴妹擲起挨下擲去对了点的二人射覆宝琴一擲是个三岫烟宝玉
等皆擲的不对直到香菱方擲了个三宝琴笑道只好室内生春
若說到外頭去（就）可太没頭绪了探春道自然三次不中者罸一杯你
覆他射宝琴想了一想說了个老字香菱原生于这令一时想不到
滿說（座）滿席都不見有与老字相連的成語湘雲先听了便也乱看

忽見門斗上貼着紅香圃三个字便知宝琴衆的是吾不如老圃的圃字見香菱射不着衆人擊鼓又催便悄悄的拉香菱教他說藥字代玉偏看見了說快罰他又在那里私相傳遞呢哄的衆人都知道了忙又罰了一杯恨的湘雲拿快子敲代玉的手于是罰了香菱一杯下則宝釵和探春对了点子探春便射了一个人字宝釵笑道這个人字泛的狠探春笑道添一字兩射一衆也不泛了說着便又說了一个窓字宝釵一想因見席上又有鷄肉雞羹便衆着他是用雞窓雞人二典字因衆了一个塒字探春知他衆着用了雞栖于塒的典二人一笑各飲一口门杯湘雲等不得早和宝玉三五乱吽剹起拳來那边尤氏和鴛鴦隔着席也七八乱吽剹起來平兒襲人也作了一對剹拳叮叮噹噹只听得腕上的鐲子

響一時湘雲贏了宝玉襲人贏了平兒尤氏贏了夗央三个人限酒底酒面湘雲便說酒面要一句古文一句旧詩一句骨牌名一句曲牌名还要一句時憲書上的話共總湊成一句話酒底要關人事的菓菜名衆人听了都笑說惟有他的令也比人嘮叨到也有意思便催宝玉快說宝玉笑道誰說过这个也等想一想你代玉便道你多喝一鍾我替你說宝玉真个喝了酒听代玉說道落霞与孤鶩齊飛風急江天過雁哀却是一隻折足雁叫的人九迴腸这是鴻雁來賓說的大家笑了說这一串子到有些意思代玉又拈了一个榛穰說酒底道

榛子非関隔院砧　何來萬戶搗衣声

令完夗央襲人等皆說的是一句俗語都帶一个寿字的不能多贅大

家輸流乱劃了一陣这上面湘雲又和宝琴对了点子李紈和岫烟对了点子李紈便射了一个瓢字岫烟便猜了一个綠字二人會意各飲一口湘雲的拳却輸了請酒面酒底宝琴咲道請君入甕大家咲起來說这个典用的當湘雲便說道

奔騰㵼湃　江间波浪兼天湧須要鉄鎖纜孤舟既遇着一江風不宜出行說的衆人都咲了說好个謅斷了腸子的怪道他出这个令故意惹人笑又听他說酒底湘雲吃了酒楝了一塊鴨肉呷口忽見碗内有半个鴨頭遂楝了出来吃腦子衆人催他别只顧吃到底快說了湘雲便用筯子举着說道

这鴨頭不是那了頭　頭上那討桂花油

衆人越發咲起來引的晴雯螺翠鶯兒等一干人都走过來說雲姑娘會
鬧心兒拿着我們取咲兒快罰一杯纔罷怎見得我們就該擦桂花油的到
得每人給一瓶子桂花油擦〻代玉咲道他到有心給你們一瓶子油又
怕挂誤着打竊盜的官司衆人不理論宝玉却明白忙低了頭彩雲
有心病不覺的紅了臉宝釵忙暗〻的瞅了代玉一眼代玉自悔失言
原是趣宝玉的就忘了趣着彩雲自悔不及忙一頓行令划拳開
了底下宝玉可巧和宝釵对了点子宝釵覆了一个宝字宝玉想了
一想便知是宝釵作戲指自已所佩通灵玉而有便咲道姐〻拿
我作雅謔我却射着了說出來姐〻別惱就是姐〻的諱釵字就
是了衆人道怎麽解宝玉道他說宝底下自然是玉了我射釵字

旧詩曾有敲断玉釵红燭冷豈不射着了湘雲説道這用时事却
使不得两个人都該罰香菱忙道不止时事這也有出处湘雲道
宝玉二字並無出处不過是春聯上或有之詩書紀載並無筭不
得香菱道前日我讀岑嘉州五言律現有一句說此鄉多宝玉怎麽你
到忘了後来又讀李義山七言絶句又有一句宝釵無日不生塵我还笑
說他两个名字都原来在唐詩上呢衆人咲說這可问住了快罰一
杯湘雲無語只得飲了大家又該对点的对点𠟱拳這些人因賈母王
夫人不在家沒了管束便任意取樂呼三喝四喊七叫八滿厅中红飛
翠舞玉動珠摇真是十分热闹頑了一回大家方起席散了一散倏然不見
了湘雲只當他外頭自便就来誰知越等越沒了影響使人各處去

玉兄此時置身於紅飛翠舞之中得不飄飄然仙乎　綺園

我那里我渴着接有林之孝家的同着几个老婆子來生恐有正事呼喚
二者恐了姊們年青乘王夫人不在家不服探春等約束恣意痛飲
失了体統故來請問有事無事探春見他們來了便知其意忙笑道
你們又不放心來查我們來了我沒有多吃酒不過是大家頑笑將酒
作个引子媽〻們别耽心李紈尤氏都也笑說你們歇着去罷我們也
不敢叫他們多吃了林之孝的等人笑說我們知道連老太〻叫姑娘
吃酒姑娘們还不肯吃何况太〻們不在家自然頑罢了我們怕有
事來打听〻〻二則天長了姑娘們頑一回子还該点補些小食兒素日
又不大吃雜東西如今吃一兩杯酒若不多吃些東西怕受傷探春笑道
媽〻們說的是我們也正要吃呢回回頭命取点心來兩傍了姊們答

應了忙去傳点心探春又笑讓你們歇着去罷或是姨媽那里說話兒去
我們即刻打發人送酒你們吃去林之孝家的等人笑回不敢領了又站
了一回方退了出來平兒摸着臉笑道我的臉都熱了也不好意思見
他們依我說竟收了罷別惹他們再來到沒意思了探春笑道不相
干橫豎偺們不認真喝酒就罷了正說着只見一个小了頭笑嘻嘻
的走來姑娘們快瞧雲姑娘去吃醉了圖涼快在山子後頭一塊青板
石櫈上睡着了衆人听說都笑道快別吵嚷說着都走來看時果
見湘雲卧于山石僻處一个石櫈子上業經香夢沉酣四面芍藥花飛
了一身滿頭臉衣襟上皆是紅香散乱手[裡]的扇子在地下也半被落花
埋了一群蜂蝶鬧穰穰的圍着他又用鮫[綃]帕包了一包芍藥花瓣枕着

衆人看了又是愛又是笑忙上來推喚挽扶湘雲口內猶作睡語說酒令唧
嘟〻說泉香而酒冽玉盞盛來琥珀光直飲到梅梢月上醉扶歸卻為
宜會親友衆人笑推他說道快醒〻兒吃飯去这潮凳上还睡出病來
呢湘雲慢起秋波見了衆人低頭看了一看自己方知是醉了原是來
納凉避静的不覺的困多罰了兩杯酒姣嫋不勝便睡着了心中反覺自
愧連忙起身閑〻自同人來至紅香圃中用过漱口水又吃了兩盞釅茶
探春忙命將醒酒石拿來給他啣在口內一時又命他喝了一些酸湯方
纔覺得好了些當下又選了几樣菓菜与凤姐送去凤姐兒也送了几樣
來宝釵等吃过点心大家也有坐的也有立的也有在外擷花的也有扶
欄观魚的各自取便說笑不一探春便和宝琴下棋宝釵岫烟观局林

代玉和宝玉在一簇花下唧々哝々不知説些什麽只見林之孝家的和一群女
人帶了一个媳婦進来那媳婦愁眉苦臉也不敢進厅只到了堦下便朝
上跪下了磞頭有声探春因一塊棋受了敵算來算去總得了兩个眼便
折了官着兩眼只瞅着棋枰一隻手却伸在盒内只管抓弄棋子作想林
之孝家的站了半天回回頭要茶時纔看見問什麽事林之孝家的
便指那媳婦説這是四姑娘屋里的小了頭彩兒的娘現是園内伺候
的人嘴狠不好纔是我听見了問着他々説的話也不必回姑娘當要撵出
去纔是探春道怎麽不回大奶々林之孝家的道方纔大奶々都往
厅上姨太々處去了頂頭看見我已回明白了叫回姑娘來探春道怎
麽不回二奶々平兒道不回去也罷我回去説一声就是了既這麽着

就攆出他去等太太來了再回定奪說畢仍又下棋這林之孝家的代
了那人去不提代玉和宝玉二人站在花下遠遠知意代玉便說道你家
三了頭到是個乖人雖然叫他管些事到地一步兒不肯多是差不多
的人就早作起威福來了宝玉道你不知道呢你病着時他幹了好几件事
這園子也分了人管如今多掐一草也不能了又蠲了几件事單拿我和
鳳姐姐作筏子禁別人最是心里有筭計的人豈只乖而已代玉道要這
樣纔好偺們家里也太花費了我雖不管事心里每常閑了替你們一
筭計出的多進的少如今若不省儉必致後手不接宝玉笑道憑他怎
麼後手不接也短不了偺們兩个人的代玉听了轉身就往所上尋宝
釵說笑去了宝玉正欲走時只見襲人走來手內捧着一个小連環洋漆茶

盤裡面可式放着兩鍾新茶因問他往你(那)去了我見你兩(們)个半日沒吃茶肥
肥的倒了兩鍾來他又走了宝玉道那不是他你給他送去說着自拿了一鍾
襲人便送了那鍾去偏(他)和宝釵在一處只得一鍾茶便那說位渴了那位先接
了我再倒去宝釵笑道我却不渴只要一口漱一漱就勾了說着先拿起來喝
了一口剩了半杯遞在代玉手內襲人笑說我再倒去代玉笑道你知道我
这病大夫不許我多吃茶这半鍾儘勾了难為你想的到說畢飲乾時(将)杯
放下襲人又來接宝玉的宝玉因問这半日沒見芳官他在那里呢襲人四
顧一瞧說才在这里几个人鬧草的这會子不見了宝玉听說便忙回至房
中果見芳官面向里睡在床上宝玉推他說道快別睡覔偺們外頭頑
去一回兒好吃飯的芳官道你們吃酒不理我教我悶了半日可不來睡覔

罢了宝玉拉了他起來笑道偺們晚上家里再吃回來我叫你大姐〻帶了你桌上吃飯何如芳官道藕官蕊官都不上去单我在那里也不好我也不慣吃那个麪條子早飯也没好生吃幾剛餓了我已告訴了柳嫂子先給我做一碗湯盛半碗粳米飯送來我这里吃了就完事若是晚上吃酒不許教人管着我〻要尽力吃勾了幾罷我先在家里吃二三斤好惠泉酒呢如今學了这劳什子他們說怕坏嗓子这几年也没聞見乘今兒我是要開齋了宝玉道这个容易說着只見柳家的果遣了人送了一个盒子來小燕接着揭開裡面是一碗蝦丸雞皮湯又是一碗酒釀清蒸鴨子一碟醃的胭脂鵝脯还有一碟四个奶油松穰捲酥並一大碗热騰〻碧熒〻蒸的綠畦香稻粳米飯小燕放在案上走去拿了小菜並碗箸过來撥了一碗飯芳

官便説油膩膩誰吃这些東西只將湯泡飯吃了一碗揀了兩塊醃鵝就不吃
了宝玉聞着到覺比往常之味有勝些似的遂吃了一个捲酥又命小燕也撥
了半碗飯泡湯一吃十分香甜可口小燕和芳官都笑了吃畢小燕便將剩
的要交回宝玉道你吃了罢若不勾再要些来小燕道不用要这就勾了方
纔麝月姐姐拿了兩盤子点心給我們吃了我再吃了这个儘不用再吃了
説着便站在棹傍一頓吃了又留下兩个捲酥説这个留着給我媽吃晚
上要吃酒給我兩碗酒吃就是了宝玉笑道你也愛吃酒等着偺們晚上
痛喝一陣你襲人姐姐和晴雯姐姐量也好也要喝只是每日不好意思今
兒大家開齋还有一件事想着囑咐你我竟忘了此刻纔想起来已後芳
官全要你照看他他或有不到的去处你提他襲人照顧不过这些人来小

燕道我都知道都不用操心但这只五兒怎庅樣宝玉道你和柳家的説
去明兒有叫他進來罢等我告訴他們一声就完了芳官听了咲道这到
是正經小燕又叫兩个小丫頭進來伏侍洗手到茶自已収了家伙交与婆
子也洗了手便去找柳家的不在話下宝玉便出來仍往紅香圃尋衆姊妹
芳官在後拿着巾扇剛出了院門只見襲人晴雯二人携手回來宝玉问
你們做什庅襲人道擺下飯了等你吃飯呢宝玉便笑着將方纔吃的飯
一節告訴了他兩个襲人笑道我説你是猫兒食聞見了香就好隔鍋飯
兒香雖然如此也該上去陪他們多少應个景兒晴雯用手指戳在芳官額
上說道你就是个狐媚子什庅空兒跑了去吃飯兩个人怎庅就约下了也
不告訴我们一声兒襲人笑道不過是悮打悮撞的遇見了說约下了

可是没有的事晴雯道既这庅着要我们無用明兒我們都走了讓芳官一个人就彀使了襲人笑道我們都去了使得你却去不得晴雯道惟有我是第一个要去又懶又笨性子又不好又没用襲人笑道倘或那孔雀褂子再燒个窟窿你去了誰可会補呢你到别和我拿三撇四的我煩你做个什庅把你懶的横針不拈竪線不動一般也不是我的私活煩你横竪都是他的就都不肯做怎庅我去了几天你病的七死八活一夜連命也不顧給他做了出來这又是什庅原故你到底說話呀别只这庅粧佯憨兒和我笑也当不了什庅大家說着来至所上薛姨媽也來了大家依序坐下吃飯宝玉只用茶泡了半碗飯應景而已一時吃畢大家吃茶闲話又随便顽笑外面小螺和香菱芳官蕋官藕官荳官等四人个人都滿园中頑了

一回大家採了些花草來兜着坐在花草堆中鬭草这一个説我有觀音柳那一个説我有罗漢松那一个又説我有君子竹这一个又説我有美人蕉这个又説我有星〻翠那个又説我有月〻紅这个又説我有牡丹亭上的牡丹花那个又説我有琵琶記裡的枇杷菓荳官便説我有姊妹花衆人没了香菱便説我有夫妻蕙荳官説從没听見有个夫妻蕙香菱道一箭一花為蘭一箭数花為蕙凡蕙有两枝上下結花者為兄弟蕙有並頭結花者為夫妻蕙我这枝並頭的怎应不是荳官没的説了便起身笑道依你説若是这两枝一大一小就是老子兒子蕙了若两枝背面開的就是仇人蕙了你漢子去了大半年你想夫妻了便扯上蕙也夫妻好不害羞香菱听了紅了臉忙要起身擰他笑罵道我把你这个爛了嘴的小

蹄子滿嘴里汗爀的胡說了豆官見他要勾來怎容他起來便忙連身將
他壓倒回頭笑說了不得了那是一窪子水可惜污了他的新裙子了豆
官回頭看了一看果見傍边有一汪積雨香菱的半扇裙子都污濕了
自己不好意思忙奪了手跑了衆人笑个不住怕香菱拿他們出氣也
都閧笑一散香菱起身低頭一瞧那裙上猶滴滴點點流下綠水來正恨
罵不絕可巧宝玉見他們鬧草也尋了些花草來凑戲忽見衆人跑了只
剩了香菱一个低頭弄裙因問怎麼散了香菱便說我有一枝夫妻蕙他
們不知道反說我謅因此鬧起來把我的新裙子也臟了宝玉笑道你有
夫妻蕙我這里到有一枝並蒂菱口內說手內却真个拈着一枝並蒂
菱花又拈了那枝夫妻蕙在手內香菱道什麼夫妻不夫妻並蒂不並

蒂你瞧〻这裙子宝玉方低頭一瞧便嗳呀了一声説怎広就拖在泥里了可惜这柘榴紅綾最不經染香菱道这是前兒琴姑娘帶了來的姑娘做了一條我做了一條今兒才上身宝玉跌脚嘆道若你们家一日遭塌这一百件也不值什広只是頭一件既係琴姑娘帶來的你和宝姐〻每人纔一件他的尚好你的先𧷓了豈不辜負他的心二則姨媽老人家嘴碎饒这広樣我还听見常説你們不知過日子只會遭塌東西不知惜福呢这呌姨媽看見了又説一个不清香菱听了这話却碰心坎兒上反到喜歡起來了因笑道就是这話了我雖有几條新裙子都不合这一樣的趕肴換了也就好了过後再説宝玉道你快休動只站肴方好不然連小衣兒膝褲鞋面都要拖𧷓我有个主意襲人上月做了一条

和这个一模一樣的他囙有孝如今也不穿竟送了你換下这个來如何
香菱笑着摇頭說不好他們倘或听見了到不好宝玉道这怕什庅
等他們孝滿了他爱什庅难道不許你送他别的不成你若这樣还是
你素日為人了嗎况且不是事瞞人的事只管告訴宝姐ゝ也可只不過怕姨
媽老人家生氣罷了香菱想了一想有理便点頭笑道就是这樣罷
了别辜負了你的心我等着你千萬定叫他親自送來緩好宝玉听了
喜歡非常荅應了忙ゝ的回來一壁里低頭心下暗筭可惜这庅一
个人没父母連自己的本姓都不知道忘了被人拐出來一壁里低頭心下暗筭這庅
一个人没父母連自己本姓都忘了被人拐出來偏又賣給了这个霸王囙
又想起上日平兒也是意外想不到的今日更是意外之意外的事

了一壁胡思乱想又下此四字來至房中拉了襲人細〻告訴了他原故香菱之為人每人不怜愛的襲人又本是个手中撒漫的况与香菱素想交好一聞此信忙就開箱取了出來摺好隨了宝玉來尋着香菱他还跕在那里等呢襲人笑道我說你太淘氣了足的淘出个故事來纔罷香菱紅了臉笑說多謝姐〻了誰知那起促狎鬼使黑心說着接了裙子展開一看果然同自己的一樣又命宝玉背過臉去自己叉手向内觧下來將这條繫上襲人道把这臟了的交与我拿回去收拾了再給你送來你若拿回去看見了也是问的香菱道好姐〻你拿去不俱給那个妹〻罷我有了这个不要他了襲人道你到大方的好香菱忙又萬福道謝襲人拿了臟裙便走香菱見宝玉蹲在地下將方纔的

夫妻蕙与並蒂菱用樹枝兒樞挖了一个坑先抓些落花來鋪墊了將这菱
蕙安放好了又將些落花來掩了方撮土掩埋平服香菱拉他的手笑道这
又叫做什広怪知道人人說你慣會鬼〻祟〻使人肉麻的事你瞧〻你
这手弄的泥烏恶臟苔滑的还不快洗去宝玉笑呢着方起身走了去洗手香菱
也自走開二人已走远了數步香菱復轉身回來叫住宝玉宝玉不知有
何話扎着兩隻泥手笑嘻〻的轉來問什広香菱只顧笑因罢没說出来那边他的
小丫頭臻兒走來說二姑娘等着你說話呢香菱方向宝玉道裙子的事可
别向你哥〻說緫好說畢即轉身走了宝玉笑道可不我瘋了往虎口
里探頭兒去呢說着也回去洗手去了不知端詳且聽下回分解

脂硯齋重評石頭記卷之

第六十三回

壽怡紅群芳開夜宴　死金丹獨艷理親喪

話説宝玉回至房中洗手因与襲人商議晚間吃酒大家取樂不可拘泥如今吃什庅好早説給他們備辦去襲人咲道你放心我和晴雯射月秋紋四个人每人五錢銀子共是二兩芳官碧痕小燕四兒四个人每人三錢銀子他們有假的不筭共是三兩二錢銀子早已交給了柳嫂子預備四十碟菓子我和平兒説了已徑抬了一罈好紹興酒藏在那边了我們八个人单替你过生日宝玉听了喜的忙説他們是那里的錢不該叫他們出纔是晴雯道他們没錢难道我們是有錢的这原是各人的心那怕他偷的呢只管領他們的

情就是宝玉听了咲說你說的是襲人咲道你一天不挨他兩句硬話蠢你
你再过不去情更咲道你如今也學坏了常會家橋撲火兒說着大家都
咲了宝玉說関院門罷襲人咲道怪不得人說你是無事忙这會子関了門
人到疑惑起性再等一等宝玉点頭曰說我出去走走四兒舀水去小燕一个
跟我來罷說着走至外边回見無人便问五兒子事小燕道我總告訴了柳
嫂子他到喜歡的狠只是五兒那夜受了委屈煩惱回家去又氣病了那里
來得等好了罷宝玉听了不免後悔長嘆曰又问这事襲人知道不
知道小燕道我沒告訴不知芳官可說了不曾宝玉道我都沒告訴过
他也罷等我告訴他就是了說畢復走進來故意洗手已是掌灯時分
听得院門前有一群人進來大家隔窓情視果見林之孝家的和几个

管事的女人走來前頭一个提着大灯籠晴雯悄咲道他們查上夜的人來
了这一出去偺們好関門了只見怡紅院凡上夜的人都迎了出去林之孝
家的看了不少林之孝家的吩咐不要錢吃酒放倒頭睡到大天亮我听
見是不依的衆人都笑說那里有大胆子的人林之孝家的又問寶二爺睡下
了没有衆人都回不知道襲人忙推寶玉ミミ靸了鞋便迎出來笑道我還没
睡呢媽ミ進來歇ミ又叫襲人倒茶來林之孝家的忙進來笑說還没睡如
今天長夜短了該早些睡明兒起的方早不然到了明日起遲了人笑話說不
是个讀書上學的公子了到像那起挑脚漢了說畢又笑寶玉忙笑道媽ミ說
的是我每日都睡的早媽ミ每日進來可都是我不知道的已經睡了今兒因
吃了麪怕停住食所以多頑一回林之孝家的又向襲人等笑說該沏些普洱

兒茶吃襲人晴雯二人忙笑說湛了一盃子女兒茶已經吃过兩碗了大娘也
嚐一碗都是現成的說着晴雯便倒了一碗來林之孝家的又笑道这些時我
听見二爺嘴里都換了字眼赶着这几位大姑娘們竟叫起名字來雖然在这
屋里到底是老太太的人还該嘴里尊重些纔是若一時半刻偶然叫一
声使得若只管叫起來怕以後兄弟侄兒照樣便惹人笑話說这家子的人
眼里沒有長輩宝玉笑道媽媽說的是我原不过是一時半刻的襲人晴雯
都笑說这可別委屈了他直到如今他可姐姐沒离了口不過頑的時候叫
一声半声名字若當着人却是和先一樣林之孝家的笑道这纔好呢这
纔是讀書知礼的越自已謙越尊重別說是三五代的陳人現從老太太
太屋里撥过來的便是老太太屋里的猫兒狗兒輕易也傷他

不的这綫是受过調教的公子行事説畢吃了茶便説請安歇罷我們走了宝玉还説再歇〻那林之孝家的已帶了衆人又查别处去了这里晴雯等忙命関了门進來笑説这位奶〻那里吃了一杯來了嘮三叨四的又排場了我們一頓去了麝月笑道他也不是好意的少不得也要常提着些兒也隄防着怕走了大褶兒的意思説着一面擺上酒菓襲人道不用圍桌咱們把那張花梨木的圓炕桌子放在炕上坐又寛綽又便宜説着大家果然抬來射月和四兒那边去搬菓子用兩個大茶盤做四五次方搬運了來兩個老婆子蹲在外面火盆上篩酒宝玉説天熱咱們都脱了大衣裳纔好衆人笑道你要脱你脱我們还要輪流安席呢宝玉笑道这一安就安到五更天了知道我最这怕些俗套子在外人跟前

不得已的這會子还逼我就不好了衆人听了都說依你于是先不
上坐且忙着卸粧寬衣「見吃酒從未先如此者此独抬红風俗故王夫人一云他行事總是与世人兩樣的知子莫過毋也」一
時將正裝卸去頭上只隨便挽着鬏兒身上皆是長裙短袄宝玉只穿
着大紅棉紗小袄子下面緑綾彈墨袷褲散着褲脚倚着一个各色玫
瑰芍藥花瓣裝的玉色袷紗新枕頭和芳官兩个先划拳當時芳官
滿口嚷熱「余亦此时太热了恨不得一冷既冷时思此热果然一夢矣」只穿着一件玉色紅青酡绒三色
緞子鬪的水田小夾袄束着一條柳綠汗巾底下是水紅撒花夾褲也
撒着褲腿頭上眉額编着一圈小辮總帰至頂心結一根鵞卵粗細
的總辮拖在腦後右耳眼内只塞着米粒大小的一个小玉塞子在耳
上单带着一个白菓大小的硬紅廂金大墜子越顯的面如滿月猶

白眼如秋水还清引的衆人笑說他兩个到像是双生的弟兄兩个襲
人等斟的斟了酒來說且等〻再划拳雖不安席每人在手里吃我們
一口罷了于是襲人為先端在唇上吃了一口餘皆依次下去一一吃過大家
方圓坐定小燕四兒因炕沿上坐不下便端了兩張椅子近炕放下那四
十个碟子皆是一色白粉定窑的不過只有小茶碟大里面不过是山
南海北中原外国或乾或鮮或水或陸天下所有的酒饌菓菜宝玉
因說偺们也該行个令才好襲人道斯文些的才好别大呼小叫惹人听見二
則我们不識字可不要那些〻文的射月笑道拿骰子偺们搶紅罢宝玉道
沒趣不好偺们占花名兒好晴雯笑道正是早已想着這个頑意兒襲人
道这个頑意虽好人少了沒趣小燕笑道依我說偺們竟悄〻的把宝

姑娘林姑娘請了來頑一回子到二更天再睡不遲襲人道又開門喝（合）
戶的鬧倘或遇見巡夜的問（呢）宝玉道怕什麼咱們三姑娘也吃酒再請
他一声纔好还有琴姑娘衆人都道琴姑娘罷了他在大奶奶屋里叨
登的大發了宝玉道怕什麼你們就快請去小燕四兒都得不了（得）一声
二人忙命開了门分頭去請晴雯射月襲人三人又說他兩个去請只
怕宝林兩个不肯来須得我們請去死活拉他来于是襲人晴雯忙
又命老婆子打个灯籠二人又（也）去果然宝釵說夜深了代玉說身上
不好他二人再三央求說好歹給我們一点体面略坐坐再來探春听了
却也欢喜因想不請李紈倘或被他知道了到不好便命翠墨同
了小燕也再三的請了李紈和宝琴二人会齊先後都到了怡紅院

中襲人又死活拉了香菱來炕上又併了一張桌子方坐開了宝玉忙
說林妹〻怕冷过这边靠板壁坐又拿个靠背墊着些〻襲人等都端
了椅子在炕沿下一陪代玉却离桌遠〻的靠着靠背因笑向宝釵
李紈探春等道你們日〻說人夜聚飲賭博今兒我們自己也如此以後怎
麽說人李紈笑道这有何妨一年之中不过生日節間如此並無夜〻如此
这到也不怕說着晴雯拿了一个竹雕的籤筒來里面裝着象牙花名
籤子搖了一搖放在当中又取过骰子來盛在盒内搖了一搖揭開一看里
面是五点数至宝釵〻〻便笑道我先抓不知抓出个什麽來說着將筒子搖
了一搖伸手掣出一根大家一看只見籤上画着一支牡丹題着艶冠群
芳四字下面又有鐫的小字一句唐詩道是

任是無情也動人

又注着在席共賀一杯此為群芳之貫隨意命人不拘詩詞雅謔道一則以優酒衆人看了都笑說巧的狠你也原配牡丹花說着大家共賀了一杯宝釵吃过便唉說芳官唱一枝我們听罢芳官道既这樣大家吃門杯好听的于是大家吃酒芳官便唱壽筵開處風光好衆人都道快打回去这會子狠不用你來上壽揀你極好的唱來芳官只得細細的唱了一枝

賞花時　翠鳳毛翎箒叉　閑為仙人掃落花　您看那一風起玉塵沙　猛可的那一層雲霞　抵多少门外即天涯　您看那一風斬黄龍一線兒差　再休向東老貧窮賣酒家　您與俺眼向雲霞 洞賓呵

悶得了人可便早些兒回話若遲呵錯教人唱恨碧桃花

纔罢宝玉却只管拿着那籤口内顛來倒去念任是無情也動人听〻了这曲子眼看着芳官不語湘雲忙一手奪了擲与宝釵〻〻又擲了一个十六点数到探春咲道我还不知得个什庅呢伸手掣了一根出來自己一瞧便擲在地下紅了臉咲道这東西不好不該行这令这原是外頭男人們行的令許多混話在上頭衆人不解襲人等忙拾了起來衆人看上面是一枝杏花那紅字寫着瑶池仙品四字詩云

日边紅杏倚雲栽

註云得此籤者必得貴婿大家恭賀一杯共同飲一杯衆人笑道我說是什庅呢这籤原是閨閣中取戲的除了这两三根有这話的並無雜話这

有何妨我们家已有了个王妃难道你也是王妃不成大喜〻〻説着大家來
敬探春那里肯飲却被史湘雲香菱李紈等三四个人雖死活灌了下去探
春只命蠲了这个再行别的衆人断不肯依湘雲拿着他的手強擲了
个九点出來便該李氏掣李氏搖了一搖掣出一根來一看笑道好極你们
瞧〻这劳什子竟有些意思衆人瞧那籤上画着一枝老梅是寫着霜
曉婆四字那一面旧詩是

竹籬茅舍自甘心

註云自飲一杯下家擲骰李紈笑道真有趣你们擲去罢我只自吃一杯
不問你们的廢与興説着便吃酒將骰过与代玉〻〻一擲是个十八点便該
湘雲掣湘雲笑着揎拳擄袖的伸手掣了一根出來大家看時一面画着

一枝海棠題有香夢沉酣四字那面詩道是

只恐夜深花睡去

代玉笑道夜深兩个字改石凉兩个字衆人便知他趣白日间湘雲醉卧的事都笑道（倒）了湘雲笑指那自行船与代玉看又説快坐上那船家去罢別多話了衆人都笑了因看註云既云香夢沉酣掣此籤者不便飲酒只令上下二家（家）各飲一杯湘雲拍手笑道阿弥陀佛真〻好籤恰好代玉是上家宝玉是下家（給）二人斟了兩杯只得要飲宝玉先飲了半杯瞧人不見進与芳官端起來便一揚脖代玉只管和人説話將酒全折在漱盂内了湘雲便綽起骰子來一擲个九点数去該射月〻〻便掣了一根出來大家看時這面上一枝茶蘼花題有照華勝極四字那边寫有一

句旧詩道是
開到荼蘼花事了
註云在席各飲三杯送春射月问怎庅講宝玉愁眉忙将籤藏了説
偺們且喝酒説有大家吃了三口以充三杯之數射月一擲个十九
点該香菱〻〻便掣了一根並蒂花題有聯春绕瑞那面冩有
一句詩道是
連理枝頭花正開
註云共賀掣者三杯大家陪飲一杯香菱便又擲了个六点該代
玉掣代玉默〻的想道不知還有什庅好的被我掣有方好一面伸
手取了一根只見上面画有一枝芙蓉題有几露清愁四字那面

一句旧是詩道是

莫怨東風當自嗟

註云自飲一杯牡丹陪飲一杯衆人㗛說这个好極除了他別人不配

作芙蓉代玉也自笑了于是飲了酒便擲了个二十点該有襲

人〻〻他伸手内取了一支出来却是一枝桃花題有武陵別

景四字那一面旧詩寫有道是

桃紅又是一年春

註云杏花陪一盞坐中间同庚者陪一盞同辰者陪一盞同姓者

陪一盞衆人笑道这一回热闹有趣大家笑来香菱晴雯

宝釵二人皆与他同庚代玉与他同辰只無同姓者芳官忙

道我也姓花我也陪他一鍾于是大家斟了酒代玉曰相(向)探
春笑道命中該有招貴婿的你是杏花快喝了我们好喝
探春笑道这是个什庅大嫂子順手給他一下子李紈笑道
人家不得貴婿反挨打我也不忍的說(的)衆人都笑了襲人纔
要擲只听有人叫门老婆子忙出去問時原来是薛姨媽打
發人来了接代玉的衆人曰問几更了人回二更已後了鍾打过
十一下了宝玉猶不信要過表来瞧了一瞧已是子初〻刻十分了
代玉便起身說我可掌不住了回去还要吃藥呢衆人說也都
該散了襲人宝玉等还要留着衆人李紈宝釵等都說夜太探(深)了
不像这已是破格了襲人道既如此每位再吃一杯再走說着晴

雯等已都斟滿了酒每人吃了都命点灯襲人等直送过沁芳亭河
那边方回来関了门大家從又行起令来襲人等又用大鍾斟了几
鍾用盤攢了各樣菓菜与地下的老婆々們吃彼有（此）了三分酒
便猜拳贏唱小曲兒那天已四更時分老婆々們一面明吃一面暗
偷酒缸已罄衆人听了納罕方収什盥漱睡覺芳官吃的兩腮
胭脂一般眉稍眼角越添了許多丰韵身子圖不得便睡在襲
人身上好姐々心跳的狠（我）襲人笑道誰許你（侭）侭力灌起来小燕四兒
也圖不得早睡了晴雯还只管叫宝玉道不用叫了偺們且胡乱
歇一歇罢自已便枕了那紅香枕身子一歪便也睡着了襲人
見芳官醉的狠恐閙他嘔酒只得輕々起来就將芳官扶

在宝玉之側由他睡了自已却在对面榻上倒下大家黑[醉]甜一覺不
知所之及至天明襲人睁眼一看只見天色晶明忙說可遲了向对
面床上瞧了一瞧只見芳官頭枕着炕沿上睡猶未醒連忙起来
叫他宝玉已翻身醒了笑道可遲了因又推芳官起身那芳官坐
起来猶發怔揉眼睛襲人笑道不害羞你吃醉了怎庅也不揀地
方兒亂挺下了芳官聽了瞧了一瞧方知道和宝玉同榻忙笑的
下地来說我什[怎]庅吃的不知道了宝玉笑道我竟也不知道了
若知道給你臉上抹些黑墨說着丫頭進来伺候梳洗宝玉
笑道昨兒有擾今兒晚上我还席襲人笑道罢罢今兒可
别闹了再闹就有人說話了宝玉道怕什庅不过纔兩次罢了偺

們也笑是会吃酒了那一罈子酒怎庅就吃光了正是有趣偏
又沒了襲人笑道原要這樣纔有趣必至興盡了反無後味了
昨兒都好上來了晴雯連臊也忘了我記得他还唱了一个四兒
笑道姐〻忘了連姐〻还唱了一个呢在席的誰沒唱过衆人
听了俱紅了臉用兩手握着笑个不住忽見平兒笑嘻〻的
走來說親自來請昨日在席的人今兒我还席短一个也不使
得衆人忙讓坐吃茶晴雯笑道可惜昨夜沒他平兒忙问你
們夜里做什庅來襲人便說告訴不得你昨兒夜里热鬧非常
連往日老太〻太〻帶着衆人頑也不及昨兒這一頑一罈酒
我們都鼓搗光了一个〻吃的把臊都丟了三不知的又都唱

起來四更多天纔横三竪四的打了一个盹兒平兒笑道好白
和我要了酒來也不請我还說肯給我听氣我晴雯道今兒
他还席必來請你的等着罷平兒笑問道他是誰誰是他晴
雯听了赶着笑打說道偏你这耳朵尖听得真平兒笑道
这会子有事不和你說我幹事去了一回再打發人來請一个不
到我是打上门來的宝玉等忙留他已經去了这里宝玉梳
洗了正吃茶忽然一眼看見硯台底下壓着一張紙因說道
你們这隨便混壓東西也不好襲人晴雯等忙問又怎庅了
誰又有了不是宝玉指道硯台下是什庅一定又是那位的樣子忘
記了收的晴雯忙啟硯拿了出來却是一張字帖兒遞与宝

玉看時原來是一張粉箋子上面寫着檻外人妙玉恭肅遙叩芳辰
寶玉看畢直跳了起來帖文亦蹈俗套之卧忙問這是誰接了來的也不
告訴襲人晴雯等見了這般不知當是那个要緊的人送也来
的帖子忙一齊問昨兒誰接了下了个帖子四兒忙飛跑進来
笑說昨兒妙玉並沒親手只打發个媽〻送来我就擱在那
里誰知一頓酒就忘了衆人听了道我當誰的這樣大驚小
怪這也不值的寶玉忙命快拿紙来當時拿了紙研了墨
看他下着檻外人三字自己竟不知回帖上回个什么字樣
纔相敵只管提筆出神半天仍沒主意因又想若問寶釵去
他必又批評怪誕不如問代玉去想畢袖了帖兒逕来尋代

玉剛過了沁芳亭忽見岫烟顫々巍々的迎面走來宝玉忙
问姐々那里去岫烟笑道我找妙玉說話宝玉听了咤意說
道你他為人孤癖不合時宜万人不入他的眼的目原來他推重姐々竟知姐
姐不是我們一流的俗人岫烟笑道他也未必真心重我但我和他
做過十年的鄰居只一墻之隔他在蟠香寺修煉我家原寒素賃
的是他廟里的房子住了十年無事到地廟里去作伴我所認的字
都是承他所授我和合他又是貧賤之交又有半師之分曰我們投親去
了聞得他因不合時宜權勢不容竟投到这里來如今又天緣湊合
我們得遇旧情竟未易改承他青目更勝當日宝玉听了恍如听了焦
雷一般喜的笑道怪道姐々舉止言談超然如野鶴閒雲原來有本而

來正因他的一件事我為难要請教別人去如今遇見姐〻真是天緣巧合
求姐〻指教說着便拜帖取与岫烟看岫烟笑道他這脾氣竟不能改竟是
生成這等放誕詭僻了從來沒見拜帖上下別號的這可是俗語說的僧不
僧俗不俗女不女男不男成个什庅道理宝玉听說忙笑道姐〻不知道他
原不在這些人中筭他原是世人意外之人因取我是个些微有知識的方
給我這帖子我因不知回什庅字樣纔好竟沒了主意正要去问林妹〻可
巧遇見了姐〻岫烟听了宝玉這話且只顧用眼上下細細打諒了半日方笑
道怪道俗語說的闻名不如見面又怪不得妙玉竟下這帖子給你又不怪得
上年竟給你那些梅花既連他這樣少不得我告訴你原故他常說古人中
自漢晉五代唐宋以來皆無好詩只有兩句好說道

縱有千年鉄门檻　終須一個土饅頭

所以他自称檻外之人又常讚文是莊子的好故又或称為畸人他若帖子上是自称畸人的称就还他个世人畸人者他自称是畸零之人你讓自己乃世中擾擾之人他便喜了如今他自称檻外之人是自謂蹈于鉄檻之外了故你如今只下檻内人便合了他的心了宝玉听了如醍醐灌頂嗳哟了一声方笑道怪道我们家廟説是鉄檻寺呢原来有这一説姐姐就請讓我去寫回帖岫烟听了便自往櫳翠庵来宝玉回房寫了帖子上面只寫檻内人宝玉薰沐謹拜几字親自拿了到櫳翠庵只隔门縫兒投進去便回来了因又見芳官梳了頭挽起髩來帶了些花翠忙命他改粧又命將周圍的短髮剃了去露出碧青頭

次來當中分大頂又說冬天作大貂鼠卧兔兒帶腳上穿虎頭盤雲五彩
小戰靴或散角褲腿只用淨襪厚底廂鞋又說芳官之名不好竟改
了男名纔別致因又改作雄奴芳官十分稱心又說既如此你出門也
帶我出去有人問只說我和茗烟一樣的小廝就是了寶玉笑道到底人
看的出來芳官笑道我說你是無才的（用芳官一罵有趣） 偺家現有幾家土番
你就說我是個小土番兒況且人人說我打聯垂好看你想這話可妙寶玉
听了喜出意外忙笑道這却很好我亦常見官員人等多有跟從外
国獻俘之種圖其不畏風霜鞍馬便捷既這等再起個番名叫作耶律
雄奴〻〻二音又與匈奴相通都是犬戎名姓況且這兩種人自堯舜
時便為中華之患晉唐諸朝深受其害幸得偺們有福生在當今

之世大舜之正裔聖虞之功德仁孝赫赫格天同天地日月億兆不朽所以凡歷朝中跳梁猖獗之小醜到了如今竟不用一干一戈皆天使其拱手俛頭原遠來降我們正該作踐他們為君父生色芳官笑道既这樣有你該去操習弓馬學些武藝挺身出去拿幾個反叛來豈不進忠效力了何必借我們你鼓唇搖舌的自己開心作戲却說是稱功頌德呢寶玉笑道所以你不明白如今四海賓服八方寧靜千載百載不用武備咱們雖一戲一笑也該稱頌方不負坐享昇平了芳官聽了有理二人自為妥貼甚宜寶玉便叫他耶律雄奴究竟賈府二宅皆有先人當年所獲之囚賜為奴隸只不過令其飼養馬匹皆不堪大用湘雲素習憨戲異常他也最喜武扮的每每自己束鑾帶穿

摺袖近見宝玉將芳官扮成男子他已將葵官也扮了个小子那葵官本是常刮剔短髮好便于面上粉墨油彩手脚又伶便打扮了又省一層手李紈探春見了也愛便將宝琴的荳官也就命他打扮了一个小童頭上兩个了髻短襖紅鞋只差了塗臉便儼是戲上的一个琴童湘雲將葵官改了換作大英因他姓韋便吽他作常大英方合自己的意思暗有惟大英雄能本色之語何必塗硃抹粉纔是男子荳官身量年紀皆極小又極鬼靈故曰荳官園中人也有喚他作阿荳的也有喚作炒豆子的宝琴反說琴童書童等名太熟了竟是荳字別致便換作荳童因飯後平兒还席說紅香圃太熱便在榆蔭堂中擺了几席新酒佳餚可喜尤氏又代了佩鳳偕鸞二妾過來遊玩这二妾亦是青年姣憨女子不常过

來的今既入了这園再遇見湘雲香菱芳蕋一干女子所謂方以類聚物以群分二語不錯只見他們說笑不了也不管尤氏在那里只憑丫嬛們去伏侍且同衆人二妾遊玩一時到了怡紅院忽听宝玉叫耶律雄奴把佩鳳偕鴛香菱三个人笑在一處問是什庅語〔話〕大家也學着叫这名子又叫錯了音韵或忘了字眼甚至于叫出野驢子来引的合園中人凡听見無不笑倒宝玉又見人々取笑恐作賤了他忙又說海西福朗思牙闻有金星玻璃宝石他本国番語以金星玻璃名温〔為〕都里納如今將你比作他就改名喚叫温都里納可好芳官听了更喜說就是这樣罢因此又喚了這名衆人嫌拗口仍番漢名就喚玻璃

閑言少述且說當下衆人都在榆蔭堂中以酒爲名大家頑笑命女
先兒擊鼓平兒採了一枝芍藥大家約二十來人傳花爲令熱鬧了一
回因人回說甄家有兩个女人送東西來了探春和李紈尤氏三人出
去議事所相見這里衆人且出來散一散佩鳳偕鸞兩个去打鞦韆頑
耍（大家千金不令作此戲故寫不及探春等人也）寶玉便說你兩个上去讓我
送慌的佩鳳說罷了別替我們鬧亂子到是叫野驢子來送送使得
寶玉忙笑道說好姐姐們別頑了沒的叫人眼（看）着你們學（說這个）着罵他
偕鸞又說笑軟了怎麼打呢吊下來栽出你的黃子來佩鳳便趕
着他打正頑笑不絕忽見東府中幾个人慌慌張張跑來說老爺
殯天了衆人听了唬了一大跳忙都說好好的並無疾病怎麼就沒

了家下人說老爺天〻修煉定是功行圓滿昇仙去了尤氏一聞此
言又見賈珍父子並賈璉等皆不在家一時竟沒个着己的男子
來未免忙了只得忙卸了粧飾命人先到玄真觀將所有的道士
都鎖了起來等大爺來家審問一面忙〻坐車帶了賴昇一干老
人媳婦出城又請太醫看視到底係何病大夫們見人已死何處
胗脉來素知賈敬導氣之術總属虛誕更至參星礼斗守庚申服
靈砂妄作虛為过于勞神費力反因此傷了性命的如今雖死肚中
堅硬似鉄面皮嘴唇燒的紫絳皺裂便向媳婦回說係玄教中吞金
服砂燒脹而歿衆道士慌的回說原是老爺秘法新製的丹砂
吃坏事小道們也曾劝說功行未到且服不得不承望老爺于今

夜守庚申時情〻的服了下去便昇仙了这恐是虔心得道已出苦
海脫去皮囊自了去也尤氏也不听只命鎖着等賈珍來發放且
命人去飛馬報信一面看視这里窄狭不能停放横竖也不能進
城的忙裝裹好了用軟轎抬至鉄檻寺來停放掐指筭來至早也
得半月的工夫賈珍方能來到目今天氣炎熱實不可相待遂
自行主持命天文生擇了日期入殮壽木已係早年備下寄在此
廟的甚是便宜三日後便開喪破孝一面且做起道場來等賈
珍榮府中鳳姐兒出不來李紈又照顧姊妹寶玉不識事体只
得將外頭之事暫托了几个家中二等管事人賈瑞賈珖賈珩賈
瓔賈菖賈菱等各有执事尤氏不能回家便將他継母接來在

寧府看家他這繼母只得將兩个未出嫁的小女帶來一並起居才放
心〔原為放心而來終是放心而去妙甚〕且說賈珍聞了此信即忙告假並賈蓉是有職之品
礼部見當今隆敦孝弟不敢自尚其本請旨原來天子極是仁孝過
天的且更隆重功臣之裔一見此本便詔問賈敬何職礼部代奏係
進士出身祖職已蔭其子賈珍賈敬因年邁多疾常養靜於都
城之外玄真觀今因疾歿于寺中其子珍其孫蓉現因国喪隨駕在
此故乞假歸殯天子听了忙下額外恩旨曰賈敬雖白衣無功于国
念彼祖父之功追賜五品之職令其子孫扶柩由北下之门進都入彼
私第殯殮任其子孫盡喪礼畢扶柩回籍外有光禄寺按上例賜祭
朝中自王公以下准其祭弔欽此〻旨一下不但賈府中人謝恩連朝

中所有大臣皆嵩呼称頌不绝賈珍父子星夜馳回半路中又見賈瑞賈
珖二人領家子飛騎而來看見賈珍一齊滾鞍下馬請安賈珍忙问
作什麼賈瑞回说嫂子恐哥〻和侄兒來了老太〻路上無人叫我們
兩个來護送老太〻的賈珍听了讚称不绝又问家中如何料理
賈瑞等便將如何拿了道士如何挪至家廟怕家内無人接了親
家母和兩个嬸娘在上房住有賈蓉当下也下了馬听見兩个嬸娘
來了便和賈珍一哭賈珍忙说了几声妥当加鞭便走店也不投連
夜換馬飛馳一日到了都门先奔入鉄檻寺那天已是四更天氣
坐更的闻知忙喝起衆人來賈珍下了馬和賈蓉放声大哭從大
门外便跪爬進來至棺前稽顙泣血直哭到天亮喉嚨都啞了

方住尤氏等都一齐見过賈珍父子忙按礼换了凶服在棺前俯伏無奈自巳要理事竟不能目不視物耳不闻声少不得减些悲戚好指揮衆人因将恩旨備述与衆親友听了一面先打發賈蓉家中料理停靈之事賈蓉得不得一声兒先騎馬飛来至家忙命前厛收桌椅下槅扇掛孝幔子门前起鼓手棚牌樓等事又忙着進来看外祖母兩个姨娘原来尤老安人年高喜睡常歪着了他二姨娘三姨娘都和了頭們作活计他来了都道煩惱賈蓉且嘻嘻的望他二姨娘笑說二姨娘你又来了我們父親正想你呢尤二娘便红了臉罵道蓉小子我过兩日不罵你几句你就过不得了越發連个体统都沒了还虧你是大家公子哥兒每日念書學礼的越發連那小家子瓢坎

的也跟不上說着順手拿起一个熨斗來摟頭就打嚇的賈蓉抱着頭滚到懷里告饒尤二姐便上來撕嘴又說等姐〻來家偺们告訴他賈蓉忙笑着跪在炕上求饒他两个又笑了賈蓉又和二姨搶砂仁吃尤三姐咬嚼了一嘴渣子吐了他一臉賈蓉用舌頭都舔着吃了衆丫頭看不過都笑說热孝在身上老娘纔睡了覺他两个雖小到底是姨娘家你太眼里没有奶〻了回來告訴爺你吃不了兜着走賈蓉撇下他姨娘便抱着丫頭们親嘴我的心肝你說的是偺们饞他两个了丫頭们忙推他恨的駡短命鬼兒你一般有老婆丫頭只和我们鬧知道的說是頑（妙極之頑天下有是之頑亦有趣甚此語余亦親聞者非編有也）不知道的人再遇見那髒心爛肺的爱多管閑事咬嚼舌頭的人吵嚷的那府里誰不知道

谁不背地里咬（嚼）舌（根）说咱们这边乱賬（張）賈蓉笑道各门另户谁管谁的事
都彀使的了从古至今連漢朝和唐朝人还说臟唐臭漢何況咱们
这宗人家谁家没風流事別討我说出来連那边大老爺这庅利
害璉（二）叔还和那小姨娘不干净呢鳳姑娘那樣剛强瑞（大）叔还想他的
賬那一件瞞了我賈蓉只管信口開河（合）胡言乱道之间只見他老娘醒
了请安问好又說難為老祖宗劳心又難為两位姨娘受委屈我们
爺兒们感戴不尽惟有等事完了我们合家大小登们去磕頭尤老
人点頭道我的兒到是你们會说話親戚们原是該的又问你父親
好几時得了信赶到的賈蓉笑道纔剛赶到的先打發我瞧你老人家
来了好歹求你老人家事完了再去说看又和他二姨挤眼那尤二姐

便悄悄咬牙含笑罵狠會咬舌頭的猴兒崽子留下我們給你爹作
娘不囫圇賈蓉又戲他老娘道放心罷我父親日每為兩位姨娘操心
要尋兩个又有根基又富貴又年青又俏皮的兩位姨爺爹好聘嫁這
二位姨娘的這几年總沒揀得可巧前日路上纔相准了一个九老
只當真話帐問是誰家的兩卯姊妹丢了活計一頭笑一頭赶着打說
媽別信這雷打的連了頭們都說天老爺有眼仔細雷要擊又值
人來回話事已完了請哥兒出去看了回爺的話去那賈蓉方咲
嘻嘻的去了不知如何且聽下回分解

脂硯齋重評石頭記卷之

第六十四回

幽淑女悲題五美吟　　浪蕩子情遺九龍珮

話說賈蓉見家中諸事已妥連忙赶至寺中回明賈珍於是連夜分派各項執事人役並預備一切應用旛杠等物擇於初四日卯時請靈柩進城一面使人知會諸位親友是日喪儀焜燿賓客如雲自鐵檻寺至寧府夾路看的何止數萬人内中有嗟嘆的也有羨慕的又有一等半瓶醋的讀書人說是喪禮與其奢易莫若儉戚的一路紛紛議論不一至未申時方到將靈柩停放正堂之内供奠舉哀已畢親友漸次散回只剩族中人分理迎賓送客等事近親只有邢舅太爺相伴未去賈珍賈蓉此時為禮法所拘不免在靈傍藉草枕塊恨苦居

喪人散後仍乘空尋他小姨子廝混寶玉亦每日在寧府穿孝至晚人散方回園裡鳳姐身體未愈雖不能時常在此或遇開壇誦經親友上祭之日亦扎掙過來相幫尤氏料理一日供畢早飯因此時天氣尚長賈珍等連日勞倦不免在靈傍假寐寶玉見無客至遂欲回家看視黛玉因先回至怡紅院中進入門來只見園中寂靜無人有幾個老婆子與小丫頭們在迴廊下取便乘凉也有睡臥的也有坐着打盹的寶玉也不去驚動只有四兒看見連忙上前來打簾子將掀起時只見芳官自內帶笑跑出幾乎與寶玉撞個滿懷一見寶玉方含笑站着說道你怎麽來了你快與我攔住晴雯他要打我呢一語未了只聽得屋內唏嗗嘩喇的亂响不知是何物撒了一地隨後晴雯赶來罵道我看你這小蹄子往那裡去輪（輸）了不叫打寶玉不在家我看你有誰來救你寶玉連忙帶

笑攔住道你妹子小不知怎麽得罪了你看我的分上饒他罷晴雯也不想寳
玉此時回來乍一見不覺好笑遂笑説道芳官竟是個狐狸精變的竟是會拘
神遣將的符咒也没有這麽快又笑道就是你真請了神來我也不怕遂奪手
仍要捉拿芳官芳官早已藏在寳玉身後寳玉隨一手拉了晴雯一手攜了芳
官進入屋内看時只見西邊炕上麝月秋紋碧痕春燕等正在那裡抓子兒贏
瓜子兒呢却是芳官輪〔輸〕與晴雯芳官不肯叫打跑了出來晴雯因赶芳官將懷
内的子兒撒了一地寳玉歡喜道如此長天我不在家正恐你們寂寞吃了飯
睡覺睡出病來大家尋見事頑笑消遣甚好因不見襲人又問道你襲人姐姐
呢晴雯道襲人麽越發道學了獨自個在屋裡面壁呢這好一會我們没進去
不知他作什麽呢一些聲氣也聽不見你快瞧瞧去罷或者此時參悟了也未

可定寶玉聽說一面笑一面走至裡間只見襲人坐在近窗床上手中拿着一根灰色縧子正在那裡打結子呢見寶玉進來連忙站起笑道晴雯這東西編派我什麽呢我因要赶着打完了這結子没工夫和他們瞎鬧因哄他道你們頑去罷趁着二爺不在家我要在這裡静坐一坐養一養他就編派了我這些混話什麽面壁了叅禪了的等一會我不撕他那嘴寶玉笑着挨近襲人坐下瞧他打結子問道這麽長天你也該歇息歇息或和他們頑笑要不瞧瞧林妹妹也好怪熱的打這個那裡使襲人道我見你帶的扇套還是那年東府裡蓉大奶奶的事情上作的那個青東西除族中或親友家夏日有喪事方帶得着一年遇着帶一兩遭平常又不犯做如今那府裡有事這是要過去天天帶的所以我赶着另作一個等打完了結子給你換下那舊的來你雖不講究這個

若呌老太太回來看見又該說我們躲懶連你的穿帶之物都不經心了寶玉笑道這真難為你想的到只是亦不可過於趕熱着了倒是大事說着芳官早托子一杯凉水內新湃的茶來因寶玉素昔秉賦柔脆雖暑月不敢用冰只以新汲井水將茶連壺浸在盆內不時更換取其凉而已寶玉就芳官手內吃了半盞遂向襲人道我來時已吩咐了焙茗若珍大哥那邊有要緊的客來時呌他即刻送信若無要緊的事我就不過去了說畢遂出了房門又回頭向碧痕等道如有事往林姑娘處找我於是一逕往瀟湘館來看黛玉將過了沁芳橋只見雪雁領着兩個老婆子手中都拿着菱藕瓜菓之類寶玉忙問雪雁道你們姑娘從來不吃這些凉東西的拿這些瓜菓何用不用要請那位姑娘奶奶麽雪雁笑道我告訴你可不許你對姑娘說去寶玉點頭應允雪雁便命兩個

婆子先將瓜菓送去交與紫鵑姐姐他要問我你就說我做什麽呢就來那婆子答應着去了雪雁方說道我們姑娘這兩日方覺身上好些了今日飯後三姑娘來會着要瞧二奶奶去姑娘也没去又不知想起甚麽來了自己哭了一回提筆寫了好些不知是詩是詞叫我傳瓜果去時又聽叫紫鵑將屋内擺着的小琴桌上的陳設搬下來將桌子挪在外間當地又叫將那龍文鼎放在桌上等瓜菓來聽用若說是請人呢不犯先忙着把個爐擺出來若說點香呢我們姑娘素日屋内除擺新鮮花果木瓜之類又不大喜燻衣服就是點香亦當點在常坐臥之處難道是老婆子們把屋子燻臭了要拿香熏熏不成究竟連我也不知何故說畢便連忙去了寶玉這裡不由的低頭心内細想道據雪雁說來必有原故若是同那一位姊妹們閒坐亦不必如此先設饌具或者是

姑爹姑媽的忌辰但我記得每年到此日期老太太都吩咐另外整理餚饌送去林妹妹私祭此時已過大約必是七月因為瓜菓之節家家都上秋季的坟林妹妹有感于心所以在私室自己祭奠取禮記春秋薦其時食之意也未可定但我此刻走去見傷他感必極力勸解又怕他煩惱鬱結於心若竟不去又恐他過於傷感無人勸止兩件皆足致疾莫若先到鳳姐姐處一看在彼稍坐即回如若見林妹妹傷感再設法開解既不至使其過悲哀痛稍申亦不至抑鬱致病想畢遂出了園門一逕到鳳姐處來正有許多執事婆子們回事畢紛紛散去鳳姐兒正倚着門和平兒說話呢一見了寶玉笑道你回來了麼我緫吩咐了林之孝家的叫他使人告訴跟你的小厮若没什麽事趂便請你回來歇息歇息再者那裡人多你那裡禁得住那些氣味不想恰好你倒來了寶玉

笑道多謝姐姐記掛我也因今日没事又見姐姐這兩日没往那府裡去不知身上可大愈否所以回來看視看視鳳姐道左右也不過是這樣三日好二日不好的老太太太太不在家這些大娘們噯那一個是安分的每日不是打架就拌嘴連賭博偷盗的事情都鬧出兩三件來了雖説有三姑娘帮着辦理他又是個没出閣的姑娘也有叫他知道得的也有望他説不得的事也只好强扎挣着罷了總不得心淨一會兒别説想病好求其不添也就罷了寶玉道姐姐雖如此説姐姐還要保重身體少操些心纔是説畢又説了些閑話别了鳳姐一直往園中走來進了瀟湘館院門看時只見爐裊殘烟奠餘玉醴紫鵑正看着人往裡收棹子搬陳設呢寶玉便知已經祭奠完了走入屋内只見黛玉面向裡歪着病體懨懨大有不勝之態紫鵑連忙説道寶二爺來了黛玉方慢

慢的起來含笑讓坐寶玉道妹妹这兩天可大好些了氣色倒覺静些只是為
何又傷心了黛玉道可是你没的説了好好的我多早晚又傷心了寶玉笑道
妹妹臉上現有淚痕如何還哄我呢只是我想妹妹素日本來多病凡事當各
自寛解不可過作無益之悲若作踐壊了身子使我説到這裡覺得以下的話
有些難説連忙嚥住只因他雖説和黛玉一處長大情投意合又願同生死却
只是心中領會從來未曾當面説出況兼黛玉心多每每説話造次得罪了他
今日原為的是來勸解不想把話又説造次了接不下去心中一急又怕黛玉
惱他又想一想自己的心實在的是為好因而轉念為悲已早滚下淚來黛玉
起先原惱寶玉説話不論輕重如今見此光景心有所感本來素昔愛哭此時
亦不免無言對泣却説紫鵑端了茶來打諒二人又為何事口角因説道姑娘

身上幾好些寶二爺又來慪氣了到底是怎麼樣寶玉一面拭淚笑道誰敢慪
妹妹了一面搭訕着起來閑步只見硯台底下微露一紙角不禁伸手拿起黛
玉忙要起身來奪已被寶玉揣在懷內笑央道好妹妹賞我看看罷黛玉道不
管什麼來了就混翻一語未了只見寶釵走來笑道寶兄弟要看什麼寶玉因
未見上面是何面詞又不知黛玉心中如何未敢造次回答却望着黛玉笑黛
玉一面讓寶釵坐一面笑說道我曾見古史中有才色的女子終身遭際令人
可欣可羨可悲可歎甚多今日飯後無事因欲擇出數人胡亂湊幾句詩以寄
感慨可巧探丫頭來會我瞧鳳姐姐去我也心上懶懶的沒同他去纔將做了
五首一時困倦起來擱在那裡不想二爺來了就瞧見了其實給他看也到沒
有什麼但只是嫌他是不是的寫給人看去寶玉忙道我多早晚給人看來呢

昨日那把扇子原是我愛那幾首白海棠的詩所以我自己用小楷寫了不過為的是拿在手中看著便易我豈不知閨閣中詩詞字跡是輕易往外傳誦不得的自從你說了我總沒拿出園子去寶釵道林妹妹這慮的也是你既寫在扇子上偶然忘記了拿在書房裡去被相公們看見了豈有不問是誰做的呢倘或傳揚開了反為不美自古道女子無才便是德總以貞靜為主女工還是第二件其餘詩詞不過是閨中遊戲原可以會可以不會咱們這樣人家的姑娘倒不要這些才華的名譽因又向黛玉道拿出來給我看看無妨只不叫寶兄弟拿出去就是了黛玉笑道既如此說連你也可以不必看了又指著寶玉笑道他早已搶了去了寶玉聽了才自懷內取出湊在寶釵身傍一同細看只見寫道

西施

一代傾城逐浪花，吳宮空自憶兒家。
效顰莫笑東村女，頭白溪邊尚浣沙。

虞姬

腸斷烏啼夜嘯風，虞兮幽恨對重瞳。
黥彭甘受他年醢，飲劍何如楚帳中。

明妃

絕艶驚人出漢宮，紅顏命薄古今同。
君王縱使輕顏色，予奪權何畀畫工。

綠珠

瓦礫明珠一例拋　何曾石尉重嬌嬈

都緣頑福前生造　更有同歸慰寂寥

紅拂

長劍雄談態自殊　美人巨眼識窮途

屍居餘氣楊公幕　豈得羈縻女丈夫

寶玉看了讃不絕口又說道妹妹這詩恰好只做了五首何不就命曰五美吟於是不容分說便提筆寫在後面寶釵亦說道做詩不論何題只要善翻古人之意若要隨人脚踪走去縱使字句精工已落第二義究竟算不得好詩卽如前人所咏昭君之詩甚多有悲輓昭君的有怨恨延壽的又有譏漢帝不能使畫工圖貌賢臣而畫美人的紛紛不一後來王荆公復有意態由來畫不成當

時枉殺毛延壽永叔有耳目所見尚如此萬里安能制夷狄二詩俱能各出已見不與人同今日林妹妹這五首詩亦可謂命意新奇別開生面了仍欲往下說時只見有人回道璉二爺回來了適纔外間傳說往東府裡去了好一會了想必就回來的寶玉聽了連忙起身迎至大門以內等待恰好賈璉自外下馬進來於是寶玉先迎着賈璉跪下口中給賈母王夫人等請安又給賈璉請了安二人攜手走了進來只見李紈鳳姐寶釵黛玉迎探惜等早在中堂等候一一相見已畢因聽賈璉說道老太太明日一早到家一路身體甚好今日先打發我來回家看視明日更五仍要出城迎接說畢衆人又問了些路途的景況因賈璉是遠歸遂大家別過讓賈璉回房歇息一宿晚景不必細述至次日飯時前後果有賈母王夫人等到來衆人接見已畢畧坐了一坐吃了一盃茶便

領了王夫人等人過寧府中來只聽見裡面哭聲震天却是賈赦賈璉送賈母
到家即過這邊來了當下賈母進入裡面早有賈赦賈璉率領族中人哭着迎
了出來他父子一邊一個挽了賈母走至靈前又有賈珍賈蓉跪着撲入懷內
痛哭賈母暮年人見此光景亦摟了珍蓉等痛哭不已賈赦賈璉在傍苦勸方
畧畧止住又轉至靈右見了尤氏婆媳不免又相持大哭一場哭畢衆人方上
前一一請安問好賈珍因賈母纔回家來未得歇息坐在此間看着未免要傷
心遂再三的勸賈母不得已方回來了果然年邁的人禁不住風霜傷感至夜
間便覺頭悶心酸鼻塞聲重連忙請了醫生來胗脉下藥足足的忙亂了半夜
一日幸而發散快未曾傳經至三更天些須發了點汗脉靜身凉大家方放了
心至次日仍服藥調理又過了數日乃賈敬送殯之期賈母猶未大愈遂留寶

王在家侍奉鳳姐因未曾甚好亦未去其餘賈赦賈璉邢夫人王夫人等率領
家人僕婦都送至鐵檻寺至晚方回賈珍尤氏並賈蓉仍在寺中守靈等過了
百日後方扶柩回籍家中仍託尤老娘並二姐兒三姐兒照管却說賈璉素日
既聞尤氏姐妹之名恨無緣得見近因賈敬停靈在家每日與二姐兒三兒姐
相認已熟不禁動了垂涎之意況知與賈珍賈蓉等素有聚麀之誚因而乘機
百般撩撥眉目傳情那三姐兒却只是淡淡相對只有二姐兒也十分有意但
只是眼目衆多無從下手賈璉又怕賈珍吃醋不敢輕動只好二人心領神會
而已此時出殯以後賈珍家下人少除尤老娘帶領二姐兒三姐兒並幾個粗
使的丫環老婆子在正室居住外其餘婢妾都隨在寺中外面僕婦不過晚間
巡更日間看守門户白日無事亦不進裡面去所以賈璉便欲趁此時下手遂託

相伴賈珍為名亦在寺中住宿又時常借着替賈珍料理家務不時至寧府中來勾搭二姐兒一日有小管家俞禄來回賈珍道前者所用棚杠孝布並請杠人青衣共使銀一千一百十兩除給銀五百兩外仍欠六百零十兩昨日兩處買賣人俱來催討奴才特來討爺的示下賈珍道你且向庫上領去就是了這又何必來回我俞禄道昨日已曾上庫上去領但只是老爺殯天以後各處支領甚多所剩還要預備百日道場及廟中用度此時竟不能發給所以奴才今日特來回爺或者爺內庫裡暫且發給或者挪借何項吩咐了奴才好辦賈珍笑道你還當是先呢有銀子放着不使你無論那裡借了給他罷俞禄笑回道若說一二百奴才還可已結這五六百奴才一時那裡辦得來賈珍想了一回向賈蓉道你問你娘去昨日出殯以後有江南甄家送來打祭銀五百兩未曾

交到庫上去家裡再找找湊齊了給他去罷賈蓉答應了連忙過這邊來回了尤氏復轉來回他父親道昨日那項銀子已使了二百兩下剩的三百兩令人送至家中交與老娘收了賈珍道既然如此你就帶了他去向你老娘要了出來交給他再也瞧瞧家中有事無事問你兩個姨娘好下剩的俞禄先借了添上罷賈蓉與俞禄答應了方欲退出只見賈璉走了進來俞禄忙上前請了安賈璉問便何事賈珍一一告訴了賈璉心中想道趁此機會正可至寧府尋二姐兒一面遂說道這有多大事何必向人借去昨日我方得了一項銀子還沒有使呢若莫給他添上豈不省事賈珍道如此甚好你就吩咐了蓉兒一並令他取去賈璉道這必得我親身取去再我這幾日沒回家了還要給老太太老爺太太們請請安去到大哥那邊查查家人們有無生事再也給親家太太請

請安賈珍笑道只是又勞動你我心裡到不安賈璉也笑道自家兄弟這有何
妨呢賈珍又吩咐賈蓉道你跟了你叔叔去也到那邊給老太太老爺太太們
請安說我和你娘都請安打聽打聽老太太身上可大好了還服藥呢沒有賈
蓉一一答應了跟隨賈璉出來帶了幾個小廝騎上馬一同進城在路叔姪閑
話賈璉有心便提到尤二姐因誇說如何標緻如何做人好舉止大方言語溫
柔無一處不令人可敬可愛人人都說你嬸子好據我看那裡及你二姨兒一
零兒呢賈蓉揣知其意便笑道叔叔既這麽愛他我給叔叔做媒說了做二房
如何賈璉笑道你這是頑話還正是經話賈蓉道我說的是當真的話賈璉又
笑道敢自好只是怕你嬸子不依再也怕你老娘不願意況且我聽見說你二
姨兒已有了人家賈蓉道這都無妨我二姨兒三姨兒都不是我老爺養的原

是我老娘帶了來的聽見說我老娘在那一家時就把我二姨兒許給皇粮庄頭張家指腹為婚後來張家遭了官司敗落了我老娘又自那家嫁了出來如今這十數年兩家音信不通我娘老時常報怨要與他家退婚我父也要將姨兒轉聘只等有了好人家不過令人找着張家給他十幾兩銀子寫上一張退婚的字兒想張家窮極了的人見了銀子有什麽不依的再他也知道偺們這樣的人家也不怕他不依又是叔叔這樣人說了做二房我管保我老娘和我父親都願意倒只是嬸子那裡却難賈璉聽到這裡心花都開了那裡還有什麽話說只是一味呆笑而已賈蓉又想了一想笑道叔叔若有膽量依我的主意管保無妨不過多花幾個錢賈璉忙道好孩子你有什麽主意只管說給我聽聽賈蓉道叔叔回家一點聲色也別露等我回明了我父親向我老娘說妥

然後在咱們府後方近左右買上一所房子及應用傢伙再撥兩窩子家人過去服侍擇了日子人不知鬼不覺娶了過去囑咐家人不許走漏風聲嬸子在裡面住着深宅大院那裡就得知道叔叔兩下裡住着過個一年半載即或鬧出來不過挨上老爺一頓罵叔叔只說嬸子總不生育原是為子嗣起見所以私自在外面作成此事就是嬸子見生米做成熟飯也只得罷了再求一求老太太沒有不完的事自古道慾令智昏賈璉只顧貪圖二姐美色聽了賈蓉一篇話遂為計出萬全將現今身上有服並停妻再娶嚴父妒妻種種不妥之處皆置之度外了却不知賈蓉亦非好意素日因同他姨娘有情只因賈珍在內不能暢意如今若是賈璉娶了少不得在外居住趁賈璉不在時好去鬼混之意賈璉那裡思想及此遂向賈蓉致謝道好姪兒你果然能彀說成了我買兩個

絶色的丫頭謝你說着已至寧府門首賈蓉說道叔叔進去向我老娘要出銀子來就交給俞禄罷我先給老太太請安去賈璉含笑點頭道老太太跟前別說我和你一同來的賈蓉道知道又附耳向賈璉道今兒要遇見二姨兒可別性急了鬧出事往後倒難辨了賈璉笑道少胡說你快去罷我在這裡等你於是賈蓉自去給賈母請安賈璉進入寧府早有家人頭兒率領家人等請安一路圍隨至廳上賈璉一一的問了些話不過塞責而已便命家人散去獨自往裡面走來原來賈璉賈珍素日親密又是兄弟本無避忌之人自來是不等通報的於是走至上房早有廊下伺候的老婆子打起簾子讓賈璉進去賈璉進入房中一看只見南邊炕上只有尤二姐帶着兩個丫鬟一處做活却不見尤老娘與三姐兒賈璉忙上前問好相見尤二姐含笑讓坐便靠東邊排插兒坐

下賈璉仍將上首讓與二姐兒說了幾句見面情兒便笑問道親家太太合三
妹妹那裡去了怎麼不見尤二姐笑道纔有事往後頭去了也就來的此時伺
候的丫鬟因倒茶去無人在跟前賈璉不住的拿眼瞟著二姐兒二姐兒低了
頭只含笑不理賈璉又不敢造次動手動脚因見二姐兒手中拿着一條拴着
荷包的絹子擺弄便搭訕著往腰裡摸了摸說道檳榔荷包也忘記了帶了來
妹妹有檳榔賞我一口吃二姐道檳榔倒有就只是我的檳榔從來不給人吃賈璉
便笑着欲近身來拿二姐兒怕有人來看見不雅便連忙一笑撂了過來賈璉
接在手中都倒了出來揀了半塊吃剩下的撂在口中吃了又將剩下的都揣
了起來剛要把荷包親身送過去只見兩個丫鬟倒了茶來賈璉一面接了茶
吃茶一面暗將自己帶的一個漢玉九龍玉珮解了下來拴在手絹上趁了鬟

回頭時仍撂了過去二姐兒亦不去拿只看粧不見坐着吃茶只聽後面一陣簾子响却是尤老娘三姐兒帶着兩個小丫頭自後面來走賈璉目送與二姐兒令其拾取這尤二姐亦只是不理賈璉不知二姐兒何意甚是着急只得迎上來與尤老娘三姐兒相見一面又回頭看二姐兒時只見二姐兒笑着沒事人似的再又看一看絹子已不知那裡去了賈璉方放了心於是大家歸坐後叙了些閑話賈璉說道大嫂子說前日有一包銀子交給親家太太收起來了今日因要還人大哥令我來取再也看看家裡有事無事尤老娘聽了連忙使二姐兒拿鑰匙去取銀子這裡賈璉又說道我也要給親家太太請請安瞧瞧二位妹妹親家太太臉面倒好只是二位妹妹在我們家裡受委屈尤老娘笑道偺們都是至親骨肉說那裡的話在家裡也是住着在這裡也是住着不瞞二

爺說我們家裡自從先夫去世家計也著寔艱難了全虧了這裡姑爺帮助如
今姑家爺裡有了這樣大事我們不能別的出力白看一看家還有什麽委屈
了的呢正說着二姐兒已取了銀子來交與尤老娘尤老娘便遞與賈璉賈璉
叫一個小丫頭叫了一個老婆子來吩咐他道你把這個交給俞祿叫他那〔拿〕過
那邊去等我老婆子答應了出去只聽得院内是賈蓉的聲音說話須臾進來
給他老娘姨娘請了安又向賈璉笑道纔剛老爺還問叔叔呢說是有什麽事
情要使喚原要使人到廟裡去叫我回老爺說叔叔就來老爺還吩咐我路上
遇着叔叔叫快去呢賈璉聽了忙要起身又聽賈蓉和他老娘說道那一次我
和老太太說的我父親要給二姨兒說的姨父就和我這叔叔的面貌身量差
不多兒老太太說好不好一面說着又悄悄的用手指着賈璉和他二姨兒努

嘴二姐兒倒不好意思說什麼只見三姐兒似笑非笑似惱非惱的罵道壞透
了的小猴兒崽子沒了你娘的說了多早晚我纔撕他那嘴呢賈蓉早笑著跑
了出去賈璉也笑著辭了出來走至廳上又吩咐了家人們不可耍錢吃酒等
語又悄悄的央賈蓉回去急速和他父親說一面便帶了俞祿過來將銀子添
足交給他拿去一面給賈敬請安又給賈母去請安不提卻說賈蓉見俞祿跟
了賈璉去取銀子自己無事便仍回至裡面和他兩個姨娘嘲戲一回方起身
至晚到寺見了賈珍回道銀子已竟交給俞祿了老太太已大愈了如今已經
不服藥了說畢又趁便將路上賈璉要娶尤二姐做二房之意說了又說如何
在外面置房子住不使鳳姐知道此時總不過為的是子嗣艱難起見為的是
二姨兒是見過的親上做親比別處不知道的人家說了來的好所以二叔再

三央我對父親說只不說是他自己的主意賈珍想了想笑道其實倒也罷了只不知你二姨兒心中願意不願意明日你先去和你老娘商量叫你老娘問准了你二姨娘再作定奪於是又教了賈蓉一篇話便走過來將此事告訴了尤氏尤氏却知此事不妥因而極力勸止無奈賈珍主意已定素日又是順從慣了的況且他與二姐兒本非一母不便深管因而也只得由他們鬧去了至次日一早果然賈蓉復進城來見他老娘將他父親之意說了又添上許多話說賈璉做人如何好目今鳳姐身子有病已是不能好的了暫且買了房子在外面住着過個一年半載只等鳳姐一死便接了二姨兒進去做正室又說他父親此時如何聘賈璉那邊如何娶如何接了你老人家養老後往三姨兒也是那邊應了替聘說得天花亂墜不由得尤老娘不肯況且素日全虧賈珍週

濟比時又是賈珍作主替聘而且粧奩不用自己置買賈璉又是青年公子強勝張家遂忙過來與二姐兒商議二姐兒又是水性人兒在先已和姐夫不妥又常怨恨當時錯許張華致使後來終身失所今見賈璉有情況是姐夫將他聘嫁有何不肯也便點頭依允當下回復了賈蓉回了他父親次日命人請了賈璉到寺中來賈珍當面告訴了他尤老娘應允之事賈璉自是喜出望外感謝賈珍賈蓉父子不盡於是二人商量著使人看房子打首飾給二姐兒置買粧奩及新房中應用床帳等物不過幾日早將諸事辦妥已於寧榮街後二里遠近小花枝巷內買定一所房子共二十餘間又買了兩個小丫鬟只是府裡家人不敢擅動外頭買人又怕不知心腹走漏了風聲忽然想起家人鮑二來當初因和他女人偷情被鳳姐兒打鬧了一陣含羞弔死了賈璉給了二百銀

子叫他另娶一個那鮑二向來却就合厨子多渾虫的媳婦多姑娘有一手兒後來多渾虫酒癆死了這多姑娘兒見鮑二手裡從容了便嫁了鮑二况且這多姑娘原也合賈璉好的此時都搬出外頭住着賈璉一時想起來便叫了他兩口兒到新房子裏來預備二姐兒過來時服侍那鮑二兩口子聽見這個巧宗兒如何不來呢再說張華之祖原當皇粮庄頭後來死去至張華父親時仍充此役因與尤老娘前夫相好所以將張華與尤二姐指腹為婚後來不料遭了官司敗落了家産弄得衣食不週那裡還娶得起媳婦呢尤老娘又自那家嫁了出來兩家有十數年音信不通今被賈府家人喚至逼他與二姐兒退婚心中雖不願意無奈懼怕賈珍等勢燄不敢不依只得寫了一張退婚文約尤老娘與了二十兩銀子兩家退親不提這裡賈璉等見諸事已妥遂擇了初三

黄道吉日以便迎娶二姐兒過門下回分解

脂硯齋重評石頭記卷之

第六十五回

賈二舍偷娶尤二姨　尤三姐思嫁柳二郎

話說賈璉賈珍賈蓉等三人商議事〻妥貼至初二日先將尤老和三姐送入新房尤老一看雖不似賈蓉口內之言也十分齊備母女二人已稱了心鮑二夫婦見了如一盆火赶着尤老一口一聲喚老娘又或是老太〻赶着三姐喚三姨或是姨娘至次日五更天一乘素轎將二姐抬來各色香燭紙馬並鋪蓋以及酒飯早已備得十分妥当一時賈璉素服坐了小轎而來拜過天地焚了紙馬那老尤見二姐身上頭上煥然一新不是在家模樣十分得意攙入洞房是夜賈璉同他顛鸞倒凤百

般恩愛不消細説那賈璉越看越愛越瞧越喜不知怎生奉承这二姐乃命鮑二等人不許提三説二的直以奶々称之自己也称奶々竟將鳳姐一筆勾倒有時回家中只説在東府有事羈伴风姐輩曰知他和賈珍相得自然是有事商議也不疑心再家下人雖多都不管这些事便有那游手好闲專打听小事的人也都去奉承賈璉乘機討些便宜誰肯去露風於是賈璉深感賈珍不尽賈璉一月出五両銀子做天々的供給若不来時他母女三人一処吃飯若賈璉来了他夫妻二人一処吃他母女便回房自吃賈璉又將自己積年所有的梯己一併撇了与二姐收着又將风姐素日之為人行事枕边衾内尽情告訴了他只等一死便接他進去二姐听了自是愿意当下十来々個人到也过起日子来十分

豈足眼見已是兩個月光景這日賈珍在鉄檻寺作完佛事晚間回家時因與
他姊妹久別竟要去探望探望先命小厮去打听賈璉在与不在小厮回來說
不在賈珍歡喜將左右一槩先遣回去只留兩個心腹小童牽馬一時到了新
房已是掌灯時分悄悄入去兩個小厮將馬拴在圈內自往下房去听候
賈珍進來屋內纔点灯先看过了尤氏母女然後二姐出見賈珍仍喚二
姨大家吃茶說了一回閑話賈珍因笑說我作的這保山如何若錯过了打
有灯燭還沒处尋过日你姐姐還備了礼來瞧你們呢說話之间尤二姐已
命又預備下酒関起门來都是一家人原無避悔那鮑二來請安賈珍
便說你還是個有良心的小子所以叫你來伏侍日後自有大用你之處
不可在外頭吃酒生事我自然賞你倘或這里短了什庅你璉二爺

事多那里人雜你只管去回我々們弟兄不比別人鮑二谷應道是小的知道名若小的不盡心除非不要這腦袋了賈珍点頭說要你知道当下四人一処吃酒尤二姐知局便邀他母親說我怪怕的媽同我到那边走走来尤老也会意便真個同他出来只剩小丫頭們賈珍便知和三姐挨肩擦臉百般輕薄起来小丫頭子們看不过也都躲了出去憑他兩個自在取樂不知作些什庅勾当跟的兩個小廝都在厨下和鮑二谷飲酒鮑二的女人上竈忽見兩個丫頭也走了来嘲笑要吃酒鮑二因說姐兒們不在上頭伏侍也偷来了一時叫起来沒人又是事他女人罵道胡塗渾嗆了的忘八你撞丧那黃湯罷撞丧醉了夹着你那膫子挺你的尸去叫不叫与你毬相干一應有我承当風雨橫竖洒不到你頭上来这鮑二原因妻子發迹

的近日越發亏他自己除賺錢吃酒之外一槩不管賈璉等也不肯責備
他故他視妻如母百依百隨且吃勾了便去睡覺这里鮑二家的陪着这
些丫嬛小厮吃酒討他們的好準備在賈珍前上好四人正吃的高興
忽听扣门之声鮑二家的忙出来開门看見是賈璉下馬問有事無
事鮑二女人便悄悄告他説大爺在这里西院里呢賈璉听了便回
至卧房只見尤二姐和他母親都在房中見他来了二人面上便有
些赸赸的賈璉反推不知只命快拿酒来偺們吃兩杯好睡覺我
今日狠乏了尤二姐忙上来陪笑接衣奉茶問長問短賈璉喜的心
癢難受一時鮑二家的端上酒来二人对飲他丈母不吃自回房中睡
去了兩個小丫頭分了一個过来伏侍賈璉的心腹小童隆兒拴馬

去見已有了一匹馬細瞧一瞧知是賈珍的心下会意也来厨下只見喜兒壽兒兩個正在那里坐着吃酒見他来了也都会意故笑道你这会子来的巧我們因赶不上爺的馬恐怕犯夜往这里来借宿一休的隆兒便笑道有的是炕只管睡我是二爺使我送月銀来的交給了奶々我也不回去了喜兒便説我們吃多了你来吃一鍾隆兒纔坐下端起杯来忽听馬棚内鬧將起来原来二馬同槽不能相容互相蹶踶起来隆兒等慌的忙放下酒杯出来喝馬好容易喝住另拴好了方進来鮑二家的笑説你三人就在这里罢茶也現成了我可去了説着帶门出去这里喜兒喝了几杯已是擰子眼了隆兒壽兒関了门回頭見喜兒直挺々的仰卧炕上二人便推他説好兄弟起来好

生睡只顧你一個人我們就苦了那喜兒便說道偺們今兒可要公〻
道〻的貼一炉子燒餅要有一个充正經的人我痛把他媽一肏隆兒
壽兒見他醉了也不必多說只得吹了灯將就睡下尤二姐听見馬鬧心下
便不自安只管用言語混亂賈璉那賈璉吃了几杯春興發作便命
收了酒菓掩门寬衣尤二姐只穿着大紅小襖散挽烏雲滿臉春色比
白日更增了顏色賈璉摟着他笑道人〻都說我們那夜叉婆齊整如
今我看来給你拾鞋也不要尤二姐道我虽標致却無品行看来
到底是不標致的好賈璉忙問道這話如何說尤二
姐滴泪說道你們拿我作愚人待什麽事我不知我如今和你作
了兩个月夫妻日子虽浅我也知你不是愚人我生是你的人死是你

的兒如今既作了夫妻我終身靠你豈敢瞞藏一字我筭是有靠將來我妹子却何如結果據我看來這個形景恐非長策要作長久之計方可賈璉听了笑道你且放心我不是拈酸吃醋之輩前事我已盡知你也不必驚慌你因妹夫倒是作兄的自然不好意思不如我去破了這例說着走了便往西院中來只見窗內灯燭煇煌二人正吃酒取樂賈璉便推門進去笑說大爺在這里兄弟來請安賈珍羞的無話只得起身讓坐賈璉忙笑道何必又作如此景象偺們弟兄從前是如何樣來大哥為我操心我今日粉身碎骨感激不盡大哥若多心我意何安從此以後還求大哥如昔方好不然兄弟能可絕後再不敢到此處來了說着便要跪下慌的賈珍連忙攙起只說兄

弟怎庅說我無不領命賈璉忙命人看酒来我和大哥吃兩杯又拉尤三
姐説你过来陪小叔子一杯賈珍説笑的自説老二到底是你哥々究要吃
干这鍾说有一揚時尤三姐跕在炕上指賈璉笑道你不用和我花馬
吊嘴的清水下雜麺你吃我看見提看影戲人子上場好歹别戳破
这層紙兒你别油蒙了心打諒我们不知道你府上的事这会子花
了几个臭钱你们哥兒倆拿看我们姐兒兩個權当粉頭来取樂
兒你们就打錯了筭盤了我也知道你那老婆太难纏如今把我姐
姐拐了来做二房偷看的鑼鼓兒打敲不得我也要会々那鳯奶々去看他是
几個脑袋几隻手若大家好取和便罢倘若有一点叫人过不去我
有本事先把你兩個的牛黄狗宝掏了出来再和那潑婦拚了这命

也不笑是尤三姑奶〻喝酒怕什庅偺們就喝說着自己綽起壺
來斟了一杯自己先喝了半杯摟過賈璉的脖子來就灌說我和
你哥〻已經吃过了偺們來親香親香唬的賈璉酒都醒了賈珍也
不承望尤三姐这等無耻老辣弟兄兩个本事風月塲中耍慣的不
想今日反被這閨女一夕話說住尤三姐一疊聲又叫將姐〻請來要樂
偺們四个一處同樂俗語說便宜不过当家他們是弟兄偺們是姊妹
又不是外人只管上來尤二姐反不好意思起來賈珍得便就要一溜
尤三姐那里肯放賈珍此時方後悔不承望他是这種為人与賈璉
反不好輕薄起來这尤三姐鬆〻挽着頭髮大紅袄子半掩半開露
着葱綠抹胸一痕雪脯底下綠褲紅鞋一对金蓮或敲或並沒半刻

斯文兩个墜子却似打鞦韆一般灯光之下越顯得柳眉籠翠霧檀口点丹砂本是一双秋水眼再吃了酒又添了餳澀淫浪不独將他二姊壓倒據珍璉評去所見过的上下貴賤若干女子皆未有此綽約風流者二人已酥麻如醉不禁去招他一招他那淫態風情反將二人禁住那尤三姐放出手眼来略式了一式他弟兄兩个竟全然無一点別識別見連口中一句響亮話都没了不过是酒色二字而已自己高談闊論任經意揮霍洒落一陣拿他弟兄二人嘲咲取樂竟真是他嫖了男人並非男人淫了他一時他的酒足興尽也不容他弟兄多坐攆了出去自已関门睡去了自此後或略有了丫鬟婆娘不到之處便將賈璉賈珍賈蓉三個濺声厲言痛罵説他爺兒三個誆騙了他寡

婦孤女賈珍回去之後以後亦不敢輕易再来有時尤三姐自己高了興
悄命小廝来請方敢去一会到了这里也只好隨他的便誰知这尤三姐
天生脾氣不堪伏有自己風流標致偏要打扮的出色另式作出許多
万人不及的淫情浪態来哄的男子們垂涎落魄欲近不能欲遠不捨
迷離顛倒他以為樂他毋妹二人也十分相劝他反說姐〻糊塗偺們
金玉一般的人白叫这兩個現世宝沾污了去也筭無能而且他家有
一個極利害的女人如今瞞着（呢）他不知（道一日）偺們方安（靜一日）倘或一日他知道了
豈（有）肯干休之理勢必有一場大鬧不知誰生誰死趂如今我不拿他們取
樂作踐准折到那時白落個臭名後悔不及因此一說他毋女見不
听劝也只得罷了那尤三姐天〻挑揀穿吃打了銀的又要金的

有珠子又要宝石吃的肥鵝又宰肥鴨或不趂心連桌一推衣裳不
如意不論綾緞新整便用剪刀剪碎撕一條罵一句究竟賈珍等何
曾隨意了一日反花了許多昧心錢賈璉來了只在二姐房內心中
也悔上來無奈二姐到是個多情人以為賈璉是終身之主了凡
事到还知疼肴癢若論起温柔和順凡事必商必議不敢恃才自
專實較凤姐高十倍若論標致言談行事也勝五分雖然如今改
过但已经失了脚有了一个淫字凭他有甚好處也不算了偏这賈
璉又说谁人無錯知过必改就好故不提已往之淫只取現今之善便
如膠授漆似水如魚一心一计誓同生死那里还有鳳平二人在意
了二姐在枕边衾内也常劝賈璉说你和珍大哥商議：：棟个

熱的人把三了頭聘了罷留有他不是常法子終久要生出事来
怎麼處賈璉道前日我曾回過大哥的他只是捨不得我說是
塊肥羊肉只是燙的慌玫瑰花兒可愛刺大扎手咱們未必降的
住正緊(經)揀個人聘了罷他只意意思思就丟開手了你叫我有何法
二姐道你放心咱們明日先勸三了頭他肯了讓他自己鬧去鬧
的無法少不得聘他賈璉聽了說這話極是至次日二姐另備了
酒賈璉也不出門至午間特請他小妹過来與他母親上生(坐)尤三
姐便知其意〔全用醍醐灌頂全是大翻身大解悟法〕酒過三巡不用姐姐
開口先便滴淚泣道〔全用如是等語一洗孽障〕姐姐今日請我自(述)有一翻
大礼要說但妹子不是那愚人也不用絮絮叨叨提那從前醜

事我已尽知說也無益既如今姐〻也得了好處安身媽也有了安身
之处我也要自尋歸結去方是正礼但終身大事一生至一死非同兒
戲我如今改过守分只要我揀一個素日可心如意的人方跟他去
若凴你們揀擇雖是富比石崇才过子建貌比潘安的我心里進
不去也白过了一世賈璉笑道这也容易凴你說是谁就是谁一
应綵礼都有我們置辦母親也不用操心尤三姐泣道姐〻知道
不用我說賈璉笑问二姐是谁二姐一時也想不起来大家想来
賈璉便道定是此人無移了便拍手笑道我知道了这人原不
差果然不好眼力二姐笑问是谁賈璉笑道别人他如何進得
眼一定是宝玉二姐与尤老听了亦以為然尤三姐便啐了一口

道「奇不知何為」我们有姊妹十個也嫁你弟兄十個不成「有理之極」难
道除了你家天下就没了好男子了不成「一駡及有理」中人听了都咤
意除去了他还有那一個「余亦如此想」尤三姐笑道别只在眼前想姐ゝ只
在五年前想就是了「奇甚」正说有忽見跟賈璉的心腹小使子與兒走
来请賈璉说老爺那边際等有叫爷呢小的答应往旧老爷那边
去了小的連忙来请賈璉又忙问昨日家里没人问與兒道小的
回奶ゝ说爺在家廟里同珍大爺商議作百日的事只怕不能来
家賈璉忙命拉馬隆兒跟随去了留下與兒答應人来事務尤
二姐拿了兩碟菜命拿大杯斟了酒就命與兒在炕沿下蹲着
吃一長一短向他说话兒问他家里奶ゝ多大年纪怎麽個利害的

様子老太〻多大年紀太〻多大年紀姑娘几個各様家常等語
與兒哭嘻〻的在炕沿下一頭吃一頭將榮府之事備细告訴他
毋女又説我是二门上該班的人我們共是兩班一班四个共是八个這
八个人有几个是奶〻的心腹有几个是爺的心腹奶〻的心腹我們
不敢惹爺的心腹奶〻的人就敢惹提起我們奶〻来心里歹毒口里
尖快我們二爺也筭是个好的那里見得他到是跟前的平姑
娘為人狠好虽然和奶〻一氣他到背着奶〻常作些个好事小
的們凡有了不是奶〻是容不过的只求〻他去就完了如今和
家大小除了老太〻太〻兩个人沒有不恨他的只不过面子情兒
怕他皆因他一時看的人都不及他只一味哄着老太〻太〻兩

个人喜欢他说一是一说二是二没人敢攔他又恨不得把銀子錢省下来堆成山好叫老太〻太〻說他会过日子除〔殊〕不知苦了下人他討好兒遇〔還〕着有好事他就不等别人去說他先抓尖兒或有了不好事或他自已錯了他便一縮頭推到别人身上来他还在傍边撥火兒如今連他正經〔経〕婆〻大太〻都嫌了他說他雀兒揀着旺处飛黑母鷄一窩兒自家的事不管倒替人家去瞎張羅若不是老太〻在頭里早叫过他去了尤二姐咲道你背着他这等說他將来你又不知怎么說我呢我又差他一層兒越發有的說了興兒忙跪下說道奶〻要这樣說小的不怕雷打但凡小的們有造化起来先娶二奶〻時若得了奶〻这樣的人小的們也少挨些〻打罵也少提心吊胆的人如今

跟爺的这几个人谁不背前背後咱〔讚〕揚奶〻聖德憐下我們商量着叫二

爺要出来情愿来答應奶〻呢尤二姐笑道猴兒肏的还不起来呢

說句頑話就唬的那樣起来你們作怎〔甚〕庅来〔呢〕我还要我〔找〕了你奶〻去呢興

兒連忙搖手說奶〻千万不要去我告訴奶〻一輩子别見他才好嘴

甜心苦兩面三刀上頭一臉笑脚下使絆子是明一盆火暗是一把刀

都占全了只怕三姨的这張嘴还說他不过好奶〻这樣斯文良善人那

里是他的对手尤氏笑道我只以〔礼〕待他〻敢怎庅樣興兒道不是小

的吃了酒放肆胡說奶〻便有理讓他〔他〕看見奶〻比他標致又比他得

人心他怎肯干休善罷人家是醋礶子他是醋缸醋甕凡丫頭們二爺

多看一眼他有本事当有爺〔二〕打個爛羊頭虽然平姑娘在屋裡大

約一年二年之間兩个有一次到一処他还要口里掂本过子呢氣的平姑娘性子發了鬧哭一陣說又不是我自己尋来的你又浪着劝我：原不依你反說我反了这会子又这樣他一般的也罢了到央告平姑娘尤二姐笑道可是扯謊这樣一个夜叉怎麼反怕屋裡的人呢興兒道这就是俗語說的天下挑不过礼字去了这平兒是他自幼的了頭陪了过来一共四个嫁人的嫁人死的死了只剩了这个心腹他原為收了屋里一則显他賢良名兒二則又吽拴爺的心好不外頭走邪道的又还有一段因果我們家的規矩凡爺們大了未娶親之先都先放兩个人伏侍的二爺原有兩个誰知他来了没半年都尋出不是来都打發出去了别人虽不好說自己臉上过不

去所以強逼着平姑娘作了房裡人那平姑娘又是個正經人從不
把这一件事放在心上也不会挑妻窝夫的到一味以為忠心赤胆伏侍他
纔容下了尤二姐笑道原来如此但我听見你們家还有一位寡婦奶
奶不知道我們家这位寡婦奶〻他的渾名叫作大菩薩第一個善
德人我們家的規矩又大寡婦奶〻們不管事只宜清淨守節妙在
姑娘又多只把姑娘們交給他看書寫字学針線学道理这是
他的責任除此问事不知說事不管只應这一向他病了事多这
大奶〻暫管几日究竟也無可管不過是按例而行不像他多事逞才
我們大姑娘不用說但凡不好也没这段大福了二姑娘的渾名是二木頭
戳一針也不知嗳哟一声三姑娘的渾名是玫瑰花尤氏姊妹忙笑问何

意興兒笑道玫瑰花又紅又香無人不愛的只是刺札手也是一位神道
可惜不是太〻養的老鴰窩里出鳳凰四姑娘小他正經是珍大爺親
妹子因自幼無母老太〻命太〻抱过来養了这庅大也是一位不管事
的奶〻不知道我們家的姑娘不筭另外有兩个姑娘真是天上少有
地下無雙一個是偺們姑太〻的女兒姓林小名兒叫什麼黛玉面龐身段和
三姨不差什麼一肚子文章只是一身多病這樣的天還穿夾的出来風兒一
吹就倒了我們這起沒王法的嘴都叫他多病西施還有一位姨太〻的女兒
姓薛叫什麼宝釵竟是雪堆出来的每常出門或上車或一時院子裡瞥見了
唬我們鬼使神差見了他兩個不敢出氣兒尤二姐笑道你們大家規矩雖然
你們小孩子進的去然遇見小姐們原該遠〻藏開興兒搖手道不是〻〻那

正~~緊~~經大礼自然遠遠的藏開自不必說就藏開了自己不敢出氣是生怕這氣大了吹倒了姓林的氣煖了吹化了姓薛的說的滿屋里都笑起来了不知端詳且听下回分解

脂硯齋重評石頭記卷之

第六十六回

情小妹耻情歸地府　冷二郎一冷入空門

話説鮑二家的打他一下子笑道原有些真的叫你又編了这些混話越發没了綑兒你到不像跟二爺的人这些混話到像是宝玉那邊的了好極之文將茗烟等已全寫出可謂一擊兩鳴法不寫之寫也尤二姐纔要又問忽見尤三姐笑問道可是你們家那宝玉除了上學他作些什庅拍案叫絶此處方問是何文情興兒笑道姨娘別問他説起來姨娘也未必信他長了这庅大獨他没有上過正經學堂我們家從祖宗直到二爺誰不是寒窗十載偏他不喜讀書老太太的宝貝老爺先还管如今也不敢管了成天家瘋瘋癲癲的説的話人也不懂幹的事人也不知

以後四字
刪去

外頭人〻看着好清俊模樣兒心里自然是聰明的誰知是外清而内濁見
了人一句話也沒有所有的好處雖沒上過學到難爲他認得几個字每日也
也不習文也不學武又怕見人只愛在丫頭群里鬧再者也沒剛柔有時見了
我們喜歡時沒上沒下大家乱頑一陣不喜歡各自走了他也不理人我們坐
着卧着見了他也不理他也不責備因此沒人怕他只管隨便都過的去
尤三姐笑道主子寬了你們又這樣嚴了又報怨可知難纏情語語情文至尤
二姐道我們看他到好原來這樣可惜了一個好胎子尤三姐道姐〻信他胡
說偺們也不是見了一面兩面的他行事言談吃喝原有些〻女兒氣那是只在里
頭慣了的若說糊塗那些兒糊塗姐〻記得穿孝時偺們同在一處那日正
是和尚們進來遶棺偺們都在那里站着他只站在頭里擋着人〻說他不知

礼又沒眼色過後他沒悄〻的告訴偺們說姐〻不知道我並不是沒眼色想
和尚們臢恐怕氣味薰了姐〻們接着他吃茶姐〻又要茶那個老婆子就拿
了他的碗倒他趕忙說我吃臢了的另洗了再拿來這兩件上我冷眼看去原
來他在女孩子們前不管怎樣都過的去只不大合外人的式所以他們不知道
尤二姐聽說笑道依你說你兩個已是情投意合了竟把你許了他豈不好三
姐見有興兒不便說話只低頭磕瓜子興兒笑道若論模樣兒行事為人到是
一對好的只是他已有了只未露形將來準是林姑娘定了的因林姑娘多病
二則都還小故尚未及此再過三二年老太〻便一開言那是再無不准的了
大家正說話只見隆兒又來了說老爺有事是件机密大事要遣二爺往
平安州去不過三五日就起身來回也得半月工夫今日不能來了請老奶

奶早和二姨定了那事明日爺來好作定奪說着帶了興兒回去了這里尤二姐命掩了門早睡盤問他妹子一夜至次日午後賈璉方來了尤二姐因勸他說既有正事何必忙忙又來千万別為我悞事賈璉道也沒甚事只是偏偏的又出來了一件遠差出了月就起身得半月工夫幾來尤二姐道既如此你只管放心前去這里一應不用你記罣三妹子他從不會朝更暮改的他已說了改悔必是改悔的他已擇定了人你只要依他就是了賈璉問是誰尤二姐笑道這人此刻不在這里不知多早幾來也難為他眼力自已說了這人一年不來他等一年十年不來等十年若這人死了再不來了他情愿剃了頭當姑子去吃長齋念佛以了今生賈璉問到底是誰這樣動他的心二姐笑道說來話長五年前我們老娘家里做生日媽和我們到那

里與老娘拜壽他家請了一起串客里頭有個作小生的叫作柳湘璉（千奇百怪之文）何至于此他看上了如今要是他纔嫁舊年我們聞得柳湘璉惹了一個禍逃走了不知可有來了不曾（下落沒有）賈璉聽了怪道呢我說是個什麼樣人原來是他果然眼力不錯你不知道這柳二郎那樣一個標致人最是冷面冷心的差不多（的）人都無情無義他最和寶玉合的來去年因打了薛獃子他不好意思見我們的不知那里去了一向後來聽見有人說來了不知是真是假一問寶玉的小子們就知道了倘或不來他萍踪浪跡（迹）知道几年纔來豈不白耽擱了尤二姐道我們這三丫頭說的出來幹的出來他怎樣說只依他便了二人正說之間只見尤三姐走來說道姐夫你只放心我們不是那心口兩樣（的）人說什麼是什麼若有了姓柳的來我便嫁他從今日起我吃齋念佛只伏侍母親等

他來了嫁了他去若一百年不來我自己修行去了說着將一根玉簪擊作兩
段一句不真就如這簪子說着回房去了真個竟非礼不動非礼不言起來賈
璉無了法只得和二姐商議了一回家務復回家與鳳姐商議起身之事一面
着人問茗烟〻〻說竟不知道大約未來若來了必是我知道的一面又問他
的街房也說未來賈璉只得回復了二姐至起身之日已近前兩天便說起身
却住二姐這邊來住兩夜從這里再悄〻長行果見小妹竟又換了一個人又
見二姐持家勤慎自是不消記掛是日一早出城就奔平安州大道曉行夜住
渴飲飢飡方走了三日那日正走之間頂頭來了一群馱子內中一夥主僕十
來騎馬走的近來一看不是別人竟是薛蟠和柳湘璉來了賈璉深為奇怪
余亦為　忙伸馬迎了上來大家一齊相見說些別後寒溫大家便入酒店歇
怪

下敘談〻〻賈璉因笑說鬧過之後我們忙着請你兩個和解誰知柳兄踪跡
全無怎麼你兩個今日到在一處了薛蟠笑道天下竟有這樣奇事我同夥計
販了貨物自春天起身往回里走一路平安誰知前日到了平安州界遇一夥
強盜已將東西刦去不想柳二弟從那邊來了方把賊人趕散奪回貨物還救
了我們的性命我謝他又不受所以我們結拜了生死弟兄如今一路進京從
此後我們是親弟親兄一般到前面岔口上分路他就分路往南二百里有他
一個姑媽他去望候〻〻我先進京去安置了我的事然後給他尋一所宅子
尋一門好親事大家過起來賈璉聽了道原來如此到教我們懸了几日心
因又听道尋親又忙說道我正有一門好親事堪配二弟說着便將自己娶尤
氏如今又要發嫁小姨一節說了出來只不說尤三姐自擇之語又屬薛蟠且

不可告訴家里等生了兒子自然是知道的薛蟠聽了大喜說早該如此这都
是舍表妹之過湘璉忙笑說〔你〕又忘情了还不住口薛蟠忙止住不語便說这等
这門親事定要做的湘璉道我本有願定要一個絕色的女子如今既是
貴昆仲高誼〔顧〕催不得許多了任憑裁奪我無不從命賈璉笑道如今口
說無憑等柳兄一見便知我这内娣的品貌是古今有一無二的〔呢〕了湘蓮聽了
大喜說既如此說等弟探過姑娘不過月中就進京的那時再定如何賈璉笑
道你我一言為定只是我信不過柳兄你乃是萍踪浪跡倘然淹滞不歸豈
不悞了人家須得留一定礼湘蓮道大丈夫豈有失信之礼小弟素係寒貧況
且客〔中〕何能有定礼薛蟠道我这里現成就備一分二哥代去賈璉笑道也不用
金帛之礼須是柳兄親身〔自〕是有之物不論物之貴賤不過我帶去取信耳

湘蓮道既如此說弟無別物 此劍防身不能解下囊中尚有一把夗央劍乃吾家傳代之寶弟也不敢擅用只隨身守藏而已賈兄請拏去為定弟縱係水流花落之性然亦斷不捨此劍者說畢大家又飲了几杯方各自上馬作別起程正是將軍不下馬各自奔前程且說賈璉一日到了平安州見了節度完了公事因又囑他十月前後務要还來一次賈璉領命次日連忙取路回家先到尤二姐處探望誰知賈璉出門之後尤二姐操持家務十分謹肅每日關門閤戶一點外事不聞他小妹子果是個斬釘截鐵之人每日侍奉母姊之餘只安分守已隨分過活雖是夜晚間孤衾獨枕不慣寂寞奈一心丟了眾人只念柳湘蓮早早回來完了終身大事這日賈璉進門見了這般景況喜之不盡深念二姐之德大家叙些寒溫之後賈璉便將路上相遇湘蓮一

事說了出來又將鴛鴦劍取出遞與三姐〻〻看時上面龍吞夔護珠寶晶熒將靶一掣裏面却是兩把合体的一把上面鏨着一鴛字一把上面鏨着一鴦字冷颼〻明亮〻如兩痕秋水一般三姐喜出望外連忙收了掛在自己綉房床上每日望着劍自笑終身有靠賈璉住了兩天回去復了父命回家合家相見那時鳳姐已大愈出來理事行走了賈璉又將此事告訴了賈珍〻〻因近日又遇了新友將這事丟過不在心上任憑賈璉裁奪只怕賈璉獨力不加少不得又給了他三十兩銀子賈璉拿來交與二姐預備粧奩誰知八月內湘蓮方進了京先來拜見薛姨媽又遇見薛蟠方知薛蟠不慣風霜不服水土一進京時便病倒在家請醫調治聽見湘蓮來了請入卧室相見薛姨媽也不念舊事只感新救恩母子們十分称謝又說起親事一

接[節凡]風一應東西皆已妥當只等擇日柳湘蓮也感激不盡次日又來見寶玉二人相會如魚得水湘蓮因問賈璉偷娶二房之事寶玉笑道我聽一干人說我那未見我也不敢多管我又听見茗烟說璉二哥〻着實問你不知有何話說湘蓮就將路上所有之事一概告訴寶玉〻〻笑道大喜〻〻難得這個標致人果然是個古今絕色堪配你之為人湘蓮道既是這樣他那里少了人物如何只想到我況且我又素日不甚和他厚他関切不至此路上工夫忙〻的就那樣再三要來定礼難道女家反趕着男家不成我自已疑惑起來後悔不該留下這劍作定所以後來想起你來可以細〻問個底歷纔好寶玉道你原是個精細人如何既許了定礼又疑惑起來你原說只要一個絕色便罷了何必再疑湘蓮道你既不知他娶如何

又知是絕色宝玉道他是珍大嫂子的継母帶来的兩位小姨我在那里和他們混了一個月怎么不知真〻一对尤物可巧他又姓尤湘蓮听了跌足道這事不好断乎做不得了你們東府里除了那兩石頭獅子干淨只怕連猫兒狗兒都不干淨我不做這剩忘八奇極之文極趣之文金瓶梅中有云把忘八的臉打綠了已奇之至此云剩忘八豈不更奇 宝玉聽說紅了臉湘蓮自慚失言連忙作揖說我該死胡說忽用湘蓮提東府之事罵及宝玉可是人想得到的所謂一個人不曾放過 你好歹告訴我他品行如何宝玉笑道你既深知又来問我作甚麼連我也未必干淨了湘蓮笑道原是我自己一時忘情好歹別多心宝玉笑道何必再提這倒是有心了湘蓮作揖告辭出来若去找薛蟠一則他現卧病二則他又浮燥不如去索回定礼主意已定便一直的經来找賈璉賈璉正在新房中聞得湘蓮

来了喜之不禁忙迎了出来讓到内室與尤老相見湘蓮只作揖稱老伯母自稱晚生賈璉聽了叱意吃茶之間湘蓮便說客中偶然忙促誰知家姑母于四月間訂了弟婦使弟無言可回若從了老兄背了姑母似非合理若係金帛之訂弟不敢索取但此劍係祖父所遺請仍賜回為幸賈璉聽了便不自在还說定者定也原怕返悔所以為定豈有婚姻之事出入隨意的还要斟酌湘蓮笑道雖如此說弟愿領責領罰然此事斷不敢從命賈璉还要饒舌湘蓮便起身說請兄外坐一叙此處不便那尤三姐在房明〻聽見好容易等了他来今忽見反悔便知他在賈府中得了消息自然是嫌自己淫奔無耻之流不屑為妻今若容他出去和賈璉說退親料那賈璉必無法可處自己豈不無趣一聽賈璉要同他出去連忙摘下劍来將一股雌鋒隱在肘内出来

便說你們不必出去再議還你的定礼一面淚如雨下左手將劍并鞘送與湘蓮右手回肘只往項上一横可憐揉碎桃花紅滿地玉山傾倒再難扶芳灵蕙性渺々冥々不知那邊去了當下唬的衆人急救不迭尤老一面嚎哭一面又罵湘蓮賈璉忙揪住湘蓮命人綑了送官尤二姐忙止淚反勸賈璉你太多事人家並沒威逼他死是他自尋短見你便送他到官又有何益反覺生事出醜不如放他去罷豈不省事賈璉此時也沒了主意便放了手命湘蓮快去湘蓮反不動身泣道我並不知是這等剛烈賢妻可敬々々湘蓮反扶尸大哭一場等買了棺木眼見入殮又俯棺大哭一場方告辭而去出門無所之昏々默々自想方才之事原來尤三姐這樣標致又這等剛烈自悔不及正走之間只見薛蟠的小使子尋他家去那湘蓮只管出神那小使子帶他到

新房之中十分齊整忽聽環珮叮噹尤三姐從外而入一手捧着鴛鴦劍
一手捧着一卷冊子向柳湘蓮泣道妾痴情待君五年矣不期君果冷心
冷面妾以死報此痴情妾今奉警幻之命前往太虛幻境修注案中所
有一干情鬼妾不忍一别故来一會從此再不能相見矣說着便走湘蓮不
捨忙欲上來拉住問時那尤三姐便說来自情天去由情地前生悞被情
惑今既耻情而竟（覺）與君兩無干涉說畢一陣香風無踪無影去了湘蓮警
覺似夢非夢睁眼看時那里薛家小童也非新室竟是一座破廟傍邊坐
着一個跏腿道士捕虱湘蓮便起身稽首相問此（係）何方仙師仙名法號道士笑
道連我也不知道此係何方我係何人不過暫来歇足而已柳湘蓮聽了不
覺冷然如寒氷侵骨掣出那股雄劍將萬根煩惱絲一揮而盡便隨那

道士不知往那里去了後田便見

脂硯齋重評石頭記卷之

第六十七回　見土儀顰卿思故里　聞秘事鳳姐訊家童

話說尤三姐自盡之後尤老娘合二姐兒賈珍賈璉等俱不勝悲慟自不必說忙令人盛殮送往城外埋葬柳湘蓮見三姐身亡痴情眷戀却被道人數句冷言打破迷關竟自截髮出家跟隨瘋道人飄然而去不知何往暫且不表且說薛姨媽聞知湘蓮已說定了尤三姐為妻心中甚喜正是高高興興要打算替他買房子治傢伙擇吉迎娶以報他救命之恩忽有家中小厮吵嚷三姐兒自盡了被小丫頭們聽見告知薛姨媽薛姨媽不知為何心甚嘆息正在猜疑寶釵從園裡過來薛姨媽便對寶釵說道我的兒你

聽見了沒有你珍大嫂子的妹妹三姑娘他不是已經許定給你哥哥的義弟柳湘蓮了麽不知為什麽自刎了那湘蓮也不知往那裡去了真正奇怪的事叫人意想不到的寶釵聽了並不在意便說道俗語說的好天有不測風雲人有旦夕禍福這也是他們前生命定前兒媽媽說為他救了哥哥商量着替他料理如今已經死的死了走的走了依我說也只好由他罷了媽媽也不必為他們傷感了倒是自從哥哥打江南回來了一二十日販了來的貨物想來也該發完了那同伴去的夥計們辛辛苦苦的回來幾個月了媽媽合哥哥商議商議也該請一請酬謝酬謝纔是別叫人家看着無理似的母女正說話間見薛蟠自外而入眼中尚有淚痕

一進門來便向他母親拍手說道媽媽可知道柳二哥尤三姐的
事麼薛姨媽說我纔聽見說正在這裡合你妹妹說這件公案呢
薛蟠道媽媽可聽見說湘蓮跟着一、個道士出了家了麼薛姨媽
道這越發奇了怎麼柳相公那樣一個年輕的聰明人一時糊塗
了就跟着道士去了呢我想你們好了一場他又無父母兄弟单
身一人在此你該各處找找他纔是靠那道士能往那裡遠去左
不過是在這方近左右的廟裡寺裡罷了薛蟠說何常不是呢我
一聽見這個信兒就連忙帶了小廝們在各處尋找連一個影兒
也沒有又去問人都說沒看見薛姨媽說你既找尋過沒有也算
把你做朋友的心盡了焉知他這一出家不是得了好處去呢只

二

是你如今也該張羅張羅買賣二則把你自己娶媳婦應辦的事
情倒早些料理料理偺們家沒人俗語說的夯雀兒先飛省的臨
時丟三落四的不齊全令人笑話再者你妹妹纔說你也回家半
個多月了想貨也物該發完了同你去的夥計們也該擺桌酒給
他們道道乏纔是人家陪着你走了二三千里的路程受了四五
個月的辛苦而且在路上又替你擔了多少的驚怕沉重薛蟠聽
說便道媽媽說的很是倒是妹妹想的週到我也這樣想着只因
這些日子為各處發貨鬧的腦袋都大了又為柳二哥的事忙了
這幾日反倒落了個空白張羅了會子到把正經事都悞了要不
然定了明兒後兒下帖兒請罷薛姨媽道由你辦去罷話猶未了

外面小厮進來回説管總的張大爺差人送了兩箱子東西説這
是爺各自買的不在貨賬裡面本要早送來因貨物箱子壓着没
得拿昨兒貨物發完了所以今日纔送來了一面説一面又見兩
個小厮搬進了兩個夾板夾的大棕箱薛蟠一見説噯喲可是我
怎麽就糊塗到這步田地了特特的給媽合妹妹帶來的東西都
忘了没拿了家裡來還是夥計送了來了寶釵説虧你説還是特
特的帶來的纔放了一二十天要不是特特帶來大約要放到年
底下纔送來呢我看你也諸事太不留心了薛蟠笑道想是在路
上叫人把魂打吊了還没歸竅呢説着大家笑了一回便向小丫
頭説出去告訴小厮們東西收下叫他們回去罷薛姨媽和寶釵

三

因問到底是什麼東西這樣細着綑着的薛蟠便命叫兩個小廝進來解了繩子去了夾板開了鎖看時這一箱都是綢緞綾錦洋貨等家常應用之物薛蟠笑道那一箱是給妹妹帶的親自來開母女看時二人却是些筆墨紙硯各色箋紙香袋香珠扇子扇墜花粉胭脂等物外有虎邱帶來的自行人酒令兒水銀灌的打金斗小小子沙子燈一齣一齣的泥人兒的戲用青紗罩的匣子裝着又有在虎邱山上泥捏的薛蟠的小像與薛蟠毫無相差寶釵見了别的都不理論倒是薛蟠的小像拿着細細看了一看又看看他哥哥不禁笑起來了因叫鶯兒帶着幾個老婆子將這些東西連箱子送到園子裡去又和母親哥哥說了一回閑話兒纔回

園子裡去這裡薛姨媽將箱子裡的東西取出一分一分的打點
清楚叫同喜送給賈母並王夫人等處不題且說寶釵到了自己
房中將那些玩意兒一件一件的過了目除了自己留用之外一
分一分配合妥當也有送筆墨紙硯的也有送香袋扇子香墜的
也有送脂粉頭油的有單送玩意兒的只有黛玉的比別人不同
且又加厚一倍一一打點完畢使鶯兒同着一個老婆子跟着送
往各處這邊姐妹諸人都收了東西賞賜來使說見面再謝惟有
林黛玉看見他家鄉之物反自觸物傷情想起父母雙亡又無兄
弟寄居親戚家中那裡有人也給我帶些土物來想到這裡不覺
的又傷起心來了紫鵑深知黛玉心腸但也不敢說破只在一旁

四

勸道姑娘的身子多病早晚服藥這兩日看着比那些日子略好
些雖說精神長了一點兒還算不得十分大好今兒寶姑娘送來
的這些東西可見寶姑娘素日看着姑娘狠重姑娘看着該喜歡
纔是為什麽反倒傷起心來這不是寶姑娘送東西來倒叫姑娘
煩惱了不成就是寶姑娘聽見反覺臉上不好看再者這裡老太太們
為姑娘的病體千方百計請好大夫配藥診治也為是姑娘的病好
這如今纔好些又這樣哭哭啼啼豈不是自己遭蹋了自己身子
叫老太太看着添了愁煩了麽況且姑娘這病原是素日憂慮過度
傷了血氣姑娘的千金貴體也別要自己看輕了紫鵑正在這裡
勸解只聽見小丫頭子在院內說寶二爺來了紫鵑忙說請二爺

進來罷只見寶玉進房來了黛玉讓坐畢寶玉見黛玉淚痕滿面
便問又是誰氣着你了黛玉勉強笑道誰生什麽氣傍邊紫鵑向
床後桌上一努寶玉會意往那裡一瞧見堆着許々東西就知道
是寶釵送來的便取笑說道那裡這些東西不是妹妹要開雜貨
鋪啊黛玉也不答言紫鵑笑着道二爺還提東西呢因寶姑娘送
了些東西來姑娘一看就傷起心來了我正在這裡勸解恰好二
爺來的狠巧替我們勸勸寶玉明知黛玉是這個緣故却不敢提
頭兒只得笑說道你們姑娘的緣故想來不為別的必是寶姑娘
送來的東西少所以生氣傷心妹妹你放心等我明年叫人往江
南去給你多多的帶兩船來省得你淌眼抹淚的黛玉聽了這些
話也知寶玉是為自己開心也不好推也不好任因說道我任憑
五

怎麽没見過世面也到不了這步田地因送的東西少就生氣傷
心我又不是兩三歲的孩子你也忒把人看得小氣了我有我的
緣故你那裡知道說着眼泪又流下來了寶玉忙走到床前挨着
黛玉坐下將那些東西一件一件拿起來擺弄着細瞧故意問這
是什麽叫什麽名字那是什麽做的這樣齊整這是什麽要他做
什麽使用又說這一件可以擺在面前又說那一件可以放在条
棹上當古董兒倒好呢一味的將些没要緊的話來斷混黛玉見
寶玉如此自己心裡倒過不去便說你不用在這裡混攪了偺們
到寶姐姐那邊去罷寶玉巴不得黛玉散散悶解了悲痛便道寶
姐姐送偺們東西偺們原該謝謝去黛玉道自家姐妹這倒不必
只是到他那邊薛大哥回來了必然告訴他些南邊的古蹟兒我去

聽聽只當回了家鄉一輛的說着眼圈兒又紅了寶玉便站着等
他黛玉只得和他出來往寶釵那裡去了且說薛蟠聽了母親之言
急下了請帖辦了酒席次日請了四位夥計俱已到齊不免說些
販賣賬目發貨之事不一時上席讓坐薛蟠挨次斟了酒薛姨媽
又使人出來致意大家喝着酒說閒話兒內中一個道今兒這席
上短兩個好朋友眾人齊問是誰那人道還有誰就是賈府上的
璉二爺和大爺的盟弟柳二爺大家果然都想起來問着薛蟠道
怎麼不請璉二爺合柳二爺來薛蟠聞言把眉一皺嘆口氣道璉
二爺又往平安州去了頭兩天就起了身了那柳二爺竟別提起
真是天下頭一件奇事什麼是柳二爺如今不知那裡作道爺去
了眾人都詫異道這是怎麼說薛蟠便把湘蓮前後事體說了一

遍眾人聽了越發駭異道怪不的前兒我們在店裡髣髣髴髴也
聽見人吵嚷說有一個道士三言兩語把一個人度了去了又說
一陣風刮了去了只不知是誰我們正發貨那裡有工夫打聽這
個事去到如今還似信不信的誰知就是柳二爺呢早知是他我
們大家也該勸勸他纔是任他怎麼着也不叫他去內中一個道
別是這麼着罷眾人問怎麼樣那人道柳二爺那樣個伶俐人未
必是真跟了道士去罷他原會些武藝又有力量或看破那道士
的妖術邪法特意跟他去在背地裡擺佈他也未可知薛蟠道果
然如此倒也罷了世上這些妖言惑眾的人怎麼沒人治他一下
子眾人道那時難道你知道了也沒找尋他去薛蟠說城裡城外
那裡沒有找到不怕你們笑話我找不着他還哭了一場呢言畢

只是長吁短歎無精打彩的不像往日高興衆夥計見他這樣光
景自然不便久坐不過隨便喝了幾盃酒吃了飯大家散了且說
寶玉同着黛玉到寶釵處來寶玉見了寶釵便說道大哥哥辛辛
苦苦的帶了東西來姐姐留着使罷又送我們寶釵笑道原不是
什麼好東西不過是遠路帶來的土物兒大家看着新鮮些就是
了黛玉道這些東西我們小時候倒不理會如今看見真是新鮮
物兒了寶釵因笑道妹妹知道這就是俗語說的物離鄉貴其實
可算什麼呢寶玉聽了這話正對了黛玉方纔的心事連忙拿話岔
道明年好歹大哥哥再去時替我們多帶些來黛玉瞅了他一眼
便道你要你只管說不必拉扯上人姐姐你瞧寶哥哥不是給姐
姐來道謝竟又要定下明年的東西來了說的寶釵寶玉都笑了

三個人又閒話了一回因提起黛玉的病來寶釵勸了一回因說道妹妹若覺着身上不爽快倒要自己勉強扎掙着出來各處走走逛逛散散心比在屋裡悶坐着到底好些我那兩日不是覺着發懶渾身發熱只是要歪着也因為時氣不好怕病因此尋些事情自己混着這兩日纔覺着好些了黛玉道姐姐說的何嘗不是我也是這麼想着呢大家又坐了一會子方散寶玉仍把黛玉送至瀟湘館門首纔各自回去了且說趙姨娘因見寶釵送了賈環些東西心中甚是喜歡想道怨不得別人都說那寶丫頭好會做人狠大方如今看起來果然不錯他哥哥能帶了多少東西來他挨門兒送到並不遺漏一處也不露出誰薄誰厚連我們這樣沒時運的他都想到了要是那林丫頭他把我們娘兒們正眼也不瞧

蹶蹶

那裡還肯送我們東西一面想一面把那些東西翻來覆去的擺
弄瞧看一回忽然想到寶釵和係王夫人的親戚為何不到王夫人
跟前賣個好兒呢自已便蹶蹶蟄蟄的拿着東西走至王夫人房
中站在旁邊陪笑說道這是寶姑娘纔剛給環哥兒的難為寶姑
娘這麼年輕的人想的這麼週到真是大戶人家的姑娘又展樣
又大方怎麼叫人不敬奉呢怪不得老太太和太太成日家都誇
他疼他我也不敢自專就收起來特拿來給太太瞧瞧太太也喜
歡喜歡王夫人聽了早知道來意了又見他說的不倫不類也不
理他說道你只管收了去給環哥頑罷趙姨娘來時興興頭頭誰
知抹了一鼻子灰滿心生氣又不敢露出來只得訕訕的出來了
到了自已房中將東西丟在一邊嘴裡咕咕噥噥自言自語道這

八

個又筭了什麽兒呢一面生着各自生了一回悶氣却說鶯兒帶
着老婆子們送東西回來回覆了寶釵將衆人道謝的話並賞賜
銀錢都回完了那〔老〕婆子便出去了鶯兒走近前來一步挨着寶釵
悄悄的說道剛纔我到璉二奶奶那邊看見二奶奶一臉的怒氣
我送下東西出來時悄悄的問小紅說剛纔二奶奶從老太太屋
裡回來不似往日歡天喜地的叫了平兒去咕咕唧唧的不知說
了些什麽看那光景倒像有什麽大事的是的姑娘沒聽見那邊
老太太有什麽事寶釵聽了也自己納悶想不出鳳姐是為什麽
有氣〔便道〕各人家有各人的事偺們那裡管得你去倒茶去罷鶯兒於
是出來自已〔去〕倒茶不提且說寶玉送了黛玉回來想着黛玉的孤
苦不免也替他傷感起來因要將這話告訴襲人進來時却只有

麝月秋紋在屋裡因問你襲人姐姐那裡去了麝月道左不過在
這幾個院裡那裡就丟了他一時不見就這樣找寶玉笑着道不
是怕丟了他因我方纔到林姑娘那邊見林姑娘又正傷心呢問
起來却是為寶姑娘（姐姐）送了他東西他看見是他家鄉（的）土物不免對
景傷情我要告訴你襲人姐姐叫他過去勸勸正說着晴雯進來
了因問寶玉道你回來了你又要叫勸誰寶玉將方纔話說了一
遍晴雯道襲人姐姐纔出去聽見他說要到璉二奶奶那邊去保
不住還到林姑娘那裡去呢寶玉聽了便不言語秋紋倒了茶來
寶玉漱了一口遞給小丫頭子心中着實不自在就隨便歪在床
上却說襲人因寶玉出門自己作了回活計忽想起鳳姐上身不
好這幾天也沒有過去看看況聞賈璉出門正好大家說說話兒 九

便告訴晴雯好生在屋裡別都出去了叫二爺回來抓不着人晴
雯道噯喲這屋裡单你一個人惦記着他我們都是白閒着混飯
吃的襲人笑着也不答言就走了剛來到沁芳橋畔那時正是夏
末秋初池中蓮藕新殘相間紅綠離披襲人走着沿堤看玩了一
回猛擡頭看見那邊葡萄架底下有人拿着撣子在那裡撣什麽
呢走到跟前却是老祝媽那老婆子見了襲人便笑嘻嘻的迎上
來説道姑娘怎麽今兒得工夫出來逛逛襲人道可不是我要到
璉二奶奶那裡瞧瞧去你在這裡做什麽呢那婆子道我在這裡
赶蜜蜂兒今年三伏裡雨水少這菓子樹上都有虫子把菓子吃
的疤疤流星的弔了好些了姑娘還不知道呢這馬蜂最可惡的
一嘟嚕上只咬破兩三個兒那破的水滴到好的上頭連這
一嘟嚕都是要爛的姑娘你瞧咱們説話的空兒没赶就落上許

多了襲人道你就是不住手的趕也趕不〻多少你倒是告訴買
辦咔他多〻做些小冷布口袋兒一嘟嚕套上一個又透風又不
遭搨婆子笑道倒是姑娘說的是我今年總管上那裡知道這個
巧法兒呢因又笑着說道今年菓子雖遭塌〻些味兒倒好不信
姑娘摘一個嚐〻襲人正色道這那裡使得不但沒熟吃不得就
是熟〻上頭還沒有供鮮偺們倒先吃〻你是府裡使老〻的難
道連這個規矩都不懂〻老祝忙笑道姑娘說的是我見姑娘狠
喜歡我總〻敢這麼說可就把規矩錯〻我可是老糊塗〻襲人道
這也沒有什麼只是你們有年紀的老奶奶們別先領着頭兒這
麼着就好〻說着遂一逕出〻園門來到鳳姐這邉一到院裡只
聽鳳姐說道天理良心我在這屋裡熬的越發成〻賊〻襲人聽

這話知道有原故了又不好回來又不好進去遂把脚步放重些隔着窻子問道平姐姐在家裡呢麽平兒忙答應着迎出來襲人便問二奶奶也在家裡呢麽身上可大安了說着已走進來鳳姐粧着在床上歪着呢見襲人進來也笑着站起來說好些了叫你惦記着怎麽這幾日不過我們這邊坐坐襲人道奶奶身上大安本該天天過來請安纔是但只怕奶奶身上不爽快倒要靜靜兒的歇歇兒我們來了倒吵的奶奶煩鳳姐笑道煩是沒的話倒是寶兄弟屋裡雖然人多也就靠着你一個照看他也實在的離不開我常聽見平兒告訴我你背地裡還惦着我常常問我這就是你盡心了一面說着叫平兒挪了張杌子放在床邊讓襲人坐下豐兒端進茶來襲人欠身道妹妹坐着罷一面說閒話兒只見一個

小丫頭子在外間屋裡悄悄的和平兒說旺兒來了在二門上伺候着呢又聽見平兒說也悄悄的道知道了叫他先去回來再來別在門口兒站着襲人知他們有事又說了兩句話便起身要走鳳姐道閑來坐坐說說話兒我倒閑心因命平兒送送你妹妹平兒答應着送出來只見兩三個小丫頭子都在那裡屏聲息氣齊齊的伺候着襲人不知何事便自去了卻說平兒送出襲人進來回道旺兒纔纔來了因襲人在這裡我叫他先到外頭等等兒這會子還是立刻叫他呢還是等着請奶奶的示下鳳姐道叫他來平兒忙叫小丫頭去傳旺兒進來這裡鳳姐又問平兒你到底是怎麼聽見說的平兒道就是頭裡聽見那小丫頭子的話他說他在二門裡頭聽見外頭兩個小廝說這個新二奶奶比咱們舊二奶奶還俊呢脾

十一

氣兒也好不知是旺兒是誰吆喝了兩個一頓說什麼新奶奶舊
奶奶的還不快悄悄兒的呢叫裡頭知道了把你的舌頭還割了
呢平兒正說着只見一個小丫頭進來回說旺兒在外頭伺候着
呢鳳姐聽了冷笑了一聲說叫他進來那小丫頭出來說奶奶叫
呢旺兒連忙答應着進來旺兒請了安在外間門口垂手侍立鳳
姐兒道你過來我問你話旺兒纔走到裡間門傍站着鳳姐兒道你二
爺在外頭弄了人你知道不知道旺兒又打着千兒回道奴才天
天在二門上聽差事如何能知道二爺外頭的事呢鳳姐冷笑道
你自然不知道你要知道你怎麼攔人呢旺兒見這話知道剛纔
的話已經走了風了料着瞞不過便又跪回道奴才實在不知就
是頭裡興兒和喜兒兩個人在那裡混說奴才吆喝了他們兩句

内中深情底理奴才不知道不敢妄回求奶奶問興兒他是長跟二爺出門的鳳姐(兒)聽了一死勁啐了一口罵道你們這一起沒良心的混賬忘八崽子都是一條藤兒打量我不知道呢先去給我把興兒那忘八崽子叫了來你也不許走問明白了他回來再問你好好好這總是我使出來的好人呢那旺兒連聲答應幾個是磕了個頭爬起來出去去叫興兒卻說興兒正在賬房(兒)裡和小廝們頑呢聽見說二奶奶叫先唬了一跳卻也想不到是這件事發作了連忙跟着旺兒進來旺兒先進去回說興兒來了鳳姐兒厲聲道叫他那興兒聽見這個聲音兒早已沒了主意了只得乍着胆子進來鳳姐(兒)一見便說好小子啊你和你爺辦的好事啊你只寔說罷興兒一聞此言又看着(見)鳳姐兒氣色及兩邊丫頭們的光景

早唬軟子不覺跪下只是磕頭鳳姐兒道論起這事來我也聽見
說不與你相干但只你不早來回我知道這就是你的不是了你
要實說了我還饒你再有一句虛言你先摸摸你腔子上幾個腦
袋瓜子興兒戰兢兢的朝上磕頭道奶奶問的是什麽事奴才和
爺辦壞了鳳姐聽了一腔火都發作起來喝命打嘴巴旺兒過來
纔要打時鳳姐兒罵道什麽糊塗忘八崽子叫他自己打用你打
嗎一會子你再各人打你的嘴巴子還不遲呢那興兒真個自己
左右開弓打了自己十幾個嘴巴鳳姐兒喝聲站住問道你二爺
外頭娶了什麽新奶奶舊奶奶的事你大概不知道啊興兒見說
出這件事來越發着了慌連忙把帽子抓下來在磚地上咕咚咕
咚碰的頭山响口裡說道只求奶奶超生奴才再不敢撒一個字兒

的謊鳳姐道快說興兒直蹶蹶的跪起來回道這事頭裡奴才也不道就是這一天東府裡大老爺送了殯俞祿往珍大爺廟裡去領銀子二爺同着蓉哥兒到了東府裡道兒上爺兒兩個說起珍大奶奶那邊的二位姨奶奶來二爺誇他好蓉哥兒哄着二爺說把二姨奶奶說給二爺鳳姐聽到這裡使勁啐道呸沒臉的忘八蛋他是你那一門子的姨奶奶興兒忙又磕頭說奴才該死往上瞅着不敢言語鳳姐兒道完了嗎怎麼不說了興兒方纔又回道奶奶恕奴才奴才纔敢回鳳姐啐道放你媽的屁這還什麼恕不恕了你好生給我往下說好多着呢興兒又回道二爺聽見這個話就喜歡了後來奴才也不知道怎麼就弄真了鳳姐微微冷笑道這個自然你可那裡知道呢你知道的只怕都煩了呢是了說

十三

底下的罷興兒回道後來就是蓉哥兒給二爺找了房子鳳姐忙問道如今房子在那裡興兒道就在府後頭鳳姐兒道哦回頭瞅着平兒道偺們都是死人哪你聽聽平兒也不敢作聲興兒又回道珍大爺那邊給了張家不知多少銀子那張家就不問了鳳姐道這裡頭怎麼又拉扯上什麼張家李家咧呢興兒回道奶奶不知道這二奶奶剛說到這裡又自己打了個嘴巴把鳳姐兒慪笑了兩邊的丫頭也都抿嘴兒笑興兒想了想說道那珍奶奶的妹子鳳姐兒接着道怎麼樣快說呀興兒道那珍大奶奶的妹子原來從小兒有人家的姓張叫什麼張華如今窮的待好討飯珍大爺許了他銀子他就退了親了鳳姐聽到這裡點了點頭兒回頭便望丫頭們說道你們都聽見了小忘八崽子頭裡他還說他不

知道呢興兒又回道後來二爺纔叫人裱糊了房子娶過來了鳳姐道打那裡娶過來的興兒回道就在他老娘家抬過來的鳳姐道好罷咧又問沒人送親麼興兒道就是蓉哥兒還有幾個了頭老婆子們沒別人鳳姐道你大奶奶沒來嗎興兒道過了兩天大奶奶纔拿了些東西來瞧的鳳姐兒笑了一笑回頭向平兒道怪道那兩天二爺稱讚大奶奶不離嘴呢掉過臉來又問興兒誰伏侍呢自然是你了興兒赶着碰頭不言語鳳姐又問前頭那些日子說給那府裡辦事想來辦的就是這個了興兒回道也有辦事的時候也有往新房子裡去的時候鳳姐又問道誰和他住着呢興兒道他母親和他妹子昨兒他妹子自己抹了脖子了鳳姐道這又為什麼興兒隨將柳湘蓮的事說了一遍鳳姐道這個人還算造

十四

化高省了當那出名兒的忘八因又問道没了別的事了麼興兒道
別的事奴才不知道奴才剛纔說的字字是實話没一字虛假奶
奶問出來只管打死奴才奴才也無怨的鳳姐低了一回頭便又
指着興兒說道你這個猴兒崽子就該打死這有什麼瞞着我的
你想着瞞了我就在你那糊塗爺跟前討了好兒了你新奶奶好
疼你我不看你剛纔還有點怕懼兒不敢撒謊我把你的腿不給
你砸折了呢說着喝聲起去興兒磕了個頭纔爬起來退到外間
門口不敢就走鳳姐道過來我還有話呢興兒赶忙垂手敬聽鳳
姐道你忙什麼新奶奶等着賞你什麼呢興兒也不敢抬頭鳳姐
道你從今日不許過去我什麼時候叫你你什麼時到遲一步兒
你試試出去罷興兒忙答應幾個是退出門來鳳姐又叫道興兒

興兒赶忙答應回來鳳姐道快出去告訴你二爺去是不是啊興兒回道奴才不敢鳳姐道你出去提一個字兒隄防你的皮興兒連忙答着纔出去了鳳姐又叫旺兒呢旺兒連忙答應着過來鳳姐把眼直瞪瞪的瞅了兩三句話的工夫纔說道好旺兒很好去罷外頭有人提一個字兒全在你身上旺兒答應着也慢慢的退出去了鳳姐便叫倒茶小了頭子們會意都出去了這裡鳳姐纔和平兒說你都聽見了這纔好呢平兒也不敢答言只好陪笑兒鳳姐越想越氣歪在枕上只是出神忽然眉頭一皺計上心來便叫平兒來平兒連忙答應過來鳳姐道我想這件事竟該這麽着纔好也不必等你二爺回來再商量了未知鳳如何辦理且聽下回分解

石頭記第六十七回終按乾隆年間抄本　武裕菴補抄

脂硯齋重評石頭記卷之

第六十八回

苦尤娘賺入大觀園　酸鳳姐大鬧寧國府

話說賈璉起身去後偏值〻平安節度巡邊在外約一個月方回賈璉未得確信只得住在下處等候及至回來相見將事辦妥回程已是將兩個月的限了誰知鳳姐心下早已算定只待賈璉前脚走了回來便傳各色匠役收拾東廂房三間照依自己正室一樣粧飾陳設至十四日便回明賈母王夫人說十五日一早要到姑子廟進香去只帶了平兒豐兒周瑞媳婦旺兒媳婦四人未曾上車便將原故告訴了衆人又吩咐衆男人素衣素蓋一逕前來興兒引路一直到了二姐門前扣門鮑二家的開了興兒笑說快回二奶〻去大奶〻

来了鲍二家的聽了這句頂梁骨走了真魂忙飛進報與尤二姐尤二姐雖也
一驚但已来了只得以礼相見於是忙整衣来迎了出来至門前鳳姐方下車
進来尤二姐一看只見頭上皆是素白銀器身上白月緞袄（青緞）披風白綾素裙眉
彎柳葉高吊两梢目横丹鳳神凝三角俏麗若三春之桃清潔若九秋之菊周
瑞旺兒二女人攙入院来尤二姐陪笑忙迎上来萬福張口便叫姐姐下降不
曾遠接望恕倉促之罪說着便拜（福）了下来鳳姐忙陪笑還礼不迭二人携手
同入室中鳳姐上座尤二姐命丫环拿褥子来便行礼說奴家年輕一從到
了這里之事皆係家母和家姐商議主張今日有幸相會若姐姐不棄奴家
寒微凡事求姐姐的指示教訓奴亦傾心吐胆只伏侍姐姐說着便行下礼
去鳳姐兒忙下座以礼相還口内忙說皆因奴家婦人之見一味勸夫慎

重不可在外眠花臥柳恐惹父母担憂此皆是你我之癡心怎奈二〻爺錯會奴
意眠花宿柳之事惴奴或可今娶姐〻二房之大事亦人家大礼亦不曾對奴
說奴亦曾勸二〻爺早行此礼事已以備被生育不想二〻爺反以奴為那等嫉妬之婦私
自行此大事並不說知使奴有寃難訴惟天地可表前於十日之先奴已風聞
恐二〻爺不樂遂不敢先說今可巧遠行在外故奴家親自拜見過还求姐〻下
體奴心起動大駕挪至家中你我姊妹同居同處彼此合心諫勸二〻爺慎〻重
世務保養身体方是大礼若姐〻在外奴在内雖愚賤不堪相伴奴心又何安
再者使外人聞知亦甚不雅觀二〻爺之名也要緊到是談論奴家奴亦不怨所
以今生今世奴之名節全在姐〻身上那起下人小人之言未免見我素日持
家太嚴背後加減些〻言語自是常情姐〻乃何等樣人物豈可信真若我

寔有不好之處上頭三層公婆中有無數姊妹妯娌況賈府世代名家豈容我
到今日今日二爺私娶姐〻在外若别人則怨我則以為幸正是天地神佛不
忍我被小人們誹謗故生此事我今來求姐〻進去和我一樣同居同處同分
同例同侍公婆同諫丈夫喜則同喜悲則同悲情似親妹和比骨肉不但那起
小人見了自悔從前錯認了我就是二爺來家一見他作丈夫之人心中也未
免暗悔所以姐〻竟是我的大恩人使我從前之名一洗無餘了若姐〻不隨
奴去奴亦情願在此相陪奴願作妹子每日伏侍姐〻梳頭洗面只求姐〻在
二爺跟前替我好言方便〻〻容我一席之地安身奴死也願意說着便嗚
嗚咽〻哭將起來尤二姐見了這般也不免滴下淚來二人對見了礼分序座
下平兒忙也上來要見礼尤二姐見他打扮不凡舉止品貌不俗料定是平兒

連忙親身挽住只叫妹子快休如此你我是一樣的人鳳姐忙也起身㕽說折
死他了妹子只管受礼他原是偺們的了頭已後快别如此說着又命周家
的從包袱里取出四疋上色尺頭四對金珠簪環為拜礼尤二姐忙拜受了二
人吃茶對訴已往之事鳳姐口内全是自怨自錯怨不得别人如今只求姐〻
疼我等語尤二姐見了這般便認他作是個極好的人小人不遂心誹謗主子
亦是常理故傾心吐胆叙了一回竟把鳳姐認為知己又見周瑞等媳婦在傍
邊称揚鳳姐素日許多善政只是吃虧心太癡了惹人怨又說已經預偹了房
屋奶〻進去一看便知尤氏心中早已要進去同住方好今又見如此豈有不
允之理便說原該跟了姐〻去只是這里怎樣鳳姐兒道這有何難姐〻的箱
籠細軟只管着小厮搬了進去這些粗㑪貨要他無用还叫人看着姐〻說

誰妥當就叫誰在這里尤二姐忙說今日既遇見姐姐這一進去凡事只憑姐
姐料理我也來的日子淺也不曾當過家世事不明白如何敢作主這幾件
箱籠拿進去罷我也沒有什麼東西那也不過是二爺的鳳姐聽了便命周瑞
家的記清好生看管着抬到東廂房去于是催着尤二姐穿帶了二人攜
手上車又同坐一處又悄悄的告訴他我們家的規矩大這事老太太一蓋（字）不
知倘或知二爺孝中娶你管把他打死了如今且別見老太太太太我們有一
個花園子極大姊妹住着容易沒人去的你這一去且在園里住兩天等我
設個法子回明白了那時再見方妥尤二姐道任憑姐姐裁處那些跟車的
小廝們皆是預先說明的如今不去大門只奔後門而來下了車趕散眾人鳳
姐便帶尤氏進了大觀園的後門來到李紈處相見了彼時大觀園中十停

人已有九停人知道了今忽見鳳姐帶了進来引動多人来看問尤二姐一〻
見過衆人見他標致和悦無不称揚鳳姐一〻的吩咐了衆人都不許在外走
了風声若老太〻太〻知道我先叫你們死園中婆子丫环都素懼鳳姐的又
係賈璉國孝家孝中所行之事知道関係非常都不管这事鳳姐悄〻的
求李紈収養几日等回明了我們自然過去的李紈見鳳姐那邊已収拾房
屋況在服中不好倡揚自是正理只得収下權住鳳姐又變法將他的丫頭一
概退出又將自己的一個丫頭送他使喚暗〻吩咐園中媳婦們好生照着
着他若有走失逃亡一概和你們筭賬自己又去暗中行事合家之人都
暗〻吶罕的說着他如何这等賢惠起来了那尤二姐得了这個所在又見園
中姊妹各〻相好到也安心樂業的自為得其所矣誰知三日之後丫頭

善姐便有些不服使喚起來尤二姐因說沒了頭油了你去回聲大奶〻拿些
來善姐道二奶〻你怎麼不知好歹沒眼色我們奶〻天〻承應了老太〻又
要承應這邊太〻那邊太〻這些妯娌姊妹上下几百男女天〻起來都
等他的話一日少說大事也有一二十件小事還有三五十件外頭的從娘
〻娘起以及王公侯伯家多少人情客禮家里又有這些親友的調度銀子
上千錢上萬一日都從他一個手一個心一個口里調度那里為這點子小事
去煩瑣他我勸你能着些兒罷咱們又不是明媒正娶來的這是他亘古
少有一個賢良人這樣待你若差些兒的人聽見了這話吵嚷起來把你
丟在外死不死生不生你又敢怎樣呢一夕話說的尤氏垂了頭自為有
這一說少不得將就些罷了那善姐漸〻連飯也怕端來與他吃或早

一頓或晚一頓所拿來之物皆是剩的尤二姐說過一兩次他反先亂叫起
來尤二姐又怕人笑他不安分少不得忍著隅上五日八日見鳳姐一面那
鳳姐却是和容悅色滿嘴里姐姐不離口又說倘有下人不到之處你
降不住他們只管告訴我我打他們又罵了頭媳婦說我深知你們軟的欺
硬的怕背開我的眼還怕誰倘或二奶奶告訴我一個不字我要你們的命尤
氏見他這般的好心既有他何必我又多事下人不知好歹也是常情我若
告了他們受了委屈反叫人說我不賢良因此反替他們遮掩鳳姐一面
使旺兒在外打听細事這尤二姐之事皆已深知原來已有了婆家的女
婿現在才十九歲成日在外嫖賭不理生業家私花盡父親攆他出來
現在賭錢廠存身父親得了尤婆十兩銀子退了親的這女婿尚不

知道原來這小夥子名叫張華鳳姐都一〻盡知原委便封了二十兩銀
子與旺兒悄〻命他將張華勾來養活著他寫一張狀子只管往有司衙
門中告去就告璉二爺國孝家孝之中背旨瞞親仗財依勢強逼退親停
妻再娶等語這張華也深知利害先不敢造次旺兒回了鳳姐〻〻氣的
罵癩狗扶不上墻的種子你細〻的說給他便告我們家謀反也沒事
的不過是借他一鬧大家沒臉若告大了我這里自然能勾平息的旺兒
領命只得細說與張華鳳姐又吩咐旺兒他若告了你〻就和他對詞去
如此〻〻這般〻〻我自有道理旺兒聽了有他做主便又命張華狀子
上添上自己說你只告我來往過付一應調唆二爺做的張華便得了
主意和旺兒商議定了寫了一紙狀子次日便往都察院喊了冤察院

坐堂看狀是告賈璉的事上面有家人旺兒一人只得遣人去賈府傳旺兒來對詞青衣不敢擅入只命人代信那旺兒正等着此事不用人代信早在這條街上等候見了青衣反迎上去笑道起動衆位兄弟必是兄弟的事犯了說不得快來套上衆青衣不敢只說你老去罷別鬧了于是來至堂前跪了察院命狀子與他看旺兒故意看了一遍磞頭說道這事是小的盡知小的主人實有此事但這張華素與小的有仇故意攀扯小的在內其中還有別人求老爺再問張華磞頭雖還有人小的不敢告他所以只告他下人旺兒故意急的說糊塗東西還不快說出來這是朝廷公堂之上混是主子也要說出來張華便說出賈蓉來察院聽了無法只得去傳賈蓉鳳姐又差了慶兒暗中打聽告了起來便忙將王信喚來告訴他此事

命他托察院只虛張声势警唬而已又拿了三百銀子與他去打點是夜王信到了察院私第安了根子那察院深知原委收了贓銀次日回堂只說張華無賴因拖欠了賈府銀兩枉捏虛詞誣賴良人都察院又素與王子騰相好王信也只到家說了一声況是賈府之人巴不得了事便也不提此事且都收下只傳賈蓉對詞且說賈蓉等正忙着賈珍之事忽有人來報信說有人告你們如此〻〻这般〻〻快作道理賈蓉慌了忙來回賈珍〻〻說我防了这一着只虧他好大胆子即刻封了二百銀子着人去打点察院又命家人去對詞正商議之間人報西府二奶〻來了賈珍聽了这個到吃了一驚忙要同賈蓉藏躲不想鳳姐進來了說好大哥〻帶着兄弟們幹的好事賈蓉忙請安鳳姐拉了他就進來賈珍还咲說好生伺候你姑娘吩咐他們殺牲口預

備飯說了忙命備馬躲往別處去了這里鳳姐兒帶着賈蓉走來到上房尤氏
正迎了出來鳳姐兒氣色不善忙咲說什麼事情這等忙鳳姐照臉一口吐沫啐
道你尤家的丫頭沒人要了偷着只往賈家送難道賈家的人都是好的普
天下死絕了男人了你就願意給也要三媒六証大家說明成個体統才是你
你痰迷了心脂油蒙了竅國孝家孝兩重在身就把個人送來了這會子被
人家告我們我又是個沒脚蟹連官場中都知道我利害吃醋如今指名提
我要休我〻來了你家幹錯了什麼不是你這等害我或是老太〻太〻有
了話在你心里使你們做這圈套要擠我出去如今偺們兩個一同去見官
分証明白回來偺們公同請了合族中人大家覿面說個明白給我休書我
就走路一面說一面大哭拉着尤氏只要去見官急的賈蓉跪在地下磞頭

只求姑娘嬸子息怒鳳姐兒一面又罵賈蓉天雷劈腦子五鬼分尸的沒良
心的種子不知天有多高地有多厚成日家調三窩四幹出這些沒臉面沒
王法敗家破業的營生你死了的娘陰靈也不容你祖宗也不容还敢來勸我
哭罵着揚手就打賈蓉忙磕頭有声說嬸子別動氣仔細手讓我自己打嬸
子別生氣說着自己舉手左右開弓自己打了一頓嘴巴子又自己問着自己
說已後可再顧三不顧四的混管閑事了已後还单聽叔叔的話不聽嬸子的
話了衆人又是勸又要咲又不敢咲鳳姐兒滚到尤氏懷里嚎天動地大放悲
声只說給你兄弟娶親我不惱為什庅使他違旨背親將混賬名兒給我背
着偺們只去見官省得捕快皂隸拿來再者偺們只過去見了太太老太太和
衆族人大家公議了我既不賢良又不容丈夫娶親買妾只給我一紙休書我

就走你妹〻我也親身接來家生怕老太〻太〻生氣也不敢回現在三茶六
飯金奴銀婢的住在園里我這里趕着收拾房子一樣和我的道理只等老太
太知道了原說接過來大家安分守己的我也不提舊事了誰知又是有了人
家的不知你們幹的什麼事我一概又不知道如今告我〻昨日急了縱然我
出去見官也丟的是你賈家的臉少不得偷把太〻的五百銀子去打點如
今把我的人還鎖在那里說了又哭〻了又罵後來放声又哭起祖宗爹媽來
又要尋死撞頭把個尤氏揉搓成一個麵團衣服上全是眼淚鼻涕並無別語
只罵賈蓉孽障種子和你老子作的好事我就說不好的鳳姐兒聽說哭着兩手
搬着尤氏的臉緊對相問道你發昏了你的嘴里難到有茄子塞着不然他
們給你嚼子啣上了為什麼你不告訴我去你若告訴了我這會子平安不

了怎得經官動府鬧到這步田地你這會子還怨他們自古說妻賢夫禍少
表壯不如裡壯你但凡是個好的他們怎得鬧出這些事來你又沒才幹又
沒口齒鋸了嘴子的葫芦就只會一味瞎小心圖賢良的名兒揔是他也不怕你
也不聽勸說着啐了几口尤氏也哭道何曾不是這樣你不信問〻跟的人我何
曾不勸的也得他們聽叫我怎麽樣呢怨不得妹〻生氣我只好聽着罷了衆
姬妾丫環媳婦已是烏鴉跪了一地陪哭求說二奶〻最聖明的雖是我們奶〻
的不是奶〻也作踐的勾了當着奴才們奶〻們素日何等的好來如今還求
奶〻給留臉說着捧上茶來鳳姐也摔了一面止了哭挽頭髮又哭罵賈蓉
出去請大哥〻來我對面問他親大爺的孝纔五七侄兒娶親這個禮我竟
不知道我問〻也好學着日後教道子侄的賈蓉只跪着磕頭說這事原不

與父母相干都是兒子一時吃了屎調唆叔〻作的我父親也並不知道如今
我父親正要出殯去送嬸子若鬧起来兒子也是個死只求嬸子責罰兒子兒子
謹領這官司还求嬸子料理兒子竟不能幹这大事嬸子是何等樣人豈不知
俗語說的胳膊只折在袖子裡兒子糊塗死了既作了不肖的事就同那猫兒
狗兒一般嬸子既教訓就不和兒子一般見識的少不得还要嬸子費心費力
將外頭的壓住了纔好原是嬸子有這個不肖的兒子既惹了禍少不得委屈
还要疼兒子說着又磕頭不絕鳳姐見他母子這般也再難往前施展了只
得又轉過了一副形容言談來與尤氏反陪礼說我是年輕不知事的人一聽
見有人告訴了把我嚇昏了不知方纔怎樣麼得罪了嫂子可是蓉兒說的胳
膊折了往袖子裡藏少不得嫂子要体量我還要嫂子轉替哥〻說了

先把這官司按下去纔好尤氏賈蓉一齊都説嬸子放心横竪一点兒連累不著叔〻嬸子方纔説用過了五百兩銀子少不得我娘兒們打点五百兩銀子與嬸子送過去補上的不然豈有反教嬸子又添上虧空之名越發我們該死了但還有一件老太〻太〻們跟前嬸子還要週全方便別提這些話方好鳳姐兒又冷笑道你們饑壓著我的頭幹了事這會子反哄著我替你們週全我雖然是個呆子也呆不到如此嫂子的兄弟是我的丈夫嫂子既怕他絕後我豈不更比嫂子更怕絕後嫂子的令妹就是我的妹子一樣我一聽見這話連夜喜歡的連覺也睡不成趕著傳人收拾了屋子就要接進來同住倒是奴才小人的見識他們到說奶〻太好性了若是我們的意見先回了老太〻太〻看是怎樣再收拾房子去接他不遲我聽了這話教我要打要罵的纔

不言語誰知偏不
称我的意偏打我的嘴半空里又跑出个張華来告了一狀我听見了嚇的兩夜
沒合眼見又不敢声張只得求人去打听這張華是什庅人这樣大胆打听了
兩日誰知是个無賴的花子我年輕不知事反笑了說他告什庅到是小子們
說原是二奶奶許了他的他如今正是急了凍死餓死也是个死現在有這个
理他抓着捴然死了死的到比凍死餓死还值些怎庅怨的他告呢这事原是
爺作的太急了国孝一層罪家孝一層罪背着父母私娶一層罪停妻再娶一

層罪俗語説捹着一身剐敢把皇帝拉下馬他窮瘋了的人什庅事作不出来况且他又拿着这満礼不告等请不成嫂子説我便是个韓信張良听了这話也把智谋嚇回去了你兄弟又不在家又沒个商議少不得拿錢去墊補誰知越使錢越被人拿住了刀靶越發来訛我是耗子尾上長瘡多少膿血兒所以又急又氣少不得来找嫂子尤氏賈蓉不等説完都説不必操心自然要料理的賈蓉又道那張華不过是窮急故捨了命纔告偺們如今想了一个法兒竟許他些銀子只叫他應了妄告不實之罪偺們替他打点完了官司他出来時再給他些个銀子就完鳳姐兒咲道好孩子怨不得你顧一不顧二的作这些事出来原来你竟糊塗若你説得这話他暫且依了且打出官司来又得了銀子眼前自然了事这些人既是無賴之徒銀子到手

一日光了他又尋事故訛詐倘又叨登起来这事偺們虽不怕也終担心搁不住他說既沒毛病為什麽反给他銀子終久不了之局賈蓉原是个明白人听如此一說便笑道我还有个主意来是〻非〻人去是〻非者这事还得我了纔好如今我竟去問 張華个主意或是他定要人或是他願意了事

得錢再娶他若說一定要人少不得我去勸我二姨叫他出來仍嫁他去
若說要錢我們這里少不得給他鳳姐兒忙道雖如此說我斷捨不得你姨
娘出去我也斷不肯使他去好侄兒你若疼我只能可多給他錢為是賈
蓉深知鳳姐口雖如此心都是巴不得只要本人出來他都做賢良人如今怎
說怎依鳳姐兒歡喜了又說外頭好處了家里終久怎么樣你也同我過
去回明纔是尤氏又慌了拉鳳姐討主意如何撒謊纔好鳳姐冷笑道既
沒這本事誰叫你幹這事了這會子這個腔兒我又看不上待要不出個
主意我又是個心慈面軟的人憑人撮弄我我還是一片癡心說不得
讓我應起來如今你們只別露面我只領了你妹妹去與老太太太太們
磕頭只說原係你妹妹我看上了很好正因我不大生長原說買兩個

人放在屋里的今既見你妹〻狠好而又是親上做親的我愿意娶來
做二房皆因家中父母姊妹新近一槩死了日子又艱難不能度日若等
之後無家無業實難等得我的主意接了進來已經廂房收拾了出
來暫且住着等滿了服每圓房仗着我不怕燥的臉死活賴去有了
不是也尋不着你們了你們母子想〻可使得尤氏賈蓉一齊咲說
到底是嬸子寬洪大量足智多謀等事妥了少不得我們娘兒們過
去拜謝尤氏忙命了环們伏侍鳳梳粧洗臉又把酒飯親自遞酒揀
菜鳳也不多坐執意就走了進園中將此事告訴與尤二姐又說我
怎庅操心打聽又怎庅設法子須得如此〻〻方救下衆人無罪少不
得我去拆去這魚頭大家才好不知端詳且聽下回分解

脂硯齋重評石頭記卷之

第六十九回

弄小巧用借劍殺人　覺大限吞生金自逝

話說尤二姐聽了又感謝不盡只得跟了他過去尤氏那邊怎好不過來的少不得也過來跟着鳳姐去回方是大禮鳳姐咲說你只別說話等我去說尤氏道這個自然但一有個不是是往你身上推的說着大家先來至賈母房中正值賈母和園中姊妹們說咲解悶忽見鳳姐帶了一個標致小媳婦進来忙覷着眼看說這是誰家的孩子好可憐見的鳳姐上來咲道老祖宗倒細細的看看好不好說着忙拉二姐說這是太婆婆快磕頭二姐忙行了大禮展拜起來又指着衆姊妹說這是某人某人你先認

了太〻瞧過了再見礼二姐聽了一〻又從新故意的問過歪頭站在傍邊
賈母上下瞧了一遍因又笑問你姓什庅今年十几了鳳姐忙又笑說老祖宗
且別問只說比我俊不俊賈母又帶了眼鏡(叫)鴛央琥珀把那孩子拉過來我瞧
瞧肉皮兒衆人都抿嘴兒笑着只得推他上去賈母細瞧了一遍又命琥珀拿
出(他的)手來我瞧〻鴛鴦又揭起裙子來賈母瞧畢摘下眼鏡來笑說道(是)便個齊全
孩子我看比你俊些鳳姐聽說笑着忙跪下將尤氏那邊所編之話一五一十
細〻的說了一遍少不得老祖宗發慈心先許他進來住一年後再圓房賈
母聽了道這有什庅不是既你這(庅)賢良狠好只是一年後方可圓得房鳳姐
聽了叩頭起來又求賈母着兩個女人一同帶去見太〻們說是老祖宗的主
意賈母依允遂使(兩個)二人帶去見了邢夫人等王夫人正曰他風声不雅深為憂

處見他今行此事豈有不樂之理於是尤二姐自此見了天日挪到廂房住居鳳姐一面使人暗暗調唆張華只叫他要原妻這里還有許多賠送外還給他銀子安家這話張華原無胆無心告賈家的後來又見賈蓉打發人來對詞那人原說的張華先退了親我們皆是親戚接到家里住着是真並無偷娶之說皆因張華拖欠了我們的債務追索不與方誣賴小的主人那些個察院都和賈王兩處有瓜葛況又受了賄只說張華無賴以窮訛詐狀子也不收打了一頓赶出來慶兒在外替他打点也沒打重又調唆張華親原是你家定的你只要親事成這官必还断給你于是又告王信那邊又透了消息與察院察院便批張華所欠賈宅之銀令其限內按數交还其所定之親仍令其有力時娶回又傳了他父親來當堂批准他父親亦係慶兒說明樂得人財兩進便去賈

賈家領人鳳姐兒一面嚇的來回賈母說如此這般都是珍大嫂子幹事不明並沒和那家退准卷人告了如此官斷賈母聽了忙喚了尤氏過來說他作事不妥既是你妹子從小曾與人指腹為婚又沒退斷使人混告了尤氏聽了只得說他連銀子都收了怎麼沒准鳳姐在傍又說張華的口供上現說不曾見銀子也沒見人去他老子說原是親家母說過一次並沒應准親家母死了你們就接進去作二房如此沒有對証只說好由他去混說幸而璉二爺不在家沒曾圓房這還無妨只是人已來了怎好送回去豈不傷臉賈母道又沒圓房沒的強占人家有夫之婦名声也不好不如送給他去那里尋不出好人來尤二姐聽了又回賈母說我母親實于某年月日給了他十兩銀子退准的他因窮急了告又翻了口我姐〻原沒錯辦賈母聽了便說可見刁民難惹既

这樣鳳丫頭去料理〻〻鳳姐聽了無法只得應着回来只命人去找賈蓉
賈蓉深知鳳姐之意若要使張華領回成何体統便回了賈珍暗〻遣人去説
張華你如今既有許多銀子何必定要原人若只管執定主意不怕爺們一怒
尋出個由頭你死無葬身之地你有了銀子回家去什麽好人尋不出来你若
走時还賞你些路費張華聽了心中想了一想这倒是好主意和父親商議
已定總共也得了有百金他父子次日起個五更回原籍去了賈蓉打聽得真
了来回了賈母鳳姐説張華父子妄告不實懼罪逃走官府亦知此情也不追
究大事完畢鳳姐聽了心中一想若必定着張華帶回二姐去未免賈璉回
来再花几個錢包占住不怕張華不依还是二姐不去自己相伴着还妥當且
再作道理只是張華此去不知何往他倘或再將此事告訴了别人或日後

再尋出這由頭來翻案豈不是自己害了自己原先不該如此將刀靶付與
外人去的因此悔之不迭復又想了一條主意出來悄命旺兒遣人尋着了他
或說他作賊和他打官司將他治死或暗中使人算計務將張華治死方剪
草除根保住自己的名譽旺兒領命出來回家細想人已走了完事何必如此
大作人命關天非同兒戲我且哄過他去再作道理因此在外躲了幾日回來
告訴鳳姐只說張華是有了幾兩銀子在身上逃去第三日在京口地界五更
天已被截路人打悶棍打死了他老子唬死在店房在那里驗尸掩埋鳳姐聽
了不信說你要扯謊我再使人打聽出來敲你的牙自此方丟過不題鳳姐
和尤二姐和美非常更比親姊親妹還勝十倍那賈璉一日事畢回來先到
了新房中已竟悄悄的封鎖只有一個看房子的老頭兒賈璉問他原故

老頭子細說原委賈璉只在鐙中跌足少不得來見賈赦與邢夫人將所完之事回明賈赦十分歡喜說他中用賞了他一百兩銀子又將房中一個十七歲的环名喚秋桐者賞他為妾賈璉叩頭領去喜之不盡見了賈母合家中人回來見鳳姐未免臉上有些愧色誰知鳳姐兒他反不似往日容顏同尤二姐一同出迎敘了寒溫賈璉將秋桐之事說了未免臉上有些得意之色驕矜之容鳳姐聽了忙命兩個媳婦坐車到那邊接了來心中一刺未除又平空添了一刺說不得且吞声忍氣將好顏面拉出來遮掩一面又命擺酒接風一面帶了秋桐來見賈母與王夫人等賈璉心中也暗暗的納罕那日已是臘月十二日賈珍起身先拜了宗祠然後過來辭拜賈母等人和族中人直送到洒淚亭方回獨賈璉賈蓉二人送出三日三夜方回一路上賈珍命他好生收心

治[家]等語二人口内荅應也説些大理[礼]套話不必煩叙且説鳳姐在家外面待尤
二姐自不必説得只是心中又懷别意無人處只和尤二姐説妹妹的声名
狠不好聽連老太太太太們都知道了説妹妹在家做女孩兒就不干浄又和
姐夫有些首尾没人要的了你揀了來还不休了再尋好的我聽見这話氣
得倒仰查是誰説的又查不出來这日久天長这些個奴才們跟前怎様説
嘴我反弄了個魚頭來拆説了兩遍自己又氣病了茶飯也不吃除了平兒
衆丫頭媳婦無不言三語四指桑説槐暗識[来]刺秋桐自爲係賈赦之賜無人
僭他的連鳳姐平兒皆不放在眼裡豈肯容他張口是先[姦]後娶没漢子要的娼
婦也來要我的强鳳姐聽了暗樂尤二姐聽了暗愧暗怒暗氣鳳姐既
粧病便不和尤二姐吃飯了每日只命人端了菜飯到他房中去吃那茶飯

都係不堪之物平兒看不過自拿了錢出來弄菜與他吃或是有時只說和
他園中去頑在園中廚內另做了湯水與他吃也無人敢回鳳姐只有秋桐一
時撞見了便去儳舌告訴鳳姐說奶奶的名声生是平兒弄壞了的这樣好
菜好飯浪着不吃却往園里去偷吃鳳姐聽了罵平兒說人家養猫拿耗
子我的猫只倒咬雞平兒不敢多說自此也要遠着了又暗恨秋桐難以出口
園中姊妹和李紈迎春惜春等人皆為鳳姐是好意然宝黛一干人暗為二姐
担心雖都不便多事惟見二姐可憐時常來了到还都憫恤他每日常無人
處說起話來尤二姐便淌眼抹泪又不敢抱怨鳳姐兒又並無露出一点壞形
來賈璉來家時見了鳳姐賢良也不便留心況素習已來因賈赦姬妾丫环
最多賈璉每懷不軌之心只未敢下手如这秋桐輩等人皆是恨老爺年

邋遢慣貪多嚼不爛的由下這些人作什麽因此除了幾個知禮有耻的餘
者或有與二門上小么兒們嘲戲的甚至於與賈璉眉來眼去私相偷期的只
惧賈赦之威未曾到手這秋桐便和賈璉有舊從來未遇過一次今日天緣湊
巧竟賞了他真是一對烈火乾柴如膠投漆燕爾新婚連日那里拆的開那
賈璉在二姐身上之心也漸漸淡了只有秋桐一人是命鳳姐雖恨秋桐且喜
借他先可發脫二姐自己且抽頭用借劍殺人之法坐山觀虎鬥等秋桐殺
了尤二姐自己再殺秋桐主意已定沒人處常又私勸秋桐說你年輕不知事
他現是二房奶奶你爺心坎兒上的人我還讓他三分你去硬碰他豈不是
自尋其死那秋桐聽了這話越發惱了天天大口乱罵說奶奶是軟弱人那
等賢惠我却做不來奶奶把素日的威風怎麽都沒了奶奶寬洪大量我却

眼裡揉不下沙子去讓我和他這淫婦做一回他纔知道呢鳳姐兒在屋里只
粧不敢出声兒氣的尤二姐在房里哭泣飯也不吃又不敢告訴賈璉次日賈
母見他眼紅〻的腫了問他又不敢說秋桐正是抓乖賣俏之時他便悄〻
的告訴賈母王夫人等說專會作死好〻的成天家啼喪背地里咒二奶〻
和我早死了他好和二爺一心一計的過賈母便說人太生嬌俏了可知心就
嫉妬鳳丫頭倒好意待他〻倒這樣爭鋒吃醋的可是個賤骨頭因此漸次便
不大歡喜衆人見賈母不喜不免又往下踏踐起來弄得這尤二姐要死不
能要生不得還是虧了平兒時常背着鳳姐看他這般與他排解〻〻那
尤二姐原是個花爲腸肚雪作肌膚的人如何經得這般磨折不過受
了一個月的暗氣便懨〻得了一病四肢懶動茶飯不進漸次黃瘦

下去夜來合上眼只見他小妹子手捧鴛鴦寶劍前來說姐〻你一生為人
心癡意軟終又吃了這虧休信那妒婦花言巧語外作賢良內藏奸狡他發
恨定要弄你一死方罷若妹子在世斷不肯令你進來即進來時亦不容他這
樣此亦係理數應然你我生前淫奔不才使人家喪倫敗行故有此報你依我
將此劍斬了那妒婦一同歸至警幻案下聽其發落不然你則白〻的喪
命且無人憐惜尤二姐泣道妹〻我一生品行既虧今日之報既係當然何必
又生殺戮之冤隨我去忍耐若天見憐使我好了豈不兩全小妹笑道姐〻
你終是個癡人自古天網恢〻疏而不漏天道好還你雖悔過自新然已將
人父子兄弟致于麀聚之亂天怎容你安生尤二姐泣道既不得安生亦是
理之當然奴亦無怨小妹聽了長嘆而去尤二姐驚醒卻是一夢等賈

璉來看時因無人在側便泣說我這病便不能好了我來了半年腹中也有
身孕但不能預知男女倘天見憐生了下來還可若不然我這命就不保
何況於他賈璉亦泣說你只放心我請明人來醫治於是出去即刻請醫生
誰知王太醫亦謀幹了軍前效力回來好討蔭封的小廝們走去便請了
個姓胡的太醫名叫君榮進來診脈看了說是經水不調全要大補賈璉
便說已是三月庚信不行又常作嘔酸恐是胎氣胡君榮聽了復又命老
婆子們請出手來再看看尤二姐少不得又從帳內伸出手來胡君
榮又診了半日說若論胎氣肝脈自應洪大然木盛則生火經水不調亦皆
因由肝木所致醫生要大膽須得請奶奶將金面略露露醫生觀觀氣色方敢
下藥賈璉無法只得命將帳子掀起一縫尤二姐露出臉來胡君榮一見

魂魄如飛上九天通身麻木一無所知一時掩了帳子就陪他出來問是如
何胡太醫道不是胎氣只是迂血凝結如今只以下迂血通經脈要緊于是寫
了一方作辞而去賈璉命人送了藥礼抓了藥來調服下去只半夜尤二姐腹
痛不止誰知竟將一個已成形的男胎打了下來于是血行不止二姐就昏迷過
去賈璉聞知大罵胡君荣一面再遣人去請醫調治一面命人去打告胡君荣
胡君荣聽了早已捲包逃走這里太醫院便說本來氣血生成虧弱受胎以來
想是着了些氣惱鬱結于中這位先生擅用虎狼之劑如今大人元氣十分傷
其八九一時難保就愈煎丸二藥並行還要一些閑言閑事不聞庶可望好
說畢而去急的賈璉查是誰請了姓胡的來一時查了出來便打了個半死鳳姐
比賈璉更急十倍只說咱們命中無子好容易有了一個又遇見這樣没本事

的大夫於是天地前燒香礼拜自己通陳禱告說或有病只求尤氏妹子身体
大愈再得懷胎生一男子我愿吃長齋念佛賈璉衆人見了無不称讚賈璉
與秋桐在一處時鳳姐又做湯做水的着人送與二姐又罵平兒不是個有福
的也和我一樣我因多病了你却無病也不見怀胎如今二奶〃這樣都因偺
們無福或犯了什庅冲的他這樣因又叫人出去筭命打掛偏筭命的回來
又說係屬兔的陰人冲犯大家筭將起來只有秋桐一人屬兔說他冲的秋
桐近見賈璉請醫治藥打人罵狗為尤二姐十分盡心他心中早浸了一缸
醋在內了今又聽見如此說他冲了鳳姐兒又勸他說你暫且別處去躲几個
月再來秋桐便氣的哭罵道理那起瞎肏的混咬舌根我和他井水不犯河
水怎庅就冲了他好個愛八哥兒在外頭什庅人不見偏來了就有人

沖了白眉赤臉那里來的孩子他不過指着哄我們那個綿花耳朵的爺
罷了總有孩子也不知姓張姓王奶〻希罕那襍種羔子我不喜歡老了誰不
成誰不會養一年半載養一個到還是一点攙〻襍沒有的呢罵的衆人又要
咲又不敢咲可巧邢夫人過來請安秋桐便哭告邢夫人說二爺奶〻要攆我
回去我沒了安身之處太〻好歹開恩邢夫人聽說慌的數落鳳姐兒一陣又
罵道賈璉不知好歹的種子憑他怎応不好是你父親給的為個外頭來
投了來的攆到眼裡的連老子都沒了你要攆他你不如还你父親去到好說
賭着氣去了秋桐更又得意越性走到他窗戶根底下大哭大罵起來尤二姐
不免更添煩惱晚間賈璉在秋桐房中歇了鳳姐已睡平兒過來瞧他又悄〻
勸他好生養病不要理那畜生尤二姐拉他哭道姐〻我從到了这里多

虧姐〻照應為我姐〻也不知受了多少閒(淘)氣我若逃的出命来我必答報
姐〻的恩德只怕我逃不出命来也只好等来生罷平兒也不禁滴泪說道
想来都是我坑了你我原是一片痴心從沒瞞他的話既聽見你在外頭豈有
不告訴他的誰知生出這(些)個事来尤二姐忙道姐〻這話錯了若姐〻便不告
訴他〻豈有打聽不出来的不過是姐〻說的在先況且我也要一心(要)進来方
成個体統與姐〻何干二人哭了一回平兒又囑咐了几句夜已深了方去安
息這里尤二姐心下自思病已成勢日無所養反有所傷料定必不能好
況胎已打下無可懸心何必受這些零(碎)氣不如一死到还干淨常聽見人
說生金子可以墜死豈不比上吊自刎又干淨想畢拃挣起来打開
箱子找出一塊生金(子)也不知多重恨命含淚便吞入口中几次恨命直

脖子方嚥了下去于是赶忙將衣服首飾穿帶齊整上炕淌下了當下人不知鬼
不覺到第二日早辰丫嬛媳婦們見他不叫人樂得且自己去梳洗鳳姐便和秋
桐都上去了平兒看不過說丫頭們你們就只配那没人心的打着罵着使也
罷了一個病人也不知可憐々々他雖好性兒你們也該拿出個樣兒来别太
過逾了墻倒衆人推丫嬛聽了急推房門進来看時却穿帶的齊々整々
死在炕上了于是方嚇慌了喊叫起来平兒進来看了不禁大哭衆人雖素習懼
怕鳳姐然想尤二姐實在溫和憐下比鳳姐原強如今死去誰不傷心落淚只
不敢與鳳姐看見當下合宅皆知賈璉進来摟尸大哭不止鳳姐也假意哭狠
心的妹々你怎麽丢下我去了辜負了我的心尤氏賈蓉等也来哭了一場勸
住賈璉々々便回了王夫人討了梨香院停放五日挪到鐵檻寺去王夫人依

允賈璉忙命人去開了梨香院的門收拾出正房来停靈賈璉嫌後門出靈
不像便对着梨香院的正墻上通街現開了一個大門両邊搭棚安壇場做佛
事用軟榻鋪了錦緞衾褥将二姐抬上榻去用衾單蓋了八個小廝和丸(幾)個媳
婦圍隨從内子墻一帶抬往梨香院来那里已請下天文生預備揭起衾單一
看只見这尤二姐面色如生比活着还美貌賈璉又摟着大哭只叫奶〻你死
的不明都是我坑了你賈蓉忙上来勸叔〻嘆着㕶見我这個姨娘自己沒福
説着又向南指大觀園的界墻賈璉會意只悄〻跌脚説我忽畧了終久对出
来我替你報仇天文生回説奶〻卒于今日正卯時五日出不得或是三日或
是七日方可明日寅時入殮大吉賈璉道三日斷乎使不得竟是七日因家叔家
兄皆在外小喪不敢多停等到外頭还放五七做大道場纔掩靈明年往南去

下莛天文生應諾寫了殃榜而去寶玉已早過来陪哭一塲衆族中人也都来
了賈璉忙道去找鳳姐要銀子治辦棺槨喪礼鳳姐見抬了出去推有病回老
太〻太〻說我病着忌三房不許我去因此也不出来穿孝且往大觀園中来
遶過群山至北界墻根下往外聽隐〻綽〻聽了一半言語回来又回賈母說
如此這般賈母道這信他胡說誰家痨病死的不燒了燒了一撒也認真的開喪
破土起来既是二房一塲也是夫妻之分停五七日抬出来或一燒或亂塟地
工埋了完事鳳姐咲道可是這話我又不敢勸他正說着了頭来請鳳姐說二
爺等着奶〻拿銀子呢鳳姐只得来了便問他什麽銀子家里近来艱難
你还不知道偺們的月例一月赶不上一月鷄兒吃了過年粮昨兒我把兩個金
項圈當了三百銀子你还做夢呢這里还有二三十兩銀子你要就拿去說着

命平兒拿了出来遞與賈璉指着賈母有話又去了恨的賈璉没話可説只得
開了尤氏箱櫃去拿自己的梯己及開了箱櫃一滴無存只有些折簪爛花並 子壞了的兒
几件半新不舊的紬絹衣裳都是尤二姐素習所穿的不禁又傷心哭了起来
自己用個包袱一齊包了也不命小廝丫𡛟来拿便自己提着来燒平兒又是
傷心又是好笑忙将二百两一包的碎銀子偷了出来到廂房拉住賈璉悄遞
與他説你只别作声纔好你要哭外頭多少哭不得又跑了这里来点眼賈璉
聽説便説你説的是接了銀子又将一條裙子遞與平兒説这是他家常穿的
你好生替我收着作個念心兒平兒只得接了自己收去賈璉拿了銀子與衆人
走来命人先去買板好的又貴中的又不要賈璉騎馬自去要瞧至晚間果
抬了一幅好板進来價銀五百两賖着連夜赶造一面分派了人口穿孝

守靈晚上來也不進去只在這里伴宿正是

脂硯齋重評石頭記卷之

第七十回

林代玉重建桃花社　史湘雲偶填柳絮詞

話說賈璉自在梨香院伴宿七日夜天〻僧道不斷做佛事賈母喚了他去吩咐不許送往家廟中賈璉無法只得又和時覺說了就在尤三姐之上点了一個穴破土埋葬那日送殯只不過族中人與王信夫婦尤氏婆媳而已鳳姐一應不管只憑他自去辦理因又年近歲逼諸物〔務〕蝟集不算外又有林之孝開了一個人名單子來共有八個二十五歲的單身小廝應該娶妻成房等裡面有該放的了頭們好求指配鳳姐看了先來問賈母和王夫人大家商議雖有几個應該發配的奈各人皆有原故第一個夗央發誓不去是那日之

後一向未和宝玉說話也不盛粧濃飾衆人見他志堅也不好相強第二個琥珀又有病這次不能了彩雲因近日和賈環分崩也染了無醫之症只有鳳姐兒和李紈房中粗使的大丫嬛出去了其年紀未足令他們外頭自娶去了原來這一向因鳳姐病了李紈探春料理家務不得閑暇接着過年過節出來許多雜事竟將詩社擱起如今仲春天氣雖得了工夫爭奈宝玉因冷遁了柳湘蓮劍刎了尤小妹金逝了尤二姐氣病了柳五兒連々接々閑愁胡恨一重不了一重添弄得情色若癡語言常乱似染怔忡之疾慌的襲人等又不敢回賈母只百般逗他頑笑這日清晨方醒只外間房內咭呱笑声不斷襲人因笑說你快出去解救晴雯和麝月兩個人按住溫都里那隔肢呢宝玉聽了忙披上灰鼠袄子出來一瞧只見他三人被褥尚未疊起大衣也未穿

那晴雯只穿葱緑苑紬小袄紅小衣紅睡鞋披着頭髮騎在雄奴身上麝月是紅綾抹胸披着一身舊衣在那里抓雄奴的肋肢雄奴却仰在炕上穿着撒花緊身兒紅褲緑襪兩脚乱蹬笑的喘不過氣来宝玉忙上前笑說兩個大的欺負一個小的等我助力說着也上床来膈肢晴雯〻〻觸癢笑的忙丢下雄奴和宝玉对抓雄奴趁势又將晴雯按倒向他肋下抓動襲人笑說仔細凍着了着他四人裹在一處到好笑忽有李紈打發碧月来說昨兒晚上奶〻在这里把塊手帕子忘了不知可在这里小燕說有〻〻我在地下拾了起来不知是那一位的才洗了出来晾着还未乾呢碧月見他四人乱滚因笑道到是这里熱鬧大清早起就咭〻呱〻的頑到一處宝玉笑道你們那里人也不少怎麽不頑碧月道我們奶〻不頑把兩個姨娘和琴姑娘也賓住了如

今琴姑娘又跟了老太〻前頭去了更寂寞了两個姑娘今年過了到明年冬天都去了又更寂寞呢你瞧宝姑娘那里出去了一個香菱就冷清了多少把個雲姑娘落了单正說着只見湘雲又打發了翠縷来說請二爺快出去瞧好詩宝玉聽了忙問那里的好詩翠縷咲道姑娘們都在沁芳亭上你去了便知宝玉聽了忙梳洗了出来果見黛玉宝釵湘雲宝琴探春都在那里手裡拿着一篇詩看見他来時都咲說这會子還不起来偺們的詩社散了一年也沒有人作興如今正是時初春時節萬物更新正該鼓舞另立起来纔好湘雲咲道一起詩社時是秋天就不應發達如今却好萬物逢春皆主生盛況这首桃花詩又好就把海棠社改作桃花社（起時見後有名此是先有名）宝玉聽着点頭說狠好且忙着要詩看衆人都又說偺們此時就訪稻香老農去大家議定好起的說着

一齊起來都往稻香村來寶玉一壁走一壁看那紙上寫着桃花行一篇曰

桃花簾外東風軟
桃花簾内晨糚懶
簾外桃花簾内人
人與桃花隔不遠
東風有意揭簾櫳
花欲窺人簾不捲
桃花簾外開仍舊
簾中人比桃花瘦
花解憐人花也愁
隔簾消息風吹透
風透湘簾花滿庭
庭前春色倍傷情
閑苔院落門空掩
斜日欄杆人自凴
凴欄人向東風泣
茜裙偷傍桃花立
桃花桃葉亂紛紛
花綻新紅葉凝碧
霧裹烟封一萬株
烘樓照壁紅模糊
天機燒破鴛鴦錦
春酣欲醒移珊枕
侍女金盆進水來
香泉影蘸胭脂冷
胭脂鮮艷何相類
花之顏色人之淚
若將人淚比桃花

淚自長流花自媚　淚眼觀花淚易乾　淚乾春盡花憔悴
憔悴花遮憔悴人　花飛人倦易黃昏　一聲杜宇春歸盡
寂寞簾櫳空月痕

宝玉看了並不稱讚却滾下淚來便知出自黛玉因此落下淚來又怕衆人看見又忙自己擦了因問你們怎麼得來宝琴笑道你猜是誰作的宝玉笑道自然是瀟湘子稿宝琴笑道現是我作的呢宝玉笑道我不信這声調口氣迥乎不像蘅蕪之体所以不信宝琴笑道所以你不通難道杜工部首首只作叢菊兩開他日淚之句不成一般的也有紅綻雨肥梅水荇牽風翠帶長之媚語宝玉笑道固然如此說但你不知道姐姐斷不許妹妹有此傷悼語句妹妹雖有此才是斷不肯作的比不得林妹妹曾經離喪作此哀音衆人聽說都笑了已

至稻香村中將詩與李紈看了自不必說稱賞不已說起詩社大家議定明日乃三月初二日就起社便改海棠社為桃花社林黛玉就為社主明日飯後齊集瀟湘館因又大家擬題黛玉便說大家就要桃花詩一百韻寶釵道使不得從來桃花詩最多縱作了必落套比不得你這一首古風須得再擬正說着人回舅太太來了姑娘們出去請安因此大家都往前頭來見王子騰的夫人陪着說話吃飯畢又陪入園中來各處遊玩一遍至晚飯後掌灯方去次日乃是探春的壽日元春早打發了兩個小太監送了幾件玩器合家皆有壽儀自不必說飯後探春換了禮服各處行禮黛玉笑向眾人道我這一社開的又不巧了偏忘了這兩日是他的生日雖不擺酒唱戲的少不得都要陪他在老太太太太跟前頑笑一日如何能得閑空兒因此改至初五這日眾姊妹皆在房

房中侍早膳畢便有賈政書信到了寶玉請安將請賈母的安稟拆開念與賈母聽上面不過是請安的話說六月中準進京等語其餘家信事務之帖自有賈璉和王夫人開讀衆人聽說六七月回京都喜之不盡偏生近日王子騰之女許與保寧之子為妻擇日於五月初十日過門鳳姐兒又忙着張羅常三五日不在家這日王子騰的夫人又來接鳳姐兒一並請衆甥男甥女閒樂一日賈母和王夫人命寶玉探春林代玉寶釵四人同鳳姐去衆人不敢違拗只得回房另粧飾了起來五人作辭去了一日掌灯方回寶玉進入怡紅院歇了半刻襲人便乘机見景勸他收一收心閒時把書理一理預備着寶玉屈指算一算說還早呢襲人道書是第一件字是第二件到那時你縱有了書你的字寫的在那里呢寶玉笑道我時常也有寫的好些難道都沒收着襲人道

何曾沒收着你昨兒不在家我就拿出来共筭(攏)數了一數纔有五六十篇這三
四年的工夫難道只有這幾張字不成依我說從明日起把別的心全收了起
来天天快臨幾張字補上雖不能按日都有也要大概看得過去宝玉聽了忙
的自己又親檢了一遍實在搪塞不去便說明日為始一天寫一百纔好說話
時大家安下至次日起来梳洗了便在窗下研墨恭楷臨帖賈母因不見他只
當病了忙使人来問宝玉方去請(安)開便說寫字之故先將早起清晨的工夫
儘了出来再作別的因此出来遲了賈母聽了便十分歡喜吩咐他已(以)後只
管寫字念書不用出来也使得你去回你娘太太去宝玉聽說便往王夫人
房中来說明王夫人便說臨陣磨鎗也中用有這會子着急(的)天天寫寫念念
有多少頑(完)不来(了)的這一赶又赶出来(病)纔罷宝玉回說不妨事這里賈母也說怕

急出病来探春宝釵等都笑說老太〻不用急書雖替他不得字却替得的我們每人每日臨一篇給他塘塞過这一步就完了一則老爺到家不生氣二則他也急不出病来賈母聽說喜之不盡原来林黛玉聞得賈政回家必問宝玉的工課宝玉肯分心恐臨期吃了虧因此自己只粧作不耐煩把詩社便不起也不以外事去勾引他探春宝釵二人每日也臨一篇楷書字與宝玉〻〻自己每日也加〔工〕功或寫二百三百不拘至三月下旬便將字又集湊出許多来这日正筭再得五十篇也就混的過了誰知紫鵑走来送了一卷東西與宝玉拆開看時却是一色老油竹紙上臨的鍾王蠅頭小楷字跡且與自己十分相似喜的宝玉和紫鵑作了一個揖又親自来道謝着史湘雲宝琴二人皆亦臨了几篇相送湊成雖不足工課亦足塘塞了宝玉放了心於是

將所有應讀之書又温理過几遍正是天〻用功可巧近海一帶海嘯又遭遢了
几處生民地方官題本奏聞奉旨就着賈政順路查看賑濟飢回來如此算去至
冬底方回寶玉聽了便把書字又擱過一邊乃是照舊遊蕩時值暮春之際
史湘雲無聊因見柳花飄舞便偶成一小令調寄如夢令其詞曰

豈是繡絨殘吐　捲起半簾香霧　纖手自拈來　空使鵑啼燕
妒　且住　且住　莫使春光別去

自己作了心中得意便用一條紙兒寫好與寶釵看了又來找黛玉〻〻看畢
咲道好也新鮮有趣我却不能湘雲咲道偺們這几社總沒有填詞你明日
何不起社填詞改個樣兒豈不新鮮些黛玉聽了偶然興動便說這話說的
極是我如今便請他們去說着一面吩咐預備了几色菓点之類一面就打

發人分頭去請衆人這里他二人便擬了柳絮之題又限出几個調来寫了綰在壁上衆人来看時以柳絮為題限各色小調又都看了史湘雲的称賞了一回寶玉咲道這詞工我們平常少不得也要胡謅起来于是大家拈閹寶釵便拈得了臨江仙寶琴拈得西江月探春拈得了南柯子黛玉拈得了唐多令寶玉拈得了蝶恋花紫鵑炷了一支夢甜香（香重建故又寫）大家思索起来一時黛玉有了寫完接着寶琴寶釵都有了他三人寫完互相看時寶釵便咲道我先瞧完了你們的再看我的探春咲道噯呀今兒這香怎庅這樣快已剩了三分了我纔有了半首因又問寶玉可有了寶玉雖作了些只是自已嫌不好又都抹了要另作回頭看香已將燼了李紈笑道這算輸了蕉了頭的半首且寫出来探春聽說忙寫了出来衆人看時（却是先看没作完的總是又变一格也）

上面却只半首　南柯子　寫道是
空掛纖纖縷　徒垂絡絡絲　也难綰繫也难羈　一任東西南北各
分離
李紈笑道这也却好作何不續上宝玉見香没了情愿認負不肯勉强塞責将
筆擱下來瞧这半首見没完時反到動了興開了机乃提筆續道是
落去君御(休)惜　飛來我自知　鶯愁蝶倦晚芳時　縱是明春再見
隔年期
衆人笑道正緊(經)你分内的又不能这却偏有了縱然好也不算得說着看黛
玉的　唐多令
粉墮百花洲　香殘燕子樓　一團團逐对成毬　飄泊亦如人命

薄　空繾綣　說風流　草木也知愁、　韶華竟白頭　嘆今生

誰拾誰收　嫁與東風春不管憑你去　忍淹留

衆人看見俱点頭感嘆說太作悲了好是固然好的回又看宝琴的是

西江月

漢苑零星有限　隋堤点綴無窮　三春事付東風

明月梅花一夢　几處落紅庭院　誰家香雪簾櫳　江南

江北一般同　偏是離人恨重

衆人都咲說到底是他的这調壮几處誰家兩句最妙宝釵咲道終不免過于喪敗我想栁絮原是一件無根無絆的東西然依我的主意偏要把他說好了纔不落套所以我謅了一首来未必合你們的意思衆人咲道不要太謙我們且賞鑒自然是好的因看这一首　臨江仙　道是

白玉堂前春解舞　東風捲得均匀
湘雲先笑道好一個東風捲得均匀這一句就出人之上了又看底下道
蜂團蝶陣乱紛紛　几曾隨逝水　豈必委芳塵　萬縷千絲終不
改　任他隨聚隨分　韶華你（休）笑本無根　好風頻借力
送我上青雲
衆人拍案叫絶都説果然翻得好氣力自然是這首為尊纏錦（綿）悲戚讓瀟湘
妃子（罙）情致嫵媚却是枕霞小薛與蕉客今日落第要受罰的寶琴笑道我們
自然受罰但不知付白卷子的又怎麽罰李紈道不要忙這定要重〻罰他下
次為例一語未了只聽窗外竹子上一声响恰似窗屜子倒了一般衆人唬了
一跳丫嬛們出去瞧時簾外丫嬛嚷道一個大蝴蝶風箏掛在竹梢上了衆

了头咲道好一個齊整風箏不知是誰家放斷了繩線的拿下他來宝玉等聽了也
都出來看時宝玉笑道我認得這風箏這是大老爺那院里嬌紅姑娘放
的拿下來給他送過去罷紫鵑笑道难道天下沒有一樣的風箏單他有這個
不成我不管我且收起來探春道紫鵑也學小氣了你們一般的也有這会子
拴人走了的也不怕忌諱代玉咲道可是呢知道是誰放晦氣的快掉拿出去罷
把咱們的拿出來咱們也放晦氣紫鵑聽了敢自命小丫頭們將這風箏送出
與園門上值日的婆子去了倘有人來找好與他們去的這里小丫頭們聽見
放風箏爬不得七手八脚都忙着拿出個美人風箏來也有搬高凳去的也
有細剪子股的也有撥籰子的宝釵等都立在院門前命丫頭們在院外敞
地下放去宝琴咲道你這個不大好看不如三姐〻的那一個軟翅子大鳳凰

好宝釵咲道果然因田頭向翠墨咲道你把你們的拿来也放〻翠墨笑嘻
〻的果然也取去了宝玉又興頭起来也打發個小丫頭子家去說把昨兒
賴大娘送我的那個大魚取来小丫頭子去了半天空手回来笑道晴姑娘昨
兒放走了宝玉道我還沒放一遭兒呢探春咲道橫豎是給你放晦氣罷了宝
玉道也罷再把那個大螃蟹拿来罷了頭去了同了幾個人扛了一個美人並
籰子来說道襲姑娘說昨兒把螃蟹給了三爺了這一個是林大娘才送来的
放這一個罷宝玉細看了一回只見這美人做的十分精致心中歡喜便命叫
放起来此時探春的也取了来翠墨帶着幾個小丫頭子們在那邊山坡
上已放了起来宝琴也命人將自己的一個大紅蝙蝠也取来宝釵也高興也
取了一個来却是一連七個大鴈的都放起来獨有宝玉的美人放不起

去宝玉說了頭們不會放自已放了半天只起房高便落下来了急的宝玉頭上出汗衆人又笑宝玉恨的擲在地下指着風箏道若不是個美人我一頓脚跴跺個稀爛代玉笑道那是頂線不好拿出去另使人打了頂線就好了宝玉一面使人拿去打頂線一面又取一個来放大家都仰面而看天上這几個風箏都起在半空中去了一時丫頭們又拿了許多各色各樣的送飯的来頑了一回紫鵑笑道這一回的勁大姑娘来放罷代玉聽說用手帕墊着手頓了一頓果然風緊力大接過籰子来隨着風箏的勢將籰子一鬆只聽一陣豁剌剌響登時籰子線盡代玉因讓衆人都笑道各人都有你先請罷代玉笑道這一放雖有趣只是不忍李紈道放風箏圖的是這一樂所以又說放晦氣你更該多放些把你這病根兒都帶了去就好了紫鵑笑道我

們姑娘越發小氣了那一年不放几個子今忽然又心疼了姑娘不放等我放
說着便向雪雁手中接過一把西洋小銀剪子來齊籰子根下寸系不留咯
噔一声鉸斷咲道這一去把病根兒可都代（帶）了去了那風箏飄〻颻〻只管
往後退了去一時只有鷄蛋大小展眼只剩了一点黑星一再展眼便不見了
衆人皆仰面睃（睄）眼（有）說有趣〻〻寶玉道可惜不知落在那里去了若落在有人
烟處被小孩子得了還好若落在荒郊野外無人烟處我替他寂寞想起
來把我這個放去教他兩個作伴兒罷于是也用剪子剪斷照先放去探
春正要剪自己鳳凰見天上也有一個鳳凰因道這也不知是誰家的衆人
皆笑說且別剪你的看他到像要來絞的樣兒說着只見那鳳凰漸逼
近來遂與這鳳凰絞在一處衆人方要徃（往）下收線那一家也要收線正不

開交又見一個門扇大的玲瓏喜字帶响鞭在半天如鐘鳴一般也逼近來衆
人咲道這一個也來絞了且別收讓他三個絞在一處到有趣呢說着那喜字
果然與這兩個鳳凰絞在一處三下齊收乱頓誰知線都斷了那三個風箏飄
飄颻〻都去了衆人拍手哄然一咲說到有趣可不知那喜字是誰家的忒促
狹了些代玉說我的風箏也放去了我也乏了我也要歇〻去了宝釵說且
等我們放了去大家好散說着看他姊妹都放去了大家方散代玉回房歪着
養〻之要知端的下回便見

石頭記

脂硯齋凢四閲評過

第七十一回　至八十回

庚辰秋定本

嫌隙人有心生嫌隙　鴛鴦女無意遇夗央

王熙鳳恃強羞說病　來旺婦倚勢霸成親

瘋了頭慣（悞）拾繡春囊　懦小姐不問纍金鳳

惑奸讒抄揀大觀園　矢孤介杜絕寧國府

開夜宴異兆發悲音　賞中秋新詞得佳讖

凸碧堂品笛感淒情　凹晶館聯詩悲寂寞

俏丫環抱屈夭風流　美優伶斬情歸水月

老學士閒徵姽嫿詞　痴公子杜撰芙蓉誄

薛文龍悔娶河東獅　賈迎春悞嫁中山狼

脂硯齋重評石頭記卷之

第七十一回

嫌隙人有心生嫌隙　鴛鴦女無意遇鴛鴦

話說賈政回京之後諸事完畢賜假一月在家歇息因年景漸老事重身衰又近因在外几年骨肉離散今得晏然復聚於庭室自覺喜幸不盡一應大小事務一槩亦發付於度外只是看書悶了便與請客們下棋吃酒或日間在裡面母子夫妻共叙天倫庭闈之樂因今歲八月初三日乃賈母八旬之慶又因親友全來恐筵宴排設不開便早同賈赦及賈珍賈璉等商議〻定於七月二十八日起至八月初五日止榮寧兩處齊開筵宴寧國府中單請官客榮國府中單請堂客大觀園中收拾出綴錦閣並嘉蔭堂

等凡處大地方來作退居二十八日請皇親駙馬王公諸公主郡主王妃國君
太君夫人等二十九日便是閣下都府督鎮及誥命等三十日便是諸官長及
誥命並遠近親友及堂客初一日是賈赦的家宴初二日是賈政初三日是賈
珍賈璉初四日是賈府中合族長幼大小共湊的家宴初五日是賴大林之孝
等家下管事人等共湊一日自七月上旬送壽礼者便絡繹不絕礼部奉旨欽
賜金玉如意一柄彩緞四端金玉環四个帑銀五百兩元春又命太監送出金
壽星一尊沉香拐一隻茄楠珠一串福壽香一盒金錠一對銀錠四對彩緞十
二疋玉盃四隻餘者自親王駙馬以及大小文武官員之家凡所來往者莫
不有礼不能勝記堂屋內設下大桌案鋪了紅毡將凡所有精細之物都
擺在上請賈母過目賈母先一二日還高興過來瞧瞧後來煩了也不

過目只說叫鳳丫頭收了改日悶了再瞧至二十八日兩府中俱懸灯結彩屏開鸞鳳褥設芙蓉笙簫鼓樂之音通衢越巷寧府中本日只有北靜王南安郡王永昌駙馬樂善郡王並幾個世交公侯應襲榮府中南安王太妃北靜王妃並幾位世交公侯誥命賈母等見是按品大粧迎接大家廝見先請入大觀園內嘉蔭堂茶畢更衣堂方出至榮慶堂上拜壽入席大家謙遜半日方才入席上面兩席是南北王妃下面依叙便是眾公侯誥命左邊下手一席陪客是錦鄉侯誥命與臨昌伯誥命右手下手一席方是賈母主位邢夫人王夫人帶領尤氏鳳姐並族中幾個媳婦兩溜鴈翅站在賈母身後侍立林之孝賴大家的帶領眾媳婦都在竹簾外面伺候上菜上酒周瑞家的帶領幾個丫環在圍屏後伺候呼喚凡跟來的人早又有人管別

處去了一時台上叅了場台下一色十二個未留髮的小廝伺候須臾一
小廝捧了戲单至堦下先遞與回事的媳婦這媳婦接了才遞與林之
孝家的用一小茶盤托上挨身入簾來遞與尤氏的侍妾配鳳配鳳接
了才奉與尤氏尤氏托着走至上席南安太妃謙讓了一回点了一齣吉慶戲
文然後又謙讓了一回北静王妃也点了一齣衆人又讓了一回命隨便揀好的唱罷
了少時菜已四獻湯始一道跟來各家的放了賞大家便更衣復入園來
另献好茶南安太妃因問宝玉賈母笑道今日几處廟里念佛保安延寿
經他跪經去了又問衆小姐們賈母笑道他們姊妹的病弱的病見人
腼腆所以叫他們給我看屋子去了有的是小戲子傳了一班在那邊
廳上陪着他嬸娘家姊們也看戲呢南安太妃笑道既這樣叫人請來

賈母回頭命鳳姐兒去把史薛林帶來再只叫你三妹妹陪着來罷鳳姐答應了來至賈母這邊只見他姊妹們正吃菓子看戲宝玉也纔從廟里跪經回來鳳姐兒說了話宝釵姊妹與代玉探春湘雲五人來至園中大家見了不用請安問好讓坐等事衆人中也有見過的還有一兩家不曾見過的都齊聲誇讚不絕其中湘雲最熟南安太妃因笑道你在這里听見我來了還不出來還只等請去我明兒和你叔叔算賬回一手拉着探春一手拉着宝釵問幾歲了又連聲誇讚因又鬆了他兩個又拉着代玉宝琴也着實細看極誇一回又笑道都是好你不是叫我誇那一個的是早有人將備用禮物打點出五分來金玉戒指各五個腕香珠五串南安太妃笑道你姊妹們別笑話留着賞了頭們罷五人忙拜謝過北靜王妃也有五

樣礼物餘者不必細說吃了茶園中畧俇了一俇賈母等因又讓入席南
安太妃便告辭說身上不快今日若不來寔在便使不得因此恕我竟先
要告別了賈母等听說也不便強留大家又讓了一回送至園門坐轎而去
接着北静王妃畧一坐也就告辭了餘者也有終席的也有不終席的賈母
劳乏了一日次日便不会人一應都是刑夫人王夫人管待有那些家子
弟拜寿的只到厛上行礼賈赦賈政賈珍等還礼管待至寧府坐席不
在話下這幾日尤氏晚間也不回那府去白日間待客晚間在園內李氏房
中歇宿這日晚間伏侍過賈母晚飯後賈母因說你們也乏了我也乏了早
些尋一點子吃的歇歇去明兒还要起早鬧呢尤氏答應着退了出來到凤姐
兒房里來吃飯凤姐兒在樓上看着人收送礼的新圍屏只有平兒在房裏

與鳳姐兒疊衣服尤氏因問你們奶〻吃了飯了沒有平兒咲道吃飯豈不請
奶〻去的尤氏咲道既這樣我別處找吃的去餓的我受不的（得）了說着就走
平兒忙咲道奶〻請回來這（里有）點心且點補一點兒回來再吃飯尤氏咲道你們
忙的這樣我園里和他姊妹們鬧去一面說一面就走平兒留不住只得罷
了且說尤氏一逕（逕）來至園中只見園中正門與各處角門 伏下文 仍未關猶
吊着各色彩灯因回頭命小丫頭叫該班的女人那丫嬛走入班房中竟沒
一個人影回來回了尤氏尤氏便命傳管家的女人這丫頭應了便出去到二
門外鹿頂內乃是管事的女人議事取齊之所到了這里只有兩個婆子
只顧分菓菜又听見是東府里的奶〻不大在心上因就回說管家奶〻們
纔散了小丫頭道散了你們家里傳他去婆子道我們只管看屋子不

管傳人姑娘要傳人再派傳人的去小丫頭听了道噯呀噯呀这可反了
怎麽你們不傳去你哄那新来了的怎庅哄起我来了素日你們不傳誰
傳去这会子打听了掦已信兒或是賞了那位管家奶々的東西你們爭着
狗顛兒似的傳去的不知誰是誰呢璉二奶々要傳人你們可也这庅回嗎这两個
婆子一則吃了酒二則被这丫頭揭挑着弊病便羞激怒了因回口道扯
你的燥我們的事傳不傳不與你相干你未曾諱挑我們你想々你那
老子娘在那邊管家爺們跟前比我們還更会溜套呢餙什庅清水下雜麺
你吃我也見的事各家門另家户你有本事排塲你們那邊人去我們这
邊你們還早些呢丫頭听了氣白了臉回說道好々这話說的好一面轉
身進来回話尤氏已早入園来因遇了見襲人宝琴湘雲三人同着地藏菴

的兩個姑子正說故事頑笑尤氏因說餓了先到怡紅院襲人粧了几樣葷素
点心出来與尤氏吃兩個姑子宝琴湘雲等都吃茶仍說故事那小了頭子
一逕找了来氣狠狠的把話都說了出来尤氏听了冷笑道这是兩個什
広人兩個听錯了兩個姑子笑推这了頭道你这孩子好性氣那糊塗老嬷嬷們
的話你也不該来回纔是咱們奶奶萬金之軀劳乏了几日黄湯辣水没
吃咱們哄他歡喜一會還不得一半兒說这些話做什広襲人也忙笑拉
出他去說好妹子你且出去歇歇我打發人叫他們去尤氏道你不要叫人你
去就叫这兩個婆子来到那邊把他們家的凤叫来襲人笑道我請去
尤氏偏不要你兩個姑子忙立起身来笑說奶奶素日寬洪大量今日老
祖宗千秋奶奶生氣豈不惹人論宝琴湘雲二人也都笑勸尤氏道不為

老太太的千秋我不依且放着就是了說話之間襲人早又遣了一個丫頭
去到園門外找人可巧遇見周瑞家的这小丫頭子就把这話告訴周瑞家
的周家的雖不管事因自他素日仗着是王夫人的陪房原有些体面性心乖
滑專管各處献勤討好所以各處房里的主人都喜歡他々今日听了这話
忙的便跑入怡紅院来一面飛走一面口内說氣壞了奶々了可了不得我們
家里如今慣的太不堪了偏生我不在跟前且打給他們几個耳刮子再等
過了这几日算賬尤氏見了他也便笑道周姐々的来有個理的說々这早晚
門還大開着明灯蠟燭出入的人又襍倘有不防的是如何使得因此叫該班
的人吹灯関門誰知一個人牙兒也没有周瑞家的道这还了得前兒二奶々
還吩咐了他們說这几日事多人襍一晚就関門吹灯不是園里人不許放進

去今就淺了人这事過了这几日必要打几個纔好尤氏又説不了頭子的話
周瑞家的道奶奶不要生氣等過了事我告訴管事的打他個臭死只問
他們誰叫他們説这各家門各家户的話我已經叫他們吹了灯關上正門和
角門子正亂自只見凤姐兒打發人来請吃飯尤氏道我也不餓了纔吃了几
個餑餑請奶奶自吃罷一時周瑞家的得便出去便把方纔的事回了凤姐
又説这兩婆子就是管家奶奶們時常我們秏他説話都似狠虫一般奶奶若
不戒飭大奶奶臉上過不去凤姐道既这麼着記上兩人的名字等過了这几
日細了送到那府里凴大嫂子開發或是打几下子或是他開恩饒了他們
隨他去就是了什麼大事周瑞家的听了得不的一聲素日因與这几個人不
睦出来了便命一個小厮到林之孝家傳凤姐的話立刻叫林之孝家的

進來見大奶〻一面又傳人立刻細起這兩個婆子來交到馬圈里派人看
守林之孝家的不知有什広事此時已經點灯忙坐車進來先見凤姐至二門
上傳進話去了頭們出來說奶〻纔歇了大奶〻在園里叫大娘見了大奶〻
就是了林之孝家的只得進園來到稻香村了鬟們回進去尤氏听了反過意
不去忙喚進他來因笑問他道我不過為找人我不自曰問你〻既去了也
不是什広大事誰又把你叫進來到要你白跑一遭不大的事已徑撂開手了
林之孝家的也咲道二奶〻打發人傳我說奶〻有話吩咐尤氏咲道這是那
里的話只當你沒去白問你這是誰又多事告訴了凤丫頭大約是周姐〻說的家
去歇着罢沒有什広大事李紈又要說原故尤氏反攔住了林之孝家的見
如此只得便回身出園去可巧遇見趙姨娘姨娘曰笑噯喲〻我的嫂子

这会子还不家去歇〻还跑些〻什庅林之孝家的便笑說何曾不家去的如此
这般進来了又是個齊頭故事趙姨娘原是好察听这些事的且素日又與管
事的女人們搬原互相連絡好作首尾方纔之事已竟得八九听林之孝的如
此說便恁般如此告訴了林之孝家的听了笑道原来是这事也值一個屁
開恩呢就不理倫心窄些兒也不過打几下子就完了趙姨娘道我的嫂子
事雖不大可見他們太張狂了些〻巴〻的傳進你来明〻戲弄你頑耍你快歇
〻去明兒还有事呢也不留的吃茶去說畢林之孝家的出来到了側門前就
有方纔兩個婆子的女兒上来哭着求情林之孝家的笑道你这孩子好糊
塗誰叫你娘吃酒混說了惹出事来連我也不知道二奶〻打發人綑他連我
还有不是呢我替誰討情去这兩個小丫頭子纔七八歲原不識事只管哭

蹄(啼)求告纏的林之孝家的沒法因說道糊塗東西你放着門路不去却纏我來你姐〻現給了那
邊太〻作陪房費大娘的兒子你走過去告訴你姐〻叫親家娘和太〻一說什庅
完不了的一(事)語提醒了一個還(那個)求林之孝家的啐道糊塗攘的他過去一說自然
都完了沒有個單放了他媽又只打你媽的理說畢上車去了這一個小丫頭果然過來
告訴了他姐〻和費婆子說了這費婆子原是邢夫人的陪房起先也曾興過時只因賈
母近來不大作興邢夫人的陪房起先也曾興過時只因賈母近來不大作興邢夫人所以連
這边的人也減了威勢凡賈政這边有些体面的人那边各〻皆虎視眈〻這費婆
子常依老賣老仗着邢夫人常吃些酒嘴里胡罵亂怨的出氣如今賈母
慶寿這樣大事干看着人家趂(錢)才賣技辦事呼么喝六弄手脚心中早已
不是(自)在指雞(豬)罵狗言(閑)閑語的乱鬧这边的人也不和他較量如今听

了周瑞他家的細了他親家越發大上澆油伏着酒興指着隔断的墻　細致之甚
大罵了一陣便走上來求刑(邢)夫人說他親家並沒什広不是不過和那府里的
大奶〻的小了頭白鬥了兩句話周瑞家便(的)調唆了偺(们)家二奶〻細到馬圈寺(里)
過了這兩日還要打求太〻我那親家娘也是七八十歲的老婆子和二奶〻說
聲饒他這一次罷刑(邢)夫人自為要鴛鴦之後討了沒意思後來見賈母越
發吟(冷)淡了他鳳姐的體面反勝自已且前日南安太妃來了要見他姊妹賈母
又只吟(叫)探春出來迎春竟似有如無自已心內早以(已)怨(忿)盤不樂只是使不出
來又置(值)這一干小人在側他們心內嫉妬挾怨之事不敢施展便背地里造言生
事調撥主人先不過是告那边的奴才後來漸次告到鳳姐只哄自老太〻喜
觀(歡)了他好就中作威作福轄治着璉二爺調唆二太〻把這邊的正緊(経)太〻倒

不放在心上後來又告到王夫人說老太〻不喜歡太〻都是二太〻和璉二
奶〻調唆的邢夫人縱是鐵心銅胆的人婦女家終不免生些嫌隙之心近日因
此着實惡絕鳳姐今聽了如此一篇話也不說長短至次日一早見過賈母衆
族中人到齊坐席開戲賈母高興又見今日無遠親都是自己族中子侄輩
只便衣常粧出來堂上受礼當中獨設一榻引枕靠背脚踏俱全自己歪在榻上
榻之前後左右皆是一色的小矮凳宝釵宝琴代玉湘雲迎春探春惜春姊
妹等圍繞因賈㻞之母也帶了女兒喜鸞賈瓊之母也帶了女兒四姐兒還有
几房的孫女兒大小共有二十來個賈母獨見喜鸞和四姐兒生得又好說話
行事與衆不同心中喜歡便命他兩個也過來榻前同坐宝玉却在榻上脚
下與賈母搥腿首席便是薛姨媽下边兩溜皆順着房頭輩數下去簾

外兩廊都是族中男客也依次而坐先是那女客一起一起的行礼次方是男客行礼賈母歪在榻上只命人說免了罷早已都行完了然後賴大等帶領衆人從儀門直跪至大廳上磕頭礼畢又是衆家下媳婦然後各房的丫環足鬧了有兩三頓飯的工夫然後又抬了許多雀籠來在當院中放了生賈赦等焚過了天地寿星紙方開戲飲酒直到歇了中臺賈母方進來歇息命他們取便因叫鳳姐兒留下喜鸞四姐兒頑兩日再去鳳姐兒出來便找他母親說他兩個母親素日都承鳳姐的照顧也巴不得一聲兒他兩個也愿意在園內頑耍至晚便不回家了邢夫人直至晚間散時當着許多人陪笑和鳳姐求情說我聽見昨晚兒晚上二奶奶生氣打發周管家的娘子綑了兩個老婆子可也不知犯了什麽罪論理我不該討情我想老太太的好日子發狠的還舍錢舍米周貧

濟老偺們家先到磨拆起來人家來了不看我的臉摧且看老太太竟放了他
們罷說畢上車去了鳳姐聽了這話又當着許多人又羞又氣一時抓尋不着頭
腦鱉得臉紫漲回頭向賴大等笑道（又寫笑妙凡风直怒處必曰笑委我怕他〻〻不錯）這是那里的話
昨兒因為也里的人得罪了那府里的大嫂子多心所以儘讓他發放並不為
得罪了我這又是誰的耳報神這庅快王夫人因問回說庅事鳳姐兒笑將
昨日的事說了尤氏也笑道連我並不知道的原也太多事了鳳姐兒道我為
你臉上過不去所以等你開發不過是個理就如我在你那里有人得罪了
我的自然送了來儘我憑他是什庅好奴才到底錯不過這個礼去這奈
知誰過去設的獻勤兒這也當作一件事情去說王夫人道你太〻說的是
就是珍哥媳婦也不是外人也不用這些虛礼老太〻的千秋要緊放了他

們為是說首回頭便命人去放了那兩個婆子鳳姐由不得越想越氣越愧不
覺的灰心轉悲滚下淚来因賭氣回房哭泣又不使人知覺偏是賈毌打發了
琥珀來叫立等說話琥珀見了詫意道好〻的這是什庅原故那里立等你呢
鳳姐聽了忙擦乾了淚洗面另施了脂粉方同琥珀過来賈毌因問道前兒這
些〻人家送礼來的共有几家有圍屏鳳姐兒道共有十六家有圍屏十二架大的
四架小的炕屏內中只有江南甄家
好一提甄事〇蓋直事欲顯假事将盡
一架大屏十二扇大紅
緞子緙絲滿床笏一面是呢[泥]金百寿圖的是頭等的還有粵海将軍鄔家一
架玻璃的還罷了賈毌道既這樣這兩架別動好生擱着我要送人的[呢]
鳳姐兒答應了鴛鴦忽過来向鳳姐兒面上只管瞧引的賈毌問說你
不認得他只管瞧什庅鴛鴦笑道怎庅他的眼腫〻的所以我詫意只管

看家母听說便叫進前來也覷着眼看鳳姐笑道纔覺的一陣癢〻揉腫了
些〻鴛鴦笑道別又是受了誰的氣了不成鳳姐道誰敢給我氣受〻了來
老太〻好日子我也不敢哭的賈母道正是呢我正要吃晚飯你在這里打發我
吃剩下的你就和珍兒媳婦吃了你兩個在這里帮着兩個師傅替我揀佛豆
兒你們也積〻寿前兒你姊妹們和宝玉都揀了如今也叫你們揀〻別說我
偏心說話時先擺上一桌素的來兩姑子吃了然後纔擺上葷的賈母吃畢
抬出外間尤氏鳳姐兒二人正吃賈母又叫把喜鸞四姐兒二人也叫來跟他二人吃
畢洗了手點上香捧過一升豆子來兩個姑子先念了佛偈然後一個一個的揀在
一個簸籮內每揀一個念一聲佛煮熟了令人在十字街結寿緣賈母歪着聽
兩個姑子又說些佛家的因果善事鴛鴦早已聽見琥珀說鳳姐哭之事

又和平兒前打聽得原故晚間人散時便回說二奶奶還是哭的那邊大太太當着人給二奶奶没(没)臉賈母因問為什麼原故鴛鴦便將原故說了賈母道這纔是鳳頭(了)知禮處難道為我的生日由着奴才們把一族中的主子都得罪了也不管罷這是太太素日没(没)好氣不敢發作所以今兒拿着這個作法(扎筏子)明是當着衆人給鳳兒没(没)臉罷了正說着只見宝琴等進來也就不說了賈母因問的(你)在那里來宝琴道在園里林姐姐屋里大家說話的賈母忽想起一事來忙喚一個老婆子來吩咐他到園里各處女人們跟前囑咐囑咐留下的喜姐兒和四姐兒雖然窮也和家里的姑娘們是一樣大家照看經心些我知道偺們家的男男女女都是一個富貴心兩隻體面眼未必把他兩個放在眼里有人小看了他們我听見可不依婆子應了方要走時鴛鴦道我說去

罷他們那里聽他的話說自便一逕往園子來先到稻(香)村中李紈與尤氏都
不在這裡問了媛們說都在三姑娘那里呢鴛鴦回身又來至曉翠堂果見
那園中人都在那里說笑見他來了都笑說(道)你這會子又跑來做什麼
又讓他坐鴛鴦笑道不許我也逛逛麼于是把方纔的話說了一遍李紈忙起
身聽了就叫人把各處的頭兒喚了几個來(傳給)他們(說這寔在是老太太想的到像我們)年輕力壯的人綑上十個也趕
不上(就是)里紈頭鳳了頭仗自鬼聰明兒(趕上)離腳踪兒的(也)雖然是不能的了鴛鴦
道罷喲还提鳳了頭虎了頭呢他也可怜見兒的雖然這几年沒有在老太
太太跟前有個錯縫兒暗里也不知得罪了多少人總而言之為人是
難作的若太老寔了(沒)有個機变公婆又嫌太老寔了家里人也不怕若有
些機变未免又治一經損一經如今咱們家里更好新出來的這些底下奴字

駙的奶々們一個々心滿意足都不知要怎麽樣纔好少有不得意不是背地里咬舌根就是
挑三窩四的我怕老太々生氣一點兒也不肯說不然我告訴出來大家別過太平日子這不是我
当着三姑娘說老太々偏疼宝玉有人背地怨言還罷了筭是偏心如今老太々偏疼你我听
着也是不好這可笑不可笑探春笑道糊塗人多那里較量得許多我說到不如小人家人少
雖然寒素些到是歡天喜地大家快樂我們這樣人家多外頭看着我們不知千
金萬金小姐何等快樂殊不知我們這里說不出來的煩難更
利害寶玉道誰都像三妹々好多心事事我常勸你揔別聽那些俗語
想那俗事只管安富尊榮纔是比不得我們沒這清福該是應濁受鬧的尤
氏道誰都像你真是一心無罣碍只知道和姉妹們頑笑餓了吃困了
了睡再過几年不過還是這樣一點後事也不慮宝玉笑道我能彀和姉妹們

過一日是一日死了就完了什麽後事不後事紈芋都笑道這可又是胡說就算
你是个誤出了息的終老在這里難道他姊妹們都不出個你尤氏笑道怨不
得人都說他是假長了一個胎子究竟是個又傻又獃的宝玉笑道人是莫定
知道誰死誰話倘或我在今日明日今年明年死了也算是在心一輩子了在
人不芋說完不說可是又瘋了别和他說話纔好若和他說話不是獃話就是
瘋話喜瀉實我來回笑道二哥二哥你別這樣說芋這里妹妹們果然都出了閣
横豎老太太太太也寂寞我來和你作伴兒李紈尤氏芋都笑道姑娘也別說
獃話難道你是不出來你這話哄誰說你喜瀉低了頭當下已是起更是分大
家各自歸房安歇衆人都且不提且說鴛鴦一逕回來剛至園門前只見角門
虛掩猶未上栓此是園內無人來往只有該班的房燈光掩映微有半天

初自時也 鴛鴦又不曾有個伴（作）的也不曾的（拿ケ）灯籠獨是（自）一個脚步又輕所以該班的人
皆不理會偏生偏要便是因下了甬路（尋）微草處行至一湖山石後大桂樹陰下
來 是八月隨筆點景 剛轉過石後只聽一陣衣衫（衣裳）响嚇了一驚不小定睛一看只見是了人在
那里見他來了便想往石後樹叢藏躲鴛鴦眼尖趂月色見（睄）準（是）一個穿紅裙子
梳鬅頭高大豐壯身材（材） 是月下所之像故不寫其容皃也 的是迎春房里的司棋鴛鴦只當他
和別你（的）女孫（孩）子也在此方便見自己來了故意藏躲恐嚇着耍（要） 此見是女兒們常觀書者自亦為如
事 因便笑叫道司棋你不快出來嚇（赫）着我我就（叫）喊起來當賊拿了这麼大了頭了
此沒 說個黑家白日的只是頑不句（殼）這本（是）鴛鴦（的）戲語叫他（出）來誰知他賊人胆虛
更奇不何 知後為事 只當鴛鴦已看見他的首尾了生恐叫喊起來使衆人知覺更不好
且素日鴛鴦又我（和）自巳親（好）原不比別人便從樹後跑出來一把拉住鴛鴦便

雙膝跪下只說好姐々千萬別嚷奇甚 鴛鴦反不知因何忙拉他起來笑道這
是怎麽說司棋滿臉紅脹又流下淚來鴛鴦再一回想那一個人影恍惚像個小
廝心下便猜疑了八九是聰敏女兒妙 自己反羞的面紅耳赤又怕起來是姣貴女兒 章々皆到
因定了一會忙悄問那個是誰司棋復跪下道是我姑舅兄弟妙 鴛鴦啐了
一口道該死々々如見其面 如問其聲 司棋又回頭悄道你不用藏着姐々已看見了快
出來磕頭那小廝聽得了只得也從樹後爬出來磕頭如搗蒜鴛鴦忙要回身司
棋拉住苦求哭道我們的性命都在姐々身上只是姐々超生要緊鴛鴦道你
放心我橫竪不告訴一個人就是了一語未了只听角門上有人說道金姑娘
已出去了角門子上鎖罷鴛鴦正被司棋拉住不得脫身听見如此說便接聲
道我在這里有事且略等一等我出來了司棋听了只得鬆手讓他去了

第七十二回

王熙鳳特強羞說病　來旺婦倚勢霸成親

且說夗央出了角門臉上有紅心内突突的真是意外之事因想这事非常若說出來姦盜相連關係人命還保不住帶累了傍人橫竪與自己無干且藏在心内不說與一人知道回房復了賈母的命大家安息從此凡晚間便不大往園中來因思園中尚有這樣奇事何況别處因此連别處也不大輕走動了原來那司棋因從小兒和他姑表兄弟在一處頑笑起住時小兒戲言便都訂下將來不娶不嫁近年大了彼此又出落的品貌風流常時司棋回家時二人眉來眼去舊情不忘只不能入手又彼此怕父母不從二人便設法彼此裡外買

嘱园内老婆子們留門看道今日趂乱方初次入港雖未成双却也海誓山盟私傳表記已有無限風情了忽被鴛鴦驚散那小厮早穿花度柳從角門出去了司棋一夜不曾睡着又後悔不來至次日見了鴛鴦自是臉上一紅一白的百般過不去心内懷着鬼胎茶飯無心起坐恍惚捱了兩日竟不听見有動静方畧放下了心这日晚間忽有個婆子來悄告訴他道你兄弟竟逃走了三四天沒歸家如今打發人四處找他呢司棋听了氣了個倒仰因思道縱是鬧了出來也該死在一處他為是男人先就走了可見是個沒情意的因此又添了一層氣次日便覺心内不快百般支持不住一頭睡倒懨懨的成了大病鴛鴦聞知那邊無故走了一個小厮园内司棋病重要往外挪心下料定是二人俱罪之故生怕我說出來方嚇倒因此自己反過意不去指着望候司棋

支出人去反自已立身發誓與司棋説我告訴一個人立刻現死現報你只管放心養病別白遭遢了小命兒死棋一把拉住哭道我你姐姐們從小耳兒髩斯磨的不曾拿我當外人待我也不敢待慢了如今我雖一着走錯你若果然不告訴一個人你就是我的親娘一樣從此後我活一日是你給我一日我的病好之後把你立個霊位牌我天天焚香礼拜保有你一生福寿双全我若死了時变驢变狗報荅你再俗語説千里搭長棚沒有不散的筵席再過三二年偺們都要離這里的語又説浮萍尚有相逢日人豈全無見面時倘或日後偺們遇見了那時我又怎広報你的德行一面説一面哭這一夕話反把夗央説的心酸也哭起來了因點頭道正是這話我有不是管事的人何苦我坏你的聲名我白去献勤況

且這是我自巳也不便開口向人說的只放心從此養好了可要安分巳
再不許胡行乱作了司棋在扰上點首不其兒央又安慰了他一番
方出来曰知賈璉不在家中又回這兩日鳳姐兒聲色怠惰了他
些々不似往日一樣曰順路来也来望候曰進日鳳姐院門二門上的
人見走他来便立身待他進去兒央剛至堂屋中只見平兒從裡問出
来見了他来忙上来悄聲咲道纔吃了一口飯歇了午睡的且這屋
里略坐々兒央听了只得同平兒到連邊房里来小了頭到了茶
来兒央同悄問你奶々這兩日是怎庅了我看他懶々的平兒見問曰
房内無人便嘆道他這懶々的也不止今日了這有一月之便是這
樣又兼這几日忙亂了几天又受了些々閑氣從新又勾起来這兩日

比先又添了些〻病所以支不住便露出馬脚来了兒央忙道既這樣怎庅
不早請大夫来治平兒嘆道我的姐〻你還不知道他的脾氣的別說請
大夫来吃藥我看不過白問了一聲身上覺怎庅樣他就動了氣反說我呪
他病了饒這樣天〻还是察三訪四自己再不肯看破些〻且養身子兒
央道雖然如此到底該請大夫来瞧〻是什庅病也都好放心平兒道
我的姐〻說氣病来據我看也不是什庅小症候兒央快道是什庅
病呢平兒見問又往前湊了一湊向兒央邊說道只從上月行了經之後這
一個竟瀝〻淅〻的設有之住這可是大病不是兒央听了忙得道嗳喲
依的這話這可不成了血山盟了平兒忙啐了一口道又悄笑道你女孩
兒家這是怎庅說的到會呪人的兒央見說不禁紅了臉又悄笑道

究竟我也不知什麽是崩不崩的你倒忘了不成先我姐姐不是害
這病死了我也不知是什麽病同無心听見媽和親家媽說我還納悶後
来了是听見媽細原故纔明白了一二分平兒笑道你知道我竟也忘了
人正說着只見小丫頭進来向平兒道方纔朱大娘又來了我們回了
他奶奶纔歇午覺他往太太上頭去了平兒听了點頭鴛鴦問那一個朱
大娘平兒道就是官媒婆那朱嫂子因有什麽孫大人家来和咱們求
親所以他兩日天天弄個帖子來賴死賴活一語未了小丫頭跑來說二爺
進来了說話之間賈璉已走至堂屋門口內喚平兒平兒答應着纔迎
出賈璉已找至這間房內來至門前忽見鴛鴦坐在炕上便煞住脚
鴛鴦姐姐今兒貴脚踏賤地鴛鴦只坐着笑道來請爺奶奶的安偏又

不在家的不在家睡覺的睡覺賈璉笑道姐〻一年到頭辛苦伏侍（老）太〻我
還沒看你去那里還敢勞動來看我們正說巧的（是）很我纔要找姐〻去因為
穿着（棉）袍子熱先來換了裌袍子再過去找姐〻不想天可憐省我走這一
盪姐〻先在這里等我了一面說一面在椅上坐下夗央問因（道）又有什麼
說的賈璉未語先笑道因有一件事我竟忘了只怕姐〻还記得上年
老太〻生日曾有一個外路和尚來孝敬一個臘油凍的佛手因老太〻
愛就即刻拿過來擺着了因前日老太〻生日老太〻（要擺）我有（將古）故董賬还有這（一筆）
一筆却不知此時這件（東西）着落何方（古）故董房里的人也回（過）我兩次等我問
準了好註上一筆（這）所以我問姐〻如今还是老太〻擺着呢還是交到
誰手里去了呢夗央听說便道太〻擺了几日厭煩了就給你們奶〻你這

拿子又問我來我連日子還記得還是我打發了老王家的送來你忘
了或是問你們奶奶和平兒正拿衣服听見如此說忙出來回說交過
來了現在樓上放着呢奶奶已經打發過給去說過給了這屋里他們
發昏沒記上又來叨登這些沒要緊的事賈璉說笑道既然給
了你奶奶我怎麼不知道你們就昧下了平兒道奶奶告訴二爺了還
要送人奶奶不肯好容易留下的這會子自己忘了倒說我們昧下那
是什麼好東西什麼沒有的物兒比那強十倍的東西也沒昧下一遭這會
子愛上那不值錢的賈璉垂頭含笑想了一想拍手道我如今竟糊塗
了丟三忘四惹人抱怨竟大不像先了鳳姐笑道也怨不得事情又多
口舌又雜你再兩盃酒那里清楚的許多一面說就起身要去買

璉忙也立身回道好姐〻再坐一坐兄弟还有事相求説着便罵小了頭
怎麼不灌好茶来快拿干净蓋碗把昨兒進上的新茶㴲一碗来説着
向鴛鴦道這前日因前日老太〻秋由所有的几千兩銀子都司了几
處房租地税通在九月纔得會子竟接不上明兒要送南安府里
的礼又要預備娘〻的重陽節礼还有几家紅白大里文少还得三二
千個銀用一日难去支借俗語説求人不如求己説不得姐〻担個不是暫
且把老太〻查不着的金銀兩傢伙偷着運出一箱子来暫押千數兩
銀子支騰過去不上半年的先景銀子来了我就贖了交还断不能教
姐〻落不是鴛鴦听了笑道你到會变法兒虧你怎麼想了賈璉
笑道不是我扯謊若論除了姐〻也还手里管的起千数兩銀子的

又是他你們為人都不如你明白有胆量我我他們一說反嚇住了
他們所以我寧撞金鐘一下不打破鼓三千一語未了忽又賈母那边
小丫頭子忙忙走来找鴛鴦說老太太找姐姐半日我們那里沒找到
部在這理鴛鴦听說忙的且去見賈母賈璉見他去了只得回来瞧鳳姐誰
知鳳姐已醒了听他和鴛鴦借当自己不便答話只淌在榻上听見鴛鴦去
了賈璉進来鳳姐因問道他可應準了賈璉笑道雖然未應准却有几
分成手須得你晚上再和他一說就十成了鳳姐笑道我不管這事倘或
說准了這會子說得好聽到有了錢的時節你就丟在脖子後頭誰去
和你打飢荒去若或老太太知道了到把我這几年的臉面都丟了賈璉
笑道好人的若說定了我謝你如何鳳姐笑道你說要什庅就要什庅

平兒一傍笑道奶〻到不要謝的昨兒正說要作一件什麽事恰少一二百銀
子使不如借了來奶〻拿一二百銀子豈不兩全其姐鳳笑道幸虧提起
我來就是這樣也罷能璉賈了笑道你們太也狠了你們這會子別說一千
兩的當頭就是現銀子要三五千只怕也難不倒我不和你們借就罷了這會
子煩你說一句話還要個利錢真〻了不得鳳姐聽了翻身起來說我有三
千五萬不是賺的你如今裡〻外〻上〻下〻背着我嚼說我的不少就羞
你來說了可知沒家親引不出外鬼來我們王家可那里來的錢都是你們
賈家賺的別叫我惡心了你們看着家什麽石崇鄧通把我王家的地縫子
掃一掃的勾的你們過一倍子了說出來的話也不怕燥現有對証把太〻和我
的嫁粧細看〻比一比的們那一樣是配不上的們賈璉笑道說句頑話就

急了這有什麼这樣的要使一二百兩銀子值什麼多的沒這还有先拿進
來你使了再說如何鳳姐道我又不等着啣口墊背忙了什麼賈璉道何苦
來不犯着這樣肝火盛鳳姐听了又自笑起來不是我着急的說的話戳
人的心我因為我想着後日是尤二姐的周年我們好了一塲雖不能別的
到底給他上个墳燒張紙也是姊妹一塲他雖沒留下个男女也要前人撒
土迷了後人的眼纔是一語倒把賈璉說沒了話低頭打算了半晌
方道難為你想的週全我竟忘了既是後日纔用若明日得了這個
你隨便使多少就是了一語未了只見旺兒媳婦走進來鳳姐便問可
成了沒有旺兒賈璉便問又是什麼事鳳姐兒見問便說道不是什
麼大事旺兒有個小子今年十七歲了还沒得女人因要求老太太

房里的彩霞不知太々心里怎(怎)么様就說(也總沒有說)有斟酌里前日老太々見霞(彩)
彩大了二則又多病多災的因此開恩打發他出去了給他(他)老子(子)娘隨便自
已揀女婿去罷因此旺兒媳婦來求我々想他兩家也就笇門當戶對
的一說去自然成的誰知他這會子來了說不中用賈璉道這是什么
大事比彩霞好的多心(有)呢旺兒家的陪笑道爺雖如此說連他家还看
不起我們別人越發看不起我們了好容易相看准一個媳婦我只說
求爺々奶々的(的)恩典替作成了奶々又(还)說他必肯的我就煩了人走過去試
一試誰知白討了沒趣若論那孩子到好據我素日私(私)意兒試他々心里倒
沒有甚說的(么)只見(是)他老子娘兩個老東西太心高了些一語戳動了鳳姐
和賈璉因見賈璉在此且不作一聲只看賈璉的光景賈璉心中有

事那里把這點子放在心里待要不管只是看着他是鳳姐兒的陪房且又素日出過力的臉上寔在過不去因說道什麼大事只管咕咕唧唧的你放心且去我明兒作媒打發兩個有體面的人一面說一面帶着定礼去就是我的主意他十分不依叫他來見我旺兒看着鳳姐鳳姐便扭嘴兒旺兒家的會依忙爬下就給賈璉磕頭謝恩賈璉忙道你只給的姑娘磕頭我雖如此說了這樣行到底也得姑娘打發個人叫他女人上來和他好說更好些雖然他們必依然這事也不可霸道了鳳姐忙道連你還這樣開恩操心呢我到反袖手傍觀不成旺兒家你聽見說了這事你也忙忙的給我完了事來說給的男人外頭所有的賬一槩赶今年年底下收了進來少一個錢我也不依的我的名聲不好再放

一年都要生吃了我呢旺兒媳婦笑道奶〻也太胆小了誰敢議論奶〻若
収了時公道説我們到还省些事不大德罪人鳳姐笑道我也是一塲癡
心白使了我真個的還等錢作什庅不過為的是日用出的多進的少這屋里
有的没的我我的姑爺一月的月錢再連上四個丫頭的月錢通共一二十两
銀子還不勾三五天的使用呢若不是我千湊萬挪的早不知道到什庅破
窑里去了如今到落了一個放賬破落戶的名落（可知放賬乃發所謂此家兒如耻悪之事也）既這樣
我就収了回来我比誰不會花錢偺們巴後前坐看花到多早晚是多早晚
这不是樣兒老太〻生日太〻急了兩個月想不出法兒来還事我提了
一句後楼上現有些没要緊的大銅錫傢伙四五箱子拿去弄了三百銀
子纔把太〻遮羞礼兒搪過去了我自的們知道的那一個金自鳴鐘賣

了五百六十兩銀(子)有月半月(的工夫)大事小事沒有十件白填在里頭今兒外頭
也知(道)住了不知是誰的主意搜尋上老太〻了明兒在(再)過一年各人搜尋到
頭面衣服可就好了旺兒媳婦笑道那位太〻奶〻的頭面衣服折變了不
句過一倍(輩)子的只是不肯罷了 間語補出近日諸事 鳳姐道不是我說沒了能奈的話
要像這樣我竟不能了昨晚上忽然作了一個夢說來也可笑 反說可笑則思返落
妙甚若必以此夢為凶兆套非紅樓之夢矣 夢見一個人雖然面善却又不知名姓 是以前授方相舊數十年後矣
找我問他作什麼他說娘〻打發他來要一百疋錦我問他是那一倍(位)娘
〻他說的又不是咱們家的娘〻我就不肯給他〻就上來奪正奪着就醒
了 妙寔家常觸景間夢必有之理却是江淹才盡之兆也可傷 旺兒家的說道這是奶〻的日間操(操)心常應
候宮里的事 淡〻抹去妙 一語未了人回夏太府打發了一個小內(監)家來說

話賈璉听了忙皺眉道又是什麽話一早(年)他們也搬勾了鳳姐道你藏起來
等我見他若是小事罷了若是大事我自有話回他賈璉便躲入內套間去這
里鳳姐命人帶進小太監來讓他椅子上坐了吃了坐(茶)因問何事那小太監便
說夏爺〻因今年兒偶見一所房子如今竟短二百兩銀子打發我來問
舅奶〻家的(說)有現成的銀子暫借一二百過一兩日就送過來 可謂寫處不用針
鳳姐兒聽了笑道什麽是送過來有的是銀子只管先兌了去改日等我
們短了再借去也是一樣小太監道夏〻(爺)還說了上兩回還有一千二百兩
銀子沒送來等今年〻底下自然一齊都送過來鳳姐笑道(你)的夏爺
〻好小氣這也值約(得)提在心上我說一句話不怕他多心(若)都這樣記清
了還我們不知還了多少了只怕沒有若有只管拿去因叫旺兒媳

婦來出去不管那里先支二百兩來（銀子）旺兒媳婦会意因咲道我纔因別
處支不動纔來和奶〻支的鳳姐道你們只会里頭來要錢叫你們外
頭筭去就不能了說着叫（平兒）半日果然拿了一个錦盒子來里面兩个錦袱
包着打開時一個金纍絲攢珠的（項圈）那珠（子）都有蓮子大小一個點翠嵌宝
石的兩个都與宮中之物不离上下（是太監眼中看 心中評）一時拿去果然拿了四百
兩銀子來鳳姐命與小太監打疊起一半（銀子）來那一半命人與了旺兒媳
婦命他拿去辦八月中秋節（過下伏脉）那小太監便告辭他拿着銀子
送出大門去了这里賈璉出來笑道这一起外祟何日是了鳳姐笑道剛
說着就來了一股子賈璉道昨兒周太監來張口一千兩我畧慢了些他（就）不
自在（起）來得罪人之處不少这會子再發（上）个三二百萬的財就好了一面

說一面平兒伏侍鳳姐另洗了面更衣往賈母處去伺候晚飯這里賈璉
出來剛至外書房忽見林之孝走來賈璉因問和事林之孝說道方聽得雨
村降却不知因和事只怕未必真賈璉道真不真他那官兒也未必保得
長將來有事怕偺們寧可疎遠着他好林之孝道何嘗不是只是一時
難以疎遠如今東府大爺和他更好老爺又喜歡他時常來往那个不知賈
璉道橫豎不和他謀事也不相干的去再打听真了是為什麼林之孝答
應了却不動身坐在下面椅子上且說些閑話因又說起家道艱難便趁
勢有說人口太重了不如揀個日回明老太太老爺把這些出過力的老
人家用不着的開恩放几家出去一則他們各有營運二則家里一年
也省些口糧月錢再者裡頭的姑娘太多俗語說一時比不得一

時如今說不得先的例了少不得大家委屈些該使八個的使六個
使使(該使四个的)兩個若各房算起來一年也可以省得許多月米月錢況且裡頭
的女孫(孩)子們一半都太大了也該配人的配人成了房豈不又支(資)生出人
來賈璉道我也這樣想着只是老爺纔回家來多少大事未回那里
議到這個上頭前兒官媒拿了個庚帖來求親太太還說老爺纔來
家每日歡天喜地的說骨肉完聚忽然就提起這事恐老爺又傷心
所以且不叫提這事林之孝道這也是正理太太想的周道賈璉道
正是提起這話我想了一件事來我們旺兒麽(的)小子要說太太房里彩
霞他昨兒求我我想什麼大事不管誰去說一聲去這會子有誰閑
着我打發個人去說一聲就(說)我的話林之孝聽了只得應着半晌笑

道依我說二爺竟别管這件事旺兒的那小兒子雖然年輕在外頭吃酒
賭錢無所不(至)知雖然都是奴才們到底是一倍(輩)子的是彩霞那孫(孩)子這几
年我雖沒見聽得越發出條的好了和(何)苦來白遭遢一個人賈璉道他小
兒子原為(來)吃酒不成人林之孝道(的)吟笑道豈只吃酒賭錢在外頭無所不
為我們看他是奶奶的人也只見一半不見一半罷了賈璉道我竟不知道
這些事既這樣那里還給他老婆且給他一頓棍鎖起來再問他(老子)孝之娘
之孝(家的)笑道何(也)不在這一時那是錯也等他再生事我們(自)是然回爺處此(置)如
今且(隨)奴他賈璉不語一時林之孝(家的)不去晚間鳳姐已命人喚了彩霞之娘來說
媒那彩霞之娘滿心縱不愿意見鳳姐親自和他說何等體面(今時人女兒)
便心不由意的滿口應了出去今鳳姐問賈璉可說
回圖此現在體面悮了多少
此正是回今時女兒一笑

了沒有賈璉因說我原要說的打听得他小兒子大不成人故還不曾說若果然不成人且管教他兩日再給他老婆子不遲鳳姐听說便說你听見誰說他不成人賈璉道不過是家里的人还有誰鳳姐笑道我們王家的人連我还不中你們的意何况奴才呢我纔已竟和他娘說了他娘已經歡天喜地應了難道又叫進他來不要了不成賈璉道既你說了又何必退明兒說給他老子好生管他就是了這里說話不提且說彩霞因前日出去等父母擇人心中雖是與賈環有旧尚未作准今日又見旺兒每每來求親早聞得旺兒之子酗酒賭博而且容顏醜陋一技不知自此心中越發懊惱生恐旺兒仗鳳姐之勢一時作成於身為累不免心中急躁遂至晚間悄命他妹子小霞霞大小奇奇怪怪之文更覺有趣進二門來找趙姨娘問了端的趙姨娘素日

深與彩霞契合〔已〕不得與了賈环方有個膀背不承望王夫人放了〔出〕去每

唆〔叫〕賈环去討一則賈环羞口難開二則賈环也不大甚在意不過是個丫

頭他去了將來自然還有（此是世人之情　亦是丈夫之情）遂遷延住〔着沒肯〕不說意〔思〕便丟開

無奈趙姨娘又不捨又見他妹子來問是晚得空便先求了賈政（此是使人想不到之文卻是大家必有之事）

賈政因說道且忙什麼等他們再念一二年書再放大〔人〕不悮

我已經看中了〔兩个了〕頭一個與宝〔玉〕一個給环兒只是年紀還小又怕他們悮了

書所以再等一二年（妙文又寫出賈老兒女之情細思一部書總不寫賈老則不然文若不如此寫則又非賈老）

趙姨娘道宝玉已有了二年了老爺还不知道〔呢〕賈政听了忙問道誰

給的趙姨娘方欲說話只听外面一声响不知何物大家吃了一驚

不小要知端的且听下回分解

脂硯齋重評石頭記卷之

第七十三回

痴丫頭悞拾繡春囊　　懦小姐不問纍金鳳

話説那趙姨娘和賈政説話忽听外面一声响不知何物忙問時原来是外間窗屜不曾扣好塌了屜子吊下来趙姨娘駡了個頭几句自已帶領丫鬟上好方進来打發賈政安歇不在話下却説怡紅院中宝玉正纔睡下了鬟們正欲各散安歇忽听有人擊院門老婆子開了見是趙姨娘房内的丫鬟名喚小鵲的問他什麼事小鵲不得言語直往房内来找宝玉（奇從未見此婢也）只見宝玉纔睡下晴雯等猶在床边坐着大家頑笑見他来了都問什麼事这時候又跑了来作什麼（又是補出前文矣非只張一回也）小鵲笑向宝玉道我来告訴你一個

信兒放繞我們奶奶這般如此在老爺前說了你仔細明兒老爺問你話
着面身就去了襲人命他吃茶因怕閑門遂一直去了這里寶玉聽了
便如孫大聖聽見了緊箍咒一般登時四肢五內一齊皆不自在起来想
去別無他熟了書預備明兒盤考口內不外錯不有他事也可搪塞一
半相罢此披衣未要讀書心中又自後悔這些日子只說不提了偏又丟
生早知該天天好歹温習些的如今打算打算肚子內現可背誦的不過
只有孝庸二論是帶註背得出的至上本孟子就有一半是夾生的
若憑空提一句斷不能接背的至下孟就有一大半了算起五經来因
近來作詩常把詩經讀些雖不甚精闡還可塞責 妙寶玉讀書原係 別的
雖不記得素日賈政也幸未吩咐過讀的縱不知也還不妨至於古文

這是那几年所讀過的几篇連左傳國策公羊穀梁漢唐等文不過几十篇這几年竟未曾得半篇片語雖時也曾偏閱不過一時之興隨看隨忘未下苦工夫如何記得這是斷難塞責的更有時文八股一道因平素日𢙣此道原非聖賢子剖撰能闡發聖賢之微奥不過偏後人餌名釣祿之階雖賈政當日起身的選了百十篇命他讀的不過偶因見其中或一二股內或承起之中有作的或精或流蕩或戲或悲感稍能同性者偶一讀書不過供一時之興趣究竟何曾成篇潛心玩索妙寫宝玉讀書非為功名也如今若温這個有恐明日盤結那个若温習那个又恐盤駁這一夜之功亦不能全然之功因此越添了焦自己讀書不致緊要却帶累着一房了环們皆不能睡襲人麝月晴雯等几大大的是不用說在傍剪燭斟茶那些小的

都困眼朦朧前仰後合起來晴雯因罵道什麼蹄子們一個個黑日白夜挺尸挺不勾偶然一次睡遲了些就粧出這腔調來了再這樣我拏針戳給兩下子話猶未了只听外間咕咚一聲急忙看時原來是一个小丫頭子坐着打盹一頭撞到壁上了從夢中驚醒恰正是晴雯說這話之時他怔怔的只當晴雯打了他一下遂哭着說好姐姐我再不敢了衆人都發起笑來宝玉忙勸道饒他去罷原該叫他們都睡去纔是的們也該替換着睡去襲人忙道小祖宗的只是顧的你罵通共這一夜的工夫的把心暂且用在這幾本書上等過了這関由的再張羅別的也不算悞了什麼宝玉聽他說的懇切只得又讀了幾句麝月又斟了一杯茶來潤舌宝玉接茶吃了因見麝月只穿着短襖解了裙子宝玉道夜靜了冷到底穿一件大衣

裳才是麝月笑指着書道你暫且把我們忘心且略對着他此罢此處豈是讀書之處又豈是伴讀之人古今天下悮盡多少紈袴何況又是此等時之怡紅院此等之婢又是此等一个宝玉哉

話有未了之听金星玻璃從後房門跑進来口内喊說不好了一个人從墻上跳下来了衆人听說忙問在那里即喝起身人来各處尋找晴雯因見宝玉讀書苦惱勞費一夜神思明日也未必妥當心必要替宝玉想出一个主意来脱此难正好忽此逢此一驚在便生記向宝玉道趂这個九當快粧病只說唬着了正中宝玉心懷而遂傳起上夜人等来打着灯籠各處搜尋並無踪跡都說小姑娘們想是睡花了眼出去風摇的樹枝兒錯錢也人晴雯[illegible]便道別放謅屁你們查的不嚴怕得不是还拿这話来支吾才對並不是一個人見的宝玉和我們出去有事大家見親的如今宝玉唬的

的顏色都変了滿身發熱我如今还要上房里去安魂丸藥去太〻間
起來是要回明白的难道依你說就罢了不成衆人听了嚇的不敢則声
只得又各處找睛雯和玻璃二人果出去要藥故依是的衆人宝知皆
玉知宝玉着嚇了王夫人听了忙命人來看是給藥又咐各上夜人仔細
搜查又一〻吽查二門外花園墻上夜的小厮們于是園內灯籠火把
閙了一夜至五更天就傳管家男女命仔細細查一查拷問內外上夜男
女等人賈毋聞知宝玉被嚇細問原由不敢再隱只得回明賈毋道我
必料道有此事如今各處上夜都不小心还是小事只怕他們就是賊也
未可知道下邢夫人並尤氏等都過來請安鳳姐及紈妹妹等皆賠
侍听賈毋如今統都點無所荅獨探春出位笑道近因鳳姐〻身

子太(不)好几(了)日園內的人別(竟)放肆了許多先前不過是大家偷着一是(時)半刻
或夜里坐更時三四个人賊(湊)在一處或擲骰或鬪(鬭)牌小〻的頑意不過為熬
困近(近)来漸次放誕竟開了賭局(局)甚至有頭家局主或三十吊五十吊三百吊
的大輸嬴半月前竟有爭鬪相打之事賈母聽了忙說你既知道為何不
早回我們来探春道我因想着太〻事多且連日是(的心)不多(淨)所以無(沒)回只告
訴了大嫂子和管事的人們戒飭過幾(次)日次近日好些賈母忙道你姑娘家
如何知道這里頭的利害你自為要(要)錢常事不故(過)怕起爭端除(殊)不知夜間
既要就保不住不吃酒既吃酒就免不得門戶住(任)意開鎖(鎖)或買東西尋張
本(找)見李中夜靜人稀趁便藏賊引賢(姦)引盜何等事作不出来况且園內
的姊妹們起居所伴者皆係了頭媳婦們賢愚混雜賊盜事小再有

別事倘畧沾帶些關係不小這事豈可輕恕探春聽說便默然歸坐鳳
姐雖未大愈精神因此常稍減看他漸次寫來從不作一年易安之筆況阿凤之文哉今見賈母如此
說便忙道偏生我又病了遂回頭命人速傳林之孝家的等總理家事
四個媳婦到來當着賈母深說了一頓賈母命即刻查了頭家賭家來
有人出首者賞隱情不告者罰林之孝家的等見賈母跪在院内磕響頭
動怒誰敢徇私忙至園内傳齊又一一盤查雖不免大家賴一回終不回水落
石出查得大頭家三人小頭家八人聚賭者通共二十多人都帶來見賈母
跪在院内磕響頭求饒賈母先問大頭家名姓和錢之多少原来这三個
大頭家一個就是林之孝的两姨親家一個就是園内厨房内柳家媳婦
之妹一個就是迎春之乳母這是三個為首的餘者不能多記賈母便

命將骰子牌一並燒毁所有的錢入官分散與衆人將為首者每人四十大板攆出總不許再入從者每人二十大板革去三月〻錢撥入圊厠行內又將林之孝家的申飭了一番林之孝家的見他的親戚又與他打嘴自己也覺沒趣迎春在坐也覺沒意思代玉寶釵探春等見迎春的乳母如此也是物傷其類的意思遂都起身笑向賈母討情說這個媽〻素日原不頑的不知怎麽也偶然高興求看二姐〻面上饒他這次罷賈母道你們不知大約這些奶子們一個〻仗着奶過哥兒姐兒原比別人有些體面他們就生事比別人更可惡專管調唆主子護短偏向我都是經過的況且要拿一個作法恰好果然就遇見了一個你們別管我自有道理寶釵等聽說只得罷了一時賈母歇晌大家散出都見賈母今日生氣皆不敢各散

回家只得在此暫候尤待鳳姐兒處來閒話了一面因他也不自在只得
園內尋衆姑嫂閒談邢夫人在王夫人處坐了一回也因他也就往園內
散々心來到只園門前至見賈母房內的小了頭子名喚傻大姐的笑嘻
々走來手內拿着個花紅錄的東西低頭一壁瞧着一壁只管走不妨迎頭
撞見邢夫人抬頭看見方才站住邢夫人因說這痴了頭又個什麼狗
不識兒這麼觀喜拿來我瞧々原來這傻大姐年方十四五歲是新挑
上來的與賈母這邊提水桶掃院子專作粗話的一個了頭只因他生得
體把面濶兩隻大家作粗活簡捷爽利且心性愚頑一無知識行事出
出言常在規短之外賈母因喜觀他爽利便捷又喜出言可以發笑
便趣名為獃大姐常悶來便行他取笑一毫無避忌因此又呼他作痴

丫頭他總有說理之處見賈母喜歡他們（眾人也就）依然不去苛責這丫頭丫得了

這個力若賈母不喚他是（他）便入園內来頑要今日正在園内掏促織忽在山

石背後得了一個五彩繡香囊其華麗精致固是可愛但上面繡的並非花

鳥等物一面却是兩个人赤條〻的盤踞相盤一面是幾個是（一个如意一枝筆一个艮錁兒）這痴丫頭原

不認得是春意便心下盤算敢是兩个妖精打架不然必是兩口子相打

左右猜解不来正要拿去與賈母看險極妙極榮富堂〻詩礼之家且大觀官園又向等嚴肅清幽之地金閨玉閣尚有此等穢物天下淺閨浦墓之家寧不慎乎雖然但此等偏出大官世族之中者盖因其房室香窗媛婢混殺鳥保其个〻守礼特即哉此正為大官世族而告戒其淺閨浦墓之處毋如主婢日夕耳鬢交磨一止一動悉在耳目之中又何必諄〻再四焉以笑嘻〻一壁有（里）正走忽見了刑夫人

如此說便笑道太〻真个說的巧真個是（丫）狗不識呢妙寓言也大凡知此交媾之情者真狗畜之說耳飛肆言惡詈凡識此事者即狗矣然則云與賈母看則先罵賈母矣此處刑夫人亦看然則又罵刑夫人乎故作者又難

太〻請瞧一瞧說着便送過去邢夫人接来一看嚇得連忙死緊攥住妙這一嚇字方
是寫世家夫人之筆虽前文明書邢夫人之為人稍劣然不在情理之中若不用
慎重之筆則邢夫人直係一小家卑污極輕賤極輕之人已已得與棗府賤房哉
冊謂此書針錦慎密處全在無意中　忙問你是那里得的傻大姐道我掏促
一字一句之間耳看者細心方得
織兒在山石子後上揀的邢夫人道快休告訴一人這不是好東西連你也要
打死皆因你素日是傻子已後再别提起了這傻大姐听了反嚇的黄了
臉說再不敢了磕了個頭呆〻而去邢夫人回頭看時都是些女孩兒
們不便遞与自己便揣在袖內心內十分罕異揣摩此物從何而且且不形
于声色且未至迎春室中迎春正因他乳母獲罪自覺無趣心中不自
在忽報母親来了遂接入內室奉茶畢邢夫人因說道你這麼大
了由着你那奶子行此事你也不說〻他如今别人都好〻的偏偺們的人

做出這事來什麼意思 偕們二字便見自懐異心從上丈生离異發遲而未謹塞之至更有人於此者居未知也一笑

迎春低首答衣帶（着頭弄衣）半晌方得道我說他兩次他不听也無法况且他是媽

媽只有他說我的沒有我說他的 極一直画出一個懦弱小姐來 邢夫人道胡說你不好了他原

該說如今他犯了法你就該拿出小姐的身分來他敢不從你就回我去

才是如今直等外人共知是什麼意思 我敬問外人為誰 再者放頭兒还恐怕他

巧言花語的和你借貸些簪環衣履作本錢你这心活面軟未必不周濟

他些若被他騙去我自一個不沒有的看你明日怎麽過節迎春不語

只低頭弄衣帶邢夫人見他這般因冷笑道總是你好哥哥好嫂子一

对兒赫赫揚揚璉二哥鳳奶奶兩口子遮天盖日百事周到竟通共这一個

个妹子全不在意 加在于璉鳳的是父母常情極是何必敢如此說來便見又有私意

但凡是我身上吊下来的又有一話説只好凭他們罢了（如何此皆婦女私假之意大不可看）
況且（你們）的有（又）不是我養的（更不好）（你）的虽然不是同他一娘所生到的是同出
一父也該彼此（彼此）瞻顧些也免别人笑活（又問别人為誰又問彼〻二人虽不同
母終是同父彼〻二人既同父其父又係居
之何人吁婦人私心今古
有之）
我想天下的事也难較定你是大老爺跟前人養
的这里探了頭也是二老爺跟前（人）養的出身一樣如今（你）的娘死了從前
看来的（你）兩个的娘只有你娘比如今趙姨娘強十倍的你該比探了頭強
才是怎庅反不及他一半誰知竟不然这可不是（異）以事到是我一生無
兒無女的一生干（净）淨了不能（落）人笑（的）話議論為高（最可恨婦人無学者引此話是説）
傍边伺侯的媳婦們（便）也趁机道我們的姑娘老寔仁德（那）里像他們三
姑娘伶牙（俐）俐齒会要姝〻們的強他們明知姐〻这樣他竟不顧恤一

点兒殺々々此筆嵩生离異余因寔受其蠱今讀此文直欲拔劍劈紙又不知作者多少眼泪洒出也回也又問不知如何顧恤些又不知有何可顧恤之處直令人不解愚奴賤婢之言酷肖之

至刑夫人道連他哥々嫂子還如是別人又作什庅呢一言未了人回璉二奶

々来了刑夫人听了冷笑两声命人出去說請他是去養病我這里不用

他伺候接着又有探事的小丫頭来報說老太々醒了刑夫人方起身

前边来迎春送至院外方位繡橘因說道如何前兒我回姑娘那一

個攢珠纍金凤竟不知那里去了回了姑娘姑娘竟不問一声兒我說

不是老奶々拿去典了良子放頭兒的姑娘不信只說司棋收着呢問司

棋司棋雖病着心里却明白我去問他々說沒有收起来还在書架上

匣内暫放着預備八月十五日恐怕要帶呢姑娘就該問老奶々一声

只是臉軟怕人惱如今竟怕無着明兒要帶時独偺們不帶是何

意思呢这個偺們使得恰是女兒喁ゝ私語非前問之一例可比者寫得出挑
迎春道和用問是然自他拿去替時借一肩了我只說忘今日偏又
鬧出来問他想他無蓋繡攝道何曾是忘記他是試准了姑娘的性
格所以在這樣如今我有個主意我竟去到二奶ゝ房里将此事回了他
或他着人去或他省是拿几吊錢来替他賠補如何 寫女兒各有机变
迎春忙道罷ゝゝ省此ゝ事罷寧可沒有了又何必生事 懦語 総是繡攝
道姑娘怎這樣軟弱都要省起事来将来連姑娘還騙了去呢我竟
去的是說着便走迎春便不言語只好誰到知迎春乳毋子媳王住兒媳
婦正因他婆ゝ得了在来求春迎去討情听他們正說金凤一事且不道
去也因素日迎春懦弱他們都不放在心上如今見繡橘立意去回凤

姐估着这事脱不去的去且又有求春之時只得進来賠笑先向綉橘説
姑娘你别去生事姑娘的金絲鳳原是我們老奶奶老糊塗了輸了几
个不没的捞稍所以暫借了去原説一日半晌就贖的曰總未捞過本就遲
住了可巧今兒又不知是誰走了风声弄出事來虽然这樣到底主子的
東西我們不敢遲悮下終久是要贖的如今还要求姑娘看坐小兒吃奶的
情常往老太太那边去是個情面救出他老人家來才好迎春先便説道
好嫂子的趂早兒打了这妄想要等我去説情兒等到明年也不中的
方才連宝姐姐林妹妹大夥兒説情老太太还不依我況是我一个人我
是已愧还愧不来反去討臊去綉橘便説贖金凤是一件事説情是
一件事别絞在一處説难道姑娘不去説情你就不贖了不成嫂子

且去了金凤來再説王住兒家的听見迎春如此拒絶他繡橘的又辭
利無可回得一時臉上過不去也明欺迎春素日好性乃向繡橘發話
道姑娘的別太張勢了的滿家文筭一算誰的媽〻奶子不伏着主子
哥兒多得些意偏咱們就這樣丁卯是卯的只許你們偷〻摸〻的哄
騙了去自從邢姑娘來了太〻吩咐一个月儉省出一兩艮子來与旧太〻去
这里饒添了邢姑娘的使費反少了一兩子常時短了这个少了那个那
不是我們供給誰又要去不過大家將就些去了算到今日少説些也有三
十兩了我們这一向不豈白填了限呢繡橘不待説完便啐了一口道作什
麽的白填了三十兩我且和你算〻張姑娘要了些什麽東西迎春听見
這媳婦發刑夫人之私意大書此句誅心之筆忙止道罷〻〻你不能拿了金鳳

来不必牽三扯四乱嚷我也不要那凤丫頭便是太〻們問是我只説丢了也
妨碍不着你什麽的出去歇息〻〻到好一面叫繡橘倒茶來繡橘又氣
又急因説道姑娘雖不怕我們是作什麽的把姑娘的東西丢了他到來
説姑娘死了他們的不是如今竟要准折起來倘或太〻問姑娘為什
麽使了的這些不敢是我們就中取勢了這还了得一行總一行就哭了司棋
听不過只得勉強過來帮着繡橘問着那媳婦迎春勸止不住自拿
了一本太上感應篇來看神妙之其出一位懦弱小姐從足上挑凡書又有哥大妙三人正没開交可巧
宝釵代玉宝琴探春等因恐迎春今日不自在都約來安慰他走至院
中听得兩个三人又較口探春從紗窗内一看只見迎春倚在床上看書
若有不聞之狀看他寫迎春雖稍劣然亦大家千金之格也探春也笑了小丫頭們忙打起簾子

報道姑娘們來了迎春方放下書起身那媳婦見有人來且又有探春在內不勸而自止了遂趂便要去探春坐下便問才到誰在這里說話到像拌嘴似的瞧他寫探春氣字迎春笑道沒有說什麼左不過是他們小題大作罷了何必問他探春笑道我才听見什麼金鳳下是什麼沒有錢之合我們奴才要誰和奴才要錢了難道姐姐何奴才要錢了不成難道姐姐不是和我的一樣有月錢的一樣有用度不成司棋繡橘道姑娘說的是了姑娘們都是一樣的那一位姑娘的錢不自有着奶奶媽媽們使連我們也不知道怎樣是算賬不過要東西只說得一声兒如今他偏要說姑娘使過了頭兒他賠出許多來了究竟姑娘何曾和他要什麼了探春笑道姐姐既沒有和他要必是是我們或者和他們要了不成你叫他進

未我到要問〻他迎春笑道這話又何笑的(可笑了她)(你)們又無沾碍(有)何帶累於他
探春笑道這到不然(我合)和姐〻(是一樣)听見也即同(他報)怨姐〻是一理(焉知我的媽〻不報怨我呢總)咱們是主子自
然不理論那些錢財小(事)是只知想起什麼要什麼他(們)是用的事但不知金(錢的人出別委屈了他們)
纍絲凤因何又夾在(這)里頭那王住(兒)媳婦生恐繡橘等告出他來遂忙進
未用話掩飾探春探(深)知其意因笑道的(你)們所以糊塗如今你奶〻已
得了不是趁此求〻二奶〻把方(那人官的)的錢尚未散人的拿出些來贖取了就
完了此不得沒鬧出來大家都藏自留臉面如今既是沒了臉趁此
時總有十個罪也只一人受罰沒有砍兩顆(頭)的礼你(依着)我竟是和二奶〻說
說在這里大声小氣如何便(使)得這媳婦被探春說出真病也無可顋(賴)
了只不敢往凤姐處自首探春笑道我不听見便罢既听見少不得

替你們分解ゝゝ誰知探春早使個眼色與侍書出去了這裡正這話忽
見平兒進來宝琴拍手笑說道三姐ゝゝ敢是有驅神召將的符術代玉
笑道這到不是道家玄術到是用兵最精的所謂守如處女脫如
狡兎出其不備之妙策也二人取笑宝釵便使眼色與之令其不可遂以
別話岔開探春見平兒來了遂問你奶ゝ可好些了真是病糊塗了
事ゝ都不心上呌我們受這樣的委曲平兒忙道姑娘怎麼委曲誰敢
給姑娘氣受姑受快吩咐我當時住兒媳婦兒方慌了手脚遂上來赶
着平兒呌姑娘坐下讓我說原故听平兒正色道姑娘這里說話也有
的我話羞口礼的你但凡知的只該在外頭伺候不呌你進不來的
地方有外頭的媳婦子們無故到姑娘們房里來的繡橘道你不

知我們这屋里是沒礼的誰愛来就来平兒道都是你門的不是姑娘好
性兒的們就該打出去然後再回太〻是才是去来媳婦兒見平兒出了
言紅了臉方退出去探春接着道我且告許你若是便人得罪了我列
还去了如今那住兒媳婦和他婆〻伏着是媽〻又聽着二姐〻好性如
此这般私自拿了首飾去賭錢而且不狸造假賬妙算威逼着还要去
討情和这兩個了頭在臥房里大嚷大吽二姐〻竟不能轄治所以我看
不故才請的来問一声还是他原是天外的事不知道理还是誰去使
他如此先把二姐〻制伏然後就要治我和私姑娘了平兒忙陪笑道
俗語說的物傷其類齒竭唇亡我自然有些驚心平兒道問若論
此事还不是大事極好處但他現是姑娘的奶嫂據姑娘怎庅樣

為是當下迎春只合宝釵閱感應篇故事究竟連探春之語亦不曾聞
得忽見平兒如此說仍笑道問我我也沒什麽法子他們的不是自作
自受我也不能討情我也不去苛責就是了至於私自拿去的東西送來
我收下不送來我也不要了太太們要問我可以隱瞞遮飾過去是他的
造化若瞞不住我也沒法有個為他們反欺枉太太們的理少不得直說
你們若說我好性兒沒個決斷竟有好主意可以八面周全不使太
太們生氣任憑你們處治我總不知道眾人听了都好笑起來代玉笑道
真是虎狼屯於階陛尚談因果若使二姐姐是個男人這一家上下若
許人又如何裁治他們迎春笑道正是多少男人尚如此何况我哉一語
未了只見又有一人進來正不知道是那個且听下回分解

脂硯齋重評石頭記卷之

第七十四回

惑奸讒抄揀大觀園　矢孤介杜絕寧國府

話說平兒聽迎春說了正自好笑忽見寶玉也來了原來管廚房柳家媳婦之妹也因放頭開賭得了不是這園中有素與柳家不睦的（前文已那之伏線）便又告出柳家來說他和他妹子是合夥計雖然他妹子出名其實是賺了錢兩個人平分因此鳳姐要治柳家之罪那柳家的因得此信便慌了手腳因思素與怡紅院人最為深厚故走來悄悄的央求晴雯金星玻璃等人金星玻璃告訴了寶玉因思內中迎春之乳母也現有此罪不若來約同迎春討情比自己獨去單為柳家說情的又更妥當故此前來忽見許多人在此見他來的都

問你的病可好了跑來作什麼要玉不便說出討情一事只說看來二姐〻當下衆人也不在意且說些閒話平兒便出去辦纍絲金鳳一事那王住兒媳婦緊跟在後口內百般央求只說姑娘好歹口內超生我橫竪去贖了來平兒笑道你遲也贖早也贖既有今日何必當初你的意思得過去就過去了既是這樣我也不好意思告人趁早去贖了來交給我送去我一字不提王住兒媳婦听說方放下心來就拜謝又說姑娘自去貴幹我赶着拿了來先回了姑娘再送去如何平兒道赶晚不來可別怨我說畢二人分路各自散了平兒道到房風姐問他三姑娘叫你作什麼平兒道三姑娘怕奶〻生氣叫我勸着奶〻些問奶〻這兩天可吃些什麼風姐笑道到是他還記罣我剛才又出來了一件事有人來告柳二媳婦和他妹子通同開局凡妹子所為都

是他作主我想媳婦你素日肯勸我多一事不如省一事前可閒一事心自己保養々々也是好的我因听不進去果然應了此先把太々得罪了而且是自己反賺了一塲病如今我也看破了隨他們鬧去罷横竪还有許多人呢我白操一會子心到惹的萬人咒罵我且養病要緊便是好了我也作個好々先生得樂且樂得笑且笑一概是非都憑他們去罷所以我只得應着知道了也不在我心上平兒笑道奶々果然如今便是我們的造化

一語未了只見賈璉進來拍手嘆氣道好々的又生事前兒我和鴛鴦借當那边太々怎知道了才剛太太叫過我去叫我不管那里先還挪二百銀子做八月十五日節間使用我回沒處還挪太々就說你沒有錢就有地方還挪我白我你商量你就搪塞我你就沒地方前兒一千銀子的當是那里的連老太々的東

西的都有神通弄出來這會子二百銀子你就這樣幸虧我沒和別人說
去我想太太分明不短何苦來要尋事奈何人鳳姐兒道那日並沒一个外人
但晚上送來誰送來這個平兒聽了也細想那日有誰在此想了半日笑道是
了那日說話時沒一个外人但晚上說東西來的時節老太太那邊傍大姐的娘
也可巧來送漿洗衣服他在下房里坐了一会子見一大包子東西自然要問
必是小了頭們不知道說了出來了未可知奇奇怪怪從何處轉至素因此便喚了
几個小了頭來問那日來告訴歡大姐的娘象小了頭慌了都跪下賭咒發
誓說自來了不敢多說一句話有人凡問什麼都荅應不知道這事如何敢
多說到別委屈了他們如今且把這事靠後且把太太打發了去要緊寧可
偺們短些又別討沒意思因吽平兒把我的金項圈拿來且去暫押二

百銀子來送去完事賈璉道越性多押二百偺們也要使呢凤姐道很不必我
沒去使錢這一去还不處指那一項贖呢平拿去吩咐一個人喚了旺兒媳婦
來領去不是拿了銀子來賈璉自然去在話下這里凤姐和平兒猜疑終是
誰人走的风聲竟擬不出人來凤姐兒又道知道这事还事小事怕的是
小人越便又造非言生別出的事來打緊那邊正和鴛鴦給有縱了如今
听得他私自借給璉二爺東西那起小人眼饞肚飽連沒縫兒还有要下蛆
的如今有了這個因有恐怕又造出些沒天理話來了定不得在的璉二
爺还無妨只是鴛鴦正緊女兒帶來了他受屈起不是偺們的故說平
兒笑道這也無妨鴛鴦借東西看的是奶奶並不為的是二爺則鴛
鴦雖應名是他私情其寔他是回過老太太的老太太因怕孫女兒多

这个也借那個也要到跟前撒嬌兒和誰要去曰此只怕不知道奇文神文
豈世人余有得云者前文云一想子若私是拿出買母其睡夢中之人矣盖此等事作者
曾經批者曾經寔係一寫性是非特造出故弄新筆究經不記不神也○為借物
一回於此便綜綫總閙了出来究竟那也無碍凤姐兒道理如此只是你我知道的不
知道的馬得不生疑呢一語未了人报太〻来了凤姐听了吃意不知為甚
事親平兒等忙迎出来只見王夫人氣色更变只帶一個貼己小了頭走
来一語不發走至里間坐下凤姐忙奉茶回賠笑向問太〻今日高興到
这里逛〻王夫人喝命平兒出去平兒見了這般着慌不知怎麼樣了忙应
了一声帶着衆小了頭一齊出去在房門外站住越性將房們掩了自己坐
在台磯上所有的人一個不許進去凤姐也着了慌不知有何等事只見王夫
人含着泪從袖内擲出一个香袋子來說你瞧凤姐忙拾起一看見是十錦

春意香袋也唬了一跳忙問太〻是那里得來王夫人見問越發淚如雨下顫声說
道我從那里得來我天〻坐在井里念你當個細心人所以我才偷個空兒
誰知你也和我一樣這樣的東西大天白日明擺在園里山石上被老太〻的丫
頭拾着不虧你的婆〻遇見早已送到老太〻跟前去了我且問你這個東西如
如遺在那里來鳳姐聽得也更了顏色忙問太〻怎知是我的王夫人又
哭又嘆說道你反問我你想一家子除了你們小夫小妻餘者老婆子們要
這个何用再女孫子們是從那里得來自是那璉兒不長進下流種子那
負來你們又和氣當作一件頑意兒年輕人兒女閨房私意是有的你還
和我賴幸兒園內上下人還不解事尚未揀得倘或丫頭們揀着你姊
妹看見這還了得不然有那小丫頭們揀着出去說是園內揀着外人

知道這性命臉面要也不要鳳姐聽說又急又愧得登時紫漲了面皮便
便依炕沿雙膝跪下也含淚訴道太〻說的固然有我也不敢辯我並無這樣
的東西但其中還要求太〻細詳其理那香袋是外頭僱工倣着內工繡的帶
這穗子一槩是市賣貨我便年輕不尊重些也不要這勞什子自然都是
好的此其一二者這東西也不是常帶着你我縱有也只好在家里焉肯
帶在身上各處況且有在園里去了個〻姊妹我們都肯拉〻扯〻倘或露出
來不但在姊妹前就是奴才看見我有什麼意思我氣年輕不尊重亦不
能糊塗至此三則倫住之內我自年輕媳婦算起奴才來便我更也年輕
的又不止一個人了況且他們也常進園晚間各人家去焉知不是他們身上
的四則除我常在園里〻外還有那邊太〻常帶過幾個小姨娘來

保不定老太〻不知道且平心静氣暗〻訪察才得確實縱然訪不着
姐手里得的把我氣了个死凤姐道太〻快别生氣若被衆人覺察了
但如今却怎麽處你婆〻才打發人封了這個給我瞧説是前日從傻大
也知道你是大家小姐出身焉得輕薄至此不過我氣急了拿了話激你
以下保的太〻請細想王夫人聽了這一夕話大近情理因嘆道你起来我
打牙犯嘴外頭得了来的也未可知如今不但我没此事就連平兒我也可
或者一時半刻人查問不到偷着出去或借着因由同二門上小么兒們
園內丫頭太多保的住個〻都是正經的不成也有年紀大些的知道了人事的
嫂子他也不算甚老外他也常带過佩凤等人来焉知又不是他們的五則
比如嫣紅翠雲等人皆係年輕侍妾他們更該有這個了還有那邊珍大

外人也不能知道這叫作胳膊折在袖内如今惟有赵着賭錢的因内（由）革了許多的人这空兒把周瑞媳婦旺兒媳婦等四五个貼近不能走話的人安揷在園里以查賭為由（由）再如今他們（各處）的丫頭也太多了保不住人大心大生事作耗等鬧出事来反悔之不及如今若無故裁革不但姑娘們委屈煩惱就連太太和我也過不去不如趁此机会以後凢年紀大些的或有些咬牙难纏的拿個錯兒攆出去配了人一則保得住說有（没）別的事二則也可省（首）些用用度太太想我这話如何王夫人嘆道你說的何嘗不是但從公細想我这（想他们）的幾個姊妹也甚可憐了死云可憐妙人在别人視之今古無此移若在榮府論寔不能比先矣也不用遠比只說的如今林（你）妹妹的母親未出閣時是何等的嬌生慣養是何等的金尊玉貴了那像個千金小

姐的體統如今這几個姊妹不過比別人家的了頭略強些罷了所謂貴子涵者難為水俗子謂王夫人不知足是不可矣又誤作太過真墝姑鳩毳之見也通共每人只有兩三个頭像個人樣餘者總有四五个小了頭子竟是廟里的小鬼如今还要裁革了去不但于我心不忍只怕老太ゞ未必就依雖然艱難難不至此我雖沒受過大榮華富貴比你們是強的如今我寧可自已省些別委屈了他們以後要省儉先從我來倒使的如今且叫人傳了周瑞家的等人進來就吩咐他們快ゞ暗地訪拿這事要緊风姐聽了即喚平兒進來吩咐出去一時周瑞家的與吳興家的鄭華家的來旺家的來喜家的現在五家陪房進來餘者皆在南方各有執事又伏一筆王夫人正嫌人少不能詳細戡家忽見刑夫人的陪房王善保家的走來方才正是他送香囊來的王夫人向

来看視刑夫人之得力心服人等原無二意大書看下人犹如此可知待刑夫人矣
今見他来打聽此事十分關切小人外是内罪委皆如此便向他説你去回了太々也
進園内照管々々不比別人又強些這王善保家正因素日進園去那些
丫環們不大趨奉他々々心裡大不自在要尋太們的故事又尋不着恰好生
出這事來以為得来把柄有聽王夫人委托正撞在心坎上這个客易
不是奴才多話論理這是該早嚴的太々也不大往園里去這些女孩子們
一个々々到像受了封誥是的他們就成了千金小姐了鬧下天来誰敢哼一声
兒不然就調唆姑娘的丫頭們説欺負了姑娘們了誰還躭得了起
王夫人道這也有的常情跟姑娘的丫頭原比別的嬌貴些你們該勸
他們連主子們的姑娘不教道尚且不甚何況他們王善保家的道

别的都還罢了太〃不知道一个宝玉屋里的晴雯那丫頭仗着他生
的模樣兒比别人標緻些〃又生了一張巧嘴天〃打扮的像个西施的樣子在
人跟前能說慣道掐尖要強一句話不投機他就立起兩個騷眼睛來
罵人妖〃趫〃大不成個體統（活畫出晴雯出來可知已前知晴雯必應遭妒者可憐可傷竟死矣）王夫人聽了
這話猛然觸動往事便問凤姐道上次我們跟了老太〃進園逛去有
一个水蛇腰（妙〃好腰）削肩膀（妙〃好肩〇俗云水蛇腰則游曲小也又云美人無肩又曰前或皆之美之刑也凡寫美人偏用俗筆反筆
與他書不同也）眉眼又有些像你林妹〃的（更好形容尽矣）正在那里罵小丫頭我的
心里狠看不上那狂樣子因同老太〃走我不曾說得後來要問是
誰又偏忘了今日对了檻兒這丫頭想必就是他了鳳姐道若論這些丫頭們
共總比起來都没晴雯生得好論舉止言語他原有些輕薄方才太〃說的

到跟像他我也忘了那日的事不敢乱說王善保家的便道不用这様此
刻不難叫了来太太瞧瞧王夫人道宝玉房裡常見我的只有襲人麝月这
兩個笨笨的到好若有這個他自不敢来見我的我一生最嫌这様人況且
又出来這個事好好的宝玉倘或叫这蹄子勾引坏了那還了得因叫自已
的丫頭来吩咐他道到園裡去只說我說有話問他們留下襲人麝月伏侍宝
玉不必来有一個晴雯最伶俐叫他即刻快来的不許和他們說什麼小
丫頭子答應了走入怡紅院正值晴雯身上不自在音神之至所謂䰟早离舍矣將死之兆也。若俗筆必云十分粧飾。今云不自在，想無掛心之態，更不入王夫人之眼也睡中覺纔起来正發悶
听如此說只得隨了他們来素日这些丫鬟皆知王夫人最嫌趫粧艷飾語薄言輕者
故晴雯不敢出頭因連日不自在並沒十分粧飾自為無碍好可知天

生美人原不在粧飾使人一見不覺心驚目駭可恨也之塗脂抹粉真同鬼魅
而不見覺　　反到了
鳳姐房中王夫人一見他釵軃髩鬆衫垂帶褪有春睡捧心之遺風而且形
容面貌恰是上次見的那人不覺勾起方才的火來王夫人原是天真爛熳之
人喜怒出於心臆不比那些飾詞掩意之人今既真怒攻心又勾起往事便
冷笑道好個美人真像個病西施了你天天作這輕狂樣兒給誰看你幹
的事打量我不知道呢我且放着你自然明兒揭你的皮寶玉今日可
好些晴雯一听如此說心內大異便知有人暗算了他雖然着惱只不敢
作声他本是個聰敏過的人　深罪聰明到應不錯一筆　見問寶玉可好些他便不肯以寔
話對只說我不大到寶玉房里去又不常和寶玉在一處好歹我不能知道
只問襲人麝月兩個王夫人道這就該打嘴你難道是死人要你們作

什庅晴雯道我原是跟老太〻的人因老太〻說園里空大人少宝玉害怕所以撥了我去外間屋里上夜不過看屋之我原回過我笨不能伏侍老太〻罵了我有不叫的管他的事要伶俐的作什庅我听了這話才去的不過十天半個月之內宝玉悶了大家頑一會子就散了至於宝玉飲食起坐上一層有老奶〻老媽〻們下一層又有襲人麝月秋紋幾個人我閑着还要作老太〻屋利的針線所以宝玉的事竟不曾留心太〻既怪從此後我留心就是了王夫人信以為貴寔了忙說阿弥陀佛你不近宝玉是我的造化竟不劳的貴心既是老太〻給宝玉的我明兒回了老太〻再攆的因向王善保家的道的們進去好生妨他几日不許他在宝玉房里睡覺等我回過老太〻再去治他喝声去站在這里我看不上這浪樣

兒誰許這樣花紅柳綠粧扮晴雯只得出來這氣非同小可一出門便拿手
帕子握臉一頭走一頭哭直哭到園門內去這里王夫人向鳳姐等自怨道這
幾年我越發精神短了照顧不到這樣妖精似的東西竟沒看見只怕
這樣的還有明日倒得查查鳳姐見王夫人盛怒之際又因王善保家的
是邢夫人的耳目常調唆着邢夫人生事縱有千百樣言詞此刻也不
敢說只低頭答應着王善保家的道太太請養息身體要緊這些小
事只交與奴才如今這要查個主兒也極容易等到晚上園門關了的
時節內外不通風我們竟給他們個猛不妨帶着人到各處丫頭們
房里搜尋想來誰有這個斷不單只有這個自然還有別的東西那
時翻出別的來自然這個也是他的王夫人道這話到是若不如此

斷不能請的請白的自然鳳姐如何鳳姐只得荅應說太〻說的是就行
罢了王夫人道的主意跟是不然一年也查不出來於是大家商議已
定至晚飯後待賈母安寢了宝釵等入园時王善保便請了鳳姐一併入
园喝命將角門皆上鎖便從上也的婆子處抄揀起不過不揀出
此〻多抃攢下燭蠟燈油等物　畢真　王善保家的道這也是賊不許動等
明兒回過太〻再動於是先就到怡紅院中喝命関門當下宝玉正因
晴雯不是在忽見這一干人來不知為何直撲了丫頭們的房門去
因迎出鳳姐來問是何故鳳姐道丟了一件要緊的東西因大家混
賴恐怕有了頭們偷了所以大家都查一查去疑一面說一面坐下吃茶
王善保等搜了一面又細問這几個箱子是誰的都叫本人來親自

打開襲人曰見晴雯這樣知道必有異事又見這番抄揀只得自已先出打
開了箱子並匣子任其搜撿一番不過是常動用之物隨放下又搜別人
的挨次都一一搜過到了晴雯的箱子曰問是誰的怎不開ゝ讓搜襲人
芳欲代晴雯開時只見晴雯挽着頭髮闖進來嚈啷一声將箱子掀開
兩手提着底子朝天往地下尽情一倒將所有之物尽都倒出王善保家的
也覺沒趣看了一看也無甚私弊之物回了鳳姐往別處去鳳姐見道
你們可細細的查若這一番查不出來难回話的衆人都道都細翻看了
沒什麼差錯東西雖有几樣男人物件都是小孩子的東西想是寶玉的
旧物件沒甚関係的鳳姐听了笑道既如此咱們就走再瞧別處去說
着一逕出來回向王善保家的道我有一句話不知是不是要抄揀的

偺家的人薛大姑娘屋里断手捒抄不得的王善保的笑道这個自然
豈有抄起親戚家来鳳姐点頭道我也这樣説呢
一頭説一頭到了瀟湘館内代玉已睡了忽報的有些人来也不知為甚事纔
寫阿鳳心灰意懶且避禍從時向又是一个人矣
要起来只見鳳姐已走進来忙按住他不許起来只説睡着罷我們就走这
边且説些間話那個王善保家的帶了衆人到了妚房中也一一開箱倒攏
抄揀了一番回来些從紫鵑房中抄出兩件宝玉常換下来的寄名符兒一
副束帶上的披帶兩個荷包並扇套套内有扇子看時是皆是宝玉往
年往日手内曾拿過的王善保家的自為得了意遂忙請鳳姐過
来驗是又説这些東西從那里来的鳳姐笑道宝玉和他們從小兒在一
處混了几年这自然宝玉的旧東西这也不算什麽罕事撂下再往别

處去是正緊紫鵑笑道直到如今我們兩下里的也笑不清要問的一個連
我也怎了是那年月日有的了王善保家的凡姐如此說也只得罷了一
樣又到探春院內誰知早有人保與探春了探春也就猜着不有原故
所以引出這醜態來遂命衆了坏秉燭開門而待一時衆人來了
探春故問何事鳳姐笑因罷了一件東西連日妨察不出人來恐怕傍人
賴這些女孩子們所以越大家搜一搜使人去疑到是洗淨到閙的好法
探春冷笑道我們的了頭自然都是些賊我就是頭一個窩既如此
先來搜的箱櫃他們所偷了來的都交給我藏着呢說着便命個
嬛們把箱一齊打開將鏡奩粧盒衾袱之包若大若小之物一齊打開請
鳳姐去抄閱鳳姐陪笑道我不過是奉太太的命來妹妹別錯怪我何

說得過

必生氣因命丫嬛們快〻関上平兒豊兒等忙忙着替侍書等関的関收
的收探春道我的東西到許你們搜閲要想搜我的丫頭這却不能我
原比衆人歹毒凡丫頭所有的東西我都知道都在我這里間收着一針一
線他們也没的收藏要搜所以只来搜我你們不依只管去回太〻只說
我違背了太〻該怎麼處治我去自領你們別忙自然連你們抄的日子
有呢你們今日早起不曽議論甄家自己家里好〻的抄家果然今日真抄
了偺們也漸〻的来了可知這樣大族人家若從外頭殺来一時是
殺不死這是古人曽說的百足之虫死而不僵必須先從家里自殺自
滅起来纔能一敗塗地說着不覺留下淚来鳳姐只看着衆媳婦們周
瑞家的便道既是女孩子的東西全在這里奶〻且請到別處

去罵也讓姑娘好安寢鳳姐便起身辭探春道可細搜明白了告明日
再來我說不依了鳳姐笑道既然了頭們的東西都在那里就不必
了探春冷笑道的果然到乖連我的包袱都打開了還說翻明
敢說我護着了頭們不許你們翻了的越早說明若還要翻不妨再
翻一遍鳳姐笑道探春素日與衆不同的只得陪笑道我已經連你
的東西都搜察明白了探春又問衆人的們也都搜明白了不曾周
瑞家的都陪笑說都翻明白了那王善保不是個心內沒成算的人
素日雖聞探春的那是為衆人沒有沒量罷了那里一個姑娘
家就的樣起来況且又是庶出他敢怎麼他自恃是刑夫人陪房連
王夫人尚另眼相看況何別個今見探春如此他只當是探春認

真單惱鳳姐與他們無干他便要趁勢作臉獻好因越衆向前拉起探
春的衣襟故意一掀嘻嘻笑道連姑娘身上我都翻了果然沒有什么
鳳姐見他這樣忙說媽媽走罷別瘋瘋顛顛的一語未了只听拍的
一声王家的臉上早着了探春一掌探春登時大怒指王家的問道你
是什麽東西敢來拉扯我的衣裳我不過看着太太的面上你又有年
紀叫你一声媽媽你就狗仗人勢天天作耗專管生事如今越性了不
得了你打諒我是同你們姑娘那樣好性兒由着你們欺負他你就
錯了主意你搜撿東西我不惱你不該拿我取笑說着便親自解衣
卸裙拉着鳳姐兒細細的翻着叫奴才來翻我身上鳳姐兒平
兒忙忙與探春束裙整衣口內喝着王善保家的說媽媽吃兩口

酒就瘋〻顛〻起來前兒把太〻也冲撞了快出去不要提起了劝探春休

得生氣探春冷笑道我但凡氣早一頭碰死了不然氣許奴才來我身

上翻賊了明兒一早我先回過老太〻太〻然後過去給大娘賠礼該怎么

我就領那王善保家的討了家沒意思只說寃外只說去了这也是頭

一遭挨打我明兒回了太〻奶〻回了老娘去罢这老明還要他做什么探

春喝命了頭道你們听說他說話还等我和他对嘴去不成侍書等听說便

出去的道說過果然回老娘家去到是我們的造化了只怕捨不得去鳳姐

笑道好了頭真是有其主必有其僕探春冷笑道我們作賊的人嘴里

都有三言兩語的还算怵的背地里就只不回調唆主子平兒忙也陪笑解

劝一面又拉了侍書進來周瑞家的等人劝了一翻鳳姐直待伏侍探春

似此往故刻之

牺下方帶着人往对過腰春塢來彼時李紈猶病在床上他與探春是紫鵑又與探春相近遇順先到迭兩處因李紈纔吃了藥睡着不好驚動只到了丫嬛們房中一一的搜了一遍也沒有什麽東西遂到惜春房中來因惜春年少尚未識事嚇的不知當有什麽故鳳姐也少不得安慰他誰知竟在入画箱中尋出一大包金銀錁子來約共三四十個為察姦情反得賊贜又有一付玉帶板子並一包男人的靴韈等物入画也黄了臉因問是那里來的入画只得跪下哭訴真情說這是珍大爺賞我哥哥的（妙極事極盖入画本係寧府之人也）因我們老子娘在南方如今只跟着叔叔過日子我叔叔嬸子只要吃酒賭錢我哥哥怕交給他們又花了所以每常得了悄悄的煩了老媽媽帶進來叫我收着的惜春胆小見了迭

个也害怕說我竟不知道这还了得二嫂子你要打他叫帶他出去罢我听
不慣的鳳姐笑道你的話若果真呢也倒可恕只是不該私自傳送進来
这个可以傳的什麽不可傳遞这到是傳人的不是了若你的話不真
倘是偷来的你可就别想活了入画跪着哭道我不敢撒謊奶奶只管明日
問我們奶奶和大爺去若說不是賞的就拿我和我哥哥一同打死無怨
鳳姐道这个自然要問的只是真賞的也有不是誰許你私自傳送東西
的你且說是誰作接應我便饒你下次萬萬不可惜春道嫂子别饒他
这次方可下次这里人多若不拿一个人作法那些大的听見了又不知怎
樣呢嫂子若饒他我也不依这是自已又不依的各得自然之理各有　鳳姐
道素日我看他还好誰没个錯只这一次二次犯了二罪俱罰但不知

傳遞是誰惜春道若說的傳遞再無別個必是二門上的張媽他
常肯和這些了頭們鬼鬼祟祟的這些了頭們也都肯照顧他鳳姐听
說便命人記下將東西且交給周瑞家的暫拿着等明日对明再議於
是別了惜春方往迎春房內來迎春已徑睡着了了鬟們也纔要睡衆
人扣門半日纔開鳳姐吩咐不必驚動小姐遂往了鬟們房里來因司棋是王
善保的外孫女兒鳳姐要看王家的可藏私不藏遂留心看他
搜撿先從別人箱子搜起皆無別物及到了司棋箱子中搜了一回王善保家
的說也沒有什麽東西纔要蓋箱時周瑞家的道且住這是什麽說着便伸
手掣出一双男子的錦帶襪並一双緞鞋來又有一個小包袱打開看是里
面有一個同心如意並一個字帖兒一總遞與鳳姐鳳姐因當家理事每每看

開帖並賬目也頗識得几個字了便看那帖子字大紅双喜箋帖
上面寫道上月你連家後父母已覔察的我之意但姑娘未出閣尚不能
完你我之心愿若园内可以相見的可託張媽給一信息若并在园内一見
到此来家得說話千万〻〻再所賜香袋二個今已查收外特寄香珠
一串略表我心千万收好表弟潘又安拜具鳳姐看罢不怒而反樂
别人並不識字王家的素日並不知道姑表姊弟有这一節風流故
事見了的鞋心内已是有些毛病又見有一紅帖鳳姐又看着笑他便說
道不將他們故寫的賬目不成個是所以奶〻見笑鳳姐笑道正是
这個賬竟算不過来你是司棋的老娘的表弟也該姓王怎么又姓
潘呢王善家的見問的奇闋只得免強告道司棋的姑媽給了潘

家所以他姑表兄弟姓潘上次逃走了的潘又安就是他表弟鳳姐咲
道这就事(是)了曰(道)我念給你听了說着從頭念了一遍大家都唬(了)一跳这王
家(的)一心只要拿人的錯兒不想反拿着住了他外孫女兒又氣又臊周瑞家
的四人又都問着他的(你)老哥(可瞧)見了明々白々再没的話說了如今據你老
人家該怎么樣这王家的只怕(臊的)没(有)地縫兒鑽進去鳳姐只聽着他嘻々
的笑 惡毒之至 向周瑞家的笑道这到也好不用的(你)們老娘的(作)操一点兒心
他鴉雀不聞的給的(你)們弄(了)一個好女婿来大家到(省心)心有 刻毒按鳳姐虽係刻毒之至然亦不應在
下人前爲不尋次等人前不得 周瑞家的也笑着湊趣兒王家的(又)氣無
(不如是也)(又)取(撾便)洩自已回(用)手打(自)己的臉罵道老不死的娼婦怎么造下孽了說嘴
打嘴現世現报在人眼里衆人見这般俱笑個不住又(一面)半勸(解他)調的鳳姐

見司棋低頭不語他並無畏懼慚愧之意到覔可異料此時夜深具不
必盤問此怕他夜間自乜去尋拙措遂喚兩個婆子監守起他來帶了人
拿了讖証回來且自安歇等待明日料理誰知到夜里又連起來几次下
面淋血不止至次日便覔身体十分軟弱起來發暈遂掌不住請太醫
來胗脉畢遂立藥案云看得少奶々係心氣不足虛乘脾皆由憂劳
所傷以致嗜卧好眠胃虛土弱不思飲食今聊用升陽養榮之劑寫畢遂
開了几樣藥名不故是人参当帰黄芪等類之劑一時退去有老婆々
們拿了方子回過王夫人不免又添一番愁悶遂將司棋等是暫未理
到可巧足日尤氏來看鳳姐坐了一回到园中去又看過里紈了要望後
妹妹去忽見惜春遣人來請尤氏遂到了他房中來惜春便將昨晚

一事細々告訴與尤氏又命將入画的東西一槩要來與尤氏過目尤氏
道寔時你哥々賞他哥々的只不該私自傳送如今官塩竟成了私塩
了因罵入画胡塗脂油蒙了心的惜春道你們管教不嚴反罵了頭這
些姊妹独我的了頭這様没臉我如何去見人昨兒我立逼鳳姐々帶
了他去他只不肯我想他原是那邊的人鳳姐々不帶他去也原有礼我
今日正要送過去嫂子來的恰好快帶了他去或打或殺或賣一槩不管
入画听說又跪下哭求說再不敢了只求姑娘看没小兒情常好在
生死一處罷尤氏和奶娘等人也都十分々解說他不過一時糊塗了下
次再不敢的他縱小兒伏侍你一塲到底由着他為是誰知惜春雖然
年幼却天生地一種百折不回的廣介孤獨僻性任人怎說他只以為丟

了他的体面咬定呀断乎不肯便有說的好不但不要入画如今我也大了
連我也便住的們那邊去了況且近日我每每風聞得有人背地議論什么
多少不堪的閑話我若再去連我也編上了尤氏道誰議論什么又有什
么可議論的姑娘是誰我們是誰姑娘既听見人議論我們就該問
着他纔是惜春冷笑道你這話問自我到好我一個姑娘家只有躲是
非的我反去尋是非成個什么人了还有一句話我不怕你恼好歹自
有公論有何必去問人古人說得好善悪生死父子不能有所最助何
況你我二人之間我只知道保得住我就夠了不管你們去後此以後
你們有事別累我尤氏听了又氣又好笑曰向地下衆人道怪道人
都說这四了頭年輕糊塗我只不心的們听纔一篇話無原無故又

不知好歹又沒個輕重雖然是小孩子的話却又能寒人的心衆嬤〻笑
道姑娘年輕奶〻自然吃些虧的說春冷笑道我雖年輕這話却不
年輕的們不看書不識几個字所以都是些獃子看着明白人到說
我年輕糊塗尤氏道的是狀元探花難道就說有糊塗的不成可知
他們更有不能了語底更多尤氏笑道的到好纔是才子這会子又
作大和尚了又講起了語耒說春道我不了語得也画了尤氏道可
知你是個冷口冷心狠的說春道古人曾也說的不作狠心人難得是
了漢我請〻白〻的一個人為什庅教你們帶累坏了我尤氏心內原
有病怕說這些話听說有人議論巳是心中羞惱激射只是在惜
春分上不好發作忍耐就累了你的〻頭的不是無故說我〻到

忍了这半日你到越發得了意(益)只管說这些話你是千金萬金的小姐我們已(以)後就不親近仔細帶累了小姐的美名即刻就叫人将入画帶了過去就(說)首(着)便賭氣起身去了惜春道若果然不來到也省(省)了口舌是非大家到还清淨尤氏也不荅話一逕往前边不知後事如何

乾隆二十一年五月初七日對清

欽中秋詩俟雪芹

開夜宴　發悲音

賞中秋　得佳讖

口口口

口口口

脂硯齋重評石頭卷之

第七十五回

開夜宴異兆發悲音　賞中秋新詞得佳讖

話說尤氏從惜春處賭出氣來正欲往王夫人處跟從的老嫫嫫們因悄悄的回道奶奶且別往上(頭)房(里)去纔有甄家的幾個人來還有些東西不知是作什麼機密事奶奶這一去恐(反)不便(尤)氏聽了道昨日聽見你爺(們)說看邸報甄家犯了罪現今抄沒(了)家事調取進京治罪怎麼又有人來老嫫嫫道正是呢纔來了幾個女人氣色不成氣色慌慌張張的想必有(什)麼瞞人的事情也是有的尤氏聽了便不往前去仍往李氏這邊來了

前只有探春一語過至此回又用尤氏畧為陪点且輕輕談染出甄家事故此畫家未落墨之法也

恰好太醫纔診了脉去李紈

近日也畧覺精爽了些擁衾欹枕坐在床上正欲一二人來說些閒話因
見氏進來不似往日和靄可親只呆呆的坐着李紈因問道你過來了這
半日可在有查別屋里吃些東西沒有只怕餓了命素雲瞧有什麼新鮮
点心揀了來尤氏忙止道不必不必你這一向病着那里有什麼新鮮東西
況且我也不餓李紈道昨日他姨娘家送來的好茶麵子到是對碗來
你喝罷說畢便吩咐人去對茶尤氏出語無跟的了頭媳婦們因問奶
奶今日中晌尚未洗臉這會子趁便可淨一淨好尤氏点頭李紈忙命素
雲來取自已粧奩素雲一面取來一面將自已的胭粉拿來笑道我們
奶奶就說少個奶奶不嫌臟這是我的我曾用些李紈道我雖沒有你
就該往姑娘們那里取去怎麼公然拿出你的來幸而是他若是別

人豈不惱呢尤氏笑道这又奶是來我几過來誰你使過今日忽然有嫉
職了一面說盤膝坐在炕沿上銀蝶上來忙代為卸去碗鐲戒指又將一大
袱手巾蓋袱在下截將衣裳護嚴小了頭炒荳兒捧了一大盆溫水走至
尤氏跟前只灣腰捧着銀蝶笑道說一個有ㄟ沒權便的說一個葫蘆就
是一個瓢奶ㄟ不過待偺們寬些在家的不管怎樣罷了你就得了益
不管在家出外當有親戚也只隨着便了尤氏道你隨他去罷横豎洗
了就完事了炒荳兒忙赶着跪下尤氏笑道你們家下大小的人只會講
外面假礼假体面究竟作出來的事都勾使的了按尤氏犯七出之條不
過只是過于從夫四字此世間婦人之常情耳其心術慈厚寬順竟可出于阿凤之上時用之名犯七出
之人從公一論可之賈宅中暗犯七出之人亦不少似明犯者反可宥恐其什也
已非而揭人恶者陰昧僻譎之流寔不能容于世者也
李紈听如此說便知已
口此為打草驚蛇法寔寫邢夫人也

知道昨夜的事因笑道你这話有因誰作事究竟句使了尤氏道你
道問你敢是病着死過去了一語未了只見人宝姑娘来忙說快請時宝
釵已走進来尤氏忙擦臉起身讓坐因問怎庅一個人忽然走来別的
姊妹都怎不見宝釵道正是我也沒有見他們只因今日我們奶々身
上不是在家里兩個女人也都因時症未出炕的別靠不得我今兒要
出去伴着老人家夜里作伴兒要去回老太々太々我想有不時什庅
大事且不用提等好了我横竪進来的所告訴大嫂子一声李紈听
說只看着尤氏笑尤氏也只看着李紈笑一時尤氏與沐已畢大家吃
麵茶李紈因笑道既这様且打發人去請姨娘的安問是何病我也
病着不能親自来的好妹々你去只管去我自打發人去到你那里去

看屋子你好歹住一兩天还進來別交我落不時宝釵笑道落什么不
是呢这也是通共常情你又不曾賣放了賊依我的生意也不必添人
過去竟把雲了頭請了你和他住一兩日豈不省事尤氏道可是史大妹
〻往那里去了宝釵道我纔打發他們找你們探了頭去了叫他同到
这里來我也明白告訴他正說着果然報雲姑娘和三姑娘來了大家
讓坐已畢宝釵便說要出去一事探春道狠好不但姨媽好了还來的
就便好了不來也使得尤氏笑道这語奇怪怎攆起亲戚來了探春
冷笑道正是叫有呢人攆的不如我先攆亲戚們好也不在必要死
住着纔好咱們到是一家子亲骨肉呢一個〻不像烏眼鷄恨不得你
吃了我〻吃了你尤氏忙笑道我今兒是那里來的晦氣偏都碰着你

姊妹們的氣頭兒子探春道誰叫你趕熱灶火來了因問誰又得罪
了你呢因又尋思道爲那个頭了頭不犯囉唣你却是誰呢尤氏只含糊答
答應探春知他畏事不肯多言因笑道你別粧老實了除了朝廷治
罪沒有砍頭你的不必畏頭畏尾實告訴你罷我昨日把王保善家的老婆
子打了我還頂着個罪呢不過背地里說我些閑話難道他還打我一
頓不成寶釵忙問因何又打他探春悉把昨夜怎的抄揀怎的打他
一一說了出來尤氏見探春已經說了出來便把惜春方才之事也說了出來
探春道這是他的僻性孤介太過我們再傲不過他你又告訴他們說
今日一早不見動靜打听鳳辣子又病了我就打發我媽媽出去打听
王保善家的是怎樣回來告訴我說王保善家的挨了一頓打嗔着他

多事尤氏李紈道這到也是正礼探春冷笑道這種掩飾誰不會作
且再瞧就是了尤氏李紈皆點無所得（頭不語）一（時）是佔着前頭用飯湘雲和
宝釵回房打点■衣衫不在話下尤氏等道（遂辭）了李紈往賈母這边來賈
毋歪在搨上王夫人說甄家因何獲罪如今抄（沒）了家產回京治在（罪）
等語賈毋听的（了心里）不是（自）在恰好見他姊妹來了因問從那里來的可知
鳳姐妯娌兩個的病今日怎樣尤氏等忙回道今日都好些賈毋点
頭嘆道偺們別管人家的事且商量偺們八月十五日賞月是正
緊（徑）賈毋已看破孤悲感旺 故不改已聊以自遣耳 王夫人笑道都已預俻下了不知老太々揀那里
好（就）知是園里空夜晚風冷賈毋笑道多穿兩件衣服何妨那里正
是賞月的地方豈可倒不去的說話之間早有媳婦了环們抬過

飯桌来王夫人尤氏等忙上来放箸（快子）捧飯賈母見是（自）已的几色菜
已擺完另有両大捧盒内捧了几色菜来便知是各房另外孝敬
的旧規矩賈母因問都是些什広上几次我就吩咐如今可以把這些
蠲（免）了罢你們还不听如今比不得（在）先輻輳的時光（候）了鸳鸯忙道我説過
几次都不听也只罢了王夫人笑道不過都是家常東西今日我吃斋
没有别的（不過是）他些面觔荳付老太太又不大甚愛吃只揀了一樣椒油蓴韭
醬来賈母笑道這樣正好（我）正想這個吃鸳鸯听説便将碟子挪在跟前
宝琴一一的讓了方帰坐賈母便命探春来同吃探春也都讓過了便
和宝琴对面坐下侍書忙取去了碗来鸳鸯又指（有）他几樣菜道這两
樣看不出是什広東西来大老爺送来的這一碗是鷄髓笋是外

頭老爺送上來的一面說一面就只將這碗筍送至棹上賈母略嚐了兩点便命將那兩樣着人送回去就說我吃了以後不必天天送我想吃自然來要媳婦們答應着仍送過去不在話下賈母因問有稀飯盛些來罢了尤氏早捧過一碗來說是紅稻米粥賈母接來吃了半碗便吩咐將這粥送給鳳哥兒吃去又指着這一碗筍和這一盤風醃果子狸給顰兒寶玉兩個吃去那一碗肉給蘭小子吃去又向尤氏道我吃了你就在這里吃了罢尤氏答應待賈母漱口洗手畢賈母便下地和王夫人說閒話行食尤氏告坐探春寶琴二人也起來了笑道失陪失陪尤氏笑道剩我一个人大排棹的不慣賈母笑道鴛鴦琥珀來趁勢也吃些又作了陪客尤氏笑道好好好我正要說呢賈母笑道看着多多的人吃飯

取有趣的又指銀蝶道這孩子也好也來同你的主子一塊來吃等你們離
了我再立規矩去尤氏道快過來不必粧假賈母負手看着取樂因見伺
候添飯的人手內捧着一碗下人的米飯尤氏吃的仍是白秔米飯賈母
問道你怎麼昏了盛這個飯來給你奶奶那人道老太太的飯吃完了今日
添了一位姑娘所以短了些鴛鴦道如今都是可着頭做帽子了要一
点兒富裕也不能的王夫人忙回道這一二年旱澇不定田裡的米都不能
按數交上來的這幾樣細米更艱難了所以都可着吃的多少關出去生恐
一時短了買的不順口賈母笑道這正是巧媳婦做不出沒米的粥來眾
人都笑起來鴛鴦道既這樣的就去把三姑娘的飯拿來添也是
一樣就這樣林你尤氏笑道我的這個就彀了也不用取去鴛鴦道你們

了我不會吃的地下的媳婦們听說方忙着取去了(総伏下文)一時王夫人也
去用过飯里尤氏直陪賈母說話取笑(咲)到起更的時候賈母說黑了(伱)
過去罢尤氏方告辭(辞)出來走至大門前上了車銀蝶坐在車沿上衆媳
婦放下簾子來便帶小丫頭們(自)先直走過那边大門口等着去了回(東西)
二府之門相隔沒有一箭之路每日家常來往不必定要走(坐車)偹泥天
黑夜晚之間回來的遭數更多所以老嬷嬷帶着小丫頭只几步便走
了過來兩邊大門上的人都到在東西街口早把行人斷住尤氏大車
上也不用牲口只用七八個小廝挽環拽輪輕輕的便推拽過这边堦
磯上來于是衆小廝退過獅子以(以)外衆嬷嬷打起簾子銀蝶先下來
然後衆(又攙)下尤氏來大小七八個灯籠照的十分真切尤氏回(頭)見兩边

獅子下放着四五輛大車便知係來赴賭之人所乘向銀蝶衆人道
的着坐車的是這樣騎馬的还不知有几个呢馬自然在圈里拴着
偺看不見子不知道他娘老子挣下多少銭与他們這庅開心兒一
面說一面已到了所上賈菩之妻帶家來下媳婦們了頭也都秉燭
接了出來尤氏笑道成日家我要偷着瞧〻他們也沒得便今兒到
巧就順便打他們窓戶跟前走過去衆媳婦荅應着提灯引路
又有一個先去悄〻的知會伏侍的小廝門不要失驚打怪于是尤
氏一行人悄〻的來又窓下只听里面稱三讚四要笑之音雖多
又兼有恨五罵六忿怨之声亦不少　原來賈珍近因居喪每
不得遊玩曠朗不得觀優問樂作遣無聊之極便生了破悶之法

日間以習射為由請了各世家弟兄及諸富貴親友來較射因說白白
的只管乱射終無裨益不但不能長而且坏了式樣必須立個罰約賭
個利物大家纔有而力之心因此天香樓下箭道內立了鵠子皆定
每日早飯後來射鵠子賈珍不肯出名便命賈蓉作局家這些來
皆係世襲公子人人家道豐富且都在少年正是鬥鷄走狗問柳評花
的一干游紈袴因此大家議定每日輪流作晚飯之主每日來射不便
獨賈賈蓉一人之意于是天天宰猪割羊屠鵝戮鴨好似臨潼鬥宝
一般都要賣弄自家的好厨役好烹炮不到半月工夫賈赦賈政
听見這般不知就理反說這是正理文既惧矣事當亦該習況在武
之屬兩處遂也命賈環賈琮宝玉賈蘭等四人于飯後過來跟着

賈珍習射一面方許回去賈珍之在不此再過一日便漸此以歇背養力
為由晚或抹抹骨牌賭个東酒而已至後漸此至錢如今三四月的光景
竟一日一日賭勝于射了公然閗葉擲骰放頭開局夜賭起来家下人借
此各有些益巴不得的如此所以竟成了势了外人皆不此一是近日邢
夫人之胞弟邢得全也酷好如此故也在其中又有薛蟠頭一個慣喜
送錢與人的見此豈不快樂也邢德全雖係邢夫人之胞弟却居心行
事大不相同这個邢德全只知吃酒賭錢眠花宿柳為樂手中濫漫
使錢治人無二心好酒者喜之則飲者則亦不去親近無輸上下主
僕皆出自一意並無貴賤之分因此都唤他傻大舅薛蟠早已出名
的獃大爺今日二人皆奏在一處都愛搶新快夫利便又会了兩家在

外間炕上搶新快别的又有几家在當地下大桌上打公番里間的又一起
斯聞些的抹骨牌打天九此間伏侍的小厮都是十五岁已下的孩子若
成了的男子到不了这里故尤氏方潛至窗外偷看其中有兩個十六七岁
孌童以備奉酒的都打扮的粉粧玉琢今日薛蟠又輸了一張正沒好
氣幸而擲第二張完了算來除番過來到反贏了心中只是興頭起
來賈珍道且打住吃了東西再來因問那兩處怎樣裡頭打天九的
也作了賬等吃飯打公番的未清且不肯吃了是然不能催先擺下
一大桌賈珍陪着吃命賈蓉落後陪的一起薛蟠興頭了便摟着
一個孌童吃酒又命將酒去敬邢傻舅傻舅輸家沒心緒吃了兩碗便有
些醉意嗔着兩個孌童只赶贏家不理輸家了因罵道你們这起

兔子就是的樣專洑上水天〻在一處誰的恩你們不沾只不過迭一
会子輸了几兩銀子你們就三六九等了难到從此以後再沒有求着
我們的事了衆人見他帶酒忙說很是〻〻果然他們風俗不好因喝
命快敬酒賠罪兩個孌童都是演就的局套忙都跪下奉酒說我
們迭行人師父教的不論遠近厚薄只看一是有錢勢就親敬便是
活佛仙一是沒了錢勢了不好去理他況且我們又年輕又居迭個行
次求旧太爺体恕些我們就過去了說着便舉着酒俯膝跪下邪侃
世人不是罵刑大舅心内雖軟了只还故作怒意不理衆人有功道迭孩子是
寔情說話老舅是久慣憐香惜玉的如何今日反迭樣起来若不吃迭
酒他兩個怎樣起来邢大舅已掌不住了便說道若不是衆位說我

此一段孌童語
句太真反不得
其為錢為勢
之神一岂改以
委曲認罪語
方妥

我再不理説着方接過来一起喝了乾又斟一碗来的邢大舅便酒勾往事醉露真慎起来乃怕柒对賈珍嘆道怨不的他們是錢如命多少世官大家出身的若提起錢勢二是連骨肉都認不了老賢甥昨日我何你那边的令伯毋都起的可知道否賈璉道不曾听見邢大旧嘆道就為錢这件混賬東西利劍ニニ賈珍深知他與邢夫人不睦每遭邢夫人棄悪板出怨言因劝道老旧你也太散漫些若只管花去有多少給老旧花的邢大旧道老賢甥你不知我邢家底理我毋親去世時我尚小世事不知他姊妹三個人只有的令伯毋年長出各一分家私都是他把持帶来如今二家姐雖也出閣他家也很艱難三家姐尚在家里一應用度都是这里賠房王保善家掌管我便来要錢也非要了

你是你賈府的形我家〻私也就句我花也無奈竟得列手所以有
冤無處訴衆惡之必察也今邢夫人一人貫毋先惡之恐貫毋心偏亦可解之若貫璉
阿鳳之怨恕兒女之私亦可解之若探春之怒女子不識大而知小亦可
解之今又忽用乃弟一怨吾不知將又何如矣賈珍見他酒後叨〻恐人听見不雅連忙用
話解劝外面尤氏等听得十分真切乃悄向艮蝶笑道你听見了這
是北邊里太〻的兄弟抱怨他呢可怜他親兄弟還是這樣說這就
怨不得的些人了曰还要听是〻正真打公畨者也歇住了要吃酒因
有一个向道方才是誰得罪了老旧我們竟不曾听明白且告訴我評
〻理邢德全見問便把兩个孌童不理輸的只赶贏的話說了一遍
這一个年少的就誇道這樣說原可惱的怨不得旧太爺生氣我
且問你兩个旧太爺虽然輸了輸的不過是銀子錢並沒有輸丢

了毬毛怎就不理他了說着衆人大笑起來連邢德全也噴了一地飯
尤氏在外面悄悄的啐了一口罵道你听听这一起子沒廉耻的小挨刀
的才丟了腦袋骨子就胡(混)唚嚼毛了再肏攮下黄湯去还不知唚出
些什麽來呢一面說一面便進去卸粧安歇至四更時賈珍方散往(了)佩
鳳房里去了次日起來就有人回西瓜月餅都全了只待分派送人
賈珍吩咐佩鳳道你請你奶奶看着送罷我还有别的事呢佩鳳
答應去了回了尤氏尤氏只得一一分派遣人送去一時佩(佩)鳳又來說爺
問奶奶今兒出門(门)不出說咱們是孝家明兒十五過不得節今兒晚
上到好可以大家應个景兒吃些瓜餅酒尤氏道我到不愿(意)出門
呢那边珠大奶奶又病了凤了頭又睡倒了我再不過去越發無

个人了兇不得閒應什庅景佩鳳了道爺説了今兒已辭了衆人直
等十六才来呢好歹定要請奶奶吃酒的尤氏笑道請我我没的还
席佩凤笑着去了一時又来笑道爺説連晚飯也請奶奶吃好歹早
些回来叫我跟了奶奶去呢尤氏道这樣早飯什庅快些吃了我好
走的佩鳳道爺説早飯在外頭吃請奶奶自巳吃罢尤氏問道今日
外頭有誰佩凤道听見説外頭有兩个南京新来的到不知是誰
説話一是賈蓉之妻也梳粧了来見過少事擺上飯来尤氏在上賈
蓉之妻在外陪婆媳二人吃畢飯尤氏便换了衣服仍過荣府来至
晚方回去果然賈珍煮了一口猪燒了一腔羊餘者桌菜及菓品之
類不可勝紀就在彙芳園中叢緑堂中屏開孔雀褥設芙蓉

帶領妻子姬妾先飯後酒開怀賞月作樂將一更時分真是風清月朗上下如銀賈珍因要行令尤氏便叫佩鳳等四个人也都入席下面一溜坐下猜枚划拳飲了一面(回)賈珍有了几分酒亦發高興便命取了一竿(枝)紫竹簫來命佩鳳吹管(簫)文化唱曲喉清韻嫩真令人魄醉魂飛唱罷復又行令那天將有三更時分賈珍酒已八分大家正(在)添衣飲茶換盞更酌之際忽听那边墻下有人長嘆之声大家明明听見都悚然疑畏起來〔余亦悚然疑畏〕賈珍忙厲声叱咤問誰在那里連問几声沒有人荅應尤氏道必是墻外边家里人也未可知賈珍道胡說這墻四面皆無下人的房子況且那边又緊靠着祠堂〔奇絕神想余更為之悚懼矣〕焉得有人一語未了只听得一陣風声竟過墻去了恍惚聞得祠堂内槅扇(有)

開閣之声只覺得風氣森〻比先更覺凉颯起來月色慘淡也不
似先明朗衆女婦人都覺毛髮倒竪賈珍酒已醒了一半只比別人撐
持得住些心下也十分疑畏便大沒興頭起來勉強又坐了一會子就
歸房安歇去了次日一早起來乃是十五日帶領衆子姪開祠堂行
朔望之礼細察祠堂内都仍是照旧好〻的並無怪異之跡賈珍自為醉
後自怪也不提此事礼畢仍閉上門看着鎖禁起來大寫荣府慶中秋却先寫寧府開夜宴未
寫荣府數尽先寫寧府異道蓋寧乃家宅凡有関于吉凶者故必先示之且列祖祠此
豈無得而警乎凡人先人與遠然氣遠相関必有之利也非寧府之祖独有感應也
賈珍夫妻至晚飯後方過荣府來只見賈赦賈政都在賈母房
内坐着說閑話與賈母取笑賈璉寶玉賈環賈蘭皆在地下侍立
賈珍來了都一〻見過說了兩句話後賈母命坐賈珍方才近門

小玑子上告了坐側警身側坐貭丹笑問道的両日作宝兄弟依箭如
何貝貭珍忙起身大長進了不但様式好而且弓也長了一個力氣貭丹
道这也句了且別貪力仔細努長貭珍忙荅應荅几個是貭丹又道你昨
日送來的月餅好西瓜看着好打開却也罢了貭珍笑道餅是新來的
一個專做点心的厨子我試了試果好纔了孝敬西瓜往年都還可也
不知今年怎庅就不好了貭政道大約今年雨水太勤之故貭丹笑
道此時月已上了偺門且去上香說着便起身扶着宝玉的肩帶領
来人齊往園中来當下園之正門俱已大開吊着羊角大灯嘉蔭堂
前月台上焚着斗香秉着凡蠋陳献着瓜餅及各色菓品邢夫人等
一干女客皆在裡面久候真是月明灯彩人氣香烟晶艷氤氳不可

形容地下鋪着拜毯錦褥賈母盥手上香拜畢于是大家皆拜過賈
毋便說賞月在山上最好因命在那山脊上的大所上去衆人听說就
忙着在那里去鋪設賈母且在嘉蔭堂中吃茶少歇說些閒話一時人
回都齊備了賈毋旋扶着人上山來王夫人等回為說恐石上苔滑还
是做竹椅上去賈毋道天〻有人打掃況且極平穩的寬路何必不疎
散〻〻筋骨也是賈赦賈政等在前導引又是兩個老婆子秉着
兩把羊角手罩鴛央琥珀尤氏等貼心攙扶邢夫人等在後圍隨從
下逶迤不過百餘步至山之峰脊上便是这座廠所因在山之高脊上
故名曰凸碧山庄于所前平台上列下椅又用一架大圍屏隔作兩間
凡桌椅形式皆是圓的特取團圓之意上面居中賈毋坐下左垂

首賈赦賈珍賈璉賈蓉右邊首賈政寶玉賈環賈蘭團團圍坐只坐了桌半
壁下面還有半壁餘空賈母笑道常(往)日到還不覺人少今日看來還是
偺們的人也甚少算不得甚麼(未飲先感人丁 總是將散之兆)想當年過的日子到今(遇見這們)
時
庭男女三四十個何等熱鬧今日就這樣太少了待要再叫几个
來他們都是有父母的家裡去了應景不好來的如今叫女孩們來
坐那边罷于是令人向圍屏將迎春探春惜春三个請出來賈璉寶
玉等一齊出坐先儘他姊妹坐了然後在下面依次坐定賈母便命
折一枝桂花來坐(合)一媳婦在屏後擊鼓傳花若花(到誰)手中飲酒一杯罰
說笑話一個(不犯前几次飲酒)于是先從賈母起次賈赦一一接过鼓聲兩轉恰恰在
賈政手中住了(奇妙偏在政老手中竟能使政老一謔真大文章矣)只得飲了酒眾姊妹弟兄皆你情

悄的扯我一下揹々又捏你一把都含笑到要听是何笑話（余也要細听）賈政見賈母喜悅只得承歡方欲說時賈母又笑道若說的不笑了还要罰賈政笑道只得一个說來不笑也只好受罰了因笑道一家子一个人最怕老婆的纔說了一句大家都笑了因從不曾見賈政說過笑話所以纔笑（是極神之至）賈母笑道這必是好的賈政笑道若好老太々多吃一杯賈母笑道自然賈政又說道這个怕老婆的人從不敢走一步偏是那日是八月十五到街上買東西便遇見了几个朋友死活拉到家里去吃酒不想吃醉了便在朋友家睡着了第二日纔醒後悔不及只得来家陪罪他老婆正洗腳說既是這樣你替我䑛々就饒你這男人只得給他䑛々未免恶心要吐他老婆便惱了要打說你這樣輕狂

唬得他男人忙跪下求說並不是奶奶的腳髒只因昨晚吃多了黄
酒又吃了幾塊月餅餡子所以今日有些作酸呢說的賈母與衆人都笑
了這方是賈政之謔亦善謔矣賈政忙斟了一杯送與賈母賈母笑道既這樣快樂叫
人取燒酒來別叫你們受累衆人又都笑起來于是又擊鼓便從賈
政傳起可巧傳至寶玉鼓止寶玉因賈政在坐自是踧踖不安偏又
在他手內因想說笑話倘或不好發笑又說沒口才連一笑話不能說何
況別的這有不是若說好了又說正經的不會只慣油嘴貧舌更有
不是不如不說的好實寫旧日往事乃起身辭道我不能說笑話求再限
別的罷了賈政道既這樣限一個秋字就即景作一首詩若好
便賞你若不好明日仔細賈母忙道好好的行令如何又要作詩

了呢

賈政道他能的賈母听說既這樣就作命人取了紙筆來賈

政道只不許用那些氷玉晶銀彩光明素練樣堆砌字眼要另出己意

見試試你這几年的情思寶玉听了礙在心坎里上遂立想了四句

向紙上寫了呈與賈政看道是賈政看了点頭不語賈母見這般

知無甚大不好便問怎么樣賈政因欲賈母喜悅便說难為他

只是不肯念書到底詞句不雅賈母道這就罷了他能多大定

要他做才子不成這就該獎勵他已後越発上心了賈政道正

是因回頭命你老嬷嬷出去吩咐書房內的小厮把我海南帶

來的扇子取兩把給他寶玉忙拜謝仍復帰座行令当下賈蘭

見獎勵寶玉他便出席也做一首遞與賈政看時寫道是

賈政看了喜不自勝遂并講與賈母听時賈母也十分欢喜也忙令
賈政賞下時大家帰坐復行起令來這次賈赦手内住了只得吃了
酒說笑話因說道一家子一個兒子最孝順偏生母親病了各處求
醫不得便請了一個針灸的婆子來的婆子原不知道脉理只說
是心火如今用針灸之法針灸〻〻就好了的兒子慌了便問心見
郎死如何針得婆子道不用針心只針肋條就是了兒子道肋
條离心甚遠怎庅就好婆子道不妨事你别知天下父母心偏的
多呢衆人听說都笑起來賈母也只得吃半杯酒半日笑道我也
得這個婆子針一針就好了賈赦听說便知自己出言冒撞賈母
疑惑心忙起身笑與賈母把盏以別言解釋賈母亦不可再提

且行起令來不料這次花却在賈环手里賈环近日讀書稍進
其脾味中不好務也與宝玉一樣故每常也好看些詩詞喜好奇
詭仙鬼一格今見宝玉作詩受奬他便技癢只當着賈政不敢造
次如今可巧花在手中便也索紙筆來立揮一絕與賈政、道笑
偏立賈政戲謂已是異文而賈环作詩賈奇中又奇之奇文也總在人意料之外竟有人
曰賈环如何又有好詩似前言不搭後文矣盖不可向説問賈环亦榮公子正脉雖
少年頑劣見今效小兒之常情年讀書豈無長進之理哉况賈政之教是弟子目
已大竟疎忽矣若是賈环連一平仄也不知豈榮府是尋常膏粱不知詩書之家哉
然後之宝玉之一種情思正非有益子總明不得謂此諸人皆
妙者也
賈政看了亦覺罕異
只是詞句終帶有不樂讀書之意遂不説道可見是弟兄了發言
吐氣總屬邪派將來都是不由規短準繩一起下流大妙在古人中
有二難你兩個也可以称二難了又是的兩個难字却是作难以教

訓难字講纔好哥々是公然温飛卿自居如今兄弟又自為曹唐再世

了說的賈赦等都笑了賈赦乃要詩瞧了一遍道連聲讚好道这詩擲

我看甚是有氣骨想來偺們这樣人家原不必那起寒酸定要雪窓

螢火一日蟾宮折桂方得揚眉吐氣偺們的子弟都原該讀些書不過

別人畧明白些可以做得官時就跑不了一個官的何必多費了工夫

反弄出書獃子來所以我愛他这詩竟不失偺們侯門的氣槩因

回頭吩咐人去取了自己的許多玩物來賞賜與他因又拍着賈環

的頭笑道已後就这做去方是偺們的口氣將來这世襲的前程

定跑不了你襲呢賈政听說忙勸說不過他胡謅如此那里就論到

後事了說着便斟上酒又行了一回令 便又輕々抹去也 賈母便說你們去罷

自然外頭還有相公們候着也〔你們〕不可輕忽了他們况且二〔更〕便多了你們散

了再讓我〔和〕們姑娘們多樂一回好歇着了歇賈赦等听了方止了令又大

家公進了一杯酒方帶着子姪們出去了要知端詳再听下回

脂硯齋重評石頭記卷之

第七十六回

凸碧堂品笛感凄情　凹晶館聯詩悲寂寞

話說賈赦賈政帶領賈珍等散去不提且說賈母這里命將圍屏撤去兩席併而位一席媳婦另行擦棹整菓更杯洗著陳說一番賈母等子添都衣盥漱吃茶方又入坐團團圍繞賈母看時寶釵姊妹二人不在坐內知他們家去圓月去了且李紈鳳姐二人又病自少了四個人便覺冷清了好些（不想這次中秋反寫得十分凄楚）賈母因笑道往年你的老爺們不在家偺們越性請過姨太太來大家賞月却十分閙熱忽一時想起你老爺來又不免想到母子夫妻兒女不能一處也都沒興及至今

年你老爺來了正該大家團圓取樂又不便請他們娘兒們來說

說笑〻況且他們今年又添了兩口人也难丢了他們跑到這里來偏又把

风丫頭病了有他八（个）人來（在這里）說〻笑〻还抵得十八（个）人的空兒可見天下事總

难十全說畢不覺長嘆一聲遂命拿大杯來斟熱酒王夫人笑道今日

得毋子團圓自比往年又（有）趣往年娘兒們难多終不是（如）今年（都是）自己的骨

肉齊全的好賈母笑道正是為此所以纔（纔）高興拿大杯來吃酒的（你）們

也換大杯纔是邢夫人等只得換上大杯來因夜深体乏且不能勝酒

未免都有些倦意無奈賈毋興猶未閑（闌）只得陪飲賈（毋）又命將罽（洋）氈

鋪於堦上命將月餅西瓜菓品等類都叫搬下去（了）令丫頭媳婦們也

都團〻圍坐賞月賈政因見月之（至）中天比先越發精彩可愛因說

如此好月不可不聞笛因命人將十番上女孩子傳來賈母道音樂多
了反失雅致只用吹笛的遠遠的吹起來就彀了說畢剛纔去吹時只見
跟邢夫人的媳婦走來向邢夫人前說了兩句話賈母便問說什麽事
那媳婦便回說方纔大老爺出去被石頭絆了一下蹩了腿賈母听說忙
命兩個婆子快看去又命邢夫人快去邢夫人遂告辭起身賈母便又
說珍哥媳婦也趂着便就家去罷我也就睡了尤氏笑道我今日不回
去了定要和我老祖宗吃一夜賈母笑道使不得使不得你們小夫妻
家今夜不要團圓團圓如何為我耽擱了尤氏紅了臉笑道老祖宗
說的我們太不堪了我們雖然年輕已經是十來年的夫妻也奔四
十歲的人了況且孝服未滿陪着老太太頑一夜還罷了豈有自去

團圓的理賈母听說笑道這話很是我到也忘了孝未滿可怜你公〻已是二年多了不是弄賈敬卻是弄赦死斯也可是我到忘了該罰我一大杯既這樣你就越性別送陪着我罷了你叫蓉兒媳婦送去就順便回去罷尤氏說了蓉妻得應着送出邢夫人一同至大門各是上車回去不在話下這里賈母仍代衆人賞了一回桂花又入換煖酒來正說着閑話猛不妨只听那壁廂桂花樹下嗚〻咽〻悠〻揚〻吹出笛声來越發這明月清風天空地浄真令人煩心頓解万慮齊除都肅然危坐默相賞听約兩盞茶時方纔止住大家稱讚不已于是遂又斟上煖酒來賈母笑道果然可听麽衆人笑道寔在可听我們也想不到這樣樣須得太〻代領着我們也得開些〻心胸賈母道這還不大好須得

揀那曲譜越慢的吹来越好説着便将自已吃的一個内造瓜仁油松穰
月餅又命斟一大杯熱酒送給譜笛之人慢慢的吃了再細細的吹一套来
媳婦們荅應了方送去只見方纔瞧賈赦的兩個婆子回来了(說)右脚面
上白腫了些些如今調服了藥疼的好些了也不甚大関係賈母点頭
嘆道我也太操心打緊説我偏心我反这樣因就将方纔賈赦的笑
話説與王夫人尤氏等听王夫人等因笑(劝)功道这原是酒後大家説
笑不留心也是有(的)豈有敢説老太太之理老太太自當解釋纔是只
見兕尖拿了軟巾兜與大斗蓬来説夜深了恐(怕)露水下来風吹了頭
須要添了這個坐坐也該歇(了)也賈母道偏今兒高興你又来催難道
我醉了不成偏到天亮因命再斟酒来一面(帶)代上兜巾披了斗蓬

大家陪着又同說些笑話只听桂花陰里嗚〻咽〻裊〻悠〻又發出一縷

笛音來果真比先越發淒涼大家都寂然而坐夜靜月明隨下想來

象又彼此都不禁淒涼寂歷之意半日方知賈母傷感纔忙轉身陪

笑發語解釋 轉身妙画出对月听笛如痴如呆不覺尊長在上之形景來 又命暖酒且住了

笛尤氏咲道我也就李一個笑話說與老太〻解〻悶賈母免强咲

道这樣更好快說來我听尤氏乃說道一家子養了四個兒子大兒

子只一個眼睛二兒子只一個耳朶三兒子只一個鼻子四兒子到都齊全

偏又是個啞叭正說到这里只見賈母已朦朧双眼是又懨去之態

摠寫出淒涼無興景况來 尤氏方住了忙和王夫人輕〻的請醒賈母睜眼

笑道我不困白閑〻眼養神你們只管說我听自呢 活畫 王夫人等

笑道夜已四更了風露也太清老太太歇罷了明日再賞十六也不辜負
這月色賈母道那里就四更了王夫人笑道寔已四更他們姊妹們熬
不過都去睡了賈母听說細看了一看果然都散了只有探春在此
賈母笑道也罷你們也熬不慣況且弱病的病去了到有心只是三個
了頭何怜尚还等着你也去罷我們散了說着便起身吃了一口清茶
便有預備下的竹椅小轎便圍着斗篷坐上兩個婆子搭起眾人圍
隨出园去了不在話下这里丫媳婦収什杯盤碗盞時却少了個細茶
杯各處尋覔不見又問眾人必是誰失手打了撂在那里告訴我
拿了磁瓦去交收是証見不然又說偷起来眾人都說沒有打了
只怕跟姑娘的人打了未可知的細想了一想或問問他們去一語提醒

了这管傢伙的回媳婦回笑道是了那一會(兒)記得是翠縷拿着的
我去問他說着便去找時剛下了甬路就遇見了紫鵑和翠(挂)来了 妙又去一
个翠縷便問道老太々散了可知我們姑娘那去了 更妙 这媳婦道
我来問那一個茶鍾往那里去了你們(到)問我要姑娘翠縷笑道我們(们)
到茶給姑娘吃的瞧眼回頭就連姑娘也沒了那媳婦道太々總說都
瞧(悄)查去了那(都)不知那里頑去了(你)还不知道呢翠縷向紫鵑道斷乎沒
有情々的瞧去之理只怕在那里走●(走)如(呢)今見老太々散了赶過前
边送去也未可知我們且往前边找々々去有了姑娘自然你的茶鍾也
有了你明日一早再找有什庅忙的媳婦笑道有了下落就不必忙
了明兒就(合)你要罢說畢回去查收傢火(當時)那里紫鵑和翠縷便往賈

此處未不在話下原來代玉和湘雲二人並未去睡覓只見代玉見
賈府中許多人賞月賈母猶嘆人少不是當年熱鬧又提寶釵姊
妹家去此女弟兄自去賞月等語不覓對景感怀自去俯欄垂淚寶
玉近因晴雯病勢甚重諸務無心　代一筆妙更覓謹密　王夫人再三遣他
去睡他從此去了探春又因近日家事惱着無暇遊玩雖有迎春
惜春二人偏又素日不大甚合所以只剩了湘雲一人寬慰他因說你
是個明白人何必作此形像自苦我也和你一樣我就不似你這樣心
窄何況你又多病還不自己保養可恨寶姐姐妹妹天天說親道熱
早已說今年中秋要大家一處賞月必要起社大家聯句到今日
便棄了偺們自己賞月去了社也散了詩也不作了到是他們父

子叔侄縱横起来你可知宋太祖說的好卧榻之側豈許他人酣睡他們不作偺們兩個竟聯起句来明日羞他們一羞代玉見他們這般劝慰不肯負他的豪興因笑道你看這里這等人声嘈雜有何詩興湘雲笑道這山上賞月雖好終不及近水賞月更妙你知道這山坡底下就是池沿山坳里近水一個所在就是凹晶館可知當日蓋這園子時就有學問這山之高處就叫凸碧這山之低窪近水處就叫作凹晶這凸凹二字歴来用的人最少如今直用作軒館之名更覺新鮮不落俗套可知這兩處一上一下一明一暗一高一矮一山一水竟特是因玩月而設此處有愛那山高月小的便往這里来有愛那皓月清波的便往那里去只是這兩個字俗念作窪拱二音便說俗了不大見用

只陸放翁用了一个凹字說古硯微凹聚墨多還有人批他俗豈不可笑
林代玉道也不只放翁纔用古人中用者太多如青苔賦東方朔神異
經以致畫記上云張僧繇畫一乘寺的故事不可勝舉只是今人不知悞
作俗字用了实和你說罢這兩個字是我擬的呢曰那年試宝玉曰他
擬了几處也有存的也有刪改的也有尚未擬的這是後來我們大家把
這沒有名色的也都擬出來了註了出處寫了這房屋的坐落一併帶
進去與大姐姐瞧了他又帶出來命給舅舅瞧過誰知舅舅到喜歡起
來又說早知這樣那日該就叫他姊妹一併擬了豈不有趣所以凡我擬
的一字不改都用了如今就往凹晶館去看罢說着二人便同下了山
坡只一轉灣就是池沿沿上一帶竹欄相接直通着那邊藕香榭

的路徑点明妙不然此園竟有多大地因這幾間房子在此山怀抱之中乃凸碧
山庄之退步因窪而近水故顏其額曰凹晶溪館因此處房宇不多且又
矮小故只有兩個老婆子上夜今日打听得凸碧山庄的人應差與
他們無干這兩個老婆子関了月餅菓品并搞賞的酒食来二人
吃得既醉且飽早已息灯睡了妙極此書又逞一步寫法如王夫人云他姊妹
可怜那里像当日林姑媽那樣有如賈母云
如今人少那里日当日人多等數此謂進一步法也有退一步法如宝釵之对刑岫烟此一時
也彼一時也如今此不得先的活了只好随是十分又如风姐之对平児云如今我也我明白
了我如今也要作好〻先生罢等類此謂退一步法也今有方收拾故賈母高樂却有寫出
二婆子高樂此一步之実也如前文海棠詩四手以足忽又用湘雲独成二律反厭夥此又
進一步実事也所謂法〻皆全然〻不夹也
代玉湘雲見息了灯湘雲笑道到是他們睡了好偺們就在這捲棚
底下近水賞月如何二人遂在兩個湘妃竹墩子上坐下只見天上一輪皓

月池中一輪水月上下爭輝如值身于晶宮鮫室之内微風一過粼々然
池面皺碧鋪紋真令人神清氣淨湘雲笑道怎得這會子作上般吃
酒到好這要是我家里這樣我就立刻坐上般了代玉笑道正是故人常說
的好事若求金何所樂據我說這也罷了偏要坐般起来湘雲笑道得
隴望蜀人之常情可知那些老人家說的不錯說窮之家自爲富貴之
家事々趁心告訴他說竟不能隨心他們不肯信的不得親歷其境
他方知竟了就如何偺們兩個雖父毋不在然却也忝在富貴之鄉
只你我竟有許多不遂心的事代玉笑道不但你我不能趁心就連
老太々太々以至宝玉探了頭等人無論事大事小有理無理其不能
各遂其心者同一理也何况你我旅居客寄之人了以立未不怡然得享
自然之樂者矣書

中若干女子從生反婢未有必各有所遺各有所試各有所長
者皆未如宝宝無可閔切籌画可嘆

湘雲听說恐怕代玉又傷感起來忙道休說這些閒話偺們且聯詩正說間只听笛韻悠揚起來代(玉)宝笑道今日老太太高興了(的狠這)的笛子吹的有趣到是助偺們的興趣了 妙正是吹笛之時分認作人一處之笛也 偺兩個都愛五言就还是五言排律罷湘雲道限何韻代玉笑道偺們数這個欄杆的(直)真棍這頭到那頭為止他是第几根就用第几韻若十六根便是(是)一先起這可新鮮(玄)湘雲笑道這到別致于(是)二人起身便從頭数至盡頭止得十三根湘雲道偏又是十三元(的韻)個這個(韻狠)少作排律只怕牽強不能壓韻呢少不得你先起一句罷了代玉笑道到要試試偺們誰強(誰)弱只是沒了(有)紙筆記(下)湘雲道不妨明兒再寫只怕這一点聰明还有

代玉（道）我先起一句現成（戲）作（的）俗語罷因念道

三五中秋夕

湘雲想了一想道

清遊擬上元　　撒天箕斗燦

林代玉笑道

匝地管絃繁　　幾處狂飛盞

湘雲笑道這一句幾處狂飛盞有些意思這到要對的好呢想了一想笑道

誰家不啟軒　　輕寒風剪〻

代玉（道）好对的比我的却好只是這（底下）句又說就該加勁説了去纔是湘雲

道詩多韵險也要鋪陳些纔是縱有好的且留在後頭代玉笑道到
後頭沒有好的我看你羞不羞回聯道
良夜景暄暄　　爭餅嘲黃髮
湘雲笑道你(下)句不好杜(是你)撰用俗事來難我了代玉笑道我說你不曾
見過書呢吃餅是旧典唐書唐志你看了來再說湘雲笑道这也
难不倒我我也有了回聯道
分瓜咲綠媛　　香新榮玉桂
代玉笑道分瓜(二字)可是實實(是)你的杜撰了湘雲笑道明日咱們对查了出
來大家看看这会子別躭悞工夫代玉笑道雖如此下句也不好不犯着
又用玉桂金蘭等字樣來塞責回聯道

色健茂金萱　蠟燭輝瓊宴

湘雲笑道金萱便字宜了你肴多少力的樣現成你限被你得

了只是不犯着替他們送聖去況且下句你也是塞責了代玉笑道你

不說玉桂我难到強对了金萱再也要鋪陳些富麗方才有纔郎

景之实事湘雲只得又聯道

觥籌乱綺園　分曹尊一令

代玉笑道下句好只难得此曰想了一想聯道

射覆听三𠱑　骰彩紅成点

湘雲笑道三𠱑有趣竟化俗成雅了只是下句又說上骰子少不得

聯道

傳花鼓濫喧　　　　晴光搖院宇

代玉笑道対的却好下句又溜了些會拿只風月来塞責湘雲道究竟没說到上也要点綴〻〻方不落題代玉道且姑存之明日再斟酌因聯道

素彩接乾坤　　　　賞罰無賓主

湘雲道又說他們作什么不如說俗們只得聯道

吟詩序仲昆　　　　搆思時倚檻

代玉道这可以入上你我也因聯道

擬景或以門　　　　酒盡情猶在

湘雲說道这侯了乃聯道

更殘樂已諼　漸聞語笑道[近]

代玉道說這時候可知一步難似一步了因聯道

空剩雪痕　堦露團朝菌

湘雲笑道這一句怎麼押韻讓我想想因起身負手想了一想笑道敎了

幸而想出一個字來幾乎敗了因聯道

庭烟斂夕棔　秋湍瀉石髓

代玉听了不禁也起身叫妙說這促狹鬼果然留下好的這會才說棔[子]字虧你想得出湘雲道幸而昨日看歷朝閙[文]選見了這個[字]是我不知是何樹因要查一查寶姐姐說不用查這就是如今俗叫[語]作明開夜合你我信不及到底查了一查果然不錯看來寶姐姐知道的竟多代

玉笑道棔(用)字用在此時更恰也还罢了只是秋湍一句虧(你)的好想(頭)只这
一句別(把的)这都要抹倒我少不得打起精神來对一句只是再不能似这
一句了因想了一想道
風葉聚雲根　寶婺情孤潔
湘雲道这時(对)的也还好只是(下)一句你也溜了(些)幸而是景中情不是(是)用寶婺
來塞責因聯道
銀蟾氣吐吞　藥經靈兔搗
人向廣寒奔　犯斗邀牛女
代玉不語点頭半日再念頭
湘雲也望月点(首)手聯道

晦朔魄空存　　壺漏声將涸

湘雲方欲聯時代玉指池中黑影與湘雲看道你看那河里怎麼像个人在黑影里去了敢是個鬼罢湘雲笑道可是又見鬼了我是不怕鬼的打他一下曰湾腰拾了一塊小石片向那池中打去只听打得水响一个大圓圈將月影蕩散後聚者幾次　寫得出試思若非親歷其竟者如何莫寫得如此　只听那黑影里嘎然一声却飛起一个白鶴來　寫得出　直往藕香榭去了代玉笑道原來是他猛然想不到反嚇了一跳湘雲笑道这个鶴有趣到助了我了曰聯道

窓灯焰已昏　　寒塘渡鶴影

林代玉听了又叫好又跺足說了不得这鶴真是助他的了这一句更比

秋湍不同吽我对什庅纔好影是〔字〕只有一个䰟字可对况且寒塘渡鶴
何等自然何等現成何等有景且又新鮮我竟要擱以〔筆〕了湘雲笑道
大家細想就有了不然就放着明日再聯了〔也〕可只看天〔不〕理他半日
猛然笑道你不必傍〔說〕嘴我也有了你听々曰对道
冷月葬死〔詩〕魂
湘雲怕手讚道果然好極非此不能对好个葬死〔詩〕魂曰又嘆道詩故
新奇只是太頹喪了些你現病着不該作此故〔過〕于清奇詭〔詭〕譎之語代玉笑
道不如此如何壓倒你下句竟还未到〔做〕只為用工在这一句了一語未了
只見欄〔杆外〕逐山石後轉出一个人来笑道好詩々〔果〕故然太悲凉了不必在
往下聯〔了〕若底下只这〔是〕様去反不顯这兩句了〔的好〕〔假到頭〕到〔的〕得堆砌牽強〔了〕二人不

妨到唬了一跳細看時不是别人却是妙玉二人皆咤意（原可咤意）曰問
你如何到了这里妙玉笑道我听見你們大家賞月又衔、（吹的）好笛我也出（余亦咤意）
来玩賞这清池皓月順脚走到这里忽听見你兩个聯詩更覺清雅異
常故此听住了只是方綫我听見这一首（詩）中句雖好只是（過）于頹敗凄楚
此亦関人之氣数日有所以我出来止住如今老太、都已早散了滿園
的人想倶已睡熟了你兩个的丫頭还不知在那果（里）找你們也（呢）不怕冷
了快同我来到我那里去吃杯茶只怕就天亮了代玉笑道誰知道就
这个時候了三人遂一同来至櫳翠菴中只見龕焰猶青炉香未烬几
个老嫉、也都睡了只有小（了）丫在（蒲團上）圃團在頭打盹的（呢）妙玉喚他起来現
去烹茶忽听（叩）扣門之（声）心小丫（了）忙去開門看時却只（是紫）鵑翠縷與幾个

老嫗〻來找他姊妹兩个進來見他們正吃茶呢都笑道要我們好
找一个園里走遍了連姨太〻那里都找到了那山坡底下小庭里找
時可巧那里上夜的正睡醒了我們問他們〻〻說方纔庭外頭棚下兩
个人說話後來又添了一个听見說大家往菴里去我們就知事這里
了妙玉忙命小了頭引他們到那边去坐着歇息吃茶自去了筆硯
紙墨出來將方纔的詩命他二人念着遂從頭寫出來代玉見他今
日十分高興便笑道從來說見你這樣高興我也不敢唐突請教這
還可以見教否若不堪時便就燒了若或可政即請改正〻〻妙玉笑道也
不敢忘評讚只是這纔有了二十二韵我意思想着的二位警句已兩
出讚若續時恐後力不加我竟要續貂又恐有玷代玉從沒見妙玉作

過詩今見他高興如此忙說果然如此我們你(的)雖不好亦可以帶好了妙玉道如今収給(拾)到(字句)的外該歸到本來面目上去若只管丟(丢)了真慎(情)真事且去搜奇撿(攬)怪一則說(托)了偺們的閨閣(的)面目二則也與題目無涉了二人皆道極是妙玉遂題筆一揮而就遞与他二人道休要見咲依我必須如此方翻轉(的)過來雖前頭有淒楚之句亦無甚碍了二人接了看是(時)只見他讀道

香篆銷金鼎　脂冰膩玉盆　簫憎嫠婦泣

衾倩侍兒溫　空帳(帳)悲文鳳　閒屏掩彩鴛

露濃苔更滑　霜重竹難捫　猶步縈紆沼

還登寂歷原　石奇神鬼搏　木怪虎狼蹲

贔屭（音避　音戲）朝光透　罘罳（曉）露屯　振林千樹鳥
啼玉（雨）一声猿　岐熟焉（寧）忘徑　泉知不問原
鐘鳴櫳翠寺　鷄唱稻香村　有興悲何繼
無愁意豈煩　芳情只自遣　雅趣向誰言
徹旦休云倦　烹茶更細論

後書右中秋夜大觀園廊（景）似聯（的）三十五韻代玉湘雲二人皆讚賞不已紙（說）可見我們天天是舍近而求遠現有這樣詩仙在此却天天去紙上談兵妙玉笑道明日再潤色此時想明（是）天明（亮）了到底要歇息歇息纔是史（代玉）二人听說便起身告辞帶領了妳出（寺）妙玉送至門外看他們送（去）遠方掩門進來不在話下這里翠縷向想（湘）雲道妳（大）妳那里还有人等

有僧們睡去呢如今還是那里去好湘雲笑道你順路告訴他們叫
他們睡罷一去未免驚動病人不如鬧林姑娘半夜去罷說着大
家走至瀟湘館中有一半人已睡去二人進去方纔卸粧寬衣盥漱已畢
方上床安歇紫鵑放下綃帳移灯掩門出去誰知湘雲有擇息之病雖
在枕上只是怕睡不着代玉又是個心血不足常常心眠的今日又錯過了
困頭自然也是睡不着二人在枕上翻来復去代玉因問道怎么你还
沒睡着笑雲微笑道派有擇息的病况且走走了困只好倘倘罷你的
怎么也睡不着代玉嘆道（一笑一嘆只二字便寫出平日之行景）我这睡不着也並非今日了
也大約一年之中通共也只好睡几日夜滿足的覺湘雲道你想却是你病的原因
故所以不知下文什么

脂硯齋重評石頭記卷之

第七十七卷

俏丫鬟抱屈夭風流　美優伶斬情歸水月

話說王夫人見中秋已過鳳姐病已比先減了雖未大愈可以出入行走得了仍命大夫每日診脉服藥又開了丸藥方子来配調經養榮丸因用上等人參二兩王夫人取時翻尋了半日只（在）小匣內尋了几尺（枝）簪挺粗細的王夫人看了嫌不好命再找去又找了一大包鬚沫（沫）出来王夫人焦燥道用不着偏有但用着了再找不着成日家我說叫你們查一查都歸攏在一處的（你）們（摠）白不就（听）隨手提撂（混擱）你們不知他的好處用起来得多少換（才）買来（的）還不中使呢彩雲道想是沒了就只有這

個上次那边的太〻來尋了些去太〻都給過去了王夫人道你沒有的話你再細找〻彩雲只得又去找一会子已拿了几包藥來來說我們不認得這個請太〻自看除這個再沒有了王夫人打開看時也都忘了不知都是什麽藥並沒有一枝人參有一面遣人問鳳姐有無鳳姐來說也只有些參膏蘆鬚雖有几枝也不是上好的每日還要煎藥里用呢王夫人听了只得向邢夫人那里問去回上次沒了才往這里來尋早已用完了王夫人沒法只得親身過來請問賈母〻忙命鴛鴦取出當日所餘的來竟還有一大包皆有手指頭粗細的遂稱二兩与王夫人王夫人出來交与周瑞家的拿去令小廝送与醫生家去又命將那几包不能認得的藥也帶了去命醫生認了各包上記号了來

一時周瑞家的又拿了進來說這一包都各包好計
上名子了但一包人参固然是上好的就連三十換也不能得這樣了但
年代太陳了這東西比別的不同憑是怎樣好的只過一百年後便是
已就成了灰了如今這個雖未成灰然已成了朽糟爛木也無性力的
了請太太收了這個倒不拘粗細好歹再換些新的到好夫人听了低
頭本語半日纔說這可沒法了只好去買二兩來罷無心看那些只命
都收了罷因問周瑞家你的就去說給外頭人們揀好換二兩來倘
一時老太太問你們只說用的是老太太的不必多說周瑞家的方纔
要去時宝釵因在坐乃笑道姨娘且住如今外頭賣的人参都
沒好的雖有一枝全的他們也必截做兩三段鑲嵌蘆泡鬚枝摻

此等家常細是豈事揣拿
得此旨者

句了好賣看不得粗細我們鋪子的常和參行交易如今我去和媽
說了叫哥哥去託了夥計過去和參行商議說明叫他把未作的原枝好
參兑二兩來不妨偺們多使几兩銀子也得了好的王夫人笑道到是的
明白就难為的親自走一趟明白千是宝釵去了半日回來說已遣人去赴
晚就有回信的明日一早去配也不遲王夫人自是喜悅因說道賣油的
娘子水梳頭自來家里有的好的不知給了人多少这會子輪到自己
用反到各處求人去了說畢長嘆宝釵笑道这東西雖然值錢究竟
不過是藥原該濟眾散人纔是偺們比不得那沒見識的人家得
了这個就珍藏密斂的　王夫人点頭道这話極是一時宝釵去後因
覓無別人在說遂喚周瑞家的來前日園中搜撿的事情可得了

下落周瑞家的是巳和鳳姐等人商議定妥一字不隱遂回明王夫人王
夫人听了雖驚且怒却又作难回思司棋係迎春之人皆係那边的人只
得令人去回那夫人周瑞家的回道前日那边太々嗔着王善家的多
事打几個嘴巴子如今他也粧病在家不肯出頭了况且又是他外孫女
兒自巳打了嘴他只好粧個忘了日久平服了再說如今我們過去回時
恐怕又多心到像似咱們多事的不如直把司棋帶過去一併連贜證与
那边太々瞧了不過打一頓配了人再指個了頭来豈不省事如今白告
訴去那边太々再推三阻四的又說既這樣你太々就該料理又来說什麽
豈不反躭擱了倘那丫頭聽空尋了死了不好了如今看了两三天人
都又個偷懶的倘一時不到豈不到弄出事来王夫人想了一想說這也

到是快辦了这一件再辦偺們家的那些妖精周家道的听說会齊
了那几個媳婦先到迎春房里回迎春道太〻們說了司棋大了連日
他娘求了太〻太〻已賞了配人今日叫他出去另他好的与姑娘使說
着便命司棋打点走路迎春听了念泪似有不捨之因前日夜已別的
了环悄〻的說了原故虽数年之情难捨但是関亦化亦無可如何了
那司棋無曾求了迎春实指望迎春能死保赦下的事迎春語言
遅慢耳軟心活是不能作主的司棋見了这般知不能免曰哭道姑
娘好狠心哄了这两日如今怎連一句話也没有周瑞家的芋說道你还
要姑娘留这不成便留下你也难見園里你八了依我們的好話快
收了这樣子到是人不知鬼不覺的去罢大家体面些迎春念泪道我

知道的幹了什麽大不事我还十分說情留下豈不連我也完了你瞧入
完画也是几年的㤙麽說去就去了自然不止你兩個想这園里几大的
都要去呢依我說将来終有一散不你各人去罢周瑞家的道所以到底
白姑娘明白兒还有打發的人呢你放心罢司棋無發只得含泪与
迎春磕頭和衆姊妹告别又向迎春耳根說好歹打听我受罪替我個
個情兒就是主僕一塲迎春亦含泪荅應放心于是周家的人等帶了司
棋出去院門又命兩個婆子将司棋所有的東西都与他拿着走了没
几步後頭只見綉橘赶来一面也擦自泪一面也与使棋一個絹包說这
是姑娘給你的主僕一塲如今一旦分里这個与你作個想念罢司棋
接了不覔更哭起来了又和綉橘哭了一同周瑞家的不耐煩只管催

促他二人只得散了司棋曰又哭告道嬸子大娘們好歹略徇個情兒如
今且歇一歇讓我到相好的姊妹跟前辭一辭也是我們這几年好了
一場周瑞家的等人皆各有事務作這此事便是不得已了况且又深恨
他們素日大樣如今那里有工夫听他的話因冷笑道我勸你罷別拉拉扯扯
的了我們还有正緊事呢誰是你一個衣包里爬出來的辭他們作什
麼他們看你的笑声还看不了呢你不過是挨一会是一会罷了难道就算
了不成依我說快走罷一面說一面緫不住腳直帶着出角門去了司棋無
奈又不敢再說只得跟了出來可巧正值宝玉從外而入一見帶了
司棋出去又見後面包着些東西料着此去再不能來了因聞得上
夜之事又晴雯之病亦因那日加重細問晴雯又不說是為何上日

又見他画已去今有見司棋亦走不覔如喪魂魄一般因忙攔住問道那里去周瑞家的等皆知宝玉素昔行為又恐労叨悞事為笑道不干你事快念書去罷宝玉笑道好姐姐們且站一站我有道理周瑞家的便道太太不許少捱一刻又有什麽道理我們只知尊太太的話管不得許多司棋見了宝玉因拉住哭道他們做不得主的好歹求求太太去宝玉不禁也傷心含泪説道我不知你作了什麽大事晴雯也病了如今你又去都要去了这却怎麽的好宝玉之語全作囫圇意故是極無味之是極濃極有情之語也只合如此寫方字宝玉稍有真切則不是宝玉了周瑞家的發燥向司棋道你如今不是副小姐了若不听話我就打得你別想着往日姑娘護着你們作耗越着还不好好的走如今和小爺們拉拉扯扯成個什麽体統那几個媳婦不由分説拉着司棋

染了男人氣味実是有此情理非躬親閲歴者亦不知此語之妙

便出去了宝玉又恐他們去告舌根的只瞪着他們看巳去遠方指自恨道奇怪〻〻怎麽这些人只一嫁了漢子染了男人的氣味就这樣混帳起来比男人更可杀了守園門的婆子听了也不禁好笑起来因問道这樣說凡女兒个〻是好的了女人个〻是壞的了宝玉点頭道不錯〻〻婆子們笑道還有一句話我們糊塗不解到要請問方欲說時只見幾個老婆子走来忙說道你們小心傳齊了伺候着此刻太〻親自来園裡在那裡查人呢只怕還查到這裡来呢又吩咐快叫怡紅院的晴雯姑娘的哥嫂来在这里等着領出他妹〻去因笑道阿弥陀佛今日天睁了眼把这一個禍害妖精退送了大家清净些宝玉一聞得王夫人進来清查便料定晴雯也保不住了早飛也似赶了来

去所以迭後来趂愿之語竟未得听見宝玉及到了怡紅院只見好些人在那里王夫人在屋裡坐着一臉怒色見宝玉也不理晴雯四五日水米不曾沾牙如今現從炕上拉了下来蓬頭垢面兩個女人纔架起来去了王夫人吩咐只許把他貼身的衣服撂出去餘者好衣服留下給好了頭們穿又命把迭里所有的了頭們都叫来一一過目原来王夫人自那日着惱之後王保善家的就趂勢告倒了晴雯本處有人和園中不睦的也就隨几趂便下了些話王夫人皆記在心中是即閑有碍故忽也兩日今日特来親自查閲人一則為晴雯犹可二則因竟有人指宝玉為由說他大了已解人事都由屋里的了頭們不長進教習坏了因迭事更比晴雯一人較盛 暗伏一段更比麁姻迷霧罩之中 更有無恨溪山笑

乃從襲人起以至于極小的作粗活的小丫

頭們個親〻自看了一遍回問誰是和宝玉一日的生日本人不敢巷〔說〕老嬷〻
指道这一個蕙香又叫作四兒的是同宝玉一日生日的王夫人細看了一看
雖比不上晴雯一半却有〔几〕分水〔媚〕秀現〔見〕其行止総〔聰〕明皆露在外面且也打扮
的不同王夫人冷笑道这也是個怕〔不〕臊的他背地里說的同日生日就是夫
妻这可事〔是〕你就〔說〕的打諒〔量〕我隔的遠都不知道呢可知道我呢〔嗎〕身子雖不
大来我的心耳神意時〻都在这里难道我通共一個宝玉就白〔这麽〕放心憑你
們句引坏了不成这個四兒見王夫人說着他素日和宝玉的私語不禁紅
了臉低頭垂泪王夫人即命也快把他家的人叫来領出去配人又問誰
是耶律雄奴老嬷〻們便將芳官指出王夫人道唱戲的女孩子自然
是狐狸精〔精〕了上次放你們〻〻又懶待去〔出〕可就該安分守〔守〕己総〔才〕是你就成

精鼓搗起來調唆着宝玉無所不為芳官笑辯道並不敢調唆什麼了
王夫人笑道你还強嘴我且問你前年間我們往皇陵上去是誰調唆宝玉
要柳家的了頭五兒子再而那了頭短命死了不然進来了你們有連
夥聚黨遭他外頭是尋個害这園子的你連乾娘都欺倒了豈止别
人曰喝命喚他乾娘来領去就賞他外頭自尋個女壻去罷把他的東
西一槩給他又吩咐上有几年姑娘分的戲女孩子們一槩不許流在園里
都令其各人乾娘帯出自行聘嫁一語傳出这些乾娘皆感恩趂願不
不盡都約齊与王夫人又滿屋里搜撿宝玉之物凡畧有眼生之物並
命收的收捲的捲着人拿到自已房內去了曰說这些乾净省得傍人
口舌曰又吩咐襲人麝月等人你們小心往後再有一点分外之事我

一槩不饒曰教（叫）人查看了今年不宜遷挪暫且挨過今年一年（年）給我仍旧攛出去心净

一段神奇鬼訝之文不知從何想來王夫人從未理家務豈不一木偶哉且前文隱隱約約已有無限口舌漫澗之潜原非一日矣若無此一番更变不独終無散場之局且亦大不近乎情理况此亦此余旧日目覩親問作者身歷之現成文字非捏造而成者故迥不与小說之离合悲欢窠旧相对想遭令落之大族兒子見此难事有各殊然其情理似亦有默契于心者焉此一段不独批此真從妙驗大观园及賈府进对月興尽生悲皆可附者也

說畢茶也不吃遂帶領衆人又往別去處閱（查人）暫且說不到後文如今且說宝玉只当王夫人不過來搜檢搜檢無甚大事誰知竟（竟）这樣雷嗔（嗔）電怒的來了所責之事皆係平日之語一字不爽（爽）料必不能挽回的雖心下恨不能一死但王夫人盛怒之際自（又）不敢多言一句多動一步一直跟送王夫人到沁芳亭王夫人命回去（去）好生（生）念念那書这際仔細明兒問你纔已發下恨了宝玉听如此說回來一路打算誰这樣犯舌况这里事也無人知道如

何就都說省了一面想一面進來只見襲人在那里嗚咽且去了第一等的人
豈不傷心便倒在床上也哭起來襲人知他心内別的還（猶）有可独有晴雯（去了）
是第一件大事乃推他（說）公道哭（也）了不中用了你起來我告訴你晴雯已經好
了他迳一家去到心（淨）情養几天里（你）果然捨不得等太〻氣消了你再求
老太〻慢〻的叫進來也不難不過是太〻偶然信了人的挑（讒）言一時氣頭上
如此罢了宝玉哭道我究竟不知晴雯犯了何等滔天大罪（余亦不知蓋此等寃実非晴雯一人也）
襲人道太〻只嫌（他）太生的太好（未）未免輕佻些在太〻是深知這樣美人
似的人不必（能）安净所以恨嫌他像我們這粗〻（笨）〻的到好宝玉道這
也罢了偺們私自頑話怎麽也知道了（都）又沒外人走風的這可奇怪襲
人道你有甚忌（麼）諱的（你）一時高興了的就（不）管有人無人了我也曾使過（合你）倆

眯色也曾遇過暗号被那人已知道了你反不覓宝玉道怎麼人人的不
是太太都知道单不道单不挑出的和麝月秋紋来襲人听了这話心
怎麼人人的不是的不是太太都知道肉一動低頭半日無可回答因便笑
道正是呢若論我們也有頑笑不留心的猛浪去處怎麼太太竟忘了
想是还有的事等完了再發放我也未可知宝玉笑道你是頭個
出了名里至善至矣之人他兩個又有陶冶教育的也得还有孟浪該罰
之處只是放官上小過于伶俐些未免倚強壓倒了人若又厭四兒是
我悞了他还是那年我何你辦嘴的那日起吽上来作些細話未免
奪占了地位今有故日只是晴雯也是和你一樣從小兒在老太太屋里
過来的雖然他生得比人強也没又方碍去只就是他的性情爽利

口角鋒鋩此究竟也不罪得曾你們想是他過于生得好了反被
这好所悮說畢復又哭起來襲人細揣此話好似宝玉有疑他之意
竟不好再劝因嘆道天知道罢了此人也查不出來了白哭一会子
也無益了到是養着精神等老太〻喜欢時回明白了再要他是
正理宝玉冷笑道你不必虛寬我的心等到太〻平服了再瞧勢頭
去要時知他的病等得等不得他自幼上來嬌生慣養何嘗受過
一日委屈連我知道他的性格还時常衝撞了他〻这一下去就如同
一盆纔抽出嫩箭來的蘭花送到猪窩裡去一般況又是一身重病
里頭一肚子的悶氣他又說有親爺熟娘只有一個醉泥鰍姑舅哥
〻他的这一去一時也不慣的那里还等得几日知道还能見他一面兩

而不能了說着又越發心起來襲人笑道可是你自許州官放火
不許那百姓点灯我們偶然說一句略妨碍些你話說不利之談你如
今好了的走他是該的了他便比別人姣些也不至樣起來宝玉道不是
我忘口咒他今年春天已有兆頭的襲人忙問何兆宝玉道這堦下好
々的探一梅棠花竟無故死了半边我就知有異事果在應他身上襲
人听了又笑起來因笑道我待不說又掌不住你太也婆々媽々的了
迂樣你話起自你讀書的男人說木草木怎又関係起人來若不婆
々媽々的真也成了個獃子了宝玉嘆道你們那里知道不但草木凡
天下之物皆是有情有理的也和人一樣得了知已便極又灵驗的若
用大題本因比就有孔子廟前之桧坟前之増諸葛祠前之栢岳

武穆坟前之松这都堂〻事大随人之正氣千古不磨之物世乱則萎世
治則荣几千百年了枯而後生者几次这岂不是兆應小題目比就揭太
真沉香亭之木芍藥材正樓之相思樹王昭君塚上之草岂不也有灵
験所以这海棠亦應其人欲忘故先就死了半边襲人听了篇这痴話
又可嘆因笑道其〻的这話發說上我的•氣来了的晴雯是個什
庅東西就貴这樣心思比出的此正緊人来还有一說他總好也㓕不過我
的次序去便是这海棠也該先我也还輪不还到他想我是要死了宝玉
听説忙握他的嘴劝道这是何苦一個未請的又这樣起来罢了再别提
这事别算的去了三個又饒上一個襲人听説心下暗喜道若不如此你
也不能了局宝玉乃道從此休提起全当他們三個死了不過如此況

且死了的也曾有了也没見我怎庅此一禮也 宝玉至終一箇全作如是想所以此于情終于語者既能終于悟而止則情不得濫漫而涉于淫佚之事矣一人前事一人了法皆非棄竹而復惻笥之意
如今且說現在的倒是
把他的東西作瞞上不瞞下悄悄的打發人送出去与了他再或有僭們常
時積讚下的錢拿几吊出去給他養病也是你姊妹好了一塲襲人
听了笑道你太把我他看的又小器又没人心了这話还等你說我纔已
將他素日所有衣裳以至各什各物總打点下了都放在那里如今白日
里人多眼雜又恐生事且等到晚上悄悄的叫宋媽給他拿出去我有
還攢下的几吊錢也給他罷宝玉听了感謝不盡襲人笑道我原是久
出了名的賢人連这一点子好名兒还不會買來不成宝玉听他方纔的
話忙陪笑撫慰一時晚間果密遣宋媽送去宝玉將一切人穩住便獨自

得便去了後角門央一個老婆子帶他到晴雯家去瞧〻先此婆子百般不
肯只說不是知道回來太〻我还吃飯不吃飯無奈宝玉死活央告又許他
些銭那婆子方帶了他来此晴雯當日係賴大家用銀子買的那是晴
雯纔得十歲尚未留頭因常跟賴嬤〻進来賈母見他生得伶俐標緻
十分喜愛故此賴嬤〻就孝敬了賈母使喚後来所以到了宝玉房里此晴
雯進来時也不記得家鄉父母只知有姑舅哥〻專能庖宰也淪落在
外故又求了賴家的收買進来吃工食賴家的見晴雯雖得賈母跟
前千伶百俐嘴尖性大却到还不忘旧 此一句便是晴雯正傳可知無
晴雯為聰明風流可害也一篇為晴
雯寫傳是哭晴雯也非哭晴雯乃哭風流也
故又將他姑舅哥〻收買進来家里一個女孫子配了他成了房後誰

知他姑旧哥〻一朝身安泰就忘却當年流落時任意吃死酒家小也

不顧偏又娶了個多情美色之妻見他不顧身命不知風月一味死吃酒

便不免有蒹葭倚玉之嘆紅顏寂寞之悲又見他器量寬宏（趣極量器寬紅如此）

並無嫉衾妒抳之意这媳婦遂姿情重慾滿宅内便延（傳）攬雄

（用真掃地矣 西府里）

收內材俊上〻下〻竟〻一半是時他考試過的若問他夫妻姓甚名誰便是

上面賈璉所接見的多渾虫灯姑娘兒的便是了（奇〻怪〻左盤右旋千絲方緣 皆自一体也）

目今晴雯只有这一門親戚所以出来就在他家此時多渾虫外頭去了

那灯姑娘吃飯去串門子只剩下晴雯一進来一眼就看見晴雯睡在

芦蓆土炕上（芦蓆土炕）在外間房内爬着（総哭晴雯）宝玉命那婆子在院門（前）瞭

哨他独自掀起草簾（草簾）進来一眼就看見晴雯睡在芦蓆土炕

芦蓆土炕
奄而衾褥還是旧日鋪的心內不知自己怎麼纔好因上來含淚伸手輕
〻拉他悄喚兩声當下晴雯又因着了風又受了他嫂子的歹話病上加病嗽了
一日纔朦朧睡了忽聞有人喚他強展星眸一見是宝玉又驚又喜又悲又
痛忙一把拉死攥住他的手哽咽了半日方說出半句話來我只當不得見你的
了接着便嗽个不住宝玉也只有哽咽之分晴雯道阿弥陀佛你來的好
且把到那茶到半碗我喝渴了这半日叫半個人也叫不着宝玉听說忙拭
淚問茶在那里晴雯道那炉芦台上子就是宝玉看時雖有個黑沙妙銚子
却不像個茶壺只得掇起來棹上去拿了一個碗也甚大甚粗不像個茶碗未到
手內先就聞得有羶嗅之氣 不独為晴雯一哭且為宝玉一哭亦可 宝玉只得拿了來先
拿些水洗了兩次復又用水汕過方提起沙壺斟了半碗看時絳紅的

也太不成茶晴雯扶枕道快給我喝一口罢的就茶了那里比得俗們
的茶宝玉听說来自己嘗了一嘗並無清茶且無茶味只一味苦澀略有茶
意而已嘗畢方遞与晴雯只有晴雯如得了甘露一般一氣都灌下去了
宝玉心下暗道往常那樣好茶他尚有不如意之處今日这樣看来
可知古人說得飽飫烹宰飢厭糟糠又道是飯飽弄粥可見都不錯
的妙通篇宝玉最要書者每日女子之所歷始信其可此謂觸類傍通之妙一面
了快矣
想一面流泪問道的什麼說的趂着沒人告訴我晴雯嗚咽道有什
麼可說的不過挨一刻是一刻挨一日是一日我已知橫豎不過三五日
的光景就好回去了只是一件我死了不趕心的我雖生的別人略好
些並沒有私情密意勾引你怎樣如何一口死咬定了我是個狐狸

精我太不服今日既已躭了虛名而且臨死不是我說一句後悔的話早
知如此當日也另有個道理不料痴心傻意只說大家橫豎是在一處
不想平空提生出這一節話來有冤無處訴說畢又哭寶玉拉着他
的手只覺瘦如枯柴腕上猶戴着四個銀鐲因泣道且卸下這個來等
好了再戴上罷因與他卸下來塞在枕下又說可惜這兩個指甲好
容易長了二寸長這一病好了又損好些晴雯拭淚就伸手取了剪
刀將左指上兩根葱管一般的指甲齊根鉸下又伸手向被內將貼
身穿着一件旧紅綾襖脫下并指甲都與寶玉道這個你收了已後
就如見我一般快把你襖兒脫下來我穿我將來在棺材內獨自
倘着也就像還在怡紅院的一樣了論理不該如此只是躭了虛名

我可也是無可如何了宝玉听說忙寬依換上藏了指甲晴雯又哭
回去他們看見了要問不必撒謊就說是我的既𫟍了虛名越性如
此也不過這樣了一語未了只見他嫂子笑嘻嘻掀簾進來道好呀你
兩個的話我也都听見了又向宝玉道你一個作主子的跑到下人房里
作什庅看我年輕又俊敢是來調戲我庅宝玉听說嚇的忙都賠咲央道
好姐姐快別大声他扶侍我一塲我私自來瞧瞧他灯姑娘便一手拉了
宝玉進里面來笑道的不叫嚷也容易只是依我一件事說着便坐
在炕沿上却緊緊的將宝玉摟入懷中宝玉如何見過这個心内早突突
的跳起來了急的滿面紅漲又羞又怕只說好姐姐別鬧 如鬧如見別鬧二字活跳
灯姑娘也斟醉眼咲道呸成日家听見你風月塲中慣作工夫的怎庅

今日就反趔起來宝玉紅了臉笑道姐〻放手有話偺們好說外頭有老
媽〻听見說（是什）庅意思灯姑娘笑道我早進來了却叫婆子去园門等着呢（那里去了）
我等什庅似的今兒等着了你雖然聞名不知（如）見面空長了一個好模樣兒
（竟）意是沒藥性（信兒的）炮燒只好粧幌子罷了到比我还發趔怕羞可知人的嘴一
槩听不得的就比如方纔我們姑娘下來我也料定的（你）們素日偷鷄（盗）狗的
我進來一會在窓下細听屋内只你二人若有偷鷄盗狗的事豈有不
談及于此誰知你兩個竟还是各不相擾可知天下委屈事也不少如今
我反後悔錯怪了你們既然如此你但放心已後你只愛（管）來我也不羅
皂你宝玉听說纔放下心來放起身整衣央道（告）好姐〻你千万照看他
兩天我如今去了說畢起來又告訴晴雯二人自是依〻不捨也少不

得一别晴雯知宝玉難行遂用被蒙頭總不理他宝玉放出来欲到
芳官四兒處去無奈天黑出来了半日恐裡面人找他不見又恐生事遂
且進园来了明日再作計較因乃从後角門的小厮正抱鋪盖里边嬷
々們正查人若再遲一步也就関了宝玉進入园中且喜無人知道到了
自己房内告襲人只説在薛姨媽家去的也就罷了一時鋪床襲人不
得不問今日睡宝玉道不管怎麽睡罷了原来一二年間襲人因王夫人
看重了他了越發自要尊重凡背人之處或夜晚之間總不与宝玉狎
昵較先幼時反到踈遠了况雖無大事辦理然一應針線並宝玉及諸
小丫頭們外出入等銀錢衣履什物等事也甚煩瑣且有吐血旧症
雖愈然每因勞碌風寒所感及嗽中帶血故邇来夜間總不与宝玉

同房宝玉夜間常醒又極但（胆）小每醒必唤（人）又曰睛雯睡卧警性（醒）且举動
輕便故晚（夜）一應茶水起坐呼唤之（責）任皆悉委他一人所以宝玉（的）（外）床只是
他睡今他去了襲人只得要問曰思此任比日間緊要之意宝玉既答
不曾怎樣襲人只得还依旧年之例（例）遂仍將自己（的）鋪蓋搬来設與（於）床
外宝玉發了一晚上獃 一句是笑 及催他睡下襲人等也都在後（外）听着宝
玉在枕上長吁短嘆復去翻来直至三更以後方漸々的安頓了畧
有鼾声襲人方放心也就朦朧睡着没半盞茶時只听宝玉叫睛雯
襲人忙睛（睁）開眼連声答應問作什麽宝玉曰要吃茶襲人忙下去
向盆内蘸（洗）過手從暖（暖）壺内到了半盞茶来吃過宝玉乃笑道 笑字好極
有文章 盖恐冷落襲人也
我近来叫（叫）慣了他却忙（忘）了是你襲人笑道

他一夜來時你也曾睡夢中直叫我半年後纔改了我知道這晴
雯人雖去了這兩個字只怕是不能去的說着大家又睡下寶玉又翻
轉了一個更次至五更方睡去只見晴雯從外頭走來仍日往日形
景進來笑向寶玉道你們好生過去我從此就別過了說畢番身便
走寶玉忙叫時又將襲人叫醒襲人還只當他慣了口乱却見寶玉哭
了說道晴雯死了襲人笑道這是那里話你就知道胡鬧被人听着
什麼意思寶玉那里肯听恨不得一時亮了就遣人去問心及至亮
時就有王夫人房里小丫頭立等叫開前角門傳王夫人的話即時叫
起寶玉快洗臉換了衣裳快來因今兒有人請老爺尋秋賞桂花老
爺因喜欢他前兒作得詩好故此要帶他們去這都是太太的話

一句別錯了你們快飛告訴去立刻叫他快來老爺在上屋里还等他吃面茶
呢环哥已來了快飛〻〻再有一個人去叫蘭哥兒也要这等說里面的婆子
听一句應一句一面扣扭子一面開門一面早有兩三個人一行扣衣一行分頭去
了襲人听得叩院門便知有事忙一面命人問時自己〻起來了听得這
得这話是人來昏了面湯促宝玉起來與漱他自去取衣曰思跟賈政出
門便不肯拿出十分出色的新鮮衣履來只見那二等成色的來宝玉
此是亦無法只得忙〻的前來果然賈政在那里吃茶十分喜悅宝玉
忙又了省晨之禮賈环賈蘭二人也都見過宝玉賈政命坐吃茶向环蘭
二人道宝玉讀書不如你們兩個論題聯和詩这種聰明你們皆不及（未免要作詩詞的宝玉我倒放心他是能的你們兩个不要給我丢醜）
此處今日此去來面強的們不許宝玉所听便坐他們兩個王夫人等白

来不曾听見这等考語真是意外之喜一時候他父子二人等去了方過
賈母这邊来自就有芳官等三個的乾娘走来回説芳官自前日蒙太ゝ
的恩典賞了出去他就瘋了時茶也不吃飯也不用句引上菂的官蕊官三個人
尋死覔語只要煎了頭髮作尼姑我只当是小孩子是一時出去不慣了是
有的不過隔兩日就好了誰知越是越由打罵自也不怕实在没法所以来
求太ゝ或是就依他們做呢故去或教導他們一頓賞給別人作女兒去
罢我們这福王夫人听了道故説那里得他們起来佛們也是輕易人
進去的每日打一頓給他們看还鬧不鬧了当下曰八月十五日各廟内去
供去皆有各庙的尼姑来送供尖之例王夫人曾于十五日就下田水月
庵的智通与地藏菴的兩僧住兩日之今日回听得此信又拐兩個女孩

子去作話使喚曰都向王夫人道俗府上到底是善人家曰太〻好善
所以感應得这些小姑娘們皆如此雖說佛們容易难入也要知道佛
法平等我佛立愿愿原是一切衆生無論鳮犬皆要度他無奈迷人不
醒若果有善根能醒悞即可以超脫輪迴所以經上現有虎狼蛇虫得
道者也不如今这兩三姑娘既然無父無母家鄉又遠他們既輕了这富貴
又想從小兒命苦入了这風流行此将来知道終身怎樣所以苦海回
頭出家修〻来世也是他們的高意太〻到不要限了善念王夫人
原是個好善的先听彼等之語不肯听其自由者曰思芳官等不
過皆係小兒女一時不遂心但恐將来熬不得清净反致獲罪今
听这兩个拐子話大近情理且近日家中多故又有邢夫人遣人来知

會明接迎春家去住兩日以備人家相看且又有官媒婆來求說探
春等事心緒甚繁那里着意在這些小事上既听此言便咲荅道你兩
个既這等說你們就帶了作徒弟去如何不姑子听了念一声佛道善哉
〻〻若如此可是你老人家陰得不小說畢便稽首拜謝王夫人道既這
樣的你們問他去若果郎心郎立來当着我拜了師父去罷這三個女人
听了出去果然將他三人帶了王夫人問之再三他三人已是立定主意遂
与兩个姑子叩了頭又拜辭了王夫人王夫人見他們意思決斷知不可
強了反倒傷心可怜忙命人來取了些東西來齎賞了他們又送了兩
個姑子些礼物從此芳官跟了水月菴的知通蕊官藕官二人跟了地
藏菴的圓心各自出家去了再听下回分解

脂硯齋重評石頭記卷之

第七十八回

老学士閒徵姽嫿詞　痴公子杜撰芙蓉誄

話説兩个尼姑領了芳官等去後王夫人便往賈母處來省晨見賈母喜欢便趁便回道宝玉屋里有個晴雯那个了頭也大了而且一年之間病不離身我常見他比别人分外淘氣也懶前日又病倒了十几天叫大夫瞧説是女兒癆所以我就赶着叫他下去了若養好了也不用叫他進來就賞他家配人去也罢了再那几个學戲的女孩子我也作了主放出去了頭一則他們都會戲口上的頑笑口里都会混説叫這些女孩兒們听了如何使得二則他們既唱了會子戲白放了他們也是應該的況了頭們也太多若説不穀使再挑上几个來也是一

樣賈母听了点頭道這倒是正理我也正想着如此呢但晴雯那ㄚ頭
我看他甚好怎庅就这樣起来我的意思这些ㄚ頭們那模樣兒爽利言
談針線多不及他将来只他还可以給宝玉使喚得誰知变了王夫人笑
道老太ㄟ挑中的人原不錯只怕他命理沒造化所以得了这个病俗
語又說女大十八变况且是有本事的人未免就又些調歪老太ㄟ还有
什庅不曽經過的三年前我也就留心这件事先只取中了他我便留
心冷眼看去他色ㄟ虽比人強只是不大沉重若說沉重知大礼莫若襲人
第一虽說賢妻美妾然也要性情和順举止沉重的更好些就是襲
人模樣虽比晴雯略次一芧然放在房里也算得一二芧的了况且行事
大方心地老实这几年来從未逢迎着宝玉淘氣宝玉十分胡鬧的事他

只有死的因此品擇了二年一点不錯了我就有悄〻的他把ㄚ頭的月分
錢止住我的月分銀子里批出二兩銀子来給他不過使那自己知道越
發小心效好之意且不明說者一則宝玉年紀尚小老爺知道了又恐說
躭悮了書二則宝玉再自為已是跟前的人不敢劝他說他反倒縱性
起来所以直到今日纔回明老太〻賈母听了笑道原様這様如此更
好了襲人本来從小兒不言不語我只說他是沒嘴的葫芦既是你深知
豈有大錯悮的而且你這不与宝玉的主意便好且大家别提這事只
是心里知道罷了我深知宝玉將来也是个ㄚ听妻妾劝的我也觧不
過来也從未見過這様的孩子别的淘氣都是應該只他這種和
ㄚ頭們好却是誰到我為此也躭心每〻冷眼查看他只和了

頭們開（頑）心鬧是（必）人大不（心）大知道男女的事了所以愛親近他們既（及至）細了
查試究竟不是為此豈不奇怪想必原是个了頭錯投了胎不成說着
大家笑了王夫人回今日賈政如何誇奬又如何打（發）他們推去賈母听了
更加喜悅一時只見迎春粧扮了前來告辭過去鳳姐也來省晨伺
候過早飯又（說）悅笑了一回賈母[redacted]歇晌後王夫人他喚了鳳姐問他丸藥可
曾配來鳳姐兒道還不曾呢如今還是吃湯藥（呢）太太只管放心我已
大好了（總是勉強事）王夫人見他精神復初也就信了（只用此一句）因告訴攆逐
晴雯等[redacted]又說怎庅宝玉[redacted]（了頭）私自回家[redacted]（去）了[redacted]（便又從丈）們都不知道我前兒
順路都查了一查誰知蘭小子這[redacted]个新進來的奶子也十分的妖喬我也
不喜欢他我也說與你嫂子了好不好叫他各自（去）罢咒且蘭小子[redacted]（也）大了

用不着他奶子了我因問你大嫂子宝了頭出去难道你不知道不成他

說是告訴了他的不過兩三日等的姨媽好了就進来姨媽究竟沒

甚大病不過还是咳嗽腰疼、年、是如此的他这去必有原故敢是有

人得罪了他不成那孩子心重親戚們住一場别得罪了人反不好了

鳳姐笑道可好、的得罪着他們、天、在園里左不過是他們群

人王夫人道别是宝玉有嘴無心傻丈的從沒個忌諱高興了信嘴胡

說也是有的鳳姐笑道这可是太、過于操心了若說他出去幹正緊事

說正緊話去却像個傻子若只叫進来在这些姊妹跟前以至大

小的了頭跟前他最有儘讓又怕得罪了人那是再不得有人惱

他的我想薛妹去想必為着前事搜檢衆了頭的東西的

原故他自然為心不及園里的人纔搜撿他又是親戚現也有了頭老
娑在内我們又不好去搜撿了恐我們疑他所以多了这個心自己迴避
了也是應該避嫌疑的王夫人听了这話不錯是以多了这個心自己迴
避了他自己遂低頭想了一想便命也人請了宝釵来分晰前日的事以解
他疑心又仍命他將来照旧居住宝釵賠笑道我原要早出去的只是
姨娘有許多的大事所不便来說可巧前日媽又不好了家里两个靠
得女人也病着我所以越便出去了姨娘今日既已知道了我正好明
講出情理来就從今日辞了好搬東西的王夫人鳳姐都笑道的太
執了正經再搬進来為自休為没要紧的事反踈遠了親戚宝釵
笑道的話說你太不解了並没為什麼事我出去我為的事媽近来

神思比先大減而且夜間晚上沒有得靠的人通共只我一個二則如今
我哥〻眼看娶嫂子多少針線話計並家里一功動用器皿尚有未齊
備的我也須得帮着媽去料理〻〻姨媽和鳳妹子都知道我們家的事
不是我撒謊三則是我在園里東南上小角門子就常開自原是我
走的保不住出入的人就圖省路也從那里又沒人盤查設若從那里出
一件事來豈不兩碍臉面而且我進園里來在原不是什庅大事因前
几年〻紀皆小且家里沒事有在外頭的不如進來姊妹相共或作針
線或作頑笑皆不在外頭悶坐着好如今彼此都大也彼此皆有事
況姨娘这边歷年皆遇不在心的事故那園子也太大一時照顧不
到皆有関係来有少几個人就可以少操些所以今日不但我決意

辭去之外還要劝娥娘如今該减些的就减些也不為失了大家的
体統據我看園里這一向貴用也竟可以面的說不得當日的話娥娘
深知我家的難道我們當日也是這樣冷落不成鳳姐听了這篇話
便向王夫人笑道這話竟是不必強了王夫人点頭我也無可面答只
好隨你便罷了說話之間只見宝玉等已回來因說他父親還未散恐天
黑了所以先叫我們回來了王夫人忙問今日可有丢了醜宝玉笑道不
但不丢醜拐了許多東西來接着就有老婆子們從二門上小廝手內
接了東西來王夫人一看時只見扇子三把扇墜三個筆墨共六匣香
珠三串玉縧環三個宝玉說道這是梅翰林送的那是楊侍郎送的
這是李員外送的每人一分着說有向懷中取出一個旃檀香小護

身佛来説迮是慶国公单給我的王夫人有又問在席何人作何思詞詩語
畢只将宝玉一分令人拿着同宝玉蘭环前来見過賈母〻〻看了喜欢不
尽不免又問些閑話説無奈宝玉一心記掛着晴雯答應完了話時便説騎馬
顛了骨頭疼〻賈母便説快回房去換了衣服疎散〻〻就好了不許睡倒
宝玉听了便忙入園来當下麝月秋文已帯了兩個了頭等候見宝玉
辞了賈母出来秋紋便将筆墨拿起来一同随宝玉進園来宝玉滿
口里説好熱一壁便摘冠帯将外面的大衣服都脱下来麝月拿着
看他用智之處　只穿着一件松花綾子夾袄〻内露出血点般大紅褲子
来秋紋見迮條紅褲是晴雯手内針線因嘆道迮條褲子已後收
了罢真是物件在人去了麝月忙也笑道迮是晴雯的針線有也

嘆道真〻物在人亡了秋紋將麝月拉了一把笑道這褲子配着松
花色袄兒石青靴子越顯出這靛青的頭雪白的臉來了寶玉在前
只粧听不見又走了兩步便止步道我要走一走这怎么好麝月道大
白日里还怕什么还怕丢了你不成因命兩個小丫頭跟着我們送了这
些東西去再來寶玉道好姐〻等一等我再去麝月道我們去了就
來兩個人手里都有東西到像擺執事的一個捧着文房四寶一個捧
着冠袍帶履成個什么樣子寶玉听見正中心懷便讓他兩個去了他
便帶了兩個小丫頭到墻後也不怎么樣只問他二人道自我去了你襲
人姐〻打發人瞧晴雯姐〻去了不曾這一個答道打發宋媽〻去了來着
宝玉道回來說什么小丫頭道回來說晴雯姐〻直着脖子叫了

一夜今日早起就閉眼住了口世事不知也出不得一声兒只有倒氣分的兒了宝玉忙道一夜吽的是誰小了頭子說一夜是吽娘宝玉試道还吽誰小了頭子沒有听見吽別人了宝玉道你的糊塗想必沒有听真旁边那一個小了頭最伶俐听宝玉如此說便上来說真个他糊塗又向宝玉道不但我听得真切我还親自偷着看去的宝玉忙說你怎庅又亲看去小了頭去道我曰想晴雯姐〻素日与別人不同待我們極好如今他虽受了委屈出去我們不能別的法子救他只亲去瞧〻也不枉素日疼我們一塲就是人知道了回了太〻打我們一頓也是願受所以我拚自挨一頓打偷着下去瞧了一瞧誰知太平生為人聰明至死不变他應想着那起俗人不可說話所以只閉眼養神見我去了便睜開眼拉我

的手悶宝玉那去了我告訴他实情他嘆了一口氣說不能見了我就說
姐〻何不等一等他回来見一面豈不兩完心願他就笑道的們还不知道
我不死如今天上少了一位花神玉皇敕命我去司任我如今在未正二刻
到任那司花宝玉須待未正三刻纔到家只少得一刻的工夫不能見面世
上凡談死之人閻王勾取了過去白羞些小鬼来捉人魂若要遲延一時半
刻不過少些紙錢燒些羹飯那鬼只催搶錢去了該死的人就可多待些
個工夫好奇之至又捉来皆說閻王注定三更死誰人留至五更之語今忽借此小女鬼一篇無稽之談反成無人敢翻之案且又寓意諷侃駡尽〻世態豈非之至丈章耶寄語覌者至此一浮一大白者已後不必看書也
我这如今是有天上的神仙来召請豈可
捱得時刻我听了这話竟不但心反進来到房里留神時看時辰表時果
然是未時正二刻他嚥了正三刻上就有人来叫我們說你来了这時候

到都对合宝玉他道你不識字看書所以不知道这原是有的不但花有
不神樣花一位神之外还有揔花神但他不知是作總花不知總去了还是
单管一樣这樣了頭听了一時謅不出来恰花这是八月時節园中池上芙
蓉正開这了頭便見景性情忙荅道我也曾問他是管什庅花的本告
訴我們日後也好供養的他說天机不可洩漏的既这樣叓誠我只告訴
你：只可告訴宝玉一人除他之外若洩天机五雷就来轟頂的他就告訴
我說他就是耑管这芙蓉花的宝玉听了这話不但不為怪亦且去悲而
生喜仍指芙蓉笑道此花也須得这樣一个人去司拿我就料定他那樣
樣人必有一番事是業做的虽然超出苦海从此不能相見也免不得傷
感思念因又想虽然臨終未見如今且去灵前一拜也筭尽五六年的情常

想畢忙至房中又另穿帶了只說去看代玉遂一人出園來往前次之處來
意爲停柩在內誰知他哥嫂見他一嚥氣便回了進去希圖早些得几兩
發送例銀王夫人聞知便命賞了十兩燒埋銀子又命即送到外頭焚化
了罷女兒癆死的斷不可留他哥嫂听了這話一面得銀一面就僱了人來入殮
抬往城外化人場上去了剩的衣履簪環約有三四百金之數他兄嫂自收了
爲後日之計二人將門鎖上一同送殯去未回寶玉走來撲了空收拾晴雯故爲紅顏
一哭然亦大令人不堪。上云王夫人怕女兒癆不詳今則忽從寶玉心中其苦。又
横擬出非是已惱替詞其母子至心中体貼春愛之情曲委已尽
寶玉自立了半天別無法術只得轉身進入園中待回至房中甚覺無
味因來順路來找代玉偏代玉不在房中問其何往了嫁們回說往寶姑
娘那里去了寶玉又至蘅蕪苑中只見寂靜無人房內搬的空空落落的不

竟吃一大驚忽見個老婆子走來寶玉忙問這是什麼原故老婆子道寶
姑娘出去了這里交我們看着還沒有搬清楚我們帮着送些
東西去這也就完了你老人家請出去罷讓我們掃掃灰塵也好從此你老
人家省了跑這一處的腿子了寶玉聽了怔了半天回看着那院中的香
藤異蔓仍是翠翠青青忽比昨日好像改作淒凉了一般更又添了傷感
默默出來又見門外的一條翠樾埭上也比平日無人來往不是當日各處房
中丫頭不約而來者絡繹不絕又俯身看那埭下之水仍是溶溶脉脉
的流將過去心下回想天地間竟有這樣無情的事悲感一番忽又想
到司棋入畫芳官等五個死了晴雯今又去了寶釵等一處迎春
雖無去然連日也不見回來且接連又有媒人來求親大約園中之人不

久都要散的了縱生煩惱也無濟乃事不如还是我代玉去相伴一日回
来家还是和襲人廝混只这兩三個人只怕还是同死歸的想畢仍往瀟
湘館来偏代玉尚未回宝玉想亦当出去候送在是無奈不忍悲感还
是不去的遂又垂頭喪氣的回来正在不知所以之際忽見王夫人的了
頭進来找他說老爺回来了找你呢又得了好題回来快走〻〻宝玉听
得只得跟了出来到王夫人房中他父親已出去了王夫人命出去宝玉至
書房中彼時賈政正与衆幕友們談論尋秋之勝又說快散時忽
然談及一時最是千古佳談風流儁逸忠義感慨八字皆備到是也
好題目大家要作一首輓詞衆幕賓听了都忙襯教係何等妙事
賈政乃道当日曾有一位 王封曰恒王出鎮青州这恒王最喜女色

且公餘好武因選了許多美女日習武事每公餘輒開宴連日令眾美
女以戰鬪攻拔至事其姬中有姓林行四者姿色既冠且武藝更精皆呼
為林四娘恒王最得意遂超拔林四娘統轄諸姬又呼為姽嫿將軍眾
清客都稱妙極妙神奇竟以姽嫿下加將軍二字反更覺嫵媚風流
真絕世奇文也想这恒王也是千古第一風流人物了賈政笑道这話自是
然是如此但更有可奇可嘆之事眾清客都愕然驚問道不知底下
有何奇事賈政道誰知次年便有黃巾赤眉一干流賊餘黨復又烏合
搶掠山左一帶妙赤眉黃巾兩時之時今合而為一蓋云一過是此等眾類非特歷々指名某赤某黃若云不合兩用便呆矣此書全是如此為混人也
恒王意為犬羊之惡不足大舉因輕騎前勦不意賊眾頗有詭譎
智術兩戰不勝恒王遂為眾賊所戮于是青州城內文武官員各

了皆謂王尚不勝你我何為遂將有獻城之舉林四娘得聞凶報遂
集聚女將發令說道你我皆向蒙王恩戴天履地不能報其萬一今王
既殞身于你等有願隨我時同我前往有不願者亦早各散衆女將
听他这樣都一齊說願意于是林四娘帶令衆人連夜出前直殺至賊營
里頭衆賊不妨也被斬戮了几員首賊然後大家見是不過几個女人
料不能濟事遂回戈倒兵奮力一陣把林四娘一個不曾留下倒作成
了这林四娘的一片忠義之志後来報至中都自天子百官無不驚駭
想其朝中自然又有人去勦滅天兵一到化為烏有不必深論只就林四
娘一節衆位听了可羨衆幕友都嘆道實在可奇實是個妙題原該
大家輓一輓纔是早有人取了筆硯按賈政口中之言稍加改易了几

個事(字)便成了一篇短序遞与賈政覌(看)了賈政道不過如此他們那里已
有原序昨日因又奉恩旨着察該前代以來應加傍奬而遺落(漏)未經
奏各項人等無論僧尼乞(道)丐与女婦人等有一事可嘉即行彙(接)送履歷至
礼部備覆請恩奬所以他这原序了送往礼部去了大家听見这新聞
必所以都要作一首跪嫿詞以志其忠義衆人听了都又笑道这原該
如此只是使可羨者本朝皆係千古未有之曠典隆恩实歷代可(所)不及
處(者)可謂聖朝無闕事唐朝人預先竟說了竟應再本朝如今年代
方不虛此一句賈政点頭道正是說話間賈环叔侄亦(來了)他賈政命他們
看了題目他兩個雖能詩較腹中之虛实甚也去宝玉不遠但第一件
他兩個終是别路若論奉業一道似高過宝玉若論雜李則遠不

能及第二件他二人心思滯鈍不及宝玉空灵涓逸每作詩亦如八股之法

未免心思擁滯宝玉雖不算是個讀書人然虧他天性總敏

且素喜好些雜書他自為古人中也有悞失之處拘較不得許多若管

怕前怕後起来總堆砌成一篇也竟得甚無趣味因心里怀着这个念頭

每見一題不拘難易他便毫無費力之處就如此油嘴滑舌之人無風

捉影伶口俐舌長篇大論胡扳乱扯敷演出一篇話来雖無稽考

却都說的四座春風雖有正言厲色之人亦不得厭倒这一種風流去

近日賈政年邁名利大灰然起初天性也是個詩酒放誕之人因在子侄

輩中少不得規以正路近見宝玉雖不讀書竟頗能解此細評起来也还

不算十分玷辱了祖宗就思及祖宗們各々亦皆如此雖有深精舉業

的也不曾發跡過一個看来此亦賈門之數况毋親溺愛遂也不強以奉業逼他了所以近日是些等待他又要姝蘭二人奔業之餘怎得亦能同宝玉幾好所以每欲作詩必将三人一齊喚来对作（妙世事皆不可無足厭只又讀書二字是萬不可足厭的父母之心可不甚哉近只父母只怕兒子不能名利豈不可嘆乎）閑言少述且說賈政又命他三人各吊一首誰先成者賞佳者額外加賞賈环賈蘭二人竟自當多人皆作過几首了胆量愈壮今看了題目遂自去思索一時賈蘭先有了賈环生恐落後也就有了二人皆已録出宝玉尚出神（妙篇寫出鈍態来）賈政与家人且看他二人的二首賈蘭的是一首七言絶首道是

姽嫿将軍林四娘　玉為肌骨鉄為腸

捐軀自報恒王後　此日青州土亦香

衆幕賓看了便覺大讚小哥兒十三歲的人就如此可知家學淵〻真
不誣矣賈政笑道稚子口角也還難為他又看賈蘭的(這)是五言律寫
道是

紅粉不知愁　將軍意未休　掩啼離繡幕

怕恨出青州　自謂酬王德　詎能復寇仇

誰題忠義墓　千古獨風流

衆人道更佳倒(底)是大幾歲年紀立意又自不同賈政到(道)還不甚大錯衆(終)
不懇(切)衆人道這(也罷)就去了三爺終大不多兩歲在未冠之時如(此)用了
工夫再過几年怕不是大阮小阮了賈政笑道過獎了只是不肯讀書
過失曰又問寶玉怎(的)麼(樣了)衆人道二爺細心鏤(刻)利定又是風流悲感不用

（說）此等的了宝玉笑道這個題目是不稱近体須得過(古)体或竟或(是)長篇一首方能懇功(切)家人听了都立身摇頭拍手道我說他立意不同每一不題到手必先度其体格宜与不宜這便是老手妙法就如裁衣一般未下剪時須度其身量过題目名曰姽嫿詞且既(有)了序此(當)必是篇歌行方合体的或擬白樂天長恨歌或擬些古詞半叙半咏流利(離)飄逸始能尽妙賈政听說也合了主意遂自提筆向紙上要寫又向宝玉笑道如此你念我寫上不好了我搥你那肉誰許你寫大言不慚了(先)宝玉只得念了一句道是

恒王好武兼好色

賈政寫了看時摇頭粗鄙一幕賓道要這樣方古究竟不粗且看他底下的賈政道姑存之宝玉又道

遂教美女習騎射　　穠歌艷舞不成歡

列陣挽戈為自得

賈政寫出眾人都道只這第三句便古朴老健極妙這四句平叙出也

最得体賈政道休謬加獎且看轉的如何宝玉念道

眼前不見塵沙起　　將軍俏影紅灯裡

眾人听了這兩句便都叫妙好個不見塵沙起又承了一句俏影紅灯裡

用事用句皆入神化了宝玉道

叱咤時聞口舌香　　霜矛雪劍嬌难舉

眾人听了便拍手笑道亦發畫出來了當日敢是宝公也在座見其嬌

且聞其香否不然何体貼至此宝玉笑道閨閣習武亦任其勇悍怎似男

人賈老在坐故不便[illegible]想心可想而知不得而以知姣怯知之形的了賈政道還不快續迏
濁物二字妙甚細甚
又有的就嘴的了宝玉只得又想了一想念道

灯香結子芙蓉絛

衆人都道轉縧蕭韵更妙迏絶流利飄蕩而且迏一句也綺靡秀媚的妙賈政寫了看道這一句不好已寫過口舌香姣难奈何必又如此迏是力量不加故又用迏此堆砌貨來唐塞宝玉笑道長歌也須得要此詞藻点綴點綴不然便覺蕭索賈政道你只顧用些迏一句底下如何能轉至武事若再多説兩句豈不蛇足了宝玉道如此底下一句轉煞住想亦可矣賈政冷笑道你有多大本領上頭說了一句大開門的散話如今又要一句連轉帶煞豈不必有餘而力不足此宝玉听了垂頭

想了一想說了一句道

不繫明珠繫宝刀

祇問这一句可还使得衆人不（拍）案叫絶賈政寫了看着笑道且放着再續宝玉道若使得我便要一氣下去了若使不得越性塗了我再想别的意思出来再另措詞賈政听了便喝道多話不好了再作便作十篇百篇还怕辛苦了不成宝玉听說只得想了一會便念道

戰罢夜闌心力怯　脂痕粉漬汚鮫鮹

賈政道又一段底下怎麽（樣呢）宝玉道

明年流寇走山東　強吞虎豹勢如蜂

衆人道好個走是（字）便見得高底了且通轉的也不枉宝玉又念道

王率天兵思剿滅　一戰再战不成功

腥風吹隴頭折麦　日照旌旗虎帳空

青山寂寂水澌澌(浙)　正是恒王战死時

雨淋白骨血染草　月冷黄沙鬼守尸

衆人都道妙極妙極佈(置)叙事(詞)藻無不盡美且看如何至四娘必另有妙轉奇句宝玉又念道

紛紛將士只保身　青州眼見皆灰塵

不期忠義明閨閣　憤起恒王得意人

衆人都道鋪(叙)得委婉賈政道太多了底下只怕(累)贅呢宝玉又乃念道

恒王得意数誰行
號令秦姬驅趙女
勝負自然难預定
繡鞍有淚春愁種
賊势猖獗不可敵
魂依城郭家鄉近
星馳時報入京師
天子驚慌恨失守
何事文武立朝綱
我為四娘長太息

就死〔是〕将軍林四娘
艷李穠桃林〔臨〕战場
誓盟生死報前王
鉄甲無声夜氣凉
柳折花殘实可傷
馬踐胭脂骨髓香
誰家女兒不傷悲
此時文武皆垂首
不及閨中林四娘
歌成餘意尚徬徨

念畢衆人都大讚不止又都從頭看了一篇賈政笑道（畫）誠然說了几句到底
不但（大）懇（切）且曰說去罢三人如得了赦的一（般）然一齊去來各自回房衆人皆無
別話（別）不過（自去）文兒安歇而已獨有宝玉一心凄楚回至园中猛（就）然見池上芙蓉
想起小丫嬛說晴雯作了芙蓉之（花）神不覺又喜（欢）起來乃看自芙蓉嗟（嗟）
嘆了一會忽又想起死後並未到（他）灵前一祭如今何不在芙蓉（前）一祭豈
不盡了礼比俗人去灵前祭弔（弔）又更覺別致想（些）畢（便）欲行礼忽又止住道雖
如此亦不可太草率也須得衣冠正齊奠（奠）儀週備方為誠敬想了一想
如今若學那世俗之奠礼斷然不可竟也还別開生面另立排場風
流奇異於世無涉方不負我二人之為人況且古人有云潢汙行潦蘋蘩
苻之賤可以羞王公薦鬼（神）原不在物之貴賤全在心之誠敬而已

此其一也二則誄文輓詞也須另出己見自放手眼亦不可蹈襲前人
的套頭反是唐塞耳目之文亦不能洒淚泣血一字一咽一句一啼寧使文
不足悲有餘萬不可尚文藻而反失悲感況且古人多有微詞非自我
非是今作偏也奈今人全惑于功名二字拚尚古之風一洗皆盡恐不合時
宜于功名有碍之故我又不希罕那功名不為世人觀閱稱贊何必不
遠師楚人之大言招魂離騷九辯枯樹問難秋水大人先生傳等法或雜
參單句或偶成短聯或用實典或設譬寓隨意所之信筆而去喜
則以文為戲悲則以言誌痛辭窮意盡為止何必效世俗之拘拘于
方寸之間哉本來寶玉是個不讀書之人再心中有了這篇歪意怎
得有好詩好文作出來他自己却任意篡著並不為人知慕所以大

肆忘誕竟杜撰成一篇長文用晴雯素日所喜之冰鮫縠一副楷字寫成名
曰芙蓉女兒誄前序後歌又備了四樣晴雯所喜之物于是夜月下命那
小丫頭捧至芙蓉花前先行礼畢將那誄文即挂于芙蓉枝上乃泣涕
念曰諸君閱至此只当一笑話看去便可醒倦

維

太平不易之元 年便奇 蓉桂競芳之月 是八月 無可奈何之日 日更奇細思月何難于說真真之今偏用如此說可則知矣
怡紅院濁玉 自謙的更奇蓋常以濁字許天下之男子竟自謂所謂以責人之心責己矣
謹以群花之蕊 奇香 冰鮫之縠 奇帛 沁芳之泉 奇奠 楓露之茗 奇名 四
者雖微聊以達誠申信乃致祭于
白帝宮中撫司秋艷芙蓉女兒之前 奇稱 曰窮思女兒自臨濁世 世不濁內

物所混而濁也前後便有照應の女兒称妙蓋思普天下之称断不能有如此二
字之清潔者亦是宝玉之真心
迄今凡十有六載 方十六歲而夭亦傷矣 其先之鄉籍姓氏湮淪而莫能考者久
矣 忽又有此文不可後来
亦可傷矣
而玉得於衾枕櫛沐之間栖息宴遊之夕親暱狎
褻相与共處者僅五年八月有畸 相共不足六載一旦夭别豈不
可傷
憶女兒曩生
之昔其為質則金玉不足喻其貴其為性則冰雪不足喻其潔其為
明則星日不足喻其精其為貌則花月不足喻其色姊妹悉慕媖嫻
嫗媼咸仰惠德孰料鳩鴆惡其高鷹鷙翻遭罦罬 古騷鷙鳥之不群
兮鳩告余以不好雄鳩之鳴逝兮余惡直輕佻注鷙鳥特立不群故不群故不于鴆羽毒
殺人鳩多声有如人之多言不実罦罬音孚拙翻單網詩經短攤于峯尔雅罬謂之罦
薋葹妒其臭茝蘭竟被芟鉏 以离騷薋葹皆惡草以便邪接茝蘭芳草以別
君子
花原自怯豈奈狂飆柳本多愁何禁驟雨偶遭蠱蠆之讒遂抱膏肓

之疾故爾櫻唇紅褪韵吐呻吟杏臉香枯色陳顑頷离騷長顑頷亦何偏面黄色詠謡
謑詬荆棘蓬榛蔓延戶牖豈招尤則替实攘詬而終离騷朝誶夕替廢也恐尤而相詢詬同廢恥也
既忳幽沉于不盡復含罔屈于無窮高標見嫉閨幃恨比長沙汲黯輩嫉賈誼之才謫貶長沙
貞列遭危巾幗慘于羽野鮌剛直自命舜殛于羽山离騷曰鮌婞直以身之兮終然夭乎羽之野自蓄辛
酸誰憐夭折仙雲既散芳趾难尋洲迷聚窟何來却死之香海失靈槎
不護回生之藥眉黛烟青昨猶我画指环玉冷今倩誰温鼎炉之剩藥犹存
襟淚之餘痕尚漬鏡分鸞别愁開麝月之奩梳化龍飛哀折檀雲之齒
委金鈿于草莽拾翠盒于塵埃樓空鳷鵲徒懸七夕之針帶斷鴛鴦誰
續五絲之縷況乃金天屬節白帝司晨孤衾有夢空室無人桐階月暗芳
魂与倩影同消蓉帳香殘嬌喘共細言皆絕連天衰草豈独蒹葭匝地

悲声無非蟋蟀露苔晚砌穿簾不度寒砧雨荔秋垣隔院希聞怨留（笛）
芳名未泯簷前鸚鵡猶呼艷質時（将）亡檻外海棠預老（恰極）捉迷屏後蓮
瓣無声（元微之詩小楼深迷藏）鬬草庭前蘭芳枉（安）待抛残繡線銀箋綵繕
誰裁摺斷冰絲金斗御香未熨昨承嚴命既趨車而遠涉芳園今犯
慈威復拄杖而抛孤匶（柩本字）及聞槥棺被燹慚違共穴之盟石槨成災愧
迨同灰之誚（唐詩云先闇石棺木可為棺晋揚公回詩云生回併身揚死作同々棺灰）尔乃
西風古寺淹滯青燐落日荒坵零星白骨楸榆颯颯蓬艾蕭蕭隔霧
壙以啼猿遶烟塍而泣鬼自為紅綃帳裡公子情深始信黄土隴中女
児命薄汝南泪血斑斑洒向西風梓澤餘衷默默訴憑冷月嗚呼固鬼蜮
之為災豈神灵而亦妬箝詖奴之口討豈從寬剖悍婦之心忿猶未

釋莊子箝揚墨之口孟子謂詖辭知其所蔽在君子塵緣雖淺然玉之鄙意豈終回蓄捲﹅之思不禁諄﹅之問始知上帝垂旌花宮待詔生侪蘭蕙死轄芙蓉听小婢之言似涉無稽據濁玉之思則深為有據何也昔葉法善攝魂以撰碑李長吉被詔而為記事雖殊其理則一也故相物以配才為非其人惡乃濫于治信上帝委托權衡可謂至洽協庶不負所秉賦也因希其不昧之靈或涉降于茲特不揣鄙俗之詞有污慧听乃歌而招之曰天何如是之蒼﹅兮乘玉虬以遊乎穹窿耶楚詞駟玉虬以乘鷖兮地何如是之忙﹅兮駕瑤象以降乎泉壤耶楚詞雜瑤象以為車望徹蓋之陸離兮抑箕尾之光耶列羽葆而為前導兮衛危虛于傍耶驅豐隆以為比從兮望舒月以離耶危虛二星為衛護星豐隆雷師舒月御也听車軌而伊軋兮御鸞鷖以征耶問馥郁而

蔆然兮紉蘅杜以為襟耶㤲裙裾之爍爍兮鏤明月以回璫耶籍葳蕤

而成壇時兮縈蓮蹈以燭銀膏耶丈佨匏以為觶斝兮流醽醁以浮桂

醪耶瞻雲氣而凝眄兮彷彿有所覘耶俯窈窱而屬耳兮怳惚有所

聞耶期汗漫而無天闗兮忍捐棄余于塵埃耶逍遥遊天闗上也倩風廉之為

余驅東兮冀睽孌而携歸耶余中心為之槩然兮莊子至樂篇我獨何能無槩然徙嗷嗷

而何為耶莊子嗷嗷善随而哭子君偃善而長寢兮豈天運之變于斯耶莊子偃善寢于巨室謂人死也

○又變而氣氣變而有形形變之有生今又變之死是相与為春秋冬夏既窀穸且安穩

四時行也○天道變其死也物化

兮反其真而復奚花耶窀穸䏦左傳窀穸之事墓穴幽堂也左貴嬪楊石誄早郎窀穸莊子太宗帰而以反真注以死為真

余犹桎梏而懸附兮灵格余以嗟来耶莊子太宗帰桎梏之名○被以生為懸疣附贅以死為決疣潰癰○嗟来桑

戶乎嗟来桑戶乎注桑戶人名孟子琴張二人招其䰟而語之也○方將不化惡如意哉言人死

犹如化去法華經云法華道師多殊方便于險道中化一誠瘦極之衆人城皆生已度想安

（稔想）來兮止兮君其來耶若夫鴻濛而居寂靜以處雖臨于茲余亦莫覩搴烟蘿而為步幛列鎗蒲而森行警柳眼之貪眠釋蓮心之味苦素女約于桂岩宓妃迎于蘭渚弄玉吹笙（寒）簧擊敔徵嵩嶽之妃啓驪山之姥龜呈洛浦之靈獸作咸池之舞潛赤水兮龍吟集珠林兮鳳翥爰誠匪簠筥發軔乎霞城返旌乎玄圃既顯微而若通復氤氳而倏阻離合兮烟雲空濛兮霧雨塵霾歛兮星高溪山麗兮月午何心意之怦怦若寤寐之栩栩余乃欷歔悵望泣涕彷徨人語兮寂歷天籟兮篔簹鳥驚散而飛魚唼喋以響誌哀兮是禱成礼兮期祥嗚呼哀哉尚

饗

讀畢遂楚（焚）帛奠茗猶依依不捨小鬟催至再四方纔（繞）回身忽听旦日（月晴）

之後（處）有一人笑道且請留步二人听了不免一驚那小妳回頭一看却是人個影從芙蓉花中走出来他便大叫不好有鬼睛雯真来魂了唬得宝玉也忙看時且听下回分解

脂硯齋重評石頭記卷之

第七十九回

薛文龍悔娶河東獅　賈迎春悮嫁中山狼

話說寶玉祭完了晴雯只听花影中有人声到唬了一跳既走出來細看不是別人却是林代玉滿面含笑口內說道好奇的祭文可与曾娥碑並傳的了寶玉听了不覺紅了臉笑答道我相着世上這些祭文都熟濫了所以改個新樣原不過是我一時的頑意誰知又被你听見了有什麼大使不得的何不改削改削代玉道原稿在那里到要細細一讀長篇大論不知說的是什麼我中間有听見兩句什麼紅綃帳里公子多情黃土壠中女兒薄命這一聯意思却好只是紅綃帳里未免熟濫些放着現成真事為什麼不用寶玉忙問

什亾現成的真事代玉笑道咱們如今都係霞影紗糊的窓隔何不
說茜紗窓下公子多情呢宝玉听了不禁跌足笑道好極是好極到底
是你想的出說的出可知天下古今現成的好景妙事儘多只是愚人
蠢子說不出想不出罷了但只一件雖然這一句新妙之極但你居此則
可在我实不敢當說着又接連說了一二百句不敢代玉笑道何妨我的
窓即可作你之窓何必分晰得如此生疏古人異姓陌路尚然同肥馬
衣輕裘敝之而無憾何況偺們笑道論交之道不在肥馬輕裘即黃金
白壁亦不當錙銖較量倒是這唐突閨閣萬〻使不得的如今我越
性將公子女兒改去竟算是你誄他倒妙況且素日你又待他甚厚
故今寧可棄此大文不可棄此茜紗新句竟莫若改作茜紗窓

下小姐多情黄土隴中丫鬟薄命如此一改雖于我無涉我也是愜怀的代玉笑道他又不是我的丫頭何用作此語況且小姐丫鬟亦不典雅等我的紫鵑死了我再如此說还不算遲 明是為与阿顰作讖却先偏說紫鵑總用此狡獪之法 宝玉听了忙笑道這是何苦又咒他 又画出宝玉未究竟不知是咒誰使人一笑一嘆 代玉笑道是你要咒的並不是我說的宝玉道又有了這一改可妥當了莫若說茜紗窗下我本無緣 雙關句意妥極 黄土隴中卿何薄命 如此我亦為妥極但試問當面用爾我是樣究竟不知是為誰之讖一笑一嘆。一篇誄問總因此二句而有又當知雖未晴雯而又实誄代玉也奇細至此若云必因請雯未則呆之至矣 代玉听了忡然變色 慧心人可為一哭。观此句便知誄文实不為晴雯而作也 心中雖有無限的狐疑乱擬 用此事更妙盖又欲瞞观者 外面却不肯露出反連忙含笑点頭称說果改的好再不必乱改了快去幹正經事罢纔剛太太打發人叫你

明兒一早快過去大舅母那边去你二姐〻已有人家求準了想是明兒那
家人来拜人所以叫你們過去呢宝玉招手道何必不如此忙我身上
也不很好明兒还未必能去呢代玉道又来了我劝你把脾氣改〻罢一年
大二年小一面說話一面咳嗽起来 總為後文伏線阿顰之問可見不是一筆兩筆所寫
宝玉忙道这里風冷偺們只催歎站在这里快回去罢代玉道我也家
去歇息了明兒再見罢說着便自取路去了宝玉只得悶〻的轉步又
忽想起来代玉無人隨命小丫頭子跟去送回去自已到了怡紅院中吉
有王夫人打發老嬷〻来吩咐他明日一早過賈赦这边来与方纔代玉
之言相对原来賈赦將迎春許与孫家了这孫乃是大同府人氏云
大槩相同也若必云真大同府 祖上係軍官出身乃當日寧荣府中之門
則呆

生羨來亦係此交如今孫家只有一人在京現襲指揮之職此人名喚孫
紹祖生得相貌魁梧體格健壯弓馬嫻熟應酬權便年紀未
滿三十且又家資饒富現在兵部後缺提陞因未有室賈赦見是
世交之孫且人品家當都相稱合遂青目擇為東床嬌婿亦曾回明賈
毋、、心中却不待十分趂意想來攔阻亦非不听兒女之事自有天意前
因况且他是親父主張何必出頭多是為此只說知道了三字餘不多及
賈政又深惡孫家雖是交當年不過是彼祖希慕榮寧之勢有不能
了結之事纔拜在門下的并非思礼名族之裔因此到助諫過兩次無
奈賈赦不听了只得罷了寶玉却從來會過這紹祖一面的次日
只得過去了聊一塞責只听見說娶親的日子又急不過今年就要

過門的又見邢夫人等回了賈母將迎春接出大觀園去等事越發掃
去了只頭每日痴〻呆〻的不知作何消遣又听得說賠四個丫頭過去
更又跌足自嘆道從今後这世上又少了五箇青潔人了因此天〻到紫
菱洲一帶地方徘徊瞻顧見其軒窓寂寞屏帳倐然不過有几個該班
上夜的老嫗先為对竟悼 再看取那岸上的蓼花葦葉池內的是荇香菱
也都覺搖〻落〻洒鞏見作肖 似有土追憶故人之態迥非素常逞妍鬬色之可比
此既領畧得如此蓼寥落悽慘之景是以情不自是禁乃信口吟成一個律
月此回題上半截是灰聚向東鄉今卻偏連中山狼倒裝業下情工細下賦寫
来可見迎春是書中正傳阿獃夫妻是副賓主次序嚴肅之至其婚聚俗
礼一槩不及只用宝玉一人過去
正是書中之大吉

池塘一夜秋風冷　吹散芰荷紅玉影

吹散芰荷紅玉影　此句遺失
蓼花菱葉不勝愁
不聞永晝敲棋声
燕呢（泥）点〻污棋枰
古人惜别憐朋友
况我今当手足情

宝玉方纔吟罷忽聞背後有人笑道你又發什麽獃呢宝玉回頭房（方）看是誰原来是香菱宝玉身（一）轉身笑問道我的姐〻你这會子跑到这里来做什麽許多日子也不進来逛〻香菱拍手笑嘻〻的説道我何曾不来如今（你）們哥〻回来了那里比（得起）先是（由）自有自在的了纔剛我們奶〻使人找你鳳姐〻的竟沒找着（説他）進来找他説往園子里来了我听見了这信（〻）我就討了这件蓋（差）進来找他過（果）見他的了頭往説在稻香討呢如今我往稻香村（去找他）呢如會纔往稻香呢討去誰知又遇見了你我且問你襲人姐〻

这几日可好怎么忽然把个晴雯姐姐也没了到底是什么病二姑娘搬
出去的好快(呀你)的瞧瞧这地方好空落落的宝玉应之不迭又让他同到怡
红院去喫(吃)茶香菱道(断不可力)此刻竟不能芽(戒)找着琏二奶奶说完了正紧(经)事
再来宝玉道什么正紧(经)事这么忙香菱道为你哥哥娶嫂子的事所
以要紧(云题去闹、、别云)宝玉(道)正是说的到底是那一家的只听见吵嚷了这半
年今儿又说张家的好明儿又要李家的后(儿)的又议(嚷)论王家的这些人家
的女儿他也不知道造了什么罪了(白叫)人家好端端议论香菱道(这)的如今定
了可以不用搬扯别家(了)也宝玉忙问定了谁家的香菱道因你哥哥上次出
门贸易(时是)恩在顺路到了个亲戚(戚)家去(这)出门亲原是老亲且又和我们是
同在户部挂名行商(的)也是数一数二的大门户前日说起来(你)的是们两府〔四〕

都也知道的合長安城中上至王侯下至買賣人都稱他家是桂花夏
家夏日何得有桂又桂花時節焉有得又雪三是原係風馬牛全若強奏合故終不相符来此敗運之事大都如此当局者自不解耳
寳玉問笑道听得桂花回錦原查新雅故不又一笑余亦欲如何又稱為桂花夏
家香菱道本姓夏非常的富貴其餘田地不用說單有几十頃地獨種桂
花凡这長安城裡城外桂花局俱是他家的連宮裡一應陳設盆景亦是
他家貢奉因此纔有这個渾號如今太爺也没了只有老奶奶帶着一個親
生的姑娘過活也並没有哥兒兄弟可惜他竟一門盡絕了寳玉忙道咱們
也别管他絕後不絕後只是这姑娘可好你們大爺怎広就中意了補云阿戲表日
難得中意耒香菱笑道一則是天緣二則是情人眼里出西施當年又是通家来
往從小兒都在一處厮混過叙起親是姑舅兄妹又没嫌疑雖離開了这几年前

児一到他家夏奶〻又是这児子的一見了你哥〻㒷落的這様又是哭又是笑竟比見了児子的还勝又令他兄妹相見誰知这姑娘出落得花朵似的了在家里也讀書冩字所以的哥〻當時就一心相準了連當鋪里老朝奉夥計們一群人遭擾了人家三四日他們还要留多住幾日好容易苦辞纔放回家你哥〻一進門就咕〻唧〻求我們奶〻去就求我們奶〻原也是見過这姑娘的且又門当戶对也就依了和这里姨太〻鳳姑娘商議了打發人去説就成了只是娶的日子太急所以我們忙乱的很（而戲求婦一段文字仍從香菱口中補明省卻許多閑文累筆）我也爬不得早些過来又添一個作詩的人了（妙極菱香口声段不可少看他下作死語知其心中略無忌諱疑慮等意夏是渾然天真之余為一哭）宝玉冷笑道（忽日冷笑道二字便有文章）如此説但只我聽这話不知什麼倒替你耽心慮後呢（又為香菱之識偏是此等事體夢到）香菱听了不覺紅了臉正色道

这話是什庅話素日偺們都是斯抬斯敬的今日忽然起这些事太是什
庅意思怪不得人〻都說你是个親近不得的人一面說一面轉身走了宝
玉見他这様便悵然如何所説歎〻的站了半天思前想後不覓滴下淚
来只得説精打彩还入怡紅院来一夜不曾安稳睡〻之中猶喚晴雯或
魘魔驚怖種〻不寧次日便懶進飲食身體作熱此皆近日抄揀大观
園逐司棋别迎春悲晴雯等羞辱驚恐悲悽之所致兼〻風寒外感故
釀成一疾卧床不起賈政听得如此天〻親来看視王夫人心中自悔不合
因晴雯過於逼責了他心中雖如此臉上却不露出只吩咐衆奶娘等
好生伏侍看守一日兩次帶進来醫生来胗脉下藥一月之後方纔漸〻
的痊愈好生保養一百日方許動葷腥油麵等物方可出門行走这

一百日内連院門前皆不許到只在房中頑笑四五十日後就把他拘約
的火星乱迸那里忍耐得住雖般設法無奈賈母王夫人執意不從也
只得罢了因此和些丫头們無所不知姿意要笑作戲又听得薛蟠擺
酒唱戲熱閙非常已娶親入門聞得这夏家小姐十分俊俏也畧通文
翰宝玉思及當時姊妹們恨不得就過一見纔好再過些時又聞得迎
春出了閣宝玉思及當時姊妹們一處耳鬢廝磨從今一别縱得相逢
也必不似先前那䓁親密了眼前又不能去一望真令人悽惶迫切之至
少不得潜心忍耐暫同这些丫头們厮閙釋悶幸免賈政責備逼迫
讀書之难这百日内只不曾拆毁了怡紅院和这些丫頭們無法無天
凡世上所無之事都頑耍出来如今且不消細説香菱自那日搶白了

宝玉之後心中自為宝玉有意唐突他怨不得我們宝姑娘不敢親近
可見我不知宝玉姑娘遠矣怨不得林姑娘日常和他角口氣的肩哭
自然唐突他也是有的了從此到遠避絲好回此以後連大观園也不輕易進
来日〻忙乱着薛蟠娶過親自為得了護身符自己身上分去責任到底
比这樣安寧些〻二則又聞得是個有羅有貌的佳人自然是典雅和平的
回他心中盼過門的日子比薛蟠还急心十倍娘客小姐今年方十七歲生得
亦頗有姿色亦頗識得几个字若論心中以邱壑經緯頗步熙鳳之後
塵只吃虧了一件從小時父親去世的早又無同弟兄寡母獨守此女
姣養溺愛不啼珍宝凡女兒一舉一動彼母皆百依百隨回此未免姣
養太過竟釀成个盗跖的性氣愛自己尊若菩薩窺他人穢如糞

土外具花抑之姿内秉風雷之性在家中時常就和了妳們使性弄氣輕
罵重打的今日出了閣自為要作當家的奶〻比不得作女兒時腼腆
温柔須要拿出這(此)威來(弾)纔黙壓得住人况且見薛蟠氣質剛硬舉止驕
奢若不趁熱竈(火)一氣(炮)跑製熟爛將來必不得能是(自立)豎旗幟矣又見有香菱
這等一个才貌俱全的愛妾在室越發添了宋太祖滅南唐之意卧榻之
側豈容(他)人酣睡之心因他家多桂花他小名就喚做金桂他在家是不許
人口(中)象帶出金桂二字來凡有不留心悞道一字者他便定要苦打重
罰纔罷他回想桂花二字是禁之(止)不住的須另換一名回想桂花曾
有廣寒嫦娥之説便將桂花改為嫦娥花又寓是(自)已(的)身分如此蟠
薛(蟠)本是个(得)憐新棄旧的人且是又(有)酒胆無飯力的如今得了一个妻

子正在新鮮興頭上凡事未免依讓他些他夏金桂見了這般形景便也
試着一步緊似一步一月之中二人氣槩還都相平至兩月之後便覺薛
蟠的氣槩漸次低矮了下去一日薛蟠酒飯不知要行何事先與金桂商
議金桂執意不便薛蟠忍不住便發了幾句話賭氣自行了這金桂便
氣的哭如醉人一般茶湯不進粧起病來請醫療治醫生又說氣血相逆
當進寬胸順氣之劑薛姨娘恨的罵了薛蟠一頓說如今說了親眼前
抱兒子了還是這樣胡鬧人家鳳凰似的好容易養了一个女兒比
花朵還輕巧原看的你是个人物纔給你作老婆你不說收了心安分守
已一心一訃和和氣氣的過日還是這樣胡鬧嘴了黄湯折磨人家這
會子好錢吃藥白遭心一夕話說的薛蟠後悔不迭反來安慰金

桂々々見婆々如此說丈夫越發得了意便粧出些張致來總不理薛
蟠々々沒了主意惟是然而已好容易十天半月之後纔漸々的哄轉
過金桂的心來自此便加一倍小心不免氣槩又矮了半截下來那金桂
見丈夫旗纛漸々倒了婆々良善也就漸々的持戈試馬起來先時不過挾制
薛蟠後來寄嬌詐媚將及薛姨媽後將之薛宝釵久察其不軌之心每
隨机應變暗以言語彈壓其志金桂如其不可犯每欲尋隙有無隙
可乘只得曲意俯就一日金桂無是回和香菱閑談問香菱家鄉父
毋香菱皆得忘計金桂便不悅說有意欺瞞了他回問他香菱二
字是誰起的名字香菱便答姑娘起的金桂冷笑道人々都說姑娘
通只这一个名字就不通香菱忙笑道嗳喲奶々不知道我們姑娘

的学問連我們姨老爺時常还誇呢欲明後事且見下回

脂硯齋重評石頭記卷之

第八十回

話說金桂听了將脖項一扭嘴唇一撇咧画出一個悍婦來鼻孔里哧哧哼了兩声真真追魂攝魄之筆拍着掌手冷笑道菱角花誰聞見香來着有若說菱角香了也正經把那那些香花兒放在那里呢可是不通之極香菱道不獨菱花角就連荷葉蓮蓬都是有一股清香的但他那原不是花香可比若靜日靜夜或清早半夜細領略了去那一股香比是花兒都好聞呢就連菱角雞頭葦葉芦根得了風露那一股清香就令人心神爽爽快的說的出便是慧心人何況菱卿哉金桂道依你就說蘭那花桂花到香的不好了又一倍一個蘭花一則是自高声價二則是誘人犯法

香菱說到熱鬧頭上忘了忌諱便接口道蘭花桂花的香又非別花

之香可比一句(話)未完金桂的丫嬛名喚寶蟾者忙(指)着香菱的臉兒說

道的要死要死你怎麽真叫起姑娘你名子來(了)香菱猛(省)了反不好

意思忙賠笑賠罪說一時說順了嘴奶〻別(計)許較金桂笑道這有什麽

你也太小心了但只是我想這個香字到底不妥意思要換一個字不

知你服不服香菱忙笑道奶〻說那里話此刻連一身一体俱屬奶〻

何得換一名字(子的)反問我服不服叫我如何當得起奶〻說那一个字

好就用那一个金桂笑道的(你)雖說(的)你是只怕姑娘多心說我起(的)名字

反不知(如)你〻能來了既日就駁我的回了香菱笑道奶〻有所不知

當(先)是買了我來是原(是給)老奶〻使喚的故此姑娘起得名字後來我

自伏侍了爺就與姑娘無涉了如今又有了奶〻亦發不與姑娘相干
況且姑娘又是極明白的人如何惱得這些呢金桂道既這樣說香字
竟不如秋字妥當菱角菱花皆盛於秋豈不比香字有來歷些香
菱道就依奶〻這樣罢了自此後遂改了秋字宝釵亦不在意只因薛
蟠天性是得隴望蜀的如今得娶了金桂又見金桂的丫头宝蟾有
三分姿色舉止輕浮可愛便時常要茶水的時節撩逗他宝蟾雖亦解事
只是怕着金桂不敢造次且看金桂的眼色金桂亦頗覺察其意
想着正要擺佈香菱無處尋隙如此他既看上了宝蟾如今且捨
出宝蟾去与他〻一定就和香菱疏遠了我且乘他之時擺佈了香菱
那時宝蟾原是我的人也就好處了打定了主意伺机而發這日

薛蟠晚間微醺又命寶蟾倒茶來吃薛蟠接碗時故意捏他的手寶蟾又喬粧躲閃連忙縮手兩下失悞豁啷一声茶碗落地潑了一身一地的茶薛蟠不好意思佯說寶蟾不好生拿宝蟾說姑爺不好生接金桂冷笑道兩個人的腔調兒都勾使了便打諒誰是傻子薛蟠低頭微笑不語宝蟾紅了臉出去一時安歇之時金桂便故意的攆薛蟠别處去睡省得你饞癆餓眼薛蟠只是笑金桂道要作什麽和我說别偷偷摸摸的不中用薛蟠听了仗着酒蓋臉便趁勢跪在被上吃着金桂笑道好姐姐你若要把宝蟾賞了我你要怎樣就怎樣你要人腦子也弄來給你金桂笑道這話好不通你愛誰說明了就收在房里省得别人看着不雅我可要什麽呢薛蟠得了這話喜的

称謝不盡是夜曲盡丈夫之道奉承金桂（曲尽丈夫之道 奇聞奇語）次日也不出門只在家中厮奈越發放大了胆子至午後金桂故意的出去讓個空兒与他二人薛蟠便拉拉扯扯的起来寶蟾心裡也已知八九也就半推半就的正要入港誰知金桂是有心等候的料必在那時难分之際便叫了頭小捨兒過来原来这小丫頭也是金桂從小兒在家裡使喚的因他自幼父母双亡無人看管便大家叫他作小捨兒專作些粗活的生活（鋪叙小捨兒首尾亡中又点薄命二字与施了頭遥遥作对）金桂如今有意獨喚他来吩咐道你去告訴香菱到我屋裡將手帕子取来不必說我說的（坏極所以獨使小捨為此）小捨兒听了一逕尋着香菱說菱姑娘奶奶的手帕子忘記在屋裡了你去取来送上去豈不好香菱正因金桂近日每每的折挫他不知何意百般竭力挽回不暇（總為痴心一人哭）听了这話忙往房裡来取不防正遇

見他二人推就之際一頭撞了進去自已到羞的滿面飛紅忙抽身迴避不迭那薛蟠為是過了明路的除了金桂無人可怕所以連門也不掩今兒香菱撞來故也畧有些慚愧還不十分在意無奈寶蟾素日最是說嘴要強的今遇見了香菱便恨無地縫可入忙推開薛蟠一逕跑了口內還恨怨不迭說他強姦力逼等語薛蟠好容易圈哄的要上手却被香菱打散不免一腔興頭變作了一腔惡怒都在香菱身上不容分說趕出來啐了兩口罵道死娼婦你這會子作什麽來撞尸遊魂香菱料事不好三步兩步早已跑了薛蟠再來找寶蟾已無踪跡了于是恨的只罵香菱至晚飯後已吃得醺醺然洗澡時不防水略熱了些燙了脚便說香菱有意害他赤條精光趕着香菱踢打了兩下

香菱雖受過这氣苦既到此時也說不得了只好自悲自怨各自走開彼
時金桂已暗和宝蟾說明今夜令薛蟠和宝蟾在香菱房中去成親命香菱過
来陪自已先睡先是香菱不肯金桂說他嫌臟了再必是圖安逸怕夜
里勞動伏侍又罵說你那没見世面的主子見一個愛一個把我的人
霸占了去又不吽你来到底是什么主意想必是逼我死了罢了薛蟠
听了这話又怕鬧黄了宝蟾之事忙又赶来罵香菱不識抬舉再不
睡便要打了香菱無奈只得抱了鋪盖来金桂命他在地下鋪睡香
菱無奈只得依命剛睡下便吽到茶一時又叫搥腿如是一夜七八次總
不使其安逸穩卧片時那薛蟠得了宝蟾如獲珍宝一槩都置之不
顧恨的金桂暗暗的發恨道且叫你樂这几天等我慢慢的擺

佈了來那時可別怨我一面隱忍一面設計擺佈香菱半月光景忽又
粧起病來只說心疼難忍四肢不能轉動 半月工夫諸計安矣 請醫療治不效衆
人都說是香菱氣的鬧了兩日忽又從金桂的枕頭內抖出紙人來
上面寫着金桂的年庚八字有五根針釘在心窩並四肢骨節等處
於是衆人反乱起來當作新聞先報與薛姨媽先忙手忙腳的薛
蟠自然更亂起來立刻要拷打衆人金桂笑道何必寃枉衆人大約
是寶蟾的鎮魘法兒 惡扭壞扭 薛蟠道他這些時並沒多空兒在你房
里何若賴好人 正要老只此句 金桂冷笑道除了他还有誰莫不是我自己
不成難別人誰可敢進我的屋子呢薛蟠道香菱如今是天天跟着
你他自然知道先拷問他就知道了金桂冷笑道拷問誰誰肯認

依我說竟粧個不知道大家丟開手罷了橫豎治死我也沒什麼要緊
樂得再娶好的若據良心上說左不過三日多嫌我一個說着一面痛
哭起來薛蟠更破這一夕話激怒順手抓起一根門閂來
一逕搶步找着香菱不容分說便劈頭劈面打起來一口咬定是香菱所
施香菱叫屈薛姨媽跑來禁喝說不問明白就起人來這了頭伏侍
了這几年那一点不周到不尽心他豈肯如今作這沒良心的事你且
問個清渾皂白再動粗鹵金桂听見他婆婆如此說着怕薛蟠耳軟
軟心活了便益發嚎啕大哭起來一面又哭喊說這半個多月把我
的宝蟾你又護到頭里你這會子又賭氣打他去治死我再揀富
貴的標緻的娶來就是了何苦作出這些把戲來薛蟠听了

這些話越發着了急薛蟠姨媽要有听見金桂句句挾制着兒子百般惡賴的樣子十分可恨無奈兒子偏不硬氣已是被他挾制住軟慣了如今又見薛蟠沒臉他的搭上了頭被他明使他霸占了去他自己反要占溫柔讓夫之禮這魘魔法究竟不知誰作的實是俗語說的清官難斷家務事此事正是公婆難斷房幃事了因此無法只得賭氣喝罵薛蟠說不爭氣的孽障騷狗也比你體面些誰知你三不知的就把陪房丫頭也摸索上了叫老婆說嘴占了他的丫頭什麼臉出去見人也不知誰使的法子也不問青紅皂白好歹就打人我知道你是個得新棄舊的東西白辜負了我當日的心他既不好你也不許打我即刻叫人牙子來賣了他你就心淨了說着命香菱收拾了東西跟我來一面叫

人去快叫個人牙子來多少賣几兩銀子拔去肉中刺眼中釘大家過
太平日子薛蟠見母親動了氣早也低下頭了金桂听了這話便隔着
窓子往外哭道你老人家只管賣人不必說着一個扯着一個的我們很
是那吃醋拈酸容不下人的不成怎麽拔出肉中刺眼中釘是誰的釘
刺但凡多嫌着他也不肯把我的了頭也收在房里了薛姨媽听說氣
的身戰氣咽道這是誰家的規矩婆婆這里說話媳婦隔着窓子拌嘴
虧你是旧家人家的女兒滿嘴里大呼小喊說的是什麽薛蟠急的
跺脚說罷喲喲看人听見笑話金桂意謂一不作二不休越發潑喊
起來了說我不怕人笑話你的小老婆治我害我我到怕人笑話了再不
然留着他就賣了我誰還不知道你薛家有錢行動拿錢墊人

又有好親戚挾制着別人你不趁早施為还等什広嫌我不好誰叫你
們瞎了眼三求四告的跑了我們家作什広去了这會子人也来了金
的艮的也賜了男有個眼睛鼻子的也霸占去了該擠發我了一面哭
喊一面滚揉自己拍打薛蟠急的說又不好劝有不好打又不好央告
又不好只自㕵又唉声打氣抱怨說運氣不好 當下薛姨媽早
被薛宝釵劝進去了只命人来賣香菱宝釵笑道咱們家從来只
知買人並不知賣人之說媽可是氣的胡塗了倘或叫人听見豈不
笑哥哥嫂子嫌他不好留我使喚我正也没人便呢薛姨媽道留下
他还是淘氣不如打他了他干净宝釵笑道他跟着我也是一樣横
竪不叫他到前頭去從此断絶了他那里也如賣了一般香菱早已

跑到薛姨媽跟前痛哭哀求只不願去情願跟着姑娘薛姨媽
也只得罷了自此從香菱果跟隨寶釵在園內去了把前面路逕竟一
心斷絕雖然如此終不免對月傷悲挑灯自嘆本來怯弱雖在薛蟠房
中幾年皆由血分中有病是以並無胎孕今復加以氣怒傷感內外折
挫不堪竟釀成乾血之症日漸羸瘦作燒飲食懶進請醫胗視服藥
亦不效驗那時金桂又吵鬧了數次氣的薛姨媽母女惟暗中垂淚怨
命而已薛蟠雖曾仗着酒胆挺撞過他兩三次持棍欲打那金桂便遞與他
身子隨意打這里持刀欲砍時便伸與他脖項薛蟠也實不能下手只得
乱鬧了一会子罷了如今習慣成自然反使金桂越發長了威風薛蟠越
軟了氣骨雖是香菱猶在却亦如不在的一般雖不能十分暢快了就

不覺的癡眼了且姑置不究如此又漸次尋趁宝蟾ヽ卻不比香菱的
情性最是個烈火乾柴既和薛蟠情投意合便把金桂忘在腦後
近見金桂又作踐他ヽ便不肯低服容讓半点先是一冲一撞的拌嘴
次後來金桂急了甚至于罵再至于厮打他虽不敢还言还手便大撒潑
性抬頭打滚尋死覓活晝則刀剪夜則繩鎖無所不鬧薛蟠此時一
身难以兩顧惟徘徊觀望于二者之間十分鬧的無法便出門躲在外
廂金桂不發作性氣有時歡喜便殺鷄鴨將肉賞人吃自己只以油炸
焦骨頭下酒吃的不奈煩或動了氣便肆行海罵說有別的忘八
扒頭樂的我為什麼不樂薛家母女總不去理他薛蟠亦無別法
惟日夜悔恨不該娶這絞家星罷了都是一時沒了主意於是

補足本題

寧榮二宅之人上上下下無有不知無有不嘆者此是（時）宝玉已過了百
日出門行走亦曽過来見過金桂奔止形容也不怪厲一般是鮮花嫩
柳与衆姊妹不差（差）上下的人焉得這等樣情性可為奇（怪）之至極（別書中形容妬
婦必曰黄髮黧面豈不可笑）因此心下納悶這日与王夫人請安去又正遇見迎春奶
娘来家請安說起孫紹祖甚屬不端姑娘来（惟）有背地（在背）里淌眼抹淚
的只要（叫）接了来家散誕兩日王夫人為（所）說我正要這兩日接他去只因
七事八事的都不遂心（草蛇灰線後文方不見突然）所以就忘了前兒宝玉去了回
来也曽說過的（補明）明日是個好日子就接去正說賈母打發人来找
宝玉說明兒一早（早）往天齊廟還愿宝玉如今巴不得各處去逛逛听
見如今喜的一夜不曽合眼盼明不明的次日一早梳洗穿帶已畢

随了兩三個老嬷〻坐車出西城門外天齊廟來燒香還愿這廟
里已是昨日預備停妥的宝玉天性怯(胆)不敢(看)狰獰神鬼之像這天齊
廟本係前朝所修極其宏(雄)壯宝玉天性怯(胆)不敢今(細看又因)年深歲久又極其
荒凉里面泥(况)胎塑像皆極其兇惡是以忙〻的焚過紙馬錢粮便退
至道院歇(歇)息一時吃過飯衆嬷〻和李貴等人圍随宝玉到處散誕頑
耍(耍)了一回宝玉困倦復回至室(静)安歇衆嬷〻生恐他睡着了便請當家
的老王道士來陪他說話兒這老王道士專意在江湖上賣藥弄
些海上方(児)治人射利這庙外現掛自招牌丸散膏丹色〻俱備亦長
在寧榮兩宅走動熟慣都与他起了渾號唤他作王一貼言他
的膏(膏)藥最(靈效)他驗只一貼百病皆除之意當下王一貼進來都笑道

来的好来的好王師父你極会説古跡的説一個与我們小爺听听王
貼笑道正是呢哥兒别睡仔細肚里麵觔作怪説着滿屋里人都
笑了（王一貼又与張道士遥遥一对特犯不犯）宝玉也笑着起身整衣王一貼喝命徒弟們快泡
好釅茶来茗烟道我們爺不吃你的茶連这屋里坐着还嫌膏藥
氣息呢王一貼笑道没當家花花的膏藥從不拿進这屋里来的知道哥兒
今日必来頭三五天就拿香燻了又燻的宝玉道可是呢天天只听見你
的膏藥好到底治什么病王一貼道哥兒若問我的膏藥説来話
長其中細礼一言难尽共藥一百二十味君臣相際賓客得宜温凉兼
用貴賤殊方内則調元補氣開胃口養榮衛寧神安志去寒去暑
化食化痰外則和血脉舒筋絡出死肌生新肉去風散毒其效如

神貼過的便知宝玉道我不信一張膏藥就治这些病我且問你
到有一種病可也貼的好麽王一貼道百病千災無不立效若不見效
哥兒只管揪首鬍子打我这老臉拆我这廟何如只說出病源来
宝玉笑道你猜若猜的着便貼的好了王一貼听了尋思一會笑道这
到难猜只怕膏藥有些不灵了宝玉命李貴等你們且出去散散这屋里人
多越發熏臭了李貴等听說且都出去自便只留下茗烟一人这茗烟
手内点心一枝夢甜香宝玉命他坐在身傍却倚在他身上
王一貼心有所動便笑嘻嘻走近前来悄
悄的說道我可猜着了想是哥兒如今有了房中的事情要滋
助的藥可是不是話猶未完茗烟先喝道該死打嘴宝玉猶未解

首了　与前文一正　四字好萬生端于心心邪則意　射則在于邪

未解妙若解則不成文矣

也問他說什麽茗烟道信他胡說唬的王一貼不敢再問只說哥兒明說了罷寶玉道我問你可有貼女人的妒病方子就是（沒有王一貼道）聽也沒有聽見過寶玉笑道這樣還算不得什麽王一貼又也道的貼妒（病）的膏藥到沒經過到有一種湯藥或者可醫只是慢些兒不能立竿見影的效驗寶玉（問）什麽湯藥怎（麽）吃法王一貼道這叫做療妒湯用極好的秋梨一個二錢冰糖一錢陳皮水三碗梨熟為度每日清早吃這一個梨吃來吃去就好了寶玉道這也不值什麽只怕未必見（效）王一貼道一劑不效吃十劑今日不效明日再吃今年不效吃到明年橫豎這三味藥都是潤肺開胃不傷人的甜絲絲的又止咳嗽又好吃吃過一百歲人橫豎是要死的死了還妒什麽那（時）是就見效了此科諢一收方為奇趣之至說着

寶玉茗烟大笑不止罵油嘴的牛頭王一貼(鼻子)笑道不過是閑着解午
(困)肫罷了有什庅関係說笑了你們就值錢實告你們說連膏藥也
是假的我有真藥我還吃了作神仙呢有真的跑到這里來
混(寫意深遠在此數目)正說着吉時已到請寶玉出去閙(焚)化錢粮散福功課完
畢方進城回家那時迎春已來家好些時(了)孫家的婆娘媳婦等人已
待過晚飯打發回家去了迎春方哭(哭)啼啼(啼)的在王夫人房中(訴)委曲說
孫紹祖一味好色好賭(汁)酗酒家中所有的媳婦丫頭將及淫遍略勸(劝)
過(兩)三次便罵我是醋汁子婆(老)擰出來的(奇文奇罵爲迎春一哭の恨薛蟠何等剛霸偏不能以此語衿桂使人忿忿)
(世書中全是不平又全是意外之料)又說老(爺)曾收着他五千銀子不該(使)死了他的如今他來
要了兩三次不得他便指着我的臉說道你別和我充夫人娘子你

老子死了我五千銀子把的準折賣給我的好不好打一頓攆在下里

睡去當日有你爺〻在時希圖上我的富貴趕性相与的論理我和你

父親自一倍如今強壓我的頭賣了一輩又不該作了这們親到沒的叫

人看自赶势利似的不通可笑通辞如閑一行說一行哭的嗚〻咽〻連王夫人並家

姊妹無不落淚王夫人只得用言語解劝說已是遇見的不晚事的人

可怎庅呢想當日你叔〻也曽劝過大老爺不叫作这門親你大老爺

執意不听一心情愿到底作不好了我的兒这也時你的命迎春哭道

我不信我的命就这庅作不好〻〻底若從小兒沒了娘幸兒過嬸子

这边過了几年心爭日子如今偏又是这庅個結果王夫人一面解劝一面

問他随意要在那里安歇迎春道乍〻的離了姊妹們只是眠思夢

想二則还記掛着我的屋子还得在園里旧房子里住得三五天死也甘心了不知下次還可能得不住得住了呢王夫人忙劝道快休乱説不過年輕的夫妻們閑牙闘齒亦是萬〻人之常事何必説这喪話仍命人忙〻的収拾紫菱洲房屋命姊妹們陪伴着觧釋又吩咐宝玉不許在老太〻跟前走漏一些風声倘或老太〻知道了这些事都是你説的宝玉唯〻的听命迎春是夕仍在旧舘安歇衆姊妹等更加親熱異常一連住了三日纔往邢夫人那边去先辞過賈母及王夫人然後与衆姊妹分別更皆悲傷不捨还是王夫人薛姨媽等安慰劝釋方止住了過邢边去凡迎春之文皆從宝玉眼中寫出兩恤聚而東卿是実寫悮家中去很出迎春口中可為実寫以盡〻実〻变幻體格各尽其法

又在邢夫人處住了兩日就有孫紹祖的人来要接去迎春

雖不愿去無奈懼孫紹祖之惡只得免強忍情作辞了邢夫人不在意也不問其夫妻和睦家務煩难只面子情塞責而終不知端的且听下回分解